모두의 경제적 자유를 위한

기본소득

모두의 경제적 자유를 위한 기본소득

2020년 6월 20일 초판 1쇄 인쇄
2020년 7월 5일 초판 1쇄 발행

지은이	유영성 외
펴낸이	김영애
편 집	김배경
디자인	이문정
마케팅	윤수미
펴낸곳	SniFactory(에스앤아이팩토리)

등록일	2013년 6월 3일
등 록	제2013-00163호
주 소	서울시 강남구 삼성로 96길 6 엘지트윈텔 1차 1402호
전 화	02. 517. 9385
팩 스	02. 517. 9386
이메일	dahal@dahal.co.kr
홈페이지	http://www.snifactory.com

ISBN   979-11-89706-98-2 (03320)

© 유영성 외, 2020

가격 32,000원

모두의 경제적 자유를 위한

기본소득
BASIC INCOME

이한주 기획

유영성 외 지음 · 경기연구원 엮음

다할미디어

세상을 변화시키는 기본소득

산이 높으면 골이 깊고, 현실은 언제나 양날의 검으로 다가온다. 이 말은 작금의 4차 산업혁명 시대에도 그대로 적용된다. 4차 산업혁명의 핵심은 빅데이터와 인공지능에 기반한 플랫폼 경제로의 재편 및 그 확대에 있다. 인공지능과 로봇 기술의 결합을 통해 생산 공정은 자동화되고 있다. 상황에 따라서는 분야를 막론하고 얼마든지 인간 노동을 배제하고 자동화를 더욱더 확대시켜 나갈 수 있다.

우리는 이미 복지국가의 위기, 양극화, 불안정 노동의 일상화를 경험하고 있다. 산업자본주의 시기, 독과점기업과는 비교가 안 되는 독점기업으로서 플랫폼 기업의 등장, 미증유의 생산 자동화는 디스토피아적인 전망에 젖게 한다.

그렇지만 '양날의 검'이라는 말이 시사하듯, 대처하기에 따라서는 낙관적인 전망도 얼마든지 가능하다. 자동화의 획기적 진전은 노동의 수고로부터 벗어날 가능성도 열어주었다. 노동에서 벗어나 더욱 다원화, 다변화된 삶을 영위할 가능성도 동시에 열린 것이다.

극단적으로 말하자면 '파놉티콘의 쇠 우리iron cage'에서 생활할 디스토피아적 가능성과 노동에서 벗어나 자유로운 삶을 영유할 유토피아적 가능성이 동시에 물적인 토대를 획득한 시대를 우리는 살고 있다.

기본소득은 낯설다. 그러나 그 '낯섦'은 끝없이 새로움을 요구하는 근대 산업사회의 발전적 귀결로서 4번째 혁명의 시대가 지니는 '낯섦' 이상도, 이하도 아니다. 세상이 변화하는 진폭과 정도에 따라 그에 대응하는 방식도 변화하는 것일 뿐이다. 그렇지만 변화는 항상 현실의 태내에서 이루어지는 것이다. 기본소득도 역사적으로 존재했고 존속해온 아이디어다.

기본소득이 현실의 문제에 대처하는, 유일 가능한 최선의 대안이라고 주장하는 것은 아니다. 다만 현실의 문제를 고려했을 때, 기본소득처럼 광범위하고 근본적인 변화를 가져올 수 있는 다른 대안, 더 나은 대안이 있겠느냐고 반문하고 싶은 것이 사실이다. 기본소득은 궁극적 목표는 아니며, 현실의 문제를 풀어가기 위한 출발점일 뿐이다. 즉 필요조건이지 충분조건은 아니다. 그럼에도 불구하고 기본소득의 도입은 즉각적으로 우리의 삶에 심대한 변화를 가져올 것이다.

경기도의 기본소득 정책은 선도적이고 창의적이다. 그 효과는 이미 입증되었다. 그런 까닭에 정책의 모범사례로서 한국 내 다른 지자체들의 벤치마킹이 이어지고 있다. 경기도는 작년에 청년기본소득정책을 정착시킨데 이어, 현재는 재난기본소득을 실행 중이다. 더 나아가 각종 실현가능한 범주별 기본소득도 검토하고 있다. 내부적으로도 지자체, 공무원, 연구원 등이 진심전력하여 기본소득 안착에 박차를 가하고 있다. 이러한 범주별 기본소득의 확장을 통해, 이상적인 보편적 기본소득 실현을 위한 길로 더욱 정진하여 나아갈 것이다. 경기도 기본소득 정책은 세계적으로도 많은 관심을 받고 있다. 특히 2019년 제1회 국제기본소득 컨퍼런스의 성공적 개최는 경기도 기본소득정책이 세계적인 화두로 급부상하는 촉매제가 되었다.

이 책에서 다루고 있는 주제들은 다양하고 방대하다. 이 책은 기본소득의 정의와 역사, 정당성에서 출발하여 복지, 경제, 사회적경제, 행정 등 다양한 부문에서 기본소득이 지니는 정책적 효과와 함의를 다루고 있다. 나아가 세계의 기본소득 도입 및 실험 사례를 소개하고 경기도의 기본소득 관련 정책과 이론모형을 다룬다.

여기에는 청년기본소득의 성과와 이론, 장애인과 문화예술인 기본소득의 이론모형 등이 포함된다. 아울러 기본소득의 재원, 적정지급액 추계 및 법률안 구상까지 아우르고 있다. 국내적으로든 그리고 세계적으로든 기본소득이라는 주제를 이 책만큼 전면적이고 종합적으로 다룬 책은 없었던 것으로 알고 있다. 기본소득과 관련한 이론과 실천을 종합하고 집대성한 결정판이라고 자부해 본다.

이 책이 나오기까지 많은 분들의 노고가 있었다. 수차례의 세미나, 발표, 수정을 거쳐 옥고를 내어 주신 강남훈, 강현철, 곽노완, 노호창, 서정희, 은민수, 이건민, 이재원, 천우정 선생님들께 깊은 사의를 표한다. 원내 연구진인 유영

성, 김성하, 오재호, 정원호, 이관형, 김병조 박사와 마주영 연구원에게도 수고
했다는 말씀을 드린다. 여러분들의 수고와 열정이 집약된 이 책의 출판을 계기
로, 기본소득 논의에 새로운 지평이 열리기를 고대한다.

2020년 6월

경기연구원장 이 효 두

'기본소득'은 시대의 요구이다

우리 시대를 규정하는 대표적 술어는 '탈근대postmodern'와 '4차 산업혁명'이다. 탈근대론은 역사적으로 근대가 종말을 고하고 있음을 사상과 예술을 통해 징후적으로 선포한다. 그렇지만 진정한 탈근대는 4차 산업혁명을 맞아 비로소 시작되고 있는 것으로 보인다.

근대의 근본적인 특징은 '노동중심성'에 있다. 이때 노동은 물론 '임금노동(임노동)'을 가리킨다. 노동은 근대의 생산-분배에서부터 사회관계 전반을 규정하는 토대이다. 복지도 노동을 기반으로 이루어진다. 이런 상황에서 '노동중심성'이 균열 내지 해체의 조짐을 보이고 있다. 만약 이 관측이 옳다면, 그것은 근대 자체의 균열 혹은 해체를 의미한다.

4차 산업혁명은 플랫폼 경제로 상징된다. 플랫폼 경제에서는 대규모의 조직화된 상시노동 형태의 일자리가 점차 구축되고 있다. 로봇 기술과 자동화를 통해 '노동 자체'를 대체할 수도 있다. 4차 산업혁명으로 인해 일자리가 줄어들지, 아니면 새로운 일자리가 생겨나서 현재와 같은 수준을 유지하거나 오히려 증가할지는 예측하기 어렵다. 다만 생산과정의 자동화 경향이 심화 확대된다고 전제할 때, 새로운 일자리가 생겨난다고 해도 일자리의 질이 향상되기는 쉽지 않을 것이다. 4차 산업혁명은 좋은 일자리를 증가시키는 방향으로 발전하기는 어렵다는 말이다. 누군가의 지적처럼 '일자리는 줄어들고, 일거리는 늘어나는' 상황이, 다시 말해 불안정 노동이 일상화할 것으로 보인다.

따라서 '노동'은 지금과 같은 지위를 유지하기도 어려워 보인다. 사회적 합의를 통해 고용 유지와 임금 저하를 막는 정책을 시행할 수는 있다. 그렇지만 20세기 복지국가 이상의 실패에서 보듯, 이런 정책이 장기적으로 유지되기는 힘들다.

'탈노동사회'나 '노동의 종말'에 대해 하나의 경향을 침소봉대하는, 과도한 예측이라는 지적은 가능하다. 그렇지만 백배 양보하더라도 기존과는 결을 달리하는 사회질서가 도래하고 있는 것은 틀림없다. 그 질서는 근대적 '노동' 개념을 확장하거나 대체할 것이다. '노동=임금노동'의 등식이 깨지고 가사(노동), 돌봄(노동), 창작 및 제작, 사회운동 등 다양한 인간 행위를 포괄하는 방향으로 나아가게 될 것이다.

최근의 '코로나19' 사태는 이러한 탈근대화의 경향에 기름을 부은 격이다. "세상은 'BC(Before Corona, 코로나 이전)와 AD(After Disease, 코로나 이후)'로 나뉜다"는 말이 유행하고 있다. 이 말대로라면, 인공지능AI, 바이오, 플랫폼의 발전은 가속화될 것이다. 노동을 대체하는 자동화(로봇화)의 경향이 한층 강화될 것이다.

코로나19 사태는 환경위기에 대한 인식도 크게 제고시켰다. 대규모 전염을 일으키는 바이러스의 출현이 잦아지고 있는 것은 환경 대재앙의 전조 증상에 불과하다는 생각이 확산되고 있다. 아울러 인간이 멈추니 얼마나 빨리 생태가 복원되는지를 경험하였다. 기존의 환경 파괴적 발전에 대한 근본적 자성이 일어나고 있다. 탄소세를 부과하여 기본소득으로 지급하는, 녹색 뉴딜의 도입이 적극적으로 제기되고 있다. 녹색 뉴딜은 탄소를 줄임으로써 환경 위기에서 벗어나기 위한, 유력한 대안으로 떠오른다.

근대가 추구해온 상공업 기반의 사회 발전모델은 한계에 달한 듯하다. 이제 새로운 대안이 필요하다. 기본소득이 제기되는 것은 이런 현실인식에서 기인한다. 기본소득을 이해하기 위해서는 열린 자세와 인식의 전환이 필요하다. 기본소득 자체가 기존의 패러다임과는 다른 창조적 발상이기 때문이다.

기본소득의 원리는 간단하다. 너무 간단해서 긴 설명이 불필요해 보인다. 그렇지만 이는 피상적인 생각이다. 기본소득은 사회체제 전반에 걸쳐 근본적인 변화를 가져올 것이다. 따라서 기본소득의 원리로부터 실제 도입이 가져올 사회 변화에 이르기까지 총체적인 연구가 필요하다.

수많은 난관과 여러 곡해에도 불구하고, 우리 시대가 나아가야 할 방향은 '기본소득'에 있다. 우리 사회의 문제에 대한, 새로운 대안을 찾고자 하는 노력이 바로 이 연구 결과물로 나타났다. 이 연구는 기본소득과 관련한 각 분야별 성과를 집대성하고 있다. 다양한 분야의 상이한 시각을 지닌 연구자들이 모여서 쓴 '옴니버스' 형식의 글 모음이다.

이 글은 크게 기본소득 일반론과 경기도 기본소득론으로 구분된다. 이러한 두 개의 대 분류 하에 총론, 5부로 구분되는 20개 장, 정책과 연구과제를 제안하는 결론부 등 총 22개의 장으로 이루어져 있다.

본 연구는 기존의 기본소득 연구성과의 집대성이자 새로운 시작의 출발점이라 할 것이다. 이 책의 출판을 계기로 기본소득에 대한 보다 발전된 논의가 이루어지고 그 논의를 통해 우리 사회가 더욱 건강하게 성장해 나갈 수 있기를 기대한다.

2020년 6월

필진을 대표하여 유영성 씀

Part 1.

기본소득의
이해와 쟁점

총론

유영성 · 이관형

　우리는 어떤 사회를 원하는가? 근대는 과학기술의 놀라운 생산력을 등에 업고 경제와 기술을 통한 유토피아econo-techno utopia를 꿈꾸었다. 실제로 기술은 고도화되고 경제는 비약적으로 발전했다. 그러나 '유토피아'는, 말의 본래적인 의미가 그러하듯 오지 않았다.

　'기본소득'은 유토피아를 지향하지 않는다. 만병통치약도 아니다. 기본소득이 실현된다고 해서 사회의 온갖 문제가 해결되고 모두가 행복한 세상이 온다는 것은 또 다른 환상일 수 있다. 단지 우리들의 이상향의 표현이라고 해야 할 것이다. 기본소득은 보다 나은 사회로 나아가는 '필요조건'으로 보는 것이 합리적이다.

　기본소득은 오고 있으며, 부분적으로는 이미 와 있다. 기본소득이라는 발상은 유럽에서 시작됐다. 그렇지만 경기도가 확산의 세계적인 진원지가 되고 있다. 빈말이나 과장이 아니다. 경기도 청년기본소득은 이미 세계적인 관심사이다. 여기에 범주기본소득의 확대까지 시행을 준비 중이다 보니 경기도는 모름지기 기본소득의 메카로 부상하고 있다 할 것이다.

기본소득은 복지선진국이 아니라 우리나라에서 도입가능성이 더 높다. 서구 선진국들은 이미 국내총생산에서 차지하는 복지지출 비중이 높다. 우리는 아직 이들 국가의 절반 정도에 머물고 있어 복지지출을 높여야 하는 실정이다. 복지지출이 늘어나는 부분을 기본소득 형태로 지급하면 어떨까. 그러면 지금의 선진국보다 앞선 복지국가가 될 수 있다. 그러면서 기존의 복지국가의 병폐도 피해갈 수 있다. 기본소득은 복지 후발주자의 이점을 보여줄 수 있는 정책이다.

기본소득은 기존의 복지 담론을 넘어선다. 기본소득은 국가 공동체의 공동부commons, common wealth에 대한 배당으로서 국민 모두의 당연한 권리라는 의미를 지닌다. 복지 확대를 통한 사회불평등 등의 해소와 같은 형평성 제고 차원의 사회정의론보다는 사회구성체의 지분 권리의 회복이라는 차원의 정책이 아니다. 국가공동에 구성원으로서 누려야 할 권리의 회복이라는 차원의 정책이다.

이 연구는 기본소득과 관련한 각 분야별 성과의 집대성이다. 기본소득은 부분적으로는 '이미' 왔지만, '아직' 완전한 형태로 실현되진 않았다. 경기도가 확산을 모색하는 이 시점에서 그동안의 성과를 총괄하여 완전한 형태의 기본소득으로 나아가기 위한 발판을 모색할 필요가 있다. 이것이 본 연구의 배경이자 목적이다.

이 연구는 '옴니버스' 형식으로 구성된다. 다양한 분야, 상이한 시각을 지닌 연구자들에 의해 쓰였다. '기본소득'이라는 하나의 주제를 향하지만 각각의 연구들은 상대적인 독립성을 지닌다. 연구 방법도 차이가 있다. 각 연구들은 1장을 제외하고, 크게 기본소득 일반론을 다루는 부분과 경기도 기본소득론을 다루는 부분으로 대별된다. 주제별로는 다음과 같이 크게 다섯 가지 파트로 구분된다. 여기에 정책제안과 과제를 담은 결론부가 추가된다.

기본소득론의 일반적 이해

기본소득의 일반이론과 쟁점

여기서는 기본소득의 이론, 정당성, 역사, 쟁점들이 소개된다. 이 글들을 통해 기본소득의 이상과 현실, 이념적 정당성과 역사, 쟁점과 논쟁사례 등을 알 수 있다.

먼저 2장은 기본소득의 일반적인 원칙들, 즉 개념과 정의에서 출발하여 현실에서 그 원칙들이 어떤 변형을 거쳐 수용되고, 수용될 수 있는지를 분석한다. 기본소득의 이념형이 현실 상황에 따라 겪게 되는 변형 및 수용의 과정을 유형별로 분류 및 분석한다. 아울러 기본소득과 유사하지만 궤를 달리하는 정책들과의 비교도 이루어진다. 즉 기본소득의 틀 내에서의 다양한 변형들과 기본소득의 틀 밖에 있는, 기본소득과 유사한 정책들이 비교된다.

기본소득 지급과 관련하여 5대 원칙, 즉 보편성·무조건성·개별성·주기성(정기성)·현금성이 모두 지켜지는 것이 가장 좋지만 현실의 여건은 그렇지 못한 경우가 대부분이다. 그렇다면 5대 원칙 일부에는 저촉되지만 기본소득의 범주로 분류될 수 있는 기준을 모색하는 것이 필요하다.

기본소득은 역사적으로 3가지 기준에 따라 유형 분류가 가능하다. 1) 구성요소의 상태, 2) 핵심적 특성, 3) 좌우 이념에 따른 유형 등이 그것이다. 필자는 구성요소의 상태에 따라, 5대 원칙을 모두 지키는 기본소득을 '정형기본소득Standard Basic Income'으로 명명한다. 반면 보편성은 범주보편성을 지니는 경우에, 또한 주기성(정기성)과 현금성의 경우 주기성을 지니면서 준현금성을 지니는 경우와 준주기성과 현금성을 지니는 경우를 포함하여 '준형기본소득Partial Basic Income'이라고 정의하고, 준형기본소득도 기본소득의 범주에 넣는다.

기본소득은 그 개념 정의에서 원칙의 성격을 띠는 구성요소들을 구비하고 있는지를 따져야 한다. 이상적이고 이념적인 기본소득을 기준으로 삼아 정형

기본소득 유형을 세우고 현실에서의 변형적 여건을 감안하여 다양한 준형기본소득 유형을 설정할 수 있다. 반면 세상에서 기본소득으로 거론되는 것들 중 상당수는 기본소득이라고 할 수 없고 그저 유사기본소득으로 분류해야 한다.

3장은 기본소득의 등장배경을 자동화와 생산성 극대화, 소득불균형과 양극화에 집중하여 조명한다. 또한 근대 초기의 정치철학자인 홉스와 로크로부터 20세기 노직Robert Nozick(1938~2002), 롤즈John Rawls(1921~2002), 드워킨Ronald Dworkin(1931~2013)의 재산권(소유권) 이론을 통해 기본소득이 채택되기 위해 필요한 선결조건들을 살핀다.

롤즈와 드워킨 논의를 중심으로 기본소득 제도의 도입을 위한 근거를 살펴보면, 다음과 같은 3가지 쟁점이 도출될 수 있다.

첫째, 기술혁신과 양극화를 특징으로 하는 지금, 국가가 개인에 개입하는 한계를 규정해야 한다. 권리를 훼손하지 않는 선에서 구성원의 행복(복지)을 개선할 여지가 있는지 먼저 확인해야 한다.

둘째, 자원과 복지 둘 가운데 무엇이 궁극적으로 지향해야 할 평등의 내용인가를 분명히 해야 한다. 롤즈는 복지 수준 격차를 줄이는데 관심을 기울인 반면, 드워킨은 자원의 개인 몫에 더 초점을 맞추고 있다. 지금 국내에서 논의되는 기본소득을 현실적으로 뒷받침하기 위해서는 기본적인 자원으로서 개인지분을 말해야 한다. 즉, 개인은 자유로운 선택에 따른 결과 차이를 받아들이되, 전적으로 운에 좌우되는 근본적 불평등을 최소화하는 장치로서 기본소득을 정당화하는 것이 바람직하다.

셋째, 기본소득제도에 대한 범사회적 합의가 이루어져야 한다. 기본소득은 특정 지역이나 계층의 처지를 개선하는 지금까지의 복지 현안과 달리, 구성원 모두의 서로 다른 이익에 영향을 미치기 때문에 납세자이면서 수혜자인 모든 당사자가 기본소득제도를 충분히 이해하고 필요성에 공감하는 절차를 거쳐야 한다.

4장은 기본소득이라는 아이디어가 어느 날 갑자기 출현한 것이 아니라 근대를 관통하여 부침을 거듭해왔음을 밝힌다. 아울러 기본소득이 지니는 정당성을 여러 각도에서 조명한다.

기본소득은 열린 제도이다. 이 말은 기본소득이 현재 진행형이지 완성된 그 무엇이 아니라는 말이다. 따라서 기본소득의 정당성은 아직은 학문적인 완결성을 띤 모습으로 평가될 수 없다. 즉 지금 단계에서 기본소득에 대한 수미일관한 체계적인 설명은 불가능하다. 그럼에도 불구하고 현실의 문제들을 극복하기 위해 요청되는 제도이다.

기본소득의 원리는 매우 간단하다. 그래서 오히려 더 많은 오해와 억측의 대상이 되고 있다. 기본소득은 능력에 따른 차별을 배제하지 않는다. 각자의 것은 각자가 가지지만, 모두의 것은 모두가 가져야 한다는 사고이다. 어떤 유토피아를 주장하는 것이 아니다. 공동생산, 공동분배의 공산주의 이념과는 다르다. 경쟁을 부정하지도 않는다. 오히려 양극화로 인해 기울어진 운동장이 왜곡시킨 경쟁의 활력을 증진시킬 것이다.

그간의 자유주의는 개인주의와 결합하여 다른 사람과의 경쟁을 부추기고 오로지 자신의 이해관계에만 몰두하도록 만들었다. 서로가 근시안적 자기이해에만 골몰하게 됨으로써 사람들은, 자유의 신장이 아니라 오히려 체제system 앞에 무기력한 원자화된 개인, 사회구조에 얽매어 옴짝달싹 못하는 고립적 개인으로 전락했다.

기본소득은 자유의 필요조건인 물질적 자유를 공동체가 보장함으로써 개인의 '실질적' 자유를 신장시킬 것이다. 역으로, 공동체에 의한 개인의 실질적 자유에 대한 보장은 다른 사람들과 더불어 살아가는 즐거움이자 타자에 대한 배려로서의 공동체 감각community sense의 향상, 즉 공동체주의의 성장에도 기여할 것이다. 기본소득은 자유(주의)와 평등(주의), 개인(주의)과 공동체(주의)를 연결하는 매개의 역할을 할 것이다.

5장은 기본소득을 둘러싼 12가지 쟁점들을 소개하고 각 사안별로 기본소득의 정당성을 제시한다. 기본소득의 원리는 매우 간단하지만 제기하는 문제는 매우 다양하고 복잡하다. 이 글은 상식의 차원이든 이론의 차원이든 기본소득과 관련한 의구심을 해소하는데 유용한 답변을 담고 있다.

쟁점1은 기본소득의 정의Definition와 관련된다. 기본소득의 정의에 어긋나는 제도들이 기본소득을 참칭함으로써 기본소득에 대한 이해를 방해하고, 잘못된 비판이 이어지고 있다.

쟁점2는 기본소득의 5대 원칙이 모두 지켜지기가 아직은 힘들기 때문에 기본소득의 원칙을 완화하자는 주장이다. 완화하는 경우에도, 중요한 것은 기본소득의 정의Justice가 지켜져야 한다는 점이다. 기본소득은 "공유부에 대한 모든 사회구성원의 권리에 기초한 몫"이다. 이는 기본소득의 정의justice를 담은 정의라 할 수 있다. 이러한 정의에 따르자면, 상호성reciprocity, 무임승차자free riders, 기생parasites 등을 내세운 윤리적 정당성에 근거한 기본소득 비판은 잘못된 과녁을 겨냥한 것이 된다.

쟁점3에서는 기본소득이 단순히 돈을 지급하는 것에 그치는 것이 아니라, 우리 삶의 전환에서 노동과 생산, 경제에 대한 생각의 전환을 촉구함을 밝히고 있다.

쟁점4는 감당 가능하고 실현가능한 특정 기본소득 모델을 놓고 토론하는 것이 중요함을, 쟁점5는 기본소득의 재원이 조세(세금)에 의존해서만 마련될 수 있는 것이 아님을 밝힌다.

쟁점6은, 기본소득의 도입이 필연적으로 기존의 사회보장제도의 구축을 할 것이라는 주장에 대해 답한다. 보편적 기본소득과 공공사회서비스는 대체관계가 아니라 보완관계가 되도록 구축해야 한다.

쟁점7은 기본소득의 지급수준과 관련하여 최저생계비, 물가변화, GDP 등과 비교하는 것이 적절하며, 기본소득 지급수준은 사회경제적·정치적 환경, 자본주의 축적체제 및 노동의 변화, 불평등의 양상에 따라 달라질 것임을 말한다.

쟁점8에서는 기본소득에 대해 '불가능성 정리'와 '정책 트라일레마'라는 비판에 대해 답을 내놓는다. 정태적 시간이 아닌 시간의 흐름을 명시적으로 고려한 동태적 과정 속에서 기본소득을 고려할 필요가 있다는 것이다.

쟁점9에서는 기본소득이 좋은 노동, 자신에게 적합한 노동, 그 자체로 매력이 있으며 내재적 동기를 불러일으키는 노동은 장려하고 증가시키는 반면, 열악한 노동, 자신에게 맞지 않는 노동, 그 자체로는 매력이 없으나 화폐적 보상에 기초한 외재적 동기를 갖는 노동은 장려하지 않으며 감소시킨다는 점과 또한 기본소득은 '노동력의 실질적 탈상품화'를 지향한다는 점을 분명히 한다.

쟁점10은 기본소득 지급과 노동공급과의 관계이다. 최소소비수준 이하의 기본소득 지급이 사회 전체적으로 노동공급을 크게 줄인다고 보기는 힘듦을 보여준다.

쟁점11은 기본소득이 근로장려금EITC을 비롯한 각종 임금보조금보다 빈곤과 불평등의 개선뿐만 아니라 다양한 차원에서 우위에 서있음을 밝힌다.

쟁점12에서는 기본소득이 빈곤과 불평등의 개선에서 가장 유력한 정책임을 알려준다.

6장에서는 독일의 기본소득 논쟁을 소개한다. 독일에서는 기본소득과 노동, 혹은 노동조합의 관계를 둘러싸고 치열한 논쟁이 전개된 바 있다. 이 논쟁은 기본소득의 정치적 채택과 관련하여 우리나라에서도 피하기 힘든 주제이다. 이 논쟁은 앞으로 전개될 것으로 예상되는 우리나라의 논쟁에서 '타산지석'이 될 것이다.

현재 한국의 노동운동은 다양한 현안을 위해 나름대로 열심히 투쟁하고 있지만, 이들에게 일관된 방향성을 부여하는 장기적인 전략은 부재한 상황이다. 이러한 상황에서는 현안 외에 기본소득과 같은 다른 이슈들은 노동운동 내에 자리를 잡기가 힘들다. 따라서 한국사회의 장기적인 목표를 비롯하여 그것을 달성하기 위한 제반 경제·사회·노동정책 등을 종합적으로 구상하고, 그 실천방안들을 구체적으로 준비할 필요가 있다. 이 과정에서 비로소 기본소득도 하나의 과제로 부각될 수 있을 것이다.

기본소득의 정책과 실험

이 주제에는 총 6편의 글이 포함된다. 앞서 밝혔듯 기본소득의 원리는 간단하지만 사회정책들의 근간에 영향을 미치는 파괴력을 지닌다. 6편의 글들은 기본소득이 구체적인 사회정책들과 어떤 연관을 갖는지를 분석한다. 기본소득이 각각의 정책과 관련하여 어떤 효과를 낳을지에 대한 전망과 더불어 세계 각국의 기본소득 실험사례들도 알 수 있다.

7장은 사회복지 정책적 관심에서 기본소득을 전망한다. 기존의 사회보장제도가 시장 상황의 변화에 따라 노정하게 된 한계를 분석하고 새로운 사회보장 전략으로서 기본소득제도 도입이 지니는 효과를 제시한다. 기본소득이 도입될 경우, 공공부조 방식의 현금형 급여와 사회수당은 기본소득으로 포섭된다. 반면 사회보험의 현금 및 현물급여는 유지 및 보완된다. 특히 사회서비스는 구축驅逐되어서는 안 되며 기본소득과 함께 제공되어야 한다는 입장을 분명히 한다.

기본소득 지급으로 인해 국민기초생활보장 수급권이 상실될 위험이 있는 일부 빈곤층의 경우 기본소득이 오히려 더 많은 소득을 상실하게 만드는 결과를 가져온다. 즉 현재의 사회보장제도 하에서는 기본소득이 빈곤층에게 불리하게 작동할 수도 있다. 그러므로 기본소득이 국민기초생활보장법 상의 소득에서 예외가 되도록 법규를 개정하거나, 중앙정부 차원에서의 기본소득 논의로 확장될 필요가 있다.

8장은 기본소득에 대한 경제정책적 측면의 연구이다. 이 글은 경제정책과 복지정책이 명확히 구분되지는 않는다는 전제 하에 경제정책으로서의 기본소득을 다룬다. 먼저 공동부 배당, 국토보유세와 토지배당, 환경세와 환경배당 등 실현 가능한 기본소득 재원과 제도적 도입 가능성을 타진한다. 또한 기본소득과 지역화폐의 결합이 소상공인 지원과 지역경제 활성화 목표 실현에서 어떤 정책적 효과를 거둘 수 있는지를 제시한다. 아울러 현재 논의가 진행되고 있는 농민기본소득 정책의 경제적 목표를 농업 지원 및 농촌 살리기로 설정하고 재원 마련의 문제를 살피고 있다.

보다 구체적으로 살펴보자. 첫 번째, 기본소득을 공동부의 공동소유자에게 지급되는 배당으로 분명하게 규정할 필요가 있다. 헌법을 개정할 때 삽입이 되면 좋을 것이다. 이렇게 규정된 기본소득은 복지정책보다는 재산의 소유자에게 재산으로부터의 수익을 배당하는 경제정책의 성격을 갖는다. 기본소득은 재산권을 회복시켜주는 정책, 공정한 경제를 만드는 정책이 된다.

두 번째로, 우리나라 경제의 가장 큰 문제는 부동산 불로소득이다. 이것을 바로잡지 못하고서는 불평등 확대를 막을 길도 없고, 혁신경제를 만들기도 점점 힘들어진다. 부동산 불로소득을 환수해서 진정한 소유자에게 나누어 주는 국토보유세+토지배당 정책이야말로 공정한 시장경제를 건설하는 가장 근본적인 개혁 정책이다.

세 번째로, 기후위기를 극복하고 미세먼지를 줄이기 위해서는 10년 이내로 탄소 순 제로 등과 같이 과감한 목표 설정이 필요하다. 탄소세는 이러한 목표를 시장에 가장 충격을 적게 주면서 달성할 수 있는 수단이고 탄소배당은 탄소세의 정치적 저항을 극복할 수 있는 수단이다.

네 번째로, 기본소득은 증세의 수단이 될 수 있다. 기본소득은 경제 사업에 비해서 편익이 더 크고 소득불평등과 자산불평등을 축소하는 효과가 있다. 지역화폐로 지급되는 기본소득은 지역경제를 살리고 소상공인을 지원하는 효과적인 정책이다.

끝으로, 농민기본소득은 농업과 농촌을 살리는 효과적이고 효율적인 경제정책이다. 농촌의 소득불평등을 줄이고, 농업을 개혁하고 발전시키는 수단이 될 수 있다. 이미 되돌아가기 힘들 정도로 대세가 형성되었다고 판단된다.

9장은 기본소득제도가 지니는 정책적 효율성에 관한 논구이다. 기본소득은 모두에게 무조건적으로 지급되므로 '형평성'에는 부합하지만 너무 많은 비용이 들어 '효율성'이 떨어지는 제도라는 주장이 제기되어 왔다. 이 글은 기본소득이 형평성뿐만 아니라 효율성을 확보하기 위해 필요한 사안들로 충분성, 지출에서 개인의 자유로운 선택보장 등을 제시한다.

기본소득은 형평성을 강화하면서도 시장경제의 효율성을 해치지 않는다는 것이 장점이다. 보다 구체적 말해서 기본소득은 형평성을 강화하는 보편적 복지라는 점에서 좌파에게 매력적이며, 시장경제 효율성을 존중한다는 점에서 우파에게도 매력적인 방안이다.

그런데, 효율성은 정의의 원칙이 아니라 '도구'이다. 기본소득은 기본적으로 '정의'에 대한 것이다. '효율'로 정당화하는 것은 적절하지 않다. 기본소득제도에서 효율을 필요 이상으로 강조하면 제도의 본질을 훼손할 수 있다.

기본소득제도는 북유럽 복지레짐에서 활발히 논의 및 제도화되었다. 이들 국가에서는 사회복지서비스 전달체계의 대체를 논의하는 것이 아니다. 4차 산업혁명과 일자리 관계와 관련하여 일자리를 중심으로 하는 근로복지국가에 대한 대안이다. 기본적으로 북유럽국가에서는 사회서비스의 탈상품화와 비영리조직의 비중이 절대적으로 높다. '효율성'으로 비교 평가하는 것의 정책적 의미는 제한적일 수 있다.

10장은 기본소득과 사회적경제의 연계방안 연구이다. 양자는 복지국가의 위기와 신자유주의적 개혁으로 인한 삶의 불안정성과 사회재생산의 위기에 대한 대처라는 측면에서 공통성을 지닌다. 이 글은 사회적경제 조직의 생산자적 성격과 기본소득 수급자의 소비자적 성격을 결합시켜 생산과 소비의 순환체계를 갖춤으로써 양자 간의 공생발전 방향을 모색한다. 한편 사회적경제를 공동체 활동의 일환으로 보고 사회관계 속에서 공동체가 창출해내는 공익적 가치를 구체적인 화폐가치로 계산해 제시하고 있다. 이 공익적 가치는 우리 모두의 공동부(공유지)라고 할 수 있는 만큼 기본소득의 재원이 얼마만큼 확보할 수 있는지 그 규모를 밝혀주며 또 세금 부과의 명분을 제공한다는 점에서 중요하다.

사회적경제와 기본소득의 연계와 관련하여 단순히 생산잉여의 공유와 평등한 배당, 기본권 보장이라는 측면에서 접근하는 것은 어렵다. 실제 사회적경제와 기본소득이 형성하고 있는 가치와 방향에 대한 공통분모는 작동을 위한 설계과정에서 상호 연계될 수도 있고, 상호 배제적이거나 양자택일적인 상황이 발생할 수 있다. 그리고 사회적경제과 기본소득을 연계하는 것에 대해 사회구성원 모두가 동의하지 않을 수 있다. 이러한 일련의 갈등과 합의의 과정을 통해 경기도 혹은 한국 사회에 맞는 사회적경제와 기본소득의 연계 모델을 최종적으로 구상하는 것이 필요하며, 다양한 의견들을 반영하는 것이 필요하다.

11장은 이 보고서의 다른 글들과는 궤를 달리한다. 이 글은 무조건적 기본소득 정책과 그 유사 정책인 부(-)의 소득세(기초소득), 참여소득 등을 비교한다. 또한 소득지원 방안이라는 측면에서 경기도가 어떤 정책을 택하는 것이 현실적인지를 분석하고 있다. 분석을 바탕으로, 저소득층을 대상으로 한 기본소득과 기초소득, 취업 참여수당을 무조건적 기본소득보다 현실 가능성이 높은 것으로 본다. 단, 경기도라는 광역지자체 차원에서는 재정적으로 실현가능한 정책을 찾기는 어렵다고 말한다.

기본소득Basic Income은 정부가 모든 시민에게 노동, 기여, 필요 등과 관계없이 무조건적unconditional으로 일정액의 소득을 지급하는 것이며, 기초소득 Guaranteed Income은 이중 소득을 감안하여 일정수준 미만의 대상에게 차등의 소득을 지급하는 것이다. 경기도에 적용 가능한 방안을 살펴보았으나 모두 예산범위를 넘어선다. 물론 경기도 보유 재산을 활용하거나 다른 예산을 전환하는 등의 방법이 있을 수 있다. 하지만 처음 시도하는 대규모 사업에서 위와 같은 방법을 사용하기는 쉽지 않을 것이다.

12장에서는 세계 곳곳에서 벌이고 있는 기본소득제도에 대한 실험 사례들을 모았다. 미국 알래스카 주에서 한국의 성남시에 이르는 다양한 사례들을 통해 실험의 성과와 한계를 일목요연하게 살펴볼 수 있다.

1982년부터 현재까지 실시되고 있는 가장 완전한 의미의 기본소득 정책이라 할 수 있는 알래스카의 영구기금배당 정책은 실험을 거치지 않고 곧바로 실시되었다. 또 2016년에 시작된 성남시의 청년배당도, 2019년부터 시작된 경기도 청년기본소득도 실험을 거치지 않고 바로 실시되었다. 이때 핵심적인 동력은 해먼드Hammond 주지사(알래스카)와 이재명 시장/도지사(성남/경기도)의 의지였다. 이에 반해 위에서 소개한 나머지 실험들은 실험 이후에 (아직까지는) 본격적인 정책으로 이어지지 못하고 있다.

이렇게 본다면, 기본소득의 도입에서 중요한 것은 실험보다도 정책의지라고 할 수 있다. 즉, 기본소득에 관한 정책 결정권자의 의지가 확고하다면, 굳이 실험을 거치지 않고도 기본소득을 도입할 수 있는 것이다.

이러한 관점에서 한국의 상황을 보자. 한국에서는 이미 경기도에서 청년기본소득 정책이 실시되고 있는데, 성남시의 경험부터 본다면 이미 많은 시간이 지나서 일정한 경로의존성을 획득했다고 볼 수 있다. 따라서 이것은 지방정권이 교체된다고 해서 폐지될 수 있는 것은 아니라고 판단된다. 이런 상황에서 기본소득의 확산을 위해 필요한 것은 또 다른 실험이 아니라 이제 막 시작한 경기도 청년기본소득의 물적 토대와 효과 등을 정확히 평가하여 다른 지역, 다른 연령계층으로의 확산가능성을 탐구하는 것이라고 할 수 있다.

기본소득의 법제화

기본소득의 전국(민)적 실행은 결국 법제화를 통해 실현된다. 여기서는 2편의 글을 통해, 기본소득을 어떤 방식으로 법제화할 수 있는가를 논구한다.

13장은 기본소득법의 법적 성격에 관해 논의한다. 기본소득은 공동체 구성원 누구에게나 인간다운 삶을 누릴 수 있는 기회를 보장한다는 점에서 사회보장이나 사회복지제도적인 측면이 있다. 반면 사회구성원의 구매력을 신장시켜 경제 활성화에 기여한다는 점에서는 경제정책적인 측면이 있다. 이 중 어떤 측면으로 기본소득법의 성격을 규정하느냐에 따라 규범적 기초와 보장의 강도, 사법심사의 기준과 방법 등이 달라지므로 기본소득법의 법적 성격에 대한 논의는 기본소득의 법제화와 관련하여 근본적인 주제이다. 이 글은 기본소득의 양 측면 중 어느 것을 선택하는지에 따라 발생할 수 있는 장단점을 살핀다.

다음으로 기본소득의 법제화와 관련한 법적 쟁점을 다룬다. 먼저 기본소득 제도의 도입을 규정하는 법규범의 위상에 따른 법적 함의의 문제를 살펴본다. 즉 기본소득을 법률로 도입할 것이냐 헌법으로 도입할 것이냐에 따라 달라지는 법적 함의를 알아본다. 또한 법률 혹은 헌법으로 도입할 경우, 각각의 경우에서 예상되는 쟁점들을 소개한다.

14장은 기본소득이 경제정책일 경우와 사회보장제도일 경우로 구분하여 각각의 전제에서 마련해 본 「기본소득법」의 법률안 조문 및 해설이다. 구상의 차원이지만 기본소득법률안을 설계했다는 것 자체로 의미가 있다고 할 것이다.

경기도 기본소득 정책모형과 확산

앞서 말했듯, 경기도의 기본소득 정책은 세계적 관심사로 부상했다. 여기에 수록된 5편의 글들은 경기도 기본소득의 정책 모형과 실행, 확산 방법을 모색하는 글이다.

15장은 경기도 기본소득의 모형을 구상한 연구로서 경기도 기본소득제도와 관련한 총론적 성격의 글이다. 기본소득의 원칙들을 최대한 지키면서도 경기도의 실정에 맞는 기본소득제도를 어떻게 도입할 것인가에 대한 숙고가 담겨 있다. 지자체로서 경기도가 지니는 재정적 한계에도 불구하고 가능한 최대한의 기본소득 정책과 관련한 해법을 모색한다.

구체적으로 경기도 기본소득 모형(단기모형)은 비전형적인 형태의 경우이면서 매칭사업인 경우 경기도가 재정적으로 실행 가능한 범주들을 찾을 수 있다. 이러한 비전형적인 형태의 모형은 대상 범주를 특정 연령으로 설정하는 것으로서 경기도 복지예산에만 전적으로 의존하는 경우라 할지라도 많은 실행 가능한 범주를 구성할 수 있으며, 여기에 수익사업 수익금까지 재원에 포함시킬 경우 재정적으로 실행 가능한 범주의 수는 대폭 늘어나게 된다. 비록 노인그룹에 한정되기는 하나 5개 이상의 연령층을 하나로 묶는 경우도 여러 개 존재한다. 아동청소년 그룹에서 실행 가능한 범주를 찾고자 할 때엔 3개 연령층을 묶는 경우가 전 아동청소년 그룹에서 가능해지고 그 조합수도 17가지나 된다.

특히 그 적용대상 범주를 특정 연령층에 한정할 경우와 순수 경기도 복지예산만이 아닌 수익사업 수익금을 합쳐서 재원 조달을 하면서 그것도 매칭사업인 경우, 실행가능한 경기도 기본소득 모형은 그 적용 대상으로서 가능한 연령이 다양해지고 넓어지는 특징을 보인다.

지금까지 연령에 따른 적용대상 범주를 설정하여 기본소득을 다루는 모형을 논의했다. 이러한 한계를 벗어나 더 확장된 범주를 적용하는 경우를 고려해 볼 수도 있을 것이다. 예를 들어 농민, 장애인, 문화예술인 등을 범주로 설정하고 기본소득 모형을 구축할 수도 있다. 이러한 형태의 범주기본소득을 고려하는 이유로 이상형 기본소득인 정형기본소득으로 가기 위한 이행 내지 과도기적 기본소득이 필요하고, 따라서 이런 방향에서 기본소득 모형을 고려한다는 점도 있다. 다만, 이러한 범주를 대상으로 한 기본소득 모형은 일종의 현실적 방편으로 수용하는 것이란 점을 분명히 해야 한다. 이들은 그 구체적인 내용이나 형태가 준형기본소득 유형에서 벗어나 자칫 유사기본소득 유형에 가까울 수도 있기 때문이다. 이러한 점을 분명히 인식하면서 현실적 필요에 의해 이들 모형을 적용하려 한다면 이는 의지의 실천 문제가 된다 할 것이다.

16장은 경기도민이 적정하다고 생각하는 기본소득액이 얼마인지를 추정한 글이다. 만 24세에게 지급하는 현재의 청년기본소득을 도민 전체를 대상으로 확산할 경우, 적정 기본소득 지급액을 추정하는 것은 경기도 기본소득 일반모형을 구하기 위해서는 반드시 거쳐야 할 과제이다. 사람들의 내면의 선호를 직접 파고들어 재화나 서비스의 경제적 가치가 얼마인지 표현해 내도록 하는 조건부가치측정법Contingent Valuation Method, CVM 등을 통해 도민들의 참된 선호에 근거해 도출될 수 있는 적정 기본소득액의 존재 구간으로 14만 원~42만 원을 추정해내고 있다.

본 연구에서 경기도민이 자신의 선호에 기반하여 제시하는 경기도 기본소득의 적정 금액을 두 가지 방법을 적용하여 추정해 냈다. 하나는 카드선택형 CVM 추정 방식이고 다른 하나는 양분선택형 CVM 추정방식이다.

먼저 카드선택형 CVM 추정법으로 구한 경기도민에게 지급할 적정 기본소득액은 단순계산법을 적용하였을 경우 월 42만 3천 4백 원이고, 포아송회귀모형 분석을 거쳐 나온 값은 월 41만 9천 2백 원이다. 이와 별도로 양분선택형 조건부가치측정법으로 구한 결과는 월 14만 718원이다. 전자는 아무런 제약조건이 없는 상황에서 구한 값이고, 후자는 소득세라는 세금을 부과한다는 제약조건이 수반된 상태에서 구한 값이다. 이들 중 무엇이 참값인지, 아니 참값에 가까운지는 모른다. 다만 양분선택형 CVM 추정법으로 구한 금액이 월등히 보수적 입장에서 구한 값이라고 할 수 있다. 이 값을 도출하는데 기본 전제가 된 세금 부과 액수(소득세율)는 1인당 평균 월 63,852원(2.18%)이 된다.

이 세금 크기(월 63,852원)는 카드선택형 추정법으로 구한 값(월 423,400원 또는 월 419,200원)과 양분선택형 CVM 추정법으로 구한 값(140,718원)의 차이(282,682원 또는 278,482원) 보다 월등히 작다. 이는 세금을 부과한다는 제약조건이 사람들로 하여금 공익적인 활동이나 상징재화의 가치를 평가하는데 얼마나 인색하게 만드는지를 보여주는 징표이다. 이것이 자기 이익에 민감한 인간들의 이기심이 작동할 때 나타나는 현실의 실상이다.

결론적으로 경기도민이 자신의 선호에 입각해서 평가하는 경기도 기본소득의 적정 금액(참값)은 대략 월 최대 42만 원에서 최소 14만 원 사이에 있기 쉽다고 보는 것이 합리적일 것이다.

17장은 경기도가 현재 실행중인 청년기본소득에 대한 중간보고서이다. 경기도 청년기본소득의 설계, 주요 특징들을 살피고 수급 청년들의 만족도와 소상공인 패널 조사 결과를 수록한다. 좀 더 결과를 지켜봐야겠지만 지역화폐 연계형 기본소득 지급정책은 성공적인 출발을 보이고 있다.

청년기본소득은 기본소득이 갖추어야 할 핵심 구성 요건(원칙)을 갖춘 사업이란 점에서 기본소득에 해당한다. 비록 이상적 형태의 정형기본소득은 아니나 준형기본소득으로서 손색이 없다고 할 수 있다. 세계 여러 국가들에서 보여줬던 유사 실험experiment이나 시범사업pilot project과는 다르다.

경기도 청년기본소득은 이를 실시하고 난 뒤 청년 당사자들의 반응은 "대체로 만족할만하다"였다. 이에 입각하여 판단할 때, 비록 어떤 단정적 결론을 내리기에 조심스럽고 정책의 성공 여부를 판단하기에 보다 객관적 차원에서 뒷받침해 줄 자료가 있어야 하지만 일단 성공적 시작을 보이고 있다는 평가를 내릴 수 있다. 좀 더 면밀한 모니터링을 통해 이러한 초기단계의 잠정적 결론이 이후에도 확증적으로 나타날지 살펴보아야 하겠지만, 이 사업에 대해 보다 긍정적이고 적극적으로 바라보는 태도를 가질 필요는 있을 것 같다. 이는 청년기본소득과 같은 여러 범주형 기본소득 사업을 실시하는 것에 대한 긍정적 시그널이 된다고 해석할 수 있다.

한편, 청년기본소득 수급자 대다수가 지역화폐로 지급하는 취지를 이해하고 있다. 지역화폐 사용이 지니는 어느 정도의 불편함, 사용상 애로점 등에 대해서 수용할 수 있다는 긍정적인 반응을 보였다. 이러한 반응은, 청년들이 지역화폐와 기본소득을 별개로 분리해서 보는 것이 아니라, 동일체로 인식하고 있음을 말해준다. 이런 청년 당사자들의 반응을 고려할 때, 청년기본소득과 지역화폐는 하나의 융합체로서 더욱 공고화할 필요가 있다. 이런 맥락에서 살펴볼 때, 향후 사회복지정책, 지역금융정책, 지역경제정책이 서로 융합하는 정책적 틀을 구축하면서 기본소득 정책이 전개되어야 의미가 있을 것으로 판단된다.

다만, 청년기본소득이 지역화폐로 지급되고 이를 수령한 청년들이 소비함으로써 지역 내 소상공인들의 매출증가에 기여하기엔 전체 매출에서 지역화폐 사용규모가 차지하는 비중이 극히 미미하다는 점에서 아직은 지역경제 활성화에 대한 큰 효과를 기대하기는 어렵다. 이는 청년기본소득의 지급액 규모를 늘리거나 극히 제한적 조건 속에서 경제적 승수효과가 얼마나 되는지를 분석하고 판단할 주제이기도 하다. 특히 소상공인 서베이 패널 자료에 오류가 많이 있을 경우, 이에 대한 보정을 거친 자료를 사용한 결과는 전적으로 신뢰하기는 어려운 법이다. 3분기, 4분기를 걸쳐 제대로 된 자료가 구축된 후 평가하는 것이 바람직할 것이다. 이런 점들을 함께 고려하면서 경기도 청년기본소득 정책을 바라봐야 정책에 대한 평가나 판단에 있어서 균형 잡힌 스탠스를 취할 수 있을 것이다.

18장은 경기도 기본소득 정책을 장애인으로 확산하는 방법 모색이다. 장애인 기본소득에 대한 논의는, 아직은 활발하지 않은 상황이다. 따라서 장애인총연합을 비롯한 관련 단체들도 아직은 큰 관심을 보이지는 않고 있다. 그렇지만 그 필요성에 대한 공감은 확대일로에 있다. 이 글은 장애인 기본소득에 대한 선구적 문제제기를 담고 있다.

장애인 기본소득을 경기도 단위가 아닌 시군 기초 단위에서 추진할 경우 장애인 정책에 있어 많은 긍정적인 요인을 확보할 수 있다. 장애인 기본소득은 시군 단위의 장애인 실태조사를 통해 "지역에 숨어 있는 장애인을 발굴하여 서비스를 제공할 수 있으며, 특히 농촌이나 외곽지역에 거주하는 장애인이 장애인 등록을 하지 않거나 장애인 등록을 했다고 하더라도 집안에서 방치되어 있는" 경우, 이를 발굴하여 장애인 기본소득의 수급 대상자로 적극적으로 선정할 수 있다. 장애인 기본소득의 수급을 통해 장애인 자신의 권리와 존엄을 회복하고, 지역사회는 장애인과 더욱 공존의 삶을 추구할 수 있으며, 지역경제는 지역화폐를 통한 지역 내 순환을 통해 더욱 성장하게 될 것이다.

마지막으로, 장애인 기본소득을 실행하고, 그 결과를 사회적으로 검토함으로써 장애인 당사자들을 주체로 한 사회적 평등을 추구하도록 하여야 한다. 장애로부터의 해방은 당사자인 장애인 뿐 아니라, 장애와 비장애를 통합하며 경계를 해체한다. 이는 비장애인을 위해서도 절실히 요청되는 과제이다.

장애인 기본소득은 취약계층에 대한 호의나 시혜, 부조나 지원이 아니라 시민으로서, 인권으로서 장애인의 개별적 조건에 대한 공감과 연대의 징표이며, 권리에 대한 존중이자 사회적 합의라고 할 수 있다. 장애인의 권리 확장으로 인해 장애인-비장애인의 권리는 더욱 공고해질 것이며, 장애해방을 통한 사회적 평등의 실현에도 더욱 기여할 것이다.

19장은 예술인 기본소득 도입을 모색한 글이다. 예술인의 범위가 모호한 측면이 있고, 기본소득의 원칙과 관련하여 반대 입장이 만만치 않은 상황이지만, 전국민 기본소득 도입 및 의제의 확산과 관련하여 이 글은 의의를 지닌다.

경기도에서 예술인 기본소득을 추진한다면, 먼저 예술인 기본소득의 지향점이 경제 불평등 해소뿐만 아니라 삶의 기본적 권리와 개인의 존재 가치 보장이라는 기본소득의 지향점과 같아야 한다. 그리고 기본소득의 구성요소 중 최소한의 구성요소로 인정되는 범주보편성과 무조건성을 반드시 포함해야 한다. 이를 기반으로 경기도가 추진할 수 있는 예술인 기본소득은 최소한 다음 두 가지 사항에 대한 충분한 논의와 전제가 필요하다.

첫째, 예술인 기본소득이라는 명칭이 적합한가에 대한 논의이다. 기본소득의 궁극적 지향점을 고려한다면 예술인 기본소득이라는 명칭보다는 예술 활동 기본소득, 혹은 문화예술 기본소득 등 다양한 시각에서 보다 적합한 명칭이 검토될 수 있을 것이다.

둘째, 예술인 기본소득은 경제적으로 어려운 예술가를 지원하는 것이 아님을 명확히 해야 한다. 모든 국민이 생활 예술인이 될 수 있는 기반을 조성하며, 이를 통하여 사회 전체가 예술 활동으로부터 인간의 존엄성을 확보하며 미래 사회가 요구하는 상상력, 창의성 그리고 융합의 능력을 증대시킬 수 있다는 점에서 예술인 기본소득 혹은 예술 활동 기본소득 혹은 문화예술 기본소득을 추진해야 한다.

이상의 두 가지 사항을 고려하면서, 시군에서 사회적 합의를 통해 제안하는 시범(안)에 대한 검토와 함께 경기도는 예술인 기본소득 혹은 예술 활동 기본소득 혹은 문화예술 기본소득을 추진할 수 있을 것이다.

기본소득의 재원

기본소득 도입과 관련하여 가장 뜨거운 이슈는 단연 '재원'이다.

20장은 기본소득의 재원마련 방안으로 공유지(공동부, 공공자산) 수익 배당을 든다. 여기서 공유지에는 토지와 같은 자연적 공유지뿐만 아니라 지식, 빅데이터와 같은 인공적 공유지도 포함된다. 소득세 증세를 통한 기본소득 재원마련 방안은 다수의 정치적 반대, 노동유인 및 총생산 감소로 인한 기본소득 재원 자체의 축소에 직면할 것이므로 반대한다. "각자의 것은 각자에게" 주고, "모두의 것(공유지)은 모두에게" 주자는 원칙에 충실한 재원마련 방안을 제시한다. 예를 들어 경기도의 경우는 향후 2~30년간 노후 아파트에 대한 재건축이 이어질 것이며, 여기서 얻어지는 재건축초과이익 환수금이 수십조 원에 달할 것으로 예상된다. 여기서 국민주택사업특별회계를 제외한 나머지는 기본소득의 재원으로 전환시키는 것이 바람직하다는 주장이다.

단기적으로 우리나라 지자체에 새로운 공유자산 세입 항목이 생겨날 것이다. 재건축초과이익 환수가 그것이다. 2018년부터 재개되는 재건축초과이익 환수제는 해당 재건축아파트 단지 입주가 시작되는 2020년부터 지자체에 추가적인 세입을 가져다 줄 것이다. 그리고 그 규모는 경기도에서 재건축이 활발해질 수밖에 없는 향후 20년 동안 비약적으로 증대할 것으로 예상된다. 국민주택사업특별회계를 제외하고 이 새로운 세입을 기본소득의 재원으로 전환할 필요가 있다.

중장기적으로는 신도시나 구도시 개발 시에 공공용지나 수용토지를 우선 개발하여 그 이익이 기본소득의 재원으로 환수되도록 기준을 정할 필요가 있다. 뿐만 아니라 민간 토지 개발 시에도 용적률 상향 등의 혜택을 주는 경우 추가적인 개발이익의 일정비율을 기본소득의 재원으로 공여 받을 필요가 있다.

4차 산업혁명의 물결을 활용하여, 광고수익이나 경제적 가치를 낳을 빅데이터 등 수익성 있는 새로운 인터넷 공유지를 지자체에서 적극 육성하여 이로부터의 공유지 수익을 통해 기본소득의 재원을 확충하는 것도 중요하다.

이처럼 공유지 수익을 양적으로 질적으로 확대하고 세대를 넘어 지속적인 기본소득을 보장하기 위해서, 경기도민을 주민으로 하는 '경기도 공유기금' 내지 '경기도 기본자본 풀'을 창설하여 경기도 소유자산을 이리로 집중시키고 그 기금 순수익의 일정비율을 경기도민에게 기본소득으로 지급하는 제도를 확립할 필요가 있다. 특히 지자체에서 육성할 새로운 플랫폼이나 공유지 등도 수익성이 있을 경우 민간에 불하하기보다는 이 공유기금이 투자하는 공유기업을 통해 공동체 성원 모두의 사업으로 전환하고, 이 수익을 기본소득으로 배당한다면 경기 기본소득의 전망은 더욱 유망할 것이다.

21장은 기존의 기본소득 재원마련 방안인 새로운 조세도입과 재정지출 구조조정 방안이 저항과 이견에 직면할 것임을 지적하고 이를 돌파하기 위한 '저인망식' 재원 조달 다각화 방안을 제시한다. 여기에는 국유재산수익, 공공기관 수익, 공공 클라우드 데이터 사용료 수익, CPCClick Per Cost(클릭 당 비용) 광고수익, 전기차 충전수입, 전파사용료 수익, 향후 예상되는 하이퍼 튜브 운용 수익 등에 대한 배당이 망라돼있다. 이 글은 매우 낮은 금액으로라도 기본소득

제도를 우선 도입하고 재원 조달 방안은 상황에 맞게 다각화해나감으로써 지급액수를 충분히 늘려나갈 수 있다는 생각을 담고 있다.

세금을 건드리는 것은 간단한 문제가 아니다. 물론 정치적 과정을 통해 주권자인 국민들이 이를 원한다는 의사를 표시할 경우, 불가능한 것은 아니다. 이러한 여지를 남겨 둔 채 본 연구는 세금 이외의 다른 재원 조달 방법이 무엇인지 탐색해 보고 이를 제시하고자 한다. 이것들은 기본소득제의 실현가능성을 조금이라도 높이는데 기여할지도 모른다. 경우에 따라서는 현실적으로 유력한 대안이 될 수도 있는 방안들로 아래의 것들을 대략적으로 제시하였다.

첫째, 국유재산 수익 배당권이다. 이에 따른 하위 사업들로 ① 아파트 공공개발과 공유주거, ② 공유주방, ③ 스마트팜과 태양광발전, ④ 공유재산특례법 신설, ⑤ 옥외광고 수익 확대, ⑥ 휴양림 운용 수익 배당권, ⑦ 물류창고 운용 수익 배당권 등을 제시하였다. 둘째, 공공기관 수익 배당권이다. 셋째, 공공클라우드 데이터 사용료 수익권이다. 넷째, CPC 광고수익 배당권이다. 다섯째, 하이퍼튜브 운용수익 배당권이다. 여섯째, 전기자동차 충전수입 배당권이다. 일곱째, 전파사용료 수익 배당권이다.

결론 및 정책 제안

22장은 이 연구가 담고 있는 함의를 종합한 결론이면서, 연구진이 공동으로 마련한 경기도 기본소득 관련 정책제안과 향후 과제를 담고 있다.

먼저 정책과제는 다음과 같다. 1) 재정자주권 확보, 2) '경기도 공유부 기본소득 기금(가칭)' 및 '경기도 기본자본 풀(가칭)' 조성, 3) 다른 지자체로의 확산 모델 수립 등이다.

또한 현시점에서 제안할 수 있는 연구과제는 이러하다. 1) 한국 사회·경제 당면문제 해결을 위한 기본소득 중심 전략 수립 연구, 2) 한국경제의 자본축적 구조와 사회복지의 관계 고찰—기본소득·지역화폐를 중심으로—, 3) '한국형' 유사기본소득(기초소득보장) 방안의 연구, 4) 소득세와 기본소득을 연결하는 35% UBI-FIT 모형 연구, 5) 기본소득의 유동화를 통한 기본지분Basic Equity 구축 연구, 6) 공유자산 연동형 기본소득의 원칙과 로드맵 구축 연구, 7) 기본소득과 일자리보장의 비교 연구, 8) 기타 실행 과제(이주자 포함여부, 국민연금과의 관계 등)의 연구 등이다.

기본소득이란 무엇인가

유영성

기본소득의 개념

기본소득의 정의

기본소득은 그 주장의 역사가 오래되고 쟁점이 다양했던 만큼 개념적 정의도 시간에 따라 변천했고, 주장하는 사람에 따라 강조점에서 다소 차이가 난다. 기본소득 관련 대표적인 기구로 인식되는 기본소득지구네트워크Basic Income Earth Network, BIEN는 기본소득을 "모든 사람에게 개인 단위로, 무조건적으로, 자산심사나 노동요구 없이 지급되는 소득"으로 정의하였다(정원호 · 이상준 · 강남훈, 2016, p.29).[1] 이후 "모든 사람에게 개인 단위로, 무조건적으로, 자산

---

1. http://www.basicincome.org/basic-income(검색일자: 2016.8.9).

심사나 노동요구 없이, 정기적으로 지급되는 현금"[2]을 의미하는 것으로 바뀌며 기존 정의에 '정기적 지급'과 '현금지급'을 추가하게 된다. 이는 기본소득의 개념을 보다 한정적이며 구체화된 형태로 변모시킨 것이다.

비슷한 맥락에서 기본소득한국네트워크BIKN에서도 기본소득은 "국가 또는 지방자치제(정치공동체)가 모든 구성원 개개인에게 아무 조건 없이 정기적으로 지급하는 소득이다"라고 정의한다.[3] 이는 2016년 서울에서 열린 기본소득 총회에서 합의된 정의이다. 그런데 이 정의에서는 기본소득지구네트워크의 정의에서와 같이 정기적 지급을 수용하고 있으나 현금 지급이라고 하지 않고 소득이라 하고 있다. 대체로 우리는 소득을 현금으로 지급받기 때문에 소득이라 하든 현금 지급이라 하든 그 차이가 없다고 볼 수 있다. 그리고 기본소득은 소득이기 때문에 굳이 현금이라 하지 않고 소득이라고 정의하는 것이 본질에 더 부합하다고 보아 그렇게 정의했을 수도 있다. 다만, 이런 뜻이 아니라 현금 지급과의 차이점을 분명히 하면서 소득이란 용어를 쓴 것이라면 기본소득을 소득이라고 할 때 소득이 아닌 형태의 지급—기부, 증여, 시혜, 공짜 돈 등—의 의미를 배제한다는 메시지를 담고 있다 할 것이다. 일반적으로 소득을 받는다고 할 때 꼭 현금으로만 받으라는 법은 없다. 현금이 아닌 형태의 지급수단, 예를 들어 상품권, 유가증권, 채권, 심지어 바우처, 현물로도 받을 수 있다. 이 경우 소득은 현금에만 한정되느냐 비현금도 포함되느냐를 놓고 좀 더 분명히 할 필요가 생긴다. 기본소득한국네트워크가 기본소득을 소득이라고 정의하는데, 이러한 의미들을 함의하는 것이라면 소득의 범위는 상당히 유연하면서 포괄성을 띠는 것이라고 해석할 수 있다.

---

2. "A basic income is a periodic cash payment unconditionally delivered to all on an individual basis, without means-test or work requirement"(http://www.basicincome.org/basic-income) (검색일자: 2018.7.17).
3. http://basicincomekorea.org/all-about-bi_definition/(검색일자: 2018.7.17).

이러한 정의와 별도로 기본소득한국네트워크 홈페이지의 질의 · 응답란에는 기본소득에 대한 질문의 답으로 "모든 사회 구성원 각자에게, 어떠한 자산 심사와 노동 요구 없이, 국가 또는 사회공동체가 지급하는 조건 없는 소득입니다. 생활을 충분히 보장하는 수준으로 정기적으로 지급하며 교육, 의료, 주거, 보육, 노후 등의 보편 복지와 함께합니다."라고 쓰여 있다. 이는 우리의 삶의 유지에 필수적인 기초복지적 성격의 현물 서비스와 기본소득은 대체 관계에 있는 것이 아니라는 것을 말한다. 협의적으로 볼 때 기본소득은 이들 기초복지 서비스를 개념상 배제하지만 병렬적 관계로 서서 함께 간다는 것을 말하고, 광의적으로 볼 때 기본소득은 이들 기초복지 현물 서비스도 포괄한다는 것을 말한다고 볼 수 있다. 이런 광의적 개념을 큰 거부 없이 수용한다면 기본소득은 현금 여부에 집착하기보다 일정한 현금성을 유지할 수 있다면 그것이 비현금 서비스 형태를 띠더라도 기본소득으로 인정할 수 있게 된다. 현 기본소득한국 네트워크에서 취하고 있는 기본소득 개념이 이런 광의적 개념을 수용하여 기본소득을 현금이라 하지 않고 소득으로 정의한 것인지는 분명치 않으나 그 여지는 있어 보인다.

이에 입각해서 판단할 때 이들 기본소득네트워크BIEN & BIKN가 공동으로 취하고 있는 기본소득의 개념은 대체로 기본소득에는 다섯 가지의 구성원칙, 즉 ① 보편성, ② 무조건성, ③ 개별성, ④ 정기성, ⑤ 현금성이 담겨 있어야 함을 요구한다. 반면, 기본소득한국네트워크는 여기에 "생활을 충분히 보장하는 수준으로"라는 답변에서 보듯이 구성원칙에 ⑥충분성도 포함해서 다루고 있다.[4]

이러한 여섯 가지 구성원칙 중 세 가지 항목, 즉 보편성, 무조건성, 개별성이

---

4. 그렇지만 기본소득한국네트워크에 소속된 사람들 간에 충분성 포함을 놓고 논란이 있는 것은 사실이다. 최근 들어 기본소득지구네트워크의 입장을 따르자는 부류가 대세를 이루고 있는 것으로 보인다.

기본소득의 공통적이고 가장 핵심적인 기본 요건으로 취급되고 있다(조권중·최상미·장동열, 2018, p.9).

기본소득의 구성원칙 및 현실수용성 검토

위에서 살펴본 기본소득의 구성원칙들 각각의 주요 특징과 그 현실 수용성 정도를 살펴보면 다음과 같다.

첫째, 보편성. 한 사회에 속한 구성원일 경우 그들 모두가 지급대상이 됨을 의미한다. 여기서 사회구성원 관련하여 그 범위를 놓고 논란이 생길 수 있다. 구체적으로 사회를 한 나라로 볼 때 국내 거주 외국인(미등록 상태의 체류자 포함)과 내국인이지만 외국에 거주하는 사람이 해당되느냐는 문제가 발생하는 것이다. 이들 모두를 포함하면 완전한 보편성을 갖는다 할 것이나 상황에 따라서는 일정 정도 제한을 가하는 제한적 보편성을 허용할 수도 있다. 비슷한 맥락이긴 한데 보편성이 지역, 연령, 성별 등의 차이를 두지 않는 것만 해당하는지 아니면 특정 지역, 연령 구분을 허용하는 것인지도 문제가 될 수 있다. 일단은 보편성이라 할 때, 국적, 지역, 연령, 성별 차이를 불문하는 것이라 할 것이다.

이러한 강한 보편성 개념에서 벗어나 다소 유연성을 확보하는 차원에서 특정 지역(지자체), 특정 연령, 특정 계층 등에 한정해서도 그 범주 안에서 보편적으로 적용되는 경우라면 보편성을 지킨다고 보고 범주형 보편성 개념을 설정할 수도 있다. 이를 두고 기본소득한국네트워크는 '부분 기본소득'이라 명칭하며 보편적 자격 기준에 부합한다고 말하기도 한다.

"기본소득과 비슷하지만 아닌 것은 무엇인가요? 특정한 계층 또는 집단을 대상으로 하는 것 역시 기본소득으로 볼 수 있습니다. 단, 심사와 절차가 있다면 기본소득이 아닙니다. 프랑스에서 시행하는 문화예술인에 대한 지원제도(앙떼르미땅Intermittents)는 문화예술인에게 고용된 노동자로서 1년에 50일 이상 활동해야 한다는 것을 증명케 하는 절차가 있습니다. 그런 면에서 진정한 문화예술인 기본소득이라 볼 수 없습니다. 반면에 청년수당(청년 기본소득), 아동 기본소득, 노인 기본소득 등은 특정한 연령대라는 보편적 자격 기준에 따른 지급 방식이기에 기본소득이라 볼 수 있습니다. 부분적으로 시행하는 것이니 부분 기본소득이란 명칭이 적합합니다."(BIKN 홈페이지)

한편, 지급대상을 '모두'라고 하고 있어 일정 범주 내 모두를 포괄한다고 할 때, 여기엔 그 모두가 동일한 금액을 받아야 하는 것이 전제될 수도 있고 그렇지 않을 수도 있다. 일반적으로 보편성은 모두가 동일 금액을 받는다는 것을 암묵적으로 전제한다고 볼 수 있다. 하지만 조금 유연한 입장을 취해 동일한 범주 내 모두라고 하더라도 이들에 대한 지급금액의 차등이 허용되는 보편성을 상정할 수도 있다. 예를 들어 연령대별로 범주를 설정하고 각 연령대의 모두에게 소득을 지급하되, 지급금액에서 차이를 두는 것이 바로 그것이다. 이러한 입장은 실제로 미성년자의 경우에 적용되기도 한다.[5] 대표적으로 애니 밀러의 경우 기본소득의 구성원칙으로서 비차별성을 다루면서 이런 차별성 개념을 명시적으로 취급하고 있기도 하다.

BIEN에서 수용하고 있는 기본소득의 정의에 따르면 기본소득은 5가지 구성요건을 갖추어야 한다. 여기에 충분성 조건은 포함되지 않는다. 충분성 문제는 차치하고서도 6가지 구성 요건을 갖추어야 한다. 이를 제안하고 이를 차기 BIEN 대화에서 공론화할 예정이다. 여기서 6가지 구성요건은 주기성, 현금 지급, 개별성, 보편성, 무조건성, 비차별성에 해당한다. 비차별성은 그동안 보편성 속에서 애매모호하게 다뤘던 사항이다.[6] 비차별성을 명료하게 구분하여 기본소득 구성요건에 추가해야 기본소득의 개념이 보다 분명해질 수 있다. 기본소득의 금액은 시간에 따라 변할 수는 있지만 주어진 범주 내 모든 사람에게 동일해야 한다. 이는 연령에 따라 변할 수 있지만 범주나 여건, 즉 개인 특성, 가계 생활수준, 직업, 고용상태, 보험 기여기록, 소득 및 재산 상태 등등에 따

---

5. 필리프 판, 파레이스·야니크 판데르보흐트(2017), 『21세기 기본소득』, 홍기빈 옮김, 흐름출판.
6. 보편성 속에서 비차별성을 포괄해서 다루는 입장은 필리프 판 파레이스 등을 위시한 BIEN 쪽 다수가 암묵적으로 취하고 있는 것으로 보인다.

라 변하면 안 된다. 개인 특성에 따른, 차별적 요소로 보일 수 있는 세금면제 장애인 급여는 기본소득에 더해서 별도 시스템에서 지급되어야 한다.[7]

둘째, 무조건성. 이는 기본소득의 수급 자격과 관련된 사항으로 개인의 소득이나 재산 수준과 상관없이 지급하는 것을 말한다.[8] 기존 복지제도에서는 복지 수급권자의 복지수급 여부 판단을 그 사람이 벌어들이는 소득 내지 지닌 자산에 대한 조사means-test를 통해 하게 되는데 기본소득은 이것을 하지 않는다는 것을 의미한다. 또한 노동을 하거나 또는 노동을 하려는 의사가 있는지 여부도 상관이 없고, 당연히 노동시장에서의 지위나 사회보험료의 납부도 무관하게 지급되는 것을 말한다. 기본소득의 원칙 중 무조건성은 기존 사회복지제도와의 비교에서 크게 구별되는 항목이다. 사회보험은 보험료 납부자에 한하고, 사회부조도 일정 수준 이하의 소득이나 재산을 가졌다는 자격요건을 충족시켜야 적용되는데 반해 기본소득은 이 모든 것을 무시하기 때문이다.

이는 비록 복지적 성격의 소득을 준다고 하더라도 '기본'이라는 기저를 형성하는 부분만큼은 사람에 따라 구별하지 말자는 정신을 반영하고 있다. 그렇지만 이는 사회적인 수용 측면에서 논란이 큰 원칙이다. 소위 부유한 사람에게도 지급하고, 또 복지에 대한 수요가 별도로 없는 경우에도 복지성 소득을 지급한다는 게 사람들에게 쉽게 납득이 안 되기 때문이다. 하지만 부자도 포함시키고 복지수요의 유무와 상관없이 지급할 수 있어야 부자가 아닌 계층에게 지급하는 것을 실현하기 쉽고, 공동체 전체의 유대를 강화하기 위해서도 좋고, 기존 사회복지제도의 취약점을 보완하기 위해서도 좋은 만큼 기본소득은 이 원칙을 다소 변형해 유연성을

---

7. Miller, Anne(2019), "CLARIFICATION OF BIEN'S DEFINITION OF BASIC INCOME" FOR ITS WEBSITE, June 2019.
8. 본 연구는 필리프 판 파레이스 등과 BIEN의 입장에 따라 무조건성에 개인의 소득이나 재산 수준과 상관없이 지급하는 것을 포함시켜 다루고자 한다. 가이 스탠딩의 경우 개인의 소득이나 재산 수준과 상관없이 지급하는 것을 보편성에 포함시켜 다루기도 한다. 이에 관한 자세한 사항은 4장을 참조하라.

확보하기보다 그대로 자신의 중요한 요소로 견지하고 있는 것이다.

한편, 무조건성 원칙의 논거를 위에서 언급한 보편복지의 장점을 높이 사는데서 찾기보다 우리사회 공동부에 대한 사회공동체 일원의 당연한 권리라는 데서 찾기도 한다. 부자이건 빈자이건 상관없이 사회공동체 구성원인 한 그 구성원이 갖는 공동부에 대한 일종의 지분 배당 차원에서 누구에게나 다 무조건적으로 기본소득을 지급하는 것은 사회정의적 관점에서 볼 때 합당하다고 볼 수 있다.

셋째, 개별성. 기본소득을 수급하는 단위로 가구(가계)가 아닌 개인을 설정한다. 이는 기본소득의 정신이 개인의 자유(경제적, 실질적 자유[9] 또는 경제적 이유로 인한 타인으로부터의 지배에서의 자유[10])에 있는 만큼 개개인에게 지급하는 것을 중요시한다는 사상을 반영하고 있다. 특히 이는 기존의 남성 가구주에 주로 의존하던 가구 내 여성이나 아동도 독립적 개별 주체가 되는 것을 강하게 암시한다.

물론 소득의 의미를 가구 단위로 인식하던 틀에서 보면 이는 문제가 있을 수 있다. 가구원수에 따라 지급받는 가계소득의 크기가 달라져 기본소득의 형평적인 지급원칙을 오히려 위배하는 것으로 보일 수 있기 때문이다(Groot, 2004; 조권중 · 최상미 · 장동열, 2018 재인용). 이런 맥락의 연장에서 일부 학자들 사이에선 개별성을 고수하기보다 가계(가구)에게 지급하는 것도 기본소득의 구성요건으로 인정하기도 한다.

하지만 이러한 점들을 감안하더라도 기본소득의 개별성 조건은 개인의 실질적 자유보장이라는 기본소득의 원칙에 비춰볼 때 꼭 필요한 것으로 받아들여진다. 예를 들어 사회복지제도 중 하나인 기초생활보장제도는 기본단위가 가구이다 보니 수급자격이나 수급액이 가구의 소득에 연동되어 미혼이나 자녀가 없는 가구는 그렇지 않은 가구에 비해 불리하게 된다. 반면 기본소득은 기본단위가 개인이다 보니 이러한 불리함을 벗어날 수 있게 해준다. 더군다나 다자녀 가구는 기본소득의 혜택 금액이 그만큼 더 커질 수 있다. 이 개별성 특성으로 인해 기본소득은 저출산

---

9. 필리프 판 파레이스 등의 자유주의적 관점
10. 까사사스 등의 공화주의적 관점

문제 해결에도 유리한 제도가 될 수 있는 것이다.

이는 미성년인 자녀에게까지 개별적으로 지급하여야 함을 의미하는 것은 아니다. 아직 미성년이기 때문에 부모의 보호 하에 있어야 한다는 점을 감안하면 그렇다. 그러나 미성년 자녀의 부모에게 지급한다고 했을 때 부모 중 누구여야 하는지를 결정하는 것도 문제이고, 부모가 미성년 자녀의 선호에 맞게 해당 지급액을 쓴다는 보장도 없기에 미성년자 지급분에 대한 부모의 대리수령은 아직 논란의 여지가 있다.

넷째, 주기성. 주기성은 일회성 지급이 아닌 주기적인 시간 간격으로 지급되는 것을 말한다. 기본소득은 꾸준히 지급되어 우리의 지속가능한 삶을 유지해 줄 수 있어야 한다는 생각이 이 주기성 요건 속에 반영되어 있다. 만약 일회성 지급으로 끝날 경우 이후 이 기본소득을 일시에 탕진하면 그 삶이 지속가능할 수 없다는 것이다. 물론 일시에 받는 금액을 저축 등으로 원 금액을 유지한 상태에서 이자소득을 얻는 방식을 취한다면 그 이자소득이 기본소득의 주기성을 충족시켜주므로 둘 간에 차이가 없을 수 있다. 그러나 실제 기본소득을 지급받는 사람들이 모두 다 이런 방식을 취할 것이라고 보기는 어렵다.

여기서 주기성은 대체로 개인의 평생동안 지급함을 암묵적으로 전제한다. 하지만 평생이 아니라 그보다 짧은 일정기간으로 한정할 수도 있다. 그 정해진 기간 내에서 주기적인 지급을 하면 되는 것이다. 여기서 지급 주기도 너무 짧아 하루나 일주일 단위가 되었을 때와 월별 내지 분기별, 더 나아가 일 년 내지 몇 년 단위가 되었을 때 생활상의 혜택이라는 효과 측면에서 크게 차이가 날 수 있다. 그런 점에서 단지 주기성 그 자체보다 어느 주기인지가 더 중요할 수도 있다. 뿐만 아니라 지급의 전체 기간으로서 평생에 비해 설정 기간이 매우 짧은 한시적 지급은 그 주기가 어떠하든지 간에 기본소득의 취지에서 볼 때 그 의미가 많이 희석된다 할 것이다.

주기성을 말할 때 전체 기간이 최소한 일 년 이상은 되어야 주기적 지급을 운운할 가치가 있다는 주장을 펼 수도 있다. 그렇더라도 기간이 일 년인 경우의 기본소득은 한시적 기본소득이며, 그것도 단기간 기본소득에 해당한다고 할 수 있다.

한편, 주기성 관련하여 말할 때 기본소득이 꼭 일정하게 주기적인 지급이어야만 하는 것은 아니다. 일회성이 아니라면 일정 기간 내에 다소의 비非주기적인 또는 탈脫주기적인 지급도 주기적 지급보다 만족을 떨어뜨릴 수 있겠지만 유의미하기 때문이다. 다만 이 탈주기성도 수용할 수 있는 정도 내에서의 불규칙성이어야 할 것이다. 이는 사회적 합의로 정하면 되는 문제이다.

다섯째, 현금성. 이는 소득 지급을 현물in-kind이나 특정 목적의 사용을 전제한 이용권(바우처) 형태가 아닌 현금으로 한다는 것을 의미한다. 개인의 효용에서 현물이 아닌 현금이 월등히 낫다는 것은 경제학의 소비자 효용이론이 이미 입증한 바이기도 하다. 현금은 현물보다 개인의 소비 선택집합을 더 키울 수 있기에 그렇다. 또한 실제 현금지원에 대한 정책성과 자료가 쌓이고 이를 토대로 제도의 성과를 재평가하면서 현금지원이 갖는 장점이 다시 발견되고 있기도 하다(최한수, 2017, p.17에서 재인용). 그런 점에서 현금 지급이 우월하다고 말할 수 있다. 그런데 현금이든 현물이든 개인의 소비점이 효용을 극대화할 수 있는 조건을 동일하게 충족시킬 수만 있다면 이들 간에 본질적 차이는 없다. 다만 이 조건을 충족시키는 상황을 설정하기가 쉽지 않다는 게 문제이다. 그래서 현금지급이 아니라면 현금지급 효과에 최대한 가까운 효과를 내는 차원의 수단, 특히 현물에서만큼은 벗어난 화폐성 수단의 발굴이 중요하다. 예를 들면 지역화폐 등이 이에 해당한다 할 것이다. 그런 맥락에서 '적절한' 형태의 수단은 현금지급에 대한 대안적 형태로서 얼마든지 수용될 수 있다고 보인다.

여섯째, 기본소득에 대한 정의와 구성원칙이 이렇게 정해지기 전까지 기본소득의 특징은 기본소득론자들에게 있어서도 약간 다르게 인식되었던 것이 사실이다. 예를 들어 브루스 애커만 · 앤 알수톡 · 필리프 판 파레이스 외(2010)는 기본소득을 "모든 시민이 빈곤선 이상의 생활수준을 유지할 수 있도록 충분히 많은 현금급여를 매달 지급하는 것" 또는 "모든 개인들에게 소득심사나 재산심사는 물론 노동의무나 요구 등의 조건 없이 월단위로 무조건적 지급되는 소득"으로 정의하고 있다(최한수, 2017,

p.14). 심지어 기본소득한국네트워크에서조차 "생활을 충분히 보장하는 수준으로 정기적으로 지급하며…"라는 표현을 부가하고 있기도 하다.[11] 이러한 정의들의 특징은 기본소득 구성원칙에서 '충분성'의 중요성을 강조하고 있다는 것이다.

그런데 이 '충분성'을 놓고 의견이 여러 가지로 갈리는 현상이 나타난다. 그 충분한 수준이 먼저 최저생계비 수준인지, 인간다운 삶이 가능한 실질적(경제적) 자유를 누릴 수 있는 수준인지가 쟁점이 된다. 더 나아가 최저생계비 수준조차 빈곤선과 관련이 있는 개념이므로 기본소득의 월급액이 중위소득의 50% 이하 소득수준이 되어야 한다는 견해가 있는 반면(김교성, 2009; 김교성 외, 2017), 그 기준을 보다 전향적으로 설정하는 견해도 있다(최한수, 2017, p.15).

충분성 관련한 이러한 논란과 의견 불일치 등으로 인해 충분성 조건은 각국의 기본소득네트워크 사이에 의견 차이를 좁히지 못하는 항목이 되어 이후 기본소득네트워크의 공통된 기본소득 구성원칙에는 포함되지 못하게 된다. 그럼에도 불구하고 기본소득 금액이 너무 작은 수준일 경우 현실적으로 기본소득으로서 유의미한 역할을 하지 못하게 되고, 그렇다면 굳이 이런 종류의 기본소득을 고려할 이유가 있느냐는 비판의 대상이 되기도 한다. 그런 맥락에서 충분성 원칙은 비록 기본소득네트워크의 공식 정의에서 빠져있다 하더라도 여전히 논란의 대상이 된다 할 것이다.

기본소득의 유형 분류

역사적으로 논의되어 온 기본소득은 크게 3가지 기준, 즉 ① 구성요소의 상태, ② 핵심적 특성, ③ 좌우 이념에 따른 유형으로 분류할 수 있다. 이렇게 3가지 기준을 적용하는 것은 어떤 견고한 이론이나 절대적 근거가 있어서가 아니라 다분히 기본소득에 대한 이해를 돕는데 유용하다는 이유에서이다.

---

11. http://basicincomekorea.org/all-about-bi_q-and-a/#toggle-id-1(검색일자 : 2019.10.1).

구성원칙	내용		변형 원칙
보편성	모든 사회 구성원을 대상으로 삼음	범주보편성	일정 대상(계층)으로 한정
무조건성	자산·소득 유무, 노동 여부 무관	–	–
개별성	개개인에게 지급	–	가구 지급 주장도 일부 있음
정기성	정해진 기간 동안 일정 주기로 지급	準주기성	일정기간 내 불규칙적 지급 1년 이내 주기적 지급
현금성	현물이 아닌 현금으로 지급	準현금성	준현금(예: 상품권) 지급
충분성	일정 기준에 맞는 금액 지급	부분 충분성	일정 기준 이하 지급

표 2-1 기본소득의 구성원칙 및 변형 여부 논의

주 1) 기본소득 구성원칙 중 세 가지, 즉 보편성(혹은 범주보편성),
무조건성, 개별성은 필수요건에 해당함.
2) 무조건성 중 "자산·소득 유무"부분은 BIEN의 경우 보편성에서 다룸.
3) 충분성은 BIEN이 인정하는 구성원칙에서 공식 제외된 항목임.

구성요소 상태에 따른 유형 분류

1. 정형기본소득과 준형기본소득

기본소득은 다섯 가지 구성요소(원칙)들 각각의 반영 상태에 따라 다양한 유형으로 구별할 수 있다. 크게 구성원칙들이 완전하게 지켜지는 상태와 불완전하게 지켜지는 상태로 구분해 볼 수 있다. 전자에 해당하는 기본소득을 '정형기본소득 Standard Basic Income, SBI'으로, 후자에 해당하는 기본소득을 '준형기본소득 Quasi-Standard Basic Income, QBI'으로 명명할 수 있을 것이다. '정형 Standard'이라고 명명하는 것은 5가지 구성원칙들을 모두 구비하면서 다른 유형들의 기준이 되는 모습을 취하고 있기 때문이다. '정형기본소득'은 이상형 내지 이념형 기본소득이라고 할 수 있다. 반면에 정형기본소득이 이상형인 만큼 현실에서 그대로 실현하기는 어려울 수 있다. 따라서 다양한 이유에 의해 구성원칙들 중 일부에서 그 특징이나 내용이 현실에 적응하기 위하여 적절히 변화하는 모습을 보이는 경우가 생기는데 이를 '준형기본소득'이라고 할 수 있다.[12] '준형'이라고 하는 이유는 순수 이상형은 아닐지라도 기본소득의 근본 취지를 그대로 유지하면서 동시

	정형기본소득	준형기본소득	기본소득 불성립 특성
구성요소	보편성	범주보편성	범주내 차별
	무조건성	무조건성	자산심사, 노동조건 부여
	개별성	개별성	가구당 지급
	주기성	주기성·준현금성, 준주기성·현금성	일시불 지급
	현금성		현물, 바우처 지급

표 2-2 정형기본소득과 준형기본소득의 유형 비교

에 현실에 적응하는 차원에서 적합한 형태를 띤다는 점에서 적정하다고 보기 때문이다.

정형기본소득 유형은 이상적 기본소득 유형에 해당하여 학술적 차원이나 운동적 차원에서 주장을 할 수 있으나 현실에서는 다양한 문제의 맥락과 여러 정책적 처방들과 기본소득 간의 관계 등이 복합적으로 작용하게 되므로 그 순수한 형태를 유지하기 어렵다. 현실에서는 다양한 변형 형태의 '준형기본소득'이 출현하고 정책적으로 검토대상이 된다(표 2-2 참조). 그렇다고 해서 준형기본소득 유형이 기본소득의 구성요소 모두에 대해 각각 다 변형적 형태를 띠어야 하는 것은 아니다. 특히 기본소득의 필수 구성요소에 해당하는 경우는 그 온전한 특성을 유지하여야만 기본소득이 될 수 있는 만큼 준형기본소득도 이들 세 가지 구성요소의 특성을 유지하고 있어야만 한다. 단 보편성의 경우, 국민 전체를 대상으로 하는 경우가 아닌 범주를 대상으로 하는 (범주)보편성은 보편성의 일종으로 취급하는 바, 필수 구성요소의 특성을 위반한다고 할 수는 없고, 준형기본소득 유형이 된다고 할 것이다.

정형기본소득 유형은 구체적으로 기본소득지구네트워크, 필리프 판 파레이스

---

12. 비정형기본소득으로 명명할 수도 있으나 준형기본소득이라고 명명하고자 한다. 범주기본소득, 부분기본소득 등으로 명명하고 있는 것들이 다 준형기본소득에 속한다 할 것이다.

(2006), 애커만 등(2010)을 위시한 외국의 학자들과 기본소득한국네트워크와 이 단체 소속의 대부분의 학자들, 소위 기본소득론자들의 주장에서 찾아볼 수 있는 유형이다. 다만 기본소득한국네트워크의 경우 현금성을 명시적으로 주장하기보다 소득이라는 포괄적 용어를 쓴다는 점에서 준형기본소득 유형을 수용하는 것으로 보인다. 라벤토스(2007)에서는 명시적으로 주장하는 구성요소는 보편성, 무조건 성, 개별성뿐이다. 그런 점에서 정기성이나 현금성에서 어떤 입장을 취하는지 불 분명하다. 경우에 따라 준주기성, 준현금성을 주장할 경우 준형기본소득을 용인하 는 입장을 취한다 할 수 있을 것이다.[13] 단, 그가 대표적 기본소득론자 중의 하나임 에 비춰볼 때 비주기성이나 비현금성을 수용하지는 않을 것으로 보인다. 국내에서 최한수(2017)의 경우 기본소득 구성요소 중 주기성을 포함해서 다루고 있지 않다. 그런 점에서 어떤 기본소득 유형을 주장하는지 불분명하다.

실제 사례 중 정형기본소득 유형으로 분류 가능한 경우로서 미국 알래스카 영구 기금배당[14]과 국민투표에서 부결된 스위스 기본소득법안에서 제시한 기본소득을 들 수 있다.

〈스위스 기본소득 안에서 제시한 기본소득〉

스위스에선 2016년 6월에 헌법에 "정부는 기본소득을 제공해야 한다.", "그 액수와 재 원 조달 방안은 법률로 정한다." 등의 조항을 추가하는 안을 국민투표에 부쳤으나 부결 되었다. 스위스 기본소득Basic Income Switzerland의 안에 의하면 모든 스위스 국민에게 매월 약 2,500 스위스 프랑(약 300만 원)을 조건 없이 지급하는 것이다. 이 안은 모든 시민을 대상으로 하고, 개인에게 지급되며, 무조건적으로 지급되는데다 매달 지급하고 그것도 현금으로 지급한다. 비록 이 기본소득 지급금액이 최저임금의 83.3%(평균임 금의 35.1%)[15] 수준으로 충분성 조건은 충족시키지 못한다고 하나 부분 충분성을 만

---

13. 라벤토스(2007)는 "다니엘 라벤토스(2017), 『기본소득이란 무엇인가』, 이한주 · 이재명(옮김), 책담"을 참조하면 영문이 아닌 국문으로 내용을 접할 수 있다.
14. 이에 관한 세부 내용은 기본소득 사례를 집중적으로 다루는 12장에서 언급하기로 한다.

족시키기엔 충분한 수준이다. 스위스 기본소득(안)은 '무조건적 기본소득Unconditional Basic Income'으로 불리기도 한다.

2. 준형기본소득의 구성요소 및 유형

앞에서 준형기본소득 유형이 어떤 구성요소를 갖추는지를 논하였다. 이들 구성요소 조합은 기본적으로 정형기본소득 구성요소들 조합에서 도출된다. 이러한 변형 방식에 대한 고찰은 이들 정형기본소득 구성요소 각각이 현실에서 적용될 때 반드시 전형적인 상태를 유지하여야만 하는지에 대한 문제의식에서 출발한다. 이는 현실에서 논쟁의 주제이기도 하다. 학자에 따라서는 변형을 인정하지 않는 경우도 있으나 많은 현장가들은 현실성을 염두에 두고 전형의 대용으로 허용할 수 있는 유연한 개념적 확장을 시도하기도 한다.

현실적으로 기본소득 구성요소의 변형적인 상태를 허용하는 것이 합당한지를 살펴보면 다음과 같다.

첫째, 보편성 관련하여 변형 형태는 크게 세 가지 측면에서 제시될 수 있다. 즉, ① 외국민 허용 여부, ② 특정 연령 등의 범주 허용 여부, ③ 범주 내 금액 차등 여부. 먼저 내국인만으로 한정하고 외국인을 배척하는 것은 기본소득 원리에서 벗어날 수 있으나 현실에서는 실제 내국인에게만 적용하는 것이 고려되는 만큼 외국인 허용 여부는 여전히 논란의 주제이기도 하다. 그럼에도 불구하고 기본소득 지급 대상을 내국인에게 한정할 경우 적용 대상에 제한적 범주를 설정하는 기본소득이 된다 할 것이다. 다음으로 특정 연령 등의 범주 허용의 경우는 변형 형태로서 수용될 수 있다. 전국민을 다 포함해야만 기본소득의 취지에 부합한 보편성 충족인 것은 아니기 때문이다. 특정 계층이나 연령에 제한하여 이를 하나의 범주로 삼고 범주 내 모든 사람을 대상으로 기본소득을 지급하면 모든 사람이 속하는 카테고리

---

15. OECD. Stat.; 조권중 · 최상미 · 장동열(2018, p.27) 재인용.

내 보편성 조건은 충족된다 할 것이다.[16] 이를 범주기본소득으로서 별칭할 수 있다.[17] 마지막으로 범주 내 금액 차등의 경우는 기본소득의 보편성을 위반한다고 할 수 있다. 그러므로 준형기본소득으로조차 수용하기 어렵다고 본다. 다만 범주 내 성인과 미성년이 섞여 있을 경우 이들 간 금액의 차별은 허용될 수 있다. 이는 소위 연령에 따른 지급금액의 차이에 해당하며, 현 기본소득론자들 사이에서도 수용되고 있는 사항이기도 하다.

둘째, 무조건성의 경우도 상황 설정에 따라 변형 형태가 있을 수 있다. 최근 들어 노동의욕 유무나 재산 유무 등이 아니라 소득에 대해서 일정 수준 이하를 설정하고 그 이하에 해당하는 빈곤층을 대상으로 하여 일정 소득을 보장해 주는 방식인 소위 기초소득보장Garanteed Income, GI의 경우 엄격한 무조건성에서 벗어나지만 기본소득의 요건에 합당하다고 보는 흐름이 북미 중심으로 있기도 하다. 특히 캐나다의 경우 비노동자(저소득층)를 대상으로 하는 기초소득GI 보장 실험을 하였고 이의 효과성을 높이 평가하는 가운데 그런 공감대가 형성된 것으로 보인다. 하지만 이는 엄격히 소득 심사를 거쳐야만 하는 제약조건에 걸려 소득이나 재산 심사 등을 거치거나 노동의욕 유무에 따른 차등은 본질적으로 기본소득 취지에 부합하지 않는다 할 것이다. 설혹 소득 심사에 대해서만큼 변형 형태를 용인할 수 있다 하더라도 이를 준형기본소득으로 인정할 것인지는 여전히 논란이 될 수 있다.[18]

셋째, 개별성의 경우, 변형 형태로서 개별이 아닌 가구를 기본단위로 설정하는 것을 고려해 볼 수 있다. 하지만 이 또한 기본소득의 근본 취지에 어긋나는 만큼 가구로 소득을 지급하는 단위를 삼는 경우는 기존의 사회보장제도에 친숙한 것으로 비록 우리에겐 거리감 없이 다가온다 하더라도 기본소득으로 인정될 수 없다.

---

16. 특정 연령에 국한하여 지급하는 경우 보편성을 완전히 담보했다고 보기 어렵다는 견해가 있고(조권중 · 최상미 · 장동열, 2018), 반면에 일정한 연령대 내에서 기본소득의 원칙을 모두 충족한다면 기본소득으로 간주할 수 있다는 견해도 있다(정원호 · 이상준 · 강남훈, 2016).
17. 이는 기본적으로 준형기본소득 유형에 해당한다.
18. 본 연구에서는 보수적 입장을 취해 이를 인정하지 않는 것으로 한다.

그런 만큼 준형기본소득으로 취급할 수 없다 할 것이다.

넷째, 주기성의 경우, 일회성 지원이 아닌 한, 주기적인 지급은 다양한 변형(대용) 형태를 취할 수 있다. 그 이유는 현실에서 수용자의 선호나 효용에 달린 문제이기 때문이다. 수용자가 보다 더 선호한다면 굳이 일정 패턴의 주기성만을 고집할 필요는 없다. 더군다나 규칙적인 주기성이 아니라 불규칙적이더라도 주기성을 띨 경우도 가능하고, 지급하는 기간을 개인의 평생이 아닌 일정 한계 내로 할 수도 있다. 이를 준형 형태 기본소득의 일종으로서 탈주기(불규칙 정기) 기본소득으로 칭할 수도 있다. 단, 일회성으로 끝나는 경우는 기본소득의 취지에 반하므로 준형기본소득 유형으로 취급할 수 없다 할 것이다.

다섯째, 현금성의 경우, 적절한 현물지급은 현금지급에 대한 대안의 형태로서 얼마든지 수용될 수 있다는 점에서 변형 형태의 기본소득의 구성원칙으로서 설정할 수 있을 것이다. 다만, 어떤 현물이냐가 중요한데 그냥 물품이 아니라 현금에 가까운 화폐적 특성을 지니는 상품권(지역화폐) 등은 인정할 수 있는 현금지급의 변형 형태가 될 것으로 보인다.[19] 이를 준準현금성으로 칭할 수 있다.

종합하면 변형 형태의 구성요소는 세 가지, 즉 범주 보편성, 준주기성, 준현금성이 있게 된다. 이들 변형 형태 구성요소들의 조합에 따라 준형기본소득 유형의 구체적 모습이 결정되는 것이다(표 2-3 참조).

준형기본소득으로서 실제 적용된 국내 사례로 성남시 청년배당과 경기도 청년기본소득을 들 수 있다.[20]

---

19. 기본소득론자들 가운데 일부는 상품권을 현금지급이 아니라는 이유로 비판하기도 한다(조권중 외, 2018 참조). 그러나 상품권의 경우 일반 상품과는 다르다. 이 상품권으로 구매할 수 있는 물품이 다양할 경우 특히 그러하다. 뿐만 아니라 비록 불법적으로 취급되기도 하지만 상품권은 경제적인 맥락에서만 본다면 상품권 거래시장에서 일정 수준의 할인금액을 지불하면 현금으로 교환도 가능하기에 준현금으로 보아도 무방하다고 본다. 굳이 이런 점이 문제라면 이는 현금성 논란의 주제가 아닌 충분성 주제이거나 기본소득의 부대적 적합조건을 다루는 주제에 속한다고 할 것이다.
20. 이에 관한 세부 내용은 12장에서 언급하기로 한다.

구성요소	A형	B형	C형	D형	E형	F형	G형
보편성(O) /범주보편성(X)	O	O	O	X	X	X	X
주기성(O) /준주기성(X)	O	X	X	O	X	O	X
현금성(O) /준현금성(X)	X	X	O	O	O	X	X

표 2-3 준형기본소득 유형

주 1) 무조건성과 개별성은 기본적으로 충족됨을 전제함.

2) D형, E형, F형, G형이 준형기본소득의 주된 현실적 모습이 될 것으로 추정됨.

3. 유사기본소득

앞에서 살펴본 기본소득의 개념과 유형에 입각해서 판단할 때 유사기본소득Pseudo Basic Income은 정형기본소득과 준형기본소득 유형에서 벗어난 형태의 구성요소 조합으로 이루어진 모습을 띤 경우를 말한다. 그동안 구성요소들과 관련하여 여러 논란과 쟁점이 뒤섞여 있었기에 현실에서 기본소득 유형은 분명한 기준이 없는 상태에서 다양한 형태로 제시되어 왔다고 할 수 있다. 이들 중에는 기본소득과 외양은 유사하나 기본소득으로 볼 수 없는 유사기본소득들이 있기 마련이고 이들이 기본소득의 파악에 혼동을 야기하였다고 할 것이다.

다시 말해 기본소득의 특징을 일부 보이며 기본소득으로 불리는 제도가 매우 다양하다 보니 과연 무엇이 기본소득인지, 또 기본소득이 아닌지 구분하기가 어려웠고, 그러다 보니 학자들도 저마다 다양한 분류를 통해 기본소득에 대한 실체를 포착하려 들었던 것이다. 그런데 역설적으로 이 과정에서 오히려 유사기본소득들이 많이 등장하게 된 것이다.

노대명 외(2009)는 기본소득을 급여수준과 지급방법에 따라 사회안전망 수준, 평균소득 수준, 부분적 기본소득 및 참여소득으로 분류하였다. 이 중에서 사회안전망 수준, 평균소득 수준, 부분적 기본소득은 지급되는 기본소득의 수준과 사회복지 및 공공부조의 대체 수준에 따라 나뉘는데, 대체로 조사 등의 조건성을 전제하고 있어 유사기본소득에 해당한다. 참여소득은 교육, 돌봄, 자원봉사 등 사회적으로 공익적 활동에 개인이 참여할 때 소득을 지급하는 것으로 이 또한 무조건성의 원칙을 일부 완화한 것으로 볼 수 있어 유사기본소득에 속한다.

이명현(2006)은 기본소득을 무조건적 기본소득, 수정형 기본소득, 그리고 스테이크 홀더 급부로 구분하였다. 이 중 무조건적 기본소득은 정부에 의해 사회 구성원 전부에게 아무런 조건 없이 지급되는 이전소득을 의미하여 진정한 기본소득에 해당한다 할 수 있다. 반면, 수정형 기본소득은 기본소득의 일부 조건을 완화한 참여소득, 일시적 기본소득 등을 말하는데 이들은 급부의 호혜성 원칙과 수급권에 대한 시간적 제한의 논의에서 출발하고 있는 유사기본소득의 일종이다. 마지막으로 스테이크 홀더 급부란 애커만 & 알스톳(1999)이 제안한 개념으로 사회의 첫발을 내디딜 수 있는 밑천으로 일정 연령이 된 성인에게 일률적으로 자금을 지급하는 개념이다(Ackerman et al., 2006). 이 또한 일회성 지급으로 주기성 조건에서 완전히 벗어나 유사기본소득에 해당한다.

이밖에도 유사기본소득으로서 부(-)의 소득세와 차액소득보장을 들 수 있다. 부(-)의 소득세Negative Income Tax, NIT는 Friedman(1962)에 의해 제안된 제도로서 고소득자에게 양(+)의 소득세를 부과해서 조달한 재원으로 최저생계비 이하의 소득자에게 최저생계비와 소득 사이의 간극을 채워준다는 것이다. 이 연장에서 노동소득에 근거하여 차액을 보전해 주는 것으로서 미국에서 채택한 NIT인 근로장려세제EITC도 같은 범주에 든다.

한편 이와는 결을 달리하는 제도로서 캐나다에서 채택한 NIT, 소위 기초소득보장GI의 경우, 이는 지급대상을 노동소득자에 한정하기보다 비근로자를 포함하는 경우로 확대하며, 일정 수준의 소득을 보장해 주는 것을 말한다. 이는 일종의 차액소득보장제도인 것이다. 차액소득보장은 소득 기준을 정해 놓고 조사를 통해 대상자의 소득과 기존 사회보장 수준이 일정 소득 수준에 미치지 못하는 차액만을 추가로 보장하는 제도를 말한다. 이는 일정 소득을 보장한다는 점에서 기본소득의 일종으로 취급되기도 한다.[21] 다만, 이는 노동의무를 부과하지 않지만 소득을 조사한다는 점에서 기본소득의 구성요건이 무조건성을 위배한다는 점에서 유사기본소

목록		특성	보편성	무조건성	개별성	정기성	현금성
1	차액 소득보장	일정 수준의 소득의 차액 지급	×	○	○	○	○
2	부(−)의 소득세	최저생계비 이하 노동자에게 부(−)의 소득세	×	×	○	○	○
3	참여소득	자원봉사, 가사노동, 보육을 노동으로 취급	○	×	○	○	○
4	일시적 기본소득	노동의무, 급여에 시간적 제약	○	×	○	×	○
5	이해관계자 급부	21세 국민에게 정착금 제공	△	○	○	×	○

표 2-4 유사기본소득의 특성 및 구성요소

주) ○: 충족, X: 미충족, △: 범주성 충족
자료 : 조권중 · 최상미 · 장동열(2018, p.13)의 내용을 일부 재구성함.

득에 해당한다고 볼 수 있다.

결론적으로 말해 무조건적 기본소득을 제외한 나머지, 즉 부(−)의 소득세, 차액
소득보장, 참여소득, 일시적 기본소득, 이해관계자 급부 등은 모두 다 준형기본소
득과도 다른 유사기본소득에 해당하며 기본적으로 기본소득과는 거리가 있다 할
것이다(표 2-4 참조).[22]

대중에게 기본소득으로 분류되거나 인식되는 것들로서 실험이나 시범사업의 성
격을 지닌 사업들이 있다. 사실 이들은 대체로 기본소득의 필수 구성원칙을 충족
시키지 못한다. 그 주된 이유는 이들이 일정한 실험적 조건이라는 제약을 따라야
하는데서 찾을 수 있다. 이것이 이들이 유사기본소득으로 분류되어야 하는 이유이
기도 하다. 그럼에도 불구하고 이들은 실험적 조건이라는 제약을 감안하고 바라

---

21. 미국의 기본소득네트워크 활동에서는 이를 기본소득으로 인정해 가는 분위기이다.
22. 이들이 사회복지적 측면에서 제도로서 어떤 유의미성을 지닌다는 점은 인정한다 하더라도 기본소득의
    시비를 가리는 차원에서 본 연구에서는 유사기본소득으로 분류하고자 한다.

볼 필요는 있다. 핀란드 기본소득 실험[23], 캐나다 온타리오 주 부(-)의 소득세 실험
(2017-2018), 네덜란드 위트레흐트 주 실험[24] 등이 대표적인 예이다.

이와는 결이 다르게 일반적인 기본소득과 한 바구니에 있는 것처럼 취급되는 것
들로 전형적인 사회수당의 모습을 지닌 유사기본소득들도 있다. 대표적 서울시 청
년수당과 경기도 청년통장을 들 수 있다.

〈네덜란드 위트레흐트 주 실험〉

네덜란드 위트레흐트 주에서는 2017년 5월부터 2년간 실험을 진행하고 있다. 이 실
험에서의 지급대상은 최소한 6개월 동안의 복지혜택 수급자 중 250명의 지원자이다.
또 지급대상을 6개 집단으로 무작위로 나뉘어 이들 집단이 서로 다른 정책에 노출되게
하고 있다. 구체적으로 1번 집단은 현행 복지제도와 동일하게 구직활동을 포함하여
1인당 972.7유로(부부 합산 1,389.57유로)[25]의 사회보장 급여를 지급받는다. 2번 집
단은 1번 집단과 동일하지만 구직활동의 의무가 없다. 3번 집단은 1번 집단과 동일하
나 더 적극적인 구직활동을 해야 한다. 4번 집단은 1번 집단과 동일하나 지자체에서 정
한 활동을 하게 되면 추가적으로 월 125유로를 지급받을 수 있다. 5번 집단은 1번 집
단과 동일하나 지자체가 정한 활동을 수행하지 않는다면 매월 125유로가 삭감된다. 마
지막으로 6번 집단은 1번 집단과 동일한 급여를 받은 노동을 할 경우 한 달에 199유로
까지 추가소득이 생길 수 있다.

이 실험에는 세 가지 목적이 있다. 즉 ① 기본소득과 현재 복지제도 중 구직이나 자
발적인 일을 권장하는데 무엇이 더 효과적인가, ② 기본소득이 대상자의 건강, 부채, 수
혜자의 만족에 어떠한 영향을 미치는가, ③ 3~5번 집단의 인센티브와 조건의 영향은
무엇인가를 보려는 것이다. 궁극적으로는 이 실험은 유급고용 참여 증가와 사회보장 의
존 감소로 인해 복지수혜자들이 사회에 적극적으로 참여하여는 것이 가능한지를 보려
는 것이다. 그런 만큼 이 실험이 기본소득 관련하여 빈번하게 제기되는 의문 중 하나인,

---

23. 이에 관한 세부 내용은 12장에서 언급하기로 한다.
24. 네덜란드는 위트레흐트 주 이외에도 와게닝엔, 틸부르그, 흐로닝엔, 나이메겐에서도 실험을 하고
있다.
25. 2018년 4월 24일 기준, 960유로는 원화로 약 126만 원이다.

기본소득이 근로의욕을 저하시키는지에 대한 사실 검증 차원의 실험이 된다. 이것이 기본소득과 관련하여 중요한 의미를 지니는 이유이기도 하다. 〈출처 : 조권중 · 최상미 · 장동열(2018) 재구성〉

〈서울시 청년수당〉

서울시는 서울시 거주 청년을 대상으로 한 청년수당 제도를 실시하였다. 2015년 말부터 시작하여 청년 3천 명에게 최대 6개월간 월 50만 원을 제공하였고, 2016년 8월에는 2,831명에게 50만 원을 한 차례 지급한 바 있다. 구체적으로 그 대상은 19세에서 29세까지 미취업 청년이며, 거주기간이 1년이고 구직기간이 6개월 미만이며, 노동근로시간이 주당 30시간 미만인 소득기준 중위소득의 60% 미만에 해당하는 경우에 최소 2개월, 최대 6개월 동안 복지카드의 형태로 청년수당을 받도록 하였다. 다만, 이전 청년수당 참여자와 휴학생을 포함한 재학생, 주 30시간 이상 노동에 의한 정기적인 소득이 있는 자와 기준 중위소득의 150% 이상 가구에 속하는 청년의 경우 청년수당 신청대상에서 제외되며, 진로탐색 및 역량강화 프로그램 참여를 의무화해 구직활동의 결과로 매달 지출내역서를 제출해야 한다.

이러한 서울시 청년수당이 주목받는 이유는 그 취지가 사회적으로 단절과 고립에 처해 있는 청년들에게 사회생활의 활력을 고취시키는 차원에서 이들의 기본적 삶에 대한 보장을 해주겠다는 데 있다. 다시 말해 사회복지 차원에서 사각지대에 몰려있고 수혜대상이 전혀 못 되는 사람들에게 관심과 배려를 한다는 의의도 크겠지만, 이러한 사회수당형 지급이 기본소득의 관점에서 볼 때 상당 부분 겹친다는 점을 들 수 있다.

서울시 청년수당은 복지부의 직권 취소 결정 및 보완요청에 의해 이후 수정 보완되어 조건부과형 사회수당으로 변질된다. 서울시 청년수당이 성남시 청년배당과 비교하여 거주기간의 제한과 연령제한은 덜하고, 클린카드로 수당을 지급하기 때문에 지역상품권으로 수당을 지급하는 성남시에 비해 사용이 비교적 자유롭다는 장점이 있음에도 불구하고 청년 개인에게 개별 지급하는 것을 제외하고 나머지 기본소득 구성원칙들을 다 충족시키지 못하는 제도가 되고 만 것이다. 그런 점에서 서울시 청년수당은 기본소득이라고 하기보다 (선택적) 사회수당에 해당한다 할 것이다. 〈출처 : 조권중 · 최상미 · 장동열(2018) 재구성〉

〈경기도 청년통장〉

서울시 청년수당이 2017년 정부의 보완 요구사항을 반영하여 최종 협의가 성립된 이후 9개의 지방자치단체에서 유사한 정책이 도입되었다. 예를 들어 경기도는 청년통장이란 이름 하에 도내 만 18세~34세 청년 중 기준중위소득 80% 이하(건강보험료 기준)에 속하는 미취업 청년 1,200명에게 최대 6개월까지 경기청년카드 형태로 월 50만 원의 구직활동금을 지원하였다. 여기에는 주 1회 구직활동 보고서를 제출해야 한다는 조건이 붙어 있다.

이를 기본소득의 관점에서 보면, 특정 연령에 국한하면서도 거기서 더 나아가 적용 인구를 제한하고 있으며 자산조사를 거쳐야 하고 거기다 노동조건도 부과하여 기본소득의 필수 요소인 보편성, 무조건성을 충족시키지 못하고 있다. 여기에 더해서 현금성과 충분성도 불충족 조건에 해당한다. 다만, 정기성과 개별성은 충족시키고 있다 할 것이나 기본소득으로서의 자격을 갖추고 있다고 할 수는 없다. 〈출처 : 경기도 내부자료 재구성〉

핵심 특성에 따른 유형 분류

기본소득이 현실에 존재하는 것이든 그렇지 않고 추상적 상태에서 논의되는 것이든 그 핵심 특성을 지닐 수 있는 바, 그 핵심 특성에 따라 유형을 분류해 볼 수 있다. 정원호 · 이상준 · 강남훈(2016)은 기본소득의 구성요소로 보편성(대상자의 범위), 충분성, 통합성 등을 설정하고 이들 요소의 강도를 3등급으로 구분한 후 이들을 결합하여 기본소득 유형을 나누고 있다.

첫째, 영국의 기본소득연구모임Basic Income Research Group, BIRG은 '완전기본소득', '부분기본소득', '과도기적 기본소득'으로 구분한다(Parker, 1991). 완전 기본소득Full Basic Income, FBI은 기본적 욕구를 모두 충족시킬 만큼 충분한 수준이고, 기존의 모든 급부와 조세감면을 완전히 대체하는 기본소득을 말한다. 이 완전기본소득 하에서는 모든 사람이 기본소득을 지급받고, 모든 사람이 조세를 납부한다. 그러기 때문에 과거의 납세자와 수급자의 구분은 사라지게 된다. 다만 이러한 완전기

	제안자	유형 분류	내용
핵심특성	BIRG	완전기본소득	모든 기본적 욕구를 충족시킬 만큼 충분한 수준이고, 기존의 모든 급부와 조세감면을 완전히 대체하는 기본소득
		부분기본소득	생계 보장에 충분치 않은 수준의 기본소득
		과도기 기본소득	작은 액수의 소득 보조로부터 시작하여 점차적으로 전환
	Young & Mulvale	최소주의적 자유주의 기본소득	성인 거주자 모두에게 기본소득을 지급하되, 빈곤을 구제하기 힘든 수준으로 하고, 대부분의 소득 보조 프로그램이나 공공 서비스를 폐지
		혼합복지 기본소득	기존의 소득보장체계와 기본소득을 혼합
		강한 기본소득	빈곤을 제거하고 보편적이고 무조건적인 생활에 충분한 소득을 보장하는 것을 목표로 함
	이명현	무조건적 기본소득	정부에 의해 사회 전 구성원에게 아무 조건없이 지불되는 이전소득
		수정형 기본소득	기본소득의 일부 조건을 완화
		스테이크 홀더 급부	일정 연령이 된 성인에게 일시에 일률적으로 자금을 지급

표 2-5 핵심특성에 따른 기본소득 유형 분류

본소득은 다른 모든 소득에 대한 세율이 70%는 되어야 하기 때문에 현실에서 수용되기 어려운 유형이다(정원호·이상준·강남훈, 2016).

부분기본소득Partial Basic Income, PBI은 생계를 보장하기에 충분치 않은 수준의 기본소득을 말한다. 따라서 부분기본소득 하에서는 기존의 몇몇 급부들이 여전히 유지되어야 하고, 둘 이상의 관리 체계가 필요하게 된다. 이것은 비록 재분배 효과는 작으나 소요 비용이 적고, 완전기본소득보다 유연한 유형이다.

과도기 기본소득Transitional Basic Income, TBI은 완전기본소득과 부분기본소득 모두 현실적으로 일시에 도입하기 쉽지 않으므로 작은 액수의 소득 보조로부터 시작하여 점차적으로 부분기본소득으로, 더 나아가 완전기본소득으로 전환시킬 필요가 있다는 문제의식에서 생겨난 유형이다.

둘째, Young&Mulvale(2009)은 네 가지 요소, 즉 보편성, 조건성, 충분성, 통합성을 근거로 삼아 기본소득 유형을 '최소주의 자유주의 모델', '혼합복지 모델', '강한 기본소득 모델'로 구분한다. 최소주의 자유주의 모델minimalist-libertarian model은 성인 거주자 모두에게 기본소득을 지급하되, 빈곤을 구제하기 힘든 수준으로 하고 나머지 대부분 소득보조형 프로그램이나 공공서비스를 폐지하자는 유형이다. 따라서 이 유형은 강한 보편성과 무조건성을 갖지만, 충분성이 약하고, 다른 소득보장 수단과 공공재의 공급과는 통합되지 않는다. 혼합복지 모델mixed welfare model은 기존의 소득보장체계와 기본소득을 혼합한다. 이 유형은 부분기본소득을 지급하는데다 연령·소득 수준·노동시장 참여 등에 따른 특정 인구집단에게 지급한다. 그런 만큼 충분성과 보편성이 약하다. 다만 특정한 집단에 대해 기존의 차별적이고 자산심사에 근거한 소득지원 프로그램에다가 부분기본소득을 결합하는 것인만큼 통합성은 강하다. 강한 기본소득 모델strong basic income model은 그 목표를 빈곤 제거와 보편적이고 무조건적인 생활에 충분한 소득의 보장에 두고 있다. 이는 기본소득이 "모두에게 실질적 자유real freedom for all"를 위한 물질적 기초를 제공하는 것을 의미한다.

좌우 이념에 따른 유형 분류

기본소득은 이념에 따라서 유형을 구분해 볼 수 있다. 이는 크게 우파와 좌파로 구분된다. 우파 기본소득은 신자유주의 기본소득 모델로, 좌파 기본소득은 마르크스주의 또는 해방적 기본소득 모델로 불리우기도 한다(조혜경, 2018). 신자유주의 기본소득 유형은 기본소득을 무조건적 기본소득 도입을 위해 노동시장 유연화 확대, 조세제도 및 복지 이전소득 제도의 극단적 단순화를 실현하고자 하는 수단으로 인식한다. 예를 들어 부의 소득세, 차액소득보장, 핀란드 기본소득 실험 등이 이에 해당한다. 반면에 좌파 기본소득은 임금노동으로부터의 자유, 기본소득을 통해 노동으로부터 해방을 주창하며, 근대사회를 지배하는 자본주의 논리의 극복을

	유형 분류	내용	사례
이 념	신자유주의(우파) 기본소득	공적부조나 사회보험 대신 기본소득을 제공함으로써 행정비용을 줄이고 정부 비대화 축소	부의 소득세, 차액소득보장, 핀란드 실험
	해방적(좌파) 기본소득	임금노동으로부터의 자유, 기본소득을 통해 노동으로부터 해방	정형기본소득

표 2-6 이념에 따른 기본소득 유형 분류

지향한다. 정형기본소득이 그 예에 해당한다.

신자유주의적 또는 시장자유주의적 기본소득 구상은 임금노동에 대한 경제적 강제는 그대로 유지하고 노동소득을 보완한다는 의미에서 부분기본소득을 주장한다. 신자유주의적 기본소득 모델은 임금노동의 유인을 강화하는 효과를 특별히 강조한다. 또한 해고제한, 산별 효력확장 제도, 최저임금제도 등 노동자를 위한 각종 노동시장 규제를 폐기할 것과 복지행정 비용의 축소, 더 나아가 기존의 사회보험, 기타 사회보장 급여나 지원 제도의 폐지를 주장한다. 다시 말해 사회보장비용을 줄이고 저임금 부문을 육성하는 것이 최종의 목표이다. 그뿐만 아니라 신자유주의적 기본소득 구상은 고소득층에 일방적으로 유리한 조세제도 개혁을 요구하고, 노동시간 단축 또는 젠더 임금 평등을 위한 노동정책을 부정한다(조혜경, 2018).

해방적 기본소득은 시장시스템 및 관료주의적 체계에서 해방되어 자유롭게 자신의 능력을 펼칠 수 있어야 한다고 주장한다. 이와 동시에 모든 사회구성원이 경제 및 기타 사회적 영역의 민주적 의사결정 과정에 참여할 수 있어야 한다고 한다. 여기서 기본소득은 위로부터 아래로의 소득재분배를 이루어내고 기본 생계를 보장하며 사회참여를 가능하게 할 것으로 보고 있다.

해방적 기본소득 구상은 사회변혁을 추구하는 정치적 지향을 내포한다. 경제, 금융, 정치, 교육, 문화, 사회보장제도, 공공인프라 및 공공서비스 등 모든 사회 영역을 민주적으로 개조하여 모든 사회구성원에게 그에 대한 접근권을 보장해야 한다는 것이다. 사회보험은 보편적인 시민보험으로 개편되어야 하고, 상호 협력에 기초한 연대경제와 자조 활동을 촉진하며, 생산, 소비, 생활방식을 생태적으로 지속가능한 방향으로 조직해야 한다고 한다. 이를 위해서는 단체협약과 법률에 의거한 노동시간 단축, 최저임금 도입, 공공인프라 및 공공서비스의 확대가 필요하다고 본다.

이 관점에서 기본소득은 유럽 전역, 더 나아가 글로벌 차원에서 도입되어야 하고 글로벌 사회권과 인권으로서 간주되어야 한다고 한다. 또한 해방적 기본소득은 젠더 정책의 문제도 직시하고 동일 노동 동일 임금의 실현, 전형적인 여성 직업의 가치 격상, 임금노동, 가사노동, 돌봄 노동의 젠더 평등적 재분배, 교육, 임금노동, 시민적 참여의 동등한 접근권 보장을 요구한다(조혜경, 2018).

내용 정리

기본소득은 그 개념 정의에서 원칙의 성격을 띠는 구성요소들을 구비하는지를 따져야 한다. 이상적이고 이념적인 기본소득을 기준으로 삼아 정형기본소득 유형을 세우고, 현실에서의 변형적 여건을 감안하여 다양한 준형기본소득 유형을 설정할 수 있다. 반면 세상에서 기본소득으로 거론되는 것들 중 상당수는 기본소득이라고 할 수 없고, 그저 유사기본소득으로 분류해야 할 것들이다. 이 작업부터 하고서 무엇이 기본소득이고 무엇이 기본소득이 아닌지 확실히 한 다음 기본소득에 대해 논해야 기본소득의 본령을 파악하는데 혼란이 없을 것이다.

기본소득의 등장 배경과 재산권

오재호

기본소득의 등장 배경

자동화와 생산성 극대화

1980년대 기업들은 전사적 자원관리시스템Enterprise Resource Planning을 도입해 업무 생산성을 크게 개선하였다. 또한 각종 성과와 실적을 계량화하는 체제를 구축하면서 전반적으로 기업 구조를 혁신하는 계기를 마련하였다. 이후 컴퓨터 기술이 끊임없이 발전하면서 2015년을 전후로 사무, 제조 분야를 주축으로 사람이 기계적으로 반복하던 일이 자동화되었다. 사람이 하던 일을 로봇이나 소프트웨어가 대신 수행하는 로봇 프로세스 자동화Robotics Process Automation, RPA는 재무, 회계, 인사, 영업, 생산, 구매, 물류 분야 전반에 걸쳐 급속도로, 그리고 광범위하게 확산되고 있다.

2018년 영국 PwC(프라이스워터하우스쿠퍼스) 보고서에 의하면, 2030년까지 인공

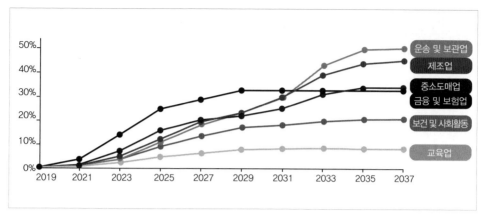

그림 3-1 산업 분야별 자동화의 잠재적 영향 　　　　　　　　자료 : PwC(2017).

지능에 의해 GDP가 15조 달러 규모로 증가하고, 일자리의 30%가 줄어들며, 교육 수준이 낮은 근로자가 자동화 영향으로 위협받는 일자리는 40%를 넘어설 것으로 전망된다(PwC, 2018).

　자동화 혁신은 노동집약형 반복 업무에 우선 적용되며, 2021년에는 글로벌 RPA 규모가 12억 달러를 넘어설 것으로 전망된다. 2016년 12월 미국 아마존 고Amazon Go는 시애틀 본사 건물 1층에 무인매장을 열어 1년 넘게 시험 운영을 한 후 2018년 정식으로 개장하였다. 2019년 현재 아마존 고는 본사 포함 7개 매장을 운영하고 있으며, 3~4년 후 매장을 3,000개로 확대할 계획이다. 최대 유통업체 월마트 Wallmart는 재고를 확인하여 정리하는 로봇 300개와 청소 로봇 1,500개를 매장에 배치하여 운영하고 있다. 또한 물건을 내리고 분류하는 스마트 컨베이어벨트 시스템을 통해 하역 직원을 50% 이상 줄일 수 있을 것으로 전망된다. 우리나라에서도 2018년 국내 금융권을 중심으로 RPA를 본격 도입하여 기업 여신심사 신용등급 및 재무제표 자동입력, 중개업소 조사가격 적정성 점검, 부동산 매물 소유자 정보 검증, 일일 6,000건 이상 외화송금 자동화, 상품 정보등록 및 담보 물건 권리변동 내용 등록 등 금융업무 전반에 걸쳐 업무 자동화를 추진하고 있다. 사무 및 제조 분야를 비롯해 산업 전 분야에 첨단 기술을 적용한 혁신이 확산되면서 실업이 가속

분야	세부 분야	인공지능 영향력
보건의료	보건의료 서비스, 제약 및 생명과학, 보험, 소비자 보건	3.7
자동차	부품·수리, 부품 공급, 개인 이동 서비스, 주문자 상표부착 생산, 금융(조달)	3.7
금융서비스	자산관리, 은행·자본, 보험	3.3
배달	교통, 물류	3.2
기술, 소통, 엔터테인먼트	기술, 엔터테인먼트, 매체와 커뮤니케이션	3.1
소매	소비재, 소매	3.0
에너지	석유, 가스, 전기 및 유틸리티	2.2
제조	산업 생산, 산업제품 및 원자재	2.2
총합	3.1	

표 3-1 산업 분야별 인공지능 영향　　　　　　　　　　자료 : PwC(2018)

화할 것으로 보인다.

자동화 혁신에 따른 실업이 문제가 됨에 따라 이에 대한 대책 수단을 찾고, 뿐만 아니라 생산성 및 기업운영 효율성을 획기적으로 개선함에 따라 일정 수준의 생활을 보장하는 중장기 미래 정책도 검토해야만 하는 상황에서 기본소득은 유력한 대답의 하나로서 검토되고 있다.

소득불균형과 양극화

세계 각국은 빈곤을 완화하고 복지를 개선하기 위하여 사회보장제도를 도입하였지만 노동구조가 갈수록 악화하면서 보완 대책이 필요하게 되었다. 우리나라 노동소득분배율은 1997년 외환위기를 기점으로 급락하여 OECD 평균에 못 미치게 되었고, 2008년 세계 금융위기 이후 다시 한 번 악화되었다. 2016년에는 조사대상 20개국 가운데 노동소득분배율이 가장 낮은 것으로 나타났다. 자본주의 시장경제를 보완하기 위하여 국가가 개입하여 자본이 편중되는 현상을 완화하려고 노력하

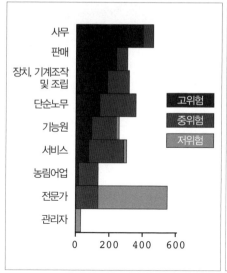

그림 3-2 직업별 자동화 위험군 취업자 수

자료 : LG경제연구원(2018).

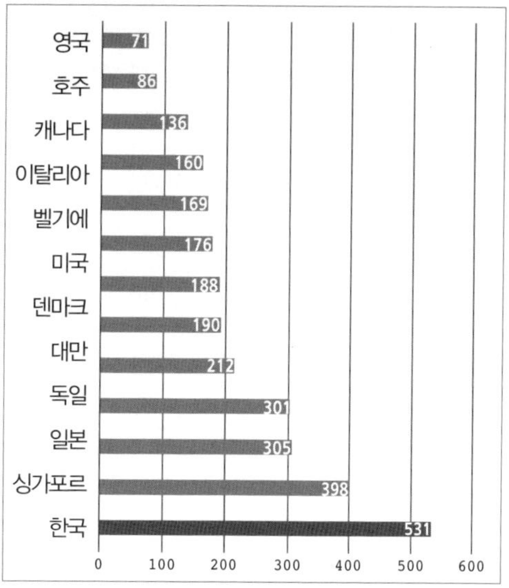

그림 3-3 제조업 근로자 1만 명 당 로봇 도입 대수

자료 : IFR World Robotics(2016)

였지만, 빈부 격차는 좀처럼 좁혀지지 않았다. 기업이 성장할수록 낙수효과를 기대하였으나, 모든 세대 실업은 개선되지 않고 있으며, 경제활동을 아예 포기하는 사람들이 늘고 있다. 1995년까지만 해도 우리나라는 영국이나 스웨덴보다 노동소득분배율이 더 양호하였지만, 20년이 지난 지금에는 노동소득분배율이 다른 어느 나라보다 좋지 않은 상황에 처하였다.

소득불평등 정도를 나타내는 지니계수는 외환위기 이후 지속적으로 악화되다가 2008년 금융위기를 겪으며 조금씩 낮아졌으나, 2016년부터 다시 악화되었다. 소득불평등이 커진 데에는 임금불평등과 자본이익 증가로 인한 소득 상위계층 몫이 상대적으로 커졌기 때문이다. 인구고령화와 산업구조 변화도 소득불평등이 좀처럼 개선되지 않는 원인으로 작용하는 것으로 분석된다. 무엇보다 직접세 누진율이 낮지 않음에도 불구하고 소득 수준이 낮은 계층의 사회보장이 적절하게 이루어지지 않고 있어, 정확한 소득을 파악하여 정책을 효과적으로 전달하지 못하고 있다는 문제를 제기할 만하다. 이는 사회보장제도가 합리적으로 작동하지 못하는 근본 원인이라고 할 수 있다. 조세 탈루脫漏를 최소화하고 효과적으로 복지를 전달하는

	1995	1996 (B)	2000	2005	2010	2015 (A')	2016 (A)	A(A')-B
오스트리아	67.10	65.77	63.54	58.85	59.57	60.94	61.38	-4.39
벨기에	62.80	63.05	62.57	61.78	60.49	63.27	-	0.22
체코	56.76	57.65	55.91	57.09	59.66	58.03	-	0.38
덴마크	67.31	67.84	65.33	63.60	63.15	60.68	62.82	-5.02
핀란드	61.50	61.53	57.94	57.77	59.45	59.74	59.19	-2.34
프랑스	65.46	65.56	63.86	64.25	64.21	64.63	64.80	-0.76
독일	68.00	67.59	67.34	61.42	60.72	61.85	62.20	-5.39
그리스	51.87	52.21	55.05	58.80	61.95	55.28	-	3.07
헝가리	73.69	72.01	69.08	67.31	62.80	63.72	-	-8.29
이탈리아	56.34	56.25	54.80	55.16	57.30	57.84	56.79	0.54
일본	60.75	59.43	58.48	54.90	55.13	53.76	-	-5.67
한국	63.46	66.12	60.04	59.27	53.97	55.72	56.24	-9.88
네덜란드	63.52	62.95	62.85	61.77	59.89	60.45	61.45	-1.50
포르투갈	66.18	67.77	69.78	69.34	66.96	62.29	62.73	-5.05
슬로바키아	54.77	57.94	60.33	63.17	61.06	62.56	-	4.62
슬로베니아	74.04	73.02	70.36	69.12	69.87	70.36	-	-2.66
스웨덴	57.91	60.60	60.05	59.22	58.79	61.53	61.83	1.23
스위스	66.56	66.14	62.34	61.19	61.23	65.35	-	-0.78
영국	58.79	57.79	60.76	59.39	63.04	63.09	63.25	5.46
미국	-	-	68.60	65.85	63.89	63.79		
OECD 평균 (20개국)	62.99	63.22	62.45	61.46	61.16	61.24	61.15	-2.38

표 3-2 OECD 주요국 노동소득분배율 비교

주1) 자영업자의 소득(OSPUE)이 법인부문에서와 같은 비율로 노동소득과 자본소득으로 분리된다는 가정을 적용하여 구한 노동소득분배율로, 결과적으로 법인부문의 노동소득분배율과 동일함.

2) OECD 국가 중에서 자료가 용이한 국가들만 계산.

자료 : OECD Stat, National Accounts, 2018년 1월 자료 기준. 월간 노동리뷰(2018, 주상영).

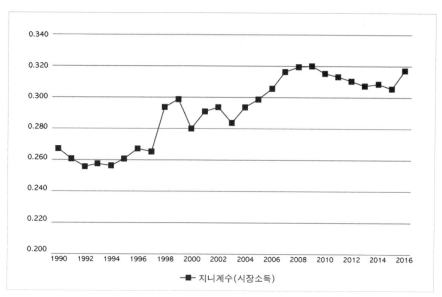

0.340

0.320

0.300

0.280

0.260

0.240

0.220

0.200

1990 1992 1994 1996 1998 2000 2002 2004 2006 2008 2010 2012 2014 2016

■ 지니계수(시장소득)

그림 3-4 한국 지니계수(1996-2016)

것이 바람직하지만, 행정이 복잡화함에 따라 복지제도가 충분히 실효를 거두기 어려워지면서 기본소득이 대안으로 검토되고 있다.

기본소득 제도를 위한 재산권

1990년을 전후로, 동유럽 국가를 중심으로 일어난 크고 작은 혁명은 사회주의가 퇴조하게 되는 계기였다. 공동체를 우선시하는 이념과 사조가 사그라지게 된 데에는 다양한 원인이 있지만, 무엇보다 자유에 대한 열망이 보편적으로 작용하였다고 볼 수 있다. 이후 당분간, 시장과 자유의 가치를 의심하거나 적극적으로 반대하는 움직임은 크지 않았으며, 신자유주의를 표방하는 경제사조가 전면에 등장하였다. 그러나 1990년 독일 통일 이후 20여 년이 지났지만, 자본주의는 승자가 독식하고 빈부 격차가 크게 벌어지는 결과로 이어졌다.

20세기 말부터 21세기 초에 걸쳐 인류는 자유와 평등을 둘러싼 치열한 이념 논쟁을 거쳐 균형을 추구해왔다. 이른바 자유주의적 평등은 상호보완적인 정치 비전으로서 개인 자유를 추구하는 것은 곧 개인과 공동체를 통합하는 것이다. 사회구성원으로서 개인은 실체인 반면, 공동체는 다분히 추상적인 개념에 불과하다. 그러나 개인 연주자가 오케스트라를 인격화한 주체로 인정하듯, 사회를 구성하는 개인은 공동체를 통해 비로소 의미 있는 활동을 할 수 있음을 인정해야 한다. 공동체가 개인 활동의 외연을 넓힌다고 해서 국가나 사회가 개인에 우선하거나 더 근본적인 것은 결코 아니다. 기본소득은 기술발전과 소득 양극화라는 현안을 당장 풀어나갈 방안으로 제기되고 있다. 새로운 공동체가 지속되게 하는 해법으로서 기본소득제도는 필요한 실험이다. 이 실험에 앞서 재산권 근거와 범위를 검토하기로 한다.

재산권 근거

기본소득을 비판하는 경제학자들은 재원 마련에 필요한 조세를 부과하는 데서 문제 원인을 찾는다(Van Parijs, 2018). 일정 수준 기본소득을 지속적으로 지급하려면 소득이 비교적 높은 이들에게 세금을 걷어 소득이 낮은 이들에게 재분배해야 한다. 소득세 제도와 복지제도를 잘 갖춘 사회에서 개인 소득세는 기본소득 재원을 확보하는 확실한 수단이며, 개인 소득세에 의존하지 않고 의미 있는 수준의 기본소득 재원을 마련하기는 어렵다. 경제학자들은 기본소득을 지속적으로 지급하는 과정에서 물가인상 위험이 있음을 지적한다. 이에 대해 파레이스는 생산에 직접 기여하지 않고 외부로부터 받는 소득이나 화폐 규모 확대 등과 달리 기본소득은 구매력을 재분배할 뿐이기 때문에 전반적인 물가인상이 발생하지 않을 것이라고 보았다(Van Parijs, 2018).

자본 이익을 통한 재원 조달은 개인 및 법인을 대상으로 재산세를 부과하는 방법과 생산수단을 아예 국유화하고 그로부터 생겨나는 생산물 가운데 일부를 기본소득으로 지출하는 방법이 있다. 개인과 법인 재산세에 의존하는 방법은 개인이 소유한 재산권을 어디까지 인정해야 하는지에 관한 문제로 볼 수 있다. 로크는 정부론(Two Treatises of Government, 1690)에서 자연의 공유물에 대한 이용권을 다루었다. 당시 영국사회에서는 생존에 필요하거나 사람들의 동의를 거쳐 소유 근거를 찾았다. 이에 반해, 로크는 노동을 소유 근거로 삼았다. 자연물은 본래 모두의 것이지만, 노동을 통해 생산물을 얻으면 다른 사람들의 동의를 구하지 않고 개인이 가질 수 있다는 것이다. 이렇게 생겨난 소유권은 국가를 비롯해 어느 누구도 침해할 수 없다고 함으로써 근대적 재산권이 확립되었다.

자연물로서의 토지에 대한 사적소유권은 기본소득 재원 마련과 관련이 깊다. 로크는 사유재산권을 정당화하였지만, 이는 어디까지나 다른 이에게 좋은 것을 충분히 남겨줄 경우에 인정된다는 단서가 붙는다. 자연물로서 토지를 소유하려면 적어도 다른 이의 삶을 풍요롭게 해야 한다는 것이다. 노동에 의한 소유론에 의하면, 토지는 노동으로 생겨난 인공물이 아니라 본래 있던 자연물이기 때문에 온전한 사적 소유 대상으로 보기 어렵다. 자본주의 시장경제에서 토지에 대한 사적 소유권을 부정할 수 없지만, 토지를 통해 얻은 모든 가치를 온전히 개인 몫으로 인정할 것인가에 관해서는 논의가 필요하다.

20세기에 와서 노직Robert Nozick은 Arnarchy, State, and Utopia(1974)에서 로크의 소유권 이론을 차용하여 재산권을 강조하였다. 국가가 필요한 이유는 자연 상태에서 각자가 분쟁을 해결하기에 한계가 있으므로 상호 보호를 위한 일종의 결사체를 구성하게 되는데, 이를 확장한 개념이 최소 국가minimal state이다. 즉, 모든 개인은 폭력, 사기, 강제로부터 신체와 재산을 보호하기 위하여 국가를 필요로 하지만, 유일한 실체는 국가가 아니라 오직 개인뿐임을 명확히 하고 있다. 이와 같은 노직의 자유지상주의는 로크의 자기소유권을 바탕으로 한다. 소득과 재산에 대한 개인의 권리는 그것을 자유롭게 사용할 수 있는 자유에 대한 권리이다. 자유지상주의자에게 사유재산권은 자유에 대한 권리와 마찬가지로 절대적이다.

로크가 소유의 원리를 제시한 것처럼 노직은 정당한 소유 자격을 규정하고 있다. 노직의 자격이론the entitlement theory of justice에 의하면 재산권은 사람들이 재산을 갖는 방법에 따라 결정된다. 즉, 개인이 정당한 절차에 따라 부를 소유하였거나 사람들 간 동의를 거쳐 부를 이전하였다면 소유를 인정해야 한다. 자유지상주의에 의하면, 국가는 정당한 개인의 부를 전체 사회복지 등의 명분으로 재분배할 수 없으며, 일방적인 재분배는 강탈이다. 정부가 해야 할 주요 역할은 개인 간 무력이 생겨나지 않도록 조정함으로써 개인 생명과 재산을 보호하는 것이다. 따라서 기본소득 재원 마련을 위해 조세 및 보유세 부과를 정당화하기 위해서는 개인 재산권을 과연 어디까지 인정해야 하는가를 먼저 확인해야 한다.

재산권 범위

1. 롤즈의 정의로운 사회

소득과 재산을 개인 의지에 따라 자유롭게 처분할 수 있는 권리를 인정하면서 사회 구성원에게 적절하게 분배하기 위해서는 개인이 명시적으로 소유한 부를 온전히 개인의 것으로 보아야 하는지 검토해야 한다.

자유를 존중하면서 평등을 추구하였던 최근 이론가로는 롤즈John Rawls와 드워킨Ronald Dworkin을 들 수 있다. 롤즈는 무엇보다 정의로운 사회 제도에 주목하였다. 정의로운 사회는 모든 구성원의 동등한 자유를 보장한다. 사람들은 독자적으로 살기보다 사회 협동체를 이룸으로써 보다 나은 삶을 살아간다는 점에서 이해관계가 일치하지만, 다른 한편으로는 불가피하게 이해가 상충하기도 한다. 롤즈는 정의론(A Theory of Justice, 1971)에서 이익을 분배하는 기준과 원칙을 세우는 것을 주제로 삼고 있다. 정의로운 사회에서는 기본권과 의무를 구체적으로 확립하고 구성원에게 적절한 몫을 결정해야 한다. 이를 위해 롤즈는 정의의 일차적 주제를 사회 기본구조basic structure of society라고 선언하였다. 한 사회가 정의로운가를 판단하려면, 권리와 의무를 할당하는 방식을 먼저 평가해야 한다.

근대 홉스와 로크는 국가와 사회 본질을 이해하는 수단으로서 자연 상태state of nature를 상정하였다. 인공물로서 사회가 형성되기 전 자연인이 처한 상황을 가정함으로써 국가 혹은 사회 제도가 갖는 의미를 되새기기 위해서였다. 근대적 자연 상태가 국가 권력의 필요성을 역설하고 정당화하는 장치였다면 롤즈가 정의론에서 도입하고 있는 자연 상태는 정의의 기본 원칙을 이끌어내는 역할을 하고 있다. 이른바 원초적 입장original position에서 개인은 어느 누구도 자신의 지위, 능력, 지능, 체력, 가정 배경을 모른다. 타고난 운이나 우연하게 결정된 모든 여건을 고려하지 않는다면, 이 요소들로 인해 유리하거나 불리하지 않기 때문에 공정하게 합의하여 정의 원칙을 구성할 수 있다는 것이다. 이와 같이 우연성에 의해 좌우되는 개인 특징을 배제함으로써 당사자들이 동등한 조건에서 합리적으로 원칙과 제도를 결정하도록 하자는 것이 롤즈의 기획이다. 이 기획을 통해 도출한 정의의 원칙은 기본적 자유에 대하여 동등한 권리를 가져야 한다는 것과 사회·경제적 불평등이 모두에게 기여할 것으로 기대할 수 있어야 한다는 것으로 요약된다(Rawls, 1971).

정의론에서 원초적 입장을 설정한 것은 사회 구성원으로서 개인이 소유한 부의 결과를 그 개인의 온전한 몫으로 인정하기 어렵다는 점을 제기하기 위해서이다. 태어나면서부터 주어진 여건은 우연성의 산물일 뿐이며, 사회라는 협동체에 지속적으로 참여하면서 얻은 부를 온전히 개인 노력의 결과로 인정할 수 없다는 것이다. 이는 개인 소유권을 부정하는 것과 다르다. 롤즈가 말한 정의로운 사회 제도란 기본적인 권리를 인정하는 한편, 사회에 참여하여 가치를 인정받는 모든 활동과 결과물을 온전히 개인에게 귀속시키지 않는 것이다. 페인Thomas Paine은 1796년 토지 정의Agrarian Justice에서 개인이 토지를 소유하는 것을 인정하지만, 이는 어디까지나 각자 노력으로 생겨난 부가가치를 인정하는 것일 뿐 자연물로서 토지 자체에 대한 소유를 개인이 주장해서는 안 된다고 역설하였다. 개인이 지닌 우연적 특성, 조건, 그리고 이를 바탕으로 사회적 참여를 통해 얻은 부를 재분배해야 한다는 합의는 원초적 입장에서 비롯한다. 자신의 특수성을 배제한 공정한 여건에서 사람들은 가장 불운한 처지를 개선하는데 동의할 것이다. 이른바 최소극대화 원칙maximin principle은 해당 사회 안에서 가장 적은 혜택을 받은 자들의 처지를 일정 수준으로 개선하자는 것이다. 사회경제적으로 낮은 지위에 있는 시민들이 자존감을 갖기 위해서는 가장 기본적인 자유가 형식적으로 평등하도록 보장되어야 한다. 최소수혜자의 기본욕구basic needs를 해결하고, 그 다음으로 차상위 수혜자의 처지를 개선하도록 사회제도가 작동한다면, 그 제도는 정의롭다.

기본소득은 천부적 재능이나 여건에 따른 부를 사회 총자산 혹은 공동 자산 common asset으로 간주한다는 점에서 분배를 정당화하며, 사유재산권 침해 문제를 완화한다. 개인 소유권을 기본적으로 인정하지만, 사회 공동자산을 상기시킴으로써 분배 근거를 마련하고 있다는 점에서 롤즈가 말한 정의로운 사회제도는 기본소득의 단초를 제공한다. 다만 자유라는 큰 틀 안에서 평등을 추구하기 위한 여건을 조성하였지만, 무엇이 과연 평등한 분배인지 여전히 명백하지 않다는 점에서 롤즈 정의론은 구체화되어야 한다.

2. 드워킨의 평등한 자원 분배

롤즈가 수혜자 여건에 따른 분배에 초점을 맞추었다면, 드워킨은 자원의 평등한 분배에 더 비중을 두었다. 그에 의하면 평등은 자원평등과 복지평등으로 구분될 수 있다. 자원평등은 사회 구성원이 가급적 동등한 자원의 몫을 갖는 것이고, 복지평등은 가급적 복지 수준이 같아지도록 자원을 분배하는 것이다. 드워킨은 복지를 구체적으로 규정하면 복지평등을 합리적으로 받아들이기 어렵다는 문제의식에서 출발하였다. 막연하고 추상적인 개념으로서 복지를 앞세우면, 지금 같은 양극화시대에 매력적으로 보일 수 있다. 그러나 개인의 자유로운 선택을 보장한 결과에 국가가 개입하여 개인 간 복지 격차를 줄임으로써 평등이 실현되는 것은 아니다. 가령 예술가로서의 삶을 살기로 한 사람과 사업가로서 살기로 한 사람이 재산 차이가 크더라도 사업가 재산 일부를 떼어 예술가 노후를 보전할 수는 없다. 평등에 대한 드워킨의 입장은 개인 간 부의 차이가 오직 자유로운 선택에 의하여 좌우된다면 그 차이 때문에 분배 불평등이 발생하지는 않는다는 것이다. 시장에서 사람들이 자유롭게 활동하고 거래를 할 경우에 각자 재능과 협상력이 다르기 때문에 같은 자원을 갖고 시작하더라도 시간이 지날수록 개인 간 부의 차이는 필연적으로 생겨나게 된다. 즉, 평등을 실현한다는 명분으로 재능 차이에서 비롯한 자원 분배 상태를 조정할 수 없다는 것이다.

드워킨에 의하면, 사람들이 추상적으로 소망하거나 기획하는 것을 성취하도록 전반적인 능력을 동등하게 만드는 것이 정치의 궁극적인 목적이 되어서는 안 된다. 정치는 사회 구성원이 행복, 자존감을 실현하는데 필요한 자원에 평등하게 접근하도록 만드는 것이어야 한다. 심신 능력, 건강, 체력, 재산 관리 및 축적 능력과 같은 개인적인 자원은 분배할 수 없는 데 반해, 동등한 사회 참여를 위한 자원 접근 기회는 골고루 제공될 수 있다. 평등한 분배 대상은 자원을 갖고 복지를 실현하는 사람의 능력이 아니라 자원에 접근하는 기회이다(Dworkin, 2000).

롤즈와 드워킨은 물질적인 자산뿐 아니라 지적, 육체적 능력을 모두 개인이 지닌 종합 자원으로 보았다. 물질 자산이 서로 이전할 수 있는 비인격적 자원impersonal resources이라면, 지적·육체적 능력 혹은 재화나 서비스를 생산하는 선천적 능력은 인격적 자원personal resources이라고 할 수 있다. 한 사회에서 자원을 공정하게 분배하였는가를 판단하는 기준으로서 일반적인 시기심이나 부러움을 고려할 수 있다. 타인의 화목한 가정을 보고 단지 부러운 것과 달리 상대적 박탈감, 패배감을 불러일으키는 경쟁적 시기심emulative envy은 정의로운 사회를 평가하는 기준이 될 수 있다. 최소 수혜자가 자신의 처지를 개선할 수 있다는 기대감이 낮을수록 보다 나은 자들의 처지를 시기하는 경향을 갖게 되는데, 롤즈는 이를 일반적인 시기심으로 규정하였다. 한편, 드워킨은 평등한 자원 분배 기준으로서 선망검사envy test를 제안하였다. 자원 분배 결과에 대해 어느 누구도 다른 사람의 자원을 자신의 것보다 선호하지 않아야 평등한 분배로 인정할 수 있다는 것이다. 드워킨이 제안하는 선망검사는 시시때때로 이루어지는 것이 아니라 일생에 걸쳐 개인이 사용하는 자원 양과 사회 참여 기회를 종합적으로 고려하는 것이다. 드워킨이 지지하는 평등은 같은 자원으로 시작하였다면 능력에 따라 결과가 각각 다르더라도 민감하지 않다. 즉, 분배 결과에는 종종 운이 영향을 미치기 때문에 결과가 다르다고 해서 무조건 불평등하다고 문제를 제기할 수 없다. 그러나 개인 선택에 따라 결과가 달라지는 것과 달리, 질병, 장애, 사고에 의해 영향을 받아 드러나는 차이는 선망검사를 통과하지 못하기 때문에 평등에 위배되며, 바로잡을 여지가 있다. 이를 바로잡기 위하여 드워킨이 제안한 방법은 불운한 상황에 처할 것에 대비하여

보험에 가입하지 못한 사람들에게 보험 가입을 가정하고 받을 것으로 기대되는 수준으로 보상하는 것이다.

내용 정리

기본소득제도를 실현하려면 무엇보다 재원을 확보해야 하기 때문에 조세 문제로 귀착한다. 자유주의 국가는 무엇보다 구성원의 생명과 재산을 보호하는 역할이 요구된다. 개인의 자유와 재산권에 절대적인 무게를 두는 측에서는 정부 역할을 보호자로서 최소화하는 것이 바람직하다고 여기는 반면, 복지 혹은 자원 평등에 무게를 두는 측에서는 공동 자산common asset을 내세워 공정한 분배를 정당화한다. 기본소득제도를 현실화하기 위해서는 공동체 운영 철학을 먼저 확립해야 한다. 헌법 제23조에는 모든 국민의 재산권을 보장하고, 그 내용과 한계를 법률로 정하도록 규정하고 있다. 기본소득을 뒷받침하는 재원을 확보하는 과정에서 납세 부담이 가중되거나 재분배가 이루어진다면, 헌법이 정하는 바대로 내용과 한계를 정해야 하고, 필요하다면 구성원 합의가 필요하다.

롤즈와 드워킨 논의를 중심으로 기본소득 제도를 위한 근거로서 3가지 쟁점을 요약할 수 있다. 첫째, 기술혁신과 양극화를 특징으로 하는 지금, 국가가 개인에 개입하는 한계를 규정해야 한다. 권리를 훼손하지 않는 선에서 구성원 행복(복지)을 개선할 여지가 있는지 먼저 확인해야 한다. 둘째, 자원과 복지 둘 가운데 무엇이 궁극적으로 지향해야 할 평등의 내용인가를 분명히 해야 한다. 롤즈는 복지 수준 격차를 줄이는데 관심을 기울인 반면, 드워킨은 자원의 개인 몫에 더 초점을 맞추고 있다. 지금 국내에서 논의되는 기본소득을 현실적으로 뒷받침하기 위해서는 기본적인 자원으로서 개인 지분을 말해야 한다. 즉 개인은 자유로운 선택에 따른 결과 차이를 받아들이되, 전적으로 운에 좌우되는 근본적 불평등을 최소화하는 장치로서 기본소득을 정당화하는 것이 바람직하다. 셋째, 기본소득제도에 대한 범사회적 합의가 이루어져야 한다. 기본소득은 특정 지역이나 계층의 처지를 개선하는 지금까지의 복지 현안과 달리, 구성원 모두의 서로 다른 이익에 영향을 미치기 때문에 납세자이면서 수혜자인 모든 당사자가 기본소득제도를 충분히 이해fully informed하고 필요성에 공감하는 절차를 거쳐야 한다.

기본소득의 역사와 정당성

이관형

 1986년 벨기에 루뱅에 유럽의 몇 나라에서 사람들이 모여들었다. 그들은 "조건 없는 기본소득"[1]의 지급을 기치로 기본소득유럽네트워크Basic Income European Network, BIEN를 탄생시킨다. 이후 '조건 없는 기본소득' 아이디어는 미국, 남아메리카, 남아공, 호주, 뉴질랜드 등 비유럽권으로 퍼져나갔다. 각국에 지역네트워크 설립이 잇따랐다. 이에 따라 2004년 기본소득유럽네트워크는 전 세계 지역네트워크들의 구심체인 기본소득지구네트워크Basic Income Earth Network, BIEN로 확대 · 재편된다.

 2009년에는 한국에서도 기본소득한국네트워크Basic Income Korean Network, BIKN가 발족된다. 발족이 빠른 것은 아니었으나 정책의 시행은 빠른 속도로 진행되었다.

---

1. 엄밀히 하자면 '기본소득'과 '기본소득론'은 구분되어야 한다. 그렇지만 문맥을 통해 이해가 가능할 것으로 보아, 구분이 특별히 필요한 경우를 제외하고는 '기본소득론'이 아니라 '기본소득'으로 표기한다.

2016년 성남시에서 청년배당이 실시되었고, 2019년 현재에는 청년기본소득으로 명칭이 바뀌어 경기도 전역으로 확대되었다. 또한 전남 강진, 해남, 경북 봉화 등에서는 (기본소득은 아니지만) 기본소득으로 나아가기 위한 과도기적 형태로서 농민수당을 지급하고 있는 등 한국에서 기본소득운동은 급물살을 타고 있다.[2]

그렇다면 너무 단순해서 무모해 보이기까지 한 기본소득 아이디어는 왜 공감대를 넓혀가고 있는 것일까? 왜 노동을 하지 않는 사람들에게도, 부자에게도 똑같은 액수의 돈을 지급해야 하는가? 과연 기본소득은 정당성을 지닐 수 있는 것일까?

기본소득의 두 가지 이념

원칙이 어떤 사안의 출발점 내지 전제라면 이념은 원칙에서 출발한 어떤 사안이 궁극적으로 다다르고자 하는 가치 또는 지향점이다.[3] '보편적, 무조건적 기본소득'이라는 아이디어는 다양한 가치지향을 지닌다. 기본소득의 정의와 원칙에 대해서는 대체적인 합의가 있음에도 불구하고 다양한 이념들이 공존하고 있다. 여기서는 그 이념들 중에서 대표적인 것 두 가지를 소개하도록 한다.

모두에게 '실질적' 자유를

이 이념은 필리프 판 파레이스에 의해 주창되어 현재의 기본소득운동을 이끄는 지표 중 하나가 된다. 판 파레이스는 정치철학적, 윤리학적으로 기존 우파의 개인주의, 자유지상주의를 수용한다. 그러나 '모두에게 실질적 자유를real freedom for all'(필리프 판 파레이스, 2016)이라는 슬로건이 말해주듯, 좌파적 의제인 평등과 공

---

2. 경기도의 기본소득 관련 정책(특히 '청년기본소득')은 8월 22일~25일까지 인도 하이데라바드 날사(nalsar) 법학대학교에서 열린 '제19차 기본소득지구네트워크 대회'에 소개되어 전 세계 기본소득 활동가의 관심을 얻고 있다(관련기사: http://news1.kr/articles/?3708658 검색일: 2019. 8. 31).
3. 논리적인 순서는 원칙에서 출발하여 이념으로 나아가는 것이지만, 실제로는 선취한 이념의 시각에서 원칙이 구성된다. 원칙과 이념의 관계는 그러므로 순환적이다.

동체의 문제를 배제하지 않는다. 실질적 자유를 통해 기존 자유지상주의가 '자유를 위해서는 불평등을 감수하지 않을 수 없다'고 주장하는데 대해 이의를 제기한다.

판 파레이스가 말하는 기본소득은 이념적으로 개인주의, 자유지상주의이다. 다만 기존의 자유지상주의가 '자유를 위해서는 불평등한 현실조건을 받아들이지 않을 수 없다'는 입장인 반면, 판 파레이스의 자유지상주의는 '자유를 위해서는 자유를 가로막는, 불평등한 현실조건을 제거해 나가지 않을 수 없다'고 본다는 점에서 차이가 있다.

판 파레이스의 전략은 기존 개인주의적 자유지상주의를 수용하면서도 '실질적'이라는 관형어를 통해 이를 내파內破하려는 전략이다. 판 파레이스가 말하는, 실질적 자유가 보장되는 사회란 ⅰ) 재산권을 포함한 권리보장 구조가 존재하고, ⅱ) 자기소유권self-ownership을 가지며, ⅲ) 기회의 순차적 최소극대화의 원칙Leximin opportunity에 따라 정책을 설계하고 집행하는 사회이다. 이 세 가지를 보다 구체적으로 살펴보면 다음과 같다.

첫째, 재산권보장. 자유사회[4]란 모두가 정당하게 소유한 것을 가지고 자신들이 하고 싶어 하는 것을 할 수 있는 사회이며, 그런 만큼 재산 없는 자유란 존재할 수 없다. 그러나 판 파레이스는 노직R. Nozik 류類의 재산의 절대권(강한 의미의 재산권)은 인정하지 않고, 약한 의미의 재산권만 인정한다. 예컨대, 이전에는 어느 누구의 소유도 아니었던 대상들(토지 등)을 최초로 자기 것으로 삼는 행위(소위 원초적 전유)에서 유래하는 자발적 거래의 부단한 연쇄를 통해 소유한 것들에 대한 절대권 주장은 원초적 전유 자체의 절대적인 재산권적 정당성을 옹호할 수 있는 객관적 기준이 없기 때문에 받아들일 수 없다고 본다.

둘째, 자기소유권. 자유사회란 구성원들 각자가 자신의 행동을 선택하고 통제할 권리인 자기소유권 혹은 자기결정권의 바탕 위에서만 성립한다.

---

4. 이 글에서 '자유사회'는 '실질적 자유가 보장되는 사회'를 말한다.

셋째, 기회의 순차적 최소극대화[5]의 원칙. 자유사회에서는 자유를 누릴 수 있는 기회를 가장 적게 가진 사람들부터 시작하여 점차 그 영역을 확대해 나가는 기회의 순차적 최소극대화의 원칙에 따라 정책수립과 집행이 이뤄져야 한다. 즉 그동안의 기회평등이 출발선의 평등만을 의미한 것에서 탈피하여 사회적 약자에게 지속적인 '기회'를 부여하고자 한다. 다만 어디까지나 기회의 보장이지 결과의 균등은 아니다. 만약 결과가 균등해진다면 이 원칙 자체가 성립 불가능하다.

"모두의 것을 모두에게"

이 말은 아리스토텔레스의 고전적 정의justice관인 '각자의 것(몫)을 각자에게'의 패러디이다. 정의의 문제는 많은 경우 분배의 문제로 귀결된다. 아리스토텔레스는 각자에게 각자의 몫을 주는 것을 정의로 생각했다. 그러나 이 말은 그 자체로는 문제 해결에 도움이 되지 않는다. 각자의 몫을 정하는 합당한 기준이 무엇인가라는 문제가 다시 제기되기 때문이다. 이는 정의의 문제와 밀접한 관련이 있는 윤리학과 정치철학의 중심주제가 되어 오늘날까지도 논쟁이 이어지고 있다. 앞서 살펴본 판 파레이스의 기회의 순차적 최소극대화의 원칙도 이에 관한 답변의 하나이다.

그런데 기본소득론에서는 이에 대해 보다 근본적인 물음을 제기한다. 각자의 몫을 정하는 합당한 기준의 문제는 차치하더라도, 어느 누구에게도 속하지 않아서 모두의 것(몫)이라고 할 수밖에 없는 것에 대해서는 어떻게 분배를 할 것인가가 그것이다. 기본소득론자 중 한 사람인 금민(2019)은 이에 대해 '모두의 것은 모두에게, 각자의 것은 각자에게'라고 답한다. 즉 각자의 능력에 따라 생긴 부는 각자의 소유라고 할 수 있지만, 모두의 것에 대해서는 기본소득의 방식으로, 즉 모든 사람

---

5. '순차적 최소극대화(leximin opportunity)'에서 'leximin'은 '서열적 혹은 순차적(사전편집순서)'을 뜻하는 '렉시코그라피칼(lexicographical)'과 '최소극대화'를 뜻하는 '맥시민(maximin)'을 결합시켜 만들어낸 말이다(필리프 판 파레이스, 2016, p.28). 이 원칙은 존 롤즈의 정의론을 채용한 것이다. 롤즈는 "사회경제적 불평등은 사회의 '최소수혜자'에게 최대이득이 되는 경우에만 허용되고, 모든 사람에게는 공정한 기회의 균등이 보장되어야 한다"고 주장한다.

에게 무조건적으로 분배되는 것이 옳다는 것이다.

그에 의하면, 모두의 것인 공동부common wealth는 자연적 공동부와 인공적 공동부의 두 가지로 나뉜다. 전자에는 토지 그 자체, 천연자원, 생태환경 등(과 그에 기반하여 나온 수익)이 속한다. 반면 플랫폼 경제하의 데이터(와 그에 기반하여 나온 수익)는 후자의 대표적인 예이다.

뒤에서 보다 자세히 살펴보겠지만, 토지를 모두의 것으로, 거기에서 나온 수익을 공동부로 이해하는 흐름은 오랜 연원을 지닌다. 토마스 페인이 대표적이다. 그에 의하면, '지구는 모든 사람의 것이다.' 따라서 땅을 개간한 사람이라고 해서 땅 그 자체에 대한 소유권(=자연적 소유권)을 지니는 것은 아니라고 본다. 오직 개간으로 가치가 늘어난 부분에 대한 인공적 소유권만이 가능하다고 주장한다.

토지, 천연자원, 생태환경 등이 모두의 것이라는 주장은 동의 여부를 떠나 직관적으로 이해하기 쉽다. 그렇다면 오늘날과 같은 플랫폼 경제 시대에 오히려 더 큰 문제의 중심으로 등장한 데이터에 대해서도 공동부라고 말할 수 있는 것일까? 토지는 그 자체로는 수익을 창출하지 않는다. 개간을 통해서만 수익을 창출한다. 데이터도 마찬가지다. 데이터 그 자체로는 수익을 창출하지 않는다. 하지만 토지의 개간을 통해 수익이 생기는 것처럼 데이터도 활용을 통해 수익을 창출한다.

여기서 앞서 살펴본 토마스 페인의 말을 상기할 필요가 있다. 그는 개간자가 토지 자체를 만든 것은 아니므로 토지에 대한 자연적 소유권은 인정하지 않는다. 다만 개간자가 수익창출에 기여한 부분에 대해서 지니는 인공적 소유권은 인정했다.

데이터는 모든 사람이 만드는 것이다. 따라서 어느 누구도 독점적 소유권을, 페인의 용어로 말하자면, 자연적 소유권을 주장할 수 없다. 그렇지만 데이터를 활용하여 수익을 창출했다면, 그에 대해서는 소유권을, 마찬가지로 페인의 용어를 차용하자면, 인공적 소유권은 가질 수 있다.

"자연적 공동부가 인류 모두의 것인 자연적 기초로부터 흘러나온 수익이라면, 인공적 공동부는 누가 얼마만큼 기여했는지를 따질 수 없고, 어떤 특정인의 성과로 귀속시킬 수 없는 수익이다. … 지식은 사회구성원 모두의 공통유산이고, 사회구성원 모두는 이러한 공통유산의 수익을 공유해야 한다. 오늘날 인공적 공동부로 보아야 할 것은 지식만이 아니다. 빅데이터의 형성과 활용에 의한 수익도 인공적 공동부로 볼 수 있다. 오늘날 플랫폼 경제에서 데이터의 중심성과 함께 인공적 공동부 분배는 이 시대의 가장 중요한 문제가 되었다."[6]

이상에서 살펴보았듯, 기본소득론자들은 공동부에 대해서 모두에게 무조건적으로 분배해야 한다고 주장한다. 그들은 능력에 따라 각자가 자기 것을 가져가는 것을 부정하지 않는다. 그러나 자기 것이 아닌 것, 즉 모두의 것에 대해서는 모두에게 분배되어야 한다고 본다. 다만, 각자의 것을 정하는 합당한 기준의 문제만큼이나 모두의 것을 정하는 합당한 기준 역시 적지 않은 논란을 가져올 가능성은 남아 있다.

기본소득의 이념과 관련하여 판 파레이스의 그것이 주로 자유를 향한다면, 공동부 배당으로서의 기본소득의 이념은 주로 정의에 기초한다. 전자는 기존의 자유주의의 자유 개념에 의문을 제기하고 이를 내파하는 방식으로 답을 제시하고자 한다. 후자는 정의의 문제와 관련하여 각자의 것을 넘어서는 모두의 것에 대한 질문을 제기하고 작금의 각자도생의 현실을 넘어서려는 대안을 제시하고자 한다.

기본소득의 역사[7]

이 글의 목적은 기본소득의 정당성을 알아보는데 있다. 이를 위해 지금까지는 기본소득이란 무엇인가를 기본소득의 원칙들과 이념들을 통해 규명하였다. 이제

---

6. 금민, 정치경제연구소 '대안' 제149호 콜로키움, https://alternative.house/colloquium-149/(검색일: 2019. 9. 8).
7. 이 장은 https://basicincomekorea.org/all-about-bi_history(기본소득한국네트워크, 기본소득의 역사), 가이 스탠딩(2018, pp.19-67), 그리고 안효상(2017, pp.220-249)을 재구성한 것이다.

는 기본소득이라는 아이디어가 역사적으로 어떤 과정을 거쳐 오늘에 이르렀는지를 알아보도록 한다. 정당성의 문제와 관련하여 역사는 중요한 판단근거를 제공하기 때문이다.

보편적, 무조건적 기본소득이라는 아이디어 자체는 최근의 것이다. 그렇지만 이런 생각에 이르기까지는 역사적으로 장구한 연원을 지닌다. 여기서는 고대 그리스에서 시작하여 중세, 르네상스기를 거쳐 현대에 이르는 기본소득 아이디어의 뿌리와 궤적을 전사, 세 번의 물결, 현재 상황인 네 번째 물결[8]의 세 부분으로 나누어 살펴보고자 한다.

전사前史

기본소득과 관련한 시원적 사유는 기원전 5C 고대 그리스의 페리클레스Pericles와 에피알테스Ephialtes에서 나타난다. "페리클레스는 일종의 기본소득급여를 도입해서 오늘날 프레카리아트[9]에 해당하는 평민의 시간에 보상함으로써 이들이 정치에 참여[10]할 수 있게 하려 했다. 중세시대인 13세기 〈마그나카르타〉와 함께 반포된 〈삼림헌장Charter of the Forest〉은 평민 남성의 생계권과 에스토바르estovar라는 공유 생계수단에 대한 권리를 담고 있다. 나아가 과부에게도 에스토바르에 대한 권리를 부여한다. 모든 과부는 음식, 땔감, 주거 재료 등을 공유재(에스토바르)에서 가져올 수 있는 형태로 기본소득에 대한 권리를 가진다"(가이 스탠딩, 2018, pp.27-28).

---

8. '물결'이라는 표현도 가이 스탠딩(2018)에서 차용한 것이다.
9. 프레카리아트precariat는 저임금·저숙련 노동에 시달리는 불안정 노동 계급을 가리키는 신조어이다. 이 말은 이탈리아어로 '불안정한'이라는 의미의 프레카리오precario와 노동 계급을 뜻하는 독일어 프롤레타리아트proletariat의 합성어이다. 출처 : 위키백과 프레카리아트.
10. 고대 그리스에서 정치참여는 인간의 본질에 속하는 중요한 일이었다. 이는 아리스토텔레스가 인간을 이성적 동물과 정치적 동물zoon politikon으로 규정하는 데서도 드러난다. 페리클레스는 에피알테스의 유지를 계승하여 시민들의 정치참여와 (오늘날의 관점에서 보자면) 숙의민주주의를 보장하기 위해 일종의 기본소득을 지급하고자 한다.

르네상스 시대에 들어서면서 일부 인문주의자들은 공공부조 형태의 최소소득을 주장한다. 대표적인 인물은 토마스 모어와 요하네스 루도비쿠스 비베스이다.

토마스 모어는 자신의 주저인 『유토피아』(1516)를 통해, 절도를 줄이는 데는 교수형보다는 기본소득을 지급하는 것이 더 나은 방식이라고 주장한다. 당시에는 절도죄에 대해 교수형을 내리는 일이 흔했다.

"도둑질이 음식을 얻는 유일한 방법이라면 지구상의 어떤 처벌로도 도둑질은 멎어들지 않을 것이다. … 이 끔찍한 처벌 대신 모든 사람에게 어느 정도의 생계수단을 주는 것, 그래서 도둑으로 시작해 시체로 끝나는 끔직한 필연성 아래에 누구도 있지 않게 하는 것이 훨씬 더 간단한 일이다."(가이 스탠딩 2018, pp.28-29에서 재인용).

토마스 모어의 친구인 인문주의자 요하네스 루도비쿠스 비베스는 벨기에 브뤼허 시장에게 〈빈민원조에 대하여〉(1526)라는 보고서를 제출한다. 이 보고서에는 시 거주자 모두에게 최소생존을 보장하는 상세한 계획이 담긴다. 그는 이 세상이 신에 의해 창조된 것이므로 이 세상의 모든 것은 하나님의 자녀 모두에게 공유되어야 한다고 본다. 자연의 선물을 전유한 이들이 자신만을 위해 창조되지 않은 것을 소유하고 내놓지 않으려 한다면 도둑에 불과하다고 생각한다.

최소소득 보장이라는 아이디어는 이후 몽테스키외(1689-1755)의 『법의 정신』(1748)으로 이어진다. 〈법의 정신〉에 의하면, "국가는 모든 시민에게 안전한 생활수단, 음식, 적당한 옷과 건강을 해치지 않는 생활방식을 제공할 책임이 있다." (L'Esprit des Lois(1748), section XXIII/29, Paris: Flammarion, Vol. 2, 134쪽, https://basicincomekorea.org/all-about-bi_history에서 재인용).

세 번의 물결

1. 첫 번째 물결 : 두 명의 토마스

기본소득에 관한 현대적 논의의 원형이자 첫 번째 물결은 토마스 페인에서 비롯한다. 주저인 『토지정의Agrarian Justice』(1797)에서 페인은 토지 소유를 자연적 소유와 인공적 소유로 구분한다. 자연적 소유는 모두에게 주어진 것, 다시 말해 자연 상태의 토지는 인류의 공동재산이다. 공동재산인 토지는 인간의 노력인 개량을 통해 사적 소유, 즉 인공적 소유가 된다. 따라서 개인의 노력에 의해 개량된 가치 부분만이 인공적(사적) 소유의 대상이다.

모든 토지소유자는 개량된 가치를 제외한 나머지 가치, 즉 인류의 공동재산으로서의 땅의 가치인 기초지대를 공동체에 빚지고 있다. 따라서 이 기초지대에서 나온 돈으로 국가기금National Fund을 만들어 21살이 되면 모든 사람에게 15파운드를 지급하고, 50살이 된 모든 사람에게는 매년 10파운드를 평생 지급하는 계획을 제안한다. 부유하든 가난하든 모든 사람에게 지급되어야 한다. 이는 토지에 대한 사적 소유 체제의 도입으로 인해 상실한 자연적 상속권에 대한 부분적 보상이며, 따라서 자선이나 시혜가 아니라 정의의 원칙에 따른 (당연한) 권리이기 때문이다.

영국의 교사이자 언론인인 토마스 스펜스는 페인의 생각을 더욱 급진화한다. 페인은 개량으로 인한 가치 부분에 대한 사적 소유를 인정한다. 반면 스펜스는 토지 소유 자체를 강탈이라고 본다. 스펜스는 페인의 『토지정의』를 겨냥해서 『유아의 권리The Rights of Infants』(1797)를 서술한다. 여기서 스펜스는 사적 소유를 공동 소유로 전환하고 이를 어떻게 운영할지에 대한 구상을 내놓는다. 교구의 모든 토지를 공유로 하고 여성으로 이루어진 위원회가 모든 토지와 주택을 입찰을 통해 임대한다. 여기서 나오는 수입금으로 교구들과 연방정부가 운영된다. 주택과 도로 등의 건설 및 보수 비용, 공무원 급여 등도 여기서 나온다. 그는 이렇게 하고도 남는 돈이 지대 수입금의 2/3 정도가 될 것으로 보며, 이 돈을 교구의 모든 사람에게 공정하고 동등하게 분배할 것을 주장한다. 여기서 중요한 것은 스펜스가 그러한 잉여 지대의 분배가 문명사회에 사는 모든 인간의 침해당하지 않는 권리라고 본 데 있다.

근대 소유권 논쟁에서 페인과 스펜스는 토지의 공유라는 입장에 선다. 17세기 존 로크는 노동가치론에 입각하여 공유에서 사적 소유가 어떻게 출현하며 또 정당한가를 논구한다. 그는 인간의 노동을 통해 이루어진 개량의 가치가 전체 가치의

90% 혹은 99%이기 때문에 해당 토지에 대한 사적 소유가 정당하다고 본다. 페인은 사적 소유를 인정한 상태에서 공유 부분을 부분적으로 보상하는 방식으로 '배당'을 사고한다. 따라서 한편으로는 로크의 사적 소유 사상과 다른 한편으로는 스펜스의 공유 사상과 이어져 있다. 페인의 생각을 오늘날까지 이어지는 기본소득 아이디어의 원류라고 보는 이유가 여기에 있다. 현대의 기본소득 논의에서는 개인의 재산과 공동부에 대한 배당을 권리로서 동시에 인정하기 때문이다.

2. 두 번째 물결 : 버트런드 러셀과 밀너 부부

영국의 철학자 버트런트 러셀은 다음과 같이 말한다. "일을 하든 안하든 사람은 누구나 적지만 생필품을 구하기에는 충분한, 일정액의 소득을 보장받아야 하며, 공동체가 유용하다고 인정하는 일에 종사하는 사람들에게는 더 큰 소득이 돌아가야 한다. 나아가 학업을 마친 후 누구도 일을 하도록 강요받아서는 안 되며, 일을 하지 않기로 선택한 사람은 가장 기본적인 생계수단을 받으면서 완전히 자유롭게 지내도록 놔둬야 한다"(러셀, 『자유로 가는 길Roads to Freedom』, 1918). 러셀의 이와 같은 언급은 모두에게 무조건적 · 개별적 지급이라는 오늘날의 기본소득의 원칙과 부합한다. 또한 기본소득에 대한 '자유지상주의적 정당성(필리프 판 파레이스)'이라는 현재적 흐름으로 이어진다.

같은 해(1918)에 영국의 퀘이커 교도이자 노동당원인 메이블 밀너와 데니스 밀너 부부는 『국가 보너스를 위한 계획』이라는 소책자를 내놓는다. 두 사람의 목표는 빈곤계급의 불행과 산업현장의 혼란이라는 사회문제의 해결이다. 해법은 20%의 소득세로 만들어진 중앙기금에서 영국의 모든 사람에게 매주 5실링씩 국가 보너스를 지급하는 것이다. 국가 보너스는 생활과 자유를 유지하기에 충분한 액수여야 하며, 공기나 햇빛과 같은 권리이다.

두 사람은 삶과 자유의 관점에서 국가 보너스의 정당성을 말하지만, 다른 각도에서도 정당화한다. 살아가기 위해 인간은 토지에 접근할 수 있어야 한다. 그런데 현존 문명, 즉 사적 소유에 기초한 현 체제는 이를 부정하고 있다. 이런 상황에서 토지 체제 전체를 재구성하는 것보다는 현금으로 해당 몫을 주는 게 (문제를 해결하는데) 훨씬 용이하다.

밀너 부부는 국가 보너스의 효과를 제시한다. 국가 보너스는 아동이 더 오래 교육을 받을 수 있게 할 것이다. 여성의 경우는 결혼에 대해 적절한 선택을 할 수 있을 것이다. 노동과 관련해서는 노동자의 협상조건을 보다 유리하게 만들 것이다. 그에 따라 힘들고 어려운 노동일수록 더 많은 유인, 즉 높은 임금이나 좋은 노동조건이 필요할 것이다. 경제 전체로 보아서 소득과 임금이 더 높아지면 필수품에 대한 수요가 늘고, 이는 주요 산업의 활동증가로 이어질 것이다. 국가 보너스는 복지, 노동뿐만 아니라 생산과 효율성의 측면에서도 정당화될 수 있으며, 오늘날 기본소득의 기대효과 논의를 선취하고 있다. 또한 자산심사 없이, 거주하는 모든 사람에게 개별적으로 지급한다는 점에서 기본소득의 정의와도 부합한다. 페인과 스펜스가 기본소득 아이디어의 원형을 제시하였다면, 밀너 부부의 '국가 보너스 계획'은 기본소득의 구체적인 계획을 보여주었다.

3. 세 번째 물결 : 삼중혁명과 마틴 루터 킹

〈삼중혁명〉이란 1964년 '임시삼중혁명위원회Ad Hoc Committee on the Triple Revolution'가 존슨 대통령에게 보낸 문서이다. 미국에서 1960년대는 사회변화에 대한 요구가 폭발한 시기이다. 즉 미국적 가치를 지키고 확대하려는 민권운동과, 부조리한 사회를 타파하고 참여민주주의사회를 만들려는 학생운동의 요구가 봇물을 이루기 시작한 시기이다. 요구의 바탕에는 미국 사회의 어두운 면, 즉 빈곤에 대한 인식이 자리한다.

'임시삼중혁명위원회'는 이런 사회분위기에서 태동한다. 삼중혁명이란 자동화 cybernation, 무기, 인권의 세 가지 혁명을 말한다. 이들이 특히 주목한 것은 자동화혁명이다. 자동화혁명은 인간 노동에 대한 필요성은 줄이면서도 거의 무한대에 가까운 생산능력을 보여준다. 그럼에도 불구하고 모든 사회 구성원의 권리는 여전히 전통적인 노동/소득이라는 틀에 기초하고 있다. 따라서 많은 사람들이 최소소득이나 빈곤선 아래에서 살아가게 된다.

변화하는 현실에서 문제의 중심은 더 이상 생산의 증대에 있지 않다. 오히려 자동화가 낳은 풍요를 어떻게 분배할 것인가가 관건이다. 이를 위해서는 분배가 일자리와 노동을 통해서 이루어지는 기존의 방식을 넘어서는 '새로운 합의'가 필요하다. 이들은 이를 위한 대답으로 누더기인 복지 방책(실업보험과 부조 등)이 아니라 "소득에 대한 무조건적인 권리"를 내놓는다.

이들의 제안에 호응한 대표적인 인물이 마틴 루터 킹 목사이다. 1965년 이후 대도시의 흑인 폭동과 베트남전의 확대를 겪으면서 킹 목사는 사회경제적 불평등이 해결되지 않을 경우 형식적·법적 권리마저 의미를 잃을 수 있다고 생각한다. 그는 당시 빈곤에 대한 해결책으로 광범위하게 논의되던 '보장소득'을 통해 빈곤을 철폐할 것을 주장한다. '보장소득'에는 자산심사가 부가되어 있다. 자산심사 없는 지급을 주장하는 기본소득과는 차이가 있다. 그렇지만 자동화혁명과 같은, 당시의 사회현실에 대한 문제의식은 더 첨예화하여 오늘로 이어지고 있다.

네 번째 물결

1986년 벨기에의 루뱅대학에서 기본소득에 관한 국제회의가 열린다. 이를 계기로 국제적인 네트워크 조직의 필요성에 대한 공감대가 형성된다. 그 결실로 탄생한 것이 '기본소득유럽네트워크BIEN'이며 2년에 한 번씩 대회를 개최한다. 이후 유럽 이외 지역에서의 활동가와 조직들이 합류함에 따라 2004년 바르셀로나 대회에서 명칭을 기본소득지구네트BIEN로 바꾼다.

국제적인 네트워크의 탄생을 추동한 문제의식 혹은 등장배경은 여러 가지가 있다. 하지만 가장 직접적인 이유는 복지국가의 위기이다. 복지국가 모델은 완전고용을 전제로 사회보험, 공공부조가 선순환을 이어가는데 있다. 그러나 1970년대 중반 신자유주의의 등장은 자동화의 진전과 맞물리면서 노동시장의 유연화를 결과함으로써 복지국가의 전제를 흔든다.

기본소득 아이디어는 여전히 정치적·경제적 담론의 중심에 서지 못하고 있다.

또한 통일적인 하나의 입장으로 정리되어 있는 상태도 아니다. 한편으로는 판 파레이스로 대표되는 자유지상주의자, 라벤토스와 같은 민주적 공화주의자가 있으며, 다른 한편으로는 기존의 복지제도를 기본소득으로 단순화하여 시장의 작동을 원활하게 하려는 정치적 우파도 있다. 또한 자연자원과 사회자원은 모두 공동부이며, 따라서 모든 사람에게는 이에 대한 일정한 몫이 있으므로 이를 기본소득으로 지급하자는 입장도 있다. 특기할 것은 실리콘 밸리의 부자들이 기본소득을 지지한다는 사실이다. 페이스북 공동창립자인 크리스 휴즈, 테슬라의 엘론 머스크, 이베이의 창립자 피에르오 미디야르, 구글의 모기업인 알파벳의 회장인 에릭 슈미트, 스타트업 인큐베이터인 Y콤비네이터의 샘 앨트먼이 있다. 앨트먼의 경우는 YCR Y Combinator Research이라는 연구조직을 만들어 기본소득 실험에 직접 나서고 있기까지 하다.

기본소득의 정당성

앞선 논의들의 정당성

이미 앞서의 논의들을 통해 기본소득의 정당성 문제는 어느 정도 이야기되었다. 먼저 지금까지 논의에서 나타난 기본소득의 정당성 논리를 다시 한 번 정리해보고, 또 다른 정당성 논리들을 알아보도록 하자.

1. 자유지상주의적 정당성

판 파레이스는 자유지상주의 논변을 통해 기본소득의 정당성을 주장한다. 그에 의하면, 그동안의 자유주의는 차별을 정당화하는 논변에 불과하다. 자신의 자유를 지킬 물적 토대가 없는 사람은 자기의 삶을 자기가 결정하기가 힘들다. 기본소득을 통해 물적 토대의 안정성을 다소라도 보장하고 이를 점진적으로 넓혀나감으로써 보다 많은 사람이 보다 더 자유로운 개인으로 살아갈 수 있도록 하자는 것이 그의 자유지상주의 논변의 핵심이다. 기본소득은 언제든 다시 일어설 수 있는 안전장치인 동시에 다시 일어서야 하는 상황에 처하지 않도록 하는 안정장치가 될 것이다.

2. 공동부 배당론에서의 정당성

공동부 배당으로서의 기본소득론(이하 '공동부 배당론')은 그간의 정의와 관련한 논쟁 구도를 새롭게 바꾸고 있다. 그간의 정의론은 각자의 것을 정하는 합당한 기준의 문제에 천착해 왔다. 반면 공동부 배당으로서의 기본소득론은 모두의 것에 대한 관심을 불러일으키면서 정의에 관한 기존의 관념 자체에 도전장을 내밀고 있다. 특히 토지와 같은 기존의 공동부(자연적 공동부)를 넘어 플랫폼 경제 시대의 사이버 토지, 즉 데이터를 새로운 공동부(인공적 공동부)로 자리매김 시킨 것 자체만으로도 의의가 크다고 하겠다. 나아가 인공적 공동부의 존재와 더불어 이의 분배 문제를 제기함으로써 기존의 자연적 공동부에 대한 그동안의 분배방식의 문제를 새롭게 환기시키고 있는 것도 평가할 만하다.

공동부 배당론은 아울러 기본소득의 재원문제와 관련한 의문에도 일정한 해답을 제공한다. "하나님의 것은 하나님에게, 가이사의 것은 가이사에게"와 마찬가지로 공동부 배당론은 '모두의 것은 모두에게, 각자의 것은 각자에게' 분배함을 제시하고 있기 때문이다.

3. 기본소득 아이디어의 역사를 통해본 정당성

기본소득의 역사는 이 아이디어가 어느 날 갑자기 하늘에서 뚝 떨어진 공상이 아님을 말해준다. 기본소득 아이디어는 자유와 평등을 향한 인류의 노력과 더불어 지속적으로 제기되어 왔다. 기본소득은 새로운 사회를 모색해야 하는 격변기마다 전면에 등장했다. 인류가 추구하는 보편적 가치, 궁극적 지향과 상통하는 점이 있기 때문이다.

크게 네 번의 물결로 다가온 기본소득은 물론 각각의 시대상황에 따라 구체적인 내용에서는 차이가 나며, 그럴 수밖에 없다. 네 번째 물결은 지금의 시대상을 반영하는, 즉 작금의 시대변화의 산물이다. 그렇지만 네 번이나 (재)등장한데서 알 수 있듯이, 시대변화에도 불구하고 추구되어온, 인류의 이상이기도 한 것이다.

그 밖의 정당화 논리

1. 공화주의적 정당성

기본소득의 정당성과 관련하여 판 파레이스와 같은 자유(지상)주의적 정당화만 가능한 것은 아니다. 공화주의적 정당화도 가능하다. 현재 지구상의 어느 나라든 공화주의, 공화국republic을 표방하고 있지 않는 경우는 거의 없다. 익히 알려 진대 로, 공화국을 뜻하는 영어 'republic'[11]은 라틴어 'res publica'에서 온 말이다. 즉 res(…의 것)와 publicus(공공의)가 합쳐진 말이다. 즉 공화국이란 공공의 것을 말한 다. 따라서 공화주의라 하면 민주주의(민중 혹은 인민의 지배 · 통치)를 떠올린다. 그 렇지만 공화주의와 민주주의가 서로 밀접한 관계에 있는 것은 사실이지만, 양자가 꼭 일치하는 것은 아니다. 오히려 '공공의 것'인 만큼 "무분별한 사적 이익의 추구 보다는 공적 이익을 중시하여 사회공동체에 참여하는 자주적 공민이 정치의 주체 가 되어야 하며, 공화국은 그러한 공민적 덕이 없으면 존재할 수 없다는 정치 이념 으로 인식된다."[12]

공화주의에는 역사적으로 크게 두 가지 흐름이 있다. 평민 민주주의적인plebeian democratic 흐름과 과두제적인oligarchic(엘리트주의적인) 흐름이 그것이다. 전자의 경 우는 말 그대로 공화국은 공공의 것이므로 그가 시민인 한 어떠한 차별도 없이 정 치의 주체가 되는 것을 말한다. 후자의 경우는 공화주의를 사적 이익을 제어하고 공적 이익을 생각할 수 있는 분별을 갖춘 자, 위 인용문대로라면 자주적 공민 혹은 공민적 덕을 갖춘 자에 의한 지배로 이해한다.

그렇다면 민주정 대 과두정, 혹은 평민주의 대 엘리트주의에서 평민과 엘리트를

---

11. 'republic'이 라틴어 'res publica'를 음차音借한 것이라면, 공화국을 뜻하는 또 다른 영어 'common wealth'는 훈차訓借한 것이다.
12. 출처: 위키백과 공화주의.

가르는 단적인 기준은 무엇일까?

"부자에 의한 정부는 과두정이고, 가난한 사람에 의한 정부는 민주정이다. 민주정과 과두정의 진정한 차이는 가난과 부이다. 부를 가졌다는 이유로 지배한다면 그 수가 많든 적든 간에 과두정이며 가난한 사람이 지배할 경우 민주정이다. 정권을 과두정으로 아니면 민주정으로 만드는 것은 단순히 다수냐 소수냐의 문제가 아니라 계급의 문제이다."(아리스토텔레스, 정치학, 1279b, p.39; 1280a: pp.1-3).[13]

아리스토텔레스는 과두정적인 공화주의의 대표자이다. 그에 의하면, 평민(=무산자)은 "타인에게 생존을 의지하는 인간"이므로 사적 이익을 제어하고 공적 이익을 판단할 수 있는 능력이 없는 자들이다. "아리스토텔레스가 보기에 물질적 생존을 보장받지 않은 인간은 반드시 생존을 위해 타인에게 의존해야하기 때문에 절대로 자유로울 수 없다. …[그는] 자유롭지 못한 사람에게 완전한 정치적 권리를 주는 것은 어불성설이라고 주장했다."(다니엘 라벤토스, 2016, p.82).

즉 "공화주의적 전통에 따르면, 재산으로부터 발생하는 독립은 단순한 사적 이해관계가 아니다. 이는 자유의 행사와 공화주의적 자치정부를 수립하는데 있어서 근본적인 정치적 중요성을 지닌다. 정치적 독립과 역량을 위해서는 생존의 물질적 기반이 보장되어야 하기 때문이다."(앞의 책, pp.94-95).

오늘날의 국가, 즉 공화국은 형식적으로는 민주정이지만 내용적으로는 과두정이라는 말이 있다. 민주주의를 표방하지만, 사실은 엘리트가 지배하는 구조라는 것이다. 오늘날과는 시공간적으로 차이가 워낙 크기 때문에 오늘날의 잣대로 아리스토텔레스의 말의 옳고 그름을 판단내리기는 쉽지 않다. 또한 그의 말을 오늘날의 상황에 그대로 적용하는 것도 문제가 있을 수 있다. 다만 민주주의의 초석이 '자유로운 사람들의 존재'에 있음은 부인하기 어렵다. 그렇다면 '자유로운 사람들', '자유로운 평민'은 어떻게 가능할 것인가? 아리스토텔레스의 말대로라면, '물질적 생

---

13. 다니엘 라벤토스(2016, p.81).

존의 보장'이 답이다.

기본소득의 정당성은 여기에 있다. 여자든 남자든, 아이든 어른이든 기본소득은 물질적 생존을 보장하고자 한다. 한 사회가 처한 상황에 따라 차이는 있겠지만, 오늘날 모두에게 기본적인 물질적 생존을 보장하는 것은 불가능한 일이 아니다. 오늘날의 위기는 재화의 희소성에 있는 것이 아니다. 오히려 생산력의 급속한 발전으로 재화는 넘쳐난다고 해도 과언이 아니다. 문제는 분배이다. 기본소득을 통한 재화의 (재)분배는 자유로운 사람들을 존재하게 할 수 있다. 평범한 사람들에게 일정한 자유를 지속적으로 향유토록 할 수 있다. 이는 민주주의의 발전을, 공화국의 강화를 초래할 것이다.

2. 신학적 정당성[14]

우리는 근대를 살아가고 있다. 탈근대가 이야기되고 있지만, 지금의 시기가 근대의 후기인지, 근대 이후인지는 우리가 정할 수 없다. 그건 후대의 역사에서 다룰 일이다. 다만, 지금 시기가 근대의 후기이건, 근대 이후이건 근대 질서가 균열을 보이고 있는 것은 사실이다. 근대의 특징은 여러 가지 개념을 통해 규정할 수 있다. 그중 대표적인 개념이 노동이다. 노동은 근대를 구동하는 핵심 개념이다.

중세 신정질서가 무너지고 근대 시민사회가 성립하는 과정에서 가장 중요한 사건 중 하나가 종교개혁the Reformation이다. 막스 베버는 『프로테스탄티즘의 윤리와 자본주의 정신』을 통해 근대 자본주의의 특질과 프로테스탄티즘의 관계를 규명한다. 그에 의하면, 프로테스탄티즘, 특히 칼뱅주의적 소명의식이 자본주의 정신을 대표한다. 자본주의 정신이란 돈벌이를 자신의 물질적 생활 욕구를 만족시키기 위한 수단이 아니라 삶의 목적 자체로 여기는 소명의식이다. 여기서 육욕과 죄를 위해서가 아니라 신을 위해 부유해지도록 노동해야 한다는 청도교적 관념이 성립한

---

14. 이 절은 강원돈(2019)을 토대로 재구성한 것이다.

다. 이로써 노동은 신의 섭리에 따르는 길이자 구원에 이르는 신성한 활동이 된다. 이를 위해 중요하게 인용되는 성서 구절이 "이마에 땀을 흘려야 먹을 것을 얻을 수 있다"(창세기 3장 19절)와 "일하지 않으려고 하는 사람은 먹지도 말라"(데살로니가 후서 3장 10절)이다.

기본소득은 한 정치공동체에 속한 누구에게나 무조건적으로 지급된다. 이 말은 노동을 하건 하지 않건 지급한다는 의미를 내포한다. 즉 노동을 하지 않는 사람에게도 소득을 보장한다는 말이다. 근대는 노동과 소득이 동전의 양면처럼 결합된 소위 '노동과 소득의 동조화' 사회이다. 그런데 기본소득에서는 노동과 소득의 탈동조화를 말하는 것이다. 이는 근대자본주의 정신과 동일시되는 개신교 신학과는 부합하지 않는 것처럼 보인다. 그런데 과연 그러한가?

인간은 삶을 위해 다양한 노동을 하며 살아간다. 노동과 소득의 결합은 이 활동 중에 돈벌이 노동에만 국한된다. 그런데 종교개혁가들이 말하는 노동은 돈벌이 노동이 아니었다.

"마틴 루터Martin Luther는 사람의 일을 생산성이나 수확이나 소득이나 노동업적에 따라 평가하지 않았고, 도리어 하나님과 이웃과 공동체를 위한, 봉사적 성격의 노동을 강조했다. 루터가 강조한 직업이 돈벌이 노동으로 굳어진 것은 근대 사회가 들어선 뒤의 일이다."(강원돈, 2019, p.49).

따라서 "이마에 땀을 흘려야 먹을 것을 얻을 수 있다"는 창세기의 구절(3장 19절)이 가리키는 노동은 삶을 위한 활동으로 넓게 해석되어야지 근대적 의미의 돈벌이 노동으로 해석될 수 없다. "일하지 않으려고 하는 사람은 먹지도 말라"는 구절 역시 초기 기독교인들이 종말이 임박했다고 확신한 나머지 종말론적인 열정에 휩싸여 일상적인 생활 활동이나 생업을 멀리하는 것을 경계하려는 데 초점이 있는 것이지, 돈벌이 노동을 강제하기 위한 무기로 사용하는 것은 성서에 대한 견강부회적 해석이다.

그러므로 노동을 하건 안하건 기본소득을 지급한다는 것은 돈벌이 노동뿐만 아니라 돌봄노동이나 가사노동, 봉사활동 등 삶을 위한 다양한 활동들을 대가가 지급되어야 하는, 의미 있는 활동으로 인정한다는 의미이다. 노동과 소득의 분리는 삶을 위한 활동을 돈벌이 노동으로만 축소시키는 근대적 관점을 깨뜨림으로써 기독교 신앙 본래의 확장된 노동 개념으로 나아갈 수 있도록 한다.

기본소득 지급의 보편성과 무조건성은 노동과 소득의 분리만을 의미하는 것은 아니다. 권리와 의무, 업적과 보상 간의 대칭성에 대한 도전이기도 하다. 신학적으로 인간의 존엄성은 그가 하나님 앞에 서 있다는 것, 예수 그리스도 안에서 하나님에 의해 받아들여졌다는 것에 근거한다. 하나님과 바른 관계를 맺도록 해방된 인간은 자신의 존엄성을 존중하고, 삶에 대한 권리를 의식하는 인간이 되어야 한다. 인간의 존엄성을 존중하는 것은 삶에 대한 권리를 보장하는 것과 같은 의미이다.

기독교 신앙에서 인간의 존엄성은 의무수행의 결과로서의 업적 이전에, 업적과 무관하게 확립된다. 인간은 가능한 한, 공동체를 위해 업적을 제공해야 하고 업적 능력을 갖추어야 한다. 그렇지만 업적이 인간의 존엄성을 평가하는 기준이 되어서는 안 된다. 업적능력이 없는 사람도 업적능력이 있는 사람과 마찬가지로 존중 받는 사회가 하나님의 공의에 부합하는 사회이다. 인간의 존엄성과 자연적 권리들을 존중하는 사회에서는 권리와 의무가 대칭을 이룰 수 없다. 나아가 하나님의 정의는 '일용할 양식'을 필요로 하는 사람에게 아무런 전제 조건 없이 그것을 부여할 것을 요구한다. 수고한 사람이나 수고하지 않은 사람이나 모두에게 기본소득을 주어 그들이 인간의 존엄성에 부합하는 삶을 살아갈 기회를 주는 것은 하나님의 구원과 해방의 정의에 부합하는 일이다.

내용 정리

"미네르바의 올빼미는 황혼녘에야 날갯짓을 시작한다."(G.W.F. 헤겔)

이 말은 특히 학문에 들어맞는 말이다. 어떤 사안이나 어떤 시대나 어떤 사상에 대한 객관적이고 보편적인 평가, 즉 학문적 평가는 황혼녘, 즉 그것이 완성되거나 흘러간 이후에나 가능하다.

"좋은 옛날 것에 건설하지 말고, 나쁜 새로운 것에 건설하라"(B. 브레히트)

기본소득은 열린 제도이다. 이 말은 기본소득이 현재 진행형이지 완성된 그 무엇이 아니라는 말이다. 비유컨대, 기본소득은 '새벽녘'이다. 따라서 기본소득의 정당성은 아직은 학문적인 완결성을 띤 모습으로 평가될 수 없다. 즉 지금 단계에서 기본소득에 대한 수미일관한 체계적인 설명은 불가능하다. 그럼에도 불구하고 현실의 문제들을 극복하기 위해 요청되는 제도이다. 그런 뜻에서 기본소득은 '나쁜 새로운 것'이다.

기본소득의 원리는 매우 간단하다. 그래서 오히려 더 많은 오해와 억측의 대상이 되고 있다. 기본소득은 능력에 따른 차별을 배제하지 않는다. 각자의 것은 각자가 갖지만, 모두의 것은 모두가 가져야 한다는 사고이다. 어떤 유토피아를 주장하는 것이 아니다. 공동생산, 공동분배의 공산주의 이념과는 다르다. 경쟁을 부정하지도 않는다. 오히려 양극화로 인한 기울어진 운동장이 왜곡시킨 경쟁의 활력을 증진시킬 것이다.

그간의 자유주의는 개인주의와 결합하여 다른 사람과의 경쟁을 부추기고 오로지 자신의 이해관계에만 몰두하도록 만들었다. 서로가 근시안적 자기이해에만 골몰하게 됨으로써 사람들은 자유의 신장이 아니라 오히려 체제system 앞에 무기력한 원자화된 개인, 사회구조에 얽매어 옴짝달싹 못하는 고립적 개인으로 전락했다.

기본소득은 자유의 필요조건인 물질적 자유를 공동체가 보장함으로써 개인의 '실질적' 자유를 신장시킬 것이다. 역으로 공동체에 의한 개인의 실질적 자유에 대한 보장은 다른 사람들과 더불어 살아가는 즐거움이자 타자에 대한 배려로서의 공동체 감각community sense의 향상, 즉 공동체주의의 성장에도 기여할 것이다. 기본소득은 자유(주의)와 평등(주의), 개인(주의)과 공동체(주의)를 연결하는 매개의 역할을 할 것이다.

기본소득 쟁점[1]

이건민

어떻게 하면 기본소득이 아이디어와 실험 단계를 넘어서 실제 실행으로 이행할 수 있을까? 생산성과 고용의 탈동조화, 생산성과 (노동)소득의 탈동조화, 디지털 전환과 플랫폼 자본주의의 부상으로 인한 노동의 불안정성과 불평등의 심화, 유급 노동과 복지를 긴밀히 연결시킴으로써 오히려 빈곤과 불평등의 심화, 노동빈곤층의 양산 등 각종 사회적 문제에 제대로 대처하지 못하고 있는 현행 조건적 사회보장제도의 근본적인 한계 등은 우리 시대에 기본소득이라는 아이디어가 급부상한 주요한 배경을 이룬다. 하지만 실로 기본소득이 우리 사회에 반드시 필요하고 바람직하며 정당한 정책 아이디어라 하더라도, 기본소득이 현실에서 도입되기 위해서는 기본소득을 향한 비판과 반론에 효과적으로 대응함과 동시에 기본소득이 우

---

1. 본고의 일부 내용은 정치경제연구소 '대안'에서 제작한 팟캐스트 '이럿타'에서 소개된 바 있음을 밝힌다.

리 사회에 가져올 다양한 긍정적인 효과들을 제시함으로써 대중들을 설득할 필요가 있을 것이다.

이에 이 장에서는 기본소득을 둘러싼 주요 쟁점 12가지를 검토한다.

기본소득 관련 주요 쟁점

〈쟁점 1〉 기본소득의 정의

Q. 기본소득은 과연 무엇인가?

A. 기본소득의 정의Definition는 매우 중요하다.

기본소득은 특정 정치공동체에 속한 구성원 모두에게 어떠한 소득/자산 조사나 노동 조사(노동의사에 대한 조사, 노동력 유무 조사 등)도 거치지 않고 개인 단위로 정기적으로 지급하는 현금급여이다. 기본소득은 유급노동에 종사하지 않는 사람에게도 지급한다는 점에서 근로장려세제Earned Income Tax Credit, EITC를 비롯한 각종 임금보조금과도 구별되며, 소득/자산 조사를 거쳐 수급 대상자를 판별함 없이 주나 월 단위로 사전적으로 지급하며 (노동)소득이 증가하더라도 지급액이 일정하다는 점에서 소득/자산 조사를 통해서 수급 대상자를 판별하고 (주로는) 1년 단위로 사후적으로 지급하며 (노동)소득이 증가함에 따라 지급액이 감소하는 부(−)의 소득세Negative Income Tax, NIT와도 구별된다. 아울러 소득/자산 조사를 거쳐서 소득최저선과의 차액을 보충하는 조건적 최소소득보장과도 다름은 물론이다.

우리는 기본소득을 향한 비판 중 상당수가 정의상in definition 기본소득이 아닌 것을 기본소득이라고 간주한 뒤 비판하는 부당한 방식으로 이루어지고 있음을 어렵지 않게 발견할 수 있다. 예를 들어, 2017년 말과 2018년 초 영국의 「Renewal: a Journal of Labour Politics」 잡지에서 벌어진 논쟁을 살펴보자. Pitts, Lombardozzi and Warner(2017)가 일종의 임금보조금이자 최소소득보장 제도로 기능했던 스피넘랜드 제도의 사례를 통해서 기본소득이 저임금에 대한 우울한 보조금으로 기능할 것이라고 부당하게 비판한 것을 Torry(2018a)가 기본소득은 저임금노동자의 임금을 하락시키는 경향이 있는 스피넘랜드 제도, 근로세액공제Working Tax Credit, 유니버설 크레딧Universal Credit과는 달리 노동자들의 임금을 전반적으로 상승시키는 경향이 있음을 지적하면서 이를 바로잡은 바 있다.[2]

　오성운동이 주도하는 이탈리아 정부에서 추진하고 있는 조건적 최소소득보장 정책을 기본소득이라고 잘못 이름 붙이는 사례도 발견된다(손영하, 2019. 3. 7; 연합뉴스, 2019. 3. 7; 손진석, 2019. 3. 8 외 다수). 정책의 내용은 다음과 같이 알려져 있다. 2019년 3월 6일부터 "웹사이트를 통해 기본소득 신청을 받기 시작했는데, 빈곤층 구제와 소비 진작, 직업 교육 등을 목표로 실시되는 이 제도는 월수입이 빈곤선인 780유로(약 99만 5,000원) 미만인 사람만 신청할 수 있"으며, 1인 가구엔 최대 월 780유로, 4인 가구엔 1,300유로까지 지급된다(손영하, 2019. 3. 7). "수혜자로 선정되면 4월 중순부터 선불카드를 지급받아 △식료품 △의약품 구입에 한해 사용할 수 있다. 혜택은 18개월 동안 제공되지만, 이 기간이 지난 뒤에도 조건을 충족하는 사람은 재신청 할 수 있다. 기본소득이 노동의욕을 감퇴시킬 것이란 우려 탓

---

2. 스피넘랜드 제도는 1795년 버크셔주의 치안판사들이 실시한 제도로서 노동빈곤층을 구제하기 위한 목적으로 실시된 가구 단위의 최소소득보장 제도이자 임금보조금 제도였다(Torry, 2018a). 1999년 영국 노동당 정부 하에서 도입된 근로가구세액공제Working Family Tax Credit, WFTC가 2003년에 근로세액공제와 아동세액공제Child Tax Credit, CTC로 이원화되면서 시작된 근로세액공제 제도는 근로소득 액수와 아동의 수에 따라 급여자격 여부와 급여액이 결정된다는 점에서는 미국의 EITC 제도와 유사하지만 주당 노동시간 요건이 추가된다는 점에서는 EITC와 구분된다(Joyce, 2018). 근로세액공제 제도 역시 스피넘랜드 제도와 마찬가지로 가구 단위의 임금보조금 제도라 할 수 있다. 영국의 유니버설 크레딧은 2010년 11월 보수당-자민당 연립정부 하에서 도입계획이 발표되고, 2012년 복지개혁법Welfare Reform Act이 통과됨으로써 실제로 도입된 제도이다. 이는 복지급여 체계의 단순화, 노동유인 및 효율성 제고를 목표로 기존의 6개 급여[소득보조Income Support, 소득 기반 구직자수당income-based Jobseeker's Allowance, JA, 소득연계고용지원수당income-related Employment and Support Allowance, ESA, 주거급여Housing Benefit, 근로세액공제Working Tax Credit, WTC, 아동세액공제Child Tax Credit, CTC]를 모두 통합한 급여를 의미한다(권병희, 2011; 이현주, 2015). 빠른 시일 내에 제도를 전면적으로 실시하겠다는 당초 정부의 목표에도 불구하고 제도가 가진 여러 내재적 한계와 문제점으로 인하여 아직도 전면적으로 도입되지는 못한 실정이며, 계속해서 비판을 받고 있다(Millar and Bennett, 2017; Standing, 2017, pp.208-211; 2019, pp.25-33; Human Rights Council, 2019, pp.11-15). 제도의 세부적인 차이에도 불구하고 스피넘랜드 제도, 근로세액공제, 유니버설 크레딧, 그리고 EITC는 모두 가구 단위의 임금보조금 제도이며, 저임금노동자의 임금을 하락시킨다는 점에서 동일하다.

인지, 노동이 가능한 수혜자들은 반드시 직무교육에 참여해야 한다는 조건도 포함됐다. 세 번 이상 일자리 제의를 거절한 사람에겐 기본소득 지급이 중단된다"(손영하, 2019. 3. 7). 이 정책은 소득/자산 조사를 실시한다는 점, 설정된 빈곤선에 따라 차액을 보전하는 형태라는 점, 가구 단위로 지급된다는 점, 직무교육 참여가 강제된다는 점, 소비가 식료품과 의약품 구입으로 제한된다는 점 등 다양한 차원에서 기본소득과는 거리가 매우 먼데도 불구하고 기본소득 정책이라고 명명되고 있다. 만약 향후에 이탈리아 정부에서 추진하는 이러한 조건적 최소소득보장 정책이 여러 부작용을 낳아 실패로 판명난다면, 이는 기본소득의 실패가 아니라 조건적 최소소득보장의 실패이며, 오히려 조건적 최소소득보장에 비한 기본소득의 비교우위를 드러내는 증거로 해석되어야 할 것이다.

기본소득을 명확히 정의하는 것은 기본소득을 둘러싼 합리적인 토론의 출발점이다. Torry(2018a)는 Pitts, Lombardozzi and Warner(2017)에 대한 비판을 마무리하면서 다음과 같이 언급하였다. "합리적인 토론은 세심한 정의와 세부 사항에 대한 주의를 요구한다. 기본소득은 각 개인에게 지급되는 무조건적이고 철회될 수 없는 소득이다. … 현재의 토론이 필요로 하는 것은 잘못된 비교가 아니라 질 높은 연구와 사려 깊은 논리다"(p.34).

쟁점 2. 기본소득의 특성과 정의

Q. 기본소득의 특성 중 일부를 완화하거나 살짝 비트는 것이 낫지 않을까?
A. 기본소득의 정의Justice를 담은 정의가 매우 중요하다.

앞서 기본소득을 특정 정치공동체에 속한 구성원 모두에게 어떠한 소득/자산 조사나 노동 조사(노동의사에 대한 조사, 노동력 유무 조사 등)도 거치지 않고 개인 단위로 정기적으로 지급하는 현금 급여로 정의한 바 있다. 이처럼 우리는 통상적으로 기본소득을 보편성, 무조건성, 개별성, 정기성, 현금 지급이라는 특성을 갖는 무언가로 정의해왔지만, 이러한 정의만으로는 기본소득의 정당성을 확보하기가 어

려울 수 있다. 곧 왜 보편적으로 지급되어야 하는가(보편성을 향한 비판), 왜 자산
조사나 노동조사 없이 무조건적으로 지급되어야 하는가(무조건성을 향한 비판), 왜
가구 단위가 아니라 개인 단위로 지급되어야 하는가(개별성을 향한 비판), 왜 사회
적 지분급여와 같이 일회성 지급이 아니라 정기적으로 지급되어야 하는가(정기성
을 향한 비판), 왜 현물이 아니라 현금 지급이어야 하는가(현금 지급을 향한 비판) 등
에 직면할 수 있는 것이다.[3] 우리는 물론 사회경제적 필요성과 효과 면에서 각각의
비판에 대해서 충분히 효과적으로 답할 수 있다. '보편급여는 선별급여에 비해 수
급률take-up rate이 높고, 행정비용과 행정부담이 적으며, 중산층의 지지를 얻음으
로써 동태적으로 제도가 확장되어 재분배효과도 더 우수하다'(보편성에 대한 옹호),
'무조건적 급여는 조건적 급여에 비해 가부장적이지 않고, 노동유인이 높으며, 개
인의 자유를 증진시키고, 개인의 행동과 태도를 왜곡하지 않는다'(무조건성에 대한
옹호), '가구 단위가 아니라 개인 단위로 지급된다면, 가구 내 권력관계가 불평등할
경우 상대적으로 약자에 속하는 개인들의 경제적 안전을 보장하고, 그들에게 권력
관계의 불평등을 해소·완화할 수 있는 실질적인 힘을 부여한다'(개별성에 대한 옹
호), '일회성 지급이 아닌 정기적 지급은 성인 초기에 지분을 탕진할 자유를 비롯
한 사회적 지분 급여가 제공하는 일부 자유는 제약할 수 있지만, 모든 사람들에게
생애 전체에 걸쳐 어느 정도의 경제적 안전을 확실히 보장함으로써 모두를 위한

---

3. 이와 관련한 최근의 흥미로운 사례로는, 기본소득이 좋긴 하지만 현재의 심각한 기후변화, 생태위기 문제
   에 대처하기 위해서는 "걷기, 자전거타기 그리고 대중교통 이용을 포함하여, 생태적 이동을 조건으로 기
   본소득을 지급하자"는 녹색참여소득의 제안이다(강상구, 2019). 그 제안에 동의하든 않든 관계없이, 강
   상구의 녹색참여소득 제안은 기본소득의 정의justice를 담은 정의definition의 중요성을 우리에게 일깨
   운다. 기후변화, 생태위기 문제의 심각성에 전적으로 동의하면서도, 그리고 에너지 전환, 생태적 전환의
   필요성에 적극 동의하면서도, 생태적 이동을 조건으로 하는 순간 그것은 더 이상 기본소득이 아니라고 지
   적할 수밖에 없다. 아울러 기본소득의 정의justice를 명시적으로 고려한다면, 아무리 좋은 그 무언가라
   할지라도 조건성의 부과는 기본소득의 정의definition뿐만 아니라 정의justice에 어긋난다고 지적할 수
   밖에 없다. 녹색참여소득 구상에 대한 필자의 입장은, "녹색참여소득이 우리 사회에 물론 필요할 수는 있
   지만, 기본소득과 함께 도입되는 형태의 참여소득이 아닌 기본소득 대신 지급되는 형태의 녹색참여소득
   은 곤란하다"는 것이다(이건민, 2019, 각주 2).

실질적 자유를 효과적으로 증진한다'(정기성에 대한 옹호), '현물 지급과는 달리 현금 지급은 전달체계상의 누수와 낭비, 비효율성 문제, 그리고 복잡한 전달체계로 인해 빈번히 발생하는 부패 문제를 피할 수 있다'(현금 지급에 대한 옹호) 등등. 이러한 방식의 논변은 기본소득 자체가 정의로우며 정당한 것이라는 주장을 담고 있지는 못하다.

이를 감안하여 2019년 1월 26일 기본소득한국네트워크 제7차 정기총회에서는 정관 제2조의 내용을 다음과 같이 개정하였다. "네트워크는 모든 사회구성원의 자유와 참여를 실질적이고 평등하게 보장할 수 있는 기본소득제의 실현에 기여하는 것을 목적으로 한다. 이때 기본소득이라 함은 공유부에 대한 모든 사회구성원의 권리에 기초한 몫으로서 모두에게, 무조건적으로, 개별적으로, 정기적으로, 현금으로 지급되는 소득을 말한다"(기본소득한국네트워크 웹사이트, 2019. 1. 30). 기본소득을 "공유부에 대한 모든 사회구성원의 권리에 기초한 몫"이라고 규정한 것은 기본소득의 정의justice를 담은 정의라 할 수 있다. 이러한 정의에 따르자면, 상호성reciprocity, 무임승차자free riders, 기생parasites 등을 내세운 윤리적 정당성에 근거한 기본소득 비판은 잘못된 과녁을 겨냥한 것이 된다.[4]

쟁점 3. 기본소득과 사회적 전환

Q. 기본소득은 우리 삶의 전환에 어떠한 기여를 하는가?
A. 기본소득은 노동과 생산, 경제에 대한 생각의 전환을 촉구하는 것이다.

---

4. 상호성, 무임승차자, 기생에 근거한 기본소득 비판은 다음과 같이 표현할 수 있을 것이다. '특정 정치공동체에 속한 사회구성원으로서의 의무를 다하지 않는 사람에게도, 즉 무임승차자나 사회에 기생하는 사람에게도 기본소득이라는 권리를 부여하는 것은 과연 정당한가?' 달리 말하자면, '말리부 해변의 서퍼들에게도 기본소득이 지급되어야 하는가?' 상호성, 무임승차, 기생에 입각한, 윤리적 정당성에 기초한 이러한 기본소득 비판은 다음과 같은 우려로도 자연스럽게 이어질 것으로 예상해볼 수 있다. '만약 사회구성원으로서의 의무를 다하지 않는 사람에게도 기본소득을 지급할 경우 그 자체로 정당하지 않을뿐더러, 이로 인해 무임승차자와 사회에 기생하는 사람들을 양산하게 되는 것은 아닌가?' 기본소득 쟁점 9와 10에서 이 질문에 대해 응답한다.

강남훈(2019b)은 기본소득이 노동과 생산, 경제에 대한 생각의 전환을 촉구하는 것임을 강조한다. "기본소득은 사회적으로 가치 있는 비임금노동에 대한 보상이 될 수 있다. 기본소득은 임금노동뿐만 아니라 가치 있는 비임금노동도 노동으로 인정하는 것이다"(p.183). 기본소득은 "모든 사람은 최소한 얼마는 타인을 위해 일하고 있을 것이라고 무조건 인정하는 것이다"(p.183). 기본소득은 "공유부, 즉 공동자산이라는 것이 존재하고 공동자산이 생산에 기여하고 있다는 것을 인정하는 것이다"(p.183). "부의 원천은 노동만이 아니다. 부의 원천은 노동과 자연이다. 여기서 자연은 연합 지성, 공동자산과 같은 뜻이다. 그러므로 부의 원천은 노동과 공동자산이다. 내가 멀리 볼 수 있었던 것은 거인의 어깨 위에 올라섰기 때문이다. 내가 부자가 된 것은 사회적 자본이 풍부한 나라에 태어났기 때문이다. 나의 소득의 일부, 예를 들면 십일조 정도는 내가 생산할 때 공동으로 참여한 사람들에 대한 몫이다"(p.184). 이와 같이 유급노동뿐만 아니라 가사노동, 돌봄노동, 자원봉사활동, 공동체활동을 비롯한 광범한 노동과 활동으로 노동 개념을 확장시키는 것, 사회 구성원 각각이 어떠한 형태로든 공동체에 기여하고 있음을 인정하는 것, 노동만이 부의 원천이 아니라 과거로부터 물려받은 자연이라는 자연적 공동부, 사회적 제도와 인프라, 지식과 정보 등의 사회적 공동부 역시 중요한 부의 원천을 이룬다는 것 등의 사고의 전환에서 기본소득은 중요한 몫을 차지한다.

쟁점 4. 기본소득 모델

Q. 어떠한 기본소득 모델을 토론에 부칠 것인가?

A. 감당가능하고 실현가능한 특정 기본소득 모델을 놓고 토론하는 것이 매우 중요하다.

감당가능하고affordable 실현가능한feasible 특정 기본소득 모델을 놓고 토론하는 것이 매우 중요하다. 감당가능하지 않거나 실현가능하지 않은 특정 기본소득 모델을 두고서 '기본소득 일반basic income in general'을 비판하는 것은 부적절하고 무용할 뿐만 아니라 유해하다. 몇 가지 예를 들어보자.

2018년 2월에 출간된 OECD 워킹페이퍼(Pareliussen, Hwang and Viitamäki, 2018)는 핀란드의 현재 제도를 유니버설 크레딧 제도로 변화시켰을 때와 기본소득 제도로 변화시켰을 때의 여러 유형의 가구가 직면하는 유효세율을 비교하면서 기본소득 제도보다는 유니버설 크레딧 제도가 노동 유인 면에서 더 우수하다고 결론지었다. 아울러 핀란드에서 기본소득은 소득불평등을 증가시키며 빈곤율을 11.4%에서 14.1%로 증가시키는 반면, 유니버설 크레딧은 복지급여 체계의 복잡성을 줄일 뿐만 아니라 빈곤율을 11.4%에서 9.7%로 감소시킨다는 분석결과를 내놓았다.

이러한 분석결과는 문제가 있다. 여러 가구 유형에 따른 유효세율이 유니버설 크레딧의 경우 일정한 반면 기본소득의 경우 상당한 편차를 보이는 것은 현행 과세제도와 복지제도가 가구 단위로 이루어져 있기 때문이지 기본소득의 단점 내지 유니버설 크레딧의 비교우위 지점이라고 보기는 어렵다. 또한 기본소득과 유니버설 크레딧을 비교할 때 유효세율만을 평면적으로 비교할 뿐 개인 단위인지 가구 단위인지, 무조건적인지 조건적인지, 보편적인지 보편적이지 않은지 등의 차이가 낳을 수 있는 효과, 행태 효과와 동태 효과를 분석에 포함시키지 못하고 있다. 아울러 실업자를 비롯한 저소득층이 마치 주당 0시간부터 5일 전일 노동에 이르기까지 원하는 만큼 노동시간을 결정할 수 있는 것처럼 설정되어 있다.

더 근본적인 문제는 어떠한 증세도 고려하지 않는 예산중립적 시나리오fiscally neutral scenario 또는 revenue-neutral scenario 상황만을 놓고 기본소득과 유니버설 크레딧을 비교하고 있다는 것이다. 기존의 복지재원을 저소득층만을 대상으로 그것도 소득 수준에 따라 차등적으로 지급하는 방안과 저소득층만을 대상으로 소득 수준에 관계없이 동일하게 지급하는 방안을 비교한다면, 분석해볼 것도 없이 전자가 후자보다 빈곤 및 소득불평등 개선 효과가 더 큰 것으로 나타날 수밖에 없다. 하지만 고소득층 및 고자산층을 대상으로 한 기존 세율 인상 및 신규 세금 도입 등을 고려할 경우, 단순히 유효세율 면에서 보더라도 저소득층의 경우 '유니버설 크레딧' 시나리오에서보다 (훨씬) 더 낮은 유효세율의 '기본소득' 제도를 설계할 수 있다. 흥미로운 점은 2017년에도 '예산중립적 시나리오'에 입각한 OECD 워킹페이퍼(Browne and Immervoll, 2017)가 나왔으며, 이 연구가 2018년 연구와 마찬가지로 이러한 '예산중립적 시나리오'에 입각하여 기본소득이 빈곤과 불평등을 개선하기는커녕 오히려 악화시킨다는 결론을 도출했다는 것이다(명시적으로 밝히고 있지는 않지만, OECD의 2017년, 2018년 워킹페이퍼가 암묵적으로 공유하고 있는 것은 "어떠한 형태로든 증세는 바람직하지 않다"라는 것이다).

국내에서도 유사한 연구가 발견된다. 최한수(2017)는 예산중립적 기본소득 하에서 소득최하층의 소득은 오히려 감소하고 차상위계층과 중위소득계층이 순수혜층이 된다는 미시 모의실험 결과를 보고한 바 있다.

이러한 사례는 비단 연구의 영역에만 국한된 것은 아니며, 실제로 감당가능하지 않거나 실현가능하지 않은 기본소득 모델을 놓고 토론이 이루어진 좋지 않은 선례가 있다. 2016년 9월 14일 영국 국회의원들이 보편적 기본소득 Universal Basic Income, UBI에 대해 토론했을 때, 한 국회의원이 감당가능하지 않은 형태의 기본소득 모델과 저소득층에게 손해를 입히는 형태의 기본소득 모델을 언급하면서 기본소득을 비판한 바 있다(Torry, 2018b, p.11). 이에 대한 대응으로 시민기본소득트러스트Citizen's Basic Income Trust는 향후에 실현가능하지 않은 예시적 UBI 모델에 대한 연구결과는 아예 발표 자체를 하지 않기로 결정하였다(Torry, 2018b, p.11).

특정 국가, 특정 사회의 맥락을 고려하여 (최)저소득층뿐만 아니라 중위소득계층을 포함하여 인구의 70~80% 이상을 순수혜층으로 만들면서도 고소득층에게 지나친 부담을 지우지 않는 형태(물론 초고소득층의 경우 순부담의 절대액수 면에서는 부담액이 클 수 있으나 그들의 절대소득액 대비 순부담액의 비율은 그리 크지 않다)의 감당가능하고도 실현가능한 특정 기본소득 모델을 만드는 것은 가능하다(강남훈, 2017; Torry, 2016; 2018b, p.12). 따라서 감당가능하지 않거나 실현가능하지 않은 형태의 기본소득 모델(이를 두고 논쟁하는 것은 불필요할 뿐만 아니라 해롭다)이 아니라 감당가능하고 실현가능한 특정 기본소득 모델을 놓고 토론하는 것이 매우 중요하다.

쟁점 5. 기본소득의 재원

Q. 기본소득의 재원은 세금으로만 마련할 수 있는가?

A. 기본소득 모델에는 조세형 기본소득 모델만 있는 것은 아니다.

기본소득의 재원으로는 조세뿐만 아니라 공유부기금 조성에 기초한 공동자산 배당(권정임, 강남훈, 2018; Lansley, McCann and Schifferes, 2018; Lansley and McCann, 2019), 공유지분권[5] 설정을 통한 사회배당(금민, 2018; Meade, 1989), 화폐제도 개혁(안현효, 2018) 등도 있다.[6]

따라서 조세형 기본소득 모델만을 상정한 채(게다가 증세 여력은 그리 크지 않으리라 추가로 가정한 채), 기본소득이 다른 사회보장정책들을 (필연적으로) 구축할 것이라고 우려하는 것은 지나치거나 그릇된 것이다. 참고로 알래스카 영구기금 배당을 대상으로 한 연구에서도 기본소득이 다른 사회정책들을 구축했다는 증거는 발견되지 않았다(Jones and Marinescu, 2018).

쟁점 6. 기본소득과 사회보장제도

Q. 기본소득이 도입되면 (필연적으로) 기존의 사회보장제도가 구축되는 것은 아닌가?

---

5. 노벨경제학상 수상자인 James Meade(1989)는 사회 전체 주식의 약 50%를 국가가 소유하되 경영권은 행사하지 않고 배당권만 행사하자는 구상을 제안한 바 있다. 국가가 소유한 이러한 공유지분권을 토대로 사회 전체의 자산소득의 절반을 사회배당의 형태로 사회구성원 모두에게 평등하게 분배하자는 것이다. 금민(2018)은 플랫폼 경제의 구축을 위한 국가의 R&D 투자가 현재와 같이 민간 플랫폼기업에 지원하기만 하는 방식으로 이루어져서는 곤란하다고 비판하면서 국가의 R&D 투자를 바탕으로 지원대상인 플랫폼기업에 국가의 공유지분권을 설정하고, 이로부터 발생하는 경제적 수익에 대해 사회배당을 실시할 것을 제안하였다.

6. 현재 소득분배에 역진적으로 기능하고 있는 각종 소득공제와 세액공제를 없애는 대신에 이로 인해 마련된 금액을 기본소득으로 나누어주는 방안이 조세형 기본소득 모델에서 중요한 한 축을 이룬다는 점에도 주목할 필요가 있다(Torry, 2016; 강남훈, 2019a). 여기서 중요한 것은 조세형 기본소득 모델 또한 다른 유형의 기본소득 모델과 마찬가지로 "공유부에 대한 모든 사회구성원의 권리에 기초한 몫"에 기반한다는 사실이다. 아울러 조세형 기본소득 모델에서 마련된 기본소득의 재원은 기본소득 지급만을 위한 용도로 명확히 설정되어야ring-fenced(또는 hypothecated) 한다(이건민, 2017a; 2018a; Miller, 2017; Lansley and Reed, 2018).

A. 보편적 기본소득과 공공사회서비스는 대체관계가 아니라 보완관계가 되도록 구축해야 한다.

   기본소득이 도입되면 공공사회서비스를 비롯한 기존의 사회보장제도가 크게 구축되지는 않을까 하는 우려가 제기되고 있다(양재진, 2018; Coote and Yazici, 2019). 기존 사회보장제도가 상당히 구축되는 형태로 도입되는 기본소득 모델에 대해 우려하는 것은 필요한 일이지만, 기본소득이 도입되면 기존의 사회보장제도가 필연적으로 구축되리라고 미리 상정하는 것은 논리적 비약이다.

   기본소득과 공공사회서비스는 대체관계가 아니라 보완관계로 설정하는 것이 바람직하다. 만약 공공사회서비스가 전면적으로 시장화된다면, 기본생계비를 충당하기 위해 필요한 기본소득의 액수는 (동태적으로) 급격히 증가할 수 있다. 만약 기본소득이 지급되지 않는다면, 아무리 저렴한 액수라 하더라도 자기부담금을 요구하는 형태의 공공사회서비스는 특히 저소득층의 경우 그것을 이용하거나 그것에 접근하는 데 일정 정도의 제약이 따를 수밖에 없다. 반대로 기본소득 지급으로 인하여 신체적, 정신적 건강이 증진하고 범죄가 감소하며 사회갈등이 줄어들고 사회통합이 잘 이루어진다면, 공공사회서비스를 운영하는 데 드는 비용은 (현저하게) 감소할 것이다. 따라서 기본소득과 공공사회서비스는 대체관계가 아니라 보완관계로 명확하게 설정될 필요가 있다. 참고로 영국에서도 보편적 기본소득과 보완관계로 설정된 보편적 기본서비스(보건, 교육, 법률서비스, 주거, 식량, 교통, 정보 등의 영역에서, 사용 시점에서 서비스를 무료로 제공하자는 것)가 제안된 바 있다(Portes, Reed and Percy, 2017).

쟁점 7. 기본소득의 지급수준

Q. 기본소득 지급수준은 무엇과 비교되어야 하며, 얼마 정도여야 하는가?
A. 기본소득은 맥락에 따라 최저생계비, 물가변화, GDP 등과 비교하는 것이 적절하며, 기본소득 지급수준은 사회경제적 · 정치적 환경, 자본주의 축적체제 및

노동의 변화, 불평등의 양상에 따라 달라질 것이다.

기본소득 지급수준과 관련하여, 조권중·최상미·장동열(2017, p.36)은 "기본소득에 있어 기본의 의미가 최저생계비를 의미하는지, 아니면 최저임금을 의미하는지에 대해 구체적으로 제시하지 않고 있"으며, 지급수준이 "노동하지 않아도 기본소득으로 적절한 삶을 보장할 수 있어야 한다는 차원에서 적절의 의미가 평균임금을 의미하는지, 한 사회의 중간소득 정도는 필요하다고 보는 상대적 개념(가령, 중위소득)을 의미하는지 등 기본소득을 현실화시키기 위해서는 적절adequate, optimum에 대한 개념이 정립되어야 한다"고 지적한 바 있다.

이에 대해 답하자면, 첫째, 기본소득 쟁점 1과 2에서도 살펴봤듯이 기본소득의 지급수준 자체는 기본소득을 정의하는 요소에 포함되지 않는다는 점을 지적하고자 한다. 물론 기본소득의 지급수준이 기본소득의 정의에 들어가지 않는 요소라 해서 그것이 중요하지 않다는 것은 결코 아니다. 오히려 기본소득의 지급수준은 다른 정책들과의 구체적인 결합 양태와 함께 우파적, 보수적 형태의 기본소득 정책패키지에서부터 좌파적, 진보적 형태의 기본소득 정책패키지에 이르기까지 현실에서 다양한 형태의 기본소득이 가능하다는 것을 보여주며, 이것 자체가 열린 문제이며 치열하게 각축하는 정치의 장에 놓여 있음을 드러낸다.

둘째, 기본소득을 평균임금, 최저임금, 중위소득 등과 비교하는 것은 근거가 부족하며 적절치 않을 수 있다. 오히려 기본소득은 완전기본소득이냐 부분기본소득이냐를 구별하는 맥락에서는 최저생계비와, 처음에는 부분기본소득으로 시작하더라도 시간이 흐름에 따라 최저생계비에 근접해가기 위한 방안을 모색하는 맥락에서는 물가변화와, 사회 전체의 생산성과 부의 발전, 번영에 대해 사회구성원이 얼마만큼의 과실을 공유하느냐를 파악하기 위한 맥락에서는 GDP와 비교하는 것이 적합할 것이다.

셋째, 좌파적, 진보적 형태의 기본소득을 지지하는 입장에서는 (비록 단박 도약은 불가능하거나 바람직하지 않을 수 있지만) 1차적인 중장기목표로 최저생계비를 충당할 만큼의 완전기본소득을 제시할 수 있을 것이며, 앞으로의 사회경제적 · 정치적 환경, 자본주의 축적체제 및 노동의 변화, 불평등의 양상 등에 따라서는 최저생계비를 초과하는 액수의 기본소득도 충분히 가능하며 바람직할 수 있다고 볼 것이다.

쟁점 8. 기본소득의 불가능성 정리

Q. 기본소득은 과연 '불가능성 정리'와 '정책 트라일레마'에 묶여 있는가?
A. 정태적 시간이 아닌 시간의 흐름을 명시적으로 고려한 동태적 과정 속에서 기본소득을 고려할 필요가 있다.

기본소득을 향한 '불가능성 정리Impossibility Theorem'가 제기된 바 있다. 불가능성 정리란 "기본소득은 지급수준이 너무 낮아서 사회적으로 수용될 수 없거나, 지급수준이 너무 높아서 경제적으로 실현가능하지 않다"라는 주장을 말한다(Groot, 2004). "기본소득 비판자들은 생계수준 기본소득subsistence-level BI이 지급될 경우 많은 사람들이 일하지 않으려 할 것이므로 이러한 기본소득은 경제적, 재정적으로 지속가능하지 않을 것이라고 예측한다. 반면 경제적, 재정적으로 지속가능한 기본소득은 그 지급수준이 너무나 낮아서 사회적 최저선social minimum으로 수용가능하지 않을 것이라고 주장한다. 이것이 바로 이른바 '불가능성 정리'를 들어 기본소득을 반대하는 사람들의 논리이다"(이건민, 2017b).

이건민(2017b)은 '기본소득의 불가능성 정리'를 아래와 같이 비판한 바 있다.

생계수준 기본소득이 지급될 경우 사회의 총 노동공급이 급감할 것이라는 예상은 과연 타당한가? 일단 생계수준 기본소득의 구체적인 지급액수 자체가 사회적, 정치적으로 결정되는 것임을 지적할 필요가 있다. 최저생계비, 최저임금의 결정이 결코 '객관적'으로만 결정되지 않는 것과 마찬가지로 생계수준 기본소득의 구체적인 지급액수 역시 시공간적 맥락, 사회경제적, 정치적 상황, 계급 역관계 등에 따라 달라질 수 있는 것이다. 필요한 경우 이 금액은 (여러 번의 시행착오를 거쳐서) 조정될 수 있을 것이다.

다음으로 현재 비자발적 실업과 노동빈곤working poor이 공존하고 있다는 점, 기술 발달 및 고용에 관한 지금까지의 추세와 앞으로의 전망이 노동수요 대비 노동공급의 구조적 과잉을 보여주고 있다는 점 등을 감안할 때, 어느 정도의 노동공급 감소는 큰 문제가 아닐 수 있으며, 사회 전체로 볼 때에는 오히려 긍정적인 효과를 낳을 수도 있음을 고려할 필요가 있다. 또한 기본소득은 최저임금 인상, 노동시간 단축, 노동 및 사회 입법 강화 및 실효성 있는 집행, 사회적경제 부문 및 사회적으로 유용한 다양한 활동들의 활성화 등 다양한 노동정책 개혁과 맞물려 '더 많은 사람들이, 더 안정적인 노동조건 하에서, 더 적은 시간 동안, 더 다양한 일을 하는' 노동사회의 근본적 전환 또는 재구성을 추동할 수 있다.

낮은 기본소득이 사회적으로 수용가능하지 않을 것이라는 비판은 어떠한가? 이러한 반론은 마치 기본소득이 기존의 모든 현금급여를 대체한다는 것을 부당하게 또는 암묵적으로 전제한다는 점, 또는 기본소득만을 고립적으로 놓고 사고한다는 점에서 문제가 있다. 부분기본소득의 경우 당연히 기존의 사회부조, 다양한 사회수당 등과 같이 가는 것이 바람직하다. 비록 부분기본소득만으로는 사회적 최저선에 미치지 못하겠지만, 사회부조, 사회수당, 사회보험 등과 함께 고려할 경우에는 사회적 최저선을 충족시킬 수 있으며, 따라서 부분기본소득이 사회적으로 받아들여지지 않을 것이라는 주장은 지나친 것이다. 만약 우리가 완전기본소득으로의 '단박 도약'을 하기 어려운 사회경제적, 정치적 상황에 놓여 있을 경우, 우리는 '부분기본소득'에서 출발하여 '완전기본소득'으로 나아가는 이행전략(Offe, 2008)을 추진하는 것이 가능하다. 아울러 '부분기본소득'의 도입은 우리 사회의 빈곤과 불평등을 완화하고, 친복지세력을 확장하며, 노동, 경제, 복지, 생태 등에 대한 우리의 의식과 사고를 전환하는 데 긍정적인 영향을 미칠 수 있다.

최근에는 '기본소득의 정책 트라일레마'가 제기되기도 하였다(Martinelli, 2017). '기본소득의 정책 트라일레마'란 i) 필요를 충족시키기, ii) 비용을 통제하기, iii) 소득/자산 조사 복지급여의 부정적 효과들을 감소시키기, 이 셋 중에서 최대 2개까지는 취할 수 있지만 최소한 어느 하나는 양보하거나 포기해야 한다는 것을 뜻한다. 하나의 예로 i)과 iii)을 만족시키기 위해서는 막대한 비용이 들 것이므로 ii)를 충족시키지 못할 것이라는 지적이다.

기본소득의 '불가능성 정리'나 '기본소득의 정책 트라일레마' 양자 모두가 놓치고 있는 것은 사태를 정태적으로만 놓고 기본소득이라는 정책대안을 판단한다는 것이다. 현재 사회보호의 두 가지 중요한 축인 사회부조와 사회보험 역시 장기간에 걸쳐서 구축, 진화, 발전하였다는 점을 감안한다면(Van Parijs and Vanderborght, 2017, Ch.3), 우리는 기본소득 또한 처음에는 미약한 수준으로 도입되더라도 시간이 흐름에 따라 충분히 큰 규모로 진화·발전할 수 있으리라 예상할 수 있다. 시간의 지평을 넓혀 동태적으로 본다면, '기본소득의 정책 트라일레마'는 다소 과장된 문제제기라 할 수 있다. 기본소득의 도입 시기에는 소득/자산 조사 복지급여의 부정적 효과들을 엄청나게 감소시키지는 못하는 낮은 수준의 기본소득, 곧 부분기본소득partial basic income, PBI에 머문다 하더라도, 시간이 흐름에 따라 기본소득의 지급액수를 점차 높이는 점진적인 전략을 취함으로써 소득/자산 조사 복지급여의 수와 지급액 모두를 감소시키고 순비용 증가에 대한 정치적 지지와 동의를 얻어내며 경제적 충격도 최소화할 수 있을 것이다.

참고로 기본소득 지급규모의 동태적 확대 방안 및 시나리오도 제출된 바 있다(Lansley, McCann and Schifferes, 2018; Lansley and McCann, 2019). 그 내용을 구체적으로 살펴보면, Lansley, McCann and Schifferes(2018)와 Lansley and McCann(2019)은 일련의 가정(장기 국채 발행 등을 통해 1,000억 파운드의 기금을 최초로 조성하고, 0.5%의 연간 기업주식 발행을 포함하여 민간자산과 법인자산에 대한 세율 인상 등을 통해 매년 500억 파운드를 적립하며, 연 4%의 수익률로 기금을 운용하고, 기금을 조성한지 10년이 지난 후부터 기금의 4%를 시민배당으로 지급한다는 가정) 하에서, 기금 조성 후 37년이 지난 시점에는 총 2조 파운드의 기금이 축적되며, 이를 토대로 1인당 연 1,200파운드에 달하는 시민배당을 지급할 수 있음을 보여주었다(표 5-1 참조).

쟁점 9. 기본소득의 노동시장 효과와 탈상품화 지향성

Q. 기본소득은 노동공급을 늘리느냐 줄이느냐, 그리고 탈상품화와 탈노동화 중 무엇을 지향하는가?

A. 기본소득은 좋은 노동, 자신에게 적합한 노동, 그 자체로 매력이 있으며 내재

기금 규모	1,000만 파운드	5,000만 파운드	7,000만 파운드	1조 2천만 파운드	2조 파운드
기금 조성 소요 시간	0년	7년	10년	20년	37년
연간 총 사회배당 지급액	40억 파운드	200억 파운드	280억 파운드	510억 파운드	800억 파운드
1인당 연간 사회배당 지급액	60파운드	304파운드	430파운드	765파운드	1,200파운드

표 5-1 기금 규모에 따른 연간 무조건적 사회배당 액수

자료 : Lansley and McCann(2019: Table 1)

적 동기를 불러일으키는 노동은 장려하고 증가시키는 반면, 열악한 노동, 자신에게 맞지 않는 노동, 그 자체로는 매력이 없으나 화폐적 보상에 기초한 외재적 동기를 갖는 노동은 장려하지 않으며 감소시킨다. 또한 기본소득은 '노동력의 실질적 탈상품화'를 지향한다.

기본소득의 노동유인과 관련하여, 조권중·최상미·장동열(2017, pp.36-37)은 "기본소득은 사람들을 상품화된 노동으로부터 자유롭게 한다는 점에서 탈노동화 delaborization의 개념이 담겨있는데 기본소득 지지자들은 이러한 기본소득의 탈노동화를 언급함과 동시에 기본소득이 근로유인work incentive을 제고한다는 측면 또한 상당 부분 강조"하고 있으며, "이러한 상반된 논리의 공존은 기본소득이 노동에 대한 입장을 뚜렷하게 제시하지 못한다는 점에서 비판의 여지가 있다"고 지적한다. 하지만 이러한 비판은 (유급)노동을 단일한 성격을 가진 것으로 바라본다는 점에서 뚜렷한 한계를 지닌다. 즉 서로 다른 성격의 노동에 대해 상이한 방향으로 작용하는 기본소득의 효과를 간과하고 있는 것이다. 기본소득은 좋은 노동good work, 자신에게 적합한 노동, 그 자체로 매력이 있으며 내재적 동기 intrinsic motivation를 불러일으키는 노동은 장려하고 증가시키는 반면, 임금, 노동조건 등 다양한 면에서 열악한 노동, 자신에게 맞지 않는 노동, 그 자체로는 매력이 없으나 화폐적 보상에 기초한 외재적 동기extrinsic motivation를 갖는 노동은 장려하

지 않으며 감소시킨다. 따라서 후자의 경우에는 자본가나 경영자의 임금수준을 높이거나 노동조건을 개선하거나 노동력을 기계로 대체하는 방식으로 대응하도록 경제적으로 강제될 것이다.

다른 한편으로, 조권중·최상미·장동열(2017, pp.37-38)은 "탈상품화는 탈노동 여부가 아니라 사회적 임금 또는 사회적 급여의 수준이 중요"하며 "임금노동이 줄어들어도 복지국가의 소득보장정책을 통해 적절한 생활수준을 유지할 수 있는 상태를 만들어준다"고 말하면서, "현실세계에서 자유로운 노동은 임금노동을 포함하고 결과적으로 기본소득은 복지국가의 탈상품화 원리로 기능하게" 되므로, 기본소득이 "진정한 탈노동화를 의미하는 것인지, 탈상품화를 인정하는 것인지"가 모호하다고 지적한다. 하지만 이러한 지적은 노동력의 탈상품화에 대한 Esping-Andersen(1990)의 이해방식을 특권화한 것으로서, 가이 스탠딩(2014)은 이미 에스핑-안데르센의 탈상품화 개념에 대해서 그것이 노동시장 참가와 노동경력에 조건적이라는 점에서 실질적 탈상품화가 아니라 허구적 탈상품화에 불과하다고 적확하게 비판한 바 있다. 이에 대해서는 에스핑-안데르센(2006, pp.100, 103) 역시 자신이 사용한 "탈상품화 개념은 개인들이—혹은 그들이 수급한 복지가—이미 상품화되어 있다는 것을 전제로"하고 있으며, "탈상품화 개념은 임금 관계에 이미 완전히 편입되었거나 돌이킬 수 없이 포섭된 개인들에 대해서만 의미를" 가짐을 인정하였다. 아울러 탈노동화 개념이 노동력의 탈상품화를 의미하는 탈상품화에 대응하는 개념이라고 한다면, 탈노동화라는 용어를 통해서 함의하고자 하는 바는 노동력의 (실질적) 탈상품화라는 표현으로도 충분히 드러낼 수 있을 뿐만 아니라 노동력의 탈노동화라는 말은 동어반복으로 부자연스럽다는 점을 지적하고자 한다.

쟁점 10. 기본소득으로 인한 노동 급감 우려

Q. 기본소득을 지급하면 노동공급이 급감하지는 않을까?

A. 최소소비수준 이하 액수의 기본소득 지급이 사회 전체적으로 노동공급을 (크게) 줄인다고 보기는 어렵다.

기본소득의 노동공급 효과는 물론 기본소득의 지급 수준, 재원 조달 방법, 개인의 특성(소득 수준, 노동과 여가에 대한 선호 등)에 따라 매우 다양할 수 있다(Gilbert, Huws and Yi, 2019). 그런데 이에 앞서 기본소득의 비교대상을 무엇으로 잡을 것인지, 어떠한 효과들을 고려할 것인지에 관한 기본 관점을 제대로 세우는 것이 매우 중요하다(강남훈, 2019b, pp.54-58). 먼저 기본소득과의 비교대상은 가상의 무복지 상태가 아니라 현재의 선별소득보장이어야 한다(Yi, 2018; 강남훈, 2019b, pp.54-55). "우리는 이미 무복지 상태의 나라가 아니다. 기초생활보장제도, 구직수당 등 선별소득보장을 시행하고 있다. 따라서 무복지와 비교할 필요는 없고 선별소득보장과 비교하는 것으로 충분하다. 선별소득보장과 비교할 때 기본소득은 확실하게 경제적 효율성을 높이는 정책이다"(강남훈, 2019b, p.55). 다음으로 통상적으로 고려하는 소득효과와 대체효과뿐만 아니라 승수효과와 공동체효과 역시 추가로 감안해야 한다(강남훈, 2019b, pp.55-58). 앞에서도 언급한 바와 같이, 기본소득은 한계소비성향이 작은 고소득층/고자산층에서 한계소비성향이 큰 저소득층/저자산층으로 소득을 이전시키기 때문에 사회 전체적으로 노동수요를 늘리고 이로 인해 일자리를 증가시키는 승수효과를 낳는다.[7] 만약 승수효과를 비롯한 공동체효과를 고려하지 않을 경우, 우리는 기본소득의 일자리 효과를 과소평가하게 될 것이다. 생산적 활동의 유의미한 증가를 보여준 2008~2009년 나미비아와 2012~2014년 인도의 실험을 대상으로 한 연구 결과와 고용률 면extensive margin에서는 통계적으로 유의한 변화를 드러내지 않고 시간제 노동의 비율 면intensive margin에서는 통계적으로 유의한 증가를 보여준 알래스카 영구기금 배당을 대상으로 한 연구 결과 등은 기본소득이 일자리를 줄인다는 주장이 그릇되었음을 잘 보여준다(Haarmann,

---

7. 조권중·최상미·장동열(2017, p.38)은 이러한 기본소득의 승수효과를 인정하면서도, 승수효과는 복지국가의 소득보장정책을 통해서도 실현될 수 있다고 주장한다. 하지만 그들은 선진 복지국가들에서, 심지어 스웨덴조차 조세-급여 체계tax and benefit system(또는 tax and transfer system)의 소득불평등 개선 효과가 점점 약해지고 있으며, 가처분소득 지니계수가 상승하는 추세라는 점에는 주목하지 않는다.

Haarmann, Jauch, Shindondola-Mote, Nattrass, van Niekerk and Samson, 2009; Davala, Jhabvala, Mehta and Standing, 2015; Jones and Marinescu, 2018). 아울러 기본소득이 노동시장 참여를 제약하는 요인들을 완화·제거하고, 노동시장 참여로 인해 발생하는 거래비용(교통비용, 직장생활을 함으로 인해 입을 것과 먹는 것에 소요되는 추가 지출 등)과 기회비용(출퇴근시간, 돌봄비용 등)을 보전한다는 점을 추가로 감안한다면, 최소소비수준 이하 액수의 기본소득 지급이 사회 전체적인 노동공급을 (크게) 줄일 것이라고 말하기는 어렵다(Yi, 2018).

쟁점 11. 기본소득의 정책 효율성·효과성

Q. 빈곤과 불평등을 개선하는 데 근로장려금을 비롯한 각종 임금보조금이 기본소득보다 더 효율적이고 효과적인 방안 아닌가?

A. 기본소득이 근로장려금을 비롯한 각종 임금보조금보다 빈곤과 불평등 개선뿐만 아니라 다양한 차원에서 우위에 있다.

2018년 7월 18일 정부는 2019년 근로장려금EITC 지원 대상과 규모를 대폭 확대한다는 계획을 발표하였으며(관계부처 합동, 2018. 7. 18; 기획재정부, 2018. 7. 18), 2018년 12월 24일에 공포하고 2019년 1월 1일부터 시행된 조세특례제한법 일부개정법률(제16009호)로 근로장려금 확대 계획의 실제 추진을 법적으로 뒷받침하였다. 이로 인해 근로장려금 총 지원액은 2017년 169만 3,600여 가구, 1조 2,808억 원에서 2019년에는 334만 가구, 3.8조 원으로 증가할 것으로 예상된다(관계부처 합동, 2018. 7. 18; 국세청 국세통계, 2019). 이뿐만 아니라, 보건복지부가 2019년 2월 12일에 발표한 『제2차 사회보장기본계획(2019~2023)』을 보면 근로장려금 지원 확대 기조는 당분간 계속될 것으로 전망된다(보건복지부, 2019. 2. 12).

따라서 근로장려금과 기본소득의 효과를 상호 비교할 필요가 있을 것으로 판단된다. 여기서는 빈곤과 불평등의 감소, 개인의 자유의 확장, 불평등한 권력관계의 긍정적인 방향으로의 변화, 최소극대화의 원칙, 경제적 효율성, 정치적 실현가능성과 지지, 윤리적 정당성 등 다양한 차원에서 기본소득과 근로장려금을 비롯한 각종 임금보조금을 비교한다.

① 노동공급, 노동수요, 임금 효과를 비교해보자.

근로장려금을 비롯한 각종 세액공제는 자본에 대한 보조금으로서 기능한다 (Standing, 2017, p.208). 근로장려금에 1달러를 지출할 경우 고용주는 임금을 낮춤으로써 36센트를 차지하는 것으로 분석된다(Rothstein, 2010).

근로장려금 수급자만이 아니라 비수급자까지 고려할 경우, 근로장려금의 노동공급 효과는 더 부정적으로 평가된다(Kasy, 2018). 증가된 노동공급에 보조금을 지급하는 것은 다른 노동자들에게 피해를 준다는 것이다. 노동자들은 노동시장에서 일자리들을 얻기 위해 서로 경쟁하는데, 동일한 일자리들을 얻기 위해 경쟁하는 다른 노동자들의 임금이 하락하게 된다. 이뿐만 아니라 노동자들 사이의 경쟁이 증가할 때, 일자리를 찾는 것은 더욱 어려워진다. 요약하자면, "EITC(근로장려금)를 비롯한 임금보조금이 수급 대상자의 노동공급을 증가시키는 데 반해 노동수요는 탄력적으로 변하지 않음으로 인해 가격 채널로는 비수급자의 임금을 하락시키고, 비가격 채널로는 비수급자의 구직과 탐색의 어려움을 가중시"키게 된다(이건민, 2019, p.237; Kasy, 2018).

노동공급, 노동수요, 임금 효과 등을 종합적으로 볼 때, 근로장려금은 부정적으로 평가될 수 있다. i) extensive margin(노동시장 참가 유무) 면에서 근로장려금은 노동공급을 증가시킬 수 있지만, 근로장려금 수급액의 일부는 고용주에게 귀속된다(Leigh, 2010; Rothstein, 2010; Kasy, 2017). ii) 교육 수준이 낮거나 협상지위가 열악할수록 근로장려금 수급액에서 고용주에게 포획되는 비중이 증가한다(Leigh, 2010; Kasy, 2017). iii) 근로장려금 수급자의 노동공급 증가는 근로장려금 비수급자의 임금을 낮출 뿐만 아니라 동일한 노동시장에서의 경쟁을 심화시켜 이들의 구직과 탐색을 더욱 어렵게 한다(Kasy, 2018). iv) 근로장려금에서는 사회 전체적인 노동수요 증가를 견인할 기제가 없거나 매우 미약하다.

반면 노동공급, 노동수요, 임금 효과 등을 종합적으로 볼 때, 기본소득은 긍정적으로 평가될 수 있다. i) 최소소비수준 이하 액수로 지급되는 기본소득은 사회 전체적인 노동공급을 (크게) 줄일 것이라고 말할 수 없다. ii) 기본소득은 한계소비성향이 작은 고소득층/고자산층에서 한계소비성향이 큰 저소득층/저자산층으로 소득을 이전하기 때문에 사회 전체적으로 노동수요를 늘리고 이로 인해 일자리를 증가시키는 승수효과를 낳는다. iii) 기본소득은 승수효과, 신체적·정신적 건강 증진 효과, 범죄와 의료비 감소 효과, 협동의식 증진 및 사회적경제 조직 활성화 효과, 교육 투자로 인한 노동생산성 증가 효과, 지대추구 행위 축소 및 소득불평등 개선 효과, 사회적 안정 및 사회통합 효과 등 전 사회에 걸쳐 다양한 공동체효과를 낳는다(강남훈, 2019b, pp.56-58). iv) 기본소득은 그 자체로 사람들에게 내재적 동기를 부여하는 성격의 일(개인적으로나 사회적으로 보람 있고 가치 있는 일, 예컨대 사회적경제 조직에서 일하는 것 등)에서는 노동공급을 늘려 임금을 낮출 수도 있지만, 화폐적 보상에 입각한 외재적 동기만을 주로 부여하는 성격의 일에서는 노동공급을 줄여 임금을 높이게 되는데(Pech, 2010), 이러한 변화는 긍정적인 것으로 평가할 수 있다.

② 노동과 노동과정을 인간답게 만드는 기술진보를 추동하는가 아니면 억제하는가의 문제를 놓고 비교해보자.

근로장려금을 비롯한 임금보조금은 저임금의, 저생산성의, 낮은 질의, 열악한 노동조건의 일자리를 존속시킨다. 자본에 대한 노동의 상대가격을 낮추기 때문이다. 저생산성, 저부가가치의 저진로경제low-road를 유지시키는 것도 문제지만, 더 큰 문제는 노동과 노동과정을 인간답게 만들 수 있는 기술진보를 억제한다는 사실이다. Standing(2017, p.208)은 다음과 같이 말하고 있다. 근로장려금과 같은 "세액공제는 기술진보를 억제하는 쪽으로 작용한다. 노동비용을 값싸게 함으로써 사용자가 생산성을 향상하는 혁신을 하게 강제하는 압력을 약화시킨다. 세액공제는 사회정의와 자유 원칙에 도움이 되지 못하며, 노동시장과 경제효과를 왜곡한다."

이와는 달리, 유의미한 액수의 기본소득은 노동자가 저임금의, 저생산성의, 낮은 질의, 열악한 노동조건의 일자리를 거부할 수 있는 힘을 부여한다. "UBI는 실제로 구직자들의 협상지위를 강화하며, UBI 액수가 커질수록 더욱 그러하다"(Kasy, 2018). 저임금의, 저생산성의, 낮은 질의, 열악한 노동조건의 일자리에 대해서, 자본가는 임금을 높이고 노동조건을 개선시키는 등의 조치를 하거나 노동을 기계로 대체하게끔 강제된다.

③ 수급률, 빈곤감소 효과, 행정 오류 등의 이슈를 두고 비교해보자.

우선 "근로장려금의 장점이라고 사람들이 내세우는 것 가운데 하나는 그 수급률이 무려 80퍼센트에 달하므로, 빈곤가구임시지원Temporary Assistance to Needy, Families, TANF과 푸드스탬프 등과 같은 재산 조사에 기초한 기존 제도들을 능가한다는 것이다. 하지만 이렇게 수급률이 높은 것은 수혜자들이 모두 세금 신고를 했기 때문인데, 그 과정에서 이들이 세금 신고 대리업자들에게 또 돈을 내야만 한다는 사실이 간과되고 있다. 그래서 막상 소득수준이 이 제도의 도입 구간에 머무르는 가난한 노동자들과 몇몇 소수민족 집단에서는 수급률이 낮게 나온다"(Van Parijs and Vanderborght, 2017, p.42). 이와는 대조적으로 기본소득의 수급률은 100%에 가까울 뿐만 아니라, 목표로 하는 인구집단도 근로장려금과 같이 '노동 요건, 소득/자산 요건, 가족 요건을 동시에 갖춘 저임금노동자가구'로 제한되는 것이 아니라 특정 정치공동체의 구성원 전체이다.

근로장려금의 경우 "취직을 해서 근로장려금을 받게 된다고 해도 그 직장을 그만둔 뒤 몇 달이 지나서야 근로장려금 수표를 받게 되는 일이 허다"하며 이로 인해 빈곤가구가 소득 충격에 처했을 때 실질적인 도움을 주지 못하는 경우가 많다(Van Parijs and Vanderborght, 2017, p.42). 근로장려금이 사후적으로 작동하기 때문이다. 이와는 달리 기본소득은 사전적으로 작동하고, 대개 주 혹은 월 단위로 지급되기 때문에 빈곤가구가 소득 충격에 처했을 때 즉시 도움을 제공할 수 있다.

근로장려금을 비롯한 각종 "세액공제는 실수와 사소한 부정을 야기하기도 한다. 미국 국세청에 따르면, 모든 세액공제의 약 4분의 1이 적절하지 않게 지급되며, 1년에 140억 달러의 공금이 쓰인다. 복지를 폄하하는 사람들은 부정을 지적하지만, 부정이 아닌 경우에는 대부분 제도가 복잡해서 실수나 오해를 낳은 결과다. 영국의 경우 세액공제 수급자는 국세청HMRC에 소득 추정액을 신고해야 한다. 그러나 소득과 노동시간이 유동적일 때, 이는 무척이나 어려울 수 있다. 소득이 추정액보다 높을 경우 수급자는 저임금노동자만 해당한다는 규정에 따라 초과 지불금을 반환해야 하며, 이 때문에 더 심한 빈곤과 채무 상황으로 내몰린다"(Standing, 2017, pp.207-208). 이와는 달리 기본소득은 사전적으로, 정기적으로 지급된다.

④ 최소극대화의 원칙과 개인의 자유 면에서 비교해보자.

존 롤즈가 『정의론』(2003)에서 제시한 정의의 두 가지 원칙은 제1원칙인 '평등한 자유의 원칙'과 제2원칙인 '차등의 원칙'으로 구성된다. 그리고 제2원칙은 다시 '기회균등의 원칙'과 '최소수혜자 우선성의 원칙'으로 나뉜다. '최소수혜자 우선성의 원칙'은 사회 내 최소수혜자the least advantaged의 몫을 극대화하는 분배 원칙, 곧 최소극대화 원칙maximin principle으로 해석된다. 여기서는 최소극대화 원칙에 입각하여 근로장려금을 비롯한 임금보조금과 기본소득을 비교 평가한다.

비자발적 실업에 처한 저소득가구 A와 취업자가 있지만 저임금이라서 소득이 낮은 가구 B가 있다고 하자. 여기서 추가로 B 가구는 노동 요건, 소득/자산 요건, 가족 요건을 모두 충족하여 근로장려금을 받는다고 가정해보자. 그렇다면 여기서 근로장려금은 소득과 취업 유무 면에서 상대적으로 더 열악한 A 가구에게는 어떠한 지원도 하지 않는 반면에, 상대적으로 사정이 더 나은 B 가구에게는 소득 지원을 제공하는 제도라 할 수 있다. 따라서 이러한 맥락에서 근로장려금은 '최소극대화 원칙'에는 적합하지 않은 제도라 평가할 수 있다.

이와는 대조적으로 기본소득이나 부(-)의 소득세는 취업자가 있는 가구냐 취업자가 없는 가구냐에 관계없이 지급되는 현금 급여이다. 둘 다 모두에게 동일한 액수로 지급되지만 이를 위한 세금은 납세능력에 따라 차등적으로 납부하는 제도이므로, 소득 수준이 낮을수록 경제적으로 더 유리하게 만든다. 이러한 논리를 파악한다면, 우리는 기본소득이나 부의 소득세와 같은 "무조건적 현금 급여 프로그램은 최소수혜자들의 자유와 경제적 보장을 증진시킬 것"이라고 한 Anne Alstott (1999, p.971)의 주장을 이해할 수 있게 된다. "우리는 우리의 이상들을 단기적인 정치적 전략화에 의해 전적으로 이끌리도록 내버려두어서는 안 된다. 우리는 더 나은 열망을 살려 두어야만 한다. 자유를 극대화하는 것, 시장에서 가장 적은 보상을 얻는 사람들의 자유를 극대화하는 것이 바로 그것이다"(Alstott, 1999, p.975).

무조건적 현금 급여 프로그램은 개인의 자유를 확장한다는 점에서 고용보조금보다 우월하다. "고용보조금(또는 종래의 복지 프로그램들)과는 달리 그다지 대단하지는 않은 수준이지만 진정으로 무조건적인 소득 원천은 빈곤층에게 그들이 그들자신의 노동생활을 개인과 가족의 욕구를 충족하도록 구조화하고, 더 많은 교육을 추구하며, 또는 심지어 어디서 살 것인지를 선택함에 있어서 더 큰 자유를 허용할 것이다. 비록 현실세계에서의 어떠한 프로그램도 모두를 위한 무제한의 자유를 약속할 수는 없지만, 현금 급여는 사회의 가장 덜 자유로운 성원들의 실질적 자유를 확장함에 있어서 고용보조금을 비롯한 현재의 그 어떤 프로그램들에 비해서도 훨씬 더 앞설 것이다"(Alstott, 1999, pp.971-972).

⑤ 도덕적, 정치적 고려 면에서 비교해보자.

근로장려금을 비롯한 임금보조금과는 달리 기본소득은 개인의 자유를 증가시킬 것이며 공정성을 증진시킨다(Kasy, 2018). 유의미한 액수의 기본소득은 가정 내 파트너, 고용주 또는 정부 행정관료와 모욕적인 관계에 있는 사람들로 하여금 물질적 궁핍이라는 공포 없이 원치 않는 상황을 떠날 수 있도록 허용하며, 무급 돌봄노동, 시민 참여, 문화 활동을 할 수 있는 기반을 조성함으로써 공정성을 증진시킨다(Kasy, 2018).

UBI는 근로장려금을 비롯하여 협소하게 표적화된 현금이전들보다 정치적으로 더 지속가능하고 인기 있을 것으로 예상된다(Kasy, 2018). 보편적 복지급여들은 빈곤층만을 대상으로 한 선별적, 조건적 복지급여들보다 더 강력한 민주적 지지를 갖는 경향이 있다(Korpi and Palme, 1998; Gelbach and Pritchett, 2002; Kasy, 2018).

종합해보면, 빈곤과 불평등의 감소, 개인의 자유의 확장, 불평등한 권력관계의 긍정적인 방향으로의 변화, 최소극대화의 원칙, 경제적 효율성, 정치적 실현가능성과 지지, 윤리적 정당성 등 모든 차원에서 기본소득이 근로장려금을 비롯한 각종 임금보조금보다 우위에 있다.

쟁점 12. 기본소득의 빈곤 및 불평등 개선효과

Q. 모두에게 동일한 액수로 지급되기 때문에 기본소득의 빈곤 및 불평등 개선효과는 미미하지 않을까?

A. 기본소득은 빈곤과 불평등을 개선하기 위한 가장 유력한 정책 중 하나이다.

기본소득은 빈곤과 불평등을 개선하기 위한 가장 유력한 정책 중 하나이다. 우선 면세구간이 전혀 없고 모두에게 평등하게 분배되는 t% 평률소득세-기본소득 Universal Basic Income-Flat Income Tax, UBI-FIT 모형의 소득불평등 개선 효과에 대해서 쉽게 풀어서 설명하면 다음과 같다(이건민, 2018a, 이하 표 5-2 참조).[8]

첫째, 이러한 모형 하에서 한 사회의 평균소득자는 기본소득 지급을 위해 소득

---

8. 기본소득이 모두에게 평등하게 분배되므로 소득재분배 효과가 없거나 미약하다는 비판이 제기된 바 있다(복거일·김우택·이영환·박기성·변양규, 2017; 박기성·변양규, 2017). 예를 들어, "이론적으로 모든 국민에게 동일 금액을 지원할 경우 지니계수는 불변이어야 한다"(복거일·김우택·이영환·박기성·변양규, 2017, 각주 66)라는 문장을 보라. 하지만 이러한 잘못된 이해는 복지급여와 조세를 균형 있게 이해하지 못한 상태를 뜻하는 재정환상fiscal illusion에 빠졌기 때문에 발생하는 것이다(강남훈, 2017, p.16). UBI-FIT 모형에 국한해서 보더라도, 기본소득으로 지급받는 액수는 모두 동일하더라도 소득 수준이 낮은 사람은 세금을 적게, 소득 수준이 높은 사람은 세금을 많이 냄으로써 소득불평등이 개선된다는 사실을 직관적으로도 쉽게 알 수 있다. 다른 한편으로, 사회보험, 사회부조 등 복지국가의 사회보장제도는 욕구에 근거하는 반면 기본소득은 욕구 발생과 관계없이 지급되므로 복지국가의 재분배 원리를 위배한다는 비판도 존재한다(김병인, 2016; 조권중·최상미·장동열, 2017, pp.39-40; 양재진, 2018). 하지만 정확히 말하자면, 욕구가 없는 자에게도 기본소득이 지급되는 것이 아니라 복지국가의 기존 제도가 기본적·사회적 욕구를 식별하기 위한 몇 가지 기준들을 활용하였으며, 이에 따라 급여를 할당했을 뿐이다(이건민, 2017c). 욕구가 없는 자는 이 세상 그 어디에도 없다. 또한 '완전기본소득'은 최소한의 생계를 보장하는 수준의 기본소득을 의미하므로 필요의 원리에 입각한다고 해석할 수 있다(이건민, 2017c). 아울러 기본소득과 조세를 모두 고려한다면, 기본소득은 필요가 없거나 적다고 인정되는 고소득층의 현금을 부담

구성요소	정책 이전 단계	세율 T로 과세 후 단계	기본소득 지급 후 단계
$\|y_i - y_j\|$	$\|y_i - y_j\|$	$(1-T)\|y_i - y_j\|$	$\left\| [(1-T)y_i + \frac{T}{n}(\sum_{i=1}^{n} y_i)] - [(1-T)y_j + \frac{T}{n}(\sum_{i=1}^{n} y_i)] \right\|$ $= (1-T)\|y_i - y_j\|$
μ	μ	$(1-T)\mu$	μ
지니계수 크기	Gini	Gini	$(1-T)$Gini
지니계수 감소분	–	0	$T \times$Gini
지니계수 변화율	–	0%	$100T$%

표 5-2 면세구간이 전혀 없고 모두에게 평등하게 분배되는 t% 평률소득세–기본소득 모형의 지니
계수 개선 효과 : 정책 이전 단계, 과세 후 단계, 기본소득 지급 후 단계 비교

주 1) 여기서 y_i는 개인 i의 과세 전 급여 전 소득, y_j는 개인 j의 과세 전 급여 전
소득, μ는 사회구성원들의 평균소득을 의미함. 세율 T는 $\frac{t}{100}$와 같으며, 0과
1 사이의 값을 가짐. '정책 이전 단계'에서의 지니계수 크기를 Gini로 표현함.
자료 : 이건민(2017a)

세로 내는 금액과 기본소득으로 받는 금액이 일치하는 손익분기점break-even point
소득자가 된다. 평균 미만 소득자의 경우에는 기본소득 지급을 위해 소득세로 내
는 금액보다 기본소득으로 받는 금액이 더 크므로 순수혜자가 되는 반면, 평균 초
과 소득자의 경우에는 기본소득 지급을 위해 소득세로 내는 금액이 기본소득을 받
는 금액보다 더 크므로 순기여자가 된다. 따라서 평균소득 미만의 사람들은 모두
순수혜자가 되며, 한 사회의 중위소득과 평균소득 사이에 위치하는 사람들의 비율
을 알게 되면 순수혜자의 비율을 쉽게 구할 수 있다.

둘째, 사회의 모든 성원들의 소득격차는 각각 t%씩 줄어들게 되며, 따라서 지니

능력에 따라 차등적으로 거둬서 필요가 많다고 인정되는 저소득층에게 소득수준에 따라 차등적으로 이전
하는 기제로 이해할 수 있다(이건민, 2017c). 필요 또는 욕구에 기반한 기본소득 비판은 기존의 사회보장
제도는 대개 사후적으로 작동하는 반면, 기본소득은 사전적으로 작동한다는 것을 더욱 분명하게 드러낼
뿐이다. 마지막으로 노동과 소득의 불안정성이 커질수록, 사후적 작동에 비한 사전적 작동의 장점은 더
뚜렷해지게 마련임을 지적하고자 한다(Standing, 2017; Van Parijs and Vanderborght, 2017).

계수도 t% 감소하게 된다. 예를 들어서, UBI-FIT 모형 적용 이전의 A라는 사람과 B라는 사람의 소득격차가 100이고 t값이 40이라면 이들의 소득격차는 100에서 60으로 줄어들게 된다. 만약 UBI-FIT 모형 적용 이전의 한 사회의 지니계수가 0.50이고 t값이 40이라면, 지니계수는 0.30으로 감소하게 된다. 첫 번째 특성과 두 번째 특성을 함께 고려해보면, t값이 증가한다고 해서 순수혜 비율이 변하는 것은 아니지만, t값이 증가할수록 순수혜 규모와 소득불평등 개선 정도는 커짐을 쉽게 알 수 있다.

다음으로 기본소득의 빈곤 개선효과를 살펴보면, "한 사람의 생계 영위에 충분한 수준으로 지급되는 '생계수준 기본소득' 또는 '완전기본소득'은 정의상 적어도 절대적 빈곤은 완전히 없앨 것"이며, "지급수준이 이보다 낮은 '부분기본소득'이라 할지라도 그 지급수준에 따라 빈곤을 유의미하게 경감시킬 것이다"(이건민, 2018b).

이어서 공유부기금에 기초한 기본소득 지급, 즉 공동자산 배당은 소득불평등과 자산불평등을 개선시키는 핵심적인 기제로 작동할 수 있다. 『세계불평등보고서 2018』(알바레도·샹셀·피케티·사에즈·주크먼, 2018)은 1980년 이후 신자유주의 시기에서, 지역에 따라 정도의 차이가 있긴 하지만, 전 세계적으로 공공부문 자산의 비중이 줄어들고 민간부문 자산의 비중이 늘어나는 추세임을 명확하게 보여준 바 있다. 그런데 『세계불평등보고서 2018』이 주장하는 바와 같이, 불평등 문제에서 민간자본과 공공자본 소유구조 변화는 물론 매우 중요하지만, 또한 공공자본의 투명한 관리·운영, 사회 구성원의 평등한 복지 향상을 위한 효율적·효과적 사용이 전제되어야 한다.

여기서 공유부기금과 기본소득의 결합은 불평등 개선에 크게 기여할 수 있다. 공유부기금은 조세만을 기본소득 지급을 위한 배타적인 재원으로 상정하면서 (그리고 이와 동시에 '예산제약선 고정 패러다임'에 입각하면서) 기본소득과 공공인프라 확충 간 대체관계 내지 교환관계trade-off를 마치 기정사실화하는 사람들을 향하여 하나의 강력한 반론을 제기하는 것이기도 하다. 다양한 원천으로부터 기금이 조성되고, 개방적이고 독립적이며 투명하게 관리·운영되며, 기본소득 지급, 사회서비스의 질 향상, 공공인프라의 확충 등에 효과적·효율적으로 사용되는 공유부기금이

(단기적으로) 실현가능하고 (중장기적으로) 지속가능한 우리 사회의 담대한 대안, 우리 시대의 새로운 상식과 표준으로 자리할 수 있다. 공유부기금과 결합한 기본소득은 공공자본의 매각을 통한 민간자본의 증가 경향을 제어하거나 심지어 반전시킬 수 있다는 점에서 소득불평등뿐만 아니라 자산불평등을 완화시키는 중요한 기제가 될 수 있다.

마지막으로 "기본소득이 빈곤과 불평등에 미치는 효과는 단지 소득 차원에만 머무르지 않는다. 소득 이외의 다양한 차원에서의 다차원적 빈곤 · 박탈 또는 사회적 배제 문제에 효율적 · 효과적으로 대처하는 데에도 기본소득이 우수하다는 사실은 이미 1970년대 캐나다 마니토바 주에서의 민컴Mincome 실험, 체로키 인디언 카지노 배당, 인도와 나미비아의 기본소득 실험, 2009년 노숙자 13명을 대상으로 런던에서 실시된 현금지급 실험, 그리고 기본소득과 가장 닮은 현존 정책인 알래스카 영구기금 배당 등의 사례를 통해서 직간접적으로 입증되어왔다.[9] 정기적으로 지급되는 무조건적이고 보편적인 현금지급은 주거, 의료, 교육 등 기본재로부터의 박탈을 줄이고, (특히 빈곤층의) 금융비용을 낮추고 금융접근성을 높이며, 경제활동을 증가시키고, 사회적 · 정치적 참여를 활성화하는 데 확실한 도움을 줄 수 있다"(이건민, 2018b).

---

9. 1968년부터 1980년까지 실시되었던 미국의 네 NIT 실험들(New Jersey Graduated Work Incentive Experiment(NJ), Rural Income-Maintenance Experiment(RIME), Seattle/Denver Income-Maintenance Experiments(SIME/DIME), Gary, Indiana Experiment(Gary))과는 달리, 1974~1979년에 실시된 캐나다 민컴(Manitoba Basic Annual Income Experiment, Mincome) 실험은 도핀Dauphin 지역을 포화장소saturation sites(해당 지역에 거주하는 모든 사람들을 실험집단으로 삼는다는 것을 의미함)로 활용했다는 점에서 무조건적 현금이전(Unconditional Cash Transfer, UCT)이 갖는 거시경제효과를 비롯한 공동체효과를 식별할 수 있다는 뚜렷한 장점을 지닌다(Calnitsky, 2019). 민컴 실험이 건강에 미친 효과를 분석한 한 연구(Forget, 2011)는 실험집단이 통제집단에 비해서 특히나 사고, 부상, 정신건강을 이유로 한 병원 입원이 감소하였고, 정신건강을 이유로 한 의료진과의 면담 역시 줄어들었으며, 12학년으로의 진급이 증가했음을 발견하였다. 또한 민컴 실험은 기존의 자산조사 복지급여와는 달리 수급자들에게 사회적 낙인을 부여하지 않는 것으로 나타났다(Calnitsky, 2016). 다음으로 체로키 인디언 카지노 배당은 미국 노스캐롤라이나 주 그레이트 스모키 산맥 남쪽에 1997년 11월 13일 체로키 인디언 동부연맹이 소유하고 운영하는 해라스 체로키Harrah's Cherokee라는 대형 카지노가 들어서면서 지급된 배당으로서, 배당의 지급으로 인하여 체로키 부족에 속한 아동의 정신건강이 증진되었고

　지금까지 기본소득을 둘러싼 주요 쟁점 12가지를 검토하였다. 이를 통하여 우리는 기본소득에 대한 비판이 대부분 i) 기본소득에 대한 잘못된 정의, ii) 기본소득의 정당화 논거에 관한 그릇된 이해, iii) 감당가능하지 않거나, 실현가능하지 않거나, 지속가능하지 않거나, 바람직하지 않은 특정 기본소득 모델 내지 기본소득 정책패키지의 상정, iv) 기본소득을 동태적 과정이 아니라 정태적 시간에서(만) 사고하는 것, v) 다양한 개인, 상황, 노동에 따라 상이하게 작용하는 기본소득의 노동공급 및 노동시장 효과를 단면적으로만 파악하는 것, vi) 기본소득의 승수효과와 공동체효과를 제대로 고려하지 못하는 것, vii) 공동부기금(사회자산기금) 등과 결합된 기본소득은 사회 전체의 소유구조를 변화시킴으로써 소득재분배뿐만 아니라 자산재분배 효과도 갖는다는 점을 알지 못하는 것 등에 기인한다는 사실을 확인할 수 있었다.

　물론 우리는 '기본소득 일반'에 대한 무분별한 비판, 맹목적인 거부만큼이나 무비판적, 무조건적 지지 역시 경계해야 마땅할 것이다. 다양한 방식으로 제출된

범죄율은 감소하였으며, 부모의 스트레스는 줄어들고 자녀와 함께 보내는 시간은 증가한 것으로 드러났다(브레흐만, 2017, pp.61-64). 2008~2009년의 나미비아와 2012~2014년의 인도에서의 기본소득 실험은 모두 생산적 활동의 괄목할만한 증가를 나타냈는데(Haarmann, Haarmann, Jauch, Shindondola-Mote, Nattrass, van Niekerk and Samson, 2009; Davala, Jhabvala, Mehta and Standing, 2015), 특히 인도 마디야 프라데시(Madhya Pradesh) 주에서 실시된 기본소득 실험은 교육과 영양 상태의 증진, 부채의 감소 및 채무의 질 향상, 임금노동자 비율의 감소와 농부 비율의 증가, 집단적 기업활동의 활성화, 사회취약계층의 경제적 지위 향상 및 발언권 증대, 나우카(Naukar)라고 불리는 부채 노예노동자 상태로부터의 해방 등 다방면에서 기본소득의 긍정적인 효과를 보여주었다(Davala, Jhabvala, Mehta and Standing, 2015; Standing, 2015). 2009년 노숙자 13명을 대상으로 런던에서 실시된 현금지급 실험은 노숙자들이 그들에게 지급된 현금을 현명하게 사용하면서 그들 자신에게 적합한 방식으로 자립을 향해 나아간다는 점, 그리고 직접 현금지급이야말로 노숙자들의 자립을 지원하기 위한 가장 효율적인 방안이라는 점을 여실히 드러냈다(브레흐만, 2017, pp.37-39). 마지막으로 알래스카 영구기금 배당은 저소득층을 비롯한 알래스카 주민들의 소비를 전반적으로 증가시키고(Jones and Marinescu, 2018), 아동기 비만율을 감소시키는 것으로 나타났다(Watson, Guettabi and Reimer, 2019).

'우파형 기본소득'에서도 볼 수 있듯이, 특정한 형태의 기본소득, 다른 제도 · 정책들과 특정한 형태로 배치 · 결합된 기본소득 정책패키지는 사회적으로 바람직하지 않을 수 있기 때문이다. 우리나라의 현실에 부합하고 노동, 생태, 젠더 등 다양한 차원에서 해방적인 효과를 낳는 형태의 기본소득을 도입하고 실행하는 것이 우리의 과제라 할 수 있다. 기본소득을 둘러싼 여러 쟁점을 다각도로 검토한 이 장에서의 논의가 다방면에서 우리 사회에 긍정적인 기제를 작동시킬 수 있는 형태의 기본소득 구현에 조금이나마 기여하기를 기대한다.

독일의 기본소득 논쟁
: 기본소득과 노동, 노동조합

정원호

앞 장에서 기본소득의 몇 가지 쟁점들에 대해 검토하였는데, 여기서는 그 가운데 노동문제와 관련된 쟁점들을 좀 더 자세하게 검토해보고자 한다. 앞 장에서는 기본소득의 핵심 쟁점 중 하나인 노동공급의 감소 문제가 간단히 검토되었지만,[1] 기본소득이 노동영역에 미치는 영향은 단지 노동공급에만 국한되지 않고 노동시장과 노사관계의 광범한 영역에 미친다.

예컨대, 기본소득이 지급되면 저임금 노동에는 어떤 영향을 미칠까? 사용자들은 기본소득이 지급되는 만큼 추가소득이 되는 (저)임금을 개선하려 하지 않을 것이다. 저임금 노동자 또한 기본소득으로 최소한의 생계유지가 가능하다면, 저임금의 개선을 위해 강력히 투쟁하지 않을 수도 있다. 반면에 기본소득으로 최소한의 생계가 가능하기 때문에 유보임금이 높아져서 강력한 임금인상 투쟁에 나

---

1. 5장의 쟁점 9와 쟁점 10 참조.

설 수도 있다. 또 기본소득으로 생계가 가능하다면 노동자들이 굳이 노동조합에 가입하여 투쟁하지 않아도 될 것이므로 기본소득은 노동조합의 조직화에 악영향을 미칠 수도 있다.

이러한 사정으로 인해 기본소득에 관한 논의가 오래되고 활발한 유럽에서는 기본소득이 노동문제에 미치는 영향들을 둘러싸고 기본소득 주창자들과 노동조합 간에, 심지어 노동조합 내부에서도 매우 격렬한 논쟁이 전개되고 있다. 이 논쟁들은 기본소득의 도입이나 확산에 있어 매우 중요한 의미를 가지는데, 왜냐하면 노동조합은 자본주의 사회에서 최대의 조직된 세력이기 때문이다. 지금까지 기본소득은 일군의 학자나 자선단체, 또는 소수의 정치가들에 의해 주창되고 도입이 시도되어 왔는데, 만약 노동조합이 적극적으로 기본소득 도입을 위해 투쟁한다면, 지금까지와는 차원이 다른 추동력을 얻게 될 것이다. 반대로 노동조합이 기본소득에 대해 확고하게 반대한다면, 기본소득 운동은 커다란 장애물을 만나게 될 것이다. 따라서 기본소득에 대한 노동조합 내외의 논쟁을 정확히 이해하는 것은 매우 중요하다.

이 장에서는 그러한 논쟁들 가운데 독일에서의 논쟁을 중점적으로 검토하고자 한다. 비록 독일의 노동조합이 조합원 수나 조직률에서 유럽 내 최고의 지위를 차지하고 있는 것은 아니지만, 유럽의 노동자/노동조합 (혁명)운동의 역사에서 독일 (노동조합)이 갖는 상징성은 압도적이며, '1국 1노총, 1산업 1노조'라는 원칙하에[2] 강력한 산업별 노동조합 체제를 구축하고 있는 대표적 사례이기 때문이다. 그러나 그보다 더 중요한 이유는 독일 노동조합들이 다른 나라의 노동조합들보다 기본소득 논쟁에 더욱 적극적이기 때문이다.

---

2. 물론 실제로는 독일의 노동조합 전국조직으로 '독일노동조합총연맹Deutscher Gewerkschaftsbund, DGB' 외에 '독일공무원연맹Deutscher Beamtenbund, DBB'과 '기독교노동조합연맹Christlicher Gewerkschaftsbund, CGB'도 있지만, 후자의 두 개는 규모나 영향력에서 매우 적다. 또 독일의 산업별 노동조합도 한 산업에 하나씩 있는 것이 아니라 여러 개의 산업별 노동조합이 통합하여 현재는 DGB 산하에 8개 산업별 노조만 존재한다.

이러한 관점에서 아래에서는 먼저 독일 내 기본소득 논의의 지형을 개괄함으로써 노동조합 논쟁의 배경을 파악하고, 이어서 노동조합 내외의 기본소득 지지자들의 주장과 노동조합 내의 반론을 쟁점별로 정리하고, 마지막으로 양자 간의 논쟁에 대해 간략히 평가함으로써 앞으로 기본소득 논의를 발전시키는 데 도움이 되는 시사점을 도출하고자 한다.

독일 기본소득 논의의 지형

전반적 지형

독일에서도 기본소득 논의는 다른 유럽 국가들과 유사하게 1970년대 후반부터 전개되었으나, 특히 2000년대 중반 소위 '하르쯔 개혁Hartz Reform'이라 일컫는 대대적인 노동시장 개혁으로 인하여 비정규직의 확산 등 노동시장의 유연성과 불안정성이 증가하면서 더욱 활발하게 전개되고 있다.[3] 이 과정에서 2004년에 독일의 기본소득네트워크Netzwerk Grundeinkommen도 결성되고, 다양한 입장에서 구체적인 기본소득 모델들도 제출되기 시작하였다.

독일 기본소득네트워크의 분류에 따르면, 2000년대 중반 이후 제출된 기본소득 모델만 하더라도 2017년 현재 14개나 되며, 부분기본소득 모델 5개까지 합하면 19개나 된다(Blaschke, 2017). 이 수많은 모델들을 여기서 모두 자세히 살펴볼 여유는 없지만, 크게 좌파적 입장의 모델과 우파적 입장의 모델로 구분해 보면, 다음 표 6-1과 같다.

한편, 독일의 주요 정당들은 기본소득에 대해 각양각색의 입장을 보이고 있다.[4] 먼저, 현재 집권당인 기독민주당CDU은 2000년대 중후반 튀링엔Thüringen 주지사였던 디터 알트하우스Dieter Althaus가 제안한 '연대적 시민급여'에 대해 찬성하는 인

---

3. 자세한 경과는 곽노완(2014, pp.89-95) 참조.
4. https://de.wikipedia.org/wiki/Bedingungsloses_Grundeinkommen(검색일자: 2019.8.25).

기준/모델	좌파 모델[1]	신자유주의적 우파 모델[2]
금액	생계보장, 월 1,000~1,500€ (경우에 따라 아동은 적게)	기껏해야 실업수당 II[3] 수준, 최대 월 1,000€ (건강보험을 위해 최소 200€ 공제)
사회보험	유지	폐지
최저임금, 단체협약, 노동권	유지	포괄적인 폐지
연간 재정수요 및 재원 조달	총 9천억~1조5천억€, 여러 사회급부 대체와 "관료제"의 절약, 소득 및 자본에 대한 증세	총 5천억~9천억€, 사회보험 및 사회급부의 폐지로 인한 절약, 부가가치세 인상 및 대중세 인상
분배효과	위에서 아래로의 재분배 지향	임금 인하, 사용자 및 보험회사에 유리하도록 사회적 기준의 폐지
실현가능성[4]	없음	차라리 황당무계함

표 6-1 독일에서 제출된 기본소득 모델 구분   자료 : Krämer(2018, p.132).

주1) 예를 들면, BAG Sozialhilfe-Initiativen, Attac AG Genug für alle, LINKE BAG Grundeinkommen 등의 모델

2) Bürgergeld à la FDP, Dieter Althaus (CDU), Thomas Straubhaar, Götz W. Werner 등의 모델

3) 실업수당 II는 실업보험 가입에 따르는 실업수당 I 수급자가 아니면서 근로능력이 있는 구직자에게 지급되는 사회급부로서 사회보장 기준선, 소득수준, 가족상태, 연령 등 다양한 요인에 의해 결정됨.

4) 표의 작성자인 Krämer의 주관적 평가임에 주의할 필요가 있음.

사들이 있는가 하면, 메르켈Merkel 총리는 2017년에 기본소득이 필요가 있을 때 지원하는 연대적 사회국가의 원리에 어긋난다고 비판하고 있기도 하다. 또 기독민주당보다 더 보수적인 자유민주당FDP에서는 '자유주의적 시민급여'에 대해 당내 토론이 전개된 바 있다. 이들 보수정당에서 논의되는 기본소득 모델들은 완전한 의미의 기본소득 모델이 아니라 주로 부(-)의 소득세의 일종으로서 구성되어 있다는 특징이 있다.

좌파 진영의 가장 큰 정당인 사회민주당SPD의 경우 당의 저변이나 유관 싱크탱크(프리드리히 에버트 재단) 등에서 기본소득에 대한 지지 움직임도 있지만, 당의 수뇌부는 일관되게 반대 입장을 나타내고 있다. 특히 최근인 2019년 2월 사민당 최

고위원회Parteivorstand는 기본소득에 대한 반대 입장을 분명히 천명하였는데, 기본소득이 노동과 무관하게 지급됨으로써 '노동의 권리'를 등한시 하고, 많은 사람들의 필요에 적절히 대처하지 못한다고 비판하고 있다.[5]

좌파당Die Linke 내에서는 기본소득에 관한 당내 논쟁이 매우 치열한 편인데, 대표적으로 당내 분파 가운데 중도적 입장인 '해방 좌파'는 '연방기본소득연구회BAG Grundeinkommen'를 주도하면서 소위 '해방적 기본소득 모델'을 제출하고 있는데, 노동조합 활동가들이 많이 포함된 분파인 '사회주의 좌파'는 우파적 기본소득 모델은 물론이고 이 해방적 기본소득 모델에 대해서도 매우 비판적이다. 이 사회주의 좌파의 인사들이 독일 노동조합 내에서도 기본소득에 대한 비판적 입장을 주도하고 있기 때문에 앞으로 살펴볼 노동조합 내외의 기본소득 논쟁구도는 이 좌파당 내의 논쟁구도와 유사하게 전개된다.

녹색당Bündnis 90/Die Grünen 내의 상황도 매우 복잡한데, 당의 기본입장은 현재의 저소득층에 대한 기초보장제도를 개선하는 '녹색 기초보장'에 있지만, 지역 당 대회에서는 부(-)의 소득세 모델이 압도적 지지를 얻기도 하고, 당의 청년조직Grüne Jugend은 '녹색 기본소득'을 제안하고 있기도 하다.

이상과 같이 독일의 주요 원내 정당들에서 기본소득에 관한 논의가 매우 활발하기는 하지만, 아직 공식적인 당론으로 채택한 정당은 없다. 이에 반해 원외정당인 해적당Piratenpartei은 2013년과 2017년 총선에서 기본소득 도입을 선거공약으로 내세우기도 했다. 특히 재미있게도 2016년에 기본소득 도입이라는 단일 의제만 추구하는 정당인 '기본소득 동맹Bündnis Grundeinkommen'이 창당되어 활동하고 있기도 하다.

---

5. https://www.grundeinkommen.de/17/02/2019/spd-parteivorstand-grundeinkommen-ist-falsch.html
(검색일자: 2019.8.25).

가맹 노동조합	조합원 수(명)
건설-농업-환경노동조합	247,182
광산-화학-에너지노동조합	632,389
보육-학술노동조합	279,389
금속노동조합(IG Metall)	2,270,595
요식-음료-숙박노동조합	198,026
경찰노동조합	190,931
철도-교통노동조합	187,396
통합서비스노동조합(ver.di)	1,969,043
독일노총 합계	5,974,951

표 6-2 독일노총의 조직현황(2018)

자료 : 독일노총 홈페이지(https://www.dgb.de/uber-uns/dgb-heute/mitgliederzahlen/2010: 검색 일자: 2019.8.26).

노동조합 내외의 논쟁 지형

독일 노동조합들의 기본소득 논쟁을 살펴보기 전에 독일의 노동조합 현황을 간략히 살펴보면 다음과 같다. 앞에서 잠깐 언급했듯이, 독일 노동조합의 전국조직은 독일노총, 독일공무원연맹, 독일기독교노동조합연맹의 세 개가 있지만, 핵심은 독일노총이다. 이 독일노총 산하에 8개의 산업별 노동조합이 가맹되어 있는데, 구체적 현황은 **표 6-2**와 같다.

이 표에서 알 수 있듯이, 독일노총 조합원 약 600만 명 중 금속노조와 통합서비스노조의 조합원이 각각 200만 명 안팎으로 두 노조를 합하면 420만 명(약 70%)이 넘는다. 이로 인해 이 두 노조가 독일노총 내에서 거의 압도적인 영향력을 행사하고 있다. 이는 기본소득 논의에서도 마찬가지이기 때문에 아래에서는 이 두 노조(와 독일노총)에서의 기본소득 논쟁을 중심으로 검토하고자 한다.

독일에서 기본소득 논의가 활발하게 전개되기 시작한 2000년대 중반부터 이미 독일노총을 비롯한 주요 노동조합들은 기본소득에 대한 반대 입장을 분명히 하고 있다. 그런데 주의할 것은 이때 노동조합들이 반대하는 기본소득 모델은 주로 신자유주의적 우파 모델들이었다는 점이다(Lajoie, 2007). 왜냐하면, 2000년대 중반 당시에는 위 표에 나타난 우파 모델들이 더 많이 제출되어 있었으며, 좌파 모델들은 초보적 형태로 나타나기 시작하고 있었기 때문이다.[6]

이후 기본소득 논의가 더욱 활발해지면서 우파 모델뿐 아니라 좌파 모델들도 더욱 많이 제출되었으며, 이런 상황에서 노동조합 내외의 논쟁도 더욱 치열하게 전개되었다. 이때 주목할 것은 노동자 및 저소득층의 생활조건 개선과 노동권의 강화 등을 핵심적 목표로 하는 노동조합들이 사회보험이나 사회적 급부를 폐지하고 낮은 수준의 기본소득으로 일괄지급하며 최저임금 폐지와 노동권 약화 등을 주장하는 우파 모델을 반대하는 것은 당연하다는 것이다. 따라서 노동조합 내 기본소득 반대론자들이 우파 모델을 상정하면서 기본소득을 비판하는 경우도 있지만, 중요한 것은 노동조합과 대체로 같은 지향을 가진 좌파 모델들에 대해서도 비판하고 있다는 것이다. 따라서 여기서는 기본소득의 좌파 모델 주창자들과 노동조합 내 기본소득 반대론자들 간의 논쟁에 주목하고자 한다.

또 하나 주목할 것은 노동조합 내 하부단위(지역조직, 청년·여성조직, 노조 교육센터 등)에서는 기본소득을 지지하는 움직임들이 활발히 일어나고 있지만, 거의 모든 지도부는 그에 반대하고 있다는 것이다. 따라서 독일 노동조합들 중에 기본소득 도입을 공식적인 활동목표로 채택하고 있는 곳은 전무하다.

이러한 상황을 염두에 두면서 노동조합 내외의 논쟁상황을 좀 더 자세히 살펴보자. 우선 노동조합 내 논쟁이 가장 활발하게 전개된 곳은 통합서비스노조ver.di였다. 2007년 노동조합 대의원대회에서 이미[7] 기본소득을 반대한다는 공식적 결의를 한 바 있는데, 이때 반대의 대상은 우파 모델이었다. 그런데 2011년, 2015년의 연이은

---

6. 2000년대 중반 독일노총, 금속노조IG Metall, 통합서비스노조ver.di 등 노동조합들의 기본소득 비판에 대해서는 Lajoie(2007) 참조.
7. 통합서비스노조는 2001년에 결성되었다.

대의원대회에서[8] 하부조직들이 좌파 모델의 기본소득에 대해 노조 내에서 토론을 조직하고 노조에 적합한 모델을 모색하자는 제안들을 많이 제출했음에도 공식적으로 채택되지 못하였고, 하부조직들은 2019년 대의원대회를 위해 현재 또 다시 활발히 움직이고 있다.[9] 아울러 좌파당 내의 해방적 기본소득 모델의 주창자들은 물론 그에 대해 가장 비판적인 반대론자들도 통합서비스노조 조합원인 경우가 많다.

이에 반해 금속노조 내에서는 조직 차원에서 이만큼 논쟁이 치열하지는 않다. 그런데 눈에 띠는 사례 하나는 2009년에 조합원 45만 명을 대상으로 실시된 대규모의 설문조사에서 요구사항에 대한 주관식 응답에 '모두를 위한 기본소득'에 대한 응답이 주요 응답으로 제출되었지만, 이 설문에 대한 공식보고서에서는 기본소득 요구가 무시되었다는 것이다.[10] 이 사례가 보여주듯이, 금속노조에서도 하부단위에서 기본소득 요구가 많이 있지만, 지도부는 지속적으로 반대입장을 견지하고 있다. 그러던 중 최근인 2018년 3월에는 금속노조 의장단의 명의로 기본소득에 반대하는 공식 보고서(Smolenski, Mohr & Borthfeld, 2018)가 발간되기도 하였다.

개별 노동조합을 넘어 범노동조합 차원에서 특기할 만한 사례들도 있는데, 그 하나는 2012년에 기본소득에 찬성하는 노동조합 인사들이 공동으로 '기본소득 노동조합원 대화Gewerkschafterdialog Grundeinkommen'라는 플랫폼[11]을 만들어서 활발한 토론을 하고 있다는 것이다.

다른 하나는 2018년 메이데이(5월 1일)를 기하여 독일노총 위원장Reiner Hoffmann과 금속노조 위원장Jörg Hofmann이 동시에 기본소득에 대해 반대하는 입장을 천명한 것이다.[12] 이에 대해 기본소득에 대해 찬성하는 많은 조합원들과 시민들이 즉각

---

8. 독일 노동조합들의 최고 의결기구인 대의원대회는 4년마다 개최된다.
9. 독일 기본소득네트워크 홈페이지(https://www.grundeinkommen.de/)의 통합서비스노조 관련 기사들 참조.
10. https://www.grundeinkommen.de/31/01/2010/so-wollen-wir-leben-das-bedingungslose-grundeinkommen-ein-top-thema-in-der-ig-metall-befragung.html(검색일자: 2019. 8. 26).
11. https://dialog-grundeinkommen.jimdo.com/
12. https://www.spiegel.de/wirtschaft/soziales/gewerkschaften-lehnen-bedingungsloses-grundeinkommen-ab-a-1205467.html(검색일자: 2019. 8. 26).

(5월 7일) 독일노총 연방의장단에 대해 "거부하지 말고 함께 만들자"는 제목의 공개청원(서명) 운동을 시작하기도 하였다.[13]

이상 개략적으로 살펴보았듯이, 기본소득을 둘러싼 독일 노동조합 내외의 논쟁은 시간이 갈수록 더욱 치열해지고 있다.

노동/노동조합과 관련된 쟁점

이제 본격적으로 독일 노동조합 내외에서 노동/노동조합 문제와 관련된 쟁점들을 검토하고자 한다. 이를 위해 먼저 기본소득 반대론자들의 비판부터 살펴봄으로써 쟁점을 명확히 하고, 그 쟁점들에 대한 찬성론자들의 주장을 대비하고자 한다.

기본소득 반대론

노동조합 내외에서 기본소득 반대론은 다양하게 제기되고 있는데, 여기서는 최근에 제출된 두 개의 대표성 있는 문건을 중심으로 하여 쟁점들을 추출하고자 한다. 그 하나는 앞에서 언급한 금속노조 의장단의 공식보고서이고, 다른 하나는 좌파당 내 '사회주의 좌파' 분파 소속으로 당 지도부의 일원임과 동시에 통합서비스노조 연방의장단의 일원으로서 노동조합 내 대표적인 반대론자인 크래머Ralf Krämer의 논문(Krämer, 2018)이다.[14]

다만, 여기서 다시 한 번 환기하고 싶은 것은 이들의 비판들 중에는 노동문제 이외에 기본소득의 다른 쟁점들에 대한 비판(예컨대 보편성과 무조건성에 대한 비판)도 포함되어 있지만, 여기서는 노동문제에 관한 쟁점들만 검토한다는 것이다.

---

13. https://weact.campact.de/petitions/mitgestalten-statt-verweigern-gewerkschafter-innen-fur-ein-bedingungsloses-grundeinkommen-bge(검색일자: 2019.8.26). 2019년 8월 26일 현재 서명자 수는 972명이다.
14. 독일노총은 기본소득에 관한 공식적인 보고서를 발간한 바가 없다.

1. 노동의 미래 전망에 대한 비판

최근 인공지능AI, 로봇 등 디지털화의 진전으로 일자리가 급격히 감소할 것이라는 전망이 많이 제출되고 있으며, 기본소득론자들은 그것을 기본소득 도입의 한 근거로 제기하고 있다. 그러나 반대론자들은 이러한 전망이 잘못되었다고 비판한다. 즉, 지난 1970년대 이후 생산성 증가는 둔화되어 왔고, 그로 인해 고용은 증가해 왔다. ILO는 오히려 향후 고용의 증가를 전망하고 있기도 하다. 따라서 "노동의 종말" 또는 "취업노동의 소멸"은 유언비어에 불과하다(Krämer, 2018, pp.143~144; Smolenski et al., 2018, pp.22-24).

2. '소득과 노동의 분리' 명제에 대한 비판

기본소득론자들은 기본소득이 자본주의적 취업노동의 강제에 대한 해방적 대안('소득과 노동의 분리')이며, 취업노동 이외에 자신이 좋아하고 유의미하다고 판단하는 사회적 활동에 대해 인정하고 보호하는 수단이라고 주장한다. 이에 대해 반대론자들은 이러한 명제가 비현실적이라고 비판한다.

소득과 노동의 분리는 개인적 차원에서는 가능하지만, 경제 전체적으로는 불가능하다. 자본주의 경제에서 소득은 취업노동을 기반으로 한 재화 및 서비스의 생산, 판매, 분배를 통하여 발생하는데, 취업노동에 참가하지 않는 사람들이 많아질수록 경제 전체의 소득이 감소하고, 이는 바로 기본소득 자체의 재정적 기반을 잠식하기 때문이다. 따라서 전체로서의 한 사회는 취업노동으로부터 해방될 수 없다(Krämer, 2018, pp.144-145; Smolenski et al., 2018, p.11).

3. 재원 조달에 대한 비판

기본소득의 재원 조달을 위해서는 통상적인 조세뿐 아니라 공유부에 대한 배당 등 다양한 방법이 있을 수 있는데, 독일의 기본소득론자들은 주로 소득세, 부동산세 등 통상적인 조세의 증세를 통한 재원 조달 방안을 제시하고 있다. 반대론자들은 이것이 매우 비현실적이라고 비판한다. 예컨대 **표 6-1**의 좌파 모델이 상정하는 연간 1조 유로를 조달하기 위해서는 대규모의 증세가 필요하며, 이 경우 조세와 사회보험료를 합하면, 현재 약 40% 정도인 국민부담률이 70% 정도로 급증하게 되는데, 이것은 결코 가능하지 않다는 것이다.

재원 조달의 구체적인 구성요소와 금액은 독일의 특수한 상황을 반영하기 때문에 논외로 하더라도, 중요한 것은, 좌파 모델이 주장하듯이, 이러한 재원을 고소득층과 자본수입(이윤)으로부터 조달하는 것도 비현실적이라는 것이다. 즉 "예컨대 이들에 대해 현재보다 두 배로 증세하는 것은 정치적 관철가능성도 희박하고, 국제적인 자본이동의 자유가 보장된 상황에서 더더욱 불가능하다. 혹시 그것이 가능하다 하더라도 그것만으로 기본소득 재원을 충당하는 것은 역부족이고, 재원의 대부분은 노동자들에 대한 증세에 의존할 수밖에 없다. 이는 노동소득분배율을 하락시킬 위험도 있고, 조세를 회피하는 지하경제를 촉진할 수도 있다"(Krämer, 2018, pp.135-140; Smolenski et al., 2018, pp.9-11).

4. 사회적 분열과 불평등을 강화시킬 것이라는 비판

기본소득이 빈곤과 사회적 배제를 극복하는 지름길이라는 기본소득론자들의 주장에 대해 반대론자들은 기본소득이 오히려 사회적 분열과 불평등을 강화시킬 것이라고 비판하고 있다. 왜냐하면 미취업자에게 기본소득이 지급됨을 이유로 사회는 정치적인 부담을 덜게 되고, 사회정책 및 교육 · 훈련정책을 통하여 이들을 노동시장에, 좋은 취업노동에 진입시켜야 하는 의무에서 해방되기 때문이다. 이로 인해 노동시장 내 고숙련자, 사회적 관계가 좋은 자들과 노동시장 진입에 갈수록 어려움을 겪는 자들 간의 분열과 불평등은 더욱 커질 수밖에 없다.

기본소득은 노동시장 내에서의 성별 불평등도 심화시키는데, 왜냐하면 기본소득으로 인해 여성들이 더 많고 더 좋은 취업노동에 대한 유인을 갖지 못하고 오히려 가사노동으로 퇴장하기 때문이다. 따라서 노동시장 내에서의 성평등을 위한 사회적 · 정책적 노력은 역풍을 맞게 될 것이다(Smolenski et al., 2018, pp.14-16).

5. 임금, 노동기준, 노사관계에 대한 악영향 비판

기본소득론자들은 기본소득을 받으면 사람들이 질 나쁜 일자리를 거절하기 때문에 그 부문의 임금이 상승할 것이라고 주장하는데, 반대론자들은 이 주장이 원리적으로도 현실적으로도 잘못되었다고 비판한다. 즉, 대부분의 경우 기본소득만으로는 생활수준을 유지하는 것이 어렵기 때문에 저숙련자들은 질 나쁜 일자리라도 찾기 위해 경쟁해야 하며, 이것은 임금인하 요인이 된다. 특히 기본소득을 받는 상황에서 임금은 추가소득의 성격을 갖기 때문에(기본소득은 임금보조의 성격을 갖기 때문에) 저임금 노동자들이 임금인상에 사활적인 이해를 갖지 않게 되는데, 이것은 현재 부업으로 많이 활용되는 '미니잡mini job'[15]이 확산되고 있는 것으로도 입증되고 있다. 이러한 저임금의 확산은 결국 기업에게 이익이 된다.

한편, 기업들은 기본소득을 핑계로 임금인상은 물론 해고보호, 최저임금, 단체협약 등 각종 노동기준의 약화를 추구할 것이다. 반면에 미니잡, 단시간 노동, 기간제 노동, 파견 노동, 특수고용 등 질 나쁜 일자리가 확산되면, 정규직이 주를 이루고 있는 노동조합의 조직기반이 약화된다. 노동조합의 약화는 단체협약을 통한 임금인상 및 노동조건 개선의 가장 강력한 제도적 장치의 약화를 의미한다(Krämer, 2018, pp.140-143; Smolenski et al., 2018, pp.17-18).

6. 정치적 위험성에 대한 비판

반대론자들은 기본소득 좌파 모델이 기본소득을 둘러싼 사회·정치적 세력관계에 대해 현실을 도외시하고 있다고 비판하고 있다. 즉, 기본소득 금액이 많아질수록 조세부담이 커지고, 특히 부유층이나 기업에 대해 지금보다 두 배나 많은 조세를 부과해야 하는데, 과연 어떤 사회·정치적 세력이 이를 관철할 수 있는가에 대한 현실적 설명이 없다는 것이다. 앞의 비판처럼, 기본소득으로 인해 사회적 분열

---

15. '미니잡'은 취약노동geringfügige Beschäftigung의 속칭인데, 월 450 유로 이하의 보수로 사회보험 의무가 면제되는 대표적인 저임금 일자리이다.

과 불평등이 심화되더라도 그 희생자들은 기본소득을 통해 '보편'의 비용으로 진정될 뿐이고, 그러한 상황에서 노동조합은 약화되고, 자본의 지배력은 강화된다는 것이다(Krämer, 2018, pp.146~148).

7. 노동조합의 대안

결론적으로 기본소득 반대론자들은 빈곤과 불평등 극복을 위한 노동조합의 대안으로서 '좋은 노동gute Arbeit'에 대한 권리의 보장을 제기하고 있다. 이 '좋은 노동'은 적정한 임금 및 최저임금의 인상, 더 많은 취업기회, 노동시간의 단축, 사회보장의 강화, 교육 · 훈련의 확충, 단체협약의 강화 등등을 포함하는데, 이를 실현하기 위해 고소득 · 과다재산 · 기업이윤 등에 대한 적정한 증세가 수반되어야 한다(Krämer, 2018, pp.148-149).

이와 유사하게 금속노조는 자신들의 대안으로 '사회국가 4.0Sozialstaat 4.0'을 제시하고 있는데, 핵심적인 내용은 '모두를 위한 사회보장', '좋은 취업노동에 대한 정당한 참여', '노동의 변화 과정에서의 안정성' 등이다(Smolenski et al., 2018, pp.25-29).

기본소득론자들의 반론

이상과 같은 노동조합(주로 지도부)의 반론에 대해 노동조합 내외에서 좌파 모델을 주창하는 기본소득론자들은 대체로 다음과 같이 반박하고 있다.[16]

1. 노동의 미래와 활동사회로의 이행

반대론자들의 주장처럼 최근 생산성 증가세가 둔화되었다 하더라도 지속적으로 증가하고 있고, 특히 최근의 급속한 디지털화로 생산성은 더욱 증가할 것이기 때

---

16. 이 내용은 Schweizer(2013), Wolf(2015), Blaschke(2016), Masur(2017), Bündnis Grundeinkommen(2019), Gewerschaftsdialog Grundeinkommen(2019) 등에서 정리하였음.

문에 이로 인해 일자리는 감소할 것이다. 물론 최근 피고용자 수는 증가하고 있지만, 그 이면에는 지위가 불안정한 비정규직이 증가하고 있다. 따라서 완전한 의미의 취업노동사회는 지속 불가능하다.

지금까지도 취업노동, 즉 유급노동이 아닌 무급노동이 전체 노동의 2/3나 되어 (그 중에 여성노동이 2/3) 무급노동이 없으면 사회가 유지될 수 없다. 취업노동사회가 지속 불가능한 상황에서 유급노동은 그 핵심적 역할을 상실하였다. 이제 기본소득을 통해 유급노동과 소득은 분리될 필요가 있고, 사회적으로 필요하고 의미 있는 무급노동, 즉 활동Tätigkeit이 더 잘 전개될 수 있도록 물질적으로 인정되고 보장되어야 한다. 즉, 취업노동사회는 활동사회로 이행해야 한다.

2. 재원 조달 문제

반대론자들이 좌파 기본소득 모델에 대해 막대한 재원의 조달이 비현실적이고 전체 노동자들의 부담을 가중시킨다고 비판하는 데 대해 기본소득론자들은 다음과 같이 반박한다.[17]

먼저, 구체적인 조달방법에 앞서 중요한 것은 금액의 문제가 아니라 기본소득에 대한 사회적 의식의 문제라는 점을 강조한다. 따라서 기본소득에 대한 사회적 합의만 있으면 재원 조달의 방법은 다양하다는 것이다. 부유층의 소득과 자산이나 기업이윤에 대한 증세는 물론이고, 의도가 불투명한 각종 조세감면이나 보조금의 폐지, 막대한 자본거래에 대한 과세, 최고경영자들의 고액연봉 제한, 거대 플랫폼기업에 대한 과세 등의 다양한 세원 발굴이 가능하다. 다른 한편으로 기본소득의 자기조달도 가능한데, 노동에 대한 강제가 수반되는 조세 기반 사회급여들의 폐지, 기본소득으로 인한 행정비용 감소, 기본소득의 효과로 발생하는 건강증진에 따른 의료비 절감 등으로 추가적인 재원 마련이 가능하다.

---

17. 여기서도 구체적인 금액에 관한 계산은 생략한다.

물론 이 과정에서 노동자들의 조세부담도 증가할 수 있으나, 좌파 모델의 계산에 따르면, 반대론자들이 비판하듯이 한 주머니에서 빼서 다른 주머니로 받더라도, 주민의 70% 이상이 혜택을 보기 때문에 위에서 아래로의 재분배가 가능하다.

3. 사회국가의 유지와 불평등 완화

반대론자들이 기본소득으로 인해 국가가 취약계층에 대한 사회적 보호나 노동시장정책 등의 책임에서 벗어나기 때문에 사회적 불평등이 심화될 것이라고 비판하는 것에 대해 기본소득론자들은 좌파 모델을 우파 모델로 오해한 것이라 반박한다. 즉, 좌파 모델은 기여원리에 따른 사회보험은 물론 의무조건이 부과되지 않는 사회급부(주거수당 등)의 유지와 숙련 향상, 고용서비스 등 노동시장정책의 강화도 추구하는 등 사회적 보호와 사회정의 추구를 기본이념으로 하는 사회국가의 강화를 목표로 한다. 이러한 토대 위에 기본소득을 도입함으로써 위에서 아래로의 재분배를 통해 불평등의 완화를 추구한다.

성별 분업의 고착화 비판에 대해서도 기본소득은 단지 무급노동에 대한 인정일 뿐 여성의 노동시장 참여를 부정하는 것이 아니며, 완전한 성평등이 기본소득만으로 달성되는 것은 아니지만, 기본소득은 그 전제를 개선하는 것이라 반박하고 있다. 또 시장소득이 없는 연금수령자의 경우 과거의 노동이력에 따른 불평등이 기본소득으로 인해 완화될 수 있다.

4. 임금과 노동조합에 대한 효과

기본소득이 오히려 저임금을 확산시킬 수 있고 그로 인해 노동조합의 약화를 초래한다는 반대론자들의 비판에 대해 기본소득론자들은 그 반대의 효과를 주장하고 있다. 즉, 기본소득으로 인해 유보임금이 높아지기 때문에 저임금의 질 낮은 일자리는 거부할 수 있고, 사용자와 같은 눈높이에서 교섭할 수 있다는 것이다. 이러한 효과는 노동조합 차원에서 더 확실히 나타나는데, 왜냐하면 기본소득은 추가적 파업기금으로 작용하여[18] 노동조합의 교섭력을 획기적으로 강화할 수 있기 때문이다. 이를 통해 임금인상과 노동조건의 개선을 쟁취하는 데 성공할 가능성이 커진다.

5. 노동조합의 역할

기본소득론자들은 노동조합이 기본소득의 도입에 핵심적 역할을 해야 한다고 주장한다. 19세기 중반에 노동조합이 탄생할 때부터 노동조합의 목표는 더 많은 취업노동이나 완전고용이 아니라 노동조건의 개선이었다. 따라서 노동조합은 현재의 취업노동체제 하에서 '좋은 노동', 즉 임금삭감 없는 노동시간 단축과 불안정 노동 폐지 등을 위해 투쟁해야 한다. 기본소득은 이 투쟁에 큰 도움이 되는 만큼, 기본소득의 도입에 노동조합이 앞장서야 하며, 계속해서 예외 없이 모든 사람들의 생존과 사회적 참여가 보장되도록 기본소득의 금액을 높이는 데도 노력해야 한다.

다른 한편으로 노동조합은 취업노동사회를 활동사회로 전환시키는 데도 주도적 역할을 담당해야 한다. 즉, 취업노동의 중요성이 쇠퇴하고 자기결정적인 활동의 중요성이 커지는 만큼, 자율적 협동조합과 노동자교육단체 등의 조직에 앞장서고, 개인들이 자신의 삶과 공동체에 대한 책임을 감당할 수 있도록 교육사업에도 힘을 기울여야 할 것이다.

노동조합은 이러한 활동사회의 중요한 구성요소이기 때문에 그 첫걸음으로 노동조합 내에서 기본소득에 관한 논의를 활성화하고, 노동조합에 적합한 모델을 개발하는 것이 무엇보다도 중요하다.

---

18. 독일에서는 파업 동안에 파업참가 조합원에게 기업으로부터 임금이 지급되지는 않고, 노동조합의 파업기금에서 임금보다는 다소 적은 파업수당이 지급된다.

평가와 시사점

평가

무릇 학술적 논쟁은 관련된 쟁점을 명확히 구분해주고, 자신에 대한 상대방의 비판을 통해 스스로의 논지를 더욱 강화하거나 수정할 수 있는 계기가 된다는 점에서 학문 발전에 있어 중요한 의의를 가진다. 이렇게 본다면, 이상에서 살펴본 독일 노동조합 내외의 치열한[19] 기본소득 논쟁도 노동/노동조합과 관련된 쟁점들을 명확히 드러내준다는 점에서 큰 의의가 있다. 물론 논쟁의 현 상태를 보면, 아직 어느 한 편이 자신의 입장을 수정할 기미는 보이고 있지 않다. 그럼에도 불구하고 현재의 논쟁상황은 기본소득 논의의 확산에 있어 매우 긍정적인 상황으로 판단된다. 왜냐하면 2018년 메이데이를 맞이하여 독일노총과 금속노조의 위원장이 기본소득에 반대한다고 천명한 사건이 모든 언론을 장식하고, 그 무렵 금속노조가 처음으로 기본소득에 반대하는 공식 보고서를 제출한 것 등은 논쟁이 점점 더 무르익고 있다는 반증이기 때문이다. 즉, 그동안 노동조합과 좌파진영 주변에서만 진행되던 논쟁이 전 사회적 관심사로 확산되어 더 많은 대중적 논의의 기반이 마련된 것으로 평가할 수 있다.

이러한 상황을 전제하면서 양자의 논쟁에 다음과 같은 몇 가지 약평을 해볼 수 있다.

먼저, 노동의 미래와 관련하여 반대론자들이 앞으로도 고용은 증가할 것이라는 전망에 근거하여 고용감소 전망에 근거한 기본소득론자들의 주장을 비판하는 것은 기본소득의 근거에 대한 오해라고 할 수 있다. 왜냐하면 기술발전에 따른 고용전망에 대해서는 낙관론과 비관론이 첨예하게 대립하고 있지만, 기술발전의 결과

---

19. 심지어는 다소 감정적인 비난까지 오가고 있는데, 반대론자들은 기본소득론자들이 너무 공격적인 수사를 사용하면서 양자 간에 공통적인 측면까지도 놓치고 있다고 비난하는가 하면(Smolenski et al., 2018, p.16), 기본소득론자들은 반대론자들이 기본소득으로 인해, 자신들의 주장처럼, 노동조합이 약화되면 노동조합 지도부인 자신들의 지위도 약화되는 것을 우려한다고 비판하고 있다(Blaschke, 2019).

가 단선적으로 고용증가 또는 고용감소로 이어지는 것은 아니며, 기술변화에 따른 산업구조의 변화, 그에 따른 숙련구조의 변화, 산업부문별 (노동)수요의 변화, 사회 구조 변화에 따른 수요의 변화, 정책적 개입의 변화 등등에 따라 다르게 나타날 것 이며, 또 장단기 효과도 다르게 나타날 것이기 때문에 그 방향을 미리 예단하는 것 은 불가능하기도 하고 무의미하기도 하다.

이렇게 본다면, 기본소득론자들이 고용감소 전망에 근거하여 기본소득의 필요 성을 주장하는 것도 일면적이다. 왜냐하면 기본소득은 고용감소에 따른 생계비 보 전을 위해 필요한 것이 아니라 근본적으로 인간으로서의 권리에 근거하여 지급되 는 것이기 때문이다. 따라서 고용전망이 기본소득의 전제로서 논란이 되는 것은 결론을 도출할 수도 없고, 바람직하지도 않다고 할 수 있다.

대신에 현재의 국면에서 기본소득의 사회경제적 배경을 언급한다면, 현재의 경 제구조, 그리고 현재의 급속한 기술발전의 특성이 노동력의 양극화를 가속화시켜 고용구조와 분배구조를 악화시키고 소위 '프레카리아트precariat'를 확산시킨다는 측면을 들 수 있다. 이러한 상황에서 정규 고용관계에 근거하여 설계된 기존의 복 지체계가 이들을 제대로 포괄하지 못하고 있기 때문에 기본소득이 하나의 대안이 될 수 있는 것이다. 그럼에도 반대론자들이 기본소득으로 인해 정치적 · 정책적 의 무에서 해방되어 오히려 사회적 분열과 불평등을 강화시킬 것이라고 비판하는 것 은 비판의 화살을 잘못 맞춘 것이라 할 수 있다. 즉, 우파 모델은 기본소득 대신에 여타 사회 · 노동정책을 폐기하자고 주장하기 때문에 그런 비판이 타당하겠지만, 좌파 모델은 기본소득과 함께 그러한 정책들도 강화하자고 주장하고 있기 때문에 그런 비판은 해당되지 않는다.

둘째, 반대론자들은 기본소득론자들의 재정모델이 비현실적이라 비판하는데, 기본소득론자들이 이런저런 세원을 언급하면서 현실적이라고 주장하고는 있지만, 비현실적인 것은 맞는 것 같다. 왜냐하면, 금액이 과다하다는 측면도 있지만, 그보 다도 그러한 조세들을 현실화시키는 시간계획이 제시되지 않았기 때문이다. 그리 고 현재 국면에서 그것을 관철시킬 수 있는 정치적 세력관계가 취약한 것도 사실이기 때문이다.

그렇다고 해서 이러한 반대론자들의 비판이 완전히 타당한 것은 아니다. 왜냐하면 좌파 기본소득론자들의 재정모델이 노동자에 대한 증세에도 불구하고 대다수 저소득층이 수혜계층이 되어 소득분배를 개선한다는 점을 간과하고 있기 때문이다. 더 중요한 것은 반대론자들의 대안, 즉 사회국가 강화를 위한 적정한 증세도 비현실적이긴 마찬가지라는 점이다. 신자유주의 시대 이래 세계적으로 자본과 노동의 역관계는 자본우위로 특징지어지고 있으며, 독일 내에서도 노동조합 조직률이 지속적으로 감소하고 있는 상황[20]에서 고소득·과다재산·기업이윤 등에 대한 적정한 증세는 과연 현실적인지 의문이다.

이렇게 보았을 때, 기본소득과 관련하여 지녀야 할 바람직한 관점은 현재 시점에서 기본소득의 도입이나 재정모델의 현실성이 아니라 그것이 갖는 사회운동으로서의 지향성을 인정하는 것이다. 왜냐하면 기존의 사회복지나 여러 노동권들도 문제가 제기될 당시에는 비현실적이었지만, 지난한 운동과 투쟁을 통해 결국에는 실현되었기 때문이다. 따라서 기본소득론자들의 재정모델을 당장 비현실적이라고 비판하기보다는 그 지향성을 공유하고 실현방안을 모색하는 것이 올바른 태도일 것이다. 다만, 기본소득론자들도 기본소득의 도입이 더욱 현실성을 갖기 위해서는 생계유지에 충분한 금액을 모두에게 지급하는 완전기본소득을 주장하기보다는 특정 인구집단에 적은 금액부터 지급하는 범주별 부분기본소득부터 시도해보는 것이 필요할 것이다.

셋째, 기본소득이 저임금을 야기할 것이라는 반대론자들의 비판과 나쁜 일자리를 거절할 수 있어서 임금인상을 야기할 것이라는 기본소득론자들의 주장이 팽팽하게 대립하고 있는데, 사실 기본소득의 노동공급 효과가 확정적이지는 않기 때문

---

20. 1990년 통일 이전 서독의 노동조합 조직률은 30%를 초과하였으나, 2018년 말 현재 18.5%로 감소하였다. https://www.welt.de/newsticker/news1/article185843206/Gewerkschaften-Weniger-als-20-Prozent-der-Beschaeftigten-sind-noch-in-einer-Gewerkschaft.html(검색일자: 2019.9.1).

에 양자 모두 일방적 주장을 하고 있는 것으로 보인다. 일단 임금의 영향요인 중 하나인 노동력 수요를 통제한다면, 임금은 노동력 공급에 의해 결정될 것인데, 노동력 공급은 한 가지 요인에 의해서만 결정되는 것이 아니다. 그것은 개별 노동자의 일-여가에 대한 선호뿐 아니라 해당 노동자의 임금수준, 종사하는 노동의 성격, 재산이나 가족 상태, 사회복지의 상태 등 다양한 요인에 의해 결정된다.[21] 이것들은 개인적인 차원의 영향요인이고, 더 중요한 것은 현재의 자본주의 체제 하에서 임금은 노동조합을 통해 집단적으로 결정되는 측면이 강하다는 것이다.

이러한 상황을 고려한다면, 기본소득이 임금에 미치는 영향은 사전에 이론적으로 확정할 수 없는 문제이며, 기본소득이 국가적 차원에서 전면적으로 도입된 사례가 없기 때문에 실증적으로도 입증되지 않은 상태이다. 따라서 이 문제에 있어 더욱 중요한 것은 기본소득을 통해 또는 기본소득에도 불구하고 저임금을 방지하고 임금인상을 달성할 수 있도록 노동자들을 조직하는 주체적 노력이라고 할 수 있다. 이러한 관점은 기본소득이 궁극적으로 노동조합을 약화시키냐 강화시키냐 하는 문제에 있어서도 마찬가지일 것이다.

마지막으로, 기본소득을 통해 궁극적으로 (매우 추상적이지만) 자유로운 인간의 해방사회를 추구한다는 기본소득론자들의 목표와 (이보다는 구체적인) 사회국가 강화를 추구하는 반대론자들의 목표가 상호 배타적이지는 않은 것으로 보인다. 기본소득만으로 해방사회가 구축될 수 있다는 것은 과도한 단순화이며, 실제로는 기본소득론자들도 사회국가 강화를 부정하지 않고 있다(비록 반대론자들은 기본소득이 사회국가를 훼손시킨다고 비판하지만). 반면에 반대론자들의 목표대로 사회국가가 강화된다면, 개인의 자유가 확대될 여지는 커져서 내용적으로 해방사회에 더욱 접근하게 될 것이다. 이렇게 보면, 양자 간의 목표에 있어서의 공통점부터 서로 인정하고 쟁점들을 재검토한다면 논쟁이 더욱 성숙해지지 않

---

21. 기본소득의 고용효과 및 임금효과에 대한 자세한 논의는 정원호 외(2016, pp.128-141, pp.149-151) 참조.

을까 생각된다.

시사점

성남시의 청년배당과 경기도의 청년기본소득으로 인해 제도적 측면에서는 한국에서 기본소득 도입이 앞서 있지만, 그에 관한 논의는 아무래도 역사가 오래된 독일에서 더욱 풍부하게 전개되어 온 것이 사실이다. 특히 사회의 가장 중요한 조직된 세력인 노동조합 내외에서의 위와 같은 논쟁을 볼 때, 한국의 노동조합들에서는 기본소득에 관한 논의가 전무한 현실이 극명하게 부각된다.[22] 이러한 상황에서 우리가 독일 노동조합들의 논쟁으로부터 얻을 수 있는 시사점은 기본소득의 추진세력에 관한 것이 아닐까 싶다. 머리말에서 언급했듯이, 기본소득 운동에 있어 노동조합의 참여여부는 결정적인 중요성을 갖기 때문이다.

그렇다고 전혀 준비도 되지 않은 한국의 노동조합들에게 무작정 기본소득 논의를 시작하고, 그것을 운동목표로 삼아야 한다고 제안하는 것은 무책임하다. 대신에 한 가지 노동조합에 제안하고자 하는 것은 한국 노동조합운동의 장기적 전략을 수립하라는 것이다. 현재 한국의 노동운동은 다양한 현안을 위해 나름대로 열심히 투쟁하고 있지만, 이들에게 일관된 방향성을 부여하는 장기적인 전략은 부재한 상황이다. 이러한 상황에서는 현안 외에 기본소득과 같은 다른 이슈들은 노동운동 내에 자리잡기 힘들다. 따라서 한국사회의 장기적인 목표를 비롯하여 그것을 달성하기 위한 제반 경제·사회·노동정책 등을 종합적으로 구상하고, 그 실천방안들을 구체적으로 준비할 필요가 있다. 이 과정에서 비로소 기본소득도 하나의 과제로 부각될 수 있을 것이다.

한편으로 현재 연구자들 중심의 기본소득 논의/논쟁에서도 기본소득의 추진세

---

22. 비록 2009년에 한국 최초의 기본소득 연구서(강남훈 외, 2009)가 민주노총에서 발간된 바 있지만, 그것은 민주노총의 조직적 입장과는 무관하게 필자 중 한 명이 민주노총 정책연구원장이어서 단순히 출판명의만 차용한 것이었다.

력에 관한 문제는 그다지 눈에 띠지 않는데, 이제는 이 문제도 적극적으로 연구할 필요가 있다고 생각된다. 이때 노동조합 등 조직된 세력들의 역할을 적극적으로 제기함으로써 해당 세력들이 기본소득에 대해 관심을 갖도록 촉구할 필요가 있는 것이다.

Part 2.

기본소득과 정책,
그리고 실험

기본소득과 사회보장

서정희

지금의 시대는 한 사람의 생계부양자의 유급노동만으로 한 가구가 적절한 삶을 유지하기가 어려워졌다. 맞벌이 가구도 마찬가지이다. 이러한 상황은 산업구조가 제조업 중심에서 서비스업 중심으로 이동하면서 고용 불안정성이 증가하고 저임금 일자리가 증가했기 때문이다. 특히 서비스업은 제조업에 비해 생산성이 낮기 때문에 임금 자체가 제조업에 비해 낮다. 또한 실업이 증가하면서 현재 노동시장에서 유급 노동을 하고 있는 노동자는 장시간 근로와 직장에서의 충성을 강요당한다. 여기에 4차 산업혁명으로 인한 기술의 진보는 인간의 노동을 기계와 인공지능으로 점차 대체하기 시작하였다.

이 장에서는 자본주의 시장경제 및 노동시장의 변화가 어떻게 진행되고 있는지 살펴보고, 이에 대응하는 방식으로서의 사회보장제도의 한계를 논의한다. 전통적인 사회보장제도가 변화하는 자본주의 생산양식에 조응하지 못하는 부분들이 늘어감에 따라 기본소득 논의의 도입이 서구 복지국가들에서도 제기되고 있다. 이

장의 후반부에서는 한국 사회에서 기본소득 중심의 사회보장 제도를 설계할 때 기본소득과 기존 사회보장제도와의 수정, 보완의 관계를 논의한다. 마지막으로 경기도에서 기본소득을 도입한다고 할 때 기존 사회보장제도와의 관련성에서 어떤 지점들을 고려해야 하는지 고찰한다.

자본주의 시장경제 및 노동시장의 변화와 사회보장제도의 한계

전통적 복지국가의 사회보장의 전제 조건

인간의 생존과 삶의 안정성을 보장하기 위한 복지국가의 사회보장 제도는 크게 공공부조 및 보편 수당, 사회보험, 사회서비스로 구분된다. 이는 완전고용과 표준적 고용관계를 전제로, 대부분의 사람들이 노동시장에서의 근로소득 또는 사업소득을 통해 생활을 영위한다는 전제하에, 일시적이든 영구적이든 노동시장에서 퇴출되거나 진입하지 못하는 사람들의 생계를 보편적인 방식으로 보장하거나 아니면 사회적으로 인정할 수 있는 조건을 충족시켰을 경우에 한하여 보장하는 방식을 취한다.

전통적 복지국가가 이러한 방식으로 제공한 사회안전망은 노동자 계급의 요구에 한정된 것이 아니다. 생산성이 높은 노동력 및 산업예비군을 유지하는 것은 사용자들의 요구에도 부합하는 것이기 때문에 사회보험을 통한 건강한 노동력의 유지가 가능했다. 노동, 자본, 국가라는 3자 조합주의의 틀은 노동생산성이 높은 노동력의 지속적인 공급과 노동력의 재생산이라는 목표를 달성하기 위하여 유급노동을 중심에 놓고 유지되었다(서정희 · 백승호, 2017).

이 시기 복지국가의 사회정책의 전제는 완전고용이었기 때문에 노동시장에서 고용관계에 있는 사람들이 정책의 주요 대상이며, 이들의 고용관계는 표준 고용관계가 일반적이었다(서정희 · 백승호, 2017). 표준 고용관계는 사용자와 노동자라는 2자 관계를 바탕으로 하는 정규 고용을 특징으로 한다. 그러나 1980년대 이후 서비스산업으로 산업구조가 변화하고, 노동자 계급의 힘이 약화되었으며, 상대적으로 자본가 계급이 힘의 우위를 점하게 되었다(Kalleberg, 2009, pp.2-3). 힘의 우위를 바탕으로 사용자들은 노동비용을 절감하고자 3자 고용관계를 확산시키고, 비정규 고용의 다각화를 도모하였다(Kalleberg, 2009, pp.5-8). 그 결과 전통적인 노동관계 (2자 고용관계)는 변화되고, 노동자와 사용자라는 행위주체의 법적 지위는 불안정 해졌다. 행위주체의 법적 지위가 중요한 이유는 현행 노동법과 사회보장법에서 근로자성이 인정되어야만 노동권을 향유할 수 있고, 사회보험과 같은 사회보장법의 권리를 누릴 수 있기 때문이다. 동시에 사용자가 누구인지 명확해야 사회보험에서의 사용자 부담분을 누가 부담할지 결정되고, 최저임금, 근로시간, 산업재해 등과 같은 근로조건을 보장해야 하는 당사자가 누구인지 결정되기 때문이다.

기본적으로 정규 고용관계는 다섯 가지 특징이 있는데, 이는 기간의 정함이 없는 무기계약이고, 전일제이며, 종속 고용이며, 상당한 근로소득을 제공하고, 정부의 보조금 지원이 없는 고용관계라는 특성이다(Eichhorst and Marx, 2012, p.77). 그러나 정규 고용관계는 전 세계적으로 지속적인 감소추세에 있고, 동시에 정규 고용관계를 벗어난 비표준적 고용형태의 다각화가 심화되고 있다(ILO, 2012a). 그 방식은 여러 가지가 있는데, 크게 근로기간을 제약하는 방식과 고용관계의 속성을 2자 고용관계에서 삼각근로관계나 위장된 고용관계로 변형시키는 방식(가짜 자영업, 파견근로나 용역근로와 같은 삼각근로관계, 도급근로)이 있다(ILO, 2012b).

고용형태 다각화의 모든 전략들은 일방적으로 사용자에게 유리한 방식으로 진행되어 왔다(ILO, 2012b). 노동법과 사회보장법의 근로자 범주를 벗어난 방식으로 사용종속관계의 종속성 요인들을 탈각시키는 전략은 최저임금법이나 근로기준법 등의 노동법의 적용에서 벗어나 있기 때문에 근로를 제공하는 사람들에게 근로에 관한 최저기준이라는 근로기준법이나 그 외의 노동권의 보호를 허용하지 않고, 사회보장 비용 회피 전략으로 활용된다(서정희 · 백승호, 2017). 우리나라의 경우 2012년 현재 임금근로자의 12.5~14.1%는 합법적으로 사회보험에서 배제된다(서정희 · 백승호, 2014). 사용종속관계의 주체를 다각화하고 분산시키는 삼각고용관계 전략은 사용사업주의 비용부담과 사업상의 부담을 파견사업주에게 전가시킴으로써 사용사업주의 이득을 극대화하고 동시에 사용자가 둘 이상이 됨으로써 노동자의 협상력을 약화시키게 된다(서정희 · 백승호, 2017).

이러한 전략들이 사용되는 이유는 사용자가 이러한 전략 사용을 통해 인건비를 절감할 수 있기 때문이다. 사용자가 근로자를 정규직으로 채용하지 않고, 자영업자나 초단시간 시간제 근로자, 또는 그 외 사회보험 등을 회피할 수 있는 방식으로 계약을 체결하면 사용자는 순수 인건비 이외의 인건비성 경비를 대략 20% 정도(2015년 기준 18.66%) 절감할 수 있다(서정희 · 이지수, 2015, p.293). 인건비 등의 제반 비용을 줄이고 이윤을 극대화하려는 사용자의 의도는 비정규 고용계약을 통해 임금을 최소화할 뿐 아니라 사회보험을 보장하지 않음으로써 실현된다(서정희 · 이지수, 2015, pp.283-314). 노동시장에서 고용계약의 상당수가 이러한 방식으로 이루어지는데, 결국 상당수의 비정규 고용계약을 맺은 근로자들은 사회보험에서 배제되는 현실에 놓이게 된다(서정희 · 박경하, 2016).

이러한 불안정한 노동의 메커니즘이 가능한 이유는 자본주의 시장 및 노동시장의 조건들이 변화했기 때문이다(Kalleberg, 2009). 산업구조의 중심이 제조업에서 서비스업으로 이동하면서 숙련 노동의 비중이 축소되었고, 이로 인해 숙련 노동을 확보하고 유지하는 데 소요되는 비용을 부담해야 하는 사용자의 필요성 역시 축소시켰다.

최근 4차 산업혁명으로 인한 기술의 진보는 인간의 노동을 기계와 인공지능으로 점차 대체하기 시작하였다. 동시에 4차 산업혁명의 진화는 플랫폼 경제를 발생시키면서 플랫폼 노동 또한 확산되었는데, 플랫폼 노동의 경우 전통적인 고용관계에서의 근간을 송두리째 바꾸어 놓고 있다.

플랫폼 경제에서의 전통적 사회보장의 전제의 악화

플랫폼 경제는 사용자와 노동자라는 고용관계의 구분 틀 자체를 흐릿하게 만들고 있다. 플랫폼 경제에서는 노동을 제공하고 노동자를 고용하는 고용관계에서의 사용자와 노동자 구분이 사라진다. 플랫폼에서 노동을 제공하는 자영업자와 이들

노동을 사용하는 플랫폼 이용자, 그리고 이들을 연결시키는 플랫폼만이 존재한다.

보다 구체적으로 살펴보면 플랫폼 경제에서의 노동 제공 방식은 크라우드 노동과 주문형 앱노동이라는 새로운 방식의 두 가지 유형의 노동이 등장하였다. 크라우드 노동은 온라인 플랫폼을 통해 특정 업무가 불특정 다수에게 공시되고 업무가 완료되는 방식으로 잠재적으로 고객과 노동자의 연결은 지구적 차원에서 수행된다(De Stefano, 2016, p.1). 이 유형에서 가장 중요한 지구적 온라인 플랫폼 중 하나는 아마존 미캐니컬 터크이지만(Ratti, 2017, p.478), 노동력 규모에서는 크라우드플라워Crowdflower, 클릭워커Clickworker, 크라우드소스Crowdsource 등이 그 규모를 능가할 만큼 성장하기도 하였다(Smith and Leberstein, 2015).

크라우드 노동자의 경우 사업상 위험과 자율성(종속성) 기준을 모두 충족시키기 어려울 것으로 예상된다(서정희 · 백승호, 2017). 크라우드 노동 종사자의 경우 계약을 체결하는 단계에서 사용되는 용어 역시 '이용자user'라는 개념이 사용되고, 당사자 간에 합의를 바탕으로 '서명'을 하기 때문에 계약 단계에서 근로자로서의 지위를 획득하기에 어려움이 있다(Ratti, 2017, p.485). 또한 사업상의 위험은 근로자 본인이 부담하기 때문에 자영업자적 성격을 띠고, 여러 플랫폼에 기반하여 일감을 수주하고, 한 플랫폼에서 받게 되는 업무가 매우 세분화된 형태로 할당되기 때문에 한 사람의 노동자가 한 사람의 사용자에게 경제적으로 종속되어 있지 않다(Ratti, 2017, p.485). 유일하게 적용가능한 종속성은 근로관계 종속성이지만, 최종 제출된 결과물에 대한 평가를 플랫폼이 아니라 최종 이용자final user가 수행하며, 산출물에 대한 요청이나 일의 완료 시점 등에 관한 근로에 대한 몇 가지 지시권 역시 최종 이용자가 가지고 있다(Ratti, 2017, pp.485-486). 또한 구체적인 근로시간, 작업장, 근로방식과 같은 근로관계 종속성에서의 업무 '지시권'은 이제 보다 간접적이고 효율적인 방식의 '평가권'으로 전환되었다(박제성, 2016a). 이러한 이유로 크라우드 노동자의 사용자는 누구인가(최종 이용자인가, 플랫폼인가, 둘 다인가) 하는 문제가 제기되지만, 이 문제 역시 답변이 쉽지 않다. 업무에 대한 최종 평가는 최종 이용자가 수행하지만, 이러한 평가 결과들의 축적을 통해 플랫폼이 평가 점수가 낮을 경우 계약관계를 해지할 수 있기 때문에 플랫폼 역시 사용자로서의 성격을 일부 갖는다(Ratti, 2017, pp.485-486).

이러한 속성들을 고려할 때 크라우드 노동자의 경우 근로자성 판별기준인 사용종속관계 역시 인정되기 어려울 것으로 예상된다(서정희 · 백승호, 2017).

플랫폼 노동의 두 번째 방식인 주문형 앱 노동의 경우 크라우드 노동과는 사업상 위험 요건 및 종속성 요건 여부가 다르게 적용될 여지가 있다. 주문형 앱 노동은, 앞에서 설명한 것처럼, 온라인 플랫폼에서 서비스 이용자(혹은 요청자)와 제공자가 연결되지만, 실제 근로 제공은 오프라인에서 이루어지는 방식의 노동이다(De Stefano, 2016, p.1). 제공되는 근로는 운전, 청소 등과 같은 전통적인 근로에서부터 사무직 업무까지 확대되어 왔는데, 가장 대표적인 플랫폼은 운전과 관련된 우버Uber, 리프트Lyft, 사이드카Sidecar 등이 있고, 가사 서비스를 제공하는 핸디Handy, 태스크래빗Taskrabbit, 케어닷컴Care.com이나 배달서비스를 제공하는 포스트메이츠Postmates가 대표적이다(Smith and Leberstein, 2015). 우리나라의 경우 외국의 플랫폼 노동과 다소 차이가 있는데, 크라우드 노동에 비해 주문형 앱 노동이 크게 증가하고 있다는 것이다. 주문형 앱 노동의 확장은 카카오 드라이버, 카카오 택시 등의 운전서비스앱과 제트콜, 배달의 민족, 요기요, 배달통, 배민라이더스, 푸드플라이와 같은 음식배달앱과 같은 주요 플랫폼의 확대와 맥을 같이 한다(황덕순, 2016b).

주문형 앱 노동은 서비스 제공자와 이용자가 플랫폼을 통해 중개되지만, 실질 서비스는 대면 접촉을 통해 이루어진다는 점을 고려하면 근로관계로서의 특질이 보다 선명해 보인다(서정희 · 백승호, 2017). 우리나라의 배달앱 종사자들은 일주일에 5일 이상 근로하는 비율이 93%에 이르고, 하루 근로시간이 8시간 이상인 경우가 82%이며, 출퇴근 시간, 근로시간, 휴일 등의 근로조건에 대한 통제가 이루어지고 있다(황덕순, 2016b). 이러한 근로조건의 통제는 사용종속관계 중 근로관계의 종속성 요건을 충족시키고 경제적 종속성을 충족시킨다고 볼 수 있다. 그러나 80% 이상 서비스 제공자가 근로 도구인 오토바이를 구입하는 비용이나 오토바이의 주유비 등을 직접 부담해야 하고, 노동을 제공하고 받는 보수가 월급이나 시급이 아닌 실적에 비례하여 지급된다는 점은 근로자성을 판단하는 사용종속관계에서 자영업자성을 충족시킨다.

　여러 국가에서 주문형 앱 노동자의 근로자성과 관련한 소송들이 제기되었다(서정희·백승호, 2017). 미국에서는 플랫폼 노동자의 근로자성과 관련한 수많은 소송들이 근로자 지위에 대한 근본적인 문제는 건드리지 않고 합의로 끝나거나 소송이 진행 중이다(Cherry, 2016). 미국의 소송에서 합의로 종결되는 사례에 대한 해석은 미국 소송구조의 특성상 근로자성 인정이 될 가능성이 높아지고 사용자측이 패소할 가능성이 높다고 인지될 경우 소송 종결보다는 합의가 배상액이 적을 것으로 추정되는 경우 합의에 이른다고 보는 것이 보다 타당할 것이기 때문에, 미국에서의 주문형 앱 노동자의 근로자성은 일부 인정되고 있다고 추론할 수 있다(Cherry, 2016). 영국의 경우 2016년 고용재판소가 우버 택시 운전자의 근로자성 및 우버 플랫폼의 사용자성을 인정하였다(서정희·백승호, 2017). 그러나 우리나라의 경우 배달앱 노동자의 근로자성은 부정되었다.[1]

　이를 종합적으로 고려하면 주문형 앱 노동 종사자는 근로자로 인정하는 것이 타당해 보인다(서정희·백승호, 2017). 그러나 근로자성 인정에 유독 인색한 우리나라의 그간의 사법부 판결들을 고려할 때, 주문형 앱 노동자의 근로자성 인정은 앞으로도 긴 시간 동안 요원할 것으로 예상된다(서정희·백승호, 2017).

새로운 사회보장 전략

　기존 사회보장 제도는 플랫폼 경제에서는 목적한 바를 달성하기 어렵다. 완전고용과 표준적 고용관계(근로자성)에 근거한 사회보장 제도들은 4차 산업혁명으로 인한 플랫폼 경제의 활성화 시기에는 완전고용도 불가능하고, 고용되어 있는 사람들도 노동자가 아니라 자영업자 혹은 이용자로 대우받기 때문에 사회보장 제도들

---

1. 서울행정법원 2014구합75629, 산재보험료 부과처분 취소. 이는 최근에 인정되었음을 밝힌다.

의 적격성을 획득하는 것이 더욱 어려워진다.

이러한 상황에서의 대안은 크게 3가지가 있을 수 있다(서정희·백승호, 2017).

첫째, 근로자성을 법적 계약 관계의 형식적 측면에서가 아니라 실질적 측면에서 보다 유연하고 확장된 방식으로 판단하는 것이다.

둘째, 고용기반 사회보험에서 소득기반 사회보험으로 확장하는 방식이 있다.

셋째, 앞의 2가지 전략과 병행하여 모든 사람들의 기본적인 생계를 무조건적으로 보장하는 기본소득을 일차적인 사회안전망으로 확충하는 것이다. 그러나 세 번째 전략인 기본소득은 고용상황이나 고용경력과 무관하게 기본적인 소득보장 정책으로서 무조건적이고 보편적으로 제공되는 정책이기 때문에 기존의 사회보장 제도와 상호보완적이거나 경합하는 특징을 갖게 된다.

다음 절에서 기본소득과 사회보장 제도 간의 보완, 경합, 충돌의 관계를 살펴본다.

기본소득과 사회보장제도의 관계 : 보완, 경합, 충돌

기본소득은 단순한 제도이다. 기본소득의 도입을 전 지구적 차원에서 논의하고 노력하기 위해 만들어진 기본소득지구네트워크BIEN는 기본소득을 '자산조사나 근로조사 없이 모든 사람에게 개인 단위로 무조건적으로 지급되는 주기적 현금'[2]으로 정의하고 있다.

기본소득지구네트워크는 이러한 정의로부터 도출되는 기본소득의 특징을 5가지(정기성, 현금성, 개별성, 보편성, 무조건성)로 설명한다.

① **정기성** : 급여가 일시금으로 주어지는 것이 아니라, 주기적인 간격으로(예를 들어 매달) 지급되는 것을 말한다.

---

2. A basic income is a periodic cash payment unconditionally delivered to all on an individual basis, without means-test or work requirement, 출처 http://basicincome.org/basic-income/(검색일자: 2019.4.12).

② **현금성** : 기본소득을 받는 사람이 무엇을 소비할 것인가를 결정할 수 있도록 적절한 교환수단으로 지급되는 것을 말한다. 현물급여(예를 들어 음식 혹은 서비스)나 특정 용도에 소비에 한정되는 바우처로 지급되어서는 안 된다.

③ **개별성** : 개인 단위로 지급되어야 한다. 예를 들어 가구 단위로 지급되어서는 안 된다.

④ **보편성** : 자산조사 없이 모두에게 지급되어야 한다.

⑤ **무조건성** : 근로 요건이나 근로의지를 입증하는 요건 없이 지급되어야 한다.

이러한 기본소득의 특성을 보다 세부적으로 살펴보면, 판 파레이스(Van Parijs, 2006)는 6가지로 정리한다. 첫째, 중앙 또는 지방정부 수준에서 지급되고 기금이 조성되는 것을 가정한다. 둘째, 모든 시민을 대상으로 하며, 외국인은 최소한의 거주기간이나 조세 목적으로 규정된 거주조건을 충족시키는 경우를 포괄한다(Van Parijs, 2006, pp.26-27). 셋째, 개인이 속해있는 가구유형에 무관하게, 그리고 규모의 경제 원칙을 고려한 가구균등화를 적용하지 않고 개별 구성원에게 지급하여 개인의 실질적 자유를 보장한다(Van Parijs, 2006, pp.28-29). 넷째, 시민권적 권리 차원에서 지급되는 현금 급여이며, 장애인과 같이 추가적인 비용이 필요한 경우 사회적 합의에 기반하여 기본소득과 무관한 수당을 지급할 수 있다(Van Parijs, 2006, pp.26-28). 다섯째, 수급의 권리는 모든 형태의 노동행위와 단절되어 있고, 개인이 가질 수 있는 다른 종류의 소득에서 완전하게 독립되어 있다(Van Parijs, 2006, pp.29-30). 여섯째, 기본소득은 현금으로 지급되어야 한다. 이는 개별 시민 스스로가 소비와 투자의 내용을 결정할 수 있도록 보장함으로써 개인의 실질적 자율성을 실현하고 확대하기 위한 선택이다(Van Parijs, 2006, pp.26-27).

이 외에 학계와 기본소득지구네트워크 차원에서 논쟁이 되는 주요 원칙은 '충분성'이다. 충분성 원칙은 기본소득이 인간의 기본적 욕구를 충족시키고, 실질적 자유를 실현할 수 있을 정도의 수준으로 지급되어야 한다는 원칙이다(김교성 외, 2018). 충분성 원칙은 대상자의 기본적 욕구를 충족시키는 수준의 문제이기 때문에 기본소득의 급여 수준과 밀접한 관련이 있다. 그러므로 충분성 원칙은 기본소

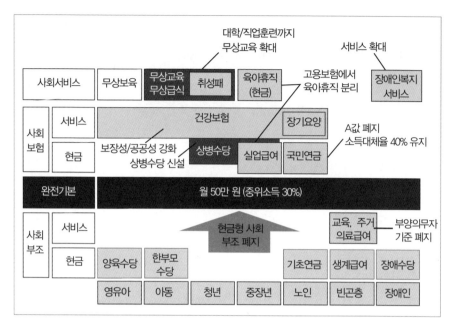

그림 7-1 기본소득과 사회보장제도와의 관계 　　　　　　　　자료 : 김교성 외(2018)

득 여부를 결정하는 기준이라기보다 기본소득이 실현되었을 때 그 목적을 달성할 수 있느냐와 관련된 원칙이다(김교성 외, 2018, pp.122-123). 그러나 충분성 원칙은 해당 사회의 정치경제적 맥락에 따라 달라질 수 있고, 제공 주체마다 재정적역량의 차이가 있기 때문에 많은 논쟁 끝에 서울에서 개최되었던 2016년 기본소득지구네트워크 총회에서 주요 원칙에서 제외하는 것으로 합의되었다(김교성 외, 2018).

　그러나 기본소득의 수준을 어느 정도로 정하느냐에 따라 기존 사회보장제도와의 경합 및 충돌의 양상은 달라진다. 기본소득의 수준에 대해서는 여러 가지 제안이 존재한다. 금액으로 예산을 고려하여 매월 30만 원 기본소득 또는 50만 원 기본소득(김교성 외, 2018)이 제안되기도 하고, 전체 국민총생산의 25%에 해당하는 금액(Van Parijs and Vanderborght, 2017)이 제안되기도 한다.

　최근 논의되고 있는 가장 대표적인 기준으로는 국가적 수준에서 정한 최저한의 생활수준을 빈곤 정책의 수준으로 맞춘다고 가정하여 국민기초생활보장법 상의 생계급여 수준을 기본소득의 수준으로 설정하는 방식이라 할 것이다. 김교성 외 (2018)가 제안하는 기본소득과 사회보장 제도와의 관계를 도식화하면 **그림 7-1**과 같다.

김교성 외(2018)가 제안하는 기본소득과 사회보장제도와의 관계의 기본골격은 크게 4가지이다.

첫째, 기본소득 급여액이 공공부조의 현금급여 액수와 동일하게 설계되어 있으므로, 현금형 공공부조를 폐지한다.

둘째, 소득비례 방식으로 설계되어 있는 사회보험 현금급여(국민연금, 실업급여)는 유지하고, 현재의 사회보험에서 도입되지 않고 있는 건강보험에서의 상병수당 급여를 신설한다.

셋째, 사회보험의 현물급여와 사회서비스 제도는 기본소득과 병행하여 함께 확대·강화한다.

기본소득과 각 제도들 간의 관계를 보다 구체적으로 살펴보면 다음과 같다.

기본소득과 공공부조 및 사회수당

기본소득이 도입되면, 공공부조 방식의 현금형 급여와 사회수당은 기본소득으로 포섭될 것이다. 제도별로 구체적으로 살펴보면 다음과 같다.

첫째, 한국에서의 공공부조 방식의 현금형 급여 중 가장 대표적인 국민기초생활보장 제도의 생계급여는 기본소득으로 대체한다. 기본소득이 중위소득 30%로 결정되면 이는 국민기초생활보장 제도의 생계급여 선정 기준과 동일하다. 그러나 기본소득과 국민기초생활보장 제도의 생계급여는 1인 가구일 경우 동일 액수가 지급될 수 있지만 2인 이상의 가구에서는 기본소득 금액이 국민기초생활보장 제도의 생계급여보다 많게 된다.

그 이유는 생계급여는 가구원 수가 많아지면 1인당 현금 급여의 수준은 줄어들도록 설계되어 있는 반면, 기본소득은 가구 구성과 관계없이 모든 개인에게 동일 액수가 지급되도록 설계되어 있기 때문이다. 예를 들어 2019년 현재 1인 가구의

구분	1인 가구	2인 가구	3인 가구	4인 가구	5인 가구	6인 가구	7인 가구
금액 (원/월)	1,707,008	2,906,528	3,760,032	4,613,536	5,467,040	6,320,544	7,174,048

표 7-1 2019년 기준 중위소득

주) 8인 이상 가구의 기준 중위소득은 1인 증가 시 853,504원씩 증가(8인 가구: 8,027,552원)
자료 : 보건복지부고시 제2018-144호, 2019년 기준 중위소득 및 생계·의료급여 선정기준과 최저보장수준

구분	1인 가구	2인 가구	3인 가구	4인 가구	5인 가구	6인 가구	7인 가구
금액 (원/월)	512,102	871,958	1,128,010	1,384,061	1,640,112	1,896,163	2,152,214

표 7-2 2019년 생계급여 선정 기준

자료 : 보건복지부고시 제2018-144호, 2019년 기준 중위소득 및 생계·의료급여 선정기준과 최저보장수준

중위소득은 1,707,008원이고, 2인 가구는 약 290만 원, 3인 가구는 약 376만 원이다(표 7-1 참조). 이 중위소득을 기준으로 빈곤층을 선별하는 기준선인 생계급여 선정 기준은 1인 가구 512,102원, 2인 가구 약 87만 원, 3인 가구 약 113만 원, 4인 가구 약 138만 원이다(표 7-2 참조). 반면 기본소득은 1인 가구에 동일하게 512,000원이 지급되지만, 2인 가구에는 약 102만 원, 3인 가구에는 약 154만 원, 4인 가구에는 약 205만 원이 지급된다.

또한 생계급여의 경우 생계급여 최저보장수준(대상자 선정기준)에서 소득 인정액을 뺀 금액을 생계급여액으로 결정하기 때문에 근로소득이나 사업소득이 발생할 경우 이를 제외하고 지급된다. 그러나 기본소득은 무조건성을 특징으로 하고 있기 때문에 근로소득이나 사업소득이 발생하더라도 이와 무관하게 전액 지급된다. 그러므로 국민기초생활보장 제도의 생계급여보다 기본소득은 더 많은 액수가 지급되게 된다.

둘째, 아동과 관련한 공공부조 방식의 현금급여와 보편적 아동수당은 모두 기본소득으로 흡수될 것이다. 현재 아동과 관련한 현금급여는 아동수당, 양육수당, 한부모 수당이 있다. 아동수당은 무엇보다 한국의 역사상 최초의 보편수당이 도입되

었다는 의의가 있는 현금급여이다. 2019년 4월부터 보편적 아동수당이 신설되었다. 만 5세 아동까지 보편적으로 월 10만 원이 지급되는 아동수당은 2019년 9월 1일부터 만 6세 아동에게까지 확대되어 0세부터 만 7세 미만(0~83개월)의 모든 아동에게 월 10만 원의 아동수당이 지급된다. 양육수당은 만 7세 이하의 아동이 보육료를 지원받지 않고 있는 경우 지급되는 수당으로 아동의 연령에 따라 10만 원에서 20만 원으로 차등 지급되는 수당이다. 세부적으로는 양육수당, 농어촌 양육수당, 장애아동 양육수당으로 구분된다. 한부모수당은 한부모가족, 청소년 한부모가족, 조손가족이 만 18세 미만의 자녀와 가구를 구성하고 있고 저소득인 경우 자녀 1인당 20만 원~35만 원을 지급하는 수당이다.

아동과 관련된 모든 수당은 10만 원에서 35만 원까지 자격 요건에 따라 차등적으로 설계되어 있는데, 기본소득이 도입되면 이 모든 수당은 기본소득으로 흡수될 것이다. 왜냐하면 기본소득은 연령과 조건에 관계없이 모든 아동에게 동일하게 중위소득의 30%인 51만 원이 지급될 것이기 때문에 기본소득이 아동과 관련된 모든 수당보다 지급수준이 높다.

그러므로 아동과 관련된 보편 수당(아동수당)과 공공부조형 현금급여(양육수당, 농어촌 양육수당, 장애아동 양육수당, 한부모수당)는 모두 기본소득으로 흡수된다.

셋째, 현재의 장애수당은 장기적으로는 폐지될 것이지만, 즉각적으로 지급이 중단되지는 않을 것이다. 앞에서 제시한 **그림 7-1**에서 단서조건이 설명되지 않아 즉각적으로 폐지되는 것으로 오해될 여지가 있다. 기본소득 도입 시 즉각적으로 장애수당을 폐지하는 방식이 아니라, 장애수당은 장애인의 추가적인 비용지출에 대한 보전의 성격이므로 의료와 접근권, 이동권 등이 완전하게 보장되는 수준으로 장애인 서비스가 확대되는 시점까지는 장애수당을 지급할 것이다.

기본소득과 사회보험에서의 현금급여

기본소득이 도입되면 사회보험에서의 현금급여는 유지되고 보완될 필요가 있다.

사회보험은 기본적으로 노동자에게 제공되는 방식이다. 현재 한국의 사회보험의 가장 큰 문제는 사각지대의 범위가 매우 넓다는 것이다. 한국의 노동자는 OECD에서 가장 장시간 노동에 시달리고 있음에도, 노동을 하고 있는 사람들이 사회보험으로 포괄되어 보장을 받지 못하고 있다(김교성 외, 2018). 경제활동 인구 중에 국민연금 실질가입비율은 49%에 불과하며, 다른 사회보험에 비해 노동자들을 포괄할 가능성이 가장 높은 산재보험의 경우에도 전체 취업자의 26%는 급여혜택을 보기 어렵다. 실업급여 또한 최소가입기간 등의 수급조건이 까다로워 실업급여 수급자격은 불과 10% 수준에 머무르고 있다(박찬임, 2016, pp.265-288).

특히 4차 산업혁명으로 인한 플랫폼 노동의 확산은 사회보험의 배제 수준을 더욱 악화시킬 것으로 예상된다. 플랫폼 노동은 특수형태고용의 조직방식 변화, 임금근로자의 특수형태고용 전환과 분리될 수 없기 때문에(조돈문 외, 2016, p.119), 플랫폼 노동에서도 특수형태고용과 동일한 논리로 사회보험의 법적 배제가 발생한다. 기존의 조사결과들을 살펴보면, 특수형태고용 노동자들의 사회보험 적용률은 산재보험이 12%인 것을 제외하면, 고용보험, 공적연금, 국민건강보험에서의 적용률이 약 7% 수준에 불과했다(조돈문 외, 2016, p.119).

이러한 상황에서 현재의 사회보험제도로는 사회보험에서 포괄하기 어려운 계약 및 작업방식을 특징으로 하는 플랫폼 노동을 포괄하는 것은 더욱 어려워 보인다. 플랫폼 경제의 고용관계는 기존의 산업노동관계와 구분하여 디지털 고용관계로 명명되기도 한다(박제성, 2016, pp.167-192). 디지털 고용관계에서는 서비스를 제공하는 노동자와 서비스를 이용하는 고객이 플랫폼의 중개를 통해 업무 계약을 체결하게 된다. 이 경우 노동자, 이용자, 플랫폼이라는 방식으로 전형적인 삼각 계약 관계가 나타난다. 한편으로는 고객(기업, 최종사용자, 클라이언트, 작업요구자)이 있고, 다른 한편으로는 노동자(재화와 서비스 제공자)가 있으며, 온라인 플랫폼이 이들을 중개함으로써 경제과정이 이루어진다(Ratti, 2017, p.492). 온라인 플랫폼에 고객은 일감을 의뢰하고, 노동자는 그 일을 받아 가는데, 온라인 플랫폼 운영자는 웹사이트를 관리하고 개발하거나, 노동자와 고객의 계약관계를 중재하는 일종의 노동시장 기능을 수행하는 것이다(Ratti, 2017, p.492). 그런데 이러한 방식에서는 누가 이용자인지, 누가 근로자인지 사전에 알기 어렵고, 고객이 특정인을 선택할 수 없다(Ratti, 2017). 이 과정에서 노동력을 제공하는 자가 근로자인지, 아니면 자영업자인지, 또한 사용자는 누구인지 규명하기 어려운 문제가 발생한다(Ratti, 2017). 결국 이들 플랫폼 경제에서의 고용관계는 전통적인 의미의 표준적 고용관계와는 아주 상이한 고용관계가 나타난다.

플랫폼 노동자의 경우 사회보험에서의 현금급여는 거의 배제될 가능성이 높다. 기본적으로 사용종속성에 근거한 가입 조건 자체가 사회보험의 진입장벽이 된다. 기본소득이 도입된다 하더라도 기존 사회보험은 유지되고 개선되어야 한다.

기본소득과 사회보험에서의 현물급여 및 사회서비스

기본소득이 도입될 경우 사회보험에서의 현물 급여와 사회서비스는 유지되거나 확장될 필요가 있다.

사회서비스는 전통적 복지에 비해 시간적으로 뒤늦게 발전한 복지국가의 현물급여 정책 중 하나이다(서정희, 2017). 전통적 복지국가의 사회보장 체계가 어떻게 구성되어 있는가에 대해서는 국제노동기구International Labor Organization, ILO가 1952년에 제정한 '사회보장의 최저기준에 관한 협약[Social Security (Minimum Standards) Convention, 1952(No.102)]'에 잘 드러나 있다(서정희, 2017). 국제노동기구는 동 협약에서 현대 산업사회 국가가 보장해야 할 9가지 사회적 위험들을 열거하고 각각의 위험에 대응하는 사회보장 급여를 제시하였는데, 9가지 사회보장 급여는 의료보험, 상병급여, 실업급여, 노령급여, 업무상 재해급여, 가족급여, 모성급여, 장해급여, 유족급여이다(ILO, 1952). 이 급여들은 모두 개인 차원에서 대응하기 어려운 위험을 사회적 위험으로 규정하고, 이 위험들을 사회 차원에서 분산시켜 대응하는 방식이다. 그리고 그 대응 방식은 모두 소득보장을 위한 현금급여 방식이다.

전통적 복지국가 시스템의 초기에 사회적 위험에 대한 주요한 대응 방식은 현금급여 방식의 소득보장이 주를 이루었고, 유일하게 예외적인 현물급여 방식은 의료보장이었다(서정희, 2017). 이는 ILO가 사회보장에 관한 두 가지 핵심권고로서 1944년 '소득보장에 관한 권고[ILO Income Security Recommendation, 1944(No. 67)]' 와 '보건의료에 관한 권고[Medical Care Recommendation 1944(No. 69)]'를 제안한 것에서도 잘 드러나는데, 소득보장과 의료보장이 사회보장의 본질적 요소essential elements of social security였다(ILO, 2010, p.14). 복지국가의 초기 혹은 황금기까지 사회보장 급여로서의 현물급여는 의료보장이 거의 전부였다 할 수 있는데, 이 당시에는 아동에 대한 사회보장 역시 아동수당이 언급되었지 아동에 대한 돌봄 서비스는 언급되지 않았다(서정희, 2017).

이후 자본주의 시장이 고도화되면서 제조업 중심에서 서비스 산업으로 산업 구조가 바뀌면서 임금 수준이 낮아지고 노동이 불안정해졌다. 이러한 산업 구조 변화는 여성의 교육수준 증가 등과 맞물리면서 여성의 사회진출을 가속화시켰고, 동시에 저출산 및 고령화 등으로 인구 구성이 변화하고 핵가족 구조로의 변화와 조응하면서 아동, 노인 등에 대한 돌봄 욕구를 증폭시켰다. 이러한 상황을 새로운 사회적 위험new social risks이라 규정하고 대부분의 복지국가들은 돌봄서비스를 비롯한 사회서비스를 늘려왔다.

기본소득 지지자들은 기본소득의 도입은 사회서비스의 확대를 동반해야 함을 명시적으로 확인하였다. 기본소득 도입을 전 지구적 차원에서 논의하고자 만들어진 기본소득지구네트워크BIEN는 기본소득의 도입과 확대가 필수 사회서비스의 지체나 축소, 구축하는 것에 대해 명확하게 반대하고, 기본소득과 기본적 현물서비스의 동반 확대를 주장한다(Raventós, 2007, p.172). 기본소득지구네트워크는 2016년 서울 총회에서 기본소득과 기본적인 사회서비스의 동반 확대를 결의하여 전 세계 기본소득 운동의 방향성을 제시한 바 있다(김교성 외, 2018).

"우리는 물질적 빈곤에서 벗어나고 모든 개인의 사회적 문화적 참여를 보장하기 위하여, 다른 사회 서비스와 결합해서 제공되는 정책 전략의 한 부분으로 규모와 주기에서 안정적이고, 충분히 높은 수준의 기본소득을 지지한다. 우리는 사회서비스나 수당을 대체하는 것이 상대적으로 불리한 계층, 취약계층, 또는 중 · 저소득층의 처지를 악화시킬 경우 그러한 대체를 반대한다"(BIEN-ASIBL 수정 동의안 2, 서울총회, 2016. 7. 9; 강남훈, 2017, p.10에서 재인용).

기본소득지구네트워크의 2016년 결의문은 기본소득은 다른 사회서비스와 함께 제공되어야 함을 명확히 하고, 다른 모든 사회서비스를 없애면서 기본소득을 도입하자는 소위 극단적인 우파 기본소득에 대한 반대를 분명히 한 것이다(강남훈, 2017, p.10).

경기도에서의 기본소득과 사회보장제도

기본소득은 새로운 분배구조의 확립과 단계적 확산을 통해 평등한 사회를 건설하기 위한 장기적 기획이다(김교성 외, 2018). 모든 사람들에게 무조건적으로 지급되는 기본소득을 조세권이 없는 지방자치단체가 온전하게 시행하는 것은 원천적으로 불가능하다. 단계별 이행전략이 필요하게 되는데, 이를 위해 김교성 외(2018)는 현실에서 다양한 방식으로 제안되는 기본소득 제도들을 보편성universality, 무조건성uncondition, 충분성Sufficiency 원칙을 기준으로 8가지 기본소득 이념형을 제시한다.

한국의 현 상황은 2019년 4월 보편적 아동수당의 도입으로 인해 유형 6(uCs, 무조건성 강조형)에 진입하였다. 무조건성 강조형은 급여에 자산조사나 근로조사 등의 조건이 부과되지 않으나 급여의 수준이 충분하지 못하고, 대상이 보편적이지 못한 단계를 말한다. 이 상황에서 모든 조건을 충족하는 기본소득으로 이행하는 방법으로 김교성 외(2018)는 유형 2(UCs, 급여불충분형)와 유형 4(uCS, 대상제한형)으로 이행하는 두 가지 선택지를 제안한다.

특히 모든 사람들에게 무조건적으로 지급되는 기본소득을 조세권이 없는 지방자치단체가 시행하는 것이 원천적으로 불가능하다는 현실적 조건들을 고려할 때, 지방자치단체가 선택할 수 있는 전략은 조건을 달아서 대상을 축소하는 방식(무조건성 포기 전략)과 기본소득 대상을 특정 연령으로 제한하는 방식(보편성 포기 전

이념형(Ideal types)		보편성(U)	무조건성(C)	충분성(S)
① UCS	완전 기본소득	U	C	S
② UCs	급여불충분형	U	C	~S
③ UcS	조건부과형	U	~C	S
④ uCS	대상제한형	~U	C	S
⑤ Ucs	보편성 강조형	U	~C	~S
⑥ uCs	무조건성 강조형	~U	C	~S
⑦ ucS	충분성 강조형	~U	~C	S
⑧ ucs	기본소득 아님	~U	~C	~S

표 7-3 기본소득의 이념형

주) 3가지 주요원칙의 첫글자를 따서 보편성universality은 'U', 무조건성uncondition은 'C', 충분성 Sufficiency은 'S'로 표기하고, 각 원칙이 충족되면 대문자로, 각 원칙이 충족되지 않으면 소문자(u, c, s)로 표기.

자료 : 김교성 외(2018)

략) 중 선택이 가능하다. 무조건성을 포기하는 전략은 기본소득의 제1원칙인 무조건성을 포기하는 것이기 때문에, 특정 연령으로 제한하는 방식이 보다 기본소득의 원형에 가깝다고 할 수 있다.

그러한 점에서 경기도는 청년기본소득을 설정하였고, 만24세 청년들에게 기본소득을 지급하는 보편성 수정 전략을 선택하였다. 기본소득의 원칙과 정치적 실현 가능성을 고려할 때, 지방자치단체가 취할 수 있는 최선의 선택지로 판단된다.

그러나 경기도가 지방자치단체가 할 수 있는 최선의 선택지로서 청년기본소득을 선택했다는 것이 경기도의 청년기본소득제도와 사회보장제도 간의 경합과 충돌 문제가 발생하지 않는다는 의미는 아니다. 지방자치단체가 기본소득제도를 시행할 때, 지방자치단체 범위에서 사회보장제도와 충돌하지 않는다. 예를 들어 경기도는 상당수의 독자적인 사회보장제도를 도입하고 시행하고 있다. 경기도는 중앙정부가 시행하고 있는 제도를 보다 보완하여 제도적 사각지대를 완충하거나 대상을 보다 확대하고(예를 들어 공공형 어르신 일자리사업 및 수행기관 확대, 장애인 복지 일자리 직무지도원 파견 등), 동시에 새로운 제도를 도입하여 시행하기도 한다(예를 들어 경기도 일하는 청년통장, 스마트 산업분야 장애인 일자리 개발 및 취업 연계, 일하는 청년복지포인트, 아동돌봄 공동체 지원 강화, 안정적인 치매지원서비스 전달체계 구축 등).

문제는 지방자치단체가 기본소득제도를 시행할 경우 중앙정부 단위의 공공부조 정책과의 충돌 문제가 발생한다는 점이다.

우리나라의 대표적인 공공부조 정책은 국민기초생활보장제도이고, 이 제도를 규정하고 있는 「국민기초생활보장법」은 제3조(급여의 기본원칙) 제1항에서 "이 법에 따른 급여는 수급자가 자신의 생활의 유지·향상을 위하여 그의 소득, 재산, 근로능력 등을 활용하여 최대한 노력하는 것을 전제로 이를 보충·발전시키는 것을 기본원칙으로" 한다고 밝히고 있다. 동시에 제3조 제2항에는 "부양의무자의 부양과 다른 법령에 따른 보호는 이 법에 따른 급여에 우선하여 행하여지는 것으로 한다. 다만, 다른 법령에 따른 보호의 수준이 이 법에서 정하는 수준에 이르지 아니하는 경우에는 나머지 부분에 관하여 이 법에 따른 급여를 받을 권리를 잃지 아니한다."고 규정하고 있다.

이는 사회보장 급여의 보충성 원칙을 법문화한 것으로서 빈곤층을 대상으로 하는 급여는 수급자 스스로 최대한 노력하고, 다음으로 부양의무자의 부양, 다른 법령에 따른 보호를 다 거친 후 공공부조를 행한다는 것이다.

그러므로 경기도의 청년기본소득과 같은 보편적인 급여는 "다른 법령에 따른 보호"에 해당하고, 이는 공공부조 급여의 기준선인 빈곤선 이하라는 조건을 판별할 때 다른 법령에 따른 급여가 소득인정액에 포함되는 근거가 될 수 있다. 국민기초생활 보장법에서 규정하는 소득인정액은 "보장기관이 급여의 결정 및 실시 등에 사용하기 위하여 산출한 개별가구의 소득평가액과 재산의 소득환산액을 합산한 금액"(법 제2조 제9호)으로서 이를 산정하는 방식은 "개별가구의 소득평가액은 개별가구의 실제 소득에도 불구하고 보장기관이 급여의 결정 및 실시 등에 사용하기 위하여 산출한 금액으로 다음 각 호의 소득을 합한 개별가구의 실제 소득에서 장애·질병·양육 등 가구 특성에 따른 지출요인, 근로를 유인하기 위한 요인, 그 밖에 추가적인 지출요인에 해당하는 금액을 감하여 산정"하도록 되어 있다(법 제6조의3 제1항). 이때 각 호의 소득이란 근로소득, 사업소득, 재산소득, 이전소득(법 제6조의3 제1항 제1호에서 제4호)으로 규정되어 있다. 제4호의 '이전소득'은 부양의무자 등의 사적 이전으로 발생하는 사적 이전소득과 국가 및 지방자치단체에서 행하는 공적 이전소득을 모두 포함한다(시행령 제5조 제1항 제4호).

결국 지방자치단체의 보편적인 제도 시행으로 급여를 받은 만큼 소득이 증가하여 빈곤선 기준을 충족시키지 못하는 빈곤층은 기본소득 급여로 공공부조 수급자격을 상실하게 된다. 현재의 청년기본소득 급여 수준이 낮기 때문에 이 경우의 가구는 보편적 급여 수급을 포기하는 상황이 발생하는데, 결국 보편적인 급여 수급이 빈곤층에게는 더욱 불리한 구조가 되는 상황이 발생하고 있다. 현행 중앙정부의 공공부조 급여와 지방자치단체의 보편적인 소득보장이 상충되도록 되어 있는 현 구조에 대한 개선이 시급해 보인다.

내용 정리

이 장은 자본주의 시장구조의 변화와 전통적인 사회보장제도 간의 부정합 및 새로운 사회보장 체계의 정립으로서 기본소득 중심의 사회보장제도 개편에 대해 다루었다. 기본소득이 무조건적이고 보편적인 방식으로 모든 사람들의 기본적인 소득을 보장하게 할 경우, 기존 사회보장제도들은 수정 및 보완이 요구된다.

그러나 이것이 우파 버전의 기본소득을 의미하지는 않는다. 우파 버전의 기본소득은 기본소득을 보편적이고 무조건적으로 지급하고, 모든 사회보장제도를 기본소득으로 병합하는 것을 의미한다. 이 경우 여러 가지 사회보장 문제를 발생시킬 뿐만 아니라 복지 시스템의 필요성인 시장실패 문제를 재연하게 된다. 기본소득 중심의 사회보장제도의 개편은 기본소득보다 낮은 수준의 공공부조의 생계급여와 보편수당, 기초연금을 기본소득으로 병합하고, 사회보험의 자격요건과 적절성 수준을 확대하는 것이다. 또한 기본소득이 진정한 의미에서 모든 사람들의 기본적인 생계를 보장하기 위해서는 사회서비스의 확대가 동반되어야 한다. 의료, 돌봄, 교육 등의 서비스가 확대되지 않고 기본소득만 도입될 경우, 의료, 돌봄, 교육이라는 공공재적 서비스를 시장에서 구입하게 함으로써 이 영역에서 발생하는 시장실패의 문제를 반복하게 되고, 긍정적 외부효과 기능을 발휘하지 못하게 할 것이다.

현재 한국 사회에서 기본소득의 제도화는 중앙정부 차원에서 이루어지지 않고, 지방자치단체 차원에서 이루어지고 있다. 경기도가 2019년 4월부터 청년기본소득을 시행하였고, 현재 여러 지방자치단체에서 농민기본소득, 장년기본소득, 예술인 기본소득에 대한 논의가 한창이다. 이러한 범주형 기본소득 논의는 경기도가 주도하고 있다.

범주형 기본소득은 기본소득의 원칙에서 보편성 원칙에 위배된다. 그럼에도 불구하고 지방자치단체는 조세권이 없다는 근본적인 한계로 인해 보편성 원칙을 충족시키는 기본소득 도입 자체가 원천적으로 불가능하다. 이 상황에서 범주형 기본소득의 제도화는 지방자치단체가 할 수 있는 최선의 선택지라 할 수 있다.

그러나 중앙정부 제도가 수정·보완되지 않으면, 지방자치단체가 시행하는 기본소득제도는 빈곤층에게 유리하지 않게 작동할 수밖에 없다. 현재의 빈곤 정책에서 대표적인 소득보장제도는 국민기초생활보장법에 의거한 생계급여이다. 현재의 공공부조 정책은 빈곤선을 설정하고, 자산조사를 실시하여 빈곤선 이하의 사람들에게 급여에 대한 적격성을 부여한다. 그리고 빈곤층 가구의 소득을 파악하여 빈곤선과 소득의 차액만큼의(할인율을 적용하기는 하지만) 액수를 보충적으로 생계급여로 지급하는 방식이다. 그러므로 기본소득을 받게 되면 그 액수만큼 소득으로 산정되고, 기본소득으로 인해 국민기초생활보장제도의 빈곤층 기준을 넘어서는 가구가 발생할 가능성이 생긴다.

이 경우 단지 국민기초생활보장제도에 의한 생계급여 수급권만을 상실하는 것이 아니다. 현재의 국민기초생활보장제도는 수급권을 획득하게 되면, 생계급여뿐만 아니라 국민기초생활보장 수급권자에게 주어지는 의료급여, 주거급여, 장학재단 등에 의한 장학금 및 학자금 대출, 각종 사회서비스 수급권 등을 모두 상실하게 될 위험이 있다. 이런 이유로 기본소득 지급으로 인해 여러 가지 수급권을 상실할 위험에 처한 가구의 기본소득 대상자들은 기본소득을 신청하지 않는 것이 합리적인 선택이 된다.

결국 기본소득 지급으로 인해 국민기초생활보장 수급권이 상실될 위험이 있는 일부 빈곤층은 기본소득 지급 신청은 더 많은 소득을 상실하게 만드는 결과를 가져온다. 이는 기본소득이 현재의 사회보장제도하에서는 빈곤층에게 불리하게 작동한다는 것이다. 그러므로 기본소득이 국민기초생활보장법 상의 소득에서 예외가 되도록 법규를 개정하거나 중앙정부 차원에서의 기본소득 논의로 확장될 필요가 있다.

경제정책으로서의 기본소득

강남훈

일반적으로 복지정책과 경제정책을 명확하게 구분하는 것은 힘들다. 저소득층에게 최소한의 생계를 보장하는 복지정책은 내수를 진작시켜 경제성장을 높이는 총수요관리 정책의 효과를 갖는다. 경제정책이라고 볼 수 있는 SOC 정책은 저소득층에게 일자리를 제공해서 생계를 보장하는 효과를 갖는다. 미국에서 대공황기 루스벨트 대통령은 복지정책을 가지고 대공황을 극복했다고 평가받는다. 경제정책으로 복지를 늘릴 수 있고, 복지정책으로 경제성장을 촉진할 수 있다.

그러나 우리나라 현실정치에서는 경제정책과 복지정책을 대립적으로 생각하는 경향이 있다. 일단 정부 담당부서가 다르고, 그에 따라 예산도 다르다. 예산편성을 할 때면, 경제예산과 복지예산은 매우 경합적이다. 증세를 하지 않은 채로 복지예산을 늘리려면, 경제예산을 줄일 수밖에 없다. 복지예산 증액에 대한 가장 강력한 반대는 경제부서로부터 나오고 있다.

우리나라는 OECD 국가들 중에서 경제예산이 가장 많고 복지예산이 가장 적은 편에 속한다. 2015년 GDP에서 차지하는 비율로 보면, 경제분야 지출은 GDP의 5.2%로서 OECD 평균 3.9%보다 1.3%p 높고, 사회보호분야는 GDP의 6.2%로서 OECD 평균 13.6%보다 7.4%p나 낮다. OECD 평균에 근접하려면, 첫째로 증세를 해야 하고, 둘째로 경제분야 지출이 GDP에서 차지하는 비율을 조금 줄이고 복지분야 지출을 획기적으로 늘려야 한다.

그러나 이러한 예산 전환에 대하여 강력한 반대 세력이 존재한다. 대기업, 정치, 언론, 관료, 교수 등 강력한 부자 엘리트 동맹이 존재한다. 복지예산을 확대하려면, 다음과 같은 부자 엘리트 동맹의 신념들을 극복하여야 한다.

첫째, 선성장 후분배, 낙수효과가 중요하다. 이는 경제성장정책이 분배정책보다 분배 목표 달성에 더 유리하다는 주장이다. 부자를 유리하게 하는 정책이 가난한 사람을 직접 돕는 정책보다 가난한 사람에게 더 도움이 된다는 주장으로 전통적인 시장 만능주의적 사고이다. 이는 대침체 이후 성장을 해도 분배가 개선되지 않는 현상이 지속되면서 설득력이 많이 약화되었지만 여전히 강력한 영향력을 가지고 있는 주장이다.

둘째, SOC 투자(토목건설)가 최고의 경기 활성화 정책이다. 이미 기재부는 광역 지자체별로 2건식 예비타당성조사 면제를 해주면서 SOC 건설을 경기 활성화와 지역균형발전의 수단으로 삼고 있다. 최근 미중 무역 갈등으로 국제무역이 급작스럽게 위축되면서 수출이 마이너스 성장을 기록하고 있는 상황으로 SOC 투자로 경기를 활성화시키자는 주장이 더욱 많아질 것이다.

셋째, 일자리가 최고의 복지 정책이다. 즉 복지 정책보다 일자리 정책이 복지 목표 달성에 더 효과적이라는 주장이다. 최근 미국 민주당 내에서 직업 보장job guarantee 정책이 부각되고 있다. 현대화폐이론Modern Money Theory에 입각해서 직업 보장을 하자는 주장에 대한 논의를 본격적으로 검토할 필요가 있다.

이 글에서는 경제정책으로서의 기본소득을 다룬다. 경제정책으로서의 기본소득이란 기본소득을 경제적 목표를 달성하기 위한 정책으로 간주하는 것이다. 기본소득이 경제정책이라면 경제예산의 일부를 기본소득으로 사용하는 데 아무런 문제가 없을 것이다. 기본소득을 경제정책으로 보려면, 어떤 경제적 목표를 달성하기 위한 수단인지 분명히 해야 한다. 동시에 같은 목적을 달성하기 위한 다른 경제정책과 비교해서 얼마나 효과적이고 효율적인지를 분석해야 할 것이다.

경제정책으로서의 기본소득은 다시 두 가지로 나눌 수 있다. 하나는 기본소득이 경제적 목표를 달성하기 위한 주된 수단이 되는 경우이고, 다른 하나는 보조적인 수단이 되는 경우이다. 전자의 예로서는 노인들에게 보편적, 무조건적, 개별적으로 지급되는 노인기본소득을 들 수 있다. 노인기본소득은 노인빈곤 해소, 내수진작 등의 경제적 목표를 달성하기 위한 주된(직접적인) 수단이다. 후자의 예로서는 국토보유세에 기초한 토지배당을 들 수 있다. 이 정책의 목표를 토지 불로소득 환수와 부동산 가격 안정으로 본다면, 주된 정책 수단은 국토보유세가 되고, 토지배당은 국토보유세를 정치적으로 실현 가능하게 만드는 보조적인 수단이 된다. 물론 주된 수단인가 보조적인 수단인가의 문제는 경제적 목표에 따라 달라질 수 있다. 만약 목표를 공정한 경제 질서 구축으로 설정한다면, 토지배당은 주된 정책 수단이 될 수 있다.

기본소득이 주된 수단인 경우에는 어느 정도 충분성의 조건을 갖추어야 하겠지만, 보조적인 수단인 경우에는 충분성 조건은 관계가 없다. 예를 들어 토지배당이 1년에 60만 원, 1달에 5만 원밖에 되지 않더라도 국토보유세로 인하여 불로소득이 환수되고 부동산 가격이 안정되는 경제적 목표가 달성된다면 아무 문제가 없는 것이다.

이 글은 재정중립성 원칙 하에서 분석을 한다. 즉, 기본소득 지급의 효과만 분석하는 것이 아니라 기본소득을 지급하기 위한 재원 조달의 효과까지 분석한다. 이렇게 해야 비용과 편익을 함께 분석하게 된다.

첫 번째 절에서는 기본소득을 경제정책으로 볼 수 있는 철학적 근거를 살펴볼 것이다. 두 번째 절에서는 부동산 정책으로서 국토보유세와 토지배당을 다룰 것이다. 세 번째 절에서는 기후 위기를 극복하기 위한 수단으로서 환경세와 환경배당을 다룰 것이다. 네 번째 절에서는 기본소득과 지역화폐를 다룰 것이다. 수요관리

정책으로서 다른 재정정책이나 금융정책과 비교할 것이다. 다섯 번째 절에서는 농업정책으로서의 농민기본소득을 다룰 것이다.

공동부 배당 : 공정경제를 목표로 하는 기본소득

전통적으로 기본소득의 정당화는 전통적으로 크게 네 가지 방향에서 진행되어 왔다.

생활권

우리 헌법은 전문에서 "모든 국민은 인간으로서의 존엄과 가치를 가지는 것으로 규정하고 있고, 제34조 1항에서 "모든 국민은 인간다운 생활을 할 권리를 가진다"고 명시하고 있다. 생활권으로 기본소득을 정당화하면, 빈곤탈출이 기본소득의 가장 중요한 역할이 된다.

인간다운 생활을 할 권리만으로 기본소득을 정당화하는 데에는 여러 가지 어려움이 있다. 인간다운 생활을 이미 하고 있는 부자에게까지 기본소득을 주는 이유를 별도로 설명해야 한다. 그리고 가난한 사람에게만 소득을 보조해 주면 빈곤 탈출이 더 빠르지 않겠느냐는 질문에 대해서도 설명해야 한다. 무엇보다도 가난한 사람들도 인간다운 생활을 할 수 있도록 도와주자는 의미를 가지게 되어 기본소득을 권리가 아니라 시혜로 오인할 위험이 있다.

자유권

기본소득은 자유권에 입각해서 정당화될 수 있다. 이것은 다시 두 가지로 나누어진다.

첫째는 실질적 자유. 실질적 자유의 관점에서 기본소득을 정당화한 대표적인 학자가 필리프 판 파레이스이다. 판 파레이스에 의하면, 자유로운 사회는 다음의 세 가지 조건을 충족하는 사회이다.

i) 권리보장. 권리를 잘 집행하는 구조가 존재한다.

ii) 자기 소유권. 이런 구조 하에서 개인은 자기 자신을 소유한다.

iii) 기회의 최소극대화. 개인이 하고 싶어 할 수도 있는 것이라면 무엇이든 할 수 있는 최소극대화의 기회를 갖는 구조이다(Van Parijs, 1995, p.62).

여기서 최소극대화란 존 롤스가 정의론에서 제안한 것으로, 최소의 기회를 갖고 있는 사람의 기회를 최대한 늘리는 것, 즉 최소수혜자의 기회를 가능한 한 늘리는 것을 의미한다. 두 사회가 있을 때 어떤 사회가 더 자유로운 사회인지를 판단하기 위해서는 최소수혜자의 자유를 비교하면 된다. 최소수혜자의 자유가 더 많은 사회가 더 자유로운 사회이다. 만약 최소수혜자의 자유가 동일하다면 그 다음 최소수혜자의 자유를 비교하면 된다. 사전에서 낱말의 순서를 비교하는 방법과 동일하므로, 최소극대화를 사전식 극대화lexicographic maximization라고도 부른다.

정의로운 사회는 모든 사람에게 최소극대화된 자유를 보장하는 사회이다. 그런데 자유는 그것을 실현할 수 있는 수단(기회)이 있어야 실질적 자유가 된다. 시장경제에서 자유를 실질적으로 보장하기 위하여 가장 필요한 것은 소득이다. 따라서 실질적 자유를 공정하게 보장하기 위해서는 소득의 최소극대화가 필요하다.

소득의 최소극대화가 모든 소득을 균등하게 만드는 것을 의미하지는 않는다. 소득을 균등하게 하면 노동 유인이 사라져 최소수혜자의 소득이 오히려 감소할 수 있기 때문이다. 예를 들어 10명이 있고 각 사람의 소득이 1만 원부터 10만 원까지라고 가정해 보자. 소득의 합계는 55만 원이다. 소득의 합계가 55만 원으로 불변이라면 모든 사람의 소득을 5.5만 원으로 균등하게 만드는 것이 최소수혜자의 소득을 극대화하는 방법이 될 것이다. 이것은 소득에 100% 과세를 해서 균등하게 기본소득으로 나누는 것과 동일하다. 그러나 소득에 100% 과세를 하면 일을 열심히 하려는 사람이 줄어들어 소득의 합계가 줄어들게 된다. 극단적인 경우에는 아무도 일을 안 해서 소득의 합계가 0이 될 수도 있다. 그러므로 모든 소득을 기본소득으로 분배하는 것보다 일부만의 소득을 기본소득으로 분배하는 것이 최소수혜자의 소득을 극대화하는 더 좋은 방법이다. 기본소득은 소득의 최소극대화를 달성하는 효율적인 방법이다.

둘째는 비지배 자유. 공화주의적 전통에서는 자유를 "생존을 위해 타인에게 의존하지 않는 것이며, 다른 집단의 임의적인 간섭에 영향을 받지 않는"(Raventos, 2007, p.99) 상태로 규정한다. 여기서 임의적인 간섭이란 자의적인 간섭, 즉 간섭받는 자의 동의 없이 행해지는 간섭을 의미한다. 이러한 간섭을 외부적 통제alien control라고도 부른다(Laborde and Maynor, 2008, p.152). 자의적인 간섭, 즉 외부적 통제가 없는 자유를 비지배 자유freedom as non-domination라고 부른다. 기본적인 소득이 보장되지 않는 사람은 다른 사람의 지배를 받을 수밖에 없다. 기본소득은 비지배 자유를 보장하기 위한 수단이다. 공화주의자들은 실질적 자유보다 비지배 자유가 기본소득을 정당화하는 데 더 적합하다고 주장한다(Pettit, 2007).

평등권

기본소득은 평등권에 입각해서 정당화할 수도 있다. 우리 헌법에는 전문("정치·경제·사회·문화의 모든 영역에 있어서 각인의 기회를 균등히 하고, 능력을 최고도로 발휘하게 하며 … 안으로는 국민생활의 균등한 향상을 기하고")과 제119조 2항("국가는 균형 있는 국민경제의 성장 및 안정과 적정한 소득의 분배를 유지하고")에서 평등권이 규정되어 있다. 헌법학계에서는 이러한 평등권은 결과의 평등이 아니라 기회의 평등을 규정한 것이라는 해석이 우세하다.

기회의 평등으로 기본소득을 정당화하려고 할 때 소득의 이중성에 주목해야 한다. 소득은 한편으로는 경제활동의 결과이지만, 다른 한편으로는 경제활동의 기회가 된다. 소득이 없는 사람은 교육을 제대로 받을 수 없고, 건강을 유지할 수 없어서 그 다음 경제활동의 출발이 달라진다. 소득의 얼마만큼이 기회(조건)가 되고, 얼마만큼이 결과가 되는지는 양적으로 명확하게 구분할 수는 없다. 그러나 적어도 최소한의 생활과 교육에 필요한 만큼은 기회(조건)라고 보는 것이 타당할 것이다. 그러므로 최소한의 소득과 그 이상의 소득을 구분하여 최소한의 소득은 기회의 평등을 위해서 모든 사람에게 보장할 필요가 있다. 이것이 바로 평등권에서 비롯되는 기본소득의 필요성이다.

재산권

기본소득에 대한 가장 강력한 정당화는 재산권이다. 기본소득의 권리는 모든 사람이 공동부(공유부, 공동자산)의 공동소유자라는 것으로부터 도출된다. 실제로 기본소득의 최초의 제안은 토지 공동부 배당이었다. 토머스 페인은 토지는 인류의 공유자산이므로, 토지로부터 발생하는 지대를 환수하여 배당을 지급하자고 주장하였다(Paine, 1796).

공동부common wealth 또는 공동자산common asset이란 인간의 노력과 관계없이 인간에게 주어졌거나, 인간이 만들었다고 할지라도 수많은 사람이, 여러 세대에 걸쳐서, 연합지성을 모아서 공동으로 작업한 결과이기 때문에 특정한 개인이나 집단에 속한다고 볼 수 없는 자산을 의미한다. 토지, 환경, 천연자원 등은 인간의 노력과 관계없이 주어진 공동부이다. 문화, 지식, 제도, 관습 등은 수많은 사람의 연합지성을 모아서 여러 세대에 걸쳐서 공동 작업한 결과로 만들어진 공동부이다.

공동부는 여러 가지 형태가 있다. 공동부의 첫 번째 형태는 누구나 무상으로 접근해서 이용할 수 있는 공동부로 남아 있는 경우이다. 국유림, 공유하천이라든지 특허가 없는 지식 같은 것들이다.

공동부의 두 번째 형태는 공동부가 분명함에도 불구하고 사유화되어서 공동부로부터 생기는 수익을 소유주가 독점하고 있는 경우이다. 토지가 대표적인 예이다. 공동부의 세 번째 형태는 무소유 상태로 남아 있지만, 그로부터 생기는 수익을 소수의 사람만이 독점하고 있는 경우이다. 바람이 많은 지역에 민간이 풍력발전소를 세워서 큰 이윤을 얻고 있다면 공동부를 소수가 독점하는 경우에 해당된다. 두 번째 경우는 보유세를 통해서 사적 수익의 일부 내지 전부를 적극적으로 환수해야 한다. 세 번째의 경우는 공동소유권을 분명히 해서 적극적으로 사용료를 받아서 배당으로 나누어야 한다.

4차 산업혁명이 진전되면서 인공지능이라는 공유자산이 등장하게 되었고, 기후와 환경이라는 공유자산의 중요성이 나날이 커지고 있다. 이 문제와 관련해서 허버트 사이먼Herbert Simon을 소개하는 것이 좋을 것이다. 사이먼은 제한적 합리성 bounded rationality이라는 개념을 만들어 공헌한 덕택으로 노벨경제학상을 받았지만, 단순한 경제학자가 아니었다. 그는 1956년 다트머스 대학에서 두 달간 열린 인공지능 워크샵을 공동 주최하여 인공지능 교과서에 인공지능의 아버지 중의 한 사람으로 소개되어 있다(강남훈, 2019). 그는 지식을 공동부의 하나로 보아 다음과 같이 지식 기본소득을 주장하였다. "모든 소득의 90%는 다른 사람들의 지식을 활용한 것이다. 따라서 90%의 소득세율이 적절하다. 그러나 기업가에게 약간의 인센티브를 주기 위하여 70%의 세율로 비례적으로 과세하고, 그 조세 수입을 기본소득으로 나누어 가지자"(Simon, 2000).

이상의 네 가지 정당화 중에서 재산권으로서의 정당화는 나머지 세 가지와 결을 달리한다. 어떤 재산의 소유자에게 그 재산으로부터 나오는 수익을 배당하는 것은 복지정책이라고 말하기 힘들어 보인다. 주식회사에서 주주들에게 배당하는 것을 주주들에 대한 복지정책이라고 부를 수 없는 것과 마찬가지이다. 이것은 공정한 경제 질서를 지키기 위하여 마땅히 해야 할 일을 하는 것에 불과하다. 공동부 배당을 복지정책이라고 보기는 힘들다.

공동부 배당을 경제정책이라고 볼 수 있는 이유는 두 번째 형태나 세 번째 형태의 공동부 때문이다. 공동부가 마땅한데도 그 수익을 소수가 독점하고 있는 경우, 사적 소유를 몰수한다든지 수익 수취 행위를 전면 금지하고 수익의 전부를 환수하는 것은 경제적으로 큰 혼란을 초래할 수 있다. 이 경우에는 과세를 통해서 그 수익의 일부를 환수하는 것이 법적 안정성과 정당성을 함께 추구할 수 있는 정책이다. 이와 같이 공동부 배당으로서의 기본소득은 공정경제의 부분적이고 점진적인 회복을 목표로 하는 경제정책으로 간주할 수 있다.

연도	2007	2008	2009	2010	2011	2012	2013	2014	2015	2016
실현 자본이득	275.5	291.9	297.5	299.1	300.3	285.0	263.9	240.3	227.0	235.3
임대소득	167.9	178.6	189.0	201.9	214.6	221.9	230.4	242.4	255.1	270.3
합계	443.4	470.5	486.4	501.1	514.9	507.0	494.3	482.7	482.1	505.7
합계/GDP	42.5	42.6	42.2	39.6	38.6	36.8	34.6	32.5	30.8	30.9

표 8-1 부동산 소득(실현자본이득+임대소득) 추산

자료: 전강수 · 남기업 · 강남훈 · 이진수(2018)

국토보유세와 토지배당

우리나라는 토지에서 막대한 소득이 발생하고 있다. **표 8-1**은 부동산 소득을 추산한 것이다. 여기서 실현자본이득은 부동산을 실제로 매각해서 얻은 양도소득을 의미한다. 매년 GDP의 30%가 넘는 부동산 불로소득이 발생하고 있는 것을 알 수 있다. 2016년 한 해에 505.7조 원의 부동산 소득이 발생하였다. 이렇게 많은 불로소득이 발생하고 있다는 것은 기존의 부동산 정책이 불로소득 환수에 성공하고 있지 못하다는 것을 의미한다.

또한 기존의 부동산 정책은 주기적인 부동산 가격 폭등을 억제하지 못하고 있다. **표 8-2**는 2016년과 2018년 사이 강남구 대치동 E 아파트의 연간 평균 실거래가를 나타내고 있다. 1단지 128형은 2016년 평균 18억 9,595만 원에 거래되었는데, 2018년에는 28억 6,500만 원에 거래되었다. 2년 동안의 상승폭은 9억 6,905만 원이었다. 이것은 중위 소득자가 42년 동안 한 푼도 쓰지 않고 노동해서 저축해야 모을 수 있는 금액이다. 보통 사람들이 한 평생 노동을 통해서 벌 수 있는 것보다 훨씬 많은 돈을 아무런 노동을 하지 않고서 불과 2년만에 번 것이다.

2019년 부동산 가격은 대출규제, 양도세, 취득세, 등록세 규제, 정비사업규제, 전매제한, 청약제한, 조합원 규제 등의 종합적인 수요억제 정책으로 겨우 안정세를 유지하고 있다. 그러나 최근 부동산이 다시 들썩거리고 있다. 미중 무역 갈등으

아파트 종류	2016	2017	2018	상승폭	중위소득 배수
1단지 128형	189,595	229,694	286,500	96,905	42년
1단지 159형	218,125	252,750	298,000	79,875	35년
2단지 128형	21,6714	236,417	284,333	67,619	29년
2단지 160형	244,500	272,500	311,000	66,500	29년

표 8-2 강남구 대치동 E 아파트 실거래 가격

자료 : 국토부 실거래가 사이트(http://rt.molit.go.kr/)에서 계산

로 인한 금리 인하 가능성, 규제의 효과 소멸, 투기 세력의 준동, 예타면제 방식의 대규모 건설사업 등이 원인이다. 특히 3기 신도시는 예상치 못한 부작용을 낳고 있다. 첫째로, 분당이나 판교 수준으로 강남을 대체할 만한 신도시가 되지 못하면 서 강남 집값 상승을 은근히 부추기고 있다. 둘째로, 2기 신도시보다는 서울에 가 까워서 2기 신도시 주택 가격을 떨어뜨려서 주민들의 저항을 낳고 있다. '강남 집 값 떨어뜨린다더니 왜 우리 동네 집값만 떨어뜨리냐?'라는 주장이 이를 대표한다. 셋째로, 신도시를 위한 교통망 확충 등 대규모 건설은 교통의 종점에 있는 서울 집 값을 상승시키는 요인으로 작용하고 있다.

이와 같이 규제 위주의 부동산 정책은 효과가 일시적이고 심각한 부작용을 낳고 있다. 미중 무역갈등이 오래 가면 심각한 불황 국면에 접어들 수 있는데, 금리 인 하를 통한 총수요 확대 정책도 사용하기 힘들게 만들고 있다.

국토보유세는 토지 불로소득 환수와 부동산 가격안정이라는 목표 달성에 가장 효과적인 정책이다. 양도세와 취득세, 등록세는 1가구 1주택 면제, 임대사업자 면 제 등 예외가 너무 많고, 양도하지 않는 한 납부하지 않는다. 바로 상속하면 양도세 를 회피할 수 있다. 국토보유세는 매년 납부해야 하고, 해외로 가지고 갈 수도 없으 므로 회피 불가능하다. 국토보유세는 전가도 어렵다. 표준적인 경제학 이론에 따르 면, 토지는 공급곡선이 수직선이어서 조세를 부과해도 가격이 상승하지 않는다.

규제의 가격 하락 효과는 불확실하고 일시적이지만, 국토보유세는 조세의 자본화 현상으로 즉각 하락하고 지속적이다. 국토보유세 부과로 인한 토지가격 하락은 다음과 같이 표현할 수 있다. A를 토지가격, R을 부동산 지대(임대료, 귀속임대료 등), r을 이자율, B를 건물의 잔존가치라고 할 때, 마찰이 없는 균형 상태에서는

$$A = \frac{R}{r} - B$$

의 관계가 성립하게 된다. 이제 토지 A에 t 비율의 국토보유세가 부과되면, 새로운 토지가격 A'은 다음과 같이 된다.

$$A' = \frac{R}{r} - \frac{At}{r} - B = A(1 - \frac{t}{r})$$

토지가격 하락분은 다음과 같이 표시된다. 세율 t를 조정함으로써 정교하게 원하는 만큼 토지가격을 하락시킬 수 있다. 부동산 가격이 상승하면 세율을 올리고, 가격이 안정되면 세율을 낮추는 등 미세 조정도 가능하다.

$$A - A' = \frac{Rt}{r^2} - \frac{Bt}{r}$$

국토보유세의 유일한 문제점은 정치적 저항이다. 전체 가구의 절반 이상이 토지를 소유하고 있으므로, 국토보유세만 투표에 부치면 반대가 많을 것이다. 토지배당이 바로 이러한 정치적 저항을 누그러뜨릴 수 있는 수단이 된다. 토지배당과 국토보유세를 결합하면 90% 내지 95%의 가구가 순수혜 가구가 된다(김윤상 외, 2018). 물론 5% 내지 10%의 저항도 만만한 것은 아니지만, 1인 1표 민주주의에서 충분히 극복 가능한 비율이라고 할 수 있다.

국토보유세는 다음과 같이 과세할 것을 제안한다.

i) 기존의 부동산 세제를 그대로 둔 채, 추가로 과세한다.

ii) 전국의 모든 토지를 용도 구분 없이 인별 합산한다.

iii) 공시지가를 과세표준으로 한다.

iv) 비과세 감면은 원칙적으로 폐지한다.

v) 모든 토지에 동일한 세율로 과세한다.

2017년 국민대차대조표에 의하면, 금융법인, 비금융법인과 가계 및 비영리단체의 토지자산 가치는 약 5,492조 원[1]이다. 여기에 약 0.55%의 세율로 국토보유세를 부과하면 토지배당 재원으로 약 30조 원을 마련할 수 있다. 이것은 1년에 1인당 60만 원을 지급할 수 있는 규모이다.

국토보유세는 이론적으로 전가가 불가능하지만, 임차인이 특별하게 열등한 처지에 있을 경우에는 일시적으로 전가가 가능하다. 예를 들어 아이가 고등학교에 다니고 있어서 전학을 가기 힘든 학부모라든지, 토지에 고정된 시설 투자를 해서 가게를 옮기면 손해를 보는 소상공인 같은 경우이다. 따라서 국토보유세의 전가를 막고, 저항의 명분을 줄이기 위하여 다음과 같은 조치들을 병행할 필요가 있다.

첫째, 현금 소득이 없는 사람을 위하여 납부 유예 제도를 도입한다. 상속, 양도, 매매할 때 토지세를 한꺼번에 납부할 수 있도록 한다. 유예된 기간 적절한 이자율을 반영한다.

둘째, 토지지분 납부도 가능하게 한다. 토지세가 0.5%일 때, 매년 0.5%씩 토지 지분으로 납부하면, 200년을 더 살 수는 없으니까, 죽는 날까지 토지세를 전혀 내지 않고 지금 살던 대로 살면 된다. 구약성서에서 정한 기간(희년)보다 4배가 긴 기간이다.

셋째, 토지 소유자(주택 토지 포함)에게 환매수조건부 매도권을 부여한다. 일정한 규모 이하의 토지 소유자는 일정한 가격(예를 들면 공시지가의 70%)으로 정부에게 토지를 매도할 권한을 갖는다. 정부는 의무 매입한 주택을 공공 임대주택 등으로 활용한다. 시세가 좋아져서 부동산을 너무 싸게 매도했다고 판단되면 일정한 기간 이내에 정부로부터 매도 가격에 다시 매수(환매수)할 수 있다. 해당 기간 물가상승률, 이자율, 임대료 등을 적절하게 고려한다.

넷째, 주택임대차보호법을 개정하여 상가 및 주택 임대차기간을 늘리고, 자녀

---

1. http://kosis.kr/(검색일: 2019. 1. 31).

가 초중등학교에 다니고 있는 경우 학교를 졸업할 때까지, 가게에 투자를 했을 경우 투자금을 회수할 수 있는 기간까지 계약갱신을 요구할 수 있는 권리를 보장하도록 한다.

다섯째, 토지의 공시지가는 부동산 가격에서 건물 잔존가치를 뺀 값으로 일률적으로 정한다. 부동산 가격은 일정 기간 인근의 가장 유사한 부동산의 거래가격 또는 임대료를 가격으로 환산한 값의 가중평균가격으로(거래 일자가 가까울수록 가중치가 증가) 한다.

여섯째, 상업용지와 주택지의 공시지가의 시가 반영 비율에 차이가 많이 날 수 있다. 이 경우에는 반영 비율이 낮은 토지 소유자의 세 부담이 급격하게 증가하지 않도록 증가분에 대해 충분한 기간을 갖고 단계적으로 증가시키는 것이 바람직할 것이다.

국토보유세와 토지배당 정책의 경제적 목표를 토지 불로소득 환수와 부동산 가격 안정으로 보면, 토지배당은 국토보유세를 정치적으로 실현 가능하도록 만들어 주는 수단이 된다. 다른 각도에서 경제적 목표를 재산권을 가진 국민들에게 재산수익의 일부를 되돌려 주는 공정한 경제질서 회복으로 보면, 토지배당이 주된 수단이 되고, 국토보유세는 토지배당을 위한 수단이 된다.

또 다른 각도에서 국토보유세와 토지배당은 공정경제 이외에도 혁신경제라는 경제적 목표를 달성하는 수단이 될 수도 있다. 우리나라 창업의 가장 큰 애로사항 중의 하나는 세계에서 가장 비싼 부동산 가격이다. 위치가 좋은 곳에 창업을 해야 인재와 고객을 모을 수 있는데, 위치가 좋은 곳은 너무 비싸서 창업하기 힘들다. 미국의 창업이 활발한 것은 차고에서 창업할 수 있기 때문이라는 말이 있다.[2]

---

2. 차고에서 창업한 미국 기업들의 예를 들면, 구글Google, 휴렛패커드HP, 나이키Nike, 디즈니Disney, 스포츠카를 만드는 로터스Lotus, 마이크로소프트Microsoft, 바비 인형으로 유명한 마텔Mattel, 아마존Amazon, 애플Apple, 할리데이비슨Harley-Davidson 등이 있다. 페이스북Facebook은 기숙사 방에서 창업했다고 보아야 할 것이다.

부동산 불로소득은 혁신의 유인을 떨어뜨릴 수 있다. 초등학생의 장래 희망이 부동산 임대업자인 나라에서 혁신을 기대하기 힘들 것이다. 정부가 할 수 있는 가장 좋은 혁신정책은 혁신을 하지 않고서 돈을 버는 길을 없애는 것이다. 현대자동차의 최근의 위기는 몇 년 전 10조 원을 부동산에 투자한 것과 무관하지 않다. 그돈으로 전기차나 자율차 개발에 투자하였다면 앞날이 훨씬 밝았을 것이다. 국토보유세와 토지배당은 국토균형발전이라는 경제적 목표를 달성하는 수단이 될 수 있다. 국토보유세는 누진적으로 부과할 경우는 물론이고, 비례세로 부과하더라도 지역불균형 시정효과가 있다. 전국의 토지 가격을 동일한 비율로 떨어뜨리므로, 비싼 토지일수록 하락 폭이 커진다. 특정한 곳에 SOC 투자가 이루어져 땅값이 오르더라도 상승분의 일부는 전 국민이 나누어 가지게 된다.

앞으로 인구감소로 압축도시가 불가피해질 것이다(마강래, 2017). 국토보유세와 토지배당은 압축도시 건설에도 도움을 줄 수 있다. 도시 중심부의 용적률을 높이고 도시 외곽의 주택을 공원으로 만들거나 자연으로 되돌릴 때, 도시 중심부의 땅값 상승분을 시민 전체에게 골고루 나눈다면, 압축으로 인한 갈등을 상당히 줄일수 있을 것이다.[3]

부동산 불로소득이 줄어들면, 예산의 균형을 회복하는 데 도움을 줄 수 있다. 앞에서 언급하였듯이, 우리나라는 예산 중에서 경제예산이 차지하는 비중이 크고 복지예산이 차지하는 비중이 낮다. 이러한 예산 불균형의 원인의 하나가 지역구 건설 사업을 공약하고 정치적 지지를 얻는 포크배럴 정치pork barrel politics이다. 포크배럴 정치는 다시 지역구에서 단순다수제로 최다득표자 1명만 선출하는 선거제도와 관련이 있다.

포크배럴 정치인지를 가려내기 위해서는 무엇이 포크인지를 명확히 해야 한다.

---

3. 도시 외곽에 자연 환원 대상지구를 정하고, 도심 토지 소유자가 환원 대상지구 내 주택을 매입한 만큼 용적률을 올려주고, 환원 대상지구 내 주택 판매자에게 입주권을 제공하고, 도심 토지가격 상승분의 일부를 토지세로 환수해서 시민들 사이에 나누는 것이 재정 투입을 최소화하면서 압축 도시를 만드는 방법이다.

일반적으로 지역적으로 한정된 소수의 집단에게만 이익이 되면서 비용은 전체 국민이 부담해야 하는 사업을 포크라고 규정한다. 더 범위를 좁히면, 들어가는 비용에 비해서 나오는 편익이 더 작은 사업이라는 조건을 추가할 수 있다. 극단적으로 편익이 비용에 비해서 작은 것이 아니라, 중장기적으로 지속적인 손해가 발생해서 편익만으로도 마이너스가 되는 사업도 있다. 포크의 대표적인 사례는 뉴타운 개발, 4대강 사업 등을 들 수 있다.

포크배럴 정치는 정치인-언론-부동산 소유자-대기업-관료가 연결된 포크배럴 복합체가 중심이다. 포크배럴 복합체의 핵심적인 이익은 부동산 불로소득이다. 따라서 부동산 불로소득이 줄어들면, 포크배럴 복합체는 약화될 수밖에 없다.

환경세와 환경배당

기후 위기가 최악의 상황으로 치닫고 있다. 기후변화에 관한 정부 간 협의체IPCC가 2018년 10월 특별보고서를 제출하면서 지구의 평균기온 상승을 1.5℃ 이하로 낮추어야 한다고 제안하였다. 그러기 위해서는 온실가스 배출량을 2030년까지 2010년 수준의 45% 이내로 줄여야 하고, 2050년에는 순 제로에 도달해야 한다고 하였다(이문재, 2019, pp.39-40).

2019년 2월 7일 미국 민주당은 그린 뉴딜 결의안(하원 결의안 109)을 의회에 제출하였다. 그린 뉴딜의 목표는 담대하다. (A) 10년 이내로 온실가스 순 제로net zero를 달성하고, (B) 좋은 고임금 일자리 수백만 개를 만들고, (C) 21세기 도전에 지속적으로 대응하기 위하여 미국의 하부구조와 산업에 투자하고, (D) 다가올 세대의 모든 미국인에게 맑은 공기와 물, 기후와 공동체 회복성, 건강한 식품, 자연의 접근, 지속가능한 환경을 확보하며, (E) 최전선 및 취약 공동체에 대한 억압을 중단하고 정의를 세우는 것을 목표로 하고 있다(부록 C).

온실가스의 생산과 소비를 경제적 충격을 최소화하면서 줄이는 가장 효과적이고 시장 친화적인 방법은 탄소세(환경세)의 부과이다. 탄소세로 인한 탄소 에너지

가격 상승은 재생에너지 생산을 확대하고, 탄소에너지 소비를 줄이면서 지속가능한 기술혁신을 촉진하는 효과를 가져온다. 공급, 생산, 기술혁신 세 가지 측면에서 긍정적인 작용을 하는 것이다.

환경세는 한 가지 정치적 약점을 가지고 있다. 그것은 물가를 상승시켜 소비자의 실질 소득을 감소시킨다는 것이다. 매일 소비하는 물건 값이 오르면 웬만큼 환경을 생각하는 사람이 아니라면 반대 입장으로 돌아설 가능성이 크다. 호주의 노동당과 녹색당 연합 정권이 탄소세를 부과하였다가 정권을 빼앗긴 사례가 있다(강남훈, 2013).

환경세의 정치적 저항은 환경배당을 결합시킴으로써cap and dividend 해결할 수 있다. 환경배당은 환경세 부과로 생긴 수입을 전부 모든 시민에게 균등하게 기본소득으로 분배하는 것을 말한다. 정책의 목표는 환경세 부과이고, 환경배당은 환경세에 대한 정치적 저항을 극복하기 위한 수단이다.

환경세와 환경배당을 결합시킨 정책은 미국에서 좌우를 통틀어서 가장 합의가 높은 정책이다. 2014년 민주당의 하원의원 크리스 반 홀렌Chris van Hollen은 '건강한 기후와 가족 안정법 2014'를 발의한 적이 있다. 탄소세를 부과해서 조세 수입을 기본소득으로 나누는 법안인데, 4인 가족의 경우 1년에 640달러의 배당을 받고, 380달러의 연료비를 추가로 지출하게 되어 260달러의 순편익이 생긴다고 계산하였다.

2017년 2월 공화당을 지지하는 경제학자들이 함께 모여서 탄소배당 도입을 지지하는 문서를 발표하였다(Baker et. al, 2017). 이들은 민주당을 지지하는 경제학자들까지 함께 서명을 받아서 언론에 탄소배당을 촉구하는 성명을 연달아 발표하고 있다. 성명서에는 모두 27명의 노벨상 수상자, 4명의 연방준비위원회 위원장, 15명의 전임 경제자문회의 의장, 2명의 전임 재무부 장관이 서명하였다. 1968년 폴 새뮤얼슨이 주축이 되어 기본소득을 촉구하는 경제학자들의 성명서를 발표한 지 49년 만의 일이다. 성명서의 내용은 다음과 같다.

〈경제학자들의 탄소배당Carbon Dividends에 관한 성명〉

지구 기후변화는 즉각적인 국가 행동을 요구하는 심각한 문제이다. 건전한 경제 원칙에 따라 우리는 다음과 같은 정책 권고안에 동참한다.

I. 탄소세는 필요한 규모와 속도로 탄소 배출량을 줄이기 위한 가장 비용효율적인 수단이다. 잘 알려진 시장실패를 시정함으로써 탄소세는 저탄소 미래를 향해 경제 행위자를 조종하기 위해 시장의 보이지 않는 손을 이용하는 강력한 가격 신호를 보낼 것이다.

II. 탄소세는 배출 감축 목표가 충족될 때까지 매년 증가해야 하며, 정부의 규모에 대한 논란을 피하기 위해 수입에 중립적이어야 한다. 탄소 가격이 지속적으로 상승하면 기술 혁신과 대규모 기반 시설 개발이 촉진될 것이다. 또한 탄소효율적인 제품 및 서비스의 확산을 가속화할 것이다.

III. 충분히 견고하고 점진적으로 증가하는 탄소세는 덜 효율적인 다양한 탄소 규제에 대한 필요성을 대체할 것이다. 성가신 규제를 가격 신호로 대체함으로써 경제성장을 촉진하고, 기업이 청정 에너지 대안에 장기 투자를 하기 위해서 필요한 규제 확신을 제공할 것이다.

IV. 탄소 누출을 방지하고 미국의 경쟁력을 보호하기 위해 국경 탄소 조정 시스템을 구축해야 한다. 이 시스템은 글로벌 경쟁사보다 더 에너지 효율적인 미국 기업의 경쟁력을 향상시킨다. 또한 다른 국가들도 비슷한 탄소 가격 정책을 채택할 수 있는 인센티브를 창출할 것이다.

V. 상승하는 탄소세의 공정성과 정치적 존속가능성을 극대화하기 위해 모든 수입은 동일한 금액으로 모든 미국 시민에게 직접 되돌려주어야 한다. 가장 취약한 사람들을 포함한 대부분의 미국 가정은 에너지 가격 상승으로 지급하는 것보다 "탄소 배당"을 더 많이 받음으로써 재정적으로 이익을 얻을 것이다.[4]

성명의 5번째 항에 탄소배당을 함께 하는 이유가 설명되어 있다. 그것은 탄소세의 정치적 존속 가능성을 극대화하기 위한 것이다. 탄소배당은 대부분의 가정에게 재정적으로 이익이 되도록 만들기 위한 수단이다.

---

4. https://www.clcouncil.org/economists-statement/(검색일자 : 2019.1.31).

우리나라 정부도 기후 위기에 대하여 나름대로 대응을 하고 있다. 정부는 2017년 '12월 재생에너지 3020' 이행계획안을 발표하면서 2030년에 재생에너지 발전량 비중 20% 달성을 목표로 설정한 바 있다. 그 뒤 2018년 8월 미세먼지법을 제정하여 시행하고 있다. 법안의 주요 내용은 미세먼지 고농도시 대응조치가 강화되고, 어린이 노약자 등 집중관리구역에 공기정화시설 지원, 비상저감조치 이행에 대한 제재, 미세먼지 장기대책 수립 등이다. 이 법에 따라서 미세먼지특별대책위원회가 설치되었다. 2019년 3월에는 미세먼지 8법이 국회에서 통과되었다.[5] 4월에는 국가기후환경회의가 출범하였다.

그러나 미국의 그린 뉴딜처럼 앞으로 10년 이내에 탄소 순 제로를 만들겠다든지, 유럽 국가들처럼 2030년 이후에는 전기차와 수소차 이외에는 금지하겠다든지 하는 과감한 목표를 세우지 못하고 있다. 국가기후환경회의의 자료를 보면, 환경세 부과 같은 정책은 사회적 합의 없이는 정책집행이 불가능하다고 하면서 교육이나 종교의 협력을 받아서 사회적 수용성을 확보하는 것을 일차 사업으로 생각하고 있는 듯하다.

이것은 기후위기와 미세먼지의 심각성에 비추어 보면, 다소 안일한 태도로 보인다. 미국의 노벨 경제학상 수상자들이 권하는 바와 같이, 탄소세(미세먼지세)와 탄소배당을 결합시켜 수용성을 확보하는 방안을 적극 검토하여야 한다. 미국의 그린 뉴딜처럼, 기후위기를 계기로 획기적인 목표를 세우고 대규모 투자를 통해서 지속가능한 경제를 만들 뿐만 아니라, 기술혁신을 주도하고 일자리를 창출하고 소득분배까지 개선하겠다는 커다란 그림을 그리는 것이 필요해 보인다. 미국 민주당 후보 중에서 가장 보수적이라는 조 바이든Joe Biden은 5조 달러(약 6천조 원) 이상을 투자하여 2050년까지 탄소 배출 순 제로를 만들겠다고 공약하였다.[6]

---

5. 액화석유가스법, 재난안전법, 미세먼지법(이상 3.26 시행), 학교보건법(7.3 시행), 항만대기질법('20.1.1 시행), 대기관리권역법, 대기환경보전법, 실내공기질법(이상 '20.4.3 시행).
6. https://edition.cnn.com/2019/06/04/politics/joe-biden-2020-climate-plan/index.html(검색일자 : 2019.10.31).

우리나라에서 환경세는 미세먼지 배출원인 화석연료의 사용에 부과하는 '미세먼지세'와 원자력 발전 폐기물 처리 비용을 위한 '방사능 폐기물 보관세'로 구분해서 부과하는 것이 좋을 것이다. 환경세는 부가가치세 방식으로 부과할 수도 있고, 오염 원천에 부과할 수도 있는데, 부가가치 방식으로 부과하는 것이 바람직해 보인다. 환경세 부가가치 시스템을 구축하는 데는 적지 않은 비용과 시간이 걸리겠지만, 장차 환경세를 확대하는 데 일관성 있고, 과학적이며, 무엇보다도 수출시 부가가치세를 환급해주는 제도로 인해서 수출 기업에 지장을 초래하지 않고, 일상생활에서 시민들의 환경인식을 높이는 효과가 있기 때문이다.

환경세는 물건을 살 때 확인할 수 있도록 함으로써 환경세를 절약할 수 있는 길을 열어 주는 것이 중요하다. 그러기 위해서는 물건 가격에 환경세를 포함하는 것을 금지하고, 계산 시점에서 별도로 걷게 하는 것이 필요하다. 물건에 포함된 환경세를 사람들에게 분명히 알리는 것은 지속가능사회를 만들기 위해 매우 중요한 작업이다. 사람들에게는 환경세를 절약할 방법이 있다. 대중교통을 이용하고, 집에 태양광 패널을 설치하는 등의 일이다. 이런 절약을 실천하는 사람은 누구나 이득을 보게 될 것이다.

무엇보다 미세먼지 문제가 갈수록 심각해지고 있으므로 환경세와 환경배당 결합 정책은 충분히 설득 가능하다고 생각된다. 미국의 경우 2019년 6월 실시된 여론조사에서 탄소세에 대해서는 50%가 찬성하였고, 그린 뉴딜에 대해서는 59%가 찬성하였다.[7] 탄소세만으로 50% 지지를 얻었으므로, 탄소세와 탄소배당이 결합된 정책은 그 이상의 지지를 얻을 수 있을 것이다.

기본소득과 지역화폐

인구의 일부에 대해서 지급되는 기본소득을 소상공인들만 현금화할 수 있는 지

---

7. http://filesforprogress.org/memos/wide_open_field.pdf(검색일자: 2019.11.5).

역화폐로 지급하는 정책의 경제적 목표는 여러 가지이다. 기본소득은 1차적으로 공동부의 과실을 공동소유자에게 배당하는 공정경제 회복이라는 경제적 목표를 가지고 있다. 이 과정에서 소득불평등은 당연히 줄어든다. 이 때 공정경제 회복이 1차적 목표이고, 불평등 축소는 2차적 목표이다.

모든 사람의 소득에 t의 비율로 비례세로 과세해서 기본소득으로 나누는 정책은 지니계수를 동일한 비율만큼 낮추게 된다. 이것은 다음의 관계를 살펴보면 이해할 수 있다.

x_i를 i 번째 사람의 소득, 사람의 수를 n, 평균소득을 $\bar{x}$라고 할 때, 지니계수는 다음과 같이 정의된다.

$$G = \frac{\sum_i \sum_j |x_i - x_j|}{2n^2 \bar{x}}$$

만약 소득에 대하여 t의 비율로 과세하고 조세 수입 전체를 모든 사람에게 기본소득으로 나누면, 기본소득은 $\frac{tnx}{n} = t\bar{x}$가 되므로 새로운 지니계수 G'는 다음과 같이 표현된다.

$$\begin{aligned}G &= \frac{\sum_i \sum_j |x_i(1-t)+t\bar{x}-x_j(1-t)-t\bar{x}|}{2n^2\bar{x}} \\ &= \frac{\sum_i \sum_j |x_i(1-t)-x_j(1-t)|}{2n^2\bar{x}} \\ &= G(1-t)\end{aligned}$$

만약 공정경제 회복을 1차적 목표로 삼지 않고, 단순한 불평등 축소를 1차적 목표로 보면 선별복지와 비교할 필요가 있다. 다음과 같은 5가지 특징을 확인해 보자.

첫째, 동일한 금액을 저소득층에만 분배하는 선별복지는 기본소득보다 지니계수를 더 크게 축소시킨다.

둘째, 선별복지 대상자를 제외하고는 모두가 순부담자가 되기 때문이다. 기본소득은 중산층과 저소득층이 순수혜자가 되지만, 선별복지는 저소득층만 순수혜자가 된다. 따라서 선별복지를 위해서 기본소득과 동일한 금액을 과세하는 것은 정치적으로 매우 어렵다.

셋째, 선별복지는 다수를 순부담자로 만들기 때문에 금액을 증가시키는 것이 정치적인 이유로 어렵다. 그러나 기본소득은 다수를 순수혜자로 만들기 때문에 금액을 증가시키는 것이 용이하다. 따라서 장기적으로 보면 기본소득의 불평등 축소효과가 더 크다(재분배의 역설).

넷째, 선별복지는 행정비용이 많이 들고, 낙인효과가 있다.

다섯째, 선별복지는 노동유인을 줄여서 경제 규모를 축소시킬 위험이 있다.

기본소득은 총수요 증가라는 경제적 목표도 가지고 있다고 볼 수 있다. 이 목표 달성의 관점에서는 기존의 경제 예산과 비교를 해야 한다. 특히 새롭게 과세해서 기본소득을 지급하는 것이 아니라 경제 예산을 줄여서 기본소득을 지급할 때에는 어떤 것이 총수요 증가효과가 더 큰지를 비교할 필요가 있다. 소득이 증가하면 소비가 증가하여 다시 소득이 증가하는 효과를 가계소득 승수효과라고 부른다.

기본소득을 B라고 하고, (한계)소비성향을 c라고 할 때 기본소득으로 인한 가계소득의 증가분 $\triangle Y$는 다음과 같이 표현된다.

$$\triangle Y = B + Bc + Bc^2 + \cdots$$
$$= \frac{B}{1-c}$$

동일한 금액을 경제예산(SOC 건설)으로 사용하면, 세 가지 측면에서 가계소득 증가효과가 작아진다. 첫째는 해외로 유출되는 부분 때문이다. 둘째는 기업에 남아 있는 부분 때문이다. 대기업의 사내유보금은 매우 큰 규모이다. 셋째는 노동소득이 60%, 이윤이 40%일 때 이윤 중에서 절반이 주주들에게 배당된다고 가정하면, 주주들은 고소득층에 속하므로 소비성향이 작다.

최근 대규모 경제 사업은 예비타당성 조사를 면제받고 실시하는 경향이 있다. 이 경우는 편익비율을 r(r<1)이라고 하면, Br 만큼만 가계소득 승수효과를 일으키는 것으로 볼 수 있다. B(1-r)의 예산은 낭비되는 예산이다.

심지어 편익이 마이너스인 사업도 실행한다. 4대강 사업이 대표적인 예이다. 이것은 일부의 소득을 늘리고 토지 보상을 받는 소수의 토지소유자의 자산을 부풀리면서 경제 전체 소득을 감소시키는 사업이다. 이는 BC 비율이 1이 되지 않는 건설 사업의 피해, 소위 MB의 비용이다. 사업비로만 보면 4대강 사업은 22조 원으로 자원외교 42조 원에 비해 작다. 그러나 박창근 교수는 이 사업이 유발한 비용이 자원외교보다 더 큰 84조 원에 이른다고 추산했다. 짬짜미로 부풀려진 사업비 이외에도 훼손된 습지의 가치(약 6조 원), 하천 정비(연간 1.3조 원), 취수원 이전(2.5조 원), 금융비용(0.3조 원) 등을 꼼꼼히 따져 나온 수치이다(지식협동조합 좋은나라, 2015).

경제사업은 대상 지역의 부동산 가격을 인상시키는 효과가 있다. 부의 불평등 확대, 젠트리피케이션, 저소득층 임대료 상승, 주거비 상승 등의 부작용이 있다.

전체적으로 보아서 기본소득은 경제사업에 비하여 가계소득 증가효과가 크고, 부동산 가격상승 등의 부작용이 작다. 경제사업은 편익 비율이 1이 넘는 사업에 한정해서 실시하고, 국토보유세를 부과하여 부동산 가격 상승 부작용을 최소화하고, 토지배당을 통해서 부동산 불로소득을 전 국민에게 나눌 필요가 있다.

기본소득과 금융정책을 비교하면 내수 진작효과가 어떨 것인가? 현재와 같이 제로 금리 제약에 가까운 상황에서 금융정책은 효과가 떨어질 가능성이 있다. 기업은 마땅히 투자할 곳을 찾지 못해서 사내유보금을 많이 보유하고 있다. 이 경우는 증가된 통화량이 기업으로 흘러 들어가 생산적 활동에 투자되기보다는 부동산 가격을 상승시킬 위험이 크다.

제로 금리 제약에 가까운 디플레이션 상태에서는 정부(중앙은행)에서 기업을 경유하지 않고 직접 가계 보유 화폐량을 늘리는 정책이 필요하다. 이것을 헬리콥터 머니라고 부른다. 헬리콥터 머니는 본원통화량 증가분을 가계에 직접 공급하는 정책에 대하여 프리드먼Milton Friedman이 붙인 별명이다. 헬리콥터 머니는 전통적인 금융정책에 비하여 소비 증가 효과가 확실하다. 전통적인 금융정책은 은행, 기업, 소수의 가계가 보유한 화폐량을 대규모로 늘리므로 시중에 부동자금이 늘어나게

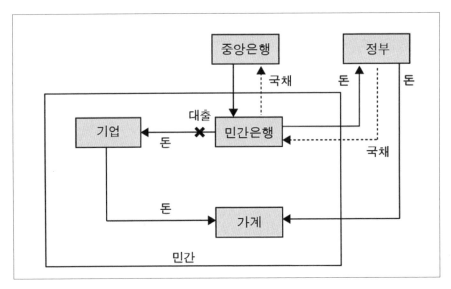

그림 8-1 간접적 헬리콥터 머니　　　　　　자료 : 이노우에 도모히로(2016, p. 81)

되어 부동산 가격을 상승시키는 부작용이 있다. 헬리콥터 머니는 다수의 가계가 보유한 화폐량을 소규모로 늘려 생활자금으로 사용되므로 부동산 가격을 상승시키는 부작용이 없다. 다만, 전통적인 금융정책과 마찬가지로 인플레이션이 발생하지 않는 범위에서 실행해야 할 것이다.

　　그림 8-1에는 간접적 헬리콥터 머니를 나타내고 있다. 헬리콥터 머니는 정부에서 화폐를 직접 가계에 공급하는 것을 말한다. 간접적이라는 것은 정부에서 일단 채권을 발행하고, 중앙은행에서 채권을 민간으로부터 회수하는 과정을 거치기 때문이다. 이렇게 헬리콥터 머니를 발행해야 하는 이유는 민간은행에서 기업으로 돈이 흘러가는 과정이 막혀 있기 때문이다. 불황이 장기화되어 제로금리 제약에 가까운 상태가 되면, 기업은 투자할 곳이 없어서 은행으로부터 대출을 하지 않는다. 기업이 투자하지 않으므로 기업에서 가계로 돈이 흘러가는 길도 막히게 된다. 이럴 경우 정부가 가계에 직접 돈을 공급할 필요가 있는 것이다.

　　지역화폐는 지역경제 활성화와 소상공인 소득증대라는 경제적 목표를 가지고 있다. 소상공인은 우리 경제에서 비중이 크고, 최저임금 인상 등으로 수익성이 악화된 상태이고, 중소기업 비정규직보다 열악한 처지인 경우가 많고, 기초생활보장 등에서 제외되어 있는 차상위 계층에 속한다. 소상공인의 정치적 의식은 복지 확대 반대 성향을 보이므로, 이들을 복지 동맹으로 끌어들이는 것은 복지 확대 목표 달성에서 매우 중요하다.

청년기본소득을 지역화폐로 지급할 때 청년들은 기본소득 전체를 소비할 것이다. 이와 같이 지역화폐는 가계소득 승수효과 계산에서 제1단계의 한계소비성향을 더 크게 만드는 효과가 있다. 첫 단계의 소비성향을 대문자 C(C)c로 표시하면, 지역화폐로 지급되는 기본소득의 가계소득 승수효과는 다음과 같이 더 커진다.

$$
\begin{aligned}
\triangle Y &= B + BC + BCc + BCc^2 + \cdots \\
&= B + \frac{BC}{1-c} \\
&= \frac{B + B(C-c)}{1-c} \\
&> \frac{B}{1-c}
\end{aligned}
$$

지역경제 활성화 목표를 놓고 지역의 건설사업과 비교하면, 지역 건설사업은 해외 누출, 사내유보금, 고소득층의 낮은 소비성향 등으로 가계소득 승수효과가 작고, 부동산 가격 상승으로 인한 부작용이 있으므로, 건설사업의 편익과 비용을 따져서 그 비율이 1을 넘는 사업을 신중하게 선정할 필요가 있다.

소상공인 소득증가 목표를 놓고 살펴보면, 매출 증대를 노리는 지역화폐는 다른 어떤 정책보다 목표 달성에 효과적이다. 카드 수수료 인하 정책이나 대기업 골목 진출 규제 등의 정책보다 고객을 만들어 주는 정책이 중요하다. 상점의 공급을 규제하는 것이 아니라 수요를 변화시키는 것이 효과적이다. 중앙정부에서도 수조 원의 예산을 편성하고 부산, 인천 등 전국으로 확대되는 경향이 효과성을 입증하고 있다.

그런데 일반발행만으로는 매출 증가 효과가 크지 않고, 청년기본소득, 산후조리원 등과 같이 재정 투입과 결합된 지역화폐 정책이 더욱 효과적이다.

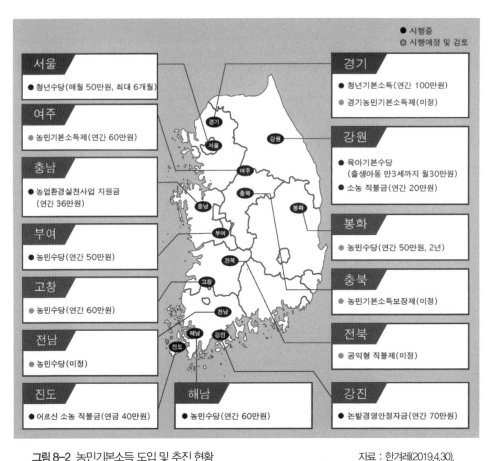

서울
● 청년수당(매월 50만원, 최대 6개월)

여주
● 농민기본소득제(연간 60만원)

충남
● 농업환경실천사업 지원금
  (연간 36만원)

부여
● 농민수당(연간 50만원)

고창
● 농민수당(연간 60만원)

전남
● 농민수당(미정)

진도
● 어르신 소농 직불금(연금 40만원)

해남
● 농민수당(연간 60만원)

경기
● 청년기본소득(연간 100만원)
● 경기농민기본소득제(미정)

강원
● 육아기본수당
  (출생아동 만3세까지 월30만원)
● 소농 직불금(연간 20만원)

봉화
● 농민수당(연간 50만원, 2년)

충북
● 농민기본소득보장제(미정)

전북
● 공익형 직불제(미정)

강진
● 논밭경영안정자금(연간 70만원)

그림 8-2 농민기본소득 도입 및 추진 현황   자료 : 한겨레(2019.4.30).

농민기본소득

농민기본소득이 전국적으로 확산되고 있다. 해남을 시작으로 전국적으로 확산
될 조짐이다. 1년에 얼마 안 되는 금액인데도 농민단체에서 도입을 요구하고 있
다. 장차 금액이 상승될 것을 기대하기 때문이다.

2018년 가구당 평균 농가 순소득(농가소득에서 비경상소득과 이전소득을 제외한 것)
은 2,987만 원이었다. 이 중에 농업소득은 1,292만 원, 농업외 소득은 1,695만 원
이었다. 농가소득을 도시근로자 가구소득에 대한 비율은 **그림 8-3**과 같다.

농업소득을 보조하기 위하여 직불금 제도를 실시하고 있다. 그러나 농가직불금은
두 가지 문제를 가지고 있다. 첫 번째 문제는 직불금 규모가 작다는 것이다. 유럽은

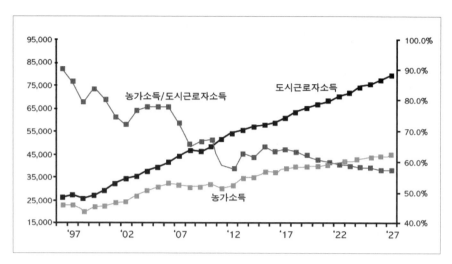

그림 8-3 도시근로자 가구 대비 농가소득 비율

자료 : 한국농촌경제연구원, 농업전망 2018

직불금이 농업소득의 50% 이상인데 반해서 우리는 10% 내외이다(그림 8-4 참조).

농가직불금의 두 번째 문제는 부자들이 많이 받는다는 것이다. 표 8-3에는 경지 규모별 직불금 현황이 나와 있다. 0.5ha 이하 농가는 1년에 7만 7천 원의 직불금을 받았는데 반해서 10ha 이상의 농가는 1,055만 원의 농가직불금을 받았다.

2019년 농림부 예산은 9조 4,757억 원이고, 기금은 5조 1,839억 원으로 합계 14조 6,596억 원이다(농림축산식품부, "2019년도 예산 및 기금운용계획 개요", 2019. 1). 이를 전국 약 100만 농가에 대해 농가기본소득 형태로 나눈다면 농가당 1,450만 원이 된다. 농가당 농업소득의 1.2배나 되는 금액이다. 만약 농림부가 없게 된다면 농가의 농업소득이 2.2배로 증가하는 것이다.

농민기본소득의 경제적 목표는 농업 지원 및 농촌 살리기로 설정할 수 있다. 농민기본소득을 농가 단위로 지급하느냐 농민 단위로 지급하느냐의 문제가 있다. 부부인 경우 한 사람이라도 농민이면 모두 농민으로 인정하는 방안이 있다. 한 걸음 더 나가서, 농촌에 거주하는 모든 사람에게 기본소득을 지급하는 농촌기본소득이 선별비용을 줄이고 전 국민 기본소득으로 발전하는 데 유리할 수 있다. 농촌기본소득은 한계농촌부터 시범사업으로 시작하는 것이 바람직할 것이다. 농촌 부재지

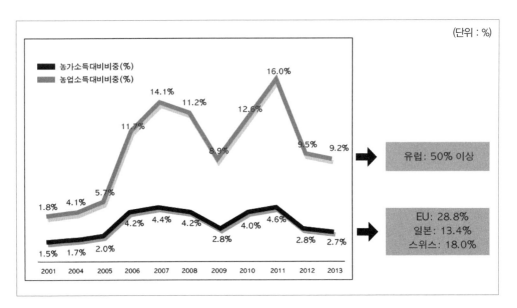

(단위 : %)

그림 8-4 농가소득 및 농업소득 대비 농업직불금 비중   자료 : 박경철(2018, p.24)

주들이 농민기본소득을 수령하지 못하도록 하는 방안을 강구해야 한다.

재원 마련에서 기존의 농업직불금 일부를 농민기본소득으로 전환하는 것이 필요하다. 어떤 직불금을 기본소득으로 전환할지 농민들과 합의 과정이 필요하다. 나머지 직불금들은 전환하지 말고 그대로 유지하되, 물가상승분을 포함해서 앞으로 늘어나는 모든 직불금 예산은 농민기본소득 예산으로 배정한다는 장기적인 전환 원칙이 필요하다. 사업예산도 제로 베이스에서 검토해서 농민기본소득 재원으로 사용할 만한 것을 골라내야 한다.

농촌 납세자 되기 운동을 벌이는 것이 바람직하다. 농촌에서 모든 농업소득의 10%를 납부하고 납부된 금액만큼 정부 재정을 대응 투자해서 농민기본소득 재원을 마련하는 운동을 벌일 필요가 있다.

		농업소득	총 직불금	기여율				
				소계	밭농업 직불	쌀고정 직불	쌀변동 직불	조건불리지 역직불
경 지 규 모	0.5ha 이하	2,562	77	3.0	0.2	2.2	0.5	0.2
	0.5~1.0	6,435	357	5.6	0.2	4.2	0.9	0.2
	1.0~1.5	13,035	711	5.5	0.2	4.2	0.9	0.2
	1.5~2.0	13,588	1,048	7.7	0.3	5.9	1.3	0.3
	2.0~3.0	14,497	1,510	10.4	0.4	8.0	1.7	0.3
	3.0~5.0	20,302	2,453	12.1	0.5	9.2	2.0	0.3
	5.0~7.0	27,697	3,950	14.3	0.8	10.8	2.4	0.3
	7.0~10.0	33,262	5,754	17.3	1.1	13.0	2.9	0.2
	10.0ha 이상	32,508	10,551	32.5	3.3	23.7	5.1	0.4

표 8-3 경지 규모별 직불금 현황

주) 총 직불금은 밭농업직불금, 쌀직불금(고정+변동), 조건불리지역직불금을 합산한 것이며
2014년 지급액과 소득을 기준으로 분석함.

자료 : 한석호·채광석(2016, p.199).

내용 정리

기본소득을 공동부의 공동소유자에게 지급되는 배당으로 분명하게 규정할 필요가 있다. 헌법을 개정할 때 삽입되면 좋을 것이다. 이렇게 규정된 기본소득은 복지정책보다는 재산의 소유자에게 재산으로부터의 수익을 배당하는 경제정책의 성격을 갖는다. 기본소득은 재산권을 회복시켜주는 정책, 공정한 경제를 만드는 정책이 된다.

우리나라 경제의 가장 큰 문제는 부동산 불로소득이다. 이것을 바로잡지 못하고서는 불평등 확대를 막을 길도 없고, 혁신경제를 만들기도 점점 힘들어진다. 부동산 불로소득을 환수해서 진정한 소유자에게 나누어 주는 '국토보유세+토지배당정책'이야말로 공정한 시장경제를 건설하는 가장 근본적인 개혁 정책이다.

기후 위기를 극복하고 미세먼지를 줄이기 위해서는 10년 이내로 탄소 순 제로

등과 같이 과감한 목표 설정이 필요하다. 탄소세는 이러한 목표를 시장에 가장 충격을 적게 주면서 달성할 수 있는 수단이고, 탄소배당은 탄소세의 정치적 저항을 극복할 수 있는 수단이다.

기본소득은 증세의 수단이 될 수 있다. 기본소득은 경제사업에 비해서 편익이 더 크고, 소득불평등과 자산불평등을 축소하는 효과가 있다. 지역화폐로 지급되는 기본소득은 지역경제를 살리고 소상공인을 지원하는 효과적인 정책이다.

농민기본소득은 농업과 농촌을 살리는 효과적이고 효율적인 경제정책이다. 농촌의 소득불평등을 줄이고, 농업을 개혁하고 발전시키는 수단이 될 수 있다. 이미 되돌아가기 힘들 정도로 대세가 형성되었다고 판단된다.

기본소득과 행정 효율성

이재원

기본소득제도와 효율성의 의의

사회복지와 효율성

사회복지는 형평성에 대한 것이기 때문에 효율성에 대한 주제는 우선순위를 가지기 힘들다. 사회복지서비스 전달체계에서 효율성과 효과성에 대한 논의가 있지만, 제도 자체에 대한 쟁점보다는 제도 개선에 대한 일반적인 행정관리 내용이 대부분이다. 그런데 기본소득 논의에서는 효율성 주제가 우선순위를 차지하면서 중요하게 다뤄진다.

기본소득제도는 전통적인 복지국가의 복지정책의 기본 틀을 개편할 정도의 새로운 사회정책 프레임이다. 기본소득제도의 필요성 논의에서 제기되는 대표적인 주제어는 일자리복지(근로복지)에 대한 대안과 제도의 효율성이다. 즉 복지정책의 정당성의 근거로 효율성이 핵심 주제로 부각되는 것이다. 여기에는 세 가지 의미가 전제되어 있다.

첫째, 원론적 수준에서 제기되는 보편적 기본소득제도를 도입하기 위해서는 관련 재정규모가 상당히 크다. 따라서 제도개편은 재정적인 지속가능성과 국민경제의 생산성 혹은 지속가능한 성장과 연계돼야 한다. 경제적 가치와 기본소득제도가 현실에서 양립돼야 하기 때문에 효율, 생산, 성과, 재정 지속가능성 등의 경제적 주제가 중요하다.

둘째, 기본소득제도가 확대되면, 일반적인 개별 사업단위의 사회복지서비스를 통합적으로 대체할 가능성이 있다. 상호 보완과 대체에 대한 논쟁이 있는 가운데, 대체 대안에서도 긍정적인 잠재성이 상당하다. 이에 따라 개별 사회복지서비스사업 운영과 비교하여 상대적으로 유리한 관점에서 행정관리의 효율성에 대한 논의가 필요하다.

셋째, 기본소득제도는 국민 경제에서 공공부문의 재원배분체계를 구조적으로 개편하는 것이다. 이에 따라 국민 전체의 합의가 전제돼야 한다. 여기에서 복지정책을 둘러싼 좌파와 우파의 정당성 합의가 필요하다. 우파를 설득하기 위한 주제어로서 복지정책의 효율성은 호소력 있는 주제이다.[1] 기본소득제도는 이념적인 쟁점이 크지 않다. 복지확대를 선호하는 좌파와 개인 책임을 중시하는 우파 모두에서 새로운 복지수단으로 주장한다. 제도의 효율성은 이념적 양립을 도출하는 매개이다.

좌파 기본소득론자들은 현행 복지제도에 대해 정부실패를 창출하는 관료적·비효율적 제도라고 비판한다. 또한 서비스 이용자에 대해 낙인효과를 발생시키면서 복지국가에서 해결해야 하는 빈곤과 격차, 그리고 배제의 사회문제를 효과적으로

---

1. 기본소득제도는 핵심 원리가 간단하여 큰 정부를 지향하는 좌파와 작은 정부를 강조하는 우파 모두 수용하는 독특한 정치적 특성이 있다(Fitzpatrick, 1999, pp.4-5). 다만, 기본적으로 정책의 결과에서 성과를 판단하는 기준이 다르기 때문에 양립은 쉽지 않은 주제이다. 좌파는 복지지출의 확대를 추구하고, 우파는 작은 정부를 지지한다. 따라서 기본소득에 대한 좌파와 우파의 동의는 불안정한 합의에 그칠 수 있다. 기본소득에 잠재되어 있는 '효율성'의 내용들을 구체적이고 명확하게 정리하여 상호간에 이해관계를 공유할 필요가 있다. 동일한 용어이지만 서로가 추구하고 전제하는 내용은 상당히 다른 경향이 있다.

해결하지 못한다고 한다. 이에 대한 대안은 보편성, 무조건성, 개별성, 그리고 충분성을 갖는 기본소득이 된다.

우파는 문제인식의 출발이 다르다. 기본소득이 국민경제의 유효수요를 창출하여 시장을 활성화시키고 실업과 빈곤, 그리고 범죄를 예방할 수 있다고 한다. 또한 복지국가의 급여구조를 단순하게 개편하여 행정관리비용을 대폭 절감할 수 있으며 근로유인을 유도할 수 있는 인센티브 기능도 인정된다는 점을 강조한다(김영순, 2017, p.6). 이와 같이 좌파와 우파 모두 기본소득제도 논의에서 '효율성'의 가치가 주요 주제로 설정되어 있다.

사회정책에서의 효율성

경제학에서 정립된 용어인 '효율성'은 투입대비 산출의 관계에 대한 양적 개념이다. 주어진 목표를 최소 비용으로 달성하거나 주어진 투입량으로 최대산출물을 생산하는 것을 의미한다. 투입대비 산출의 비율로 상대적 효율성을 비교할 수 있다.

Farrell(1957)은 효율성을 기술적technical 효율성, 배분allocative 효율성, 규모scale 효율성으로 구분했다. 기술적 효율성은 최소투입으로 일정한 산출물을 생산하는 것이다. 배분 효율성이란 동일한 생산물을 생산할 때 관련된 생산요소의 투입비용을 최소로 조합하는 것이다. 경제학의 등량곡선에서 비용최소화를 추구할 때의 효율성이다. 규모 효율성은 규모에 대한 수익불변으로 정의된다. 규모수익불변 상태가 되어야 효율적이라는 의미이다.[2] 규모수익이 발생하는 구간은 효율적이지 않다. 더 많이 생산하면 단가가 더 낮아지기 때문이다.

효율성 개념이 공공부문의 사회 및 경제정책의 영역에 도입되면서 공공의 영역에서는 양적 측면뿐 아니라 질적 요소까지 고려됐다. 이는 공공성public과 사회성social에 내재된 가치 요소 때문이다. 이와 유사하게 합리성에 대한 개념도 있다. 경

---

2. 다만, 단위당 비용은 낮아지지만, 총량적인 경비는 증가한다. 불필요한 생산을 유도할 수도 있다는 의미에서 효율성의 의미는 제한적이다.

제학에서 시작한 합리성을 기계적 합리성이라고 하는 반면, 다른 한편으로 사회적 가치가 반영된 바람직한 합리성을 사회적 합리성으로 표현하고, 이를 사회정책의 주요 가치로 전제한다. 경제학의 개념을 사회적 요소를 포함하여 사회정책에 적용하면 원래 개념들이 다양하게 확장된다.

공공부문의 효율성과 관련하여 능률성과 효과성뿐 아니라 서비스 품질을 포함하고 형평성에 가까운 사회적 효율성과 분배적 효율성 등의 확장된 개념이 활용된다. 경제정책에서는 국민경제의 성장과 관련한 생산성, 그리고 비용 절약의 미시적인 단위의 경제성에 대한 논의도 모두 효율성의 개념 영역에 포함할 수 있다.

기본소득제도의 '효율성'에 대한 논의에서도 연구의 대상과 전제된 가치 등에서 다양한 접근이 있다. 현실에서 기본소득제도는 수급자 개인에게 현금급여의 형태로 제도화된다. 국가가 복지서비스를 직접 제공하는 전통적인 복지국가 정책과 비교할 때, 국민경제 기여효과에서 상대적으로 우위에 있다. 이는 생산적 혹은 거시적 효율성과 관련된 것이다. 유효수요 창출에서 거래비용으로 발생하는 정부실패 문제를 줄일 수 있기 때문이다. 기본소득제도를 현물제공의 사회서비스와 대체 관계로 설정할 경우, 사회복지서비스의 전달방식에서 기계적 혹은 미시적 효율성 비교가 가능하다. 기본소득이 개인의 선택의 자유를 확대시킬 경우, 한계효용이론에 기초한 후생극대화의 효율성 가치도 기대할 수 있다.

기본소득제도와 효율성

기본소득제도의 효율성에 대한 주장과 이론

1. 기본소득의 거시경제 효율성

기본소득제는 인구고령화와 세계화 등에 따른 사회적 시장경제의 개념을 실천하는 효과적인 접근방법이다. 신자유주의 약탈적 시장경쟁에 대한 대안으로 사회적 경제가 강조되고 있다. 여기서 자원배분과 소득분배의 구분이 중요하다. 사회적 경제는 시장에서 자유의 원칙과 사회적 균형의 원칙을 연결시키는 것이다. 자유시장경제는 자유로운 자원배분 교환의 원칙에 기초한다. 경쟁적 시장에서 수요와 공급이 교환될 때 부가가치가 극대화될 수 있다. 최고의 부가가치를 창출하는 것은 경제적으로 강한 자로부터 경제적으로 약한 자로 사회적으로 재분배를 실현하기 위한 전제조건이다(Straubhaar, 2017, p.76).

기본소득이 거시경제 관점에서 효율적이라는 것은 신고전경제학의 이론에 기초하여 설명할 수 있다. 무엇보다 기본소득제도는 시장친화적인 사회제도이다. 4차 산업혁명 이후 시장실패와 양극화의 균형조정을 통해 사회경제적 생산성을 유지 혹은 향상시킬 수 있다는 의미에서 효율적이다. 이는 정치적 정의 및 분배의 정당성에 대한 논리와는 대조적인 것으로 국민경제의 생산성 친화적이라는 의미이다. 좀 더 구체적인 제도 형태를 설계하는 단계에서 개별 복지서비스를 묶어서 하나의 급여체계로 통합하면 유효수요 창출을 통한 GDP 향상에 유리한 정책수단이 된다.

2. 기본소득의 행정 효율성

사회정책 수준에서 일반적으로 인용되는 기본소득에 대한 정의는 기본소득지구네트워크BIEN의 규정이다. 여기에서는 기본소득이란 자산조사 혹은 근로조건 등에 대한 의무적인 전제 없이 모든 구성원들에게 개인 단위로 조건 없이 정기적으로 지급하는 현금 급여로 정의한다(판 파레이스 & 필리프, 2010). 이와 같은 원론적 정의에 기초하면, 정책과정에서 기본소득은 복지전달 수단 가운데 가장 효율적인 방식이다. 기본소득을 전달하는 과정에 복지정책의 자격조사와 사례관리, 그리고 중간관리조직 등이 없다. 기본소득은 집행단계에서 기술적인 문제가 발생할 수 있지만, 전체적으로 다른 제도 형태와 비교할 때 단순하고, 보편적이고, 표준적이고, 무조건적이다. 이에 따라 경제학의 도구로 분석하면, 전통적인 복지정책보다 효율적인 것으로 확인된다(Standing, 2002; Offe, 2005; De Wispelaere & Stirton, 2017).

Standing(1999, pp.362-363)은 기본소득제도를 기존의 사회복지서비스제도보다 효율적이라고 했다. 사회복지서비스 전달에서 복잡한 단계를 단순화시키고, 투명하고, 번거로운 조사업무 행정비용을 줄이기 때문이다. Van Parijs(2004)는 기본소득제도를 운영할 때에도 행정관리비용이 있지만 효율적인 세무행정체제와 전자급부와 같은 소득이전 방식을 도입하면 보편적 기본소득제도가 상대적으로 효율적이라고 했다.

기본소득 주장 가운데 행정비용에 대한 논의는 수급권자를 지정할 때 적용하는 자산조사와 조건부적 선택적 정책에 대한 행정비용, 그리고 근로조건 부여와 관리감독 문제에 집중된다. 복지정책을 수행하는 행정과정의 복잡성 문제들은 복지수급자와 일반 납세자 모두에게 비용과 부담이 된다. 전통적인 복지정책에서 급여의 방식을 논의할 때, 취약계층인 수급자의 소비 행동을 통제하고 합리적 소비를 유도하기 위해 현물 급여가 바람직하다고 판단했다. 그러나 기본소득론을 주장하는 입장에서는 복지수혜자의 행위를 통제하면 개인의 자유로운 선택을 통한 파레토 최적의 효용 극대화를 확보하지 못하기 때문에 비효율적이라고 비판한다(Gilbert and Terrell, 2005; 서정희, 2017, p.20).

여러 가지 논의들을 종합할 때, 기본소득이 효율적이라는 것은 두 가지이다. 하나는 정부행정절차를 최소화minimal governmental resources한다는 것이고 다른 하나는 복지대상인 수급권자 개인에 대한 간섭 혹은 개입을 최소화minimal personal intrusion한다는 것이다(Wispelaere & Stirton, 2011, p.119). 기본소득을 지급하고 사회서비스를 대체해도 취약계층의 수급권자들이 사회서비스에 대한 정보를 충분히 가지면 합리적 소비자로서 시장논리에 기초한 자율적인 의사결정이 가능하다. Van Parijs(2004, p.13)는 기본소득제도에서 저소득자가 수급권에 대한 정보를 갖지 못하는 경우가 더 적다고 했다. 기본소득제도가 (제한없는) 명목적 보편성nominal universalism(제도에 적용되는 규범적이고 원칙적인 보편성)과 실질적 보편성 substantive universalism(모든 수급권자들을 실질적으로 포함하는 보편성)을 통합하면 가능하다고 했다.

국가에서 운영하는 사회정책은 표 9-1과 같이 세 가지로 유형화할 수 있다. 행정 혹은 경제적 효율성의 관점에서 개별 유형에 잠재되어 있는 비용 요소는 차별적으로 분포된다. 기본소득제도는 전통적인 사회복지정책의 유형과 비교할 때 비

	행정관리			개인자유	
	자산조사	사례관리	개인기여	근로조건	개인선택
기본소득	×	×	×	×	○
사회보험	×	×	○	○	△
공공부조	○	○	×	△	×
사회서비스	○	○	×	×	×

표 9-1 기본소득제도와 전통적인 사회보장제도의 비용 특성

주) ○ 큰비용 △ 중간비용 × 비용없음

용 요소의 개입이 상대적으로 적은 특징이 있다.

　대부분의 사회정책에서 행정기구 개입을 최소화하면, 정책의 프로그램 효율성을 높일 수 있다. 취약계층에 대한 급여지급과 취약계층 규명에 대한 행정적 활동 비용이 과도하면, 납세자 책임 문제가 발생하기도 한다. 복지서비스를 받는 개인에 대한 간섭 최소화 효과는 복지보조금 접근의 불편성 해소도 포함한다. 여기에는 개인의 삶에서 사적 영역에 대한 정보 확보, 확대, 혹은 행태 모니터링의 과도한 수행에 대한 비판적 인식이 전제되어 있다.

3. 개인 선택의 자유에 따른 효용 극대화와 효율성

1) 공리주의 후생경제학에서 개인의 자유

　경제학의 논리에서 기본소득이 효율적인 이유는 복지공급방식에서 이용자의 선택을 중심으로 '시장' 요소가 있기 때문이다. 기본소득제도가 도입되면, 개별적인 사회서비스의 도입은 제한적이거나 대체된다. 개인이 기본소득을 통해 자유롭게 사회서비스를 선택하는 방식이 활성화된다. 이는 사회서비스의 시장화를 의미한다. 시장요소의 핵심은 이용자의 선택과 공급자의 경쟁이다.[3] 기본소득이 사회서비스 시장화를 가속화시키면, 일자리 확대와 경제성장에 도움을 준다. 이러한 의

---

3. 과도한 사익 추구와 약탈적 경쟁에 따른 자원배분 왜곡은 시장실패 현상이며, 시장의 본질적 속성은 아니다.

미에서 기본소득은 생산적이고 효율적이다.

경제성장과 기본소득의 영향관계를 사회서비스 시장화에서 찾을 수 있다. 사회서비스 시장화가 복지축소를 의미한다는 것은 적절하지 않다. 총량적 수준에서 대체관계는 정부의 재정정책 기조에 달려 있는 것이며, 구조적으로 축소로 연계된다는 것은 직관적 판단에 따른 논리적 비약이다. 한국은 2000년대 후반부터 전자바우처를 시작으로 사회서비스 시장화가 확대되었다. 보육서비스의 대폭 확대와 각종 돌봄서비스의 확충과 병행되었다. 이것을 복지축소로 비판할 필요는 없다. 공급자 방식의 사회서비스도 동시에 확대되었다.

시장의 논리에는 최대다수 최대행복이라는 후생극대화가 전제되어 있기 때문에 시장화의 확대는 대부분 해당 영역의 사회적 잉여 확대로 연결된다. 기본소득제도는 복지의 낙인효과도 축소시키고, 수급지원 과정과 사례관리의 번거로움도 해소시킬 수 있다. 기본소득에 전제된 철학적 가치는 인간의 자유이다. 기본소득에서 수급자의 자유 확대에 따른 효율성은 벤담의 공리주의에 따른 효용극대화에 대한 것이다(Allègre, 2014, p.4). 이는 자유주의적 관점이다. 전통적인 복지국가는 국가가 주택, 교육, 보건, 고용 등과 같은 복지서비스 공급에 대한 전반적인 과정을 가부장적 위치에서 수직적으로 규정한다. 이와 달리 조건 없는 기본소득을 지급하면, 가부장주의 문제를 최소화하는 동시에 합리적 개인의 웰빙 관점에서 효율성 혹은 사회적 총효용이 높아진다.

2) 이전지출에서 소득보조와 가격보조

정부재정의 이전지출에서 기본소득제도는 소득보조에 해당하고, 사회서비스는 가격보조에 해당한다. 소득보조가 가격보조보다 효율적이라는 것은 후생경제학의 이론에서 간단히 증명된다. 행정개입의 최소화와 개인의 선택 보장 때문이다. 예를 들어 정부가 현금을 지급하는 대신 저소득층의 식품 구매에 대해서만 가격을 할인해 주는 가격보조 정책과 일반적인 소득보조정책의 효율성에 대해 효용극대화 혹은 비용극소화를 전제로 하는 소비자선택이론을 적용하여 평가할 수 있다.

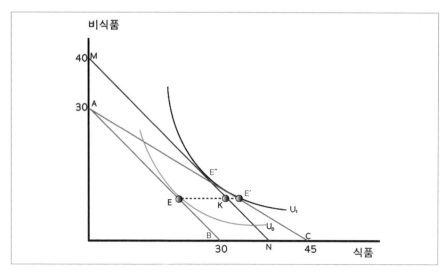

그림 9-1 가격보조에 따른 이전지출의 효과

식품을 구매할 때 가격을 할인하면 식품의 가격이 낮아지는 효과가 발생한다. 이에 따라 시장에서 다른 상품과 비교하여 상대가격비율이 변해서 소비자가 당면하는 가격선의 기울기가 달라진다. 가격선이 변해서 발생하는 소비의 가격효과는 소득효과와 대체효과로 구성된다.

예를 들어 **그림 9-1**에서 월 30만 원인 가계에 대해 정부가 식품가격의 1/3을 보조하여 가격효과가 발생했다. 가격보조정책 도입 이후 소비자가 당면한 예산선 기울기는 $-\frac{2}{3}$로 변경되어 식품을 45단위까지 구입할 수 있다. 가격선이 $\overline{AB}$에서 $\overline{AC}$로 변하면서 소비자 균형이 처음 E에서 E'로 이동했다. 예산제약 아래에서 소비자의 효용은 U_0에서 U_1으로 높아졌다. 이러한 균형변화에서 정부의 보조금은 $\overline{EE'}$만큼 지원되었다. 소비자가 소득 전체를 식품만 구매하면 (45-30)까지 보조금이 지원되지만, 비식품 소비가 있어 보조금은 $\overline{EE'}$ 지원에 그쳤다.

가격보조 상황을 소득보조와 비교하면 두 제도의 효율성 차이를 확인할 수 있다. 즉, 소비자의 효용을 동일하게 유지하는 조건으로 소득보조를 실시하면, 정부의 소득보조금은 $\overline{EK}$만으로 충분하다. 가격선 기울기의 변화 없이 현금소득만 증가하면, 동일한 수준의 효용 U_1을 달성하기 위한 균형은 E''에서 이루어진다. 따라서 가격보조와 소득보조에서 정부지원금의 규모를 비교하면, 가격보조의 경우에 $\overline{EK'}$ 만큼 정부 지출이 더 소요된다. 이러한 논리를 통해 경제학에서는 가격보조보다는 소득보조가 효율적인 것으로 인식한다.

여기서 쟁점은 정부 정책의 효율성 기준으로 소비자의 효용을 사용해도 되는지 여부에 대한 것이다. 경제학의 가정에서는 합리적이고 이기적인 소비자들이 자기 효용을 기준으로 시장의 의사결정을 수행한다고 한다. 정부의 복지혜택을 받는 취약계층을 일반적인 경제학의 소비자로 인정하기 힘들 경우에는 '효용'을 기준으로 정책을 결정하는 것은 적절하지 않을 수 있다.

취약계층에 대한 정부의 정책은 가부장적인 관점에서 정부의 인위적인 가치판단이 적절할 수 있다. 그렇다고 모든 취약계층, 그리고 모든 정부복지정책의 수혜자를 일반 소비자와 분리하여 가부장적인 보호가 필요한 독립적인 정책대상으로 설정하는 것이 적절한 것인지에 대해서는 시장 '배제'와 관련한 또 다른 쟁점이 있다. 현실의 정책은 가부장적인 정부와 소비자 주권의 효용가치 중간에서 수행되기 때문에 '편의주의' 혹은 '행정주의'의 오류가 발생할 위험에 노출되어 있다.

사회서비스 전달체계의 효율성

1. 사회서비스 전달체계의 효율성 의의

사회서비스에 대한 개념과 내용은 일반적인 복지서비스와 동일하게 사용할 수 있다. 다만, 두 가지를 구분할 경우에는 돌봄, 보건, 안전, 고용, 교육, 재활 등과 같이 국민들의 일상생활을 보장하기 위해 국가가 공적으로 공급하는 개인서비스에 대한 것을 사회서비스로 유형화한다. 사회서비스는 복지정책 분야에서 상대적으로 늦게 정립된 것이다. 사회서비스의 공급방식은 현물급여가 많다. 이와 관련하여 사회복지서비스 전달 과정에서 정부실패와 비효율성에 대한 비판이 제기되었다. 복지국가 재정위기 상황과 맞물리면서 사회서비스 정책에서 시장요소를 활용하여 다양한 공급수단들이 도입되었다. 하지만 사회서비스 공급정책은 기본적으로 정부실패와 관련된 효율성 문제를 안고 있다.

기본소득제도는 복지정책의 복잡한 급여구조를 단순화시켜 복지행정비용을 줄인다는 전제가 있다. 독일기업가 베르너Werner는 연금, 실업급여, 주택수당 등을 통합하여 행정비용을 줄이는 기본소득을 주장한 바 있다(곽노완, 2007, p.200). 미국의 보수학자인 머레이C. Murray는 연방정부가 매년 2조 달러 이상을 빈곤감소, 보건의료, 연금에 지출하는데, 이를 기본소득의 재원으로 활용할 수 있다고 한다. 이러한 복지지출을 통합하면 연간 13,000달러의 기본소득을 모든 시민에게 지급하고 복지비용을 줄인다고 했다(Murray, 2016, p.1). 기본소득제도를 도입할 경우 매년 2,120억 달러의 복지비용을 줄일 수 있다고 했다(2014년 기준). 이후 2020년에는 복지 비용축소 규모가 9,310억 달러 정도로 추정된다고 주장했다(Murray, 2006; 윤홍식, 2017, p.88).[4]

한국에서도 복지전달체계의 비효율성 문제는 주요한 정책의제이다. 2000년대 이후부터 공공부조를 중심으로 사회복지사업의 제도 운영에서 국고보조사업 방식의 지방자치단체의 업무가 크게 증가했다. 지자체는 자체사업이 아닌 국고보조사업 분야에서는 적극적으로 인력배치를 하지 않는 경향이 있다. 지자체가 복지부 산하기관의 역할을 수행해야 하기 때문이다. 수직계열화된 전달체계에서 깔때기 형태로 일선 지자체에 복지업무가 집중되면서 업무폭증에 따른 행정처리 용량의 한계가 발생했다. 현장에서는 민원인들의 욕구에 따른 상담과 정보 제공이 어려워졌고, 수급조건을 확인하는 자산조사와 판정, 적정 급여수준 결정과 자격변동 요건 추적 관리가 쉽지 않았다. 복합적인 욕구를 지닌 복지지원 필요 대상자가 급증했지만, 적실성 있는 대응이 쉽지 않은 지방자치단체의 일선업무 환경의 영향과 맞물려 복지전달체계의 효율성과 효과성 문제가 심화되었다(강혜규, 2012, p.36).

사회서비스의 유형과 조건이 다양해졌지만, 개인서비스를 비용-효과적으로 관리할 수 있는 복지기술의 새로운 도입, 효율성을 높이는 제도개편, 정부간 복지재

---

4. Murray(2016)의 내용은 단순한 수치계산 특성이 있다. 국가의 사회 경제적 역할, 정책의 정치경제적 특성 등과 같은 현실의 복잡성은 고려되지 않았다. 논리성과 실증성이 취약하기 때문에 학술적 의미는 제한적이다. 다만, 기본소득의 상징적 의미는 인정된다.

정관계 개편 등에 대한 구조적 대응이 없었다. 비효율적인 사업수행구조가 전제된 상태에서 전달체계 개편문제는 지자체 복지담당 인력 확대와 읍면동 복지허브화가 중심이었다. 읍면동 복지허브화의 경우 중앙-지방이 수직계통화되었고, 허브에서 재량으로 수행할 수 있는 권한이 적기 때문에 지자체를 비롯한 지방복지 거버넌스는 문제해결 주체가 되지 못한다. 일선의 복지업무가 행정관리, 지불정산, 부정수급관리 중심으로 확대되었기 때문에 새로운 문제해결형 복지정책이 추진되지 못했다.

지방자치단체 일선행정 공무원의 인사제도 특성에서 발생하는 순환보직 근무부서 이동은 복지인력의 전문성을 높이는 데 제한요인이 된다. 이에 따라 중앙정부 뿐 아니라 지자체의 각종 전문적인 복지사업에서 중간조직에 과도하게 의존하게 되었다. 사회복지서비스의 전달과정에서 중간조직의 유형과 규모가 급속히 증대되면서 복지전달체계에서 새로운 비용 증가 요소가 됐다. 현장에 직접 지출되는 복지재원에는 중간조직의 간접비 비중도 상당하다. 이에 따라 국고보조사업에서 하청-재하청의 비효율적인 재정지출 구조가 고착되었다. 기본소득제도는 중간단계를 폐지하고 '정책-수혜자'의 직접 연결이 가능한 효율성 기대효과가 있다.

2. 사회복지전달체계에 내재된 비효율성 요인

1) 제도운영 소요 비용과 쟁점

사회복지서비스를 포함한 일반적인 공공서비스의 전달체계는 국가에서 국민들에게 재화 혹은 서비스를 공급하는 집행단계의 제도화된 계통들이다. 정책목표를 달성하기 위해 활용하는 구체적인 도구와 기술이다. 복지국가 전통에서 사회정책의 전달체계는 정부가 독점적으로 직접 공급했다. 정부실패에 대한 비판과 생산성 운동이 본격 시작됐던 80년대 이후에는 시장원리의 응용이나 제3섹터의 활용 등을 통해 다양한 형태의 전달체계 혁신이 있었다. 하지만 정부개입의 범위와 강도가 상대적으로 높은 사회복지정책에서는 전달체계의 효율성 쟁점이 지속되고 있다. 기본소득제도가 도입되어도 전달체계에 잠재되어 있는 비용 쟁점을 해소하는 것은 쉽지 않다.

첫째, 선별. 사회복지서비스 전달체계에서 대표적인 비용 쟁점은 자산조사mean test를 통한 수급권자 선별에 대한 것이다. 전통적인 잔여적 복지에서 복지행정의 핵심 업무는 수급권 기준을 가진 사람과 그렇지 않은 사람을 구분하는 것이다. 수급권자 명단과 같은 것을 작성하고 유지하는 것은 모든 소득지원계획의 효과성을 확보하기 위한 핵심적인 사항이다. 소득지원계획에서 보편성이 확대되면 될수록 적절한 대장(목록)을 작성하는 것이 더 포괄적이 되고, 그것을 갱신하고 신뢰성 있게 하는 더 많은 노력이 필요해진다. 선별비용 쟁점은 아동수당제도를 도입할 때 명확하게 확인되었다.[5] 기본소득론자들은 보편적 계획을 수립하면 자격조사와 수급권에 대한 순응 모니터링 업무를 제거할 수 있다고 주장한다.

둘째, 서비스 제공. 수급자격자를 규명한 이후의 행정업무는 수급권자들에게 급여를 지불하는 것이다. 사회복지서비스의 지급방식은 현금, 현물, 바우처 등의 세 가지 유형이 있다. 전통적으로 복지정책은 공급자 지원 방식으로 현물서비스를 지원하는 전달체계를 운영한다. 의사결정과 사업관리, 그리고 중간의 각종 전달 시설·조직·인력과 관련된 전달체계의 운영에 상당한 행정비용이 소요된다. 공공부문 중심으로 전달체계가 형성된 경우에는, 복지국가 행정체계가 확대되었던 서구에서는 복지정책에서 정부실패에 따른 비효율성 문제가 상당히 심각했다.

셋째, 사례관리. 사회복지서비스는 시장실패에 대응하는 국가의 지원 및 교정수단의 성격을 가진다. 따라서 서비스를 공급할 때 해결해야 하는 가치 혹은 목표가 구체적으로 설정된다. 수급권자의 소득-건강-생활을 종합적으로 보장하기 위해 개인별 맞춤형 복지체계가 중요하다. 이를 위해 사례관리가 중요하다. 필요한 서비스에 대한 서비스 연계뿐 아니라 서비스가 의도한 목표를 달성하는지, 혹은 목

---

5. 2018년도부터 실시되었던 '아동수당'제도의 경우, 상위소득 10%를 지원 대상에서 제외하기 위한 선별비용이 모든 계층에 수당을 지원하는 비용보다 더 많이 소요되는 것으로 추정되었다. 당시 보건복지부 발표에서 10% 선별에 소요되는 행정비용은 770억~1,150억 원인데, 선별 없이 모든 계층에 지급할 때 추가로 필요한 아동수당금액은 96억 원 수준이었다(한겨레신문, 2018년 1월 15일자 보도).

표 달성 방향으로 수급자가 개선되는지, 그리고 추가적으로 지원해야 할 사항이 있는지 등을 종합적으로 확인하기 위한 사례별 사업관리도 중요하다.

사례관리는 복지전문가와 수급권자의 일대일 관계에서 시행되기 때문에 기본적으로 경비가 많이 소요되는 행정기능이다. 부족한 서비스에 대한 사회적 요구를 추가로 창출하기 때문에 복지지출 수요 확대의 잠재성도 있다. 바람직한 혹은 합리적인 수준이 전제되어 있는 가부장적 요소가 있기 때문에 개인의 자유를 통제하거나 억제하는 특성이 있다. 기본소득제도는 이용가능한 사회서비스의 정보체계가 적절히 구축될 경우, 개별적인 사례관리 행정절차가 없어도 개인의 자유를 보장하고 사례관리에 대한 선택의 자유를 인정한다는 의미에서 효율적이다.

2) 부정적인 비효율성 요소

복지전달체계는 공공전달과 민간전달로 구분된다. 공공전달체계가 중앙·지방 간 수직적인 체계로 형성되고 민간전달체계가 개별적으로 운영되면, 상당히 복잡한 전달체계가 형성된다.

이에 따라 구체적인 수준에서 사회복지서비스가 수급자에게 전달될 경우에는 정책결정과 재원동원, 그리고 서비스 공급의 전반적인 과정이 다양하고 복잡하다. 이에 따라 사회복지서비스 전달체계에 잠재되어 있는 구조적 쟁점 이외에도 제도 운영과정에서 비효율성 현상들이 상시적으로 발생한다.

원종학 외(2011)에서는 전달체계의 조직관계와 운영의 불완전성 때문에 발생하는 현실적인 비효율성 현상을 정리했다. 첫째, 사회서비스를 중첩적으로 공급하는 문제가 있다. 국고보조사업 형태로 운영될 경우 복지전달체계는 중앙-지방간 수직 계층체계를 형성한다. 국고보조사업의 집행체계는 중앙-광역-기초자치단체로 연결된다. 이 과정에서 사회복지서비스에서 중첩 혹은 수직 중복 쟁점이 발생한다. 개인별 급여서비스에 대한 지불정산 업무의 경우 동일한 사회복지행정 업무를 정부 계층 간에 중첩적으로 수행하면서 조직과 인력의 중첩 때문에 복지행정의 비효율성이 발생한다.

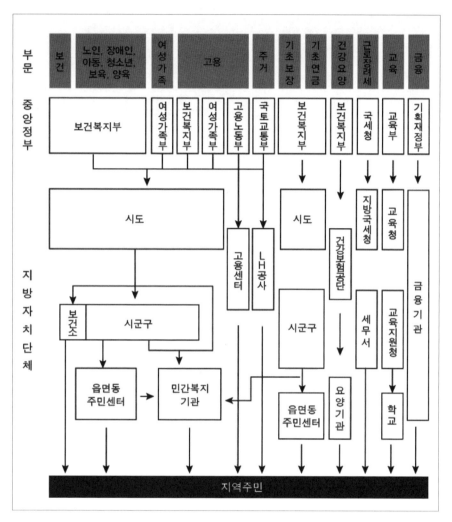

그림 9-2 공공부문 사회복지서비스 부문별 전달체계 　　　　　　자료 : 정홍원 외 (2014, p.23)

둘째, 중복에 따른 비효율성이 있다. 관련 업무를 수행하는 과정에서 수평적으로 병립체계가 형성되는데, 이에 따라 복지전달 과정에서 행정 비효율성 쟁점이 발생한다. 중앙정부 각 부처에서 경쟁적으로 유사한 정책을 수행하거나 광역과 기초자치단체간, 그리고 기초자치단체의 개별 부서 간 내부 조정이 원활하지 않으면, 비효율성이 더 커진다. 대표적인 사례로 보건복지부에서 운영하는 자활근로사업과 희망근로사업의 관계, 사회적 경제 분야 일자리 사업을 둘러싼 고용노동부와

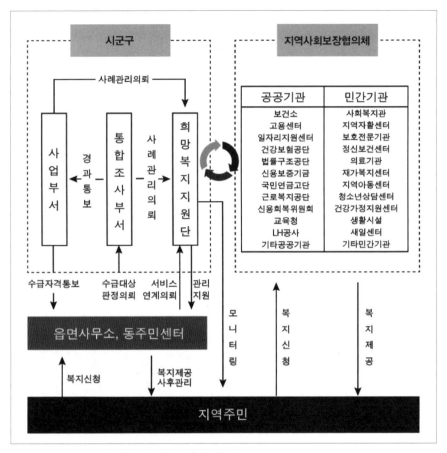

그림 9-3 시군구 사회복지서비스 전달체계의 기본 구조

자료 : 정홍원 외 (2014, p.26) 부분 수정

보건복지부의 정책경쟁 관계 등이 대표적이다. 사회서비스 중복현상을 관리하기 위한 행정행위가 개입하는 것 자체가 비효율성의 요인이 되기도 한다.

셋째, 누수에 따른 비효율성이 있다. 보육시설 미이용 아동 양육비 지원 사업에서 발생하였던 사례와 같이, 사업비가 당초 정책이 의도한대로 지출되지 않았거나[6] 이용자의 만족도가 낮아지는 경우가 해당된다. 개인서비스에서는 개인별 맞

---

6. 시설 미이용 아동의 보육을 위해 양육수당을 지급해도 해당 수당이 '양육'에 직접 사용되었는지 여부를 확인하는 것은 쉽지 않다.

춤형 공급이 중요하다. 하지만 표준적인 행정지침을 통해 수급권자들의 다양한 상황을 모두 맞춤형으로 서비스를 제공하는 것은 현실적으로 쉽지 않다.

넷째, 사기와 부정수급과 같은 범죄행위에 따른 비효율성이 있다. 전달체계상의 사기로서 일선 공무원의 복지재정 횡령이 있고, 민간제공자가 서비스 제공 없이 요양급여를 신청·지급받는 경우, 그리고 바우처 이용자가 현금으로 교환하는 목적 외 사용 등과 같이 다양한 형태의 부정수급문제가 발생할 수 있다. 시설복지와 달리 개인서비스에서는 수급권자 개인이 복지수당의 사기와 부정수급의 잠재적 대상이 된다. 이에 따라 부정수급의 규모와 이를 관리하기 위한 행정체계와 관련된 관리경비가 상당할 수 있다.

다섯째, 정책에서 의도하지 않았던 현상들도 비효율성의 쟁점에 포함할 수 있다. 예를 들어 수급권자들이 정부가 지급하는 보조금에 전적으로 의존하는 도덕적 해이 문제, 급여지급 이후 결과, 기초생활보장급여자의 소득이 실질적으로 차상위계층의 소득보다 더 높아지는 소득역전 현상, 기타 낙인과 차별, 그리고 배제와 같이 복지사업에서 의도하지 않았던 다양한 부작용들도 복지전달체계의 비효율성으로 분류할 수 있다.

3) 복지전달에서 시장과 이용자 지원 방식의 효율성

일반적으로 복지서비스들은 중앙정부가 전국 규모에서 일정한 기준에 따라 설계한 사업들이 지역 현장의 복지기관에서 수급자들에게 전달되는 공급자 중심 방식으로 제공된다. 사회복지서비스에서는 지리적 외부성이 있어 지방재정에서 지출을 담당하는 것이 적절하지 않을 수 있다. 또한 사회안전망과 같은 기본적인 복지서비스는 국가적 책임이 강하기 때문에 중앙정부 중심의 재원동원이 불가피하다. 중앙정부가 재원을 확보하고 집행은 지방에 위탁하는 보조금 방식의 재정체계를 형성한다. 지자체는 중앙정부가 설계한 사업 지침을 준수하면서 직접 서비스를 제공하거나 지역내 비영리 민간복지기관들에게 집행을 재위탁할 수 있다. 공급자 중심 방식을 운영하는 과정에서 적지 않은 행정 운영 및 재정지출 관리

비용이 발생한다.

사회복지서비스를 기획하고 재원을 마련하는 중앙정부(정책당국)에서 실제 서비스를 이용하는 현장의 이용자(수급권자) 간 정책거리가 멀어질수록 행정관리비용은 급증할 수 있다. 복지서비스 예산을 전달하는 일차적 관계에서 발생하는 지불정산 업무 이외에도 현장 정보부족 문제를 해결하기 위한 각종 평가와 사업관리감독, 그리고 이용자에 대한 만족도조사 등과 관련된 각종 관리활동 및 경비가 상당하다.

사회서비스 전달을 이용자와 시장 중심으로 개편하면, 공급자 지원방식에서 소요되는 행정관리비용이 대폭 감소될 수 있다. 사업의 관리 비용이 시장의 교환 및 거래과정을 통해 자동적으로 해소되기 때문이다. 다만 사회서비스가 공공성을 가지고 있기 때문에 완전 자유경쟁 시장과는 달리 시장 특성을 제한하는 준시장관리를 위한 행정비용은 발생한다. 비용의 규모는 시장의 형태를 설계하는 방식에 따라 달라진다(이재원, 2008, p.79).

사회복지서비스 전달 수단별 효율성 비교

1. 공공전달과 민간전달체계의 비교

개인별로 직접 혜택을 제공하는 사회서비스사업에서 전달체계의 효율성을 높이기 위한 제도 개편들은 공급자 중심 방식에서 이용자 중심으로 전환하는 것이다. 이용자 중심 방식에서는 현금지급 혹은 이용권(바우처) 지급 수단을 사용한다. 기본 방향은 사회서비스 사업에서 시장 원리를 적용하는 것이다. 그런데 시장 방식이 반드시 현실에서 효율적인 것은 아니다. 사업의 환경과 서비스 유형별로 다양한 편이다. 이론적으로는 시장요소를 사용하는 민간위탁이 효율적이다. 하지만 현실의 상황은 다양하다. 민간위탁으로 운영되는 공공서비스에서 민간기관이 효율적이지 않다는 연구도 있다.

예를 들어 최현묵 외(2015)는 보건복지부의 노인돌봄기본서비스를 제공하는 총 75개소 가운데 공공전달체계 9개소, 민간전달체계 66개소를 분석했다. 즉 두 집단의 효율성 지수에서 발생하는 격차가 통계적으로 의미를 가지는지 여부를 검증했다. 분석결과에 따르면, 인건비, 경상비, 사업비 등에서 예산과 시설면적 기준으로 정부가 직접 수행하는 전달체계가 민간위탁보다 효율적인 것으로 확인됐다(최현묵 외, 2015, p.136).

2. 이용자방식과 공급자 방식 : 현물급여와 바우처급여의 비교

사회서비스 사업에서 지향하는 성과목표가 명확한 경우에는 현금보다는 이용권 방식을 주로 활용한다. 공급자 방식에서 이용자 방식으로 전환할 경우 효율성 효과에 대한 국내외 실증연구들이 다수 있다.

바우처의 효율성에 대해서는 미국의 실증연구가 많다. 보편적 서비스에서 바우처가 의미 있는 정책수단으로 사용된 것은 미국의 교육분야이다. 캘리포니아 주의 교육 바우처에 대한 Beals(1992)의 연구가 대표적이다. 당시 캘리포니아 교육당국은 공립학교만 운영했는데, 1991년도에는 학생이 사립학교 입학을 희망하면 교육 바우처를 지급하여 학교 이동을 허용했다. Beals(1992)에 따르면, 당시 약 30억 달러가 절감되어 공립학교 시설이나 교육서비스에 대한 재투자 재원이 확보되었다(Beals, 1992; 정광호, 2008에서 재인용).

미국의 직업훈련 프로그램에서 위탁계약을 사용한 공급자 방식과 이용자 중심의 바우처 방식에 대한 성과가 비교된 사례도 있다. 뉴욕시청의 고용부서DOE에서는 64,000명 정도의 청소년 및 성인 실업자에게 두 가지 직업훈련 프로그램 방식을 제공했다. 실업자들이 바우처를 지급받으면, 개인이 자유롭게 민간기업을 선택할 수 있다. 또는 DOE가 위탁계약자를 선택하여 실업자에게 직업훈련프로그램을 직접 공급할 수 있다. 뉴욕시청에서는 두 가지 가운데 하나를 선택하도록 했다. Savas(2002)에 따르면, 바우처 방식이 상대적으로 효율적인 것으로 확인되었다. 참가자 수와 프로그램 비용, 그리고 취업률 성과 등에서 유리했다(정광호, 2008에서 재인용).

한국에서 2007년도부터 사회서비스 전자바우처사업이 실시되면서 공급자 방

	바우처 방식(A)	위탁계약 방식(B)	A/B 비율
참가자 수	1,942	1,772	1.10
참가자 일인당 비용	$3,445	$6,130	0.56
총 프로그램 비용	$6,690,198	$10,862,290	0.62
수료 후 취업률(%)	82%	74%	1.11
취업 시 평균 임금	$13.59	$11.18	1.22

표 9-2 직업훈련프로그램에서 바우처와 계약 방식의 효과 비교

자료 : Savas(2002, p.89; 정광호, 2008 재인용)

식과 바우처 방식의 성과를 비교하는 연구가 다수 있었다. 대표적으로 엄태호 외 (2010)는 2008년도 기준으로 가사간병서비스에서 사업방식 변경에 따른 비용분석 을 실시했다. 설문조사를 실시하여 기초자치단체가 수행하는 가사간병서비스 담 당자들의 업무량을 분석했다. 분석결과, 전자바우처를 도입하였을 때 예산 대비 0.21%, 바우처 생성액 대비 0.261%의 행정비용이 감소했다(엄태호 외, 2010, p.48).

그런데 동일한 방식의 사업수단 변경에서도 사회서비스의 내용에 따라 효율성 결과가 다르게 나타났다. 다문화서비스를 사례로 분석한 정광호 외(2009, p.236)의 연구결과는 이용자 측면에서 위탁방식이 유리한 것으로 실증되었다. 바우처 지급 방식에서는 수급자의 선택권이 있다는 장점이 있다. 하지만 다문화서비스의 경우 이용자들이 언어 혹은 문화장벽의 한계가 있다는 점이 변수가 된다. 이러한 경우 바우처의 선택 장점을 확보하기 힘들다. 사업을 수행하는 기관관리자 입장에서는 위탁과 바우처 방식이 양면성을 가졌다. 재정사업을 관리하는 정부 당국에서는 전 자바우처 방식이 효율적이었다. 이는 다문화지원서비스 사업의 효율성 및 투명성 관리에 유리하기 때문이다.

3. 이용자방식에서 바우처 유형별 효율성 비교

개인별로 지원되는 사회서비스에서는 이용자 중심 방식의 바우처 수단이 효율적 인 것으로 분석됐다. 바우처의 여러지 유형에서도 시장성을 강화하고 전자바우처와

같이 새로운 관리기술을 적용할수록 효율적인 것이라는 경험적 연구가 다수 있다.

예를 들어 이재원 외(2009)는 보육료지원사업을 명목바우처에서 전자바우처로 전환할 경우 예상되는 기대수익률을 분석했다. 전자바우처가 적용되기 이전에 보육료 지원은 보육시설이 이용자를 등록하고 지자체에 지원금을 신청하는 명목바우처 방식이었다. 2010년도부터는 신용카드 기반의 전자바우처(아이사랑카드)로 전환됐다. 이와 관련하여 사업수행 전에 두 가지 이용권의 운영방식에 대해 효율성을 비교 분석했다.

여러 가지 상황들을 설정하고 분석했는데, 분석결과를 종합하면 전자바우처로 전환할 경우 최고 515억 원에서 최저 398억 원의 비용절감 효과가 예상됐다. 전자바우처를 사용할 경우 투자수익률ROI 효과는 인구규모가 적을수록 상대적으로 유리했다. 대도시와 비교하면, 중소도시는 사회서비스 행정에서 규모 경제 효과 혹은 업무숙련도 등의 측면에서 효율성이 낮다. 이러한 경우 서비스 운영수단으로서 전자바우처시스템을 활용하면, 비용 지불·정산업무가 전산을 통해 자동처리되어 비용-효과성이 개선될 것으로 기대됐다.[7]

미국 매릴랜드 주에서 종이바우처와 전자바우처의 효율성을 비교 분석한 사례가 있다. 메릴랜드 주는 2004년도에 종이바우처를 전자바우처 방식으로 전환했다. 이후 비용-효과성을 분석하는 설문조사 응답 결과에서 식품권 수급자와 식품판매자 그리고 금융권의 관계자들은 종이 방식보다 전자급부시스템EBT을 선호했다. 또한 전자급부시스템은 오류와 부정사례를 감소시켰다. 식품권프로그램에서는 전자바우처 방식이 종이바우처와 비교할 때 1개당 $0.98/월 정도 비용을 감소시켰다. 그런데 보육지원 프로그램에서는 1개당 $0.66/월의 비용 증가 효과가 발생했다. 전체적으로는 전자바우처의 관리비용은 1개당 $3.78/월이었는데, 종이바우처의 비용 개당 $3.92/월보다 낮았다(정광호, 2008).

---

7. 다만, 사업을 실행하기 이전 단계에서 가상적인 상황을 설정하고 투자수익률을 계산하였기 때문에 현실에서 실현된 것은 아니며, 잠정적인 효율성 예측으로 해석해야 한다.

기본소득제도의 효율성에 대한 비판적 쟁점

복지정책 관점에서 효율성 쟁점

기본소득제도를 복지정책의 영역에서 한정할 경우, 복지정책의 기본 틀 속에서 효율성을 비교해야 한다. 복지정책과 기본소득의 정의를 구성하는 개별 요소들의 현실적인 상황을 고려하면, 규범적 정의와 현실의 정책 사이에 상당한 괴리가 발생할 수 있다.

첫째, 전통적인 복지정책의 관점에서, 자산조사에 대한 요구조건이 없으면, 이미 복지정책의 영역이 아닐 수 있다. 모든 국민들에게 예외 없이 동일한 수준의 서비스를 제공하는 국가정책들은 사회복지와 달리 독립적인 정책영역을 형성할 수 있다.[8] 기본소득제도를 전통적 복지정책과 분리하여 독립적으로 절대적 효율성을 평가하기 위해서는 조세징수와 정부지출이 창출하는 후생손실의 효율성과 비교해야 한다. 소득보장 수단에 대한 효율성을 분석하기 위해 경제학의 이론에서 조세의 초과부담 논리를 적용하면, 기본소득제도 보다는 조세감면이 더 효율적이다.[9] 사회정책을 넘어 상위의 국가정책 차원에서 논의할 경우 기본소득제도의 잠재적 효율성은 제한될 수 있다.

둘째, 사회서비스의 효율성을 분석하기 위해서는 개인서비스와 집합서비스의 효율성을 비교해야 한다. 기본소득제도는 개인서비스를 대체하는 관계를 가진다. 그런데 집합적 시설서비스와 기본소득제도는 정책의 목적이 다르기 때문에 대체가능성이 크지 않다. 또한 두 가지 사업의 효율성을 상호 비교 분석하는 것은 부적절할 수 있다. 개인서비스는 사적으로 전유될 뿐 아니라 규모의 경제를 확보하기

---

8. 보편적 서비스의 대표적인 사례는 전국 동일요금의 우편서비스와 전기서비스, 그리고 광역상수도요금 등이다. 일반적으로 이들 공공서비스는 유관분야로 분류되기는 하지만, 국가계획에서 사회복지정책의 영역에 직접적으로 포함하지는 않는다. 또한 모든 국민들이 무조건적으로 강제 참여해야 하는 의무교육은 교육정책의 영역에 있으며, 사회복지정책과는 독립되어 있는 교육의 담론으로 정책을 운영한다.
9. 기본소득제도를 운영하기 위해서는 일차적으로 과세를 통해 공공재원을 확보해야 하고, 이를 수급권자에 배분하는 과정에서 이중의 후생손실이 발생하기 때문이다.

힘들다. 이와 달리 집합적인 복지시설 서비스는 매몰비용의 쟁점은 있지만 규모의 효율성이 있기 때문에 일정 규모 이상에서는 개인서비스보다 효율적일 수 있다. 이에 따라 기본소득 복지와 시설복지의 효율성을 비교하면, 보편적인 효율성에 대한 결론을 확보하기 힘들다.

셋째, 현금급여의 효율성에 대해 가격보조-시설-현물급여와 비교하는 것은 적절하지 않을 수 있다. 국가정책의 목적은 전달체계의 효율성 뿐 아니라 '사회문제의 해결'이라는 효과성까지 분석영역을 확대해야 한다. 개별적인 서비스 공급활동은 저렴해도 궁극적으로 문제를 해결하지 못하면, 총량적인 사회비용이 더 클 수있다. 전자급부시스템을 이용하는 현금급여서비스의 경우 미시적 전달체계는 효율적이지만, 실제 사회복지 문제 해결의 효과성을 고려하면 불리할 수 있다. 경비절감의 단기효율성과 문제해결의 장기효율성(효과성)이 반드시 일치하지 않을 수있다. 효율성의 원천으로서 시장기구는 개인의 합리적 선택이 전제되어야 효율성조건을 확보할 수 있다. 하지만 복지수급자들은 시장실패 상황에 있는 경우가 많기 때문에 현금급여의 합리성을 기대할 수 있는 조건이 형성되지 못한다.

넷째, 사회복지정책의 정부간 관계 구조의 형태에 따라 효율성 비교 조건이 달라진다. 중앙정부의 국고보조금을 통해 기초자치단체 수준에서 사업이 운영되는 집권적 시스템은 구조적으로 비효율적이다. 이와 달리 기초자치단체에서 현금을 지급하는 분권체계는 전달비용이 상대적으로 적게 소요된다. 따라서 현행 복지전달체계의 효율성을 제도 현실 그대로 평가하는 것은 적절하지 않을 수 있다.

기본소득은 가장 효율적인 방식으로 집행하고 사회복지서비스는 낙후된 과거방식으로 집행한다고 가정하는 것은 적절하지 않다. 이는 두 가지 제도에 대해 객관적으로 효율성을 비교분석하는 것이 아니다. 예를 들어 표 9-3의 1영역에서 효율성을 평가하는 것은 부적절하다. 기본소득제도에 절대적으로 유리한 상태이기때문이다. 기본소득제도를 [분권+전자급부체계]로 운영되는 반면 일반적인 복지서비스 전달은 [집권+수기관리체계]로 운영된다고 전제하고 행정효율성을 비교하면, 편의적 혹은 임의적인 연구설계의 오류가 발생한다. 1유형과 4유형 사이에

		기본소득 운영체계	
		집권	분권
복지전달 체계	집권	I	II
	분권	III	IV

표 9-3 사회정책의 운영방식의 유형(예시)

다양한 전달체계 비교 유형이 존재한다. 복지전달체계의 효율성은 기계적인 수치로 비교하기보다는 구체적인 사안별로 분석해야 한다.

기본소득제도의 운영비용에 대한 쟁점

1. 기본소득제도 운영을 위한 금융시스템 비용

동일한 성과를 지향하는 복지서비스를 공급할 때, 기본소득과 현물급여의 전달방식에서 사업 운영비용을 비교하면, 기본급여의 행정비용이 당연히 효율적이다. 기본소득제도에서는 의미있는 수준에서 정부의 행정개입 자체가 전제되지 않기 때문이다. 하지만 기본소득제도의 현금급부 방식이 반드시 효율적이라는 가정은 비현실적일 수 있다.

수급권자들 가운데 일반적인 급여시스템에 접근성이 취약한 경우에는 효율성 이전에 기본 조건 충족을 위한 행정비용의 문제가 발생한다.[10] 수급자의 사회 경제적 특성에 따라 다양한 전자급부 방식을 도입하면 현실의 조건에 따라서는 운영비용이 상당할 수 있다. 취약계층 가운데 금융취약상태에 있어 은행계좌를 개설하지 못하면, 다수의 금융기관에서 별도 금융시스템 혹은 가상계좌를 마련해야 한다.[11] 새로운 전산시스템이 기존 시스템과 연결될 때 비용이 발생하거나 규모의 경제를 확보하지 못하면, 효율성이 떨어질 수 있다.

---

10. 영국에서 2007/08 회계기간에 89만 명 혹은 69만 가구가 은행거래계좌가 없었다. 여기에는 가장 취약한 계층도 포함한다(Wispelaere & Stirton, 2011, p.118).
11. 예를 들어, 노숙자와 노동시장 소외자 등과 같이 임금시스템에서 배제된 사람들은 다른 급여 시스템으로 기본소득을 지급해야 한다.

또한 수익이 발생하지 않는 현금급여 시스템을 유지 보수하는 과정에서 적지 않은 행정관리 비용이 소요될 수 있다. 기본적으로 기본소득제도를 현금급여로 운영해도 단일 시스템이 아닐 경우에 급여시스템의 중복에 따른 행정관리의 경비가 상당할 수 있다. 급여시스템의 중복성을 고려하면 기본소득의 행정관리가 효율적이라고 판단하기 힘들다.

기본소득에 대해 조건이 부과되면, 조건에 따른 행정비용이 발생한다. 예를 들어 지역화폐와 재래시장 상품권과 같은 형태로 기본소득을 지급하면서 해당 급여수단을 설계 및 공급하는 단계뿐 아니라 부정수급 통제와 같은 사후감독비용이 발생하게 된다. 물론 현실에서 지역화폐의 발행유형이 종이가 아닌 카드인 경우 부정수급 통제 등의 문제는 약해지고, 사후감독비용도 현격히 줄어들 수 있다. 단지 현금이 아닌 준현금 등의 조건이 붙는다는 것만으로 문제가 될 정도의 행정비용을 얘기할 수는 없다.

2. 시장실패 위험에 대한 비용

기본소득 중심의 복지와 현물급여 중심의 복지 정책은 지향가치에 따라 효율성 판단에 대해서도 다양한 해석이 가능하다. 기본소득제도의 경우 합리적 소비자로서 시장에 참여할 수 있는 일반적인 수급권자들에게는 적합하지만, 복지서비스가 절대적으로 필요한 취약계층들은 복지 사각지대에 계속 머물 위험이 있다. 사회정책의 다양성을 고려할 때, 기본소득과 현물지원서비스는 개인 생활보장을 상호 보완하는 관계이지 효율성을 기준으로 대체할 수 있는 시스템은 아니다. 이러한 의미에서 효율성 기준만으로 두 시스템을 비교하여 정책적인 의사결정을 진행하는 것은 적절한 분석조건을 형성하지 못한다.

사회복지서비스는 시장실패에 대한 국가의 대응으로 정당성을 가지는 것이다. 시장에 적응하기 힘든 취약계층을 기본소득제도를 통해 시장체계로 진입시키는 것은 복지책임의 관점에서 볼 때 적절하지 않다. 이러한 경우 기본소득제도를 적용할 수 있는 계층은 제한될 수 있다. 취약계층에 대한 사회서비스는 기존 방식을 적용하고 신사회위험에 노출된 일반서민들에 국한하여 기본소득제도를 적용하면, 복지정책의 이중성에 따른 계층배제, 관리 비효율, 중복과 사각지대 등과 같은 효율성 및 형평성 쟁점이 복합적으로 발생할 수 있다. 따라서 이러한 이중의 구별적 제도 적용 방식은 지양해야 한다.

사회복지서비스에서는 수급권의 우선순위가 설정된다. 대부분의 경우 취약계층이 우선적으로 서비스를 수혜한다. 기본소득제도가 정치적인 상징과 인기를 확보할 경우 한정된 복지재원이 기본소득 중심으로 배정될 가능성이 있다. 이러한 경우 사회문제 해결의 공공재원배분에서 취약계층이 상대적으로 불리한 위치에 놓일 위험이 있다. 사회정책의 전체에서 효율성과 형평성이 상호 대체관계를 형성하는 것은 사회적 정의의 관점에서 쟁점을 발생시킨다.

경기도 기본소득제도에 대한 정책적 시사점

기본소득제도의 시장실패 위험에 주의

기본소득제도는 기존의 사회복지서비스와 비교하여 효율적이라는 주장이 설득력을 가진다. 이러한 배경에는 시장의 효율성이 전제되어 있다. 시장친화적 방향으로 복지서비스 전달체계가 개편되면 효율성이 높아진다는 것은 개념적 혹은 실증적 증명이 많다. 신고전경제학의 논리에서는 개인의 선택의 자율성이 보장될수록 후생손실이 낮아진다. 시설의 집합적 서비스보다는 개인맞춤형 복지서비스가 효율적이며, 현물급여보다는 현금과 바우처 지원방식이 상대적으로 효율적이다.

사회복지서비스 전달체계에서 전산시스템이 고도화될수록 전달체계의 효율성이 높아진다. 명목바우처보다는 실질바우처가 효율적이며, 종이바우처보다는 전자바우처가 상대적으로 효율적이다. 이러한 부분 비교 논리 및 실증을 연장하면, 금융시스템을 통해 개인별로 현금을 지급하는 기본소득제도가 가장 효율적이라는 결론이 가능하다.

그런데 기본소득제도는 시장의 효율성을 전제한 제도이기 때문에 시장실패 영역에서는 비효율적인 제도가 된다. 사회서비스에서는 시장실패 부문이 많다. 저출산 고령화, 근로빈곤, 청년실업 등과 같은 신사회위험 상황에서는 시장실패와 사회실패가 복합적으로 작용한다. 개인의 합리적 선택으로 감당하기 힘들기 때문에 보편적 사회서비스 정책이 요구된다. 따라서 시장실패가 발생하는 신사회위험 영역에서 사회서비스전달체계를 기본소득제도로 완전히 대체하면, 문제해결의 측면에서 장기적인 비효율성이 커질 수도 있다.

　기본소득제도의 효율성 조건을 충족하기 위해서는 사회서비스 혹은 사회복지영역에서 '시장 효율성 조건'이 전제되어 있는 분야에 국한하는 것이 적절하다. 이와 관련하여 사회서비스 분야에서 완전경쟁시장의 조건이 중요하다. 독점시장에서 기본소득은 독점의 사중손실이 불가피하고, 소비자 주권이 형성되지 않으면 공급자 중심의 비효율성이 정부실패의 형태와 같이 발생한다. 특히 완비되지 못한 시장이 많은 경우에는 기본소득은 매우 비효율적인 정책수단이 된다. 예를 들어 현금이 있어도 믿고 맡길만한 보육시설이 없으면, 시장의 후생손실이 상당하게 된다.

기본소득제도 설계과정에서 유의사항

1. 효율성과 목표전도에 대한 주의

　기본소득은 형평성과 효율성이 양립하는 복지대안이라는 인식이 있다(유종성, 2018, p.27). 사회 형평성을 높일 수 있는 보편적 복지제도이기 때문에 좌파의 지지가 상당하다. 또한 시장경제 효율성을 존중한다는 점에서 우파들도 선호할 수 있는 대안이다. 그런데 효율성은 정의의 원칙이 아니라 '도구'이다. 기본소득은 기본적으로 정의正義에 대한 것이다. 효율로 정당화하는 것은 적절하지 않다. 기본소득제도에서 효율을 필요 이상으로 강조하면, 제도의 본질을 훼손할 수 있다.

　기본소득제도는 북유럽 복지레짐에서 활발히 논의되고, 제도화되었다. 이들 국가에서는 사회복지서비스 전달체계의 대체를 논의하는 것이 아니다. 4차 산업혁명과 일자리 관계와 관련하여 일자리를 중심으로 하는 근로복지국가에 대한 대안이다. 북유럽국가에서는 사회서비스의 탈상품화와 비영리조직의 비중이 절대적으로 높다. '효율성'으로 비교 평가하는 것의 정책적 의미는 제한적일 수 있다.

2. 부분적 기본소득의 효율성 특성 주의

기본소득 주창자인 판 파레이스는 실질적 자유가 보장되는 정의로운 사회를 위해 '무조건적인 기본소득의 도입'을 강조했다. 무조건적인 기본소득은 실질적인 자유의 공정한 분배를 의미한다. 이와 같은 규범적 의미에서 기본소득을 시행하는 국민국가는 없다. 주요 국가들의 시범적인 정책에서 기본소득의 주요 목적으로 탈노동화를 지향하는 분배정책은 없다. 기본소득 논의에서 자주 언급되는 서울시의 청년수당과 성남시의 청년배당은 규범적 기본소득제도와 거리가 있다. 청년수당 제도에서는 자산조사가 적용되는 잔여적 제도이다. 또한 청년들의 구직활동을 지원하는 구체적 목적이 설정되어 있기 때문에 보편성과 무조건성이 중요한 기본소득의 원칙과는 거리가 있다(윤홍식, 2017, p.94).

규범적인 측면에서 기본소득은 무조건적이어야 하며, 정치적 환경에 따라 불가피하게 조건이 부여되어 현금 지출 사용제한을 두면, 효율성은 제한적이게 된다. 청년수당을 지역화폐나 재래시장 상품권으로 운영하면, 이용자 선택자율성 제약, 정책수단 운영비용, 부정수급관리 비용 등이 수반된다. 문제해결의 관점에서는 좀 더 복잡하다. 예를 들어 청년배당이 청년의 보충소득 지원목적이면, 문제해결이 가능하다. 하지만 청년의 직업역량과 일자리 지원이라고 하면, 부작용 쟁점이 잠재되어 있다. 조세가격기능이 전제되지 않은 현금급여에는 '정보비대칭과 도덕적 해이'의 비효율성 문제가 있기 때문이다.

신공공서비스이론의 관점에서 정부의 역할은 신사회위험을 해결하기 위해 현금지급이 아니라 문제해결을 도와줄 수 있는 구체적인 서비스로 봉사해야 한다. 시장실패에 대한 정부의 적극적 역할이 필요한 상황에서 현금급여에 그치면, 문제해결에 대한 정부의 책임 회피 문제가 발생한다. 합리적 소비자의 이성적 선택이 보장되지 못하면, 기본소득제도가 사회문제를 더 악화시킬 수도 있다. 문제해결 지향성이 명확하지 않은 상태에서 관료적 편의성이 개입된 현금급여는 정부실패와 시장실패를 동시에 발생시킬 수 있다.

3. 공급자 중심과 이용자 중심은 대체가 아닌 보완 수단으로 운용

사회정책은 해결해야 하는 문제 특성에 따라 다양한 방식으로 설계되어야 한다. 따라서 공급자 중심 방식과 이용자 중심 방식은 상호 대체하는 관계가 아니라 문제해결의 상승작용을 유도하는 상호 보완 수단이다. 그런데 기본소득제도의 논의에서 기존의 공급자 중심의 복지사업과 집합적 시설에서 제공하는 사회서비스들의 중요성을 간과하는 경향이 있다. 예를 들어 자활사업에서 지역자활센터를 폐지하고 자활급여만 지급하면, 지역자활센터 운영비를 절감할 수 있다. 센터운영비를 조건부 수급자들에게 추가급여로 배분하여 기본급여 인상과 행정비용 절감을 동시에 추진할 수 있다. 하지만 조건부 수급자들의 자활성과는 수급자 개인이 전적으로 책임져야 한다. 근로능력이 있는 조건부 수급자들에 대한 자활사업의 필요성에 대한 사회적 합의가 중요하다.

사회복지시설 지원을 위한 지출은 전달체계 운영비만 있는 것이 아니다. 시설운영에 따른 인건비 등 그 자체가 복지서비스인 경우가 많다. 예를 들어 각종 상담센터의 인건비에는 상담서비스 활동이 포함되어 있다. 기본 경상경비만 분리하는 것은 쉽지 않다.

기본소득 효율성 논의들은 사회복지서비스 시설들이 적정 수준에서 갖추어진 국가에서 더욱 적합한 논의들일 수 있다. 기본시설이 없는 상태에서 개인들에게 부여하는 급여를 통해 시설운영비가 보장되어야 한다면, 서비스 자체가 공급되지 않을 수 있다. 이러한 경우를 효율이라고 하는 것은 현실에서 적실성을 확보하기 힘들 수 있다.

경기도 기본소득제도의 효율성 조건을 위한 정책과제

지방자치단체 수준에서 기본소득제도를 운영하면, 관할구역 제한과 지자체간 경쟁 및 견제 등의 정치 경제적 요인이 있어 기본소득제도의 규범적 원칙이 전제되는 보편적 확대에 한계가 있다. 더욱이 사회보장협의제도에서 자치복지권이 보장하지 않을 경우 중앙정부의 개입 여지가 상당하다. 경기도에서 추진하는 기본소득제도가 의미 있는 지역 사회정책으로 자리매김하기 위해서는 사업설계 및 운영 과정에서 네 가지 요소들이 명확히 설정될 필요가 있다.

첫째, 보충급여 이상의 의미를 가질 수 있도록 개인별로 지급하는 기본소득액의 규모가 충분히 커야 한다.[12] 잔여적 복지가 아닌 의미 있는 수준의 '소득' 성격을 가져야 한다. 소규모 영세 예산사업 단위는 기본소득보다는 보충급여의 잔여적 복지정책의 영역으로 분류되며, 수급자 선정과 사례관리에 이르는 전통적인 복지전달체계의 틀 속에서 운용되어야 한다. 이러한 경우 기본소득제도의 효율성 가치를 판단하는 것은 제한적이게 된다. 개인별로 지원되는 사회서비스를 대체할 정도의 소득보조 성격을 가져야 개인의 효용을 극대화할 수 있다.

둘째, 새로운 사회정책 프레임에서 현금급여의 지출을 제한하는 조건을 가능한 부여하지 않아야 한다. 기본소득의 효율성 가치에서 개인의 자유로운 선택을 최대한 보장해야 한다. 기존의 복지정책 틀에서 제도를 운영하면, 기존 정책의 연장 혹은 한 부분이 된다. 지방의회 혹은 지역사회와 협의 과정에서 지역화폐나 재래시장상품권 등의 형태로 지급되면, 다수의 정책가치들이 하나의 제도 성과에 부여되기 때문에 기본소득으로서 의미가 약해진다. 현실적으로 관할구역 내에서 제도를 운영하기 때문에 제한조건이 부과되는 경향이 있다. 부분기본소득제도의 비효율성 쟁점을 고려할 때, 가능한 조건 없는 급여제공 원칙을 적용해야 한다.

셋째, 기본소득의 지리적 외부성과 지방세의 가격기능 등의 효율성 조건을 충족하기 위해서는 전국 확대를 위한 지역연대가 필요하다. 이와 관련하여 지자체의 공동추진이 중요하다. '(가칭)기본소득을 위한 지자체 협의회' 등과 같은 지역연대 기구를 경기도가 주도적으로 설립·운영해야 한다. 협의회에서는 재정적으로 부

---

12. 이현주 외(2017, p.94)에서는, 기본소득은 사회수당(데모그란트)과 비슷하다고 했다. 또한 현실 정책에서 부분기본소득을 별도의 정책 영역으로 개념화하는 것이 타당한지에 대해 문제를 제기했다.

유한 지자체 뿐 아니라 농어촌의 낙후지역까지 포괄해야 한다. 농어촌 지역은 재정분권을 통해 각종 소규모 보조사업들을 통합 운영하여 기본소득으로 전환할 수 있는 잠재력이 충분하기 때문에 경기도의 정책아이디어를 공유·지원할 필요가 있다.

넷째, 기본소득제도의 성과관리를 위한 단기적인 평가제도를 운영해서는 안 된다. 매년 예산사업으로 추진하고 지방의회와 중앙정부 등에서 정치 혹은 정책적 개입이 있을 경우 단기적인 성과를 내야할 가능성이 높다. 그런데 1년 단위의 성과관리체계가 설계·운영되면, 기본소득과 관련한 행정 및 사업관리 비용이 발생하게 된다. 또한 잔여적 복지사업의 일환으로 운영되면서 새로운 복지프레임에 대한 정책실험을 추진하는 것이 쉽지 않게 된다. 성과평가에 따라 사업예산과 담당 공무원의 보직관리에 영향을 미칠 경우 평가지표와 평가결과가 왜곡될 위험도 있다. 새로운 정책 틀에 대해 기존의 복지사업 관리 틀을 적용하는 것은 적절하지 않다. 기본소득제도의 효율성과 효과성을 평가하기 위한 새로운 사업관리제도를 설계해야 한다.

기본소득과 사회적경제

유영성·강현철

기본소득과 사회적경제는 그 출현 배경이 비슷하다. 이들 모두 시대적으로 신자유주의 발흥과 그 부정적 효과에 대한 반성, 그리고 대안 모색을 지향하고 있다. 특히 이들은 민주주의의 위기와 사회경제적 불평등 심화에 대한 대안 담론의 성격을 지닌다. 사회적경제는 사회안전망이나 생활수요의 충족에 그 탄생 동기를 가지며, 자본주의 시장경제와 함께 성장하면서 복지국가 위기 극복 차원에서 사회서비스를 공급하는 기능을 한다. 기본소득도 신자유주의의 발호로 인한 양극화, 빈곤, 혁신기술의 발전에 따른 일자리 불안정, 복지국가의 위기적 상황 등을 배경으로 출현하였으며, 시대에 뒤떨어져 가는 임금 기반 경제적 삶의 유지 방식에 대한 반성과 대안 모색의 일환으로 인식되고 있다.

출현 배경은 그렇다 치더라도 기본소득은 대단히 이념적이고 사회 변혁적 사상인 데 반해, 사회적경제는 현 시장경제체제의 보완적 역할 속에서 현실에서 다양하게 실천되고 있다는 점에서 이들 둘 간에 접점이 없을 수 있다. 하지만 기본소득을 사회적경제와 다르지 않게 취급할 맥락도 또한 분명히 존재한다. 기본소득은 사회안전망이나 생활수요의 충족을 위한 정책수단이면서 자본주의 시장경제의 한 축으로 성장하는 것을 부정하지도 않는다. 비록 그 양태는 다르나 큰 차원에서 복지국가의 위기 속 사회서비스의 공급기능을 담당하기도 한다. 이런 점에서 기본소득이 사회 변혁적 차원에서 사회의 포괄적인 변화를 지향한다고 할 때 그 변화적 토대 위에서 사회적경제가 중요하고 의미 있는 역할을 할 수도 있다. 또 사회적경제가 그 역할을 제대로 수행하는 데 있어 기본소득이 근본적인 힘의 원천이 될 수도 있으며, 기본소득이 근거하는 공유부의 원천이 사회적경제의 모습 속에서 발견될 수도 있다(안효상, 2019).

현재 사회적경제는 문재인 정부가 제시한 100대 국정과제에 포함되어 추진 중이고, 기본소득은 이재명 경기도지사의 대표적 정책과제로서 지방자치단체 차원에서 실행하고 있다(조혜경, 2018). 이들 현실의 정책 내용을 염두에 두면서 본 연구에서는 기본소득과 사회적경제가 어떤 연결점을 갖는지 모색해 보고, 이 둘의 결합에서 우리 사회의 문제를 보다 효과적이고 의미 있게 해결하는 어떤 대안이 나올지 살펴보고자 한다.

기본소득과 사회적경제의 넥서스

사회적경제의 등장과 개념

1. 사회적경제의 등장 배경

사회적경제는 자본주의의 거대한 변화의 과정 속에서 지속적으로 제기되어왔다. 19세기의 자본주의 산업화와 더불어 야기된 사회적 위험에 대비하기 위한 노동자들의 집합적 전략으로 처음 등장하였다(장원봉, 2007). 급격한 산업화에 따라 대규모의 도시노동자층이 형성되었으나, 사실상 이들을 위한 사회안전망이나 생활수요를 충족시킬 사회적 인프라는 부족하였다. 당시 노동자들은 삶의 위험과 필요에 대해 모두 개인적인 차원에서 대응해야 했으며, 사망, 사고, 질병, 실업 등의 위험에 전적으로 개인적인 대응밖에 달리 방도가 없었다. 이러한 역사적 배경 하에 최초의 근대적 사회적경제 조직인 협동조합들이 19세기 말에 유럽에서 출현하기 시작하였으며, 1901년 협동조합, 상호공제조합 등이 프랑스에서 법적 인정을 받으며 유럽 전체로 확산되기 시작하였다(세종특별자치시, 2018).

이처럼 유럽의 사회적경제는 자본주의 시장경제의 한 축을 맡아 성장하면서, 이와 동시에 복지국가에서 사회서비스를 공급하는 기능을 담당하여 발전해오면서 경제적 위기 때에 그 가치를 인정받게 되었다. 사회적경제 영역은 협동조합, 상호공제조합, 민간단체 등 여러 조직 형태로 각자의 발전과정을 거쳐나갔다. 때로는 공보험이나 사회서비스를 전달하는 체계 등 국가의 사회보장체계 형성과 노동조합 활동 속에 그 원리를 담고서 발전해오기도 했다.

1940년대 전쟁을 거치고 복지국가를 건설하는 과정에서 유럽의 사회적경제는 국가 주도의 사업으로 흡수된다(세종특별자치시, 2018).

1970년대 경제위기의 시기에는 실업과 사회적 배제 속에서 정부가 대처하지 못하는 영역에서의 사회·경제적 역할을 담당하며, 사회서비스의 발굴과 확산, 지역(도시)재생, 노동시장 취약계층의 일자리 창출 활동의 역할도 담당하게 되었다(김정원, 2009; 강원도, 2015).

20세기 초 사회적경제 영역은 공동체의 요구를 민간영역에서 해결하기 위한 협동조합 방식과 국가가 일부 지원하고 민간단체가 독립 운영하는 제3섹터 영역으로 존재하게 된다. 그러나 21세기에 들어서면서 시장의 역할과 사회적 비중이 커지고 국가의 시장경제에 대한 영향력이 감소하면서 공동체의 생존을 위한 국가 주도의 사회복지 영역이 점차 증대되는 경향을 보여주었다. 이 과정에서 시장질서에 편입한 상태에서 공동의 생존을 도모하는 유형, 즉 협동조합, 혁신형 사회적기업 등이 등장하게 된다. 또 다른 양태로 공동체의 공공이익을 위하는 사회적 협동조합 등이 등장하기 시작하였다.

2008년 세계 금융위기 이후 신자유주의에 대한 근본적 의문이 제기되면서 시장경제의 보완 또는 대체의 측면에서 사회적경제에 대한 관심이 더욱 강화되었다(세

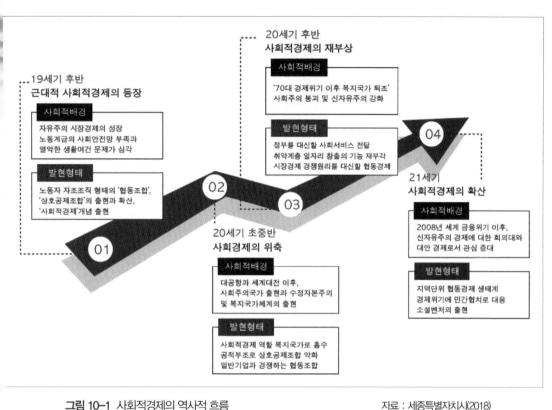

그림 10-1 사회적경제의 역사적 흐름   자료 : 세종특별자치시(2018)

종특별자치시, 2018). 21세기에 들어와서 사회적경제는 국가, 시장, 공동체 각각이 자기 고유 영역과 역할을 맡으면서도 끊임없이 상호 협력하면서 긴장 관계도 유지하는 사업모델을 개발하는 변화 과정을 보여주고 있다. 이러한 특성에 따라 사회적경제는 원칙적으로 거버넌스에 기반하여 작동할 수밖에 없으며, 사회적경제라는 개념 자체가 거버넌스 체계를 구성하는 운영 시스템을 의미하게 된다(Defourny & Pestoff, 2008; 익산시, 2016).

2. 사회적경제의 개념 및 주체

1) 사회적경제 개념

사회적경제의 국가 및 시대별 정의는 다양하지만, 일반적으로 구성원 간 협력과 자조를 바탕으로 재화와 서비스의 생산 및 판매를 통해 사회적 가치를 창출하는 민간영역의 제반 경제활동을 의미한다. 시장에서의 경제활동이라는 측면에서 시장경제와 유사하지만, 자율과 민주, 연대와 협력 등의 활동목표에서는 큰 차이가 존재한다(임상연, 2017).

사회적경제는 일반 기업과 다른 운영방식과 규범 원칙에 기반해 있다. 특히 협동조합, 공제회, 결사체 조직이나 재단 등이 수행하는 모든 경제활동을 사회적경제 활동으로 제시하고 있다(최정은 · 최영준, 2019). 사회적경제 조직들은 민주적인 의사결정과 노동을 중심에 둔 수익배분 등의 운영원리에 기초해 활동한다는 점에서 남다르며, 연대와 자율성, 시민성 위에서 행해지는 경제활동을 전제하면서 단순히 이윤만을 중시하기보다는 지역공동체에 서비스를 제공하는 목적도 강조되고 있다(Defourny, 2004; 최정은 외, 2019).

이처럼 사회적경제는 사람들의 참여와 민주적 가치를 지향하며, 상업적 활동을 하는 조직 등을 포함하는 개념으로 정의되고 있다(최정은 외, 2019). 사회적경제는 협동조합, 공제회, 재단, 자조집단self-help 등 전통적인 조직들을 중심으로 다양한 비영리, 시민사회 결사체들을 포용하는 제3섹터third sector로 발전하고 있다(주성수, 2010).[1]

최근 사회적경제 개념의 분화가 이루어지고 있다. 과거 사회적기업Social Enterprise이 사회적경제 영역의 기업을 대표하였던데 반해, 지금은 다양한 사회적경제기업 가운데 특히 수익성을 강조하는 기업으로 인식되고 있다. 사회적경제 관련 후발 국가들은 많은 혼돈을 경험하고 있으며, 특히 그 경제사회적 기반이 취약한 사회적경제 기업들을 육성하는 과정에서 정부나 시장에 대한 편향성이 심화되는 문제점이 발견되고 있다(노대명, 2014).

---

1. 제3섹터란 경제의 비영리부문Non-Profit Sector of an Economy을 지칭하는 개념이며, 시장경제와 공공경제의 사이에 존재하는 매개적 공간Intermediary Space으로 이해된다. 그리고 이는 사회적 유용성을 목적으로 하는 다양한 활동이라고 말할 수 있다. 그리고 유럽에서 제3섹터는 사회적경제 개념과 동의어로 사용되기도 한다(노대명, 2010).

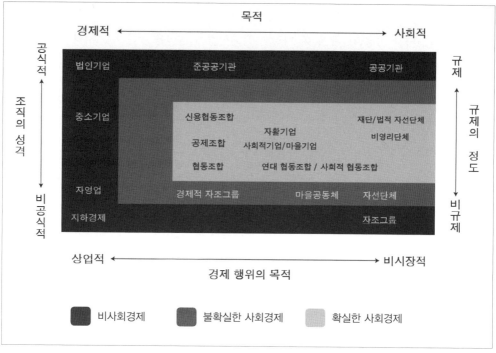

목적

경제적 ←——————————————→ 사회적

조직의 성격: 공식적 ↑ 비공식적 ↓

규제의 정도: 규제 ↑ 비규제 ↓

법인기업	준공공기관	공공기관
중소기업	신용협동조합	재단/법적 자선단체
	자활기업	비영리단체
	공제조합 사회적기업/마을기업	
	협동조합 연대 협동조합 / 사회적 협동조합	
자영업	경제적 자조그룹	마을공동체 자선단체
지하경제		자조그룹

상업적 ←——————————————→ 비시장적

경제 행위의 목적

■ 비사회경제   ■ 불확실한 사회경제   □ 확실한 사회경제

그림 10-2 사회적경제의 주체   자료 : 한겨레21(2010)

2) 사회적경제의 주체

캐나다의 연구기관인 SRDC Social Research and Demonstration Corporation의 분류에 의하면, 사회적경제에 포함되는 조직은 다음과 같다. 우선 경제 조직들은 그 목적에 따라 경제와 사회로 나누어 볼 수 있다. 경제 목적을 추구하는 경우에는 비사회적 경제로 분류되며, 경제 목적과 사회 목적을 공히 추구하는 경우는 사회적경제에 해당한다. 이는 **그림 10-2**에서 흰 부분에 해당하며, 협동조합, 사회적기업, 신용조합, 상호공제회, 자선단체, 비영리 단체 등이 해당된다. 이 중에서도 사회적 목적만을 추구하는 자선단체나 비영리 단체의 경우에는 제3부문, 비영리부문으로 따로 구분되기도 한다(새로운사회를여는연구원, 2013).

사회적경제는 우리나라에서는 1997년 외환위기 이후 구조화된 실업문제, 고용불안, 심화되는 빈부격차, 쇠락하는 지역의 문제 등을 해결하기 위해 시작된 자활기업, 사회적기업, 마을기업, 협동조합 등이 사회적경제의 주체로서 인정받고 있다.[2] 이에 따라 지역단위의 순환경제를 구축하고 사회적기업, 협동조합, 마을기업, 민간 비영리단체 등이 다양한 사회적경제 영역을 주축으로 지역 공동체를 이루고자 노력하고 있다(성동구 사회적경제지원센터).

3) 사회적경제의 개념적 특징

사회적경제 개념은 첫째, 사회관계망을 매개로 인간의 기본 필요와 욕구를 충족하는 경제활동, 둘째, 시장실패와 정부실패에 대한 제3의 대안적 자원배분 방식, 셋째, 시민사회의 조직 원리에 기반한 자원배분 방식이라고 할 수 있다(조혜경, 2018; 안효상, 2019). 이를 종합하면, 사회적경제란 다양한 공식 · 비공식 경제활동 조직체가 시장경제 내의 활동과 동시에 시장경제의 실패나 부재 영역을 아우르면서 시민사회 조직 원리에 입각하여 자원을 배분하는 활동이라 할 수 있다.

여기에는 민간과 비민간, 영리와 비영리, 시장경제영역과 비시장경제영역이 복합적으로 섞여 있으며, 그 스펙트럼상의 끝에서 끝까지 다양하게 펼쳐져 있음을 알 수 있다. 단, 사회적경제의 작동 토대는 어디까지나 시장경제에 있다 할 것이다. 사회적경제가 시장경제를 대체하는 것이 아니라 보완적 역할을 하는 것이기에 그렇다.

사회적경제 2.0 : 사회적경제와 공유경제의 연계

사회적경제가 추구하는 핵심 가치는 민주와 협력, 연대라고 할 수 있다. 사회적경제에 대한 개념은 다양하지만, 법률 및 제도적 측면에서의 정의를 살펴보면, 사회적경제란 삶의 질 증진, 빈곤, 소외빈곤 등 공공의 이익이라는 사회적 가치 실현을 위해 협력과 호혜를 바탕으로 사회적경제 조직들의 생산, 교환, 분배, 소비가 이루어지는 경제시스템으로 정의하고 있다(「경기도 사회적경제 육성지원에 관한 조례」 제2조).

한편 공유경제는 자원을 소유하는 것이 아니라 서로 대여해주고 차용해 쓰는 것

---

2. Gsef2014, http://www.gsef2014.org/(검색일자: 2019.8.5).

으로 개인 대 개인이 거래 주체로 참여해 자신의 유휴자원을 나누는 경제활동으로 볼 수 있으며(Lessig, 2010), 법률 및 제도적인 측면에서 공유경제는 정보기술을 활용하여 공간, 물건, 재능, 경험 등 자원을 함께 사용함으로써 시민의 편의를 증진하고, 사회적·환경적 가치를 창출하는 경제활동으로 정의하고 있다(「경기도 공유경제 활성화에 관한 조례」제2조).

공유경제는 사회적 가치를 비즈니스 활동에 내포하고 있으며, 구매자가 사회적 가치를 직접 구매하는 모델로서 경제적 위험성을 줄이는 데 초점을 둔 대안 모델이라고 할 수 있다. 이는 사회적 가치 창출을 목적으로 하는 사회적경제의 원리가 공유경제 원리로 활용될 수 있다는 것을 의미한다. 이러한 측면에서 볼 때, 공유경제와 사회적경제는 운영원리에서 유사하다고 할 수 있다.

이상의 내용을 볼 때, 사회적경제는 민주와 협력, 연대라는 가치 실현을 통해 시장주의 시장경제 체계를 보완하는 시장경제 주체 중 하나라고 할 수 있으며, 공유경제는 공유 및 협력을 통해 가치를 이전하여 시장경제의 효율성을 증진시키며 동시에 시장경제가 고려하지 못하는 사회적가치가 창출되도록 영향을 줌으로써 사회변화를 촉진하는 사회시스템이라고 할 수 있다. 이렇듯 이질적인 영역에서 활동하는 두 영역이지만, 공유경제와 사회적경제 영역은 협력, 나눔, 신뢰, 연대 등을 실현하며 사회적가치의 창출을 수반한다는 공통점을 가지고 있다.

현재 작동되고 있는 사회적경제 모델은 정부재원에 대한 높은 의존성, 사회·경제적 지속력 미흡, 사회적경제 작동 기제 미흡 등의 여건에 처해있어 지속가능성과 혁신성을 수반하지 못한다는 점에서 제 기능을 발휘하기 어려운 상태이다. 그런 만큼 현재 작동되고 있는 사회적경제 모델은 공유경제와의 연계를 통한 '사회적경제 2.0'의 운영원리로 새롭게 변해야 할 필요가 있다.

'사회적경제 2.0'은 현행 사회적경제 영역에서 이론적으로는 핵심가치 및 기본원리에 충실하고, 현실적으로는 공유와 분배정의를 실현할 수 있는 모델을 의미한다. 사회적경제 2.0은 주민의 책임성을 강화하고, 사회적경제를 통해 파생되는 이익은 타인, 지역사회, 타 사회적경제 및 지역경제 영역과 공유, 나눔, 분배 등을 통해 또 다른 가치를 재생산할 수 있는 진화된 체계를 의미한다. 이 과정에서 사회적경제 영역에 대한 소유 형태와 권리에 대한 개념을 기존의 개인 및 제도적 소유에서 공동 및 자연적 소유의 개념으로 전환시키는 것을 전제로 한다. 즉, 참여하는 모든 구성원들이 공유지의 비극이 아닌 공유지의 희극의 실현을 통해 모든 구성원들이 적정한 효용성을 추구할 수 있는 일정수준의 희생과 나눔, 형평과 배려 등의 가치가 잘 작동할 수 있어야 함을 의미한다.

구체적으로 사회적경제와 사회적경제 2.0의 목표와 방식을 비교하면 다음과 같다. 첫째, 소비 방식에서 살펴보면, 현행 사회적경제는 소비 방식이 소비를 할수록 경제 자체가 활성화되는 과잉소비 방식이라면, 사회적경제 2.0의 소비방식은 대상자가 필요한 만큼의 공유와 활용을 목적으로 하는 협력적 소비의 방식으로 이루어진다. 둘째, 사회적경제의 목표는 이윤과 사회적 가치의 창출이지만, 1차적인 목표는 재정적 자립 혹은 지속가능성을 확보하기 위한 자산의 소유와 축적이 강하게 이루어진다. 그러나 사회적경제 2.0은 경제적 가치와 사회적 가치를 동시에 창출하며, 경제적 가치보다는 사회문제를 해결하거나 완화할 수 있는 사회적 가치에 더 방점을 두기 때문에 사회적 지속가능성 확보를 위한 사회적 활동이 더 강하게 나타난다. 셋째, 환경적인 측면에서 보면, 사회적경제는 재화의 판매를 위해 계속해서 생산해야 하기 때문에 자원을 고갈시키는 구조를 갖고 있는 반면, 사회적경제 2.0은 이미 생산된 재화 혹은 생산시설을 공유함으로써 기존 구조에 비해 재화를 절약할 수 있다. 즉, 현재 사회적경제는 재화 생산의 기반이 되는 시설 및 설비, 생산 방식을 개별 사회적경제 주체들이 보유하고 있는 반면, 사회적경제 2.0은 공동재화 생산 기반 시설 및 생산 방식을 구축하는 공동보유 방식이기 때문에 상대적으로 자원 낭비가 적고, 효율적으로 운영이 가능하다. 그리고 생산방식의 전환 과정에서 다양한 사회적경제 내 주체들이 관계와 협력을 형성·확장하게 되고, 이러한 관계 속에서 신뢰와 자존감을 높일 수 있다. 따라서 사회적경제는 경쟁, 경제적 가치와 재화생산의 개별 기반에 바탕을 두고 작동되고 있다면, 사회적경제 2.0은 협력과 공유, 사회적 가치와 재화생산의 공동 기반에 바탕을 두고 작동된다는 측면에서 차이가 있다. 특히 사회적경제 2.0의 공유의 바탕에 상대에 대한 신뢰가 형성되어 있지 않으면 작동하기 어려운 구조이다.

사회적경제와 기본소득

사회적경제와 기본소득의 연계점은 먼저 불평등 완화에서 찾을 수 있다. Polanyi(1991)의 연구에 의하면, 사회적경제는 사회의 불평등과 불안정성을 해결하기 위한 대안기제로 시민사회에 의해 스스로 만들어진 호혜적 경제 조직이라고 할 수 있으며, 시장과 재분배가 갖는 한계를 보완하는 역할을 수행하고 있다. 이러한 측면에서 보면, 자원을 개인들에게 평등하게 분배함으로써 불평등의 수준을 낮춘다는 기본적인 방향성 면에서 기본소득과 유사하다. 이러한 기본 방향성에는 구성원의 기본권, 사회권을 보장하겠다는 공통분모가 포함되어 있다고 볼 수 있다 (Blaschke, 2006; 한인정, 2018, p.136).

자본주의체계에서 소비자는 소비하려는 의도만 있어서는 안 되고, 구매력을 갖추어야 한다. 즉, 자본력을 가진 소비자에게만 시장에서 발언할 권리, 선택권이 주어진다. 자본주의체계에서 이러한 이분법은 선택권을 획득하기 위해 한편에서는 무한의 이윤을 추구하게 되고, 또 다른 한편에서는 무한의 착취를 감내해야 하는 불평등을 초래했다. 이러한 불평등적 요소를 완화하고 모든 구성원들에게 선택권이 부여되기 위해서는 최소한의 소득이 보장되어야 하는데, 이는 기본소득을 통해 실현 가능하다(김재훈, 2013). 기본소득이 모든 국민이 국가로부터 아무 조건 없이 하나의 권리로서 일정 수준의 소득을 제공받는 것을 의미하기 때문에 그렇다. 여기에 더해 기본소득은 기존의 국가 연금을 포함하면서 복잡한 현금급여체계와 면세 혜택을 대체할 경우 불평등적 요소를 더욱 완화할 수 있다(김재훈, 2013).

사회적경제와 기본소득의 연계점은 다음으로 사회적경제가 시장경제 내에서 경제적 가치 이외에도 사회적 가치를 창출한다는 것과 이 창출된 사회적 가치가 기본소득의 원천이 된다는 데서 찾을 수 있다. 사회적경제가 사회적 가치를 창출한다는 것은 모든 사회적경제에서 다 그러하다고 할 수는 없지만, 비영리적, 공익적 기

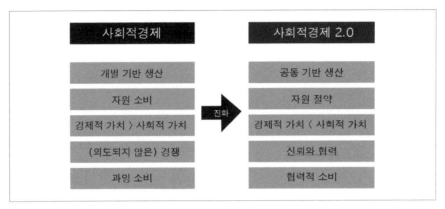

그림 10-3 사회적경제 2.0으로의 진화체계 및 특성

능을 수행하는 사회적경제에서만큼은 분명하게 발견되는 현상이다. 그런 점에서 사회적경제는 인간들 상호 간의 삶의 작용에서 사회적 가치를 창출하거나 지니는 활동을 의미하는 것으로 해석할 수 있다. 여기서 사회적 가치는 구체적으로 사회적, 경제적, 환경적, 문화적 영역에서 공공의 이익과 공동체 발전에 기여하는 가치라고 할 수 있다.[3] 사회적가치기본법(안)은 사회적 가치에 해당하는 항목이나 영역을 구체적으로 아래와 같이 적시하고 있기도 한다.

가. 인간의 존엄성을 유지하는 기본권리로서 인권의 보호

나. 재난과 사고로부터 안전한 근로, 생활환경의 유지

다. 건강한 생활이 가능한 보건복지의 제공

라. 노동권의 보장과 근로조건의 향상

마. 사회적 약자에 대한 기회제공과 사회통합

바. 대기업, 중소기업 간의 상생과 협력

사. 품위 있는 삶을 누릴 수 있는 양질의 일자리 창출

아. 지역사회 활성화와 공동체 복원

자. 경제활동을 통한 이익이 지역에 순환되는 지역경제 공헌

---

3. 사회적경제 관련 용어 알아보기, https://blog.naver.com/smartchatbot /221694142098(검색일자: 2019.8.5).

차. 윤리적 생산과 유통을 포함한 기업의 자발적인 사회적 책임 이행

카. 환경의 지속가능성 보전

타. 시민적 권리로서 민주적 의사결정과 참여의 실현

파. 그 밖에 공동체의 이익실현과 공공성 강화

이러한 사회적 가치를 창출하는 사회적경제는 해당 조직이나 그 조직체에 의해 이루어지는 활동으로서 경제학적으로 사회 내 공유재(서비스)를 창출하는 행위가 된다. 이러한 활동의 결과가 만들어 내는 재화(서비스)가 시장거래 차원에서 성립이 될 수도 있지만, 통상의 시장 밖에서 수급되기도 하여(비시장재로서) 이의 가격 내지 가치가 화폐적으로 잘 책정·표현되는 데 어려움이 있게 된다. 다시 말해, 사회적 가치를 창출하는 사회적경제 활동이 재화나 서비스 형태로 그것을 표현해 냈을 때 그것이 시장거래 대상이 되어 그 가치가 시장가격으로 나타날 수도 있고, 시장거래 대상이 되지 않아 그 가치가 시장가격으로 전혀 나타나지 않을 수도 있다는 것이다. 이는 시장경제 내에서 재화나 서비스가 공익적 측면의 사회적 가치, 즉 공유재(오스트롬의 공유지)의 가치를 제대로 반영하지 않음을 의미한다. 그만큼 시장경제는 자신들의 영역에서 제품의 시장가격을 원래의 가치보다 낮출 수 있고, 그로 인한 수요증가에 따른 사적 이익을 키울 수 있는 것으로 이는 공유재(서비스)를 그냥 가져다 쓰기에 가능하게 된다. 예를 들어, 사회적 자본(신뢰) 등은 사회적경제 활동의 일환으로 창출되는 사회적 가치를 지니는 재화(서비스)로 취급할 수 있다. 이는 분명 공공선을 창출하는 공유재로서 작용하며 시장경제를 보이지 않게 지탱해 주는 역할을 하나, 그 가치를 시장경제 내 재화와 서비스가 자신의 가격 속에 올바르게 반영하지 않고 그냥 공짜로 가져다 쓰고 있는 것이다. 결국 사회적 가치(이를 지니는 활동의 산물로서 나타나는 제반 재화와 서비스로 표현 가능)는 공유재로서 시장경제 내에서 지대소득(불로소득 내지 불로이득)을 발생시키는 상업적 약탈 내지 사익화의 대상이 된다고 할 수 있다.

사회적경제가 창출하는 사회적 가치가 시장가격을 통해 정당하게 대접을 받게 해주는 것이 사회가 창출해 내는 경제적 가치의 분배에서 정당함을 실현하는 것이

고, 이것이 사회의 경제적 정의, 경제시스템 전체의 안정, 사회적 차원의 부wealth
의 증진, 그리고 국민복지의 향상을 의미한다. 이는 공유재가 지대소득(불로소득) 내
지 부당이득(정당한 대가를 지불하지 않고 취하는 이득)의 대상으로 전락하는 것을 방
지해야 한다는 당위를 시장경제와 사회적경제 관계에서 관철시켜야 함을 요구한
다. 이것이 될 경우, 사회적경제와 시장경제 관계가 경쟁→공생→상생 관계로 점차
변할 수 있으며, 영역의 크기에서조차 그렇게 가도록 만드는 동력이 커질 것이다.

사회적경제가 창출한 사회적 가치가 시장가격을 통해 정당하게 대접을 받게 해
주는 방법을 바로 기본소득의 국민배당에서 찾을 수 있다. 사회적 가치에 해당하
는 부분만큼을 시장경제에서 생산되는 재화와 서비스 가격에 반영하거나 조세 형
태로 걷어들인 다음 국민들에게 돌려주는 것이 바로 그것이다. 불로소득이나 지대
소득에 해당하는 사회적 가치의 사익화 부분은 '사회적가치세' 방식이라는 일종의
조세 형태로 거두어들일 수 있다. 이의 타당성은 사회적 가치가 국민 모두의 공유
재인 만큼, 이 공유재에 대한 국민의 권리를 인정하고 국민 모두에게 일정 지분만
큼의 소득을 지급할 수 있다는 논리적 근거에서 찾을 수 있다.

다만, 이러한 사회적 가치를 화폐가치, 즉 시장가치로 측정해내서 제시할 수 있
어야만 앞에서 말한 '사회적가치세'의 부과가 실천가능하게 되는데, 문제는 이것
이 어렵다는 것이다. 그동안 제3섹터 영역의 사회적 가치 측정 도구가 다양하게
개발되어 왔으나, 성과와 한계가 공존한다(표 10-1 참조). 그런 만큼 한계를 극복
해 가기 위한 방법도 지속적으로 모색해야 할 것이다. 예를 들어 회계의 경우 그
약점을 극복하기 위해 CVMContingent Valuation Method(조건부가치측정법), CEChoice
Experiment(실험선택법) 기법들이 대안이 될 수도 있다. 예를 들어 CVM기법을 이용
하여 사회적 가치의 일종인 '공동체 기능 제고'의 가치를 어떻게 추정해 내는지에
대해 보여줄 수 있다. 자세한 내용은 후술한다.

사회적경제보다 사회적경제 2.0이 기본소득과의 연계점을 더 강하게 지니는 것
으로 보인다. 기본소득은 기존의 임금소득과 노동소득의 방식이 아닌, 사회적으로
적정한 삶을 유지하기 위한 보장소득이라고 할 수 있다. 이러한 형태의 소득을 지

분류	평가도구	세부내용
회계	SROI	사회적 편익에 대한 화폐적 가치 비교
	Social Accounting	조직의 목적을 바탕으로 이해관계자 컨설팅
전략경영	SE BSC	학습 · 성장, 내부 프로세스, 고객, 재무 관점
	SFP Dashboard	사회적기업 방식의 운영을 위한 내부적 관리 툴
보고서	Sigma Guideline	조직의 사회적 · 환경적 · 경제적 효과를 관리 · 성취하기 위한 지침
	GRI Guideline	조직의 사회적 · 환경적 · 경제적 효과를 관리 · 성취하기 위한 지침보고서
	Social Audit	Social Accounting에 대한 외부 감사
	AA1000(Series)	구체성, 완결성, 책임성에 대한 기술
성과측정	Local Multiplier 3	DIY 방식을 통해 지역경제에 대한 효과 설명
	ABCD	지역사회에 대한 효과를 이해하는 구조
	KSCPIs	협동조합의 원칙을 보기 위한 척도
	Eco-mapping	환경적 활동을 관리하고 분석하는 도구
	Prove it	조직에 의해 지역사회가 변화하는 정도 측정

표 10-1 제3섹터 영역의 사회적 가치 측정 주요 도구   자료 : 최준규(2018)

급하기 위해서는 분배의 체계를 전환하는 것이 필요하며, 분배의 과정에서 고려해야 할 부분이 공유, 신뢰, 협력, 그리고 공동의 가치라고 할 수 있다. 이러한 측면에서 보면, 사회적경제 2.0과 기본소득은 가치적인 측면에서 일정 부분 공통분모가 형성되어 있다고 볼 수 있다. 그럼에도 불구하고 사회적경제 2.0과 연계점을 확보할 구체적인 기본소득의 모형은 아직 정착이 되어 있지 않은 상태이다. 사회적경제 2.0과 기본소득의 연계모형을 논하기 위해서는 구체적으로 지급 금액, 재원조달 방법, 기존 제도 개편, 노동 및 사회적경제 시스템과의 연계 등과 관련하여 기본소득의 구체적인 모습에 대한 윤곽이 나와야 할 것이다.

기본소득의 유형을 이념에 따라 우파(신자유주의) 기본소득과 좌파(해방적) 기본소득으로 분류할 경우 좌파 기본소득이 여러 가지 면에서 사회적경제 2.0과 연계 가능성이 높다고 할 수 있을 것이다. 다만, 좌파 기본소득 모델은 경제 시스템이기보다는 정치레짐의 성격이 더 강하기 때문에 국내 관련 적용 시 실제 여건을 고려한 모델의 구조 및 내용에 대한 보완이 필요할 것으로 보인다.

사회 공유부(공동체)의 가치 추정

공동체가치(사회적 가치) 추정 방법

본 연구에서 공동체란 "지리적으로 근접한 일정한 공간에 거주하면서 공동의 목표나 가치를 추구하는 주민들이 서로 상호작용하면서 유대감을 가진 집단"을 의미한다. 이러한 정의에 입각해 볼 때, 공동체는 시장에서 거래하는 물건이 아니다. 그런 만큼 전형적인 비非시장재로 취급될 수 있다. 따라서 이의 가치를 추정하는데 시장에서의 수요공급에 의한 재화의 가격 정보는 별로 유용하지 못하다. 따라서 전혀 다른 방법론이 필요하다. 본 연구는 이러한 비시장재의 가치를 측정하는 방법론 중 양분선택형 조건부가치측정법Contingent Valuation Method, CVM[4]을 이용하여 공동체의 가치를 추정하고자 한다.

공동체가치의 추정

1. 자료 및 설문조사

1) 설문지 설계

이 조사는 응답자들이 공동체의 활동 및 의의, 그리고 내재적 부작용 등을 충분히 고려할 수 있도록 설문조사지를 설계하였다. 먼저 공동체에 대한 개념정의를 제시한 뒤, 공동체의 일반적 속성, 즉 지리적 경계, 소속감, 유대감에 대해 충분히 인식할 수 있도록 하였다. 공동체 활동의 4가지 유형, 즉 친목모임, 자발적 자조모임, 자원봉사, 사회적경제 공동체 조직을 구분하여 설명한 뒤, 각각의 유형에 부합

---

4. 양분선택형 조건부가치측정법DC CVM 기법과 이 기법을 적용하여 비시장재 가치를 추정하기 위한 경제모형 및 추정 계량모형 등에 관해서는 16장에서 자세히 기술하고 있으므로 이 장에서 중복하여 기술하는 것을 피한다.

유형	내용
친목모임	다른 사람들과 관계가 친밀하고 정다운 활동 (예: 친목계, 동창회, 동호회, 신앙공동체 등)
자발적 자조 모임	지역문제를 해결하기 위해 자발적으로 만들어진 모임 (예: 아파트층간소음해결위원회, 학교급식식자재 검수, 주민자치위원회, 노인회, 부녀회 등)
자원봉사	자기 스스로 나서서 사회나 타인에게 도움을 주는 활동 (예: 경로당 청소, 아동양육시설 아동과 놀아주기 등)
사회적경제 조직	지역주민들의 권익 · 복지증진과 관련된 사업을 수행하거나 취약계층에게 사 회서비스 또는 일자리를 제공하는 등 사회적 목적을 추구하면서 영업활동을 하는 기업(예: '빅이슈'(노숙자들의 일자리와 자립의지를 북돋기 위해 만들어진 잡지), '아름다운가게'(재활용품수거판매), '함께하는세상'(청소업체), '컴윈'(컴 퓨터 재활용 사업) 등 사회적 기업, 사회적 협동조합, 마을기업

표 10-2 공동체 활동 유형별 사례　　　　　　　　　　　자료 : 김희연 · 유영성(2014).

한 예들을 제시하였다(표 10-2 참조).

추가적으로 공동체가 가지는 특징을 긍정과 부정 양 측면에서 균형 있게 인식하
도록 돕는 보완용 설명카드를 제시하였다.

〈공동체의 특징〉

공동체는 다음과 같은 특징을 보입니다.

- 공동체 활동은 일부 영리적이기도 하나 대체로 비영리적 성격을 띱니다.
- 공동체는 소속원들에게 물질적, 정신적으로 긍정적 혜택이나 의미를 줍니다.
- 지역공동체가 소속원 자신에게 손해 또는 부정적일 경우 소속원은 공동체에서 벗어
  나려 할 것입니다.
- 공동체는 소속원만이 아닌 비소속원에 해당하는 일반인들에게도 혜택을 줍니다.
  (예: 자원봉사).
- 경우에 따라서는 공동체 소속원들만의 결속에 집착하여 배타적인 행태를 보일 수도
  있습니다.
- 공동체는 구성원들의 자발적 노력에 의해 유지되기도 하지만 사회경제적, 심리적 이
  유 등에 의해서 사라질 수도 있습니다.

- 공동체는 사회 전체나 지역 전체로 봤을 때 꼭 필요하지만 그냥 가만히 놔두면 자발적으로 만들어지지 않을 수도 있습니다.

참고: 김희연·유영성(2014)

WTP 질문을 위한 사전 단계로서 신뢰성 있는 답변을 유도하기 위해 지불대상, 지불방법, 지불액수 등 지불의사 질문 제시를 위한 환경을 계획적으로 조성하였다. 특히 우선 "공동체 활동의 유지와 활성화"를 위해 응답자에게 왜, 그리고 어떻게 지불할 의사를 묻게 되는지 이유에 대해 다음과 같은 가상적인 지출 상황을 인지하고 WTP를 피력할 수 있도록 설명하였다.

"…정부가 공동체를 활성화시키는 차원에서 지역공동체의 활동이 현 수준을 유지하거나 현 수준에서 조금 더 활발해지도록 하기 위해 현재 확보하고 있는 재원 이외에 추가 재원이 필요하다고 판단하여 귀하에게 '공동체 활성 협력금(기금)'을 징수한다고 합니다. 이로 인해 귀하는 공동체가 갖는 긍정적 혜택을 현 수준에서 유지하거나 더 누릴 수도 있고, 반대로 기금(협력금)을 지불하게 되어 귀하의 소득이 제한됨으로써 다른 용도의 지출을 그만큼 줄여야 할 수도 있습니다."

이와 같이 지불의사액 추정을 위한 가상적인 상황을 이해시킨 후에 다음과 같이 지불의사 질문을 하였다.

"만일 공동체의 활동을 현 수준에서 유지시키고, 더 나아가 조금 더 나아지도록 하기 위해 정부(지방자치단체)가 귀하에게 향후 5년 동안 기금(협력금)을 징수한다면 귀하는 매월 (   )원을 지불할 용의가 있습니까?"

단, 기금(협력금)을 지불할 용의가 있는지 물어본 제시금액을 결정하기 위해 두 차례에 걸쳐 사전조사pre-test를 실시하였다. 1차 사전조사의 경우 총 50명에게 개방형open-ended 질문을 제시하여 자신의 최대 지불의사액을 적도록 하였다. 응답결과 0원에서 50,000원까지 다양한 응답이 나왔으나, 빈도수가 상대적으로 많은 금액은 1,000원(12명), 5,000원(30명), 10,000원(20명), 30,000원(6명)이었다. 따라서 2

사전조사		수용 응답				
		1,000원	5,000원	10,000원	20,000원	30,000원
1차	개방형 질문	12명	30명	20명	2명	6명
2차	양분선택형 질문	40%	10%	10%	10%	0%

표 10-3 사전조사 결과

차 사전조사에서는 5가지 양분선택형 금액, 즉 1,000원, 5,000원, 10,000원, 20,000원, 30,000원을 각각 10명씩 총 50명에게 제시하였다. 먼저 이 금액을 수용할 것인지 여부에 대한 응답 결과는, 표 10-3에서 보듯이, 제시 금액이 가장 낮았을 때 (1,000원의 경우) 수용의사 표시자 비중이 40%(총 4명)를 차지하다가 이후 5,000원, 10,000원, 20,000원까지는 수용의사자 비중이 10%로 동일하다가 가장 큰 제시금액인 30,000원의 경우 0%(0명)로 하락하였다. 제시금액이 커짐에 따라 수용 응답율이 단조 감소하는 모습을 보이는 것은 아니지만, 전체적으로 가장 작은 값에서 시작하여 가장 큰 값에 이르기까지 수용반응이 감소하는 형태를 보인다 할 수 있다. 이는 제시 금액에 따른 사람들의 반응이 경제적 일관성을 지니는 것으로 해석할 수 있다.

이러한 사전조사 결과에 입각하여 본조사에서는 수용 응답이 전혀 없는 30,000원을 제외하고, 1,000원에서 20,000원까지를 해당 구간으로 삼고 5가지 제시금액을 선정하였다. 즉, 제시금액을 1,000원, 5,000원, 10,000원, 15,000원, 20,000원으로 정하였다. 경기도민 응답자들(표본)은 이 다섯 가지 금액 중 하나를 제시받고, 이에 대해 '예스' 또는 '노'의 응답을 하도록 하였다. 경기도민 응답자들은 각각의 향후 제시금액을 10년 동안 매월 낼 의향이 있는지 여부를 답하게 된다. 협력금(기금) 부담 지불의사가 전혀 없는지(지불금액이 0원) 여부도 확인하는 과정을 거쳤다. 지불의사가 전혀 없는 경우 가운데 비경제적인 이유로 지불의사가 없음을 표현한 경우는 저항응답protest bid으로 간주하여 유효표본에서 제하였다.

구 분		표본수(개)	%
전 체		1,000	100.0
성 별	남 자	509	50.9%
	여 자	491	49.1%
학 력 별	고졸 이하	164	16.4%
	대재 이상	836	83.6%
직 업 별	행정/사무/관리직	403	40.3%
	판매직/서비스직	89	8.9%
	전문 · 기술직	147	14.7%
	생산/운수/일반노무직	42	4.2%
	농업/어업/수산업	3	0.3%
	학생	70	7.0%
	전업주부	141	14.1%
	무직	45	4.5%
	기타	60	6.0%
가구 소득	100만 원 미만	30	3.0%
	100~299만 원	198	19.8%
	300~499만 원	323	32.3%
	500~699만 원	264	26.4%
	700만 원 이상	185	18.5%
연 령		43.1(12.82)	
소 득		279.7(369.46)	
거주기간		14.9(11.03)	

표 10-4 표본의 특성

2) 설문조사

이 연구의 모집단은 경기도민이며(2019년 9월 말 현재 13,193,943명), 표본은 2019년 9월 말 현재 경기도에서 1년 이상 거주한 20세 이상 내국인이다. 표본의 크기는 1,000개로 설정하였다.[5] 표본추출은 통계청 '주민등록인구현황' 2019년 9월 말 기준 성별, 연령별, 지역별 인구 구성비에 따라 비례 할당한 후 무작위 추출하였다. WTP 추정을 위한 기제로 '기금(협력금)'을 활용하였으므로 설문조사의 현실성 제

---

5. 총 1,000개의 표본을 양분선택형 폐쇄형 질문에 해당하는 다섯 가지 지불금액을 제시하는 각각의 설문지에 맞춰 200개씩 할당하였다.

구분			표본수(개)	비중(%)
전체 표본			1,000	100.0
유효 표본		지불의사가 있는 응답	700	70.0
	지불의사가 전혀 없는 이유	경제적 여유가 없다	58	5.8
		현재상태로 만족한다	19	1.9
	소계		777	77.7
저항 응답	지불의사가 전혀 없는 이유	위 상태는 가정한 것이라 의미가 없다	3	0.3
		제시된 정보가 불충분하거나 신뢰가 가지 않는다	24	2.4
		조사 결과가 나에게 불이익을 줄 수 있다	1	0.1
		공동체 활성 협력금은 우리가 부담할 사항이 아니다	76	7.6
		기금(협력금)을 낸다고 해서 공동체 활성화가 될 것이라 기대하지 않는다	119	11.9
	소계		223	22.3

표 10-5 저항응답과 유효표본의 분포

고라는 측면에서 조사의 기본단위를 가구가 아닌 개인으로 하였다. 소득은 가구의 세전소득을 물었다. 조사대상 연령의 상한을 70세로 한정하였다. 2019년 10월 22일~11월 7일까지 전문조사기관에서 MS패널을 이용하여 조사를 하였다. 설문조사 표본의 특성은 **표 10-4**와 같다.

3) 유효표본의 선택

공동체의 가치를 화폐단위로 추정하기 위해서 경제학적으로 비합리적인 선택 표본을 제거하고, 유효표본effective sample을 선택하였다. 유효표본이란 경제학적으로 비합리적인 선택을 한 응답, 소위 저항응답을 제외한 표본을 말한다. 저항응답이란 일단 공동체의 유지 및 활성화가 그 자체로는 가치가 있다고 판단하지만, 정치적, 전략적 또는 비경제적 이유에 의해 지불의사가 전혀 없다고 응답한 경우를 말한다.

설문조사 시 저항응답을 파악하기 위해 응답자에게 공동체 유지 및 활성화를 위한 기금(협력금)으로 단돈 1원도 지불할 의사가 없는지를 물었다. 최소한 1원

변수	추정계수	z-통계량	P-값
상수항	.6268313	1.45	0.148
남성	.5145159	2.68	0.007[1]
나이	−.0078141	−0.97	0.332
거주년수	−.0054622	−0.70	0.483
제시금액	−.0001685	12.74	0.000[1]
교육수준	.1762383	0.73	0.463
직업(판매직/서비스직)	.5690002	1.86	0.062
직업(전문·기술직)	.1760748	0.67	0.500
직업(생산/운수/일반노무직)	.196127	0.44	0.660
직업(농업/어업/수산업)	.9164809	0.60	0.547
직업(학생)	−.0912163	−0.23	0.815
직업(전업주부)	.3764005	1.32	0.188
직업(무직)	.3429579	0.80	0.422
직업(기타)	.2056617	0.54	0.588
소득	.2449514	2.93	0.003[1]

표 10-6 로짓모형 추정 결과
주 1) 1% 수준 유의
LR chi(14)= 229.23; Prob〉chi = 0.0000;
Pseudo R² = 0.2131; Log likelihood = −423.25733

이라도 지불할 의사가 있는 응답은 700개로서 전체의 절반을 웃도는 70.0%를 나타내었다. 따라서 부담금을 1원도 지불할 의사가 없는 응답은 300개로서 전체의 30.0%로 나타났다(표 10-5 참조).

부담금 지불의사가 전혀 없는 응답자들에 대해 그 이유를 물은 결과, 부담금을 1원도 지불할 의사가 없는 응답 중 경제학적인 측면에서 비합리적인 이유로 1원도 지불할 의사가 없는 저항응답에 해당하는 응답은 223개로서 전체의 22.3%를 차지하였다. 이러한 응답들의 내용을 살펴보면, "기금(협력금)을 낸다고 해서 공동체 활성화가 될 것이라 기대하지 않는다"는 응답이 119개로서 전체 표본의 11.9%로서 대다수를 차지하였고, "공동체 활성화 협력금은 우리가 부담할 사항이 아니다"는 응답도 76개로서 전체 표본의 7.6%를 차지하며, "제시된 정보가 불충분하거나 신뢰가 가지 않는다"는 응답도 2.4%로 소수 존재하였다.

표 10-5는 전체 표본에 있어서 저항응답과 그렇지 않은 유효표본의 분포를 나타낸다. 저항응답 223개를 제외한 표본 777개(77.7%)가 유효표본으로서 공동체 활동의 유지 및 활성화의 가치 추정에 사용될 최종표본이다.

2. DC CVM 추정 결과

1) 로짓모형 추정 결과

단일양분선택형 CVM 질문을 이용하여 확보한 전체 표본 중에서 유효표본 777개를 선정하여 사회경제적 변수들을 포함하지 않은 로짓 선형모형을 추정한 결과, 표 10-6과 같이 주요 변수인 기금(협력금) 제시금액과 소득이 1% 수준에서 통계적으로 의미가 있는 것으로 추정되었다.[6] Pseudo R^2 값은 0.2131으로 20% 이상에 해당하여 매우 만족스러운 수준이라고 할 수 있다.[7]

2) 공동체가치 추정 결과

① 1인당 지불의사액 추정 결과

앞서의 선형 로짓모형 추정결과는 공동체 활동의 유지 및 활성화에 대한 모집단의 1인당 평균지불의사액을 추정하는 데 다음과 같이 사용될 수 있다.

우선 다음과 같이 양의 지불의사만 허용하는 선형 로짓모형의 평균 지불의사액 계산식을 사용하여(Hanemann, 1984)[8] 앞서 선형 로짓모형 추정 결과 구해진 상수

---

6. 본 연구의 로짓모형 추정에서 함수식상 공변량을 명시적으로 표시하지 않았으나, 추정 결과에는 공변량 부분을 포함시켜 제시하였다. 이는 공변량 추정치의 유의성 여부에 따라 해당 변수를 모형 속에 포함시키거나 제외하는 등의 자의성이 개입될 경우 모형 추정에 편의bias가 발생할 수 있으나 해당 변수의 포함 여부에 상관없이 공변량 추정 결과치에 대한 관심을 표명할 필요가 있어서이다.
7. McFadden(1974)의 ρ^2(Pseudo R^2)값에 대한 설명력 판단의 절대적인 기준은 없다. 단, 회귀모형과는 달리 ρ^2값이 통상 10% 이상이면 모형으로서 의미가 있으며(Bateman, et, al., 2002), 20~40% 사이는 매우 만족스럽고very satisfactory, 40%에 육박하면 설명력이 지극히 높으며extremely high, 40%를 넘기면 극히 예외적인very exceptional 결과로 해석될 수 있다(Hensher and Johnson, 1981).
8. 이 연구는 공동체의 유지 및 활성화가 경기도에 거주하는 경기도민들의 효용을 감소시키지 않는다고 가정하고 음의 지불의사를 배제하는 모형을 선택하였다.

변수	추정계수	t-통계량	P-값
1인당 지불의사액 계산식	6260,822	3.74	0,000
95% 신뢰구간	[2972,847, 9548,796]		

표 10-7 경기도민 1인당 공동체 활동의 유지 및 활성화에 대한 지불의사액 추정 결과

주) t-통계량은 델타법(Delta-method)을 사용하여 계산함.

월평균 지불의사액	연평균 지불의사액	5년간 지불의사액
추정치(원)	추정치(원)	추정치(원)
6,260,822	75,129,864	375,649.32

표 10-8 경기도민 1인당 평균 지불의사액 추정 결과

항의 계수인 α와 제시금액의 계수인 β에 대한 추정치들을 대입하여 공동체 활동의 유지 및 활성화에 대한 경기도민 1인당 평균 지불의사액을 추정하였다.

$$(1) \quad C = \frac{1}{\beta} \times \ln\left[1 + \exp(-\alpha)\right]$$

표 10-7은 이러한 1인당 지불의사액 계산식 추정결과를 보여준다. 변수인 경기도민 1인당 공동체 활동의 유지 및 활성화에 대한 지불의사액 추정치는 6,260.822원으로서 이 추정결과는 1% 수준에서 유의한 것으로 나타났다.

표 10-8은 이상의 1인당 지불의사액 계산식 추정 결과를 이용하여 모집단의 1인당 평균 지불의사액 관련 추정 결과를 보여주고 있다. 즉, 모집단의 1인당 월평균 지불의사액은 6,260.822원인 것으로 추정되었다. 따라서 1인당 연평균 지불의사액은 약 75,129.864원으로 추정되었다. 이에 근거하여 판단하면, 1인당 5년간 총 지불의사액은 약 375,649.32원에 해당한다.

② 공동체가치 추정 결과

표 10-9는 이와 같이 추정된 모집단인 1인당 평균 지불의사액을 모집단의 경기도민 인구수(2019년 9월 말 현재 주민등록 인구수) 13,207,219명(행안부 인구통계 근

경기도 월평균 공동체가치(사회적가치)		경기도 총 공동체가치(사회적가치)	
추정치	약 826억 원	추정치	약 4조 9,613억 원
전국 월평균 공동체가치(사회적가치)		전국 총 공동체가치(사회적가치)	
추정치	약 3,243억 원	추정치	약 19조 4,772억 원

표 10-9 경기도 공동체 유지 및 활성화 가치 추정 결과

거)에 대해 적용한 결과이다.

1인당 평균 지불의사액을 인구수 13,207,219명으로 곱한 결과 경기도에서 공동체 활동의 유지 및 활성화를 위해 사회적으로 월평균 약 826.88억 원, 연간 약 9,923억 원의 가치가 발생할 것으로 추정되었다. 더 나아가 경기도민들이 부여하는 경기도 내 공동체 활동의 유지 및 활성화로 인한 총 경제적 가치는 4조 9,613억 원 정도가 될 것으로 추정되었다.[9]

3) 공동체가치의 활동유형별 구분

공동체의 활동은 크게 4가지 유형으로 구별할 수 있다(표 10-10 참조). 즉, 친목모임, 자발적 자조 모임, 자원봉사, 사회적경제 조직이 그것이다. 이 하위 범주의 상대적 중요도에 대한 응답자(n=2000)의 응답결과 '친목모임'(37.06%), '자발적 자조 모임'(20.38%), '자원봉사'(19.87%), '사회적경제 조직'(22.69%)으로 나왔다. 이를 공동체가치 추정 결과에 대입하면 경기도 내 공동체 활동의 유형별 가치는 ① '친목모임'(약 18,387억 원), ② '자발적 자조 모임'(약 10,111억 원), ③ '자원봉사'(약 9,858억 원), ④ '사회적경제 조직'(약 11,257억 원)에 해당한다.[10]

---

9. 경기도의 추정치를 전국으로 확대하여 적용해 볼 수 있다. 이는 보통 편익이전benefit transfer 기법을 적용하여 구한다. 본 연구의 목적은 경기도에서의 공동체가치(사회적 가치) 추정에 있는 만큼 복잡한 편익이전 기법의 적용에까지 논의를 확대하지는 않을 것이다. 편익이전을 단순하게 인구비례법에 의해 전국인구 51,849,253명(행안부 인구통계 근거)에게 적용하고자 하며 그로부터 얻은 결과를 표 10-9에 제시한다.
10. 전국 차원의 공동체 유지 및 활성화 가치의 유형별 구분은 표 10-10에 제시한다.

공동체 유형	내용	경제적 가치	
		경기도	전국
친목모임	다른 사람들과 관계가 친밀하고 정다운 활동 (예: 친목계, 동창회, 동호회, 신앙공동체 등)	18,387	72,184
자발적 자조모임	지역문제를 해결하기 위해 자발적으로 만들어진 모임 (예: 아파트층간소음해결위원회, 학교급식식 자재 검수, 주민자치위원회, 노인회, 부녀회 등)	10,111	39,694
자원봉사	자기 스스로 나서서 사회나 타인에게 도움을 주는 활동 (예: 경로당 청소, 아동양육시설 아동과 놀아 주기 등)	9,858	38,701
사회적경제 조직	지역주민들의 권익·복지증진과 관련된 사업을 수행하거나 취약계층에게 사회서비스 또는 일자리를 제공하는 등 사회적 목적을 추구하면서 영업활동을 하는 기업 (예: '빅이슈'(노숙자들의 일자리와 자립의지를 북돋기 위해 만들어진 잡지), '아름다운가게'(재활용품수거판매), '함께하는 세상'(청소업체), '컴윈'(컴퓨터 재활용 사업) 등 사회적 기업, 사회적 협동조합, 마을기업	11,257	44,193
합　　계		49,613	194,772

표 10-10 경기도 공동체 유지 및 활성화 가치의 유형별 구분

사회적경제와 기본소득의 연계 방안

앞에서 사회적경제와 기본소득은 연계가 되는 접점이 존재하고, 또 보다 연계를 강화하는 방안을 마련할 필요가 있음을 살펴보았다. 여기서는 기본적으로 사회적 경제 2.0을 전제한 상태에서 사회적경제와 기본소득을 연계하는 방안을 제시하고 자 한다. 먼저 사회적경제 2.0의 기반을 강화할 수 있는 방안을 도출한 후, 사회적 경제 2.0과 기본소득을 연계할 수 있는 방안을 제시하도록 한다.

사회적경제 2.0 기반 강화 방안

1. 공유 인프라 구축

사회적경제 2.0을 실현하기 위해서는 먼저, 사회적경제 주체들 간 자원 공유를

활성화할 수 있는 인프라의 구축과 이해도를 증진시키는 것이 필요하다. 미국의 경우 공유의 가치를 확산하기 위하여 'Share Tomkins', 'Tool Library' 등 플랫폼에 기반한 지역 내 공유 인프라를 통해 다양한 주체들 간 유휴자원의 공유를 촉진하고, 이를 통하여 과도한 자원소비를 줄이는 등 공유 기반의 생산체계 정착을 촉진하고 있다.

사회적경제 2.0에서는 도시가 보유하는 자산을 효율적으로 활용하는 것이 중요한 이슈로 제기되고 있다. 세계 인구의 절반이 도시에 거주하고 도시 경제가 세계 GDP에서 차지하는 비중이 85%에 상당한 가운데 도시는 세계 자원의 75%를 사용하고 온실가스 배출의 60~80%를 차지한다(Ellen MacArthur Foundation, 2017; 한국정보화진흥원, 2018). 이러한 측면에서 볼 때, 지역 또는 도시단위에서 자원의 순환을 촉진할 수 있는 인프라 구축이 필요하다.

기존 '채취-제조-폐기take-make-dispose'의 선형경제 모델이 환경 및 지속가능 측면에서 한계를 나타냄에 따라 순환경제 모델에 대한 관심이 증대(한국정보화진흥원, 2018)되면서 관련 시스템 구축의 필요성이 강하게 제기되고 있다. 자원의 공유를 촉진·활성화하기 위해서는 Inter/Intra-city 차원의 자원 순환 및 활용을 촉진하기 위한 서비스 모델 개발과 도시 간 공유 서비스 연계 추진이 필요하다(한국정보화진흥원, 2018). 이를 위해서는 첫째, 개별 도시가 보유한 공공 자산을 디지털화하여 관리할 수 있도록 하는 공유 인프라를 구축하고, 관련 정보를 개방적으로 활용할 수 있는 서비스를 제공할 수 있어야 하고, 둘째, 자원절약, 폐기물 감소, 폐기물 재활용 등을 활성화하기 위한 모듈 방식의 제품 생산 기반을 구축하여야 한다. 즉, 이는 A라는 지역에서 활용된 보도 블럭을 별도의 가공 없이 B지역에서 바로 사용할 수 있도록 표준화하는 것을 의미한다.

이러한 측면에서 볼 때 지역 내 자원 공유 활성화를 위한 인프라를 구축하여 지역 내뿐만 아니라 타 지역과의 공유 연계에 대한 정책적 노력이 필요하다. 이를 통해 공유의 가치 실현에 더 근접한 사회적경제 2.0의 실현이 가능하게 된다.

〈도시간 순환경제 시범사업〉 사례

• 엘렌 맥아더 재단(Ellen MacArthur Foundation)은 Circular City Network를 구성하여 뉴욕, 런던, 토론토 등 12개 도시간 연계하여 순환경제 시범 적용
  – 전 세계 지도자들은 장기적 번영과 자원의 충족, 경제의 자립성, 각국 도심지의 복지를 보장하는 한편 현재의 도시 시스템이 운영되는 방식에 대해 재고하고, 새로운 가치와 최적화 방법을 창출해내야 함
  – 도시의 급격한 성장은 도시의 자원, 수용능력, 삶의 질에 큰 압박 요소이나 한편으로 도시의 순환경제 어젠다에 큰 추진력을 갖게 하며, 전환 시 도시가 엄청난 수혜자가 되도록 하는 요인으로 작용
  – 디지털 기술을 활용하여 추진 중인 스마트시티와의 접목 방안 마련 필요
• 순환경제 전문 연구기관인 엘렌 맥아더 재단에서는 이러한 임무 지원을 위해 2가지 목표에 대해 심층연구 진행 중
  – ① 순환경제가 도시에 가져올 기회
  – ② 복잡한 도시 환경에서도 실행 가능한 도시의 기회 포착 방안

자료 : Ellen MacArthur Foundation(https://www.ellenmacarthurfoundation.org/)
(검색일자: 2019.7.21), 한국정보화진흥원(2018).

2. 공공과 민간의 협력 체계 구축

사회적경제 2.0의 정착을 위해서는 지역 내 다양한 주체들 간의 협력이 필요하다. 최근 공유경제, 플랫폼 경제 체계 내에서 노동시장에서의 기술변화와 함께 고려되고 있는 것은 지역 내 다양한 주체들과의 협력을 통한 연관효과를 극대화할 수 있는 적극적 협력체계 구축과 노력들이다(Schmid-Druner, 2016; Schmidt, 2017).

독일의 경우 새로운 경제시스템 및 체계의 등장으로 인하여 나타날 수 있는 법률 분쟁이나 나쁜 영향에 대한 대응의 주체로 협동조합의 역할을 강조하고 있다. 독일 정부는 지역사회와 공유 인프라 구축 등 공유경제 등장에 따른 노동시장 경직성의 문제를 정책적·제도적으로 해결하는데 적극적으로 노력하고 있으며, 협동조합은 근로자 및 지역주민들에게 정보의 비대칭 문제를 해결하기 위한 정보제공 및 교육 등의 역할의 수행하도록 함으로써 부정적 요인에 대한 제대로 된 인식과

대안 도출을 지원하고 있다(한국정보화진흥원, 2018).

영국은 공공부문이 직면한 과제에 대해 민간협력을 통해 공유의 효율성을 적극적으로 활용하고 있다. 맨체스터 시티는 공유경제를 통해 고령화 문제, 의료산업의 외주화 문제, 예산 삭감 문제 등에 효율적으로 대응하고, 의료서비스 불평등 수준을 완화하는데, 민간과의 공유가치 실현을 통해 관련 문제를 해결하고 있다. 특히 공유에 따른 성과 측정을 위해 통계청, 의료기관 등과의 협력체계 구축을 통해 데이터에 근거한 체계적인 접근을 강조하고 있다(한국정보화진흥원, 2018).

공유, 협력의 가치를 근간으로 하는 사회적경제 2.0의 실현을 위해서는 지역 내 다양한 주체들의 협력이 필수적으로 선행되어야 하며, 특히 국가 및 경기도 차원에서 추진되는 산업 및 경제, 복지정책 등과 연계, 지역 내 이해관계자들의 활용방안 등을 종합적으로 고려한 큰 틀에서의 활용방안 도출이 필요하다.

3. 지역화폐의 적극적 활용

현재 시행되고 있는 경기도 지역화폐가 보다 적극적으로 활용될 수 있는 기술적, 사회적 기반을 구축하고, 지역화폐의 장점은 극대화하고, 단점을 최소화할 수 있는 인프라 구축이 필요하다. 지역화폐는 사회적경제 2.0에서 설정하고 있는 공유와 협력의 연계고리를 강하게 묶을 수 있는 정책적 수단이다. 화폐는 다양한 주체의 연결고리를 형성하는 데 도움이 될 뿐만 아니라 하나의 경제권 혹은 공유권을 형성하는 데 유용하다. 최근 기술의 발달로 지역화폐의 활용은 디지털화되고 있으나, 보안상의 취약, 사용의 불편함, 용도의 제한 등 풀어야 할 과제가 남아 있다.

최근 강조되고 있는 블록체인 기술을 활용하여 디지털 지역화폐에 대한 단점을 보완하고, 사회적경제 영역과 직접적으로 연계할 수 있는 기술적 보완이 필요하다.

사회적경제 2.0과 기본소득 연계방안

1. 경기도형 기본소득 모델의 정립 방향

기본소득 모델은 크게 신자유주의적 기본소득 모델과 해방적 기본소득으로 구분되며, 사회적경제 2.0과 연계가능한 기본소득의 모델은 해방적 기본소득 모델이 더 적절하다는 의견을 앞서 제시하였다. 그럼에도 불구하고 해방적 기본소득 모델은 경제시스템과 연계되기 어려운 정치레짐의 요소가 강하기 때문에 경기도에 적합한 기본소득 모델의 정립이 필요하다.

사회적경제 2.0은 대안적 경제 모델이며, 지역 및 공동체 단위에서 기존의 경제시스템과 보완적으로 작동되는 경제시스템의 성격이 강하다. 이러한 측면에서 볼 때, 첫째, 경제시스템과 정치레짐을 어떻게 결합할 것인가에 대한 선제적인 고민이 필요하다. 정치레짐은 선언적이고 목표의 제시는 가능하나 실제 어떻게 작동시킬 것인가에 대한 구체성이 결여되어 있기 때문에 경제 및 사회시스템과의 결합이 필수적이라고 할 수 있다. 둘째, 경기도의 기본소득 모델은 어떠한 특성과 형태를 갖추고 갈 것인가에 대한 고민이 필요하다. 해방적 기본소득모델을 채택한다고 하더라도 경기도의 사회경제적 여건과 정치, 경제 환경이 상이하여 일부 수정보완이 필요할 수밖에 없다. 기본소득의 실효성 있는 운영을 위해서는 최소한의 기본소득 모델에 대한 정립이 필요하다.

2. 사회적경제 2.0과 기본소득의 연계방안

사회적경제 2.0과 기본소득의 공통점은 공유와 협력, 소비자의 선택권, 기본권 보장으로 정리할 수 있는데, 이러한 가치들이 연계되기 위한 기본 전제는 자원의 순환이라고 할 수 있다. 경제시스템에서 사회적경제 조직은 생산자의 위치에 놓여 있고, 기본소득은 대상자의 소비권과 기본권을 보장하는 소비자의 위치에 놓여 있다. 생산과 소비의 체계를 지속가능하게 하기 위해서는 순환체계를 정립하는 것이 필요하다. 즉, 대상자가 소득을 얻기 위해서는 공식적인 근로활동을 이행해야 한다는 것이 자본주의경제에서 기본적인 가정이었다. 대상자가 공식적인 근로활동을 이행하는 과정에서 사회적경제 영역에서 생산과 소비를 통해 소득과 잉여이익이 창출하는 구조로 경제시스템을 운영하고, 발생한 잉여이익은 기본소득을 지급하기 위한 공유재원으로 활용하는 것이다. 이러한 체계에서 소비자는 안정적인 구

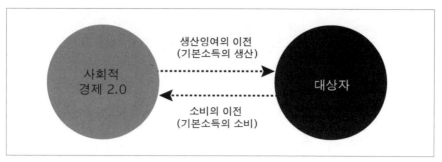

그림 10-4 지역 내 공유잉여의 순환 구조

매력을 바탕으로 생산물을 믿고 소비할 수 있는 이점이 있고, 생산자는 안정적인 수요를 확보함으로써 지속적인 투자와 공유 잉여를 생산함으로써 지속가능할 수 있는 생산-소비 체계를 형성할 수 있다.

이러한 생산-소비 체계에서 기본소득은 생산-소비 체계를 안착시키는 데 매개 역할을 수행하며, 생산자에게는 생산효율성을 촉진하여 더 많은 공유 잉여를 창출하게 하고, 시민들에게는 최소한의 소비력에서 적정한 소비력을 갖추도록 함으로써 자연스러운 재원의 순환구조를 형성하도록 한다.

그림 10-4와 같이 사회적경제 2.0과 기본소득의 연계 구조를 구축하기 위해서는 다음과 같은 전제조건이 선행되어야 한다.

첫째, 사회적경제 2.0 영역에서 생산을 통해 발생하는 공공잉여를 활용할 수 있는가, 그리고 이에 대한 활용의 권한은 누구에게 부여해야 하는가 하는 부분이다. 공공의 소유물에 해당되는 공공자산, 공공이 출자 · 출연한 자산에 대해서는 공공이 소유권을 가지고 있기 때문에 발생하는 공유잉여에 대한 부분은 공공이 사용할 권한을 가지고 있다. 그러나 사회적경제 2.0에는 공공뿐만 아니라 민간영역의 다양한 주체들이 참여를 해야 하는데, 이들의 생산활동을 통해 발생한 공유잉여에 대해서는 어떻게 활용할 수 있는가에 대한 문제점이 남는다. 앞서 살펴보았듯이, 사회적경제는 사회적경제 조직의 목적이 사회적경제 영역 내 구성원 및 지역사회에 제공하는 봉사에 방점을 두고 있으며, 발생한 잉여에 대한 활용은 배당금의 형태로 노동자나 이용자, 구성원 간 잉여배당, 활동의 발전을 위한 수익금 적립, 사

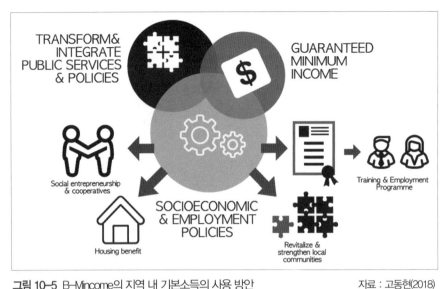

그림 10-5 B-Mincome의 지역 내 기본소득의 사용 방안　　　　자료 : 고동현(2018)

회적 목적을 위한 수익금 등에 대해서는 사용할 수 있는 특성 및 운영원리를 설정하고 있다. 이러한 사회적경제의 특성 및 운영원리에 입각하여 공공과 민간의 다양한 주체들 간 사회적경제 활동에 대한 공유잉여 활용 및 배분에 대한 합의를 도출하고, 제도화의 과정이 필요하다. 특히 주체들간 합의 후 사회적경제 영역에서 발생하는 공유 잉여를 기본소득의 재원으로 활용하는 법적·제도적 구속 기제를 만들지 않으면, 현실적으로 기본소득 운용을 위한 재원의 부재로 실현이 어렵다.

　그림 10-5는 스페인 바르셀로나에서 기본소득(최소소득보장) 실험 모형에서 지역의 주체들과 활용할 수 있는 사회적경제 영역에 대해 제시하고 있으며, 이를 통해 기본소득이 지역의 경제활성화와 사회적·경제적 불평등을 해결할 수 있는 대안인지에 대해 검증하고 있다. 이를 참조할 필요가 있다.

　둘째, 사회적경제 영역에서 발생한 공유잉여는 실제 사회적경제 활동을 지속가능하게 하는 잠재적 투자재원으로서의 성격이 강하다. 이러한 측면에서 볼 때, 대상자에게 지급되는 기본소득의 소비처는 사회적경제 영역에서 이루어져야 한다. 즉, 대상자는 제공된 기본소득을 사회적경제 영역에서 착한 소비를 하면서 사회적경제 영역에서 투자재원으로 활용될 수 있도록 하고, 이러한 일련의 과정이 궁극

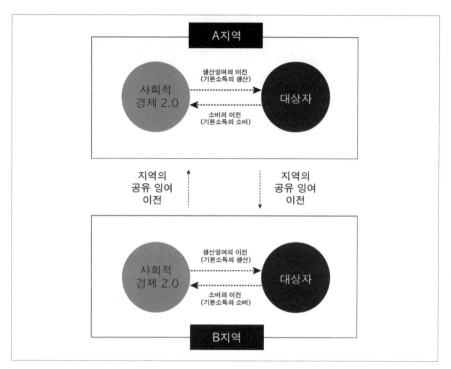

그림 10-6 지역 간 공유 잉여의 순환 구조

적으로 대상자에게 더 큰 도움으로 돌아올 수 있다는 인식의 개선이 필요하다.

사회적경제와 기본소득의 연계의 핵심은 공유잉여에 대한 적절한 배분과 순환이라고 할 수 있다. 단일 지역 내에서 이러한 배분과 순환의 체계가 잘 작동될 수 있는 여건이 마련되어 있다면, 실현성과 지속가능성을 증진시킬 수 있으나, 그렇지 못한 경우에는 결국 인접지역과의 교류 및 순환을 통해 공유잉여의 생산-순환에 대한 한계를 보완하여야 한다. 이러한 지역 간 공유잉여의 이전은 단방향이 아니라 양방향으로 순환하도록 하여 특정지역에 공유잉여가 집적되는 현상의 발생을 최소화하는 것이 필요하다.

사회적경제와 기본소득을 연계하는 것은 단순히 생산잉여의 공유와 평등한 배당, 기본권 보장이라는 측면에서 단순하게 접근하는 것은 어렵다. 실제 사회적경제와 기본소득이 형성하고 있는 가치와 방향에 대한 공통분모는 작동을 위한 설계과정에서 상호 연계될 수도 있고, 상호 배제적이거나 양자택일적인 상황이 발생할 수 있다. 그리고 사회적경제와 기본소득을 연계하는 것에 대해 사회구성원 모두가 동의하지 않을 수 있다. 이러한 일련의 갈등과 합의의 과정을 통해 경기도 혹은 한국사회에 맞는 사회적경제와 기본소득의 연계 모델을 최종적으로 구상하는 것이 필요하며, 다양한 의견들을 반영하는 것이 필요하다.

기본소득과 유사정책들 비교

은민수

"우리는 실용주의적이고 점진적인 접근법을 채택하는 것이 바람직하며, 기존 복지제도의 보편주의적 성격을 확장할 수 있다면, 다소 온건한 개혁일지라도 적극적으로 환영하는 태도가 반드시 필요하다"

— Van Parijs and Vanderborght(2018, p.7)

"공정하게 말해 정치적인 실현가능성의 관점에서 보면 마이너스 소득세 제도 쪽이 중요한 이점을 가지고 있음을 인정하지 않을 수 없다"

— Van Parijs and Vanderborght(2018, p.100)

본 장은 경기도에서 현실적으로 실행이 가능한 기본소득 모형을 제안하기 위하여 정형화된 무조건적 기본소득Unconditional Basic Income과 부(-) 소득세를 이용한 기초소득Guaranteed Annual Income을 비교 분석하는 데 목적을 두고 있다.[1] 현재 캐나다, 핀란드, 네덜란드, 미국 알래스카 등 많은 국가들에서 기본소득을 실험하고 있거나 계획 중에 있으며, 국내에서도 '기본소득'이라고 할 수는 없지만, 사회수당 형태의 서울시 청년수당, 경기도 청년기본소득 등이 시행되면서 기본소득 관련된 논의가 확장되고 있다. 많은 국가들이 보수와 진보를 떠나 기존의 기여와 보험원리에 기반한 사회보장시스템의 지속가능성에 의문을 제기하면서 그 대안을 기본소득에서 찾고 있는 것이다. 이는 4차 산업혁명과 디지털 자본주의의 도래, 제조업의 기술적 집약화, 축소된 고용기회와 불안정한 고용기간, 다양한 프레카리아트 계층의 증가, 길어진 은퇴 후 삶 등의 변화 가능성을 감안하면, 필연적인 과정일 수 있다.

그러나 기본소득은 그 개념상 매우 단순하고 간명하여 특별히 이견이 없을 것처럼 보이지만, 제도를 실제로 도입하기 위해서는 검토하거나 극복해야할 장벽이 많다.[2] 특히 이상적이고 완벽한 무조건적인 기본소득 모델은 아직 존재하지 않고 당분간 실현되기를 기대하기도 어려울 것 같다. 파레이스와 판데르보흐트 역시 "어떻게 정의하든 '완전한' 기본소득이라는 것을 단 한 방에 성취하려는 행동은 무책임할 수밖에 없다."고 고백한다(Van Parijs and Vanderborght, 2018, p.373). 국내에서도 아직 무조건적인 기본소득은 지지하는 정치세력도 형성되지 않았을 뿐 아니라 재정적 실현가능성도 불투명하다. 대신 국내외적으로 최근 논의되고 있는 기본소득 방안들은 대체로 '부분적' 내지 '과도기적'인 기본소득 변형들이다. 그 중에서도 본고에서 검토하고자 하는 부의 소득세negative income tax, NIT를 활용한 소득보장제도인 기초소득GI는 무조건적 기본소득과 공공부조의 중간단계로 규정할 수

---

1. 기존의 무조건적 기본소득UBI과 구분하기 위해 '기초소득GI 혹은 NIT/GI'라고 명명할 것이다.
2. 모든 시민이 소득수준이나 근로 여부와 상관없이 무조건적으로unconditionally 보편적인 소득을 정기적으로 지급받는 기본소득제도로의 순조로운 이행에는 많은 넘어야 할 장애물이 기다리고 있다. 가장 대표적인 비판은 기존의 노동조건적인 입장에서, 일하지 않고 서핑을 즐기는 사람에게 기본소득을 제공하는 것이 과연 옳은 것이며 자본주의체제에서 가능한 것인가, 부자와 빈자를 구별하지 않고 모두에게 동일한 금액의 소득을 국가가 제공하는 것이 분배에 도움이 되는 것인가, 그에 소요되는 막대한 재정은 어떻게 마련할 것인가 등이다. 이러한 이유로 기본소득 모델은 너무나 이상적이기 때문에 현실적으로 실현불가능하다는 평가가 지배적이다(은민수, 2017b, p.9).

있으며, '확장된 공공부조' 혹은 '부자 배제적이고 차등적인 기본소득'이라고 정의할 수 있을 것이다. GI는 조세제도와 소득보장을 결합한 방식으로 캐나다 등 여러 국가에서 진지하게 논의되었던 방안으로 소득급여는 높지 않아 재정부담이 적고, 지급절차가 단순하여 행정비용이 낮으며, 근로동기를 촉진시킬 수 있다는 장점이 있다.

본 연구는 크게 세 가지 부문으로 나뉘어 진행될 것이다. 첫째, 기본소득과 기초소득의 이론적 개념과 제도적 차이점을 비교 검토하고 설명한다. 둘째, 전국적 차원에서 검토할 수 있는 두 제도의 적용 예시를 살펴보고, 이후 경기도 기본소득 실시 방안으로 적합한 제도적 대안을 제시한다. 셋째, 예상되는 문제점과 한계를 지적하고 차선으로 도입을 고려해볼 수 있는 단기적인 경기도의 소득보장제도를 제안한다.

기본소득/기초소득 이론과 재정확보 문제

무조건적 기본소득과 부의 소득세를 활용한 기초소득

무조건적인 기본소득의 주창자인 판 파레이스가 초기에 제시했던, 가장 단순하고 강력한 기본소득의 개념은 모든 사람이 그 사람의 상황이나 욕구에 상관없이, 근로의무 등의 자격조건도 없이, 가구가 아닌 개개인에게, 국가가 정기적으로 동일한 금액을 현금으로 제공하는 소득이다(Philippe Van Parijs, 2004). 모든 사람에게 개인 단위로, 자산심사나 노동요구 등의 조건 없이 국가가 정기적으로 지급되는 현금소득이라는 점이 이 제도의 주요 특징이다. 따라서 무조건적 기본소득의 주요 특징은 보편성, 무조건성, 개별성, 정기성, 현금성이다. 물론 학자에 따라 이 특성들의 일부가 생략되거나 완화되기도 하고, 소득보장의 범위와 조건에 차이가 있다.

무조건적 기본소득과 그의 반대편에 위치한 조건부 최저소득보장 사이에는 부분적 기본소득과 보편적(혹은 범주적) 사회수당이 존재할 수 있다. NIT/GI(부의 소득세를 이용한 기초소득)나 가구 단위의 기본소득과 같은 부분적 기본소득제도, 그

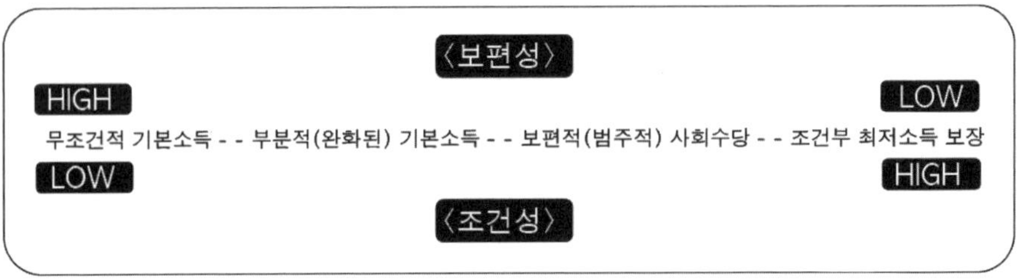

그림 11-1 무조건적 기본소득과 기타 소득보장제도

리고 보편적 아동수당이나 보편적 기초연금과 같은 범주적 기본소득은 무조건적이고 보편적인 기본소득이 갖고 있는 여러 가지 현실적 문제점들을 우회할 수 있다. 여러 가지 제도적 여건을 고려했을 때, 부분적 기본소득이나 보편적 사회수당 모두 기본소득제도의 목표와 유사하면서도 완전한 기본소득을 향해 나아가는 데 유용한 과도기적 역할을 제공할 것으로 기대된다.

먼저 판 파레이스가 주창한 무조건적 기본소득은 노동의 유무와 관계없이 모든 사회구성원들에게 균등한 현금소득을 지급함으로써 공적연금, 실업급여, 공공부조, 사회수당 등 다른 현금성 소득보장제도를 대체한다는 것이다. 또한 현실적 여건을 감안하여 시행 초기에는 사회보험이나 사회서비스와 같은 기존의 다른 사회보장제도와의 불가피한 병행의 경로도 열어두었다.

무조건적 기본소득은 자산조사를 하지 않는다는 점에서 기존의 최저소득보장제도들guaranteed minimum income schemes과 차이가 있으며, 임노동시장의 참여를 전제로 하지 않는다는 점에서 EITC 등의 워크페어workfare나 복지계약주의 방식의 제도와 차별된다(은민수, 2016). 이러한 점에서 기본소득제도는 노동참여 의욕이나 임노동시장 참여 여부와 상관없이 빈곤으로부터 오는 인간적 존엄성의 훼손을 예방하고, 실질적 자유를 보장하려고 한다는 점에서 가히 혁신적인 대안 프로젝트라 할 수 있다.

다만, 결정적인 걸림돌은 보편적, 무조건적, 개별적, 정기적, 현금 지급이라는 제도의 특성상 그에 뒤따르는 재정적 지속가능성과 정치적 실현가능성이 문제이다. 파레이스에 따르면, 기본소득의 재정은 목적세로 할 수도 있으며, 다양한 경로를 통해 공공재원으로 기금을 조성할 수도 있다. 목적세를 통한 기금조성을 주장하는 사람들은 특별세specific tax를 제안하기도 하고, 토지세 또는 천연 자원세로 기금을 조성하기를 원하기도 한다. 또 일부에서는 특별한 추가부담금specific levy이나 부가가치세 확대를 제안하기도 하며, "토빈세Tobin taxes"와 같은 새로운 세제를 제안하기도 한다(Philippe Van Parijs, 2004). 급여수준과 대상범위, 현행 다른 급여들과의 통합 여부, 세금감면 등의 폐지 여부에 따라 소요재정이 큰 차이가 있겠지만, 개략적으로 기본소득의 기금을 조성하기 위해서는 높은 누진적 소득세와 종합부동산세, 나아가 부가가치세와 같은 소비세 인상도 고려해야 할 것이다. 기본소득의 수준이 높을수록 평균 소득세율이 높아질 수밖에 없고, 그만큼 상대적으로 부유한 계층에서 상대적으로 가난한 계층으로의 재분배는 효과적으로 발생할 것이지만, 관건은 정치적 선택권을 쥐고 있는 중간계층의 부담 여부이다. 그리고 이에 따라 자연스럽게 제도에 대한 정치적 지지와 성공 여부가 결정될 것이다(은민수, 2016, p.8).

이 재정 문제는 대상자 규모와 급여수준과 직결된다. 재정이 허락되면 보다 많은 대상자에게 적정한 급여를 제공할 수 있지만 그렇지 못하면 한정된 대상자에게 부족한 급여를 지원할 수밖에 없다. 그런데 경기도와 같은 광역지자체들은 기본소득에 소요되는 다른 급여들과의 통합을 마음대로 할 수 없고, 추가 세원과 세율인상 등을 통해 재원을 확보할 수도 없으며, 소득공제와 세액공제 등 세금감면의 폐지 조치도 취할 수 없다. 따라서 지방자치단체가 기본소득과 같은 대규모 복지제도를 도입하는 데 있어서 재정문제는 구조적 한계에 해당한다. 한정된 자원 범위내에서 지자체가 조정 가능한 부분은 대상범위와 급여수준의 조절 정도일 것이다. 이러한 무조건적 기본소득에 대한 대안으로 검토해볼 수 있는 방식이 부의 소득세를 활용한 기초소득제이다. 기초소득은 소득기준을 적용하여 일정기준을 넘지 않는 시민들에게 그 차액만큼 보장해준다는 점에서 차액소득보장make-up guaranteed income 제도와 원리적으로 일치한다. 그러나 EITC와는 다르다. 기본소득 제도 혹은 마이너스 소득세와 EITC 사이의 결정적 차이점은 EITC가 오로지 일을 하는 빈민들에게만 초점을 맞춘다는 사실이다. 일자리가 없는 사람에게는 아무것도 해주는 게 없다(Van Parijs and Vanderborght, 2018, pp.105-106).

부의 소득세negative income tax는 일정 소득수준 이하일 때에만 급여를 받도록 설계되어 있으며, 근로를 유인하기 위해 소득이 늘어날수록 급여액의 감소폭이 줄어드는 감액구조로 설계되는 것이 일반적인 방식이다. 따라서 소득수준을 고려하지 않고 아무런 조건 없이 균등한 소득을 지급하는 기본소득의 '이념형'과는 차이가 있는 것이 사실이지만, 어느 수준의 소득에 자격을 부여하느냐, 급여 감소율을 어느 정도로 설정하느냐 등의 제도설계에 따라 기본소득의 이념형에 '가까워질' 수도 있다(은민수, 2019). 전통적인 자산조사 프로그램과 달리 기초소득 제도는 저소득층과 빈자들만을 위한 제도라고 할 수 없다. 왜냐하면 무조건적 기본소득에 비해 '부자 배제적'인 특성은 있지만, 공공부조처럼 '빈자 선별적'이지 않기 때문이다. 따라서 정치적, 재정적 차원에서 상대적으로 이점이 많다. 먼저 이 제도는 재정이 덜 소요되며, 근로인센티브를 강화시킬 수 있고, 급여대상의 제한과 차등급여로 인하여 중도주의와 자유주의 진영으로부터도 지지를 견인해낼 수 있다.

당초 1943년 밀튼 프리드만이 제안할 때 NIT 아이디어는 매우 단순하였다. 즉 호황기에는 정부에 세금을 내고, 불황기에는 정부가 근로자에게 세금을 돌려준다는 것이다(Myles and Pierson, 1997, p.447). 이 방식이 완벽하게 실행되려면, '완전하게 통제되고 통합된 조세-소득보장제도'가 구축되어 철저한 세금정산(자산조사) 과정에서 고소득자의 납세와 저소득자의 급여가 결정될 수 있어야 한다. 즉, 면세점을 기준으로 정(+)의 소득세 납세자와 부(-)의 소득세 수혜자가 분명하게 구분되어야 하는 것이다. 복잡한 조세제도와 복지제도의 특성상 양 제도의 통합이 현실적으로 쉽지 않을 수 있음에도 불구하고 이 제도가 주목받는 이유는 빈곤을 근절시키고, 근로빈곤층에 불리한 복지의 덫을 제거하며, 복잡하고 고비용이 드는 행정시스템을 단순화시킬 수 있을 것으로 기대되기 때문이다(Grady and Kapsalis, 1995, p.50). 이후 이 방안의 다양한 유형들이 연구되고 제안되었으며, 캐나다와 미국에서는 1960년대 말부터 1970년대 말까지 사회실험이 진행되기도 하였다. 파레이스와 판데르보흐트의 GI에 대한 평가를 그대로 옮겨오면 다음과 같다.

"공정하게 말해, 정치적인 실현가능성의 관점에서 보면 마이너스 소득세 제도 쪽이 중요한 이점을 가지고 있음을 인정하지 않을 수 없다. 첫째, 다양한 유형의 가구마다 똑같은 한계세율과 순과세액이 적용된다고 해도, 마이너스 소득세는 그에 상응하는 기본소득 제도와 비교해 볼 때 조세와 지출의 총량이 훨씬 작을 수밖에 없다. 이는 마이너스 소득세 쪽이 훨씬 비용이 덜 드는 제도인 것처럼 보이게 만들어주며, 따라서 사람들이 받아들이기도 쉬워진다. 둘째, 같은 양이라고 해도 세액공제는 기본소득과 달리 노동자의 순임금을 늘려주기 때문에 그렇게 늘어나는 소득 수급권의 원천이 노동자 스스로가 행한 노동에 있는 것 같은 인상을 계속 주게 된다. 이 때문에 노동조합 측에서는 세액공제 쪽을 더 선호한다. 노동조합의 권력기초는 정부가 아니라 기업에 있기 때문이다. 셋째, 표준적인 조건부 최저소득 제도에서 마이너스 소득세 제도로 이행하는 쪽이 행정적으로 볼 때 더 순조롭다. 마이너스 소득세 제도에서는 모든 기존의 사회보험 이전액은 현행 그대로 유지하면서 단지 사람마다 세금이 마이너스인지 플러스인지만 결정하면 되는 반면, 기본소득을 도입하게 되면 다른 모든 수당의 순지급액을 하향조정할 필요가 있기 때문이다"(Van Parijs and Vanderborght, 2018, pp.100-101).

상황에 따라서는 이러한 정치적 이점들로 인해 마이너스 소득세가 달성가능한 최선의 결과라고, 혹은 기대를 걸 만한 미래의 이행경로라고 받아들일 충분한 이유가 될 수 있다는 것이 그들의 결론이다. 프리드만의 견해도 파레이스 및 판데르보흐트와 크게 다르지 않다.

"기본소득 혹은 시민소득이라는 것은 마이너스 소득세를 대체하는 다른 안이 아니다. 만약 그것에 면세 없는 플러스 소득세가 함께 따라온다면 이는 마이너스 소득세를 도입하는 한 방법일 뿐이다. 예를 들어 1,000단위의 기본소득을 지급하면서 20퍼센트의 근로소득세를 매기는 것은 5,000단위의 소득을 면세점으로 삼아

그 위 아래로 각각 20퍼센트의 플러스 소득세와 마이너스 소득세를 매기는 것과
동일하다"(BIEN, 2000, p.10).

모든 NIT 모델은 크게 보장수준guarantee level, 급여감액률withdrawal rate, 급여중
단점break-even point이라는 세 가지 요소로 구성되어 있다. 먼저 보장수준은 국가
가 수급자에게 보장하려는 소득수준을 의미하며, 국가마다 상황에 맞게 수준을 결
정할 수 있다. 조세환수율은 수급자가 기본소득급여 외에 추가소득이 증가할수록
급여가 줄어드는 비율, 즉 급여감액율을 뜻하며, 이 역시 다양하게 설정할 수 있
다. 급여중단점은 제공하던 급여를 중단하는 수급자의 소득수준으로서 급여중단
수준 이상의 소득을 얻는 사람들에게는 급여를 전혀 제공하지 않는다. 이 세 가지
요소의 결합이 기초소득이다. 즉, 기초소득은 국가의 보장수준 소득에 조세환수율
을 적용한 금액을 제한 금액이며, 기초소득이 0이 되는 지점이 급여를 받지 못하
는 급여중단점이 된다(Grady and Kapsalis, 1995, p.78). 국가 사정에 따라 보장수준
을 높게 설정할 경우에는 수급자의 소득을 충분히 보장할 수 있고, 감액율을 낮게
설정할 경우에는 근로를 독려하는 데 도움이 될 것이다. 물론 이와 반대의 설계도
가능하다.[3]

특히 이 제도에서 주목해야 할 부분은 한계세율(t), 즉 급여감액률(조세환수율)이
다. 이는 NIT 대상인 수급자가 사적소득이 발생할 경우 그 사적소득 1달러당 적용
받는 유효소득세율이다. 한계세율이 높을수록 프로그램의 비용이 낮은 대신 근로
유인도 낮으며, 소득재분배 효과도 낮다. 반대로 한계세율이 낮을수록 재원은 많
이 소요되지만 근로유인이 높고, 빈곤선 이상의 소득을 가진 사람들에 대한 소득
재분배 효과가 크다. 이러한 이유 때문에 조세환수율에 따른 비용 증감과 근로유
인 효과를 따져보는 것이 중요하다(Widerquist, 2005; 은민수, 2017b, p.144).

부의 소득세 아이디어는 한 사람의 소득(E)이 보장소득(G)까지는 기초공제가

---

3. 대체로 NIT 제안들은 근로 인센티브를 유지하고 비용을 억제하기 위하여 보장수준, 급여감액률, 급여중단
   수준을 놓고 다양한 조합의 제도 설계를 검토한다.

• 보장수준: 연 600만 원
• 조세환수: 1,000만 원 이상 시장소득의 20%
• 급여중단: 연 3,000만 원

(단위: 만원)

기본소득(BI)					기초소득(GI)				
시장소득	세금	기본소득	세후소득 +기본소득	순소득	시장소득	급여감액	보장수준 -환수액	기초소득	순소득
1,000이하	0	600	0+600	600	0	0	600-0	600	600
1,000	200	600	800+600	1,400	1,000	200	600-200	400	1,400
1,500	300	600	1,200+600	1,800	1,500	300	600-300	300	1,800
2,000	400	600	1,600+600	2,200	2,000	400	600-400	200	2,200
2,500	500	600	2,000+600	2,600	2,500	500	600-500	100	2,600
3,000	600	600	2,400+600	3,000	3,000	600	600-600	0	3,000
3,500	700	600	2,800+600	3,400	3,500	700	600-700	-100	3,400
4,000	800	600	3,200+600	3,800	4,000	800	600-800	-200	3,800
5,000	1,000	600	4,000+600	4,600	5,000	1000	600-1,000	-300	4,600

표 11-1 기본소득과 기초소득 비교

적용되어 과세대상에서 제외되며, 그 이상의 소득에 대하여 t%의 세율이 적용되는 방식이다.[4] 따라서 GI=t(E-G)라는 공식이 성립된다. 즉, 소득에서 보장수준을 뺀 금액에 세율(t)를 곱한 금액을 누군가는 세금으로 내고, 누군가는 기초소득으로 받는 원리이다(Barr, 2008, pp.381-398). 지금까지 설명한 내용을 바탕으로 조세환수율과 소득세율이 20%로 동일하다는 가정 하에 기본소득과 기초소득을 간단히 비교하면 다음과 같다. 조건은 국가가 기본소득으로 보장하고자 하는 급여수준을

---

4. 만약 G=1,000만 원, t=25%라고 가정을 하면, 소득이 1,400만 원인 사람은 초과분 400만 원의 25%인 100만 원을 세금으로 납부하고, 반대로 소득이 600만 원인 사람은 부족분 400만 원의 25%인 100만 원을 급여로 지급받게 된다. 소득이 전무할 경우에는 1,000만 원의 25%인 400만 원을 지급받는다.

기본소득		기초소득	
분배원리		시민권에 기반한 무조건적 소득보장	시민권에 기반한 부분적 (조건적) 소득 보장
구성요소	보편성	모두	부자 배제적
	무조건성	조건 없음	소득 조사
	개별성	개인 지급	개인 혹은 가구
	정기성	월 지급	년 지급
	현금성	현금(정액)	현금(차등)
타 제도와의 관계	공공부조	통합 필요	통합 필요
	사회보험	병행 가능	병행 가능
	사회서비스	병행 가능	병행 가능
	사회수당	통합 필요	통합 필요
	조세제도	연계 불필요	연계 필수

표 11-2 기본소득과 기초소득 구성원리 비교

2019년 1인 가구 생계급여액인 501,632원을 고려하여 연 600만 원으로 설정하고, 시장소득이 증가할수록 급여가 감소되는 급여감액률은 시장소득의 20%이며, 급여가 중단되는 소득수준을 3,000만 원으로 전제하였다.

위에서 알 수 있듯이, 조세환수율과 일반세율이 동일하다면, 무조건적 기본소득과 기초소득은 급여계산 원리와 급여액이 정확히 일치한다. 단지 기본소득을 먼저 지급하고 사후에 과세를 나느냐, 급여감액이 적용된 기본소득을 지급하느냐의 차이만 존재할 뿐이다. 그러나 현실에서는 조세환수율과 누진적 소득세율을 위의 사례와 같이 완벽하게 통합적으로 구성하기란 쉽지 않을 것이다. 또 다른 두 제도 간 차이점은 무조건적 기본소득은 원칙적으로 모든 사람에게 동일금액을 지급하는 것이고, 기초소득은 일부 고소득층을 배제한 채 차등금액을 지급한다는 점이다. 따라서 둘 다 소득지원정책이기는 하지만, 지원 정도와 방식의 차이에 따라 재정부담 정도와 소득재분배 효과도 다를 수밖에 없다. 아직까지 명확한 합의는 없지만, 원리적으로 동일한 조건이라면, 제한된 사람들에게 차등적 지급을 하는 기초소득이 무조건적 기본소득에 비해 소득재분배적일 것으로 예상된다(표 11-2 참조).[5]

그럼에도 불구하고 무조건적 기본소득이든 기초소득이든 지방자치단체가 이를 실행하는 데에는 구조적인 한계가 있는데, 그것은 재정조달 능력과 다른 제도와의 조정능력과 관련된 것이다. 첫째, 앞에서도 설명했듯이 지자체는 필요한 재원 확보를 위해 증세나 조세지출tax expenditure의 폐지 등을 결정할 수 없다. 둘째, 전체 제도적 차원에서 공공부조 생계급여나 근로장려금과 같은 다른 현금 지급 복지제도와의 조정과 통합을 실행할 수 없다. 셋째, 중앙정부가 새로운 복지제도를 도입하거나 기존의 급여, 대상, 조건 등을 변경하면, 어쩔 수 없이 지방정부는 그에 연동해서 개편해야만 한다. 이와 같은 이유 때문에 지자체는 예산 범주 내에서 실행이 가능한, 낮은 수준과 규모의, 필요시 개편이 용이한 소득보장 방안을 설계할 수밖에 없다.

기본소득 재정확보와 조세지출 문제

기본소득은 조세체계와 상관없이 어떤 방식으로든 재정만 확보할 수 있다면 가능하다는 점에서 분리운영이 가능하나, 부의 소득세를 활용한 기초소득 제도는 부득이 조세체계와의 긴밀한 연계가 필요하다. 아래에서는 한국 조세지출의 특성과 문제점을 살펴보고자 한다. 왜냐하면 기본소득제도를 검토할 경우 가장 먼저 재정확보를 위해 검토해야 할 부분이 소득공제와 세액공제와 같은 조세지출이기 때문이다. 본래 조세지출은 소득세를 납세한 사람에 대해서 공제와 감면을 해준다는 특성상 납세액이 많은 사람에게 유리할 수밖에 없는 역진적 성격을 내재하고 있

---

5. GI는 대상자들의 급여결과를 크게 3가지로 예상할 수 있다. 첫째, 시장소득이 보장수준 이하인 사람들은 그들의 조세환수율이 없거나 매우 낮아져서 긍정적인 노동 동기부여를 기대할 수 있으며, 빈곤함정을 제거할 수 있다. 둘째, 시장소득이 보장수준과 급여중단점 사이에 위치한 사람들은 순소득이 증가하는 동시에 한계세율도 증가하게 된다. 셋째, 급여중단점 이상의 시장소득을 얻은 사람들은 순소득도 줄고, 한계세율만 늘어난다.

다. 특히 우리나라 소득세제는 비과세·감면제도의 종류가 미로처럼 다양하고 거미줄처럼 복잡할 뿐만 아니라, 비과세나 세액공제·감면보다는 소득공제 중심으로 운용되고 있어 소득이 높을수록 훨씬 유리하도록 설계되어 있다. 따라서 세입을 증대하고 재분배 효과를 제고하기 위해서는 소득세 공제와 감면제도를 반드시 개편해야만 한다.

최근 유승희 의원이 발표한 보도자료(유승희, 2019)는 현재 한국의 조세지출이 매우 역진적인 결과를 초래하고 있음을 보여준다. 즉, 소득이 높을수록 소득공제와 감면혜택을 많이 누리고 있는 것이다. 표 11-3을 보면, 2017년 종합소득세로 총 29.7조 원을 징수하였으나, 소득공제 및 세액공제를 통한 감면액이 무려 11.3조 원에 달했다. 종합소득세의 전체 감면액 11.3조원 중 상위 10%(10분위) 소득자들이 받은 감면 규모만 6.6조 원으로 전체의 58%를 차지하고 있는데, 하위 10% 소득자들이 받은 감면 규모는 460억 원으로 전체의 0.4%에 불과했다. 1인당 평균 감면 혜택을 보더라도 양극화 현상은 분명하게 나타난다. 2017년 전체 종합소득자 약 639만 명이 받은 1인당 평균 종합소득세 감면액은 177만 원인데, 이중 하위 10%(1분위)의 평균 감면액은 7만 원에 불과한 데 비해, 상위 10%(10분위)의 평균 감면액은 1,032만 원에 달했다.

근로소득세도 종합소득세와 크게 다르지 않다. 2017년 근로소득세는 총 34.7조 원을 징수했으나, 근로소득의 각종 공제에 따른 전체 감면액은 59.4조 원에 달했다. 59.4조 원 중 상위 10%(10분위) 소득자들이 받은 감면 규모만 19.1조 원으로 32%를 차지한 반면, 하위 10%(1분위) 소득자들이 받은 감면 규모는 약 2,600억 원으로 0.4%에 불과했다.[6] 1인당 평균 감면액도 마찬가지로 역진적이다. 2017년 전체 근로소득자 약 1,800만 명의 1인당 근로소득세 평균 감면액은 330만 원 정도인데, 하위 10%(1분위)의 평균 감면액은 15만 원인데 비해, 상위 10%(1분위)의 평

---

6. 상위 10%가 받은 세금감면 혜택 19.1조 원은 2017년 근로 장려금과 자녀 장려금 1.7조 원의 11배나 되는 큰 규모이고, 올해 대폭 증가된 근로·자녀 장려금 예산 4.7조 원보다도 4배나 많은 금액이다.

구분	종합소득		결정세액		소득공제 혜택		세액공제 혜택		공제 합계	
10분위	1,130,086	(56.5%)	254,645	(85.8%)	23,072	(43.6%)	42,881	(71.1%)	65,953	(58.2%)
9분위	299,477	(15.0%)	23,585	(7.9%)	10,023	(18.9%)	6,685	(11.1%)	16,708	(14.8%)
8분위	180,612	(9.0%)	9,577	(3.2%)	6,489	(12.3%)	4,120	(6.8%)	10,610	(9.4%)
7분위	125,081	(6.3%)	4,280	(1.4%)	5,348	(10.1%)	2,229	(3.7%)	7,577	(6.7%)
6분위	90,452	(4.5%)	2,112	(0.7%)	3,022	(5.7%)	1,529	(2.5%)	4,550	(4.0%)
5분위	66,142	(3.3%)	1,335	(0.4%)	1,533	(2.9%)	1,101	(1.8%)	2,634	(2.3%)
4분위	47,622	(2.4%)	846	(0.3%)	1,271	(2.4%)	740	(1.2%)	2,011	(1.8%)
3분위	32,668	(1.6%)	412	(0.1%)	1,025	(1.9%)	523	(0.9%)	1,548	(1.4%)
2분위	20,989	(1.0%)	81	(0.0%)	790	(1.5%)	389	(0.6%)	1,178	(1.0%)
1분위	7,765	(0.4%)	7	(0.0%)	379	(0.7%)	80	(0.1%)	459	(0.4%)
합계	2,000,894	(100%)	296,880	(100%)	52,951	(100%)	60,277	(100%)	113,228	(100%)
구분	근로소득		결정세액		소득공제 혜택		세액공제 혜택		공제 합계	
10분위	2,029,708	(32.0%)	258,440	(74.4%)	152,321	(33.3%)	38,675	(28.3%)	90,996	(32.1%)
9분위	1,128,393	(17.8%)	50,715	(14.6%)	85,410	(18.7%)	27,720	(20.3%)	113,130	(19.0%)
8분위	831,547	(13.1%)	22,091	(6.4%)	61,000	(13.3%)	22,195	(16.2%)	83,195	(14.0%)
7분위	645,497	(10.2%)	9,525	(2.7%)	50,865	(11.1%)	16,989	(12.4%)	67,854	(11.4%)
6분위	513,147	(8.1%)	3,883	(1.1%)	42,033	(9.2%)	11,313	(8.3%)	53,346	(9.0%)
5분위	412,634	(6.5%)	1,760	(0.5%)	27,998	(6.1%)	8,229	(6.0%)	36,227	(6.1%)
4분위	329,196	(5.2%)	809	(0.2%)	16,662	(3.6%)	5,995	(4.4%)	22,657	(3.8%)
3분위	252,086	(4.0%)	115	(0.0%)	10,975	(2.4%)	4,161	(3.0%)	15,136	(2.5%)
2분위	150,074	(2.4%)	0	(0.0%)	7,460	(1.6%)	1,544	(1.1%)	9,004	(1.5%)
1분위	43,827	(0.7%)	0	(0.0%)	2,629	(0.6%)	0	(0.0%)	2,629	(0.4%)
합계	6,336,109	(100%)	347,339	(100%)	457,354	(100%)	136,820	(100%)	594,175	(100%)

표 11-3 2017년 소득세 공제로 인한 소득분위별 세금감면 혜택 총액

자료 : 유승희 의원 보도자료(2019.4).

소득분위	종합소득	결정세액	공제로 인한 세금감면 혜택		
			소득공제	세액공제	합 계
10분위	17,675	3,983	361	671	1,032
9분위	4,684	369	157	105	261
8분위	2,825	150	101	64	166
7분위	1,956	67	84	35	119
6분위	1,415	33	47	24	71
5분위	1,034	21	24	17	41
4분위	745	13	20	12	31
3분위	511	6	16	8	24
2분위	328	1	12	6	18
1분위	121	0	6	1	7
전체 평균	3,129	464	83	94	177
소득분위	근로소득	결정세액	공제로 인한 세금감면 혜택		
			소득공제	세액공제	합 계
10분위	11,273	1,435	846	215	1,061
9분위	6,267	282	474	154	628
8분위	4,618	123	339	123	462
7분위	3,585	53	282	94	377
6분위	2,850	22	233	63	296
5분위	2,292	10	155	46	201
4분위	1,828	4	93	33	126
3분위	1,400	1	61	23	84
2분위	833	0	41	9	50
1분위	243	0	15	0	15
전체 평균	3,519	193	254	76	330

표 11-4 2017년 소득세 관련 공제로 인한 소득분위별 1인당 세금감면 혜택

자료 : 유승희 의원 보도자료(2019.4).

균 감면액은 1,061만 원이었다(표 11-4 참조).

　소득공제는 한계세율이 높은 부자들에게 더 많은 세금을 감면해주기 때문에 소득분배에 역진적이고, 세액공제도 소득공제에 비해서는 덜 하지만 부자들이 더 많이 지출하는 부분에 대하여 공제할 경우에는 소득분배에 역진적일 수 있다. 현재 근로소득세 감면액이 세수의 2배 가까이 되고, 종합소득세 감면액이 세수의

구분		총수입 (총급여)	과세 소득	소득 공제	과세 표준	산출 세액	세액 공제	세액 감면	결정 세액
종합소득	인원	6,394	6,194	6,401	5,944	5,945	5,945	958	5,644
	금액	1,058,987	200,090	32,845	168,158	35,464	4,489	1,288	29,687
근로소득	인원	17,925	17,925	17,918	15,785	15,785	15,776	399	10,615
	금액	633,611	471,706	124,908	346,816	48,361	13,430	198	34,734

표 11-5 2017년 소득세의 소득공제 부분　　　　　자료 : 국세통계(https://stats.nts.go.kr)

1/3이나 되는 큰 규모의 역진적인 감면 혜택의 구조를 그대로 둔 상태에서 기본소득에 필요한 재원은 제대로 확보할 수 없을 뿐만 아니라 조세와 밀접하게 연계된 NIT 방식을 활용한 기본소득의 실행은 더욱 어렵다. 세제의 단순화와 소득분배와의 연계를 특징으로 하는 NIT/GI 방식의 장점을 살릴 수 없게 되는 것이다. 따라서 국내에서 전국적 차원의 기본소득을 실시하기 위해서는 세원확대와 세율인상에 앞서 소득공제 및 세액공제와 같은 역진적 조세지출 항목을 전면적으로 개편할 필요가 있다.

그러나 모든 소득공제를 당장 폐지하기는 현실적으로 불가능하다. 또한 사유가 합당하고 하위계층에 유리한 공제항목들도 있어 한 번에 제거하는 방식보다는 기본소득(또는 기초소득)의 지급수준에 따라 단계적으로 폐지하는 것이 그 충격을 완화시키는데 도움이 될 것이다.

종합소득세의 총수입금액에서 사업상 필요경비를 제외한 과세소득금액은 약 200조 원이다. 이 중에서 소득공제가 차지하는 규모는 약 32.8조 정도이다. 만약 소득공제 전체를 폐지할 경우 과표증가로 결정세액은 현재 29.7조 원에서 35.2조 원으로 늘어나 약 5.5조 원의 증세효과가 나타날 것이다. 근로소득의 경우에는 총급여 약 633.6조 원 중에서 근로소득 공제하고 난 뒤의 과세급여소득은 471.7조 원이다. 이 중에서 소득공제는 약 125조 원 정도이므로 소득공제 전체를 폐지할 경우 결정세액은 현재 약 34.7조 원에서 47.7조 원으로 증가하여 13조 수준의 증

구분		소득공제 전체	인적공제		
			소계	기본공제	추가공제
종합소득	인원	6,905	6,905	6,905	2,079
	금액	36,064	20,657	18,048	2,609
근로소득	인원	16,465	16,465	16,465	4,355
	금액	129,037	51,731	45,225	6,506

표 11-6 2018년 소득세의 소득공제 중 인적공제 규모　　자료 : 국세통계(https://stats.nts.go.kr)

세효과가 있다(표 11-5 참조).[7]

　소득공제는 크게 인적공제, 연금보험료 공제, 특별공제, 조특법상 공제로 이루어져 있다. 인적공제는 본인, 배우자, 부양가족 공제로 구성된 기본공제와 한부모, 장애인, 부녀자, 경로우대 공제로 구성된 추가공제를 의미한다. 연금보험료 공제는 국민연금보험료 공제, 기타 연금보험료 공제로 구성되어 있으며, 특별공제는 보험료 공제, 주택임차차입금 공제, 장기주택저당차입금 공제, 기부금 공제 등으로 이루어져 있다. 조특법상 공제는 개인연금저축 공제, 신용카드 공제, 우리사주조합출연금 공제, 고용유지중소기업 공제 등으로 구성되어 있다. 이 중 기본소득으로의 전환을 위하여 폐지를 고려해볼 만한 항목은 인적공제이다. 종합소득의 인적공제 조세지출액은 2018년 기준으로 약 20조 원이고, 근로소득의 인적공제 조세지출액은 51조 1,731억 원이다. 이들을 폐지 시 결정세액이 증가하여 약 8-10조 원이 확보될 것으로 예상된다(표 11-6 참조).

　또 우선 폐지를 고려해볼 수 있는 조세지출은 '신용카드 등 사용금액에 대한 소

---

7. 국세통계연보에서 총급여는 과세대상 근로소득에 해당된다. 과세대상 근로소득은 급여총계에서 연구활동비, 국외근로소득, 야간근로수당, 출산보육수당 등 비과세소득을 제외한 것이다. 근로소득금액은 총급여에서 근로소득공제를 제외한 것이다. 과세표준은 근로소득금액에서 인적공제, 연금보험료공제, 특별공제, 조특법상 소득공제 등 각종 소득공제를 제외하고, 소득공제 종합한도 초과액을 더한 것이다. 과세표준에 근로소득세율을 적용해서 산출세액을 구하고 여기에서 세액공제를 빼면 결정세액이 된다.

구분	근로소득	종합소득
인원	10,283,690	1,306,780
금액	26,250	3,107

표 11-7 2018년 소득공제 신용카드 소득공제 규모

득공제'이다. 이 제도는 신용카드 사용을 독려하여 자영업자의 과세표준을 양성화하고 근로소득자의 세부담을 경감시킬 목적으로 1999년에 도입되었다. 그러나 현재처럼 신용카드의 사용이 보편화된 마당에 굳이 이 제도를 통하여 과표의 양성화를 기대할 필요가 있을지 의문이다. 또한 신용카드 사용에 따른 조세감면 혜택이 아무래도 저소득 집단보다는 고소득 집단에 집중될 수밖에 없다는 점에서 소득공제를 폐지하거나 세액공제로 전환시킬 필요가 있다(국회입법조사처, 2019). 2018년 기준 근로소득의 조특법상 신용카드 소득공제 규모는 26조 2,496억 원이며, 종합소득세의 조특법상 신용카드 소득공제 규모는 약 3조 1,074억 원이다(표 11-7 참조).

그러나 조세지출의 일부 폐지는 반드시 기본소득이나 기초소득보장과 같은 적극적인 소득보장제도의 시행을 전제로 검토될 수 있는 사안이다. 수면 하에서 역진적으로 이루어지는 보이지 않는 조세지출을 수면 위의 보이는 소득보장으로 전환시키는 것이 목적이기 때문이다.

경기도 소득지원 방안 검토

경기도 실행방안을 모색하기 위해 무조건적 기본소득과 완성형 기초소득(최대주의), 기존의 생계급여와 기초연금 수급자를 제외한 시민을 대상으로 기존 수급자 제외한 기본소득과 기초소득(절충주의), 근로소득자만을 대상으로 하는 기본소득과 부분형 기초소득(최소주의) 등 3가지 대안을 비교 검토해보고자 한다. 자료는 2018년 사회보장정보원(행복e음), 보건복지부 2017 국민기초생활보장 수급자 현

기초소득(GI) 보장제도의 조건
• 지급대상 : 경기도민 중 20세 이상 전체
• 보장수준 : 1인당 월 30만 원
• 조세환수 : 1천만 원 이상은 시장소득의 5%
• 급여중단 : 연 4,000만 원

(단위; 백만원)

소득규모	인구수(명)	기본소득(BI)		기초소득(GI)	
		급여(1년)	소요예산	급여(1년)	소요예산
비소득자	3,575,122	360만 원	12,870,439	360만 원	12,870,439
1천만 이하	1,552,174	〃	5,587,826	360만 원	5,587,826
2천만 이하	1,396,103	〃	5,025,971	360-100 =260만 원	3,629,868
4천만 이하	1,843,723	〃	6,637,403	360-200 =160만 원	2,949,957
6천만 이하	834,509	〃	3,004,232	0원	0
8천만 이하	444,840	〃	1,601,424	0원	0
1억 이하	235,830	〃	848,988	0원	0
2억 이하	250,609	〃	902,192	0원	0
3억 이하	25,833	〃	92,999	0원	0
3억 이상	19,621		70,636	0원	0
합계	10,236,759		36,642,110		25,038,090

표 11-8 무조건적 기본소득과 완성형 기초소득

자료 : 국세청 근로소득 및 종합소득 자료.

황, 기초연금수급자 현황, 국세청 자료 등을 활용하였다. 단, 공통적으로 20세 미만은 제외시키고, 가구 단위가 아닌 개인 단위로 지급함을 원칙으로 하였다.

무조건적 기본소득과 완성형 기초소득 : 최대주의

1인당 월 보장수준은 기초연금과 같은 30만 원 규모로 하고 20세 이상 10,236,759 명을 지급대상으로 하며, 이중 소득자는 6,603,242명과 비소득자는 3,575,122명이다. 기초소득이 사라지는 급여중단점은 연 소득 6천만 원 이상이며, 급여가 감소하는 조세환수율은 1천만 원 이상 시장소득의 5%로 설정하였다.

무조건적 기본소득은 20세 이상 경기도민 모두에게 정액으로 1년 360만 원(월 30만 원)씩 지급하므로 매우 지급산식이 단순하고 간명하지만, 상당한 재정이 소요되며, 누진적 조세가 완벽하게 뒷받침되지 않으면, 소득재분배 효과가 나타나지 않을 가능성이 높다. 이에 비해 기초소득의 경우 조세체계와 별개로 제도 자체에 차등지급이라는 재분배적 요소를 담고 있어 결과적으로 소득격차의 완화를 기대할 수 있다. 즉, 기초소득의 경우 시장소득이 1천만 원 이하는 일률적으로 1인당 연간 360만 원을 수급하지만, 1천만 원 이상~2천만 원 구간에서는 1인당 연간 260만 원, 2천~4천만 원 구간에서는 160만 원으로 점감한다. 그리고 4천만 원 이상의 시장소득자부터는 급여가 지급되지 않는다.

기본소득이든 기초소득이든 급여액이 1인당 개인별 지급액이어서 소득보장 수준이 매우 낮아 보이지만, 가구 합산액으로 보면 적지 않은 금액이다. 가령 비소득자 4인으로 구성된 가구의 경우 360만 원*4인=1,440만 원을 지급받으며(월 120만 원), 소득인정액이 2019년 기준으로 4인 가구 생계급여 기준인 138만 원 이하일 것이므로 그 차액을 국민기초생활보장제도의 생계급여로 받게 될 것이다. 소득이 발생하더라도 저소득 4인 가구의 경우 국가 소득보장액 1,440만 원과 개인별 시장소득, 그리고 조세기반의 현금성 급여(근로장려세, 생계급여 등)를 받게 되어 순소득이 증가하게 된다. 가구원 수와 시장소득의 정도에 따라 가구 전체의 순소득은 증가하는 것이므로 근로유인에 부정적이지 않다. 그럼에도 불구하고 이 모델에서는 기본소득이 36조 6천 억, 기초소득이 약 25조 원의 예산이 소요되어 사실상 현재의 경기도 총 복지예산인 약 10조 원을 고려하면 그 실행이 불가능하다고 할 수 있다.

기존 수급자 제외한 기본소득과 기초소득 : 절충주의

이 방안에서는 국민기초생활보장 수급자와 기초연금 수급자를 제외하였다. 1인당 월 보장수준과 조세환수율, 급여중단점은 1)과 같은 조건이지만, 전체 비소득자 중 보건복지부의 2017년 국민기초생활보장 수급자 현황을 참고하여 생계급여 수급자 189,826명(143,070가구)과 기초연금 수급자 881,874명(708,116가구) 등 총

기초소득(GI) 보장제도의 조건
- 지급대상 : 경기도민 중 기초연금과 국민기초생활보장 수급자를 제외한 나머지
- 보장수준 : 1인당 월 30만 원
- 조세환수 : 1천만 원 이상은 시장소득의 5%
- 급여중단 : 연 4,000만 원

(단위; 백만원)

소득규모	인구수	기본소득		기초소득	
		급여(1년)	소요예산	급여(1년)	소요예산
비소득자	2,503,422	360만	9,012,320	360만	9,012,320
1천만 이하	1,552,174	〃	5,587,826	360만	5,587,826
2천만 이하	1,396,103	〃	5,025,971	360-100=260만	3,629,868
4천만 이하	1,843,723	〃	6,637,403	360-200=160만	2,949,957
합계	7,295,422		26,263,520		21,179,971

표 11-9 기존 수급자를 제외한 기본소득과 기초소득
주) 비소득자는 기 수급자를 제외함
자료 : 사회보장정보원 공공데이터포털 "복지사업 월별, 시도별 수급권자
현황"(2017.12월) 참고하여 작성(https://www.data.go.kr)

1,071,700명을 제외하고 기본소득과 기초소득 방안 모두 4천만 원 이하 소득자까지를 대상으로 제한하였다(표 11-9 참조).[8]

약 250만 명이 경기도민 중 생계급여와 기초연금을 수급하지 않는 비소득자이다. 물론 이들 중에는 연 소득규모가 1천만 원 이상인 수급자들도 있겠지만 매우 소수에 불과할 것이므로 편의상 비소득에 포함시켰다. 참고로 2017년 기준으로 경기도 생계급여 수급가구 중 월 100만 원을 초과하는 가구는 17,861가구였다. 전국적 차원에서 기초소득이 추진된다면 당연히 통합될 현금급여 공적이전 소득이지만, 지자체 차원의 소득보장에서 중앙정부의 사업과 통합하기 어려워 이중수혜를 피하기 위함이다. 이 경우에도 기본소득은 약 26조 3천억 원, 기초소득은 약 21조 2천억 원이 소요될 것으로 예상된다. 이 역시 경기도 2019년 복지예산인 약

---

8. 경기도의 2017년 국민기초생활보장 수급자 현황을 보면, 가구 단위로는 171,116가구이며, 인원으로는 일반 수급자 246,032명, 시설수급자 15,018명, 총 261,050명이 수급자로 나타났다.

방안	대상	기본소득(BI)		기초소득(GI)	
		지급액	소요예산	지급액	소요예산
1안	기본소득: 도민 전체 기초소득: 6천만 원 이하	360만 원 균등 지급	36,642,110	60~360만 원 차등 지급	25,538,795
2안	기 수급자 제외 /4천만 원 이하	360만 원 균등 지급	26,263,520	160~360만 원 차등 지급	21,179,971

표 11-10 각 방안별 기본소득과 기초소득 비교표

10조 원을 훨씬 벗어난 규모이다.

표 11-10에서 1안(최대주의)은 무조건적 기본소득 혹은 기초소득 방안의 원형에 가까운 완전한 형태이다. 그러나 보다시피 예산범위를 훨씬 넘어 실현이 불가능하다. 2안(절충주의)은 기 수급자를 제외한 탓에 예산이 줄었지만, 역시 20조를 넘는 재정을 필요로 한다. 한마디로 재정과 대상 사이의 딜레마이자 지방정부의 한계이다. 즉, 제도의 목적대로 대상자를 넓히려고 하면 재정적으로 지방정부의 자율성이 없어 재원을 확보하지 못하고, 재원에 맞춰 시행하려면, 더 이상 기본소득이나 기초소득의 특성이 사라지는 구조이다. 또한 다른 사회정책 제도와의 관계도 문제이다. 특히 NIT 방식의 기초소득은 조세지출이나 급여지출에서 조세제도와 긴밀히 연계되어야 하기에 중앙정부에서 시행하는 것이 최적이다. 그래서 이 제도는 전국적 차원에서 도입이 검토되거나 미국과 캐나다 등 지방정부의 자율성이 높은 연방제 국가에서 주로 시도된다. 또한 한국의 경우 중앙정부가 주관하는 제도의 대상, 급여, 조건 등의 작은 변화에도 지방정부는 크게 영향을 받을 수밖에 없기 때문에 대규모의 독자적인 제도를 설계하기가 어렵다. 예컨대 비기여적 공공부조나 사회수당의 지급 대상자 선정과정에서 거쳐야 하는 소득인정액을 둘러싼 특정 '소득'의 포함 여부는 지방정부가 새로운 복지급여제도를 만드는 데 중요한 장애물로 작용할 수 있다.

그럼에도 불구하고 기본소득이나 기초소득과 같이 막대한 예산을 필요로 하는 보편적인 소득보장 제도를 도입하고자 한다면, 매년 지급을 고집하지 않고, 격년

이나 지원을 희망하는 기간에만 지급하는 방안이다. 상시적 소득보장이 아닌 주기적 소득보장 혹은 필요시 소득보장이라는 개념으로 변형시켜 제도화시키는 방식이다. 물론 이는 온전한 기본소득(기초소득)의 완성을 향해 진행하는 과정에서 불가피하게 고려할 수 있는 대안이지 최종 목적지가 되어서는 안 될 것이다. 이러한 대안 없이 현재와 같은 지방정부의 한계와 조건을 인정한 상황에서 실현가능한 소득지원 제도를 구상한다면, 매우 선별적이고 중앙정부가 추진하는 특정 제도에 연계해서 급여를 추가로 보충해주는 방안을 강구할 수밖에 없다. 대신 대상자 선정과 제도 유지에 특별히 신경을 쓸 필요가 없고, 그만큼 행정비용은 줄어들 것이다.

경기도 취업참여수당: 최소주의

앞에서 살펴본 방안들은 도민 다수에게 혜택이 되는 소득보장방안이며, 보편적 혹은 준보편적 방식이지만, 극복해야 할 재정적 부담이 만만치 않았다. 기본소득이나 기초소득 보장 제도의 본래 취지에서는 벗어나지만, 현실적으로 실현가능한 여건이 확충될 때까지 과도기적으로 검토해볼 수 있는 방안은 현재 정부가 입법 예고한 '한국형' 실업부조라 불리는 국민취업지원제도("취업촉진 및 생활안정지원에 관한 법률")를 확대 보충하는 방안이다. 주지하다시피, 국민취업지원제도는 기존의 취업성공패키지와 청년구직촉진수당 등 관련 사업을 통합하여 만든 제도이다. 공공부조에서 제외되고 고용보험에서도 배제된 근로자들을 위하여 그들에게 수당을 지급하는 제도이지만, 그 조건이 까다롭고 급여가 매우 낮다.

입법 예고된 바에 따르면, **표 11-11**의 I 유형은 요건심사형(의무지출)과 선발형(재량지출)으로 나뉘는데, 요건심사형은 가구 기준으로 중위소득 60% 이하(도입 초기에는 50% 이하)의 만 18~64세 구직자 가운데 2년 이내에 취업 경험이 있는 사람에게 최저생계 보장을 위해 6개월 동안 매달 50만 원씩 지급한다.[9] 다만, 신규로

---

9. 중위소득의 50%는 2019년 기준으로 2인 가구의 경우 월 소득 145만 원 이하, 4인 가구의 경우 230만 원 이하가 해당된다.

구분		연령	소득	재산	취업경험	지원금액
I	요건심사형	18–64	중위소득 60% 이하 (초기에는 50%)	6억 이내	2년 이내	구직촉진수당 50만 원씩 최대 6개월
	선발형	18–64	중위소득 60% 이하 (청년특례: 120%)	6억 이내	×	
II		18–64	중위소득 100% 이하	×	×	구직활동시 발생하는 비용

표 11–11 국민취업지원제도(한국형 실업부조) 지원대상 요건

자료 : 「구직자 취업촉진 및 생활안정지원에 관한 법률안」 참고하여 정리.

노동시장에 진입한 청년은 취업경험이 없을 수밖에 없기때문에 선발형으로 2년 이내에 취업 경험이 없는 구직자도 중위소득 60% 이하일 경우 일정 인원을 추가 선발하여 지원하고, 비록 3년간 한시적으로 운영하긴 하지만, 만 18~34살 청년층의 경우에는 가구 기준으로 중위소득 120% 이하일 경우 지원이 가능하도록 하였다. 그리고 공통적으로 가구의 재산합계액이 6억 원 이하여야 한다. II유형은 I 유형에 해당하지 않는 청년이나 폐업 영세 자영업자 등을 대상으로 직업훈련 참여 등의 구직활동을 할 때 발생하는 비용의 일부를 지원하는 내용이다. 이 사업은 당초 2020년 7월 시행을 목표로 2019년 9월 법안이 제출되었으나 국회에서 의결되지 못하고 계류상태로 있었다. 그러나 코로나19의 여파로 다급한 상황에서 올해 5월 11일 국회 환노위에서 국민취업지원제도 관계법을 의결하였다. 이로써 내년에 40만 명, 2021년에 50만 명까지 대상규모를 늘린다는 계획이다.

그러나 고작 6개월 동안 월 50만 원 수준의 구직촉진수당으로 실업문제가 해소될 수 있을지 의문이다. 월 50만 원은 1인 가구 생계급여보다 약간 낮은 수준이다. 이 제도의 전신인 취업성공패키지 사업의 참여율이 낮았던 이유도 참여수당이 너무 낮아 생계유지가 쉽지 않았기 때문이었다(이병희, 2019).[10] 이 제도의 맹점 중 하

---

10. 국회 환경노동위원회는 중위소득 30-60%이하인 경우 참여수당이 낮아 프로그램에 참여하기 어려웠다고 지적하였다(국회 환경노동위원회, 2018). 현행 취성패에서는 1단계(상담,진단)에서 최대 25만 원, 2단계(직업능력향상)에서 최대 40만 원의 참여수당을 지급하고, 3단계(취업알선)에서 구직촉진수당으로 최대 30만 원을 지급한다.

구분	50만 원 미만	50~100 만 원	100~150 만 원	150~200 만 원	200~250 만 원	합계
가구수	117,324	117,680	39,835	35,118	29,213	339,170
지급액	27,798	81,704	44,410	54,974	54,047	262,933

표 11-12 경기도 근로장려금 지급현황 : 2017년

자료 : 국세청 주소지별 근로장려금 지급 현황(총급여액 등, 지급규모)

나는 구직촉진수당의 수급 이후 3년 동안 재신청이 불가하다는 점이다. 따라서 6개월 기간 동안 취업하지 못한 사람들의 대책이 막막한데, 경기도 취업참여수당은 바로 이 짧고 부족한 구진촉진수당을 1년간 연장하여 보충해주자는 것이다. 여건이 허락한다면, 차상위 이하 근로빈곤층에 한정하지 않고, 고용보험에서 배제된 도민 구직자들로 확대 설계할 수도 있을 것이다. 정확한 경기도의 신청자 규모를 가늠하기는 어렵지만, 단순하게 계획중인 지원대상자 50~60만 명을 2019년 6월 현재 주민등록상 전국민 인구수 대비 경기도 인구수 비율로 계산하면, 대략 최대 15~20만 명 정도로 추정된다. 이들에게 추가로 6개월 간 50만 원씩 지급하면 연간 4,500억 원~6,000억 원이 소요될 것이다.[11]

위와 같은 '구직활동'에 대한 지원과 함께 고려해볼 수 있는 것은 근로빈곤층을 대상으로 하는 '구직 후' 소득 보장이다. 한국의 근로빈곤층이 탈빈곤을 하지 못하는 근본적인 이유는 취업과 실업, 창업과 폐업을 반복하기 때문이다. 가구소득이 낮을수록 구직과 실업의 경험률이 높은 것으로 알려져 있다. 이러한 현상을 방지하기 위한 현행 제도 중 하나가 미국 EITC 방식의 근로장려금이다. 근로장려금은 중위소득 65~100% 이하의 근로자 가구에 정부가 세금 환급 형태로 지원금을 주는 제도로서 차상위 근로자와 자영업자 가구에 대하여 가구원 구성과 총급여액 등 (부부합산)에 따라 산정된 근로장려금을 지급함으로써 근로를 장려하고 실질소득

---

11. 국민기초생활수급자 중에서 생계급여의 조건부 수급자는 자활근로 때문에 구직촉진수당에 참여할 수 없지만, 다른 의료, 주거, 교육 급여대상자는 지원받을 수 있을 것이다.

구분	대상(명)	월 지급액(원)/기간 지급액	소요예산
구직 전(구직촉진)	150,000 ~200,000	50만 원/300만 원(6개월)	4,500억 원~6,000억 원
구직 후(소득보충)	2,948,277	30만 원/360만 원(1년)	약 10조 원

표 11-13 경기 취업참여수당 대상과 소요예산

을 지원하는 근로연계형 소득지원 제도이다. 전년도에 근로소득과 사업소득(전문직 제외)이 발생한 자에 대하여 가구요건, 총소득요건, 재산요건 등을 판단하여 지급한다.[12] 문제는 지원금액이 턱없이 낮아 효과가 의심스러울 뿐 아니라 지금과 같은 경제위기나 불황기를 맞아 취업이 어려워지고 실업자가 증가하는 상황에서는 무용지물에 가깝다는 점이다. 취업을 전제로 지원되는 제도이므로 다른 소득보장 제도와 같은 경기 안정화 장치의 역할을 전혀 수행하지 못한다. 참고로 2017년 경기도의 근로장려금 수급자 가구는 총 339,170가구였으며, 총 지급액은 약 2,630억 원이었으니, 1가구당 1년에 평균 775,000원(월 64,000원)을 지급받은 셈이다(표 11-12 참조).

따라서 낮은 임금에도 불구하고 근로빈곤층들이 이직하지 않고 생계를 이어갈 수 있도록, 영세 자영업자들이 온전한 삶을 유지할 수 있도록 임금보충적 성격의 취업참여수당이 사회적 임금으로서 제공되어야 한다. 정리하면, 경기도 취업참여수당은 구직 전에 구직촉진수당을 보충하는 사회수당의 형태로 최대 15만~20만 명에게 6개월 동안 300만 원을 지급하고, 구직 후에는 중앙정부의 근로장려세제와는 별도로 취업안정 차원에서 사회수당의 형태로 연간 360만 원을 지급하는 것이다. 자격조건은 경기도 거주자 중 연간 2,000만 원 이하의 소득을 신고한 저임금 근로소득자와 영세 종합소득자로 제한한다. 2018년 국세청 자료에 따르면 경

---

12. 총소득 요건은 2018년도 연간 부부합산 총소득이 단독가구는 2,000만 원 미만, 외벌이 가구는 3,000만 원, 맞벌이 가구는 3,600만 원 미만이어야 한다. 재산 요건은 2018년도 6월 1일 기준으로 가구원 모두가 소유하고 있는 재산합계액이 2억 원 미만이어야 한다.

기도에서 2,000만 원 이하 근로 및 종합소득자는 약 300만 명 정도이다. 위의 두 가지 취업참여수당에 필요한 총 예산은 연간 최대 약 11조 원 내외가 될 것이다(표 11-13 참조).

내용 정리

본 연구의 목적은 경기도에서 실현가능한 기본소득이나 기초소득 방안을 비교 검토해보는 것이었다. 기본소득은 정부가 모든 시민에게 노동, 기여, 필요 등과 관계없이 무조건적으로 일정액의 소득을 지급하는 것이며, 기초소득은 이 중 소득을 감안하여 일정수준 미만의 대상에게 차등의 소득을 지급하는 것이다. 경기도에 적용가능한 방안을 간단하게 살펴보았으나, 모두 예산범위를 넘어서는 결과를 확인하였다. 역시 지방정부의 여건에서 감당해야 할 재정적 부담이 관건이었다. 물론 경기도 보유 재산을 활용하거나 다른 예산을 전환하는 등의 방법이 있을 수 있다. 하지만 처음 시도하는 대규모 사업에서 위와 같은 방법을 사용하기는 쉽지 않을 것이다. 기본소득/기초소득 두 가지 방안 중 그나마 경기도의 현실을 감안할 때 상대적으로 실현가능한 것은 두 번째 기존 수급자 제외한 소득보장(절충주의) 방안이었다. 하지만 격년이나 희망 기간을 설정하는 방식을 선택해야 가능할 것으로 판단된다.

세 번째 취업참여수당의 경우 본 연구의 취지에서는 벗어났지만 실현가능성이 가장 높은 방안일 것이다. 현재 정부의 국민취업지원제도가 아직 국회를 통과되지 않아 불확실하지만, 중앙정부의 제도에서 결정된 대상자들에게 정부 지원기간이 종료된 이후에도 구직촉진 차원에서 6개월간 연장하여 지원하고, 취업에 성공한 이들에게 취업안정 차원에서 1년간 소득을 보충하는 방식이므로 정부 정책과 중복되지 않으면서 원만하게 연계된다면 상당한 효과를 기대할 수 있을 것으로 판단된다. 물론 대상 선정에 근로 의사와 능력이 있음을 전제로 하고 있다는 점에서, 다시 말해 근로능력과 의사가 없는 사람들에게는 지급되지 않는다는 점에서 기본소득이나 기초소득(유사 기본소득) 보장 방안이라고 할 수는 없다. 다만, 코로나19의 터널을 지나면 폐업과 실업이라는 또 하나의 가혹한 터널이 우리를 기다리고 있을 것을 감안한다면, 복지정책이면서 동시에 내수시장을 활성화시킬 수 있는 경제정책이라는 측면에서 적극 고려해볼만 방안이다. 기왕 현재 정부에서 시행하려는 한국형 실업부조라는 국민취업지원제도의 지급기간을 연장 확대하고 단순히 구직자뿐 아니라 많은 불안정한 저소득근로자들까지 포용할 수 있는 정책이기 때문이다. 향후 전 국민에게 조건 없이 지급되는 완전한 기본소득을 향한 긴 여정에서 주요한 징검다리 역할을 하는 지자체 소득보충제도 정도라고 할 수 있을 것이다. 끝으로 본 연구에서 제시한 방안들은 정밀한 데이터와 분석을 통해 구성된 것이라기보다는, 많은 가정과 추론을 바탕으로 제시된 것들이어서 향후 경기도에서 적극적으로 검토할 경우 보다 구체적이고 체계적인 연구가 추가되어야 할 것이다.

세계 기본소득 실험 주요 사례

정원호

기본소득 실험의 필요성과 개요

기본소득 실험의 필요성

어떤 정책을 시행하기에 앞서 그 효과를 미리 가늠하기 위하여 '시범사업'이 실시되는 경우가 종종 있기는 하지만, 그다지 대규모로 또 장기적으로 실험이 실시되는 경우는 많지 않다. 이에 반해 기본소득과 관련해서는 지난 수십 년간, 실험 없는 정책 시행이 없는 것은 아니지만, 여러 나라에서 다양한 형태의 실험이 꾸준히 실시되고 있다. 그 이유는 기본소득이 복지체계의 패러다임 전환을 의미하는 것이기 때문이다. 즉, 기존의 복지가 주로 '필요'에 근거한 급부이고, 또 많은 경우 급부에 따른 의무가 부과되어 있었던 데 반해, 기본소득은 필요와 무관하게 보편적으로 지급되며, 또 급부에 따른 의무가 없이 무조건적으로 지급되기 때문이다. 이러한 패러다임 전환이 초래할 정책효과는 사전적으로 파악하기가 어려우며, 따라서 이를 둘러싼 정치적 논란도 다른 정책들보다 더욱 심하다. 이 때문에 본격적인 기본소득의 도입 이전에 그에 관한 실험들이 다양한 방식으로 추진되고 있는 것이다.

물론 소규모의 실험을 통해 기본소득의 수많은 효과들을 정확하게 파악하는 것은 쉽지 않으며, 따라서 궁극적으로 기본소득 정책을 본격적으로 실시해야 하는지에 관한 답을 구하는 것도 쉽지 않다. 그럼에도 불구하고 기본소득 실험은 기본소득에 관한 대중의 이해를 증진시킴으로써 그에 관한 대중적 토론을 활성화시키는 데에는 긍정적인 효과가 있다(Widerquist, 2018).

기본소득 실험의 개요

세계적으로 기본소득에 관한 최초의 실험은 1960년대 말~1970년대에 걸쳐 미국과 캐나다에서 실시되었다. 그런데 이때는 1980년대 유럽을 중심으로 한 기본소득 운동이 시작되기도 전이어서 지금과 같은 기본소득에 대한 정의가 확립되기도 전이었다. 대신 미국에서는 1962년에 밀턴 프리드먼Milton Friedman이 제기한 부의 소득세negative income tax, NIT가 많은 지지를 받아 이에 관한 실험이 실시되었던 것이다.

이렇듯이 그 이후 지금까지 실시된 기본소득 실험들은 내용적으로 현재의 기본소득 정의에 부합되는 특성들을 모두 포함하고 있는 '순수한' 기본소득 실험이 아닌 것도 많으며, 그 배경이나 실험주체, 재원마련, 실험의 목표, 실험 대상 등등에 있어 매우 다양한 특성을 보이고 있다. 이 점을 감안하면서 지금까지의 기본소득 실험을 시기적으로 구분해 보면, 대략 다음과 같다.

위의 미국과 캐나다의 부의 소득세 실험에 이어서 미국의 알래스카 주는 1982년부터 지금까지 석유수입의 일부로 알래스카 영구기금을 조성하여 모든 주민에게 기본소득에 해당하는 영구기금배당Permanent Fund Dividend을 지급하고 있다. 이 정책은 실험은 거치지 않고 시행되었다.

이후 한동안 잠잠하던 기본소득 흐름은 2000년대 들어서 다시 재개되었는데,

2004년에 브라질이 모든 브라질 국민과 최소 5년 이상 거주한 외국인에게 무조건적 기본소득을 지급하는 내용의 「시민 기본소득법」을 공포하였다. 그러나 재원 문제로 실제 기본소득이 지급되고 있지는 않다(신재성, 2014). 또 2010년에는 이란이 석유 수입으로부터 전 국민에게 월 40 US달러를 지급함으로써 국가 단위에서는 최초로 전국민 기본소득을 실시하기 시작하였다. 그러나 이란 또한 재정 악화로 2016년부터는 국민의 1/3이 지급 대상에서 제외되었다.[1] 아무튼 이 두 나라는, 불완전하기는 하지만, 전국적 차원에서 기본소득을 도입하였다는 점에서 의의가 있다.

브라질과 이란이 실험을 거치지 않고 곧바로 기본소득을 도입한데 반하여, 아프리카의 나미비아에서는 2008년부터 2년간 낙후된 부락과 소도시에서 기본소득 실험을 실시하였다. 이어서 2011년부터 2012~3년까지는 인도의 마드야 프라데시 주에서도 몇몇 마을들에서 기본소득 실험이 실시되었다. 이 두 실험은 중앙정부나 지방정부가 실시한 것이 아니라 국제적 재정 후원에 근거하여 국제단체와 민간단체들이 실시하였다는 공통점이 있다.

이러한 가운데 기본소득과 관련한 국제적 흐름에 있어 결정적인 분기점이 된 것은 2016년이었다. 2016년 1월 개최된 세계경제포럼World Economic Forum에서 소위 4차 산업혁명으로 향후 5년 내 510만 개의 일자리가 사라질 것이라는 전망이 나오면서 그에 대한 대책으로 기본소득이 많은 전문가들에 의해 거론되기 시작하였다. 이어서 더 결정적인 계기는 2016년 6월에 스위스에서 전국민 기본소득 도입에 관한 국민투표가 실시된 것이었다. 비록 결과는 부결이었지만, 이로 인해 전 세계적으로 기본소득에 관한 관심이 고조된 것이다.[2]

이를 계기로 하여 세계적으로 기본소득에 관한 논의가 확산되고, 실험 또한 여러 곳에서 계획되고 준비되었는데, 그 대표적인 것이 2017년부터 2년간 실시된 핀

---

1. https://basicincome.org/news/2016/06/iran-parliament-slashes-cash-subsidies-to-citizens/ (검색일자: 2019.4.18).
2. 국내에서도 2016년부터 성남시가 24세 청년을 대상으로 1년간 100만 원(분기별 25만 원)을 지급하는 '청년배당' 정책을 실시하기 시작하였다. 이에 관해서는 본 연구의 다른 곳에서 집중적으로 다루므로 여기서는 생략한다.

시기·실험주체	중앙정부	지방정부	국제기구·민간단체	개인
1960~70년대		미국/캐나다 8개 주		
1980년대		미국 알래스카 주[1]		
2000년대	브라질[2]		나미비아	
2010년대	이란[1] 핀란드	한국 경기도 성남시[1] (스페인 바르셀로나 주) (미국 스탁턴시) (영국 스코틀랜드)	인도 마드야 프라데시 주 우간다 (케냐)	(미국 오클랜드시)

표 12-1 국제적 기본소득 실험 사례 개요
주 1) 실험이 아니라 정책 시행. 2) 법률은 존재하지만 미시행. 3) ( ) 지역은 계획 또는 실험중.
자료 : 유영성·정원호·이관형(2019, p.8)을 보완.

란드의 기본소득 실험이었다. 물론 이 실험 또한 2,000명의 실업자를 대상으로 노동의욕을 확인하는 것이 목표여서 기본소득의 정의에 완전히 부합되는 것은 아니었지만, 중앙정부 차원에서 실시된 최초의 기본소득 실험이었다는 점에서 또 한번 세계적인 관심을 모았다.

이 외에도 이 무렵부터 기본소득 실험은 선진국과 후진국을 막론하고 확산되고 있으며, 실험주체에는 지방정부는 물론 민간단체나 심지어는 개인도 포함되어 있는 상황이다. 최근에 실시되거나 계획 중인 이들 실험에 대해서는 나중에 자세히 살펴볼 예정인데, 이들을 포함하여 지금까지 실시되었거나 실시·계획 중인 기본소득 정책 또는 실험의 개요를 간략히 표로 나타내면, **표 12-1**과 같다.

그런데 이상에서 언급한 모든 기본소득 정책과 실험들을 자세히 살펴보는 것은 쉽지 않을 뿐더러 그럴 필요도 없다고 생각된다. 왜냐하면 브라질이나 이란처럼 불완전한 정책들도 있고, 또 최근의 실험들은 현재 실시 중이어서 그 효과가 확인되지 않은 것들도 있으며, 심지어는 아직 계획 중이어서 구체적인 실시방안이 확정되지 않은 것들도 있기 때문이다. 따라서 여기서는 실험이 완료되어 그 효과가 파악되고 있는 사례와 온전한 정책으로 계속 시행되고 있는 사례에 대해서만 그 배경, 실험내용, 효과 등을 자세하게 검토하고자 한다. 여기에는 시기 순으로 볼 때 미국과 캐나다의 부(-)의 소득세 실험, 알래스카의 영구기금배당 정책, 나미비아와 인도의 실험, 그리고 최근의 핀란드 실험이 해당된다. 이 가운데 미국과 캐나다의 실험은 같은 배경에서 유사한 시기에 동일한 성격의 실험을 한 것이기 때문에 함께 검토할 것이다. 이밖에 최근에 실시 중이거나 계획 중인 실험들에 대해서는 간략하게 진행상황을 정리해보고자 한다.

미국과 캐나다의 부의 소득세 실험

실험의 배경[3]

미국과 캐나다에서는 1968년부터 1980년에 걸쳐 다섯 개의 대규모 부의 소득세 실험이 실시되었는데, 그 배경은 1960년대 초반 마틴 루터 킹Martin Luther King 목사가 주도한 흑인 민권운동으로부터 시작된다. 이 민권운동의 성공으로 60년대 중반에 흑인들의 인권은 개선되었지만, 현실에서는 경제적 토대가 없으면 권리 또한 소용이 없었다. 이에 킹 목사는 완전고용, (기본소득과 동일한 의미의) 보장연간소득 guaranteed annual income, 싼 임대주택 공급 등을 목표로 하는 '빈자들의 운동Poor People's Campaign'을 계획하였다.

1968년 킹 목사 암살 이후 폴 새뮤엘슨Paul Sammuelson을 필두로 하여 1,200명이 넘는 경제학자들이 최소소득보장을 요구하는 성명을 발표하기도 하고, 1969년에는 닉슨 대통령이 가구단위의 부의 소득세를 담은 "가족지원계획Family Assistance Plan"법안을 발의하기도 하였다.

이러한 사회적, 학술적, 정치적 배경 속에서 1968년부터 미국과 캐나다의 8개 주에서 다섯 개의 프로그램으로 부의 소득세 실험이 실시된 것이다.

---

3. 강남훈(2014; 2019a) 참조.

부의 소득세 실험의 내용[4]

먼저, 미국 연방정부는 세 개의 도시 실험과 하나의 농촌 실험으로 구성된 네 개의 부의 소득세 실험을 지원하였는데, 각각은 서로 다른 특징을 갖도록 설계되었다. 첫 번째 실험은 1968년부터 1972년까지 3년간 실시된 "뉴저지 등급별 노동유인 실험New Jersey Graduated Work Incentive Experiment, NJ"이다. 이 실험의 구체적 대상 지역은 뉴저지 주의 트렌턴Trenton, 패터슨-퍼세이익Patterson-Passaic, 저지 시티 Jersey City 등 3개 시와 펜실바니아 주의 스크랜턴Scranton 시 등 총 4개 도시였다. 이 실험의 대상 가구는 2인 가구로 1,216가구였으며, 흑인, 백인, 히스패닉 인종을 모두 포함하고 있다. 대상 가구의 소득수준은 빈곤선의 150% 이하였으며, 소득보장의 수준은 빈곤선의 50%, 75%, 100%, 125%의 네 개 집단으로 구분하였고, 보장수준에 대한 한계세율marginal tax rate[5]은 30%, 50%, 70%를 적용하는 집단으로 구분하였다.

두 번째 실험은 "농촌 소득유지 실험Rural Income-Maintenance Experiments, RIME"으로서 1970~1972년의 3년간 아이오아 주와 노스캐롤라이나 주의 농촌 지역 809가구를 대상으로 실시되었다. 이 실험은 2인 가구와 여성 가장 1인 가구를 대상으로 하고, 인종은 흑인과 백인을 대상으로 하였다. 기타 실험조건들은 **표 12-2**에 상세하게 정리되어 있다.

세 번째 실험은 워싱턴 주의 시애틀시와 콜로라도 주의 덴버시에서 실시된 "시애틀-덴버 소득유지 실험Seattle-Denver Income-Maintenance Experiment, SIME/DIME"이었다. 이 실험은 4,800가구나 되는 대규모 실험이었고, 실험기간 또한 1970년부터 3년, 5년, 20년의 세 집단으로 구분하여 실시되었으며, 자격요건과 보장수준도 다른 실험에 비해 매우 높았던 데 특징이 있다.

마지막 네 번째 실험인 "게리 실험The Gary, Indiana Experiment: Gary"은 인디애나

---

4. Widerquist(2018, pp.29-30)에서 정리.
5. 한계세율은 소득이 증가함에 따라 부의 소득세가 감소하는 비율을 말한다.

실험명칭(지역)	자료수집 기간	표본 규모: 최초(최종)	표본의 특징	보장수준[1]	한계세율[2]
뉴저지 실험 (뉴저지/ 펜실바니아)	1968~1972	1,216 (983)	도시 지역의 흑인, 백인, 히스패닉 인종. 18~58세 남성 가구주의 양부모 가구. 빈곤선의 150% 이하 소득	0.5 0.75 1.00 1.25	0.3 0.5 0.7
농촌 실험 (아이오아/ 노스 캐롤라이나)	1970~1972	809 (729)	농촌 지역의 양부모 가구와 여성가구주 가구. 빈곤선의 150% 이하 소득	0.5 0.75 1.00	0.3 0.5 0.7
시애틀—덴버 실험 (워싱턴/콜로라도)	1970~1976, 1980	4,800	흑인, 백인, 히스패닉 인종. 최소 한 명의 가구원이 있는 한 부모 가구(11,000달러 이하), 양부모 가구(13,000달러 이하)	0.75 1.26 1.48	0.5 0.7 0.7~0.25y[3] 0.8~0.25y
게리 실험 (인디아나)	1971~1974	1,799 (967)	흑인. 18~58세의 여성 가구주 우선. 빈곤선의 240% 이하 소득	0.75 1.00	0.4 0.6
민컴 (캐나다 마니토바)	1975~1978	1,300	58세 이하의 가구주. 4인 기준 13,000캐나다달러 이하 소득	C$ 3,800 C$ 4,800 C$ 5,800	0.35 0.5 0.75

표 12-2 미국과 캐나다의 부의 소득세 실험 개요　　　　　자료 : Widerquist(2018, p.32)

주 1) 부의 소득세 외에 아무런 소득이 없을 경우 보장되는 소득수준으로 빈곤선의 배수를 나타냄.
　 2) 소득이 증가함에 따라 부의 소득세가 감소하는 비율.
　 3) y는 가구소득을 의미.

주의 게리 시에서 1971~1974년의 3년간 실시된 실험으로서 흑인만을 대상으로 2인 가구와 1인 가구를 합하여 총 1,780가구가 대상이었다.

한편, 캐나다의 마니토바 주에서 실시된 "마니토바 기본연간소득 실험Manitoba Basic Annual Income Experiment, MINCOME"은 58세 이하의 가구주 1,300가구를 대상으로 1975~1978년의 3년간 실시되었는데, 소득요건은 4인 가구 기준 13,000 캐나다 달러 이하의 가구였다.

미국과 캐나다의 부의 소득세 실험을 표로 정리하면 **표 12-2**와 같다.

부의 소득세 실험의 결과

1. 노동유인 효과

부의 소득세의 원래 목표는 저소득층의 소득을 일정 수준으로 보장해주는 것인데, 이상과 같이 미국과 캐나다에서 실시된 실험은 그 주된 목표를 그 부대효과 중의 하나인 노동유인의 변화, 즉 노동시간의 변화를 관찰하는 데 두었다. 그것은 60년대 말 닉슨의 법안을 둘러싼 논쟁 과정에서 가장 강력한 반대논리가 노동유인의 감소문제였기 때문이다. 그리하여 이 실험들에 대한 언론의 관심과 학술적인 효과 분석들도 주로 실험집단과 통제집단의 노동시간 비교에 초점을 맞추게 되었다.

어쨌든 학자들의 분석대상은 세 집단, 즉 남편, 아내, 여성 가구주의 노동시간 변동(감소)을 통제집단과 비교하는 것이었다. 그 결과는 학자들마다, 또 분석 대상지역에 따라 차이가 있지만, 남편의 경우 최소 0.5%에서 최대 9%, 아내의 경우 0%~25%, 여성 가구주의 경우 7%~30%의 노동시간 감소가 있었던 것으로 분석되고 있다.[6]

이러한 결과에 대한 평가는 관점에 따라 다를 수 있는데, 당시의 정치인들은 이 정도의 노동시간 감소를 매우 나쁜 것으로 해석하여 더 이상 실험이나 정책을 추진하지 않게 되었다. 그러나 이러한 분석이나 분석결과에 대한 해석이 잘못되었다는 견해도 있다(Widerquist, 2018, p.33).

첫째, 실험대상 집단이 인구의 극히 일부, 그것도 소득이 빈곤선 근처에 있는 극단적 집단이라는 점이 고려되어야 한다. 일반인들과 비교했을 때, 이들에게 보장되는 소득은 자신의 시장소득에 비해 상대적으로 크기 때문에 노동시간 감소효과도 크게 나타날 수 있는 것이다. 예컨대 4.5%의 노동시간 감소의 결과가 도출된 게리 실험을 일반인을 대상으로 한 전국적 프로그램으로 확대하였을 경우 노동시

---

6. 11명의 학자들의 분석결과에 대한 자세한 내용은 Widerquist(2018, p.32) 참조. 이 분석들은 주로 1970년대 말~1980년대 중반에 이루어진 것들인데, 이후 현대적인 계량분석 모형을 사용하여 다시 분석한 결과, 노동시간 감소가 위 분석결과들보다 더 미미했다는 연구도 있다(강남훈, 2019a, p.73).

간 감소는 1.6%에 그칠 것이라는 시뮬레이션 결과도 있는데, 이 정도 효과는 거의 무시할 수 있는 효과라고 할 수 있는 것이다.

둘째, 위의 분석결과들은 단지 노동시간을 감소시킨 것인데도 불구하고 예컨대 9%의 남자가 아예 일을 그만둔 것으로 오해되는 경우가 많다. 그러나 실제로는 실험집단이나 통제집단이나 실험기간 동안에 일을 그만둔 비율은 거의 같으며, 노동시간 감소는 실험집단이 실업의 경우 다음 일자리를 찾는 데 더 많은 시간이 걸린 데서 비롯된 것이다.

셋째, 위 분석들은 거시경제적 여건을 고려하지 않았다. 즉, 거시경제 여건이 양호할 경우에는 실험집단이나 통제집단이나 모두 일자리를 쉽게 찾을 수 있지만, 여건이 나쁠 경우 소득보조가 없는 통제집단은 나쁜 일자리라도 일찍 찾을 수밖에 없기 때문에 실험집단의 노동시간이 통제집단에 비해 감소되는 것으로 나타나는 것이다.

한편, 실험집단이 노동시간을 감소시킨 이유에 대한 분석을 보면, 남편은 주로 교육훈련을 늘리기 위해, 아내는 육아를 위해 노동시간을 감소시키고, 청년은 자기계발을 위해 취업을 늦춘 것으로 나타났는데, 이는 바람직한 노동시간 감소라고 할 수도 있다(강남훈, 2019a, p.74).

2. 비노동시장 효과

노동시간 감소 외에 다른 삶의 질에 관한 실험결과들은 대체로 양호하였다. 실험집단 아이들의 초등학교 출석 증가, 시험성적 증가 등이 관찰되었고, 저체중아 출산의 감소, 주택 소유 증가, 가계부채 감소, 식량 소비 증가, 영양 개선, 병원 입원 감소 등의 긍정적 효과도 관찰되었다.

다만, 시애틀-덴버 실험에서 실험집단의 이혼율이 50% 이상 증가했다는 분석 결과가 제출되어 부의 소득세에 대한 정치인들의 반대여론을 촉발했지만, 그 후에 다른 연구들에 의해 이 결과가 통계적 오류임이 드러났고, 어떤 지역에서도 이혼율의 유의미한 변화는 없는 것으로 밝혀지기도 했다(강남훈, 2019a, p.73). 반면에

마니토바 실험에서는 실험집단의 이혼율이 통제집단에 비해 낮다는 연구결과도 있다(Widerquist, 2018, p.34).

실험, 그 이후[7]

1970년대 말 당시 이상의 분석결과들은 많은 연구자들에 의해서는 긍정적인 평가를 받고 있었다. 즉, 부의 소득세로 인해 약간의 노동시간 감소가 있는 것으로 나타났지만, 그것은 당초부터 예견되던 것으로서 그 정도는 프로그램을 지속하는 데 문제가 없는 것으로 인식되고 있었다. 아울러 여타 삶의 질과 관련된 결과들도 양호한 것으로 평가되고 있었다.

그러나 사회적, 정치적 반응은 사뭇 달랐다. 많은 언론들은 노동시간 감소에만 초점을 맞추어 해당 실험이 실패했다고 단정하는 분위기였다. 또한 가장 규모가 컸던 시애틀-덴버 실험의 일부가 종료된 후 당시 이와 관련하여 논쟁 중이던 의회에 제출된 보고서는 노동유인의 감소와 이혼율 증가라는 두 가지 문제만 부각하고 있었다. 그 결과 더 이상의 부의 소득세 정책은 정치 영역에서 배제되고 말았던 것이다. 이러한 결론에는 당시 레이건 대통령의 등장을 전후하여 형성되고 있던 작은 정부론을 비롯한 신자유주의 사상이나 복지 축소 사상도 한 몫을 하였다.

미국 알래스카의 영구기금배당

정책의 배경

이상과 같은 미국의 부의 소득세 실험결과가 정치적으로 수용되지 않았다는 점에서 실패로 끝났지만, 60년대의 기본소득운동은 알래스카에서 영구기금배당 정책으로 결실을 맺었다.[8]

---

7. Widerquist(2018, pp.34-36) 참조.
8. 이하의 내용은 정원호 외(2016, p.84), 강남훈(2019a, p.76) 참조.

1959년에 미국의 주 자격을 획득한 알래스카는 주 헌법에 주의 자원은 주민의 소유라고 규정하고 있다. 이를 근거로 1974년에 주지사에 당선된 제이 해먼드Jay Hammond는 먼저 천연가스에 대해 채취세를 부과하여 주민 1인당 150달러를 세액공제의 형태로 분배하기 시작하였다. 이를 확대하고 공고화하기 위하여 1976년에는 주 헌법을 개정하여 현재 및 미래 세대를 위해 석유를 비롯한 천연자원에서 발생하는 수입의 25%로 알래스카 영구기금Alaska Permanent Fund을 조성하게 되었다. 이 기금은 초기에는 주 정부가 관리하다가 1980년부터 주영州營 기업인 알래스카 영구기금공사Alaska Permanent Fund Corporation가 관리하고 있다.

1980년에 재선에 성공한 해먼드는 1982년부터 이 기금으로부터 알래스카 주민들에게 '영구기금배당Permanent Fund Dividend'이라는 명칭의 기본소득을 매년 10월에 1회씩 지급하기 시작하였다. 이 배당은 저소득층을 대상으로 지급하는 부의 소득세와 달리 자산조사 없이 주민 모두에게 아무런 조건 없이 지급한다는 측면에서 기본소득의 정의에 정확하게 부합된다. 이 배당의 금액은 매년 변동되지만, 그 이후 지금까지도 계속하여 지급되고 있어서 성공적으로 정착된 정책이라 할 수 있다. 이 배당의 관리는 주 수입부의 배당국Dividend Division of the Department of Revenue이 담당하고 있다.

영구기금배당의 운영 현황[9]

1. 지급 대상자

영구기금 배당은 주민 모두에게 지급되지만, 주민의 자격에는 약간의 제한이 있다. 지급 대상자의 구체적인 요건은 다음과 같다.

첫째, 전년도의 달력상의 1년calendar year을 알래스카에서 거주한 주민들이다. 여기서 달력상의 1년이라 함은 1월 1일~12월 31일을 의미하는 것으로, 1월 2일부

---

9. 정원호 외(2016, pp.84-87) 참조.

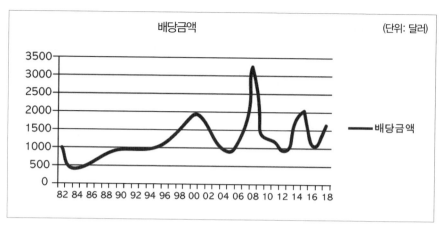

그림 12-1 알래스카 영구기금배당의 추이

주) 2008년에 예외적으로 많은 3,269달러가 지급되었는데, 이때는 배당 금액 2,069달러에
1,200달러의 '알래스카 자원 환급'(Alaska Resources Rebate)이 추가되었다.
자료 : https://en.wikipedia.org/wiki/Alaska_Permanent_Fund의 자료를 토대로 저자 작성(2019).

터 거주한 주민은 지급 대상에 해당하지 않는다.

둘째, 지급 대상자는 해당 연도의 배당을 신청하는 날에 알래스카에 무기한으로
거주할 의도를 갖고 있어야 한다.

셋째, 전전년도 12월 31일 이후 다른 주나 국가에 거주하지 않았고, 거주에 따른
복지 급부를 받지 않았어야 한다.

넷째, 전년도에 중범죄 판결로 처벌받지 않았어야 하고, 중범죄 판결의 결과 전
년도 어느 시점에라도 투옥되지 않았어야 하며, 1997년 1월 이후 한 번의 중범죄
나 두 번 이상의 경범죄 판결을 받았다면, 알래스카에서 경범죄의 결과로 전년도
에 투옥되지 않았어야 한다.

다섯째, 알래스카에 180일 이상 거주하지 않았다면, 거주하지 않은 것으로 간주
한다.

마지막으로, 전전년도 또는 전년도 언젠가 최소한 연속 72시간 동안 실제로 알
래스카에 거주했어야 한다.

2. 배당액의 결정

영구기금배당의 금액은 주법에 의해 계산되는데, 연도별 금액의 안정성을 위해 영구기금 실적의 5년간 평균에 근거하여 결정되며, 주식 시장이나 기타 다른 요인에 의해 크게 변화한다. 배당 금액의 구체적인 계산 절차는 다음과 같다.

① 영구 기금의 지난 5년간의 법정 순수입을 합산한다.
② 5년간 수입의 평균에 법정 비율인 21%를 곱한다.
③ 배당에 할당되는 수입의 법정 비율을 위해 2로 나눈다.
④ 전년도의 의무, 주의 비용, 영구기금배당 부서의 운영비 등을 공제한다.
⑤ 수급 자격이 있는 신청자 수의 추정치로 나누어 개인별 배당 금액을 결정한다.

이런 방식으로 계산된 영구기금배당의 금액은 시작 연도인 1982년에 연간 1,000달러로 시작하여 등락을 거듭하고 있는데, 가장 적었을 때는 1984년의 331.29달러였고, 가장 많았을 때는 2015년의 2,072달러였다(그림 12-1 참조). 그러나 금액이 높을 경우에도 미국의 생활 수준에 비추어 최저생계비를 보장하는 수준에는 크게 못 미친다.

영구기금배당의 효과

1. 노동시장 효과

먼저, 앞선 미국과 캐나다의 실험에서 문제가 되었던 노동시간의 감소, 즉 노동공급효과에 대해 2005~2015년의 자료를 분석한 최근의 연구에 따르면, 노동공급의 비임금소득 탄력성non-labor income elasticity of labor supply은 남자의 경우 −0.15~−0.10, 미혼 여성의 경우 −0.14~−0.11, 기혼 여성의 경우 −0.18~−0.11로 나타났다. 즉, 영구기금배당을 받는 경우, 성별로 약간의 차이는 있지만, 노동공급이 약간씩 감소한 것은 사실이다. 그러나 "이 감소폭은 매우 미미하며, 영구기금배당으로부터 발생하는 소득증가를 상쇄할 것 같지는 않다"(Feinberg & Kuhen,

	2008	2012	2017
빈곤율	6.1%	10.1%	11.1%
(낮은)순위	2위	2위	15위

표 12-3 알래스카의 빈곤율 추이

자료 : https://www.visualcapitalist.com/visualizing-poverty-rate-u-s-states/(검색일자 : 2019.5.21)에서 재구성.

2018, p.23).

영구기금배당의 노동시장 효과에 관한 또 다른 최신 연구를 보면, 그것을 도입한 이후 알래스카의 고용률은 통제 주들의 고용률과 유사하였던 반면, 파트타임 고용의 비율은 1.8%p 증가하였다. 영구기금배당으로 인하여 소득이 증대함으로써 노동공급을 줄이는 소득효과income effect가 있음에도 불구하고, 이처럼 고용에 부정적 효과가 없는 것은 배당이 소비를 증가시켜 노동수요를 증가시키는 승수효과multiplier effect[10] 때문이다. 이러한 승수효과는 교역부문보다 비교역부문에서 더욱 크게 나타났는데, 교역부문에서는 고용이 감소하고 파트타임이 증가한 반면, 비교역부문에서는 고용과 파트타임에 대한 효과가 0에 가까웠다. 결국 긍정적 거시효과(승수효과)가 부정적(일 수 있는) 미시효과(소득효과)를 상쇄시켜 장기적으로 고용에는 아무런 영향을 미치지 못한 것이다(Jones & Marinescu, 2018).

2. 소득분배 효과

소득분배 효과를 나타내는 지표는 여러 가지가 있다. 먼저, 최근 10여 년간 빈곤율 추이를 보면, 알래스카는 미국의 51개 주 가운데 빈곤율이 매우 낮은 편에 속하고 있다.

물론 이처럼 낮은 빈곤율이 영구기금배당만의 효과는 아니겠지만, 그것은 분

---

10. 기본소득의 경제적 효과에는 소득효과, 대체효과, 승수효과, 공동체효과 등이 있는데, 이에 관한 자세한 설명은 강남훈(2019a) 참조.

명히 빈곤율을 낮추는 효과를 초래하였다. 최근 5년 단위로 빈곤율을 추정한 연구에 따르면(Berman & Reamey, 2016), 영구기금배당은 알래스카의 빈곤율을 2005~2010년 동안 2.4%p, 2011~2015년 동안 2.3%p 낮추는 효과를 초래하였다. 즉, 첫째(둘째) 기간에 알래스카의 빈곤율은 8.6%(9.1%)로 추정되는데, 만약 이 기간에 영구기금배당이 없었더라면 빈곤율은 11.0%(11.4%)에 달했을 것으로 추정된다.[11]

다른 전통적인 소득분배 지표인 지니계수gini coefficient[12]의 주별 분포(2017년)를 보아도 알래스카는 0.42로서 가장 평등한 소득분배를 보여주고 있다.[13] 그리고 미국의 소득분배가 갈수록 악화되어 최근에 자주 언급되고 있는 상위 1%의 소득과 하위 99%의 소득의 비율(2015년)을 보아도 알래스카가 가장 낮았다(Sommeiller & Price, 2018, pp.20-21). 미국의 주별로 이 두 지표를 좀 더 자세하게 표로 나타내면, 표 12-4와 같다.

이상의 몇 가지 지표로 볼 때, 알래스카의 소득분배는 미국 내에서 가장 평등하다고 결론지을 수 있으며, 여기에는 영구기금배당의 지급이 큰 역할을 했음을 부인할 수 없다.

3. 범죄 효과

영구기금배당은 노동시장과 소득분배 외에 주민들의 범죄에도 일정한 영향을 미쳤다. 그동안 주로 조건부 현금(또는 현물) 이전의 범죄 효과를 분석한 연구들과 달리 최근에 Watson et al.(2019)은 알래스카의 최대 도시인 앵커리지에서 2000~2016년 동안 지급된 보편적이고 무조건적인 영구기금배당의 범죄 효과를

---

11. 이 밖에 도시와 농촌 간의 빈곤율 격차와 알래스카 원주민의 빈곤율 등에 대해서는 Berman & Reamey(2016) 참조.
12. 지니계수는 0~1의 값을 가지는데, 0에 가까울수록 소득분배가 평등하며, 1에 가까울수록 불평등하다.
13. https://www.statista.com/statistics/227249/greatest-gap-between-rich-and-poor-by-us-state/(검색 일자: 2019.5.21).

순위	주	지니계수[1] (2017년)	주	상위 1% 소득 평균 / 하위 99% 소득 평균[2] (2015년)
1	알래스카	0.42	알래스카	12.7
2	유타	0.42	하와이	13.7
…		…	…	…
	미국 평균	0.48	미국 평균	26.3
…		…	…	…
50	뉴욕	0.52	플로리다	39.5
51	D.C.	0.53	뉴욕	44.4

표 12-4 미국의 주별 소득분배 현황

자료 : 1) https://www.statista.com/statistics/227249/greatest-gap-between-rich-and-poor-by-us-state/(검색 일자: 2019.5.21)에서 재구성.
2) Sommeiller & Price(2018)에서 재구성.

분석하였다.

　이에 따르면, 영구기금배당은 배당이 지급된 후 4주 동안에 일평균 약물남용 사고가 10% 증가하고, 경찰 의료지원이 9% 증가한 반면, 재산범죄는 8% 감소하고, 폭력 범죄는 변화가 없었다. 그러나 연간 기준으로 보면, 약물남용은 1.05% 증가하고, 재산 범죄는 0.61% 감소하여 변화폭이 상당히 미미하였다. 이에 따른 사회적 비용을 화폐로 환산하면, 344만 달러의 지출과 33만 달러의 절약에 해당하는데, 이는 2016년에 앵커리지 주민에게 지급된 영구기금배당의 −1.78%와 +0.17%에 해당하는 미미한 금액에 불과하였다. 더구나 저소득층 식비지원 프로그램인 '푸드스탬프food stamp, SNAP'의 약물남용 탄력성은 영구기금배당의 그것보다 네 배나 컸다.

　이러한 상황을 종합해 보면, "연간 기준으로 영구기금배당 지급의 범죄에 대한 순효과는 상대적으로 작으며, 이것은 무조건적 기본소득 프로그램의 범죄 관련 우려가 부당하다는 것을 시사한다"(Watson et al., 2019, p.5).

나미비아의 기본소득 실험

실험의 배경과 내용[14]

나미비아는 1990년에 식민 지배로부터 독립하였지만, 극심한 빈곤과 부의 불평등에 시달리고 있었다. 이러한 상황에서 2004년 교회를 비롯하여 시민단체들이 '기본소득연합Basic Income Grant Coalition'을 결성하여 기본소득 도입을 위한 활동을 전개하였다. 이 결과 정부의 반대 속에 빈곤과 범죄에 시달리는 오트지베로Otjivero라는 부락과 오미타라Omitara라는 소도시를 대상으로 시범 프로젝트를 실시하게 되었다.

프로젝트의 내용은 단순하다. 이 지역의 60세 이하의 모든 거주자 930명에게 2008년 1월부터 2009년 12월까지 2년 동안 무조건적으로 매월 100 나미비아달러(약 12 US달러)가 지급되었다. 다만, 21세 이하의 아동과 청소년에게는 '주된 보호자'로 등록된 사람(주로 엄마)에게 지급되었다. 2004년 시점에서 나미비아의 빈곤선이 월 262 나미비아달러임에 비추어 볼 때, 이 기본소득 금액은 매우 소액의 부분 기본소득에 해당하는 것이었다.

이 시범 프로젝트의 재원은 국제적인 지원으로 조달되었다. 즉, 2007년 8월부터 재원 조달을 위한 기부 캠페인이 전개되었는데, 주로 국제 종교단체들의 후원이 많았다. 그 밖에 많은 개인들도 후원에 동참했는데, 초대 나미비아 수상이 첫 번째 후원자로 2년간 2명 분의 기본소득에 해당하는 금액을 후원했고, 다른 개인들도 이런 방식으로 동참하였다. 이 기부 캠페인은 2년간 계획되었는데, 그 기간 동안 프로젝트에 필요한 재정을 충분히 조달하였다.

요컨대 나미비아의 기본소득 시범 프로젝트는 2년이라는 단기간 동안 국제적 후원이라는 특수한 재정 조달을 통해 실시된 것이기는 하지만, 보편성과 무조건성이 강한 기본소득 본래의 모델로 진행되었던 것이다.

---

14. 정원호 외(2016, pp.86-88)

실험의 효과

'기본소득연합'은 실험의 시작 전부터 평가를 준비하여 2009년 봄에 2008년의 1년에 대한 결과를 분석하였다. 그 결과 거의 모든 분야에서 긍정적인 효과가 관찰되었는데, 구체적인 효과는 다음과 같다(Basic Income Grant Coalition, 2009; Jauch, 2015).

첫째, 가장 두드러진 것은 빈곤개선 효과이다. 2007년 11월에 76%의 주민이 식량빈곤선 아래에 있었는데, 1년 후에는 그 비율이 37%로 급감하였다.

둘째, 15세 이상 주민의 경제활동 참가가 44%에서 55%로 증가하였다. 이 결과 실업률도 65%(2007. 7)에서 52%(2008. 7), 45%(2008.11)로 감소하였다.

셋째, 아동의 영양실조가 크게 감소하였는데, 저체중아 비율이 2017년 11월 42%에서 2008년 6월에 17%로, 2008년 11월에 10%로 감소하였다.

넷째, 아동의 취학과 관련하여 경제적 이유로 미취학하는 아동이 42% 감소하였고, 중도 탈락률도 2007년 11월 40%에서 2008년 6월 5%로, 그리고 2008년 11월에는 거의 0%로 급감하였다.

다섯째, 주민들의 구역 내 병원 이용도 더 정기화되었는데, 1회 방문 당 4 나미비아 달러의 비용을 지출하여 병원 수입이 월 250에서 1,300 나미비아 달러로 증가하였다.

여섯째, 범죄율이 42%나 감소하였다.

일곱째, 여성들이 생존을 위해 남성에 의존하는 경향이 감소하였다. 즉, 매춘이 감소하였다.

여덟째, 알콜 중독의 증가는 관찰되지 않았다.[15]

---

15. 알콜 중독을 방지하기 위하여 술집 주인들과 기본소득 지급일에는 술을 팔지 않는다는 합의를 체결하였다.

인도의 기본소득 실험

실험의 배경과 내용[16]

인도에서는 전통적으로 사회보장에 있어 현금 급부가 매우 적었으며, 최근 들어 사회보장의 수단으로 "현금" 대 "식량"의 논쟁이 크게 진행되기도 하였다. 이런 상황에서 무조건적 현금 이전Unconditional Cash Transfer, UCT의 효과에 관한 신뢰할 만한 증거를 찾기 위하여 뉴델리 UNICEF와 여성 노동조합인 여성자영업자협회Self Employed Women's Association, SEWA가 공동으로 2011년부터 2개의 UCT 시범 프로젝트를 실시한 바 있다. 재원은 UNICEF의 기금으로 충당되었다.

우선, 시범 사업의 대상 지역은 인도의 마드야 프라데시 주였는데, 이 지역은 인도의 가장 낙후된 주 중의 하나이기도 하였지만, 프로젝트의 주체인 SEWA가 매우 활발하게 활동하고 있는 지역이기도 하였다. 그런데 마드야 프라데시 주에는 부족들이 21%나 살고 있었고, 그들은 부족이 아닌 주민에 비해 더욱 가난하였다. 이에 따라 부족의 기본소득 효과를 별도로 파악하기 위하여 '일반 프로젝트'와 '부족 프로젝트'를 구분하여 실시하였다. 즉, 일반 프로젝트는 8개 마을을 대상으로 실시되었고, 부족 프로젝트는 1개 마을을 대상으로 실시되었다. 그런데 일반 프로젝트도 이해 대변 조직voice organization의 효과를 파악하기 위하여 SEWA가 활발하게 활동하고 있는 'SEWA 마을' 4개와 SEWA가 존재하지 않는 '비SEWA 마을' 4개로 구분하였다. 이들 실험마을과의 비교를 위해 일반 프로젝트에서 각각 6개의 SEWA 마을과 비SEWA 마을을, 부족 프로젝트에서 1개의 부족마을을 기본소득을 지급받지 않는 통제마을로 선정하였다. 이러한 구성으로 일반 프로젝트는 2011년 6월부터 17개월간, 부족 프로젝트는 2011년 6월부터 12개월간 실시되었다.

이 프로젝트(모델)의 특징은 기본소득의 정의에 따라 충실하게 실시되었다는 것

---

16. 정원호 외(2016, pp.88-89).

이다. 즉, 모든 거주자에게,[17] 현금으로, 매월 정기적으로, 그리고 아무런 조건 없이 지급된 것이다. 다만, 지급 방식에 있어 두 프로젝트 간에 차이가 있는데, 일반 프로젝트의 경우 은행 계좌를 통해(18세 미만의 아동은 엄마 또는 다른 보호자에게) 지급된 반면, 부족 프로젝트는 직접 현금이 지급되었다.

또 개인별 금액도 성인과 아동에 있어 차이가 난다. 즉, 일반 프로젝트의 경우 처음 1년 동안은 매월 성인에게는 200루피(1인당 GDP의 약 3%), 아동에게는 100 루피를 지급하였는데, 1년 후에는 각각 300루피와 150루피로 인상되었다. 그에 반해, 부족 프로젝트에서는 12개월 내내 성인에게 300루피, 아동에게 150루피를 지급하였다. 이때 성인의 기본소득 금액 300루피는 2009년 현재의 빈곤선인 327루피와 비슷한 수준으로, 저소득 가구 소득의 약 30%에 해당하는 금액이다.

실험의 효과

이 실험에 대해서도 SEWA는 방대한 효과분석을 실시하였는데, 그 가운데 중요한 것들만 일부 살펴보면 다음과 같다(SEWA Bahrat, 2014).

첫째, 가장 중요한 효과는 두 프로젝트 모두에서 생산적 노동이 증가하여 지속적인 소득증대가 초래되었다는 것이다. 즉, 일반프로젝트에서 기본소득 가구는 생산적 노동이 21% 증가한 데 반해, 통제가구에서는 9%만 증가하였다.

부족마을에서는 기본소득 지급 이전에 39.4%의 주민만 자기 농장에서 일을 하였는데, 1년 후에는 62.4%의 주민이 자기 농장에서 일을 하게 되었다. 대신 남의 농장에서 노동자로 일하는 비율은 72.7%에서 27.2%로 급감하였다.[18] 이에 반해 통제마을에서는 오히려 전자는 42.6%에서 35.7%로 감소하고, 후자는 48.6%에서 50.7%로 증가하였다.

---

17. 그러나 프로젝트 기간 중 마을로 이주해 온 사람 등 극히 일부는 제외되었다.
18. 인도 농촌에서는 임금노동자의 수입보다 자신의 농장에서 영농을 하는 것이 많은 수입을 가져다준다.

둘째, 노동시간도 기본소득 마을에서 증가하였는데, 일반 프로젝트의 경우 기본소득 가구가 통제가구에 비해 32%나 더 많은 시간을 일했고, 부족프로젝트의 경우에는 기본소득을 받는 개인의 약 52%가 월 11~20일을 일한 데 반해(기본소득 이전보다 43.5% 증가), 통제마을에서는 그 정도 일을 한 비율이 오히려 감소하였다.

셋째, 부족마을에서 기본소득을 받는 여성의 경제활동 참가가 16% 증가하였는데, 그 이유는 여성 자신의 명의로 된own-account 경작지나 재봉틀, 가축 등의 소득을 창출하는 자산이 증가했기 때문이다. 통제마을에서는 여성 경제활동 참가가 감소하였다.

넷째, 이러한 경제적 측면 외에도 가정 내에서 여성의 경제적 권리가 신장되었는데, 이는 기본소득이 여성 개인에게 직접 지급되었기 때문이다. 그 밖에 여성의 영양상태, 건강상태, 교육상태 등도 기본소득으로 인해 크게 개선되었다.

다섯째, 아동·청소년의 경우도 기본소득 마을에서 다양한 측면에서의 개선이 관찰되었다. 먼저, 아동, 특히 여아의 영양상태가 통제마을에 비해 10%p 정도 더 개선되었다. 또 중등학교 취학률이 통제마을에서 51.3%에 불과한 데 비해, 기본소득 마을에서는 76%에 달했다. 이에 따라 학비지출도 기본소득 마을이 통제마을에 비해 증가하였다. 이 결과 아동노동도 일반 프로젝트의 경우 기본소득 마을에서는 20%나 감소한 데 비해, 통제마을에서는 5% 감소에 불과하였다. 반면에 부족 프로젝트에서는 기본소득 마을에서 아동의 임금노동은 감소한 반면, 자신 명의의 노동은 증가하였는데, 그렇다고 이것이 취학에 영향을 주지는 않았다.

이 밖에도 기본소득 마을에서 통제마을에 비해 병원비가 감소하고, 질병이 감소하였으며, 식량의 질이 개선되는 한편 술 소비는 감소하였고, 식수나 에너지도 개선되었으며, 부채가 감소하는 등 주민 생활의 거의 모든 측면에서 긍정적인 효과들이 발생하였다.

핀란드의 실업자 기본소득[19] 실험

실험의 배경[20]

보편적 복지의 전통이 강한 북유럽의 일원인 핀란드에서는 신자유주의의 확산에 따른 실업증가 등의 사회적 변화를 배경으로 기본소득에 관한 논의도 일찍이 1970년대 말부터 전개되어 왔다. 그 전개 과정은 1970년대 후반~1990년대의 제1기와 2005년 이후 현재까지의 제2기로 구분할 수 있는데, 제1기에 기본소득에 관한 핀란드의 논쟁지형이 형성된다.

먼저, 우파적 입장은 현존 복지체제가 지닌 복지함정 및 낮은 노동유인 문제를 해결하기 위하여 높지 않은 기본소득을 통해 '실업보다는 불완전한 취업'을 주장하였다. 이러한 입장은 녹색연맹Green League이 계승한다. 이에 비해 좌파적 입장은 노동력의 탈상품화를 목표로 높은 수준의 기본소득을 주장하는데, 이는 좌파연합 Left Alliance이 수용한다. 또한 핀란드의 최대 정치세력 중 하나인 중앙당은 조건부 기본소득을 주장한다.

이러한 기본소득 찬성 입장에 반하여 핀란드 노동조합연맹SAK과 사회민주당은 기본소득이 지나치게 많은 비용이 들고, 복지의 기본 원천인 고용과 노동소득 연계 급여를 위협하며, 저임금노동과 단편화된 사회의 창출에 기여한다고 비판하면서 최대의 반대세력을 형성하게 된다.

제2기에는 학자나 정치인들의 이론적 논의에 머물지 않고, 기본소득을 위한 대중운동이 활발히 전개되었다. 2005/2006년의 유럽 노동절 당시의 대항운동은 확산되고 있는 불안정 무산자계급, 즉 프레카리아트 문제의 해결을 위해 '넉넉한

---

19. 후술하듯이, 핀란드의 실험은 실업자만을 대상으로 하기 때문에 진정한 의미의 기본소득 실험은 아니지만, 핀란드 정부가, 따라서 다른 모든 언론이나 연구자들도 기본소득 실험이라 칭하고 있기 때문에 이러한 상황을 감안하여 본 보고서에서는 핀란드 실험을 '실업자 기본소득' 실험이라고 칭하고자 한다.
20. 권정임(2014) 참조.

기본소득'을 요구하였고, 이를 계기로 대중적 차원에서 기본소득 논의가 활발히 전개되었다. 이러한 과정에서 2011년에는 핀란드의 기본소득네트워크인 BIEN Finland가 결성되었고, 2012년에는 BIEN Finland가 기본소득 도입을 위한 시민발의를 목표로 6개월 간 캠페인을 전개하기도 하였다. 이 캠페인으로 의회에 입법안 제출을 위한 5만 명의 서명을 받지는 못하였으나, 이 시민발의안에 대한 국민들의 지지는 절반을 넘었다(54%).

이러한 배경 하에서 2015년 집권한 중도당을 중심으로 한 중도우파 연합정부(시필레 총리)가 2017년부터 2년간 기본소득 실험을 실시하게 된 것인데, 이 실험은 비록 규모는 작지만 전국적 차원에서 실시된 세계 최초의 기본소득 실험이다.

실험의 내용

핀란드 기본소득 실험에 앞서 핀란드 사회보험국Kela을 중심으로 한 전문가집단은 핀란드에 적합한 실험모델을 구상하여 정부에 권고한 바 있다(Kangas, 2016). 그 핵심적인 내용은 전국 단위 무작위 표본추출, 지역실험으로 전국실험 보완, 실험참여 의무화, 두 가지 이상의 기본소득 수준, 25~63세의 저소득층 대상 등이었다. 그러나 정부는 여러 가지 정치적, 법적, 제도적, 예산상 제약을 내세워 이 권고안을 따르지 않고,[21] 아래와 같은 독자적인 안을 채택하였다.[22]

먼저, 실험의 목표는 기본소득이 실험 참가자의 고용에 미치는 영향과 기타 효과를 파악하는 것이다. 이를 좀 더 구체적으로 설명하면, 실험의 목표는 다음 질문들에 대한 해답을 찾는 것이다.

---

21. 실제 실험모델이 결정되는 과정에서의 여러 가지 제약과 상황에 대해서는 Kangas(2017)와 Wispelaere 외(2018) 참조.
22. Kangas(2017)와 Kela 홈페이지 https://www.kela.fi/web/en/basic-income-objectives-and-implementation(검색일자: 2019.5.29) 참조.

변화하는 노동의 성격을 고려하기 위하여 사회보장제도는 어떻게 재구성될 수 있는가?

사회보장제도는 적극적인 경제활동 참여를 촉진하고 사람들에게 더 강한 노동유인을 제공하는 방식으로 재형성될 수 있는가?

관료제는 완화되고 복잡한 사회급부체계는 단순화될 수 있는가?

이러한 목표를 설정하게 된 배경은 기존의 실업급여에는 수급의 대가로 구직활동이나 직업훈련 등 취업을 위한 활동을 해야 한다는 조건이 있었으며, 취업을 할 경우 실업급여가 중단되기 때문에 실업급여보다 저임금의 일자리나 단기 일자리에는 재취업을 꺼리는 경향이 있었기 때문이다. 이에 이러한 조건을 없애는 기본소득을 지급하면 노동유인이 커질 것인가를 실험하게 된 것이다.

다음으로 실험의 대상집단은 25~58세의 핀란드 거주자로서 2016년 11월 현재 Kela로부터 실업급여(노동시장 보조금 또는 기본 실업수당)[23]를 받는 수급자 중에서 무작위 추출방식으로 선정된 2,000명이다. 이들의 실험 참여는 의무적이다. 그리고 통제집단은 이 실험 참여자를 제외한 나머지 실업자 약 17만 3천 명이 된다.

그리고 기본소득의 수준은 월 560유로로 이에 대해서는 면세인데, 기존의 실업급여가 이보다 많을 경우에는 기존의 수준을 보장해준다. 게다가 기본소득의 특성상 실험기간 동안에는 기본소득 이외의 추가소득이 발생하더라도 기본소득 자체는 삭감되지 않고 그대로 지급된다.

---

23. 핀란드의 실업보상 체계는 이원화되어 있는데, 노동조합이 운영하는 실업보험과 사회보험기구Kela가 지급하는 실업급여가 있다. 먼저, 핀란드에는 26개의 실업보험기금(이 중 2개는 자영업자기금)이 있는데, 실업자(자영업자 포함)가 특정 실업보험기금의 회원으로서 수급요건을 갖출 경우 해당 실업보험기금에서 이전 임금(소득)과 연계된 실업급여를 받는다. 반면에 실업자가 수급요건을 갖추었지만 실업보험기금의 회원이 아니거나 회원이더라도 수급요건이 부족 또는 만료된 경우에는 Kela로부터 '기본 실업급여basic unemployment benefit'를 받는데, 이 또한 두 가지로 구분된다. 즉, 수급요건을 갖춘 실업자에게는 '기본 실업수당basic unemployment allowance'이, 노동이력이 짧은 신규실업자나 수급요건을 충족하지 못한 실업자에게는 '노동시장 보조금labour market subsidy'이 지급된다. 따라서 Kela의 실업급여 수급자는 신규실업자이거나 장기실업자가 많다. 2017년 말 현재 소득연계 실업급여 수급자는 38%, 기본 실업수당 수급자는 9%, 노동시장 보조금 수급자는 53%를 차지하고 있다. 이상 https://www.kela.fi/(검색일자: 2019. 5. 29) 참조.

실험의 결과

2018년 12월까지 2년간의 실험이 종료된 후 2019년 2월에 예비결과가 발표되었다.[24] 이 결과는 실험의 고용효과, 자영업자의 소득효과 및 웰빙well-being효과 등을 분석하였는데, 고용효과와 자영업자 소득효과는 등록데이터를 사용하였기 때문에 실험의 첫 해, 즉 2017년의 결과만 분석되었고,[25] 웰빙효과는 2018년 10월 17일~12월 14일 동안 행해진 전화설문(응답자 1,633명 = 실험집단 586명 + 통제집단 1,047명))을 통해 분석되었다. 이 결과들을 간략히 요약하면, 다음과 같다(Kangas 외, 2019).

첫째, 가장 중요한 목표변수인 고용효과는 실험집단이나 통제집단이나 큰 차이가 없었다. 즉, 1년간의 고용일은 실험집단의 경우 49.64일이었고, 통제집단의 경우 49.25일로서 실험집단이 0.39일 많은 데 그쳤다.

둘째, 자영업자의 소득은 오히려 통제집단이 실험집단보다 많아서 전자의 연소득은 4,251유로인 데 반해, 후자의 연소득은 4,230유로에 그쳤다.

셋째, 웰빙효과는 여러 가지 주관적, 심리적 효과들을 총칭하는 것인데, 실험집단의 웰빙효과는 통제집단의 그것에 비해 월등히 컸다. 웰빙효과의 전체 결과는 **표 12-5**에 정리되어 있는데, 실험집단은 통제집단에 비해 삶의 만족도, 신뢰, 미래에 대한 자신감, 건강, 재정상태에 대한 만족도, 스트레스, 관료제에 대한 태도, 기본소득에 대한 태도 등 거의 모든 측면에서 긍정적인 태도를 보였다.

여기서 한 가지 특기해야 할 것은 실험의 핵심적 목표인 노동에 대한 태도인데, 설문 당시의 고용상태에서 실헙집단의 단시간 노동이 약 8% 많고, 단시간 노동자의 전일제 의향에서 실험집단이 10% 정도 많다. 그러나 예비결과 보고서도 밝히고 있듯이, 표본의 크기가 작아서 이러한 차이는 통계적으로 유의미하지 않다

---

24. 2019년 4월에 이 예비결과에 대한 보완자료가 발표되었는데(Kela, 2019), 이 자료에는 설문조사 결과에 대한 약간의 수정 외에 특별한 내용은 없다.
25. 2018년의 결과에 대한 등록데이터는 2019년 말에나 가용하기 때문에 실험기간 전체에 대한 완전한 결과분석은 2020년 초에나 가능하다.

구분		실험집단	통제집단
삶의 만족도 (0~10점)		7.32	6.76
신뢰 (0~10점)[1]	타인에 대한 신뢰	6.68	6.30
	법적 제도에 대한 신뢰	6.62	6.30
	정치인에 대한 신뢰	4.28	3.80
자신의 미래에 대한 자신감 (%)	강함+어느 정도 강함	58.2	46.2
자신의 재정상황에 대한 자신감 (%)	강함+어느 정도 강함	42.2	30.3
사회문제에 대한 영향력 (%)	강함+어느 정도 강함	28.9	22.6
건강 (%)	매우 좋음+좋음	55.4	46.2
최근의 집중력 (%)	매우 좋음+좋음	66.7	55.7
과거에 즐거웠던 일에 대한 흥미 상실 (%)	예	24.7	33.8
(설문 당시) 취업률 (%)		31	25
임금노동자의 상태 (%)	단시간 : 전일제	38.0 : 62.0	30.3 : 69.7
단시간 노동자의 전일제 의향 (%)	예	68.6	58.2
1년 내 취업 가능성에 대한 확신 (%)	예	56.1	44.8
현재 가구소득에 대한 재정적 웰빙 (%)	편안한 생활+괜찮음	60.0	50.9
스트레스 정도 (%)	전혀 없다+약간만 있다	54.8	45.6
지난 2년간 관료제 체감 (%)	예	58.9	67.8
기본소득이 관료제 감소시키나? (%)	강하게 동의+약간 동의	81.3	72.4
기본소득에 대한 태도 (%)	기본소득이 있으면 일자리 제안을 수용하는 것이 재정적으로 타당한가?	89.0	76.1
	기본소득이 있으면 개인 사업을 시작하는 것이 더 쉬운가?	72.2	63.2
	기본소득이 사회보장제도의 항구적 요소로 도입되어야 하는가?	84.8	75.3

표 12-5 핀란드 기본소득 실험의 웰빙효과   자료: Kangas 외(2019)에서 정리.

주1) 2019년 4월의 보완자료에는 실험집단과 통제집단의 타인에 대한 신뢰가 각각 6.8, 6.3으로, 정치인과 정당에 대한 신뢰가 4.5, 4.0으로, 법원과 경찰에 대한 신뢰가 7.2, 6.9로 수정되었다.

(Kangas 외, 2019, p.23).

다만, 2019년 4월의 보완자료에 중요한 지적이 있는데, 실험집단의 경우 직업소 개나 직업훈련 등 고용서비스에 대한 참여의 의무가 없음에도 불구하고 고용서비 스에 대한 참여는 통제집단과 거의 같았다는 것이다(Kela, 2019, p.2). 이렇게 볼 때, 기본소득이 노동의욕을 저하시킨다는 반대론자들의 주장은 사실과 다르다는 점이 핀란드 기본소득 실험에서도 확인되었다고 할 수 있다.

실험에 대한 평가

핀란드의 기본소득 실험은 세계 최초의 국가 차원의 실험이라는 측면에서 세계 적인 관심을 모았으며, 그런 만큼 예비결과에 대한 평가도 다양하다. 이 실험의 핵 심적 목표가 기본소득의 고용효과인 만큼 평가 또한 이를 둘러싸고 많이 제출되고 있는데, 실험집단과 통제집단의 고용효과가 같다는 결과로 인해 서로 상반된 평가 가 가능하다.

먼저, 기본소득 반대론자들은 기본소득이 노동유인의 증대를 목표로 했는데도 불구하고 실험집단의 고용이 더 많아지지 않았다는 것은 기본소득이 효과가 없었 다는 것을 입증한다고 부정적으로 평가하고 있다(예를 들면, Hiilamo, 2019).

이에 반해 기본소득 찬성론자들은 양 집단의 고용효과가 같다는 것은 기본소 득이 노동유인을 감소시켜 고용을 감소시킬 것이라는 반대론자들의 주장이 틀 렸다는 점을 입증하는 것이며, 고용효과는 같은 상황에서 웰빙효과가 크다는 것 은 기본소득이 인간의 행복 증진에 유효하다는 것을 보여준다고 평가하고 있다 (Martinelli, 2019; Ylikännö & Kangas, 2019; 강남훈, 2019b; 유종성, 2019 등).

물론 예비결과 보고서는 이 결과가 2017년 한 해의 결과에 불과한 것이므로 전 체 효과에 대한 결론은 유보한다는 점을 누차 강조하고 있지만, 이러한 평가들은 고용효과에 관한 올바른 평가라 하기 어렵다. 왜냐하면, 노동과 관련하여 핵심적 인 쟁점이 되는 기본소득의 효과는 노동유인, 즉 노동공급 효과이다. 그런데 예비 결과가 보여주는 취업상태나 고용형태 등은 노동공급 측면 뿐 아니라 노동수요 측면, 즉 경기상황이 동시에 작용한 결과이다. 따라서 취업상태 등을 근거로 기본소득의 효과를 판단하는 것은 애초에 목표변수를 잘못 설정한 것이라 할 수 있다. 오히려 예비결과의 보완자료에서 간단히만 언급하고 있는 고용서비스에 대한 참여를 더욱 정확히 분석하는 것이 기본소득의 노동유인 효과를 보는 데 필요할 것이다.

그런데 고용효과의 유무보다 더 중요하게 주목해야 할 것은 이 실험(설계 및 과정) 자체의 한계로 인해 이 실험이 기본소득의 효과에 관해 유용한 정보를 제공할 수 있는지에 관한 근본적인 회의가 든다는 점이다.

첫째, 실험의 대상집단이 실업자라는 것은 기본소득의 핵심적 특징 중 하나인 보편성, 즉 자산심사 없이 국민 모두(또는 특정 범주에 속하는 모두)에게 지급한다는 특징이 결여되었다는 것을 의미한다. 따라서 이 실험은 기본소득 실험이 아니다. 대신 실업급여 수급에 따르는 조건은 없기 때문에(무조건성) 이 실험의 정확한 성격은 '무조건적 실업급여 실험'이라고 할 수 있다(노정호, 2018; Hiilamo, 2019; Santens, 2019).

둘째, 실업자들은 Kela로부터 실업급여 이외에 사회부조, 주택수당, 질병수당 등을 받는데, 실험집단의 경우도 실업급여는 무조건적이지만, 다른 사회수당들은 조건부이다. 즉, 다른 수당들은 소득이 증가하면 그에 상응하여 감액된다. 따라서 실험집단에 속한 실업자의 경우도 고용으로 인한 추가소득이 발생하면 실업급여는 감액되지 않더라도 다른 사회수당들이 감액되기 때문에 고용에 대한 반대유인 disincentive이 존재하는 것이다(Santens, 2019).[26]

실제로 이 실험에서는 기본소득조차도 예컨대 사회부조 결정에서 소득으로 간주되어 실험집단의 사회부조 수급액(941유로)이 통제집단의 수급액(1,344유로)보다 적게 나타났다(Kangas 외, 2019, pp.12-13). 이렇게 볼 때 이 실험은 무조건성도

---

26. 이 실험을 '기본소득 실험'으로 규정하고 있는 예비결과 보고서 집필자들도 대상집단 선정의 한계는 지적하고 있다. 즉, Kela의 실업급여 수급자들은 신규실업자나 장기실업자가 대부분인데, 이들은 소득연계 실업급여 수급자들에 비해 취업이 어렵기 때문에 소득연계 실업급여 수급자들을 대상에 포함시켰더라면 다른 결과가 도출되었을 것이라고 평가하고 있다(Ylikännö & Kangas, 2019).

완전하게 보장하지 않고 있어서 '불완전한 무조건적 실업급여' 실험이라고 할 수 있다.

셋째, 실험기간 중간인 2018년부터 정부는 실업자들의 노동시장 참여를 증대시키기 위해 실업자에 대한 의무를 강화하는 새로운 노동시장정책을 실시하였는데, 이로 인해 통제집단은 이전보다 의무가 강화된 새로운 정책환경에 처하게 되었다 (Wispelaere, 2018; Ylikännö & Kangas, 2019). 2018년의 등록데이터는 아직 발표되지 않아 고용효과를 파악할 수는 없지만, 이러한 환경변화는 분명히 2018년의 고용효과에도 왜곡된 영향을 미칠 수 있다. 특히 2018년 말에 실시된 설문조사 결과도 이 영향으로 인해 왜곡이 있었을 것으로 추정된다.

넷째, 웰빙효과와 관련된 중요한 한계는 사전조사가 없었다는 것이다(Hiilamo, 2019). 이로 인해 실험 종료 시점에서 실험집단과 통제집단 간의 비교는 있지만, 사전과 사후의 변화는 파악할 수 없기 때문에 양 집단의 비교결과도 신뢰도가 낮아질 수밖에 없다.

이밖에도 당초 연구진의 권고안이 무시되고 정부안이 실시될 때부터 지적되었던 작은 표본의 문제, 그로 인해 기본소득의 거시경제 효과(승수효과)를 파악할 수 없는 문제, 2년이라는 실험기간이 짧아서 장기적 효과를 파악하기 힘들다는 문제, 설문조사의 응답률(23%)이 낮은 문제 등등 매우 많은 한계들이 지적되고 있다. 이러한 수많은 한계들로 인해 핀란드의 기본소득 실험은 목표로 했던 고용효과와 웰빙효과가 있고 없고를 떠나, 물론 실험기간 2년 전체에 대한 결과가 아직 나오지는 않았지만, 그 효과들을 제대로 파악할 수가 없는 잘못된 실험이었다고 평가할 수 있다.

그리고 마지막으로 고용 증대가 기본소득의 목적인가 하는 더욱 근본적인 질문이 필요하다고 생각된다. 분명히 고용 문제는 기본소득 논의에서 중요한 문제임은 부인할 수 없지만, 그것은 어디까지나 기본소득의 한 '효과'이지 '목적'은 아니다. 기본소득의 목적은 한 마디로 사람을 더 자유롭게, 더 행복하게 하는 것이다. 그렇다면, 기본소득에 관한 실험도 고용효과를 목표로 할 것이 아니라 자유와 행복의 증진효과를 파악하는 것을 목표로 삼아야 할 것이다. 핀란드의 잘못된 기본소득 실험에서 얻을 수 있는 교훈이 아닐까 싶다.

현재 진행 중인 기본소득 실험들

2017년 핀란드의 실험을 전후하여 세계적으로 기본소득에 대한 관심이 비약적으로 증가하였고, 동시에 실제 기본소득 실험도 많은 곳에서 진행되고 있다. 나아가 향후 실험을 위한 논의들도 매우 활발하게 이루어지고 있고, 많은 계획들도 제시되고 있다. 그 수많은 실험들과 계획들을 여기서 모두 살펴보기는 힘들기 때문에 여기서는 현재 진행 중인 실험들에 대해서만 그 실험내용을 간략히 정리하고자 한다.[27]

우간다의 에이트 실험[28]

벨기에의 자선단체인 에이트Eight는 2017년부터 2년간 우간다의 50가구로 구성된 부시비Busibi라는 마을의 주민 모두에게 무조건적 기본소득을 지급하는 실험을 실시하고 있다.

기본소득의 금액은 성인에게 월 18.25 US달러, 아동에게 월 9.13 US달러인데, 이는 우간다 저소득 가구 평균소득의 약 30%에 해당한다.

이 실험의 목표는 소녀와 여성의 교육 참여, 의료서비스에 대한 접근, 민주적 참

---

27. 특히 국제적으로 많은 관심을 받던 사례 중에 캐나다 온타리오 주의 보장최저소득guaranteed minimum income(부의 소득세) 실험과 네덜란드 여러 도시들의 사회복지 개혁들도 있는데, 여기서는 생략한다. 전자는 2017년 4월에 시작되었으나 주정부의 교체로 2018년 8월에 중단되었기 때문이고, 후자는 복지수급을 위한 강제적인 요건들을 제거하는 다양한 조치들을 시도하고 있지만 실험 전체의 성격으로 보아 기본소득 실험으로 규정하기가 힘들기 때문이다. 이밖에 수많은 실험들과 계획들, 논의들에 대해서는 기본소득지구네트워크BIEN의 홈페이지(https://basicincome.org/) 참조.
28. 에이트 홈페이지(https://eight.world/) 및 McFarland(2016) 참조.

여, 지역 경제발전 등의 네 가지이다.

이 실험의 1차 년도에 대한 예비결과가 에이트의 홈페이지에 간단한 수치만 공개되어 있는데, 그에 따르면, 학교 출석률이 50%에서 94.7%로 증가하였고, 더 많고 다양한 식생활을 하고, 병원 방문이 감소하였으며, 사업체가 2개에서 20개로 10배나 증가하였고, 주민의 80%에 있어 삶의 만족도가 증가한 것으로 나타났다(https://eight.world).

이 실험의 특징은 기본소득이 모바일화폐로 지급된다는 것과 이 실험의 결과를 〈빌리지 원Village One〉이라는 다큐멘터리 영화로 공개한다는 것이다(2020년 초 공개 예정).

에이트는 앞으로 이 실험을 더욱 확대할 계획인데, 2020년부터 10개 마을로, 또 세계의 다른 지역으로도 확대할 계획을 갖고 있다.

케냐의 기브다이렉틀리 실험[29]

미국의 자선단체인 기브다이렉틀리GiveDirectly는 2018년부터 케냐의 295개 마을을 대상으로 하는 기본소득 실험을 실시하고 있다. 이 마을들은 3개의 실험집단과 하나의 통제집단으로 무작위로 분류되는데(무작위 통제실험randomized controlled trail, RCT), 각 집단의 특성은 다음과 같다.

- 장기 기본소득 집단 : 기본적인 욕구를 충족하기에 충분한 금액(성인 1인당 하루 0.75 US 달러)[30]을 12년간 지급받는 44개 마을.
- 단기 기본소득 집단 : 기본적인 욕구를 충족하기에 충분한 금액(성인 1인당 하루 0.75 US 달러)을 2년간 지급받는 80개 마을.
- 일시불 기본소득 집단 : 단기 기본소득 마을과 같은 총액을 일시금으로 지급받는 71개 마을.

---

29. 기브다이렉트리 홈페이지(https://www.givedirectly.org/) 및 ipa(2019) 참조.
30. 이 금액은 케냐 농촌 평균소득의 약 절반에 해당한다.

• 통제집단 : 아무것도 지급받지 못하는 100개 마을.

이 실험을 통해 파악하고자 하는 효과들은 다음과 같다.

경제적 상태 : 소득, 자산, 생활수준
시간 사용 : 노동, 교육, 여가, 공동체 참여
위험 감수 : 이주, 창업
성(gender) 관계 : 특히 여성의 권한
열정과 삶에 대한 전망

이 실험은 몇 가지 측면에서 매우 특징적인데, 첫째, 지금까지의 다른 실험들보다 대규모이고 장기적인 실험이다. 즉, 실험대상이 295개 마을, 14,474개 가구로 장기 기본소득 수급자는 5,000명이 넘고, 단기와 일시불 기본소득 수급자는 21,000명이 넘으며, 실험기간도 최장 12년이나 된다. 둘째, 이 실험은 개인뿐 아니라 마을 단위의 효과도 파악하고자 한다. 셋째, 기본소득은 모바일화폐로 지급된다.

이 실험에 관한 첫 번째 결과조사는 2019년에 이루어질 것이며, 향후 3~5년마다 조사를 실시할 계획이다.

스페인 바르셀로나의 최저소득 실험MINCOME[31]

2015년 총선에서 바르셀로나의 저항운동 세력과 스페인의 대안정당인 포데모스Podemos가 결합한 정치연대 '바르셀로나 엔 꼬뮤Barcelona en commú(모두의 바르셀로나)'가 집권한 이후 신정부는 바르셀로나의 증가하는 소득불평등을 완화하기 위하여 시민 누구나 최저 수준의 소득을 보장받을 수 있는 시민소득 제도가 필요하다고 선언하였다. 이후 시의회와 지역 대학 및 단체들은 공동

---

31. 바르셀로나시의 홈페이지(http://ajuntament.barcelona.cat/bmincome/en/) 및 고동현(2018), Lain & Torrens(2019) 참조.

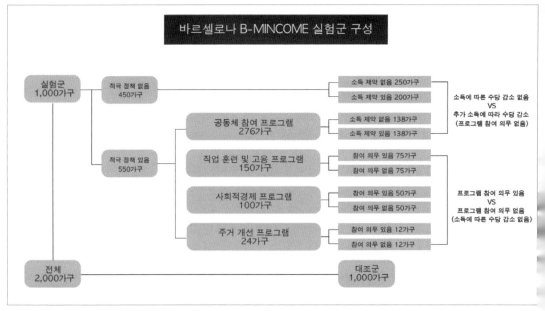

그림 12-2 바르셀로나 B-MINCOME 실험집단　　　　구성자료 : 고동현(2018: 5).
　　　　　　　　　　　　　　　　주) 위 표의 2019년 2월 현재 가구 수는 위 본문의 각주 참조.

으로 유럽연합 산하 '도시혁신행동Urban Innovative Actions'의 재정지원을 받아 바르셀로나 북동부의 익스 베소스Eix Besos 지역에서 2017년 9월 ~ 2019년 10월 동안 '지자체 통합 지원municipal inclusion support, SMI'이라는 형태의 보장최저소득 guaranteed minimum income을 지원하는 '바르셀로나 최저소득B-MINCOME' 실험을 실시하고 있다.

이 실험은 개인 단위가 아니라 가구 단위 실험으로서 가구의 상태에 따라 월 100~1,676유로가 지급되고 있다. 이 실험의 또 다른 특징은 단순히 최저소득만 보장하는 것이 아니라 이것을 직업훈련을 포함한 네 개의 적극적 사회정책 참여와 결합하여 실험하는 것인데, 실험의 구체적 내용은 다음과 같다.

실험의 대상은 실험집단 1,000가구와 통제집단 1,000가구로 구성되는데, 실험집단 1,000가구는 다시 10개의 소집단으로 다소 복잡하게 구분된다.

첫째, 사회정책에 대한 참여 의무가 없이(무조건적) SMI만 지급받는 가구는 450가구인데, 이들은 추가소득과 무관하게 SMI를 지급받는 250가구(소득 제약 없음)와 추가소득이 발생하면 SMI가 감액되거나 중단되는 200가구(소득 제약 있음)로 구분된다.

둘째, 나머지 550가구에 대해서는 SMI 지급과 사회정책을 결합하고 있는데, 이들은 사회정책의 종류, 참여 의무 유무, 소득 제약 유무에 따라 다시 8개 집단으로 구분된다. 공동체 참여 프로그램 276가구는 프로그램 참여 의무는 없지만, 소득 제약이 있는 가구와 없는 가구로 반분된다(각 138가구). 나머지 직업훈련 및 고용 프로그램 가구(150가구), 사회적 경제 프로그램 가구(100가구), 주거 개선 프로그램 가구(24가구)는 소득 제약은 없지만, 프로그램 참여 의무가 있는 가구와 없는 가구가 반분된다.[32]

이상의 B-MINCOME 실험집단의 구성을 그림으로 나타내면, **그림 12-2**와 같다.

B-MINCOME의 추가적인 특징 하나는 SMI의 25%를 블록체인 기반의 지역화폐로 지급한다는 것이다. 이를 통해 지역경제 활성화도 함께 추구하고 있다.

그리고 2019년 7월에 이 실험의 1차 년도에 대한 예비결과가 발표되었는데 (Kirchner et al., 2019), 이를 간략히 요약하면 다음과 같다.[33]

첫째, '물질적 복지' 측면에서 물질적 식량 불안은 감소하였다.

둘째, '재정' 측면에서 재정관련 불확실성은 감소하였으나, 실험참여 가구가 최저 취약계층인 만큼 당장의 재정상 개선은 이루어지지 않았다.

셋째, '고용' 측면에서 수급자들에게 고용(구직) 적극성은 당장 유의미한 결과가 없었는데, 그것은 구직과정에서 선호직업을 선택하는 데 시간이 걸렸기 때문이다. 이는 재정사정 안정이 '취업 교섭력bargaining power of employment'과 '선택의 기회 opportunity of choice'를 뒷받침하는 것으로 파악할 수 있다. 따라서 수급자들은 당장

---

32. 이상은 실험 시작 당시 계획이었는데, 2019년 2월 현재의 소집단별 배분 현황은 이와 다소 차이가 있다. 즉, 실험집단 가구는 총 950가구인데, 사회정책이 없는 가구는 419가구, 사회정책과 결합된 가구는 531가구이다. 후자 중에서 공동체 참여 프로그램 가구는 270가구, 직업훈련 및 고용 프로그램 가구는 152가구, 사회적 경제 프로그램 가구는 99가구, 주거 개선 프로그램 가구는 10가구이다. 그리고 세부적인 10개의 소집단 분포는 **그림 12-2**의 오른쪽에 있는 가구 구분 순서대로 233, 186, 137, 133, 76, 76, 49, 50, 4, 6가구이다. 그리고 통제집단은 391가구이다(Coll, 2019).

33. 더 자세한 내용은 유영성·김병조(2019) 참조.

의 단기, 임시, 저임의 구직보다 적정직업 선택을 위한 조사시간을 확보하고, 검색의 기회를 더 추구하는 것으로 해석할 수 있다. 이는 고용 안정성, 직업 만족성을 뒷받침하는 '고용의 질'을 상승시키는 것을 의미하는 것으로 해석할 수 있다.

넷째, '건강상태와 발전' 측면에서 자각적 건강개선은 확인하기 힘들지만, 수면시간과 수면의 질, 심리적 안정(정신건강)이 향상되었다.

다섯째, '지역사회' 측면에서 수급자들은 자원봉사를 할 가능성은 증가하였으나, 공동체를 리드할 리더로서의 자세는 아직 갖추지 못하였다. 이는 취약계층이 안고 있는 사회경제적 조건들(교육, 발표력, 사회성, 리더십, 대인관계, 소통능력 등)에 기인하는 것으로 판단할 수 있다.

여섯째, '행복과 삶에 대한 만족' 측면에서 수급자들의 전반적 만족도는 27% 상승하였으며, 훈련 및 고용 프로그램에 참여한 이들이 더 긍정적이었다.

일곱째, '삶의 질 및 정서적' 측면에서 미래에 대한 확신과 웰빙이 강하게 증가하였다.

여덟째, '지역사회 참여 활성화 정책' 측면에서 개인 간, 지역 관계, 자신감, 협동이 증진되었다.

미국 스탁턴시의 SEED 프로젝트[34]

2008년 금융위기의 여파로 2012년에 파산을 선고했던 미국 캘리포니아 주의 스탁턴Stockton시에서는 2012년에 22세에 불과한 흑인 마이클 텁스Michael Thubbs가 시장으로 당선되었다. 그는 1960년대 미국의 민권운동가이자 빈자들의 운동을 주도했던 마틴 루터 킹 목사로부터 영감을 받아 2017년부터 기본소득 실험을 계획하였다. 이 과정에서 그는 미국 내 기본소득 및 현금지원 운동을 하는 네트워크인 Economic Security Project(ESP)[35]와의 협력을 통해 Stockton Economic

---

34. SEED(2018) 참조.
35. ESP는 페이스북의 공동창업자인 크리스 휴즈Chris Hughes가 공동의장으로 있는 단체로 유명하다.

국가/지역	시행주체	기간	목적	대상	금액	특징
스페인 바르셀로나 최저소득 (B-MINCOME)	시의회 +사회단체들 +UAI(EU 산하 기관) 지원	2017.12 ~ 2019.11	빈곤과 불평등 완화	빈곤가구 1,000가구 (사회활동 참여 여부에 따라 8개 집단으로 구분) (*통제집단 1,000가구)	가구구성, 소득수준 등에 따라 월 100~1,676 유로	블록체인 기반의 지역 화폐로 지급
케냐	GiveDirectly (미국 자선단체)	2016 ~ 2028	경제상태, 시간 사용, 위험 감수, 성평등 관계, 포부와 전망 등에 관한 기본소득 의 효과 평가	120 마을의 약 16,000 주민 (*통제집단 100마을)	-80마을: 월23달러, 2년, -40마을: 월23달러, 12년 *80마을 주민은 2년치를 1회 못돈	마을단위 효과 평가
우간다	Eight (벨기에 자선단체)	2017 ~ 2018	여성의 교육 참여, 건강보호, 민주적 참여, 지역 경제발전 조사	50가구의 한 마을 주민 전체	-(성인)월18.25달러 -(아동)월9.13달러	1년후의 예비결과 -학교출석 : 50%→94.7% -건강 : 음식 풍부, 의사 왕진 감소 -사업체 : 2개→20개 -행복: 80%가 만족 도 증가
미국 스탁턴시	시정부	2019.2월 부터 18개월	재정적 안정, 시민 참여, 건강 및 행복 조사	18세 이상 주민 100명	월 500달러	재원 ESP(Economic Secure Project) 등의 기부
미국 오클랜드시	Y-Combinator	2019년 부터 3년 또는 5년	시간사용, 정신적 · 육체적 건강, 주관적 안녕, 재정 건전성, 의사결정 및 위험에 대한 태도, 정치 사회적 태도 등 조사	저소득 청년 (21~40세) 1,000명 (*통제집단 2,000명)	- 월 1,000달러	재원 개인기부 (Y Combinator)

표 12-6 최근 실시 또는 계획 중인 기본소득 실험 개요

자료 : 유영성 · 정원호 · 이관형(2019, p.13)을 수정 · 보완.

Empowerment Demonstration(SEED)라는 프로젝트를 발족하여 기본소득 실험을 실시하게 되었다.

실험의 기본골격은 2019년 2월부터 18개월 동안 주민 100여명에게 월 500달러 씩 아무 조건 없이 지급하는 것이다. 재원은 ESP의 백만 달러 기부를 토대로 추가 적인 민간 기부로 조달된다. 실험대상은 중위 가구소득이 스탁턴시의 중위 가구소

득인 연 46,033달러보다 적거나 같은 저소득지역에 거주하는 18세 이상 성인 신청자 중에서 무작위로 선정된다. 이 지역에 거주하는 주민이면 개인소득 또는 가구소득이 이 금액을 상회하더라도 신청 자격이 있다.

SEED는 이 실험을 통해 참가자의 재정적 안전성, 시민적 참여, 건강, 행복 등을 조사하는 것을 목표로 하고 있는데, 이 프로젝트의 명칭이 '시위demonstration'라는 데서도 알 수 있듯이, 실험의 결과는 단순히 보고서로서만 아니라 각종 스토리텔링, 시詩, 퍼포먼스 등을 통해 다양하게 대중들에게 제시될 것이다.

미국의 Y combinator 실험[36]

미국 실리콘 밸리의 창업 인큐베이터인 Y Combinator의 창업자 샘 알트먼Sam Altman은 2016년 초에 4차 산업혁명으로 인해 일자리가 소멸되고, 부의 불평등이 심화되는 상황을 극복하기 위한 하나의 수단으로 기본소득에 대한 관심을 표명하고, 향후 기본소득에 관한 실험을 실시할 계획을 밝혔다. 이후 2016년에 Y Combinator Research(YCR)라는 연구팀을 결성하여 캘리포니아주 오클랜드시에서 10명 이하의 소규모 시범실험을 거친 후 본격 실험에 대한 준비를 해오고 있다. 지금까지 마련된 실험계획은 다음과 같다.

실험의 개요는 미국의 두 개 주에서 3,000명을 대상으로 3년간 월 1,000달러를 지급하는 것이다. 이 가운데 실험집단 1,000명은 가구소득이 미국 연방 빈곤선의 300%를 초과하지 않는 가구의 21~40세 성인으로서 남녀 동수로, 백인, 흑인, 히스패닉을 최소 20%씩 포함하며, 가구소득 수준별로 빈곤선의 201~300% 가구는 최대 15%, 101~200%는 최소 30%, 0~100%는 최소 30%로 인원이 배분된다. 통제집단은 2,000명이다.[37]

이 실험에서 파악하고자 하는 주요 효과들은 시간 사용, 정신적 · 육체적 건

---

36. Y Combinator Research의 홈페이지(https://basicincome.ycr.org/) 및 Manning(2019) 참조.
37. 이 2,000명은 설문조사에 응하겠다는 통제집단이며, 그밖에도 행정자료 이용에 동의하는 7,000명의 통제집단을 구성할 계획이다.

강, 주관적 웰빙, 재정건전성, 의사결정, 정치 사회적 행동, 범죄, 아동에 대한 효과 등이다.

이 실험은 2019년 중반에 본격적으로 시작될 예정이다.

기본소득 실험에 대한 평가와 시사점

이상에서 지금까지 실시된, 그리고 지금 현재 실시되고 있는 세계 각지의 기본소득 실험에 대해 살펴보았다. 이 실험들을 간략히 평가해보고, 그로부터 우리에게 유용한 시사점을 도출해 보자.

먼저, 기본소득 실험 또는 정책은 선진국과 발전도상국을 막론하고 많은 나라/지역에서 실시되어 왔지만, 실험의 내용은 모두 달랐다. 기본소득의 금액이나 지급기간은 소득수준이나 재원 규모에 따라 달라질 수 있다고 하더라도, 기본소득의 핵심적 특징이라고 할 수 있는 보편성과 무조건성을 충족하지 못하는 실험들도 다수 있다.

예를 들면, 미국과 캐나다의 부의 소득세 실험은 저소득층을 대상으로 하고, 핀란드의 실업자 기본소득은 실업자를 대상으로 하여 보편성을 충족하지 못하였다. 미국 스톡턴 시의 SEED 실험이나 Y Combinator 실험도 대상자를 소득기준으로 선별하고 있다. 또 바르셀로나 B-MINCOME 실험의 경우 일부 실험집단에게 여러 사회정책에 대한 참여라는 조건을 부과하고 있기도 하다.

이렇게 볼 때 이 실험들은 엄밀한 의미에서 기본소득 실험이 아니라고 평가할 수도 있다. 그렇지만 이처럼 기본소득의 엄밀한 정의에서 벗어나는 실험을 설계하게 된 데에는 해당 지역의 사회적 필요 등 특수한 상황이 배경으로 작용하였을 것이다. 그렇다면, 이러한 실험들이 기본소득의 일부 특성이라도 실험해봄으로써 그 효과를 근거로 향후 더욱 완전한 의미의 기본소득 실험/정책을 추진해 나가는 데 디딤돌이 될 수 있다는 점에서 의미가 있을 것이다.

다음으로 이미 실시되었던 실험들의 효과가 어떠했는지를 살펴볼 필요가 있다.

가장 완전한 의미의 기본소득 정책을 실시하고 있는 알래스카의 경우 그 효과는 대부분의 학자들에 의해 큰 논란의 여지가 없이 긍정적인 것으로 평가되고 있다. 나미비아나 인도의 경우에도, 비록 실험주체들의 평가이기는 하지만, 매우 긍정적인 효과들이 관찰되고 있다. 반면에 미국/캐나다의 부의 소득세 실험에 대해서는 학자들의 평가는 비교적 긍정적이었던 데 반해, 언론이나 정치권의 평가는 그다지 긍정적이지 않아서 본격적인 정책으로 이어지지 못하였다. 핀란드의 경우도, 실험에 대한 완전한 평가는 제출되지 않았지만, 예비결과에 대해 논란이 많은 상황이다.[38]

물론 미국/캐나다와 핀란드의 경우에도 실험의 주된 목표(노동시간의 감소 여부)를 둘러싸고 논란이 있지만, 기타 삶의 질과 관련된 효과들은 긍정적으로 나타났다. 이렇게 본다면, 그동안의 실험에 대한 전반적 평가는 긍정적이라고 보아도 무방할 것이다.

여기서 한 가지 질문이 발생할 수 있다. 즉, 그동안의 실험결과 기본소득은 긍정적이라고 평가할 수 있는데도 앞으로 얼마나 더 많은 실험이 필요한가라는 질문이 그것이다.

물론 사회적으로 기본소득 논의가 미비한 발전도상국에서는 여론을 환기시키는 측면에서 실험이 필요할 수도 있다. 그러나 기본소득에 대한 찬반 의견이 성숙된 선진국들에서는 기본소득 실험은 찬성론자가 그 세부적인 효과들을 사전 검증하기 위한 측면보다 반대론자들을 정치적으로 설득하기 위하여 실시하는 측면이 강한데, 과연 사회적 실험의 결과 반대론자들을 완전히 설득할 수 있는 명확한 효과가 도출될 수 있는지는 의문이다. 더 근본적으로 기본소득의 효과에 대해서는 실험이 필요 없는 효과들도 있고, 실험을 통해 검증할 수 없는 것들 또는 부분적으로

---

38. 핀란드의 경우 2019년 3월 총선에서 기본소득 실험을 실시했던 중도우파 연합정부가 패배하고 기본소득에 부정적인 중도좌파 정부가 수립됨에 따라 2020년에 실험에 대한 온전한 평가가 제출되더라도 기본소득 정책이 계속 추진되기는 힘들 것으로 전망된다.

밖에 검증할 수 없는 것들도 많다(Widerquist, 2018).

이에 "기본소득의 실험 물결experimental wave은 끝났고, 지금은 정책의 시간이다"(Prochazka, 2019)는 주장이 제기되고 있기도 하다. 즉, 기본소득 활동가들은 더 이상 실험에 에너지를 쏟지 말고, 기본소득의 정신을 구현할 수 있는 구체적 정책 단계로 나아가는 데 집중해야 한다는 것이다.

실제로 1982년부터 현재까지 실시되고 있는 가장 완전한 의미의 기본소득 정책이라 할 수 있는 알래스카의 영구기금배당 정책은 실험을 거치지 않고 곧바로 실시되었다. 또 2016년에 시작된 성남시의 청년배당도, 2019년부터 시작된 경기도 청년기본소득도 실험을 거치지 않고 바로 실시되었다. 이때 핵심적인 동력은 해먼드 주지사(알래스카)와 이재명 시장/도지사(성남/경기도)의 의지였다. 이에 반해 위에서 소개한 나머지 실험들은 실험 이후에 (아직까지는) 본격적인 정책으로 이어지지 못하고 있다.

이렇게 본다면, 기본소득의 도입에서 중요한 것은 실험보다도 정책의지라고 할 수 있다. 즉, 기본소득에 관한 정책 결정권자의 의지가 확고하다면, 굳이 실험을 거치지 않고도 기본소득을 도입할 수 있는 것이다. "과학은 당신에게 어떤 일을 하느냐 마느냐에 관해 말해줄 수 없다. 그것은 당신의 가치에 달려 있다"(Widerquist, 2018, p.80).

이러한 관점에서 한국의 상황을 보자. 한국에서는 이미 경기도에서 청년기본소득 정책이 실시되고 있는데, 성남시의 경험부터 본다면 이미 많은 시간이 지나서 일정한 경로의존성을 획득했다고 볼 수 있다. 따라서 이것은 지방정권이 교체된다고 해서 폐지될 수 있는 것은 아니라고 판단된다. 이런 상황에서 기본소득의 확산을 위해 필요한 것은 또 다른 실험이 아니라 이제 막 시작한 경기도 청년기본소득의 물적 토대와 효과 등을 정확히 평가하여 다른 지역, 다른 연령계층으로의 확산 가능성을 탐구하는 것이라고 할 수 있다.

Part 3.

기본소득의
법제화

기본소득의 법적 고찰

노호창

오늘날 기본소득이라는 주제가 전세계적으로 그 저변을 넓히고 있고, 사회학이나 경제학 등 다양한 학문분야에서 활발하게 논의되고 있다. 그래서 혹자는 조만간 기본소득이 제도로 현실에서 구축될 수 있을 것처럼 기대하기도 한다.

그러나 어떤 제도이든 현실에서 구현되기 위해서는 규범적 근거를 필요로 한다. 최소한 국민의 대표로 구성된 입법자의 결단에 의해 법률로 구체화되는 것이 필요하다. 그 다음에는 이 법률을 시행하기 위해 상세한 하위규범이 마련되어야 할 것이다.

이러한 과제는 기본소득도 마찬가지이다. 즉, 기본소득 역시 현실에서 구축되기 위해서는 제도화되어야 하고, 그 제도화는 곧 규범화를 의미하는 것이다. 지금까지 기본소득에 대한 다양한 학문분야의 논의가 있어왔지만, 법적인 측면에서의 논의는 찾기 어려웠다. 왜냐하면 법학은 기본적으로 규범해석학이어서 현재 존재하는 법규범을 토대로 논의가 전개되는 특징이 있기 때문이다. 그런데 기본소득은 아직 법규범으로 구체화된 제도가 아니어서 법적인 논의가 쉽지 않을 수밖에 없었다.

그렇지만 향후 기본소득이 우리 현실에서 구현된다는 가정 하에서, 즉 기본소득법이 제정된다는 전제에서는 선제적으로 법적 논의를 하는 것이 전혀 불가능하지만은 않고, 또 필요한 과제이기도 하다. 이러한 문제의식을 가지고 이하에서는 기본소득의 법적 쟁점들을 포괄적으로 검토해보고자 하였다. 특히 기본소득의 법적 위상을 어떻게 자리매김할 것인가, 그를 토대로 기본소득의 법적 성격을 어떻게 보아야 할 것인가, 기본소득의 규범적 당위성을 도출할 수 있을 것인가, 기본소득의 도입에 있어서 규범적 위상에 따른 차이는 무엇인가, 기본소득 도입에 있어서 헌법적 쟁점과 법률적 쟁점은 무엇인가, 지방자치단체에서의 기본소득 도입시 검토할 법적 쟁점은 무엇인가 등등 다양한 법적 질문들을 발굴하여 크게 기본소득의 법적 성격과 기본소득의 법적 쟁점이라는 두 가지 범주로 구분하여 고민해보았다.

기본소득의 법적 성격

기본소득의 개념 및 구성요소

아직 우리나라에서는 기본소득이 헌법이나 법률로 도입되어 있지 않다. 당연히 기본소득의 법적 정의는 없다. 그래서 기본소득의 개념을 외부에서 차용해서 사용할 필요가 있다.

전 세계적으로 기본소득 운동을 주도하고 있는 기본소득지구네트워크Basic Income Earth Network, BIEN는 기본소득을 자산심사 또는 근로요건이 없이 개인을 단위로 하여 모든 사람에게 무조건적으로 지급되는 정기적인 현금급여라고 정의하고 있다.[1] 다만, 여기서 말하는 모든 사람은 공동체를 전제로 하는 개념일 것이므로 기본소득의 개념을 보다 친절하게 설명하자면, 어떤 공동체의 구성원 지위만 있으면 누구라도 근로 기타 어떤 의무도 요구하지 않고 또한 자신이 가진 재산이나 소득에 관계없이 그에게 일정액의 소득을 현금으로 정기적으로 지급하는 제도

---

1. http://basicincome.org/basic-income/(검색일자: 2019.12.15).

로 이해하면 될 것이다.

기본소득의 개념 정의를 토대로 기본소득의 구성적 속성을 추출해보면, 자산 심사가 없고 근로에 대한 참여 또는 근로의지의 증명을 요구하지 않는다는 점에서 무조건성un-conditionality, 공동체의 구성원 모두에게 지급한다는 점에서 보편성 universality, 가구 단위가 아니라 개인 단위로 지급된다는 점에서 개별성individuality, 일정한 기간을 두고 지속적으로 제공된다는 점에서 정기성periodicity, 현물이나 서비스가 아니라 현금의 형태로 지급된다는 점에서 현금성cash payment이라는 요건을 발견할 수 있다.

구체적인 지급형태와 관련해서는, 현물이나 서비스로 지불되는 경우라든가 특정 지역에서 지불가능한 상품권 등 상용화폐가 아닌 지불수단으로 지급하는 경우에는 기본소득이 될 수 없는지 의문이 있을 수 있다. 그런데 기본소득은 현금소득 cash income을 전제로 해야 한다는 견해에[2] 따를 때에는 현금성이 없는 급여의 경우 기본소득에 부합하지 않는다고 보아야 할 것이다.

또한 기본소득이라는 용어의 기본이라는 수식어에 사로잡혀 액수의 충분성 sufficiency을 기본소득의 요건으로 추가해야 한다는 견해가 존재할 수도 있는데,[3] 충분성은 매우 주관적이고 불확정적인 속성을 가지고 있는 것이어서 개념 정의 내지 개념의 요건에 속하는 징표로는 적합하지 않다고 본다.

기본소득의 가장 특별한 요건

기본소득의 개념적 요소 가운데 가장 눈에 띄는 요소는 무조건성이다. 기본소득은 개인이 사회보험에 기여금을 낼 수 있는지 여부, 그가 노동활동을 하고 있거나 노동의사가 있는지 여부, 자산심사 등 개인이 속한 가구의 여건이 어떠한지에 관

---

2. Van Parijs·Vanderborght, *Basic Income: A Radical Proposal for a Free Society and a Sane Economy*, Harvard University Press, 2017, p.12-14.
3. 석재은, 기본소득에 관한 다양한 제안의 평가와 과도기적 기본소득의 제안, 「보건사회연구」 제38권 제2호, 2018, pp.115-118.

계없이 지급되는 바, 이 세 가지 측면은 기본소득의 무조건성을 대표하고 있다.[4]

그동안 기본소득과 관련하여 논란이 발생하였던 가장 큰 원인이 바로 이 무조건성 때문이라고 생각된다. 개인이 자신의 능력이나 자력을 통해 살아갈 수 있는데도 지급해야 하는가, 부자인데도 지급해야 하는가, 개인이 자신이 속한 가구의 구성원을 통해서 생계유지를 받을 수 있는데도 지급해야 하는가, 어떠한 의무도 없이 지급하는 것이 타당한가, 공적 재원을 가지고 지급하는 것이 타당한가 등의 여러 논란이 모두 무조건성으로부터 파생되는 것이다.

물론 현실적으로는 재정적 관점에서 실현가능성의 문제라든가 재원확보 방안이 중요하게 부각되겠지만, 국가나 지자체가 설사 재정적 여건이 충분하더라도 기본소득의 무조건성은 본질적 관점에서 언제나 정당성의 문제를 남길 수밖에 없다.

기본소득의 법적 성격에 관한 다양한 관점

1. 문제의 소재

기본소득은 공동체 구성원의 구매력을 높이기 위한 경제정책인가? 아니면 공동체 구성원의 인간다운 생활을 위한 사회보장·사회복지제도인가? 공동체의 구성원 누구에게나 정기적으로 소득을 지원하는 것이므로 그의 인간다운 삶에 조금이나마 기여할 수 있다는 측면에서 사회보장·사회복지제도로 보이기도 하고, 사회 구성원에게 일률적으로 구매력을 높여준다는 측면에서는 경제정책으로 보이는 측면이 있기도 하다. 기본소득의 성격에 관한 문제는 다분히 국가의 최고규범인 헌법적 관점에서 어떻게 바라볼 것인가와 관련된다. 왜냐하면 그 성격을 무엇으로 볼 것인가에 따라서 규범적 기초가 달라지고, 규범적 기초가 달라지면 법적 위상, 보장의 강도, 사법심사를 하게 되는 경우 그 기준이나 논리 등이 달라지기 때문이다.[5] 기본소득의 법적 성격을 어떻게 설정할 것인가와 관련해서는 규범적 측면에

---

4. Van Parijs·Vanderborght, op. cit., p.8.
5. 노호창, "기본소득의 헌법적 근거에 관한 모색적 연구", 「헌법논총」 제28집, 헌법재판소, 2017, p.124.

서 어디까지나 현행 법령을 기준으로 그 성격을 파악해볼 수밖에 없다.

2. 사회보장 · 사회복지제도로 바라볼 수 있는지 여부

헌법은 제34조에서 인간다운 생활을 할 권리(동조 제1항)와 특별히 사회보장 · 사회복지의 증진에 노력할 국가의 의무(동조 제2항)를 규정하고 있는데, 이러한 헌법적 요청을 규범적 기초로 하여 사회보장 전반에 걸친 지도원리, 지침, 방향 등을 제시한 기본법으로서 「사회보장기본법」이 제정되어 있다. 동법에서는 사회보장의 의미를 정의하고 있는 바, 사회보장이란 출산 · 양육 · 실업 · 노령 · 장애 · 질병 · 빈곤 및 사망 등의 사회적 위험으로부터 모든 국민을 보호하고 국민 삶의 질을 향상시키는 데 필요한 소득 · 서비스를 보장하는 사회보험, 공공부조, 사회서비스를 의미하는 것으로 규정(「사회보장기본법」 제3조 제1호)하고 있다.[6] 오늘날 급변하는 경제 · 산업구조 변화 및 사회적 변화로 인하여 「사회보장기본법」이 예시한 사회적 위험 중 특히 실업과 빈곤의 문제가 심화되고 있으며 향후 사회적 위험의 범주 안에는 새로운 유형들이 등장할 수 있을 것이다.

「사회보장기본법」은 사회보장의 세 가지 방법에 대해 규정하고 있는 바, 이는 사회보험, 공공부조, 사회서비스이다. 첫째, 사회보험이란 국민에게 발생하는 사회적 위험을 보험의 방식으로 대처함으로써 국민의 건강과 소득을 보장하는 제도를 말한다(「사회보장기본법」 제3조 제2호). 관련 법률로는 「산업재해보상보험법」, 「국민연금법」, 「국민건강보험법」, 「고용보험법」 등이 있다. 둘째, 공공부조公共扶助란 국가와 지방자치단체의 책임 하에 생활 유지 능력이 없거나 생활이 어려운 국민의 최저생활을 보장하고 자립을 지원하는 제도를 말한다(「사회보장기본법」 제3조 제3

---

6. 사회보장 이외에 일상적으로는 사회복지라는 용어가 보편적으로 사용되고 있다. 다만, 사회복지라는 용어는 법적으로 정의되어 있지는 않다. 예컨대 실정법에서 사회복지라는 용어가 사용되는 대표적인 법은 「사회복지사업법」이지만 사회복지의 정의 규정은 없다. 일반적으로 사회복지는 사회정책과 마찬가지로 사회문제를 해결하기 위한 총체적인 영역을 의미하기도 하고, 사회보장의 한 방법으로 이해되기도 한다. 전광석, 「한국사회보장법론」, 집현재, 2016, pp.71-72.

호). 관련 법률로는 「국민기초생활보장법」, 「의료급여법」, 「주거급여법」, 「긴급복지지원법」 등이 있다. 셋째, 사회서비스란 국가·지방자치단체 및 민간부문의 도움이 필요한 모든 국민에게 복지·보건의료·교육·고용·주거·문화·환경 등의 분야에서 인간다운 생활을 보장하고 상담·재활·돌봄·정보의 제공·관련 시설의 이용·역량 개발·사회참여 지원 등을 통하여 국민의 삶의 질이 향상되도록 지원하는 제도를 말한다(「사회보장기본법」 제3조 제4호).[7] 사회보험이나 공공부조로 분류되지 않는 나머지 사회보장제도들은 사회서비스 분야로 분류될 수 있다. 사회서비스 분야에 속할 수 있는 법제도는 사회적 필요가 있다면 얼마든지 입법이 가능한 분야로서 사실상 경계가 없다고 보아도 무방할 것이다. 관련 법률로는 「장애인복지법」, 「아동복지법」, 「노인복지법」, 「응급의료에 관한 법률」, 「한부모가족지원법」, 「사회복지사업법」 등이 있다. 이에 더하여 「사회보장기본법」은 평생사회안전망 개념도 규정하고 있는 바,[8] 개념 정의를 보건대 사회서비스의 범주에 포섭될 수 있는 것으로 보인다.

핵심적 요소를 기준으로 각각의 내용을 정리하자면, 사회보험은 개인의 노동에 의한 자기기여(사회보험료 납부)를 핵심으로 한다. 다만 사회보험의 경우 각 제도의 취지가 다르고 보호되는 사회적 위험이 서로 다르기 때문에 제도마다 적용요건에도 차이가 조금씩 있다. 공공부조는 국가의 자산조사 결과 국민 자신의 경제적 상태가 일정한 빈곤선 이하에 있고, 또한 그에게 부양의무자가 없거나 부양의무자가 있더라도 부양의무자로부터 부양을 받을 수 없다는 상태에 있다는 것이 핵심적인 요건이다. 이 두 가지 범주를 제외한[9] 나머지 제도들은 사회서비스 및 평생사회안

---

7. 종래에는 「사회보장기본법」에서 사회복지서비스라는 용어를 사용하였으나 개정된 「사회보장기본법」 (2012.1.26., 법률 제11238호)에서부터 사회서비스로 용어가 변경되었다.
8. 사회보장기본법 제3조(정의) 5. 평생사회안전망이란 생애주기에 걸쳐 보편적으로 충족되어야 하는 기본욕구와 특정한 사회위험에 의하여 발생하는 특수욕구를 동시에 고려하여 소득·서비스를 보장하는 맞춤형 사회보장제도를 말한다.
9. 우리나라 사회보장법제 형성의 초기에 제정된 「사회보장에관한법률」(1963.11.5.제정, 법률 제1437호)에서는 사회보장의 구성체계를 사회보험과 공공부조의 2가지로만 파악하는 것에서 출발하였다.

전망(이하 사회서비스) 분야에 속하게 되는데, 사회서비스 분야에 속하는 제도들은 그때그때의 필요에 따라(필요성의 원칙) 일정한 인구학적 기준이 충족되면(아동, 장애인, 노인 등) 자기기여와 관계없이, 또한 자산조사와 관계없이 원칙적으로 현물급여가 제공되는데, 국가 부담(일반조세)으로 혹은 수익자 일부 부담 등 방식을 혼용하여 급여가 필요한 특정한 범주의 대상자에게 물품, 서비스, 시설수용 등 다양한 방식으로 급여가 제공된다.

그렇다면 기본소득이 「사회보장기본법」에서 제시하고 있는 사회보장의 3가지 방법 중 어딘가에 속하는 것이라고 할 수 있는지 살펴보자. 첫째, 기본소득은 어떤 조건도 요구하지 않고 그저 공동체의 구성원이기만 하면 되기 때문에 노동과 소득이라는 경제적 합리성의 연결고리를 단절시켜 버린다.[10] 게다가 사회보험은 급여 지급의 요건으로서 보험사고(실업, 사망, 질병, 노령 등)의 발생을 요구하고 있으나 기본소득은 보험사고의 개념 자체도 존재할 수 없다. 따라서 기본소득은 사회보험에 속할 수가 없다. 둘째, 기본소득은 자산조사, 기타 아무런 요건심사가 없으므로 공공부조의 특성도 없고, 공공부조가 가지는 요부조자要扶助者라는 사회적 낙인효과와 같은 부작용과도 무관하다. 이런 이유로 기본소득은 공공부조도 아니다. 다만 기본소득은 어느 정도로 지급하느냐에 따라서는 공공부조가 필요 없게 될 수도 있다.[11] 반대로 기본소득을 도입하는 대신 공공부조를 폐지하였는데 기본소득의 액수가 적은 경우 공공부조보다도 더 못한 제도가 될 수도 있다. 셋째, 기본소득은 누구에게나 조건 없이 지급하는 것이라는 본질적 성격상 사회서비스에서 요구하는 필요성의 원칙과도 관계가 없고, 현금급여가 원칙이라는 점에서 현물급여를 원칙으로 하는 사회서비스와도 달라서 사회서비스에 속한다고 보기도 어렵다.[12]

기본소득이 현행 「사회보장기본법」에서 제시하는 3가지 사회보장제도에 속하지

---

10. 노호창, "기본소득에 관한 개관과 입법 사례의 검토", 「노동법연구」 제36호, 서울대학교 노동법연구회, 2014 상반기, p.409.
11. 노호창(2014 상반기), "기본소득에 관한 개관과 입법 사례의 검토", p.409.

않는다는 점은 분명하다. 그렇지만 「사회보장기본법」에서 제시하는 3가지 방법은 어디까지나 헌법 제34조 제2항 "국가는 사회보장·사회복지의 증진에 노력할 의무를 진다"라는 조항의 예시적 구체화이므로, 기본소득이 「사회보장기본법」에서 3가지로 제시하고 있는 사회보장에는 속하지 않을지 몰라도 헌법 제34조 제2항에서 규정하고 있는 사회보장·사회복지에도 속하지 않는다고 단정할 수는 없는 것이다. 왜냐하면 헌법 제34조 제2항에서 규정된 사회보장·사회복지가 「사회보장기본법」 제3조 제1호 사회보장의 정의 조항에서 규정된 범위에 한정된다고 볼 수는 없는 것이기 때문이다. 또한 이렇게 보아야 헌법상의 인간다운 생활권은 법률에 의하여 구체화될 때 비로소 인정되는 법률상의 권리라든가 헌법상의 사회보장권은 그에 관한 수급요건, 수급자의 범위, 수급액 등 구체적인 사항이 법률에 규정됨으로써 비로소 구체적인 법적 권리로 형성되는 권리라고 보는 헌법재판소의 입장에도 부합하게 된다.[13] 왜냐하면 기본소득을 법제도를 통해서 인정한다면, 이는 국가에게 자유를 침해하지 말 것을 요구하는 입법이 아니라 국가에 대해 적극적으로 급부를 요구하는 것을 내용으로 하는 입법이 될 것이기 때문이다. 요컨대 기본소득은 실업이나 빈곤에 대한 대처가 가능하다는 점에서 기능적으로 사회보장·사회복지적 성격이 없다고 단정하기 어렵고, 사회보장·사회복지의 개념 자체가 헌법상으로는 불확정적이고 포괄적인 개념이라는 점을 고려한다면, 기본소득이 「사회보장기본법」에서 제시하는 사회보장제도에는 포함되지 않을 수 있어도 그보다 더 포괄적인 의미에 해당하는 헌법상의 사회보장·사회복지에는 포섭될 수 있다고 해석하는 것이 불가능한 것은 아니다. 더구나 사회보험, 공공부조, 사회서비스 외에 새로운 형태의 사회보장·사회복지의 구체화가 헌법상 금지된 바도 없다.

---

12. 다만, 사회보장기본법이 '법률 제11238호, 2012. 1. 26., 전부개정' 되기 전의 구법에서는 제3조 제5호에서 관련복지제도라고 하여 보건, 주거, 교육, 고용 등의 분야에서 인간다운 생활이 보장될 수 있도록 지원하는 각종 복지제도를 규정하고 있었던 바, 만일 구법 하에서라면 기본소득이 사회보장기본법상 관련 복지제도에 속할 여지는 있어 보인다.
13. 헌법재판소 1995.7.21.자 93헌가14 결정; 헌법재판소 2002.12.18.자 2002헌마52; 헌법재판소 2004.10.28.자 2002헌마328 결정 등.

기본소득을 사회보장·사회복지제도로 볼 경우 헌법상 근거로는 인간다운 생활권(헌법 제34조 제1항), 사회보장·사회복지에 관한 국가의 의무(헌법 제34조 제2항), 지방자치제도(헌법 제117조, 지자체 차원의 사회보장·사회복지제도로 볼 경우) 등으로 제시하는 것이 가능하다.

3. 경제정책으로 바라볼 수 있는지 여부

기본소득은 공동체의 구성원 누구나에게 정기적으로 일정한 소득을 지원하는 형태이므로 공동체 구성원의 구매력을 일률적으로 높여준다는 측면에서는 경제정책으로 보이기도 한다.

사회보장제도에 속하는 노령연금, 산재보험, 실업보험, 질병보험 등이 등장하기 시작하던 19세기 말은 산업사회로의 이행과 자본주의의 병폐가 함께 발생하던 때인데, 이 때에도 기본소득에 대한 구상이나 논의 자체는 존재하였다. 그러나 기본소득의 성격에 대해 구체적으로 규정한 바는 없었던 듯하다. 사회보장제도가 확립되고 세계적으로 전파되던 20세기 초중반 무렵의 경우 영국의 베버리지 모델 혹은 독일의 비스마르크 모델이 사회보장제도의 모델로 정착되었었지만, 베버리지 모델이나 비스마르크 모델은 기본적으로 임금노동에 의한 자기기여를 핵심적 요소로 하는 사회보험을 기반으로 하는 시스템이었다.[14] 당연히 사회보장제도가 등장하기 이전에는 사회보장의 개념 자체가 설정된 바 없었으므로 기본소득을 사회보장제도로 바라볼 수 없었을 것이다. 그리고 사회보장제도가 등장한 이후에도 기본소득을 사회보장제도로 인식하기는 어려웠을 것이라 생각한다. 특히 임금노동에 기초한 사회보험제도가 보편적으로 확산되어 가던 시기였기 때문에 임금노동과 무관한 기본소득이 사회보장제도로 인식되기는 어려웠을 것이다.

---

14. 양자의 비교에 대해서는 Paul Spicker, How Social Security Works, *The Policy Press*, 2011, pp.67-70 참조.

오히려 기본소득에 해당하는 사회신용social credit을 주장했던 더글러스Clifford H. Douglas의 경우 구매력을 향상시켜 수요와 공급의 불균형을 해소하기 위한 수단으로 이를 주장하였다. 이런 측면을 본다면, 기본소득을 경제정책으로 바라보는 것도 가능하다고 생각한다. 특히 기본소득은 공동체 구성원에게 구매력 향상을 위해 정기적인 현금급여를 일률적으로 지급하는 것이므로 자본주의 경제, 시장경제질서 등과 양립불가능한 것이 아니다. 또한 기본소득이 경제정책이라 할지라도 사회보장적 기능을 부정할 필요도 없다.

기본소득을 경제정책으로 바라보는 경우, 모든 구성원의 구매력을 동일하게 향상시켜 주기 위해서 동일한 소득을 정기적으로 지급해야 한다는 의미에서 헌법상 근거는 사회적 시장경제질서(헌법 제119조 제2항),[15] 균형발전을 위한 지역경제육성의무(헌법 제123조 제2항)[16] 등으로 제시하는 것이 가능하다.

4. 공동체 구성원 자격에 기초한 지분권으로 바라볼 수 있는지 여부

기본소득에 대한 근거를 이론적으로는 공동체 구성원 자격에 기초한 지분권에서 찾는 것이 가능하다. 즉, 누구나 자신이 속한 공동체의 공동자산에 대해 동등한 지분을 가지고 있으므로 이를 향유할 권리가 있다는 발상이다. 지구적地球的 차원에서는 인간은 누구나 모든 인류의 공동자산에 해당하는 지구에 대해 생래적으로 균등한 지분을 가지고 있다는 것이다. 다만, 지구는 너무나 거대하고 추상적인 관념이므로 공동체의 범위를 좁혀, 예컨대 국가적 차원에서 본다면, "좋은 교육, 삶의 질 향상, 환경 개선, 연대의식 고취, 정의 고양, 범죄와 폭력 철폐, 빈곤 퇴치, 진정한 자유와 존엄성 확보와 같은 인간 조건의 보장을 위해서", "모든 사람은 출신 · 인종 · 성별 · 연령 · 기혼여부 · 사회경제적 지위에 관계없이 누구나 국부國富

---

15. 헌법 제119조 ② 국가는 균형있는 국민경제의 성장 및 안정과 적정한 소득의 분배를 유지하고, 시장의 지배와 경제력의 남용을 방지하며, 경제주체간의 조화를 통한 경제의 민주화를 위하여 경제에 관한 규제와 조정을 할 수 있다.
16. 헌법 제123조 ② 국가는 지역 간의 균형있는 발전을 위하여 지역경제를 육성할 의무를 진다.

에 참여할 권리로서 자신의 삶에 반드시 필요한 것을 준비하기 위해 충분히 가능한 수단이 되는 소득을 받을 권리(o direito de cada pessoa – não importa a sua origem, raça, sexo, idade, condição civil ou socioeconômica - receber uma renda, na medida do possível suficiente para atender às suas necessidades vitais como um direito de participar da riqueza da nação"를 가지고 있고, 이러한 권리가 바로 기본소득이라는 것이다.[17]

기본소득의 본질이 공동체 구성원 자격에서 비롯되는 지분을 받을 권리라는 관점에서는 동등한 구성원의 자격이 있다면, 모든 구성원 개인은 무조건적으로 차등 없이 지분권의 실현 형태로 동일한 일정 금액의 소득을 지급받을 것을 권리로 인정받는 것이 가능할 수도 있다. 이미 선거권을 통해서 정치적 영역에서는 공동체 구성원이 1인 1표를 보장받고 있으므로 공동체 구성원 자격에서 나오는 지분권의 동일한 크기만큼의 정치적 실현을 경험하고 있다. 기본소득에 대해서는 공동체 구성원 자격에 기초한 지분권의 사회적·경제적 영역에서의 실현이라고 보는 것도 충분히 가능할 수 있다. 특히 1948년 제헌 헌법에서는 근로자의 이익균점권(공동체 구성원 자격에 기초한 기여분의 배분권)을 규정한 바도 있었기 때문에 기본소득이 결코 낯선 개념은 아닌 것이다.

기본소득을 공동체 구성원 자격에 기초한 지분권의 실현으로 보는 경우, 그 헌법적 근거로는 인간의 존엄과 가치(헌법 제10조),[18] (경제적) 평등권(헌법 제11조 제1항),[19] 열거되지 아니한 자유와 권리의 보장(헌법 제37조 제1항)[20] 등을 제시하는 것이 가능하다.

17. Eduardo Matarazzo Suplicy, *Renda Básica de Cidadania*(3ª ed.), L&PM, 2008, p.7.
18. 헌법 제10조 모든 국민은 인간으로서의 존엄과 가치를 가지며, 행복을 추구할 권리를 가진다. 국가는 개인이 가지는 불가침의 기본적 인권을 확인하고 이를 보장할 의무를 진다.
19. 헌법 제11조 ① 모든 국민은 법 앞에 평등하다. 누구든지 성별·종교 또는 사회적 신분에 의하여 정치적·경제적·사회적·문화적 생활의 모든 영역에 있어서 차별을 받지 아니한다.
20. 헌법 제37조 ① 국민의 자유와 권리는 헌법에 열거되지 아니한 이유로 경시되지 아니한다.

종합적 검토

1. 쟁점의 정리

현재 우리나라에서는 아직 기본소득이 법제도로 도입되어 있는 것은 아니다. 따라서 기본소득에 대해서는 사회보장·사회복지제도로 볼 수도 있고, 경제정책으로 볼 수도 있으며, 공동체 구성원 자격에 기초한 지분권으로 보는 것도 가능한 상황이다.

만약에 기본소득을 사회보장·사회복지제도로 인식해야 한다면, 기본소득은 기존의 사회보장제도인 사회보험, 공공부조, 사회서비스에 속하지 않는 헌법적 사회보장·사회복지제도, 이를테면 제4의 사회보장·사회복지제도에 해당한다고 보아야 할 것이고,[21] 기본소득을 경제정책으로 인식해야 한다면 사회보장적 효과를 가진 경제정책으로 보면 될 것이다. 공동체 구성원 자격에 기초한 지분권의 실현으로 보는 경우 경제적 기능과 사회보장·사회복지제도로서의 기능을 겸유하는 것으로 볼 수 있을 것이다.

다만, 기본소득의 법적 성격을 무엇으로 규정할 것인지는 정할 필요가 있다. 왜냐하면 기본소득의 근본적인 법적 성격을 무엇으로 전제하고 가느냐에 따라서 논의의 지평이 달라지고 법적 쟁점이 달라지기 때문이다.

그렇다면 기본소득의 법적 성격은 무엇으로 규정하는 것이 타당할 것인가? 이는 결국 현행 법령을 토대로 그 성격을 선택하는 것의 문제로 귀결된다고 본다. 달리 말하면, 기본소득의 법적 성격을 무엇이라고 규정할 것인가의 문제는 기본소득의 성격을 어떻게 보느냐에 따라서 현행 법령의 범위 안에서 어느 쪽이 해석상 모순과 충돌이 덜 발생하고 현행 법질서에 더 조화롭게 수용될 수 있느냐의 문제와 궤를 같이 한다.

기본소득은 그 독특한 요건인 무조건성 때문에 개인이 자신의 능력이나 자력을 통해 살아갈 수 있는데도 지급해야 하는가, 부자인데도 지급해야 하는가, 개인이

---

21. 사회보장·사회복지제도의 경제적 효과에 대해서는 후생경제학에서 논의되고 있는 것이므로 굳이 경제정책적 효과가 있는 사회보장·사회복지제도라는 식의 언급은 불필요할 것 같다.

자신이 속한 가구의 구성원을 통해서 생계유지를 받을 수 있는데도 지급해야 하는가, 어떠한 의무도 없이 지급하는 것이 타당한가, 공적재원을 가지고 지급하는 것이 타당한가 등의 의문과 결부되기 쉽다.

2. 경제정책으로 바라보는 경우의 함의

우선, 기본소득을 시민의 구매력 보완을 통해 공급과 수요의 불일치를 교정하고자 하는 경제정책으로 보게 되는 경우, 기본소득과 관련된 이념논쟁, 윤리논쟁 등으로부터 상당히 자유롭게 될 것으로 보이는 장점이 있다. 기본소득을 경제정책으로 본다면, 적절한 액수를 설정하는 것을 통해 공급과 수요의 불일치 해소가 가능하므로 객관적인 적절한 액수의 수준을 설정할 수 있을 것으로 보이기도 한다. 또한 국가적 상황이나 경제적 변화에 조응하여 탄력적인 정책 운영이 가능한 측면도 있을 것이다.

그러나 기본소득을 경제정책으로 보게 되는 경우 다음과 같은 문제점이 생기게 된다. 첫째, 기본소득을 경제정책으로 본다면 공동체의 구성원 모두에게 일률적으로 지급하는 형태의 보조금 정책과 무슨 차이가 있느냐라는 점이다. 둘째, 기본소득을 경제정책으로 보는 경우 그 권리성을 인정할 수 있을 것인지 의문시될 수 있다. 즉, 기본소득을 경제정책으로 보게 되는 경우 그 규범적 위상이 대폭 약해질 가능성이 있다는 것이다. 특히 경제정책으로 보게 되는 경우 그 주체는 공동체 구성원이 아니라 국가가 되므로 기본소득은 어디까지나 국가의 시혜적·은혜적 조치에 머물게 될 가능성이 높게 되고 국가의 경제여건의 변화에 따라 얼마든지 기본소득은 변경되거나 폐지될 수 있는, 말 그대로, 탄력적인 정책에 불과하게 될 수 있다는 것이다. 즉, 발전국가 논리에 잠식될 위험성이 크다. 셋째, 기본소득을 경제정책에 불과한 것으로 보게 되면, 한국이 국제노동기구(ILO)에 가입해 있는 취지와 모순되게 된다. 국제노동기구는 1944년 기구의 존립 취지에 관해 천명한 '필라델피아 선언'을 발표하게 되는데, 필라델피아 선언에서는 인간의 대상화·수단화를 극복하고 항구적 평화를 위해서는 경제와 정치가 사회적 정의라는 요청에 부합될 것을 요구하고 있고 그 내용으로 인간이 경제와 금융을 위해 복무할 것이 아니라 경제와 금융이 인간을 위해 복무할 것을 요구하고 있는데,[22] 기본소득을 경제정책으로 보는 것은 기본소득의 가치를 폄훼하여 인간이 경제와 금융을 위해 복무하도록 하는 것에 해당할 수도 있기 때문이다.

3. 공동체 구성원 자격에 근거한 지분권으로 바라보는 경우의 함의

다음으로, 기본소득을 공동체 구성원 자격을 기초로 하는 지분권으로 본다면, 기본소득은 사회적·경제적 영역에서의 지분권의 실현으로 이해될 수 있을 것이다. 이는 공동체 구성원 자격을 기초로 하는 지분권이 정치적 영역에서 선거권 등 참정권 보장의 형태로 구현되는 것에 대응되는 것으로 볼 수 있다. 이러한 견해는 기본소득이 단순히 법률상의 권리가 아니라 헌법상의 기본권에 해당하는 위상을 가진다는 의미를 보여준다. 그런 의미에서 기본소득을 공동체 구성원 자격에 기초한 지분권으로 인정하기 위해서는 규범적 관점에서 볼 때, 헌법 제10조 인간의 존엄과 가치와 헌법 제11조 경제적 평등권에서 파생되는 기본권으로서 헌법 제37조 제1항의 열거되지 않은 기본권으로 포섭될 수 있어야 한다는 해석이 필요하다. 이러한 해석은 기본소득이 헌법에 열거되지 않은 새로운 기본권이라는 해석을 의미하는데, 헌법재판소는 헌법 제37조 제1항의 내용과 관련하여 "헌법에 열거되지 않은 기본권을 새롭게 인정하기 위해서는 그 필요성이 특별히 인정되고, 그 권리내용(보호영역)이 비교적 명확하여 구체적 기본권으로서의 실체, 즉 권리내용을 규범 상대방에 요구할 힘이 있고 그 실현이 방해될 경우 재판에 의해 그 실현을 보장받을 수 있는 구체적 권리로서의 실질에 부합해야 할 것"이라는 기준을 제시한 바 있다.[23]

사회경제적 구조의 변화, 기술발전, 높은 실업, 불안정고용, 가족의 해체, 1인 가구의 급증, 고령화 사회, 부의 편중, 일자리 감소, 사회구조적 빈곤의 증가 등 상황

---

22. http://www.ilo.ch/dyn/normlex/en/f?p=1000:62:0::NO:62:P62_LIST_ENTRIE_ID:2453907:NO#declaration(국제노동기구 필라델피아 선언, 검색 일자: 2019.12.15).
23. 헌재 2009. 5. 28. 2007헌마369 결정; 헌재 2011.8.30. 2008헌마477 결정.

을 보면, 기존의 제한적이고 조건적인 사회보장제도는 한계에 직면하고 있고 개인이 인간으로서의 존엄과 가치를 지키고 공동체 구성원으로서 기본적인 권리를 행사하기 위한 전제로서 기본적인 소득보장이 구조적으로 요청되는 상황이라는 점을 보면, 새로운 기본권의 요건에 해당하는 '특별한 필요성'이 인정될 수도 있어 보인다. 그렇지만 기본소득이 공동체 구성원 자격에 기초한 지분권이라는 '열거되지 아니한 새로운 기본권'이라는 점에 대해서는 헌법재판을 통해 확인을 받는 과정이 필요하다는 점은 현재로서는 한계로 작용할 것이다. 한편, 기본소득을 공동체 구성원 자격에서 도출되는 지분권으로서의 기본권이라고 하더라도 실제 구체적 구현형태는 법률로 형성될 것인데, 이를 법률로 구성하는 경우 그 소관 부처를 어디로 할 것인지 관할이 문제될 수 있다. 왜냐하면 공동체 구성원 자격에서 도출되는 지분권의 정치적 실현형태인 선거권은 헌법상 보장되며 법률에 따라 구체적 내용이 형성되는데, 그 근거 법률인 「공직선거법」은 헌법기관인 선거관리위원회 소관이다. 반면에, 기본소득은 사회적 · 경제적 영역에서의 지분권이므로 그 실현이라는 관점에서 보면 선거관리위원회처럼 독립된, 예컨대 '기본소득위원회'와 같은 별도의 독립된 헌법상의 기구를 설치해서 맡기는 것이 타당하지 않은가라는 생각이 든다. 왜냐하면 현재 우리 헌법에서는 사회적 · 경제적 영역에서의 지분권의 실현을 위한 헌법기관은 존재하지 않기 때문이다.

4. 사회보장 · 사회복지제도로 바라보는 경우의 함의

마지막으로 기본소득을 사회보장 · 사회복지제도로 바라보는 경우를 생각해보자. 기본소득을 사회보장 · 사회복지제도로 보는 견해의 무엇보다 중요한 이념적 우월성은 인간을 최우선 순위에 둔다는 점이다. 다만, 몇 가지 의문이 있으므로 그에 대해 극복하고 넘어갈 필요는 있다.

기본소득을 사회보장 · 사회복지제도로 보는 경우 발생하는 가장 큰 의문은 현행 법령 체계 내에서 개념이나 제도 간에 일견 충돌 및 모순이 발생하는 것처럼 보인다는 점이다.

현행 헌법에서는 근로권 조항을 두고 있고(헌법 제32조 제1항),[24] 근로의 의무 조항(헌법 제32조 제2항)[25]도 두고 있다. 그리고 헌법상의 인간다운 생활권(헌법 제34조 제1항)을 토대로 사회보험, 공공부조, 사회서비스라고 하는 사회보장의 3대 체계가 법률로 구축되어 있다. 헌법 제32조와 제34조 및 이를 통해 구체화되어 있는 현행 노동법과 사회보험 중심의 사회보장제도를 전체적으로 보면, 일관되게 관철되는 전제가 있는데, 바로 임금노동을 중심에 두고 있다는 점이다. 이와 관련해서 근로의 의무가 과연 법적인 의무냐 자본주의 질서에 타당한 것이냐 등등 논란이 있지만,[26] 이 조항 역시 임금노동을 전제로 하고 있는 개념이라는 점에 대해서는 이론의 여지가 없다. 그런데 근로의 의무와 관련하여 보다 주목할 문제는 근로의 의무 조항이 기본소득의 무조건성이라는 요건과 충돌하는 것이 아닌가라는 의문이다. 이런 점에서 근로의 의무 조항과 기본소득은 쉽게 조화되기 어려워 보이는 측면이 있고, 논란의 소지가 있어 보인다.[27]

또한 기본소득이 주장되는 시대이니만큼 근로의 개념이나 노동의 개념이 과거의 임금노동 중심에서 이제는 비임금노동도 포괄하는 것으로 바뀌어야 한다는 주장이 있을 수 있고,[28] 현행헌법이나 현행헌법을 토대로 구축되어 있는 개별법령이 개정되지 않는 한, 적어도 현행법령 내에서는 비임금노동까지 포괄하는 개념으로 해석하는 것은 무리한 해석이 아닌지 하는 의문이 들 수도 있다. 왜냐하면 동일한 법령의 동일한 '근로'[29] 혹은 '노동'이라는 용어가 어떤 경우에는 임금노동만 의미

---

24. 헌법 제32조 ① 모든 국민은 근로의 권리를 가진다. 국가는 사회적·경제적 방법으로 근로자의 고용의 증진과 적정임금의 보장에 노력하여야 하며, 법률이 정하는 바에 의하여 최저임금제를 시행하여야 한다.
25. 헌법 제32조 ② 모든 국민은 근로의 의무를 진다. 국가는 근로의 의무의 내용과 조건을 민주주의원칙에 따라 법률로 정한다.
26. 관련 논란에 대해서는 노호창(2017), pp.173-174 참조.
27. 이다혜. "기본소득에 대한 노동법적 고찰",「서울대학교법학」제60권 제1호, 서울대학교법학연구소, 2019.3, pp.114-116.
28. 이다혜, 앞의 논문, 2019.3, pp.117-119.
29. 근로와 노동을 구별해서 노동의 경우에는 특별히 이념적 성격을 부여해서 이해하는 견해도 있으나 이를 규범적으로 구별하는 것은 특별한 의미를 지니지 못한다. 노호창, "헌법상 근로권의 내용과 성격에 대한 재해석",「노동법연구」제30호, 2011, pp.130-132.

하는 것으로, 어떤 경우에는 비임금노동도 포괄하는 것으로 해석되어야 하는 것이라면 충돌 내지 모순이 있어 보이기 때문이다.

더구나 현행 노동법이나 사회보장제도 중 특히 사회보험은 임금노동을 기초로 구축되어 있는데, 기본소득이 사회보장·사회복지제도로 법적 성격이 규정된다면, 임금노동과 무관한 기본소득은 비임금노동을 노동의 개념에 포함하는 이념을 안고 갈 수밖에 없는데, 헌법과 법률로 위계화되어 있는 하나의 전체 법체계 내에서 노동 개념이 상황에 따라 어떤 경우에는 임금노동만 의미하고 어떤 경우에는 비임금노동도 포함되는 식으로 해석되어야 하는 경우라면 문제가 있어 보일 수 있다. 게다가 헌법에 명시된 '근로'의[30] 개념이 비임금노동까지 포함하는 개념으로 해석되어야 한다면, 임금노동만을 축으로 하는 노동법이나 사회보험은 임금노동과 비임금노동 간의 차별을 용인하는 것은 아닌지 의문이 들 수 있다. 이런 논란은 기본소득이 도입되면 사회보험은 해체되어야 한다는 논리로 이어질 수밖에 없는 것은 아닌가라는 의문도 가지게 한다. 즉, 임금노동을 전제로 하는 노동법 및 사회보험과 임금노동과 무관한 기본소득이 사회보장·사회복지라는 동일한 무대에서 공존하는 것은 법리적으로 충돌의 소지가 있어 보인다는 점이다. 또한 기본소득을 사회보장·사회복지제도로 실시한다면, 필연적으로 사회보험은 폐지되어야 노동 개념의 통일성, 사회보장·사회복지의 통일성에 부합하게 보이기 때문이다.

그런데, 기본소득을 사회보장·사회복지제도로 바라볼 경우 제기될 수 있는 것으로 보이는 이러한 의문들은 동전의 한 면만을 바라보기 때문에 생기는 의문들이고 충분히 해명될 수 있는 것들이다.

헌법에서 규정된 근로권의 경우, 사회권적 측면에서는 일자리(또는 그에 대체되는 실업급여)와 적정한 일할 환경을 요구할 수 있는 권리,[31] 자유권적 측면에서는 일하는 것을 국가가 방해하지 말 것을 요구하는 것을 의미한다. 즉, 근로권 규정은 '모

---

30. 우리 헌법에는 '노동'이라는 단어가 등장하지 않는다.
31. 노호창(2011), "헌법상 근로권의 내용과 성격에 대한 재해석", p.157.

든 국민은 근로의 권리를 가진다'라고 하고 있지만, 이는 어디까지나 근로하려고 하는 국민이 근로하고자 할 때 누려야 할 것에 대한 것이므로 임금노동이 문제될 때만 적용되는 것이어서, 기본소득과 모순되지 않고 어찌 보면 서로 별 관계가 없다. 또한 근로의 의무 규정에 대해서도 현재 법적 혹은 도덕적 의무로 보고 있지도 않다.[32] 사실상 자본주의 사회에 부합하지 않는 무의미한 것으로 취급되고 있어서 기본소득과 충돌이 되지 않는다.

요컨대, 근로권 규정은 어디까지나 국민이 임금노동을 하고자 할 때 문제되는 것이지 근로권 규정이 비임금노동을 배제하려고 했다고 해석될 수 없다. 또한 현재의 사회보장제도와 관련해서도 우리 사회가 임금노동사회였기 때문에 임금노동을 중심으로 하는 사회보험제도가 중심적으로 발달한 것에 불과한 것이지, 헌법상의 사회보장·사회복지 조항이 기본소득과 같이 비임금노동도 포괄할 수 있는 사회보장·사회복지제도를 배제한다는 의미를 가질 수 없다. 그러므로 기본소득이 주장되는 시대이니만큼 근로의 개념이나 노동의 개념이 과거의 임금노동 중심에서 이제는 비임금노동도 포괄하는 것으로 바뀌어야 한다는 주장도[33] 주장 그 자체로서는 논리적으로 전혀 문제가 없고 현행 헌법이나 현행 헌법을 토대로 구축되어 있는 개별 법령 하에서도 전혀 모순되지 않는다. 왜냐하면 현행 헌법이나 현행 법령은 어디까지나 임금노동이 문제되는 경우만을 염두에 두고 만들어졌고 임금노동과 관련된 언급만 하고 있지, 비임금노동에 대해서는 언급한 바가 없기 때문이다. 즉, 비임금노동의 영역에 대해서 현행 헌법이나 법령이 이를 배제한 적이 없었고, 그래서 규범적 관점에서는 공백으로 남아있어 왔던 상태인 것이다. 그래서 일반적 관점에서 근로나 노동의 개념에 비임금노동까지 포괄하는 개념으로 해석하자고 해서 무리한 해석이라고 비판할 필요도 없는 것이다.

---

32. 노호창(2011), "헌법상 근로권의 내용과 성격에 대한 재해석", 137쪽; 이영희, 「노동법」, 법문사, 2001, p.90.
33. 이다혜, 앞의 논문, pp.117-119.

한편 기본소득을 사회보장·사회복지제도로 보면 항상 그 액수의 적정성이 헌법적 시비 거리가 될 수밖에 없을 것이다. 즉, 기본소득으로 지급되는 액수가 인간다운 삶을 위한 충분한 액수냐라는 것에 대한 문제제기가 지속적으로 발생하게 될 것이다. 이러한 점에 대해서는 과거 「생활보호법」상 생계보호기준에 대해서 위헌 논란이 있었던 점을 생각해보면 충분히 납득이 갈 것이다.[34] 그런데 기본소득을 사회보장·사회복지제도로 본다 하더라도 그 구체적 발현형태, 예컨대, 액수의 문제는 하위 규범 단계에서 조정될 문제인 것이므로 액수의 적정성 시비는 제도라는 관점에서는 전혀 문제될 것이 없다. 구성원은 언제나 국가를 상대로 법적 문제 제기를 할 수 있는 것이고, 국가는 언제나 그에 대해 답을 해줄 의무가 있을 뿐이다. 그것은 국가이기 때문에 당연한 것이다.

기본소득을 사회보장·사회복지제도로 보는 경우, 그 헌법적 근거는 헌법 제34조 인간다운 생활권에서 우선 찾을 수 있을 것이다. 그리고 기본소득을 사회보장·사회복지제도로 보는 경우에도 공동체 구성원의 지분권으로서의 성격과 모순되지 않고, 오히려 양자가 결합하는 경우 권리로서의 성격은 한층 더 강화될 수 있을 것이다. 특히 기본소득을 공동체 구성원의 지분권적 성격을 가진 것으로 보든 그렇지 않든, 사회보장·사회복지제도로 보는 전제에서 구체적 법률을 구축한다면 그 소관부처를 정하는 것이 가능하다는 점에서(예컨대, 보건복지부) 기본소득을 단순히 공동체 구성원 자격을 기초로 한 지분권으로만 보는 견해보다 장점이 있다. 또한 기본소득을 공동체 구성원의 지분권으로서의 성격을 인정하는 전제에서는 우리 헌법이 국민국가를 채택하고 있는 이상, 국가의 행정구역 획정에 의해 변경될 수 있는 지자체를 기준으로 하는 기본소득은 개념상 어려움이 있을 것 같다.

결론적으로 기본소득의 성격을 무엇으로 보는 것이 가장 적절한가에 대해서는

---

34. 헌법재판소 1997.5.29. 선고 94헌마33 결정; 헌법재판소 2004.10.28. 선고 2002헌마328 결정. 이 사건들에서 헌법재판소는 '생계보호의 수준이 일반 최저생계비에 못 미친다는 이유로 곧 헌법에 위반되거나 청구인들의 행복추구권이나 인간다운 생활을 할 권리를 침해하는 것은 아니'라고 판단한 바가 있다.

선택의 문제이고, 어느 경우로 보더라도 크게 문제는 없다고 보이지만, 적어도 현재 시점에서는 사회보장·사회복지제도로 보는 것이 일단 이념적 관점에서 가장 우월하고 그밖에 현행 법령과의 관계에서도 무난하게 규범조화적 해석이 가능하다. 다만, 향후 기본소득의 법적 성격을 사회보장·사회복지제도라는 전제에서 법제도로 구축하게 되는 경우, 기존의 다른 사회보장제도의 조정이나 개편은 필연적인 과제가 될 것이다.

기본소득의 법적 쟁점

기본소득을 도입하는 법규범의 위상에 따른 법적 검토

1. 문제의 소재

기본소득은 공동체의 모든 구성원에게 개별적으로 지급하는 정기적 현금급여 정책이기 때문에 그 성격이 사회보장·사회복지제도이든 경제정책이든 간에 관계없이 어떤 위상이든 규범에 근거를 두어야 실행될 수 있다. 기본소득은 국가가 국민에게 또는 (지역차원의 기본소득이라면) 지방자치단체가 지역주민에게 금전을 지급하는 형태를 취하고 있기 때문에 국가 또는 지방자치단체의 행정작용임에는 틀림없다.

그런데 이러한 행정작용이 만일 국가공동체와 국민의 기본권과 관련하여 중요하고 본질적인 것이라면, 반드시 법률에서 기본소득에 관한 구체적인 내용(수급대상의 범위, 수급액수의 범위, 수급기간의 주기 등)을 명시해야 한다(법률유보의 원칙).[35] 즉, 헌법에서 특별히 법률로 정하도록 규정하고 있는 사항과 헌법에 명시적인 규정이 없다고 하더라도 국가나 국민에게 중요한 영향을 미치는 사항이라든가 국민의 자유와 권리에 관련된 중요한 규율이나 통치조직의 작용에 관한 본질적 사항은 최소한 법률로는 정해야 할 것이다. 법률로 규율해야 할 국민의 자유

---

35. 법률유보원칙의 상세한 내용에 관해서는 헌법재판소 1999.5.27.선고 98헌바70 결정 참조.

와 권리에 관한 중요한 사항으로서 구체적으로 제시되는 내용으로는 첫째, 국가와 시민이 당사자로서 서로 대립하는 일면적 기본권 규율(개인의 기본권 영역에 대한 국가적 침해로부터 예방적으로 기본권을 보호할 필요가 있는 경우), 둘째, 국가가 기본권 주체 상호간의 기본권 영역을 구획해 주어야 하는 다면적 기본권 규율(기본권 영역상 목적충돌의 필수적 이해조정과 결정을 도모할 필요가 있는 경우), 셋째, 위 두 가지 요소가 포괄된 복합적 기본권 규율(상이한 정치적·사회적·세계관적·법적인 이익과 관점을 조정할 필요가 있는 경우) 등이 있고, 이러한 사항은 최소한 법률로 규정되어야 할 것이다.[36]

또한 국민의 기본권과 관련하여 본질적인 사항이 아니라고 하더라도 만일 기본소득이 국민의 권리·의무에 영향을 주는 것이라면 법률의 위임이 있어야 하고, 그 위임은 구체적이어야 한다(포괄위임금지의 원칙). 다만, 지역 차원의 기본소득이라면 법률에서 조례에 위임하는 경우 포괄적 위임이 가능하긴 하지만, 법률우위의 원칙, 법률유보의 원칙과의 관계에서 별도 검토가 추가적으로 요구된다.

우선 기본소득이라는 것이 현재 시점에서 국민의 기본권과 관련하여 중요하고 본질적인 사항인지 여부는 불분명하다. 그렇기 때문에 반드시 법률에 근거가 있어야 한다고 단정할 수는 없다. 그렇지만 국가 전체의 차원에서 기본소득을 실시하든 지방자치단체 차원에서 기본소득을 실시하든 간에 기본소득을 실시하게 되면, 국민의 소득에 영향을 미치고 재원마련과 관련하여 조세 제도 등에 영향을 줄 수 있기 때문에 기본소득은 국민 또는 주민의 권리·의무에 필연적으로 영향을 주게 될 것임은 분명해 보인다. 따라서 시행령이나 조례 등 하위규범을 통해 기본소득을 구체화한다 할지라도 최소한 법률의 위임은 필요하다.

이하에서는 기본소득이 도입되는 규범의 위상이 어느 정도냐에 따라 법적 함의가 어떻게 달라지는지 간략히 살펴보고자 한다.

---

36. 국회법제실, 「입법이론과 법제실무」, 국회사무처, 2008, pp.20-21.

2. 기본소득을 법률로 도입하는 경우

기본소득은 이를 사회보장·사회복지제도로 보든 경제정책으로 보든 국민에 대한 금전적 지원이라는 점에서는 마찬가지이다. 그렇다면 이를 국가적 관점에서 법률로써 입법적으로 추진한다면, 규제입법이 아니라 형성입법이 될 것이다. 그러므로 굳이 헌법에 그 근거가 명시적으로 존재하지 않거나 헌법해석을 통해서 그 입법적 당위성을 도출해내지 않더라도 국회의 입법형성권 행사, 즉 입법자의 결단만으로 충분히 법률적 차원에서는 풀어낼 수 있는 사안이 될 수 있다. 다만, 기본소득에 관한 법률이 제정될 수 있을지와 언제 제정될 수 있을 것인지는 국회에 달려있다. 한편 기본소득의 근거 법률을 제정하게 된다면, 법률 제정시 예산확보 방안이 마련되는 것이 필수적이므로 예산 마련에 대한 논의가 반드시 이루어져야 할 것이다.[37]

법률안의 제정 의결 및 재의결은 아래와 같이 정할 수 있다.

법률안 제정 의결 : 국회 재적 과반수 출석 & 출석 과반수 찬성
법률안 재의결 : 국회 재적 과반수 출석 & 출석 3분의2 이상 찬성

만일 기본소득에 대한 법률안을 구상한다면, 현재 실시되고 있는, 기본소득 그 자체는 아니지만 그와 관련되어 시행되는 제도(청년배당, 청년수당 등)의 조례를 모델로 하여 발전 및 보완시키는 방식으로 가능하다. 단, 이 경우 기본소득의 법적 성격을 사회보장·사회복지제도로 보느냐 경제정책으로 보느냐에 따라 법률안의 목적 조항부터 관리주체, 지급액수의 설정 기준 등 전반적인 내용이 서로 달라질 수밖에 없을 것이다.

---

37. 정종섭,「헌법학원론」(제11판), 박영사, 2016, pp.1109-1110.

3. 기본소득을 헌법에 도입하는 경우

기본소득을 헌법에 도입하는 경우 그 방법은 헌법 개정을 통해서이다. 만약 기본소득을 헌법 개정을 통하여 헌법에 규정하게 된다면, 국민투표를 거쳐야 할 것이므로 국민적 공감대를 획득한다는 것이어서 정치적 정당성의 확보라는 대단히 중요한 의미를 가질 수 있을 것이다. 그리고 헌법이 가진 최고규범성, 골격규범성, 정치규범성, 개방성 등 속성상[38] 기본소득을 헌법에 규정한다면, 예컨대 "국가는 법률이 정하는 바에 따라 기본소득을 지급하여야 한다."처럼 신설하는 것이 무난할 것이다. 즉, 최저임금제의 예를 참조하면 된다.[39] 헌법에서 기본소득의 지급대상, 지급요건, 지급액수, 지급방법 등을 상세히 규정하는 것은 적절치 않으므로 시대 변화에 따라 탄력적으로 현실에 대응할 수 있도록 법률에 위임하는 것이 타당하기 때문이다.

헌법 개정 절차는 아래와 같이 정할 수 있다.

헌법 개정 절차 : 국회재적 과반수 또는 대통령 발의 → 20일 이상 공고
→ 공고 후 60일 이내 국회 재적 3분의2 이상 찬성 → 국회 의결 후 30일 이내 국민투표
→ 선거권자 과반수 투표 & 투표자 과반수 찬성 → 확정 → 공포

헌법에 명시하게 되면 기본소득을 언젠가는 반드시 실시해야 한다는 헌법적 요청이 현실화된다는 의미를 가지므로 헌법적 결단이 없이는 기본소득은 폐지할 수 없는 공고한 그 무엇이 될 수도 있다. 적어도 법률을 통하여 기본소득을 폐지하거나 기본소득의 본질을 훼손할 수는 없게 될 것이다. 그것이 기본권이 되든 제도가 되든 마찬가지이다. 또한 기본소득이 기본권이냐 제도냐를 둘러싸고 풍부한 헌법적 논의가 전개될 것이다. 예컨대 기본소득을 기본권으로 보느냐 제도로 보느냐에 있어서 법적인 논의상 차이점이 존재할 수 있을 것이다.[40] 보장되는 대상이 권리냐

---

38. 정종섭, 앞의 책, pp.29-35.
39. 헌법 제32조 ① 모든 국민은 근로의 권리를 가진다. 국가는 사회적·경제적 방법으로 근로자의 고용의 증진과 적정임금의 보장에 노력하여야 하며, 법률이 정하는 바에 의하여 최저임금제를 시행하여야 한다.

제도냐에 따라서 보장의 정도에 있어서 최대보장이냐 최소보장이냐, 침해시 헌법 재판을 통한 구제가 가능하냐 아니냐 등의 차이가 있을 것이다. 또한 입법형성권 측면에서는 제도로 인정되는 경우가 기본권으로 인정되는 경우보다 입법형성권이 클 것이다. 반면 위헌심사 강도에 있어서는 기본권으로 인정되는 것이 제도로 인정되는 경우보다 심사강도가 더욱 클 것이다.[41] 특히 기본소득을 단순히 헌법상의 사회보장·사회복지제도가 아니라 공동체 구성원 자격에 기초한 지분권으로 보는 관점을 가미하여 접근하게 되는 경우, 기본소득의 헌법적 도입은 '헌법상 열거되지 아니한 기본권'이라는 지위에서 '기본소득권'이라는 구체적인 기본권으로서 강력한 위상을 가지게 될 수도 있다.

4. 논의 마무리

일단 기본소득이 헌법에 규정되거나 법률로 도입되는 경우 이에 대해 헌법상 기본권이냐 법률상 권리냐의 문제는 별도 논의로 하고, 이를 권리가 아닌 단순한 시혜로 보기는 어려울 수 있다. 설사 기본소득이 경제정책으로 도입된다 하더라도 마찬가지이다. 그 이유는 다음과 같다.

기본소득은 국가(내지 지자체)가 국민 개개인에게 정기적으로 일정한 소득을 지원하는 것이므로 공법公法 영역에서 고권적高權的 주체에게 어떤 의무가 생기는 것이 된다. 이와 관련하여 일반적으로 어느 일방 사인私人의 법적 의무가 다른 사인私人의 법적 청구권Rechtsanspruch과 연결되는 사법私法에서와는 달리, 공공의 이익을 위해 국가에 대해 일방적인 의무를 설정할 수 있는 공법公法의 영역에서는 원칙적으로 권리에 대응하지 않는 법적 의무가 가능하다고 인정될 수 있지만, 국가의 그러한 의무를 규정한 실체적 법규범이 공공의 이익뿐만 아니라 개인의 이익에

---

40. 헌법재판소 1997.4.24.자 95헌바48 결정 참조.
41. 정종섭, 앞의 책, pp.306-309 참조. 다만, 정종섭은 제도보장 규정을 재판규범으로 보면서도 제도보장 규정을 근거로는 헌법소원을 제기할 수 없다는 태도를 보이는 기본권보장-제도보장 준별론을 비판하는 입장에 있다.

도 기여하도록 규정되어 있으면 주관적 권리를 인정할 수 있기 때문이다.[42] 이런 점은 기본소득의 법적 성격이 무엇이든 마찬가지인 것이다. 물론 어떤 법규정이 국민에게 이익을 준다는 사실 하나만으로는 아직 주관적 권리의 존립 근거가 확정되지 않고 단지 한 가지 유리한 '법의 반사Rechtsreflex(반사적 이익)'가 존재한다고 할 수 있을 뿐이지만, 이러한 이익이라도 국민을 위하여 법률로 규정된다면, 주관적 권리는 얼마든지 성립할 수 있는 여지가 발생하는 것이다.[43]

더 나아가 기본소득이 그 법적 성격이 무엇이든 법적 권리 내지 법적 이익으로 인정되는 단계에 이르게 되면, 국가는 가능한 한 예산을 확보하여 그 권리를 실현시켜야 할 의무를 지게 되고, 예산이 부족하다는 이유로 그 권리성을 부정하기는 어렵게 된다. 이는 설사 기본소득을 입법자의 광범위한 형성의 자유를 인정하여 법률을 통해 구체화할 때 비로소 법률상 권리로 인정될 수 있다고 보는 사회적 기본권의 영역에 속하는 대상으로 보는 경우에도 마찬가지다.[44]

기본소득의 헌법적 쟁점

1. 헌법적 관점에서 기본소득의 수용 가능성

기본소득의 법적 성격을 사회보장·사회복지제도로 보든 경제정책으로 보든 헌법 규범과의 관련성을 이끌어낼 수 있다. 만일 기본소득의 법적 성격을 사회보장·사회복지제도 혹은 공동체 구성원 자격에 기초한 지분권과 결부된 사회보장·사회복지제도로 본다면, 헌법 규범 내에서는 헌법 제34조 인간다운 생활권 조항, 헌법 제10조가 규정하고 있는 인간의 존엄과 가치, 헌법 제11조의 경제적 평등권, 헌법 제37조 제1항이 규정하고 있는 열거되지 아니한 자유와 권리의 보장

---

42. Hartmut Maurer, Allgemeines Verwaltungsrecht, 17. Auflage, Verlag C. H. Beck, 2009, p.166.
43. Hartmut Maurer, op. cit., p.167.
44. 사회적 기본권의 권리성과 예산의 문제에 대해서는 김복기, "사회적 기본권의 법적 성격", 「사회보장법연구」 제3권 제1호, 서울대 사회보장법연구회, 2014, pp.129-130.

등과 관련지을 수 있다. 반면 기본소득을 경제정책으로 본다면, 헌법 제119조 제2항, 제123조 제2항의 경제조항 등과 관련지을 수 있다. 즉, 기본소득의 법적 성격을 무엇으로 보든, 헌법 규정과의 관련성을 도출할 수 있으므로 기본소득이 헌법적으로 수용될 수 없는 것은 아니라는 점을 알 수 있다.

이를 토대로 볼 때, 현재 기본소득이 도입되어 있지는 않은 상태인 바, 기본소득이 도입되어 있지 않은 현 상태가 위헌적인 것인지 여부를 판단해보는 것은 중요한 헌법적 쟁점이 될 수 있다.

2. 기본소득을 도입하고 있지 않은 것이 위헌은 아닌지 여부

현행 헌법에서는 기본소득에 관한 그 어떤 언급도 없고, 헌법에서 구체적으로 기본소득 도입의 의무를 규정한 바가 없다. 그런 상황에서 기본소득이 국민의 기본권인지 아닌지조차 아직은 규명되지 않은 상황이다. 다만, 기본소득의 법적 성격을 무엇으로 보든 현행 헌법의 관점에서 기본소득 미도입의 헌법 위반 여부에 대한 판단은 가능하다.

기본소득을 도입하고 있지 않은 입법부작위는 세 가지 경우로 나누어 판단해보는 것이 가능하다.

첫째, 그 입법부작위가 단순입법부작위인 경우이다. 이는 입법 여부가 전적으로 국회에 맡겨진 경우에 국회의 입법형성의 자유에 의하여 입법을 하지 아니하는 것이다.[45] 이러한 경우 국회는 입법의무를 지는 것은 아니므로 국민은 이에 대해 다툴 수 없다는 것이 헌법재판소의 확립된 태도이다.[46] 기본소득을 도입하지 않고 있는 것이 단순입법부작위일 가능성이 있고, 이런 경우엔 다툴 길이 없다.[47]

둘째, 그 입법부작위가 진정입법부작위인 경우이다. 이는 헌법이 국회에 입법의무를 지우고 있음에도 불구하고 국회가 현실적으로 그 입법의무를 이행하지 아니

---

45. 정종섭, 앞의 책, p.1575.
46. 헌법재판소 1989.3.17.자 88헌마1 결정; 헌법재판소 1989.9.29.자 89헌마13 결정.
47. 노호창(2017), "기본소득의 헌법적 근거에 관한 모색적 연구", p.162.

하여 법률이 존재하지 아니하는 경우를 말한다. 즉, 헌법상 국회에게 주어진 법률을 제정할 의무를 전혀 이행하지 아니한 경우이다.[48] 현행 헌법은 기본소득에 관한 법률을 제정할 의무를 명시적으로 국회에 지운 바 없다. 게다가 현행 헌법 해석상 특정인에게 구체적인 기본권으로서 기본소득을 받을 권리가 생겼다고 단정하기도 어렵다. 특히 기본소득을 공동체 구성원 자격에 기초한 지분권으로 보더라도 이것이 헌법상 열거되지 아니한 기본권에 속하는 것인지조차 아직 헌법재판소에 의한 유권적 해석이 내려진 바 없다. 그런 이유로 기본소득을 도입하고 있지 않은 것이 진정입법부작위가 될 수 없다. 그러므로 이 경우에도 다툴 방법이 없다.[49]

셋째, 그 입법부작위가 부진정입법부작위인 경우이다. 부진정입법부작위는 헌법이 국회에게 입법의무를 지우고 있고 그에 따라 국회가 입법의무를 이행하여 법률을 제정하거나 개정하였지만 그 법률이 헌법상의 입법사항에 대해서 불완전하거나 불충분하게 규정하여 입법행위의 적극적인 부분과 소극적인 부분이 나누어져, 그 소극적인 불완전 또는 불충분한 부분에 있어서 사실상 입법작용이 없는 경우이다.[50] 기본소득 미도입을 부진정입법부작위로 볼 수 있는 경우는 기본소득을 사회보장·사회복지제도로 보는 관점에서 생각해볼 수 있는 선택지이다. 특히 기본소득은 헌법상 사회보장·사회복지제도에는 속할 수 있어도 「사회보장기본법」상 사회보장의 3가지 체계에는 속하지 않으므로 「사회보장기본법」을 대상으로 기본소득을 도입하지 않은 입법부작위가 위헌인지 여부를 다툴 여지가 있다. 즉, 이 경우는 적극적인 입법행위의 흠결이 아니라 입법행위에 흠이 있는 경우이다. 부진정입법부작위는 공권력의 행사로 보아 법률에 대한 헌법소원으로 다투어야 한다는 것이 헌법재판소의 입장이다.[51] 그러나 「사회보장기본법」이 기본소득을 제4의 사회보장제도로 도입하지 않은 것을 위헌으로 판단하기는 어려울 것으로 본다. 왜

---

48. 정종섭, 앞의 책, p.1576.
49. 노호창(2017), "기본소득의 헌법적 근거에 관한 모색적 연구", p.162.
50. 정종섭, 앞의 책, p.1575.
51. 헌법재판소 1993.9.27.자 89헌마248 결정; 헌법재판소 2009.6.25.자 2008헌마393 결정 등 참조.

나하면 헌법에서 특별히 기본소득의 도입의무를 규정한 바 없는 상태에서는 입법재량의 위헌 여부 판단에서는 자의금지 심사기준을 적용할 수밖에 없는데, 헌법상 인간다운 생활권 보장을 위한 다양한 사회보장제도들이 이미 마련되어 있는 상황에서 현행 「사회보장기본법」에 기본소득이 아직 도입되어 있지 않다는 것이 입법자가 입법재량을 자의적으로 위반한 것이라고 판단하여 헌법상 인간다운 생활권 규정을 위반한 것으로 보기는 어려울 것이기 때문이다. 더구나 기본소득을 「사회보장기본법」 상의 사회보장제도는 아니지만 헌법상의 사회보장·사회복지제도에는 해당할 수 있다고 보는 경우에 반드시 기본소득을 「사회보장기본법」 내에 자리매김해야 할 당위성이 없고 별도의 입법방식도 가능하다는 점을 고려할 수 있다는 점에서도 마찬가지다.

결론적으로, 권력분립의 원칙상 의회의 입법권을 존중해야 하는 헌법재판소로서도 기본소득 도입에 관한 헌법상 명확한 요청이 있는지 알 수 없는 현 상황에서 입법부가 기본소득을 법률로 도입하고 있지 않은 부작위를 명백한 헌법 위반이라고 판단하는 것은 쉽지 않을 것이다. 또한 헌법의 해석을 통해 국가가 기본소득을 도입해야 한다는 해석이 필연적인 것이 아니다. 따라서 현재 시점에서 기본소득을 도입하고 있지 않은 것이 헌법위반이라고 보기는 어렵다.

3. 기본소득의 당위성을 헌법 해석으로부터 직접 도출 가능한지 여부

기본소득을 아직 도입하고 있지 못한 것이 위헌이 아니라는 것과는 별개로 기본소득의 당위성을 헌법 조항의 해석을 통해서 도출해보는 것이 불가능한 것은 아니다. 물론 당위성과 위헌성은 별개의 문제다. 다만 여기서 당위성이 반드시 필연성을 의미하는 것은 아니다.

첫째, 현재 기본소득을 도입하고 있지 않은 부작위가 헌법 위반이 아니라는 점이 곧 헌법 제11조 제1항의 평등권 조항이나 헌법 제37조 제1항의 열거되지 아니한 기본권 조항으로부터 기본소득의 당위성을 이끌어내지 못한다는 의미는 아니다. 지구적인 관점, 국가적인 관점, 지역공동체 관점에서 구성원은 누구나 그 공동체가 가진 부富에 대해 참여할 지분 내지 권리가 있다는 전제에 선다면, 사회적·경제적 관점에서 기본소득의 당위성을 도출할 수 있는 여지가 있다고 본다. 그렇다면 기본소득을 결과의 평등을 지향하는 제도로 보든지 기회의 평등을 지향하는 제도로 보든지 간에 평등권이라든가 열거되지 아니한 기본권으로서 공동체 구성원 자격에 기초한 지분권은 중요한 검토 과제가 아닐 수 없게 된다. 특히 기회의 평등이라는 관점에서 기본소득을 바라보는 경우 이는 롤스가 정의론에서 제시한 정의의 3가지 원칙(동등한 자유의 원칙, 차이의 원칙, 동등한 기회의 원칙)이 실현될 수 있는 제도로 평가될 수 있다는 점을 주목할 필요가 있다.[52]

둘째, 헌법은 제119조 제2항에서 "국가는 균형있는 국민경제의 성장 및 안정과 적정한 소득의 분배를 유지하고, 시장의 지배와 경제력의 남용을 방지하며, 경제주체간의 조화를 통한 경제의 민주화를 위하여 경제에 관한 규제와 조정을 할 수 있다."고 규정하고 있다. 이에 대해 헌법재판소는 "우리나라 헌법상의 경제질서는 사유재산제를 바탕으로 하고 자유경쟁을 존중하는 자유시장 경제질서를 기본으로 하면서도 이에 수반되는 갖가지 모순을 제거하고 사회복지·사회정의를 실현하기 위하여 국가적 규제와 조정을 용인하는 사회적 시장경제질서로서의 성격을 띠고 있다."고 판시한 바 있다.[53] 기본소득은 공동체의 모든 구성원에게 보편적이고 일정한 소득보장을 제공한다는 점에서 적정한 소득분배 및 경제주체 간의 조화를 통한 경제민주화를 규정한 헌법 제119조 제2항의 사회적 시장경제질서 조항과 부합한다고 보며, 그런 점에서 사회적 시장경제질서 조항으로부터도 기본소득의 당위성을 도출할 수 있다고 본다.

셋째, 헌법 제123조 제2항은 "국가는 지역 간의 균형있는 발전을 위하여 지역경제를 육성할 의무를 진다."고 규정하고 있는 바, 기본소득이 지역차원에서 실시된

---

52. Eduardo Matarazzo Suplicy, "시민기본소득; 한국과 브라질을 위한 좋은 제안", 「한국사회과학」 제31권, 서울대학교 사회과학연구원, 2009, p.139.
53. 헌법재판소 1996.4.25.자 92헌바47 결정.

다는 전제에서는 해당 지역의 유효수요 창출을 위한 경제정책의 하나로 활용될 수 있으므로 기본소득의 당위성은 여기서도 도출이 가능하다.

기본소득의 법률적 쟁점

1. 반드시 법률로 도입해야 하는 것의 당위성 여부

만약에 기본소득을 전국을 단위로 하여 도입하고자 한다면, 최소한 그 규범적 근거는 법률이 되는 것이 제도의 안정성 측면에서 보다 바람직할 것이다. 만일 기본소득의 법적 성격에 대해 사회보장·사회복지제도로서의 성격을 인정하든 하지 않든 공동체 구성원의 자격에서 인정되는 지분권의 성격을 인정하고 도입하게 되는 경우라면, 특히 국민국가를 전제로 하고 있는 우리 헌법 체계상 법률로 도입하는 것이 필요하다. 그런데 법률로 기본소득이 도입된다고 하면 그 법적 성격이 무엇이냐도 어쩌보면 그다지 문제되지 않을 수도 있다. 왜냐하면 어찌되었든 간에 입법자의 결단으로 도입된 것이기 때문이다. 만약 법률로 도입되는 경우 그 법적 성격에 대해서는 역으로 헌법 해석을 통해 성격을 규정하는 것도 가능해진다.

그러나 기본소득의 개념에서 기본소득의 시행 단위는 반드시 국민국가일 필요가 없고 또한 우리나라에서 기본소득과 유사하거나 인접된 제도가 실험적으로 추진되고 있는 단위가 지방자치단체인 점을 고려한다면, 현재로서는 기본소득의 도입이 국가의 기본적이고 핵심적인 사항이라고 단정하기는 어려운 측면이 있다. 또한 기본소득을 지방자치단체 수준에서 도입하는 것이 국가의 조직적 질서를 해친다거나 국민 간의 기본권 충돌을 가져오는 사항이라고 단정하기도 어렵다. 그런 점들을 고려한다면, 기본소득에 관해서 반드시 특정한 형식의 규범으로만 정해야 한다는 당위성은 존재하지 않거니와 도입단위가 반드시 국민국가일 필요도 없다는 점에서 기본소득을 도입한다고 해서 반드시 헌법이나 법률로 규율해야 한다는 당위성은 존재하지 않는다.

그렇지만 역으로 기본소득 도입을 법률로 정하여야 할 것인지 아니면 조례 등 자치입법으로 족한 것인지 여부에 대하여는 반드시 국회에서 법률로 정할 필요가 없다고 단정하기도 어렵다.[52] 왜냐하면 목적이나 대상에 따라서는 헌법에 규정되어 있지 않은 것이라도 자유롭게 정할 수 있는 법률과는 달리 조례와 같은 자치입법은 그 사무의 성질,[53] 법률유보의 문제, 법률우위의 문제에서 자유롭지 않아서 헌법이나 법률로 정해져 있지 않은 사항이라고 해서 임의로 정할 수 있는 것은 아니기 때문이다.[54]

우선 법령우위의 원칙에 비추어, 최소한 기본소득의 도입에 배치되는 내용의 법률은 없어야 할 것이다.[55] 헌법 제117조 제1항은 자치입법권, 예컨대, 조례제정권을 법령의 범위 안에서 행사할 수 있는 것으로 규정하고 있고[56] '법령의 범위 안'이라 함은 기본적으로 '법령우위의 원칙'을 의미하기 때문이다.[57] 다만, '법령의 범위 안'의 의미가 법률유보도 포함하고 있는 것으로 보이기는 하지만, 그 정도에 있어서 조례제정에서의 법률유보는 명령 또는 규칙 제정에서의 법률유보와 달리 지방자치의 성질상 지방자치단체의 내용, 목적, 범위 등에서 보다 자유롭게 정할 수 있다고 인정되고 있으며,[58] 주민의 권리를 제한하거나 의무를 부과하는 사항이 아니고 벌칙을 정하는 것도 아니며 단지 주민에게 권리를 부여하거나 급부를 제공하는 것에 불과한 경우에는 법률의 위임이 필요없는 것으로 보는 것이 판례의 입장이기도 하다.[59] 그러므로 만약 기본소득의 도입으로 인해 주민의 권리를 제한하거나 의무를 부과하게 되는 경우가 생긴다면, 현행 지방자치법 제22조에 따라 법률의 위임이 있어야 할 것이다.[60] 특히 기본소득의 재원에 관하여 조세법상의 조치가

---

52. 이상협, "지방자치단체의 기본소득 제도에 관한 연구: 법적 쟁점을 중심으로", 제18회 지리산 워크샵 자료집, 서울대 사회보장법연구회, 2017.5, p.65.
53. 대법원 1995.12.22. 선고 95추32 판결.
54. 박균성, 「행정법강의」(제13판), 박영사, 2016, pp.1006-1014 참조.
55. 이상협, 앞의 논문, p.65.
56. 헌법 제117조 ① 지방자치단체는 주민의 복리에 관한 사무를 처리하고 재산을 관리하며, 법령의 범위 안에서 자치에 관한 규정을 제정할 수 있다.
57. 정종섭, 앞의 책, p.1010.
58. 정종섭, 앞의 책, p.1011.
59. 대법원 1992.6.23. 선고 92추17 판결.
60. 지방자치법 제22조(조례) 지방자치단체는 법령의 범위 안에서 그 사무에 관하여 조례를 제정할 수 있다. 다만, 주민의 권리 제한 또는 의무 부과에 관한 사항이나 벌칙을 정할 때에는 법률의 위임이 있어야 한다.

수반된다면, 관련 법률도 함께 정비하여야 할 것이다.[61]

요컨대 규범적인 이유에서라기보다는 현실적인 필요 혹은 입법정책적인 효과 측면에서 기본소득을 도입하더라도 법률로써 도입하는 것이 보다 유용하고 바람직할 것이다.[62] 현행 「지방자치법」은 지방자치단체장의 명령·처분 또는 지방의회 의결이 법령에 위반되거나 공익을 현저히 해친다고 보이는 경우, 시·도에 대하여는 주무부장관이, 시·군 및 자치구에 대하여는 시·도지사가 시정 내지 재의를 요구하고, 이에 따르지 않으면 취소, 제소, 집행정지 등을 할 수 있도록 되어 있기도 해서(「지방자치법」제169조, 제172조) 지자체와 중앙부처 혹은 지자체 간에 갈등이 발생할 소지가 크기 때문에 이러한 갈등예방을 위해서라도 미리 법률로 제정하는 것이 필요할 수 있다.

2. 기본소득이 사회보장·사회복지제도라는 전제에서 지자체 단위 도입시 쟁점

1) 문제의 소재

기본소득에 대해 공동체의 구성원 자격에서 도출되는 지분권 성격을 인정하는 전제에서는 설사 사회보장·사회복지제도로 보더라도 기본소득은 전국민을 대상으로 하는 법률로 도입되는 것이 타당하다. 왜냐하면 우리 헌법이 국민국가를 채택하고 있어서 원론적으로 공동체는 국가공동체여야 하기 때문이다. 공동체 구성원의 지분권을 인정한다는 전제에서는 국가의 행정목적에 따라 경계의 변경이 가능한 지자체 단위의 기본소득은 개념적으로 불안정할 수밖에 없다. 따라서 기본소득을 지차체 단위에서 논의하는 경우에는 공동체 구성원 자격에서 도출되는 지분권으로서의 성격은 없는 것으로 보고 다른 성격만 가진 것으로 전제하고 생각하는 것이 필요하다.

기본소득을 지방자치단체 차원에서 실시하는 경우 그 성격이 해당 지방자치단

---

61. 이상협, 앞의 논문, p.66.
62. 이상협, 앞의 논문, p.66.

체의 고유사무로 볼 것이냐 국가사무로 볼 것이냐에 따라 법률적 근거의 여부는 달라질 것이다. 다만, 기본소득의 근거 법률이 존재하고 그 근거 법률에서 지방자치단체 스스로 기본소득 실시 여부를 조례로 정하도록 위임하는 경우 포괄적 위임의 경우라고 하더라도 무방하다.

기본소득을 지방자치단체 차원에서 실시한다고 할 때, 기본소득의 실시가 해당 지방자치단체의 고유사무에 해당한다고 볼 수 있는 한, 지방자치단체는 지방재정권이 있고, 또한 지방자치단체의 자치사무에 대해서는 스스로 조례를 통해 결정할 수 있으므로, 지방자치단체 스스로가 조례를 통해 지방세를 재원으로 하여 기본소득을 실시하는 것이 불가능한 것은 아니다. 다만, 기본소득을 해당 지방자치단체의 경제정책으로 본다면, 다른 법률이나 중앙정부와의 충돌 문제가 나타나지 않을 수도 있으나,[63] 기본소득을 사회보장·사회복지제도로 이해한다면 다른 법률 및 중앙정부와의 충돌문제가 필연적으로 발생할 수 있다.

2) 「사회보장기본법」이라는 장벽과 극복

기본소득이 사회보장·사회복지제도라고 이해하는 전제에서 이를 지방자치단체 차원에서 실시한다고 할 때 제기되는 법적 쟁점은 서울시와 성남시 등의 사례를 통해서 살펴볼 수 있다. 물론 서울시나 성남시 등의 사례가 기본소득 그 자체는 아니지만, 기본소득을 사회보장·사회복지제도로 보는 전제에서는 유사한 문제가 발생할 수 있다.

우선 서울시와 성남시 등의 사례에서 문제되었던 「사회보장기본법」 상 규정은 다음과 같다.

---

63. 경제정책으로 실시할 경우 첫째, 법률에 전혀 근거가 없더라도 지자체 차원에서 지자체 자신의 자원으로 고유사무로서 조례를 통해 가능할 수 있고, 둘째, 법률에 기본소득에 관한 근거가 전혀 없더라도 지자체에서 조례로 실시하는 경우 아주 예외적으로 국가가 법령에 따라 재정 지원이 가능한 경우도 있을 수 있겠으나, 이 경우 국가의 관리감독의 여지가 존재할 수 있고, 셋째, 기본소득에 관한 법률이 있고 그 법률에서 조례로 기본소득의 구체적인 실시에 대해 정할 수 있도록 위임한 경우(기관위임사무) 지자체 차원에서 가능할 것이고, 이 경우 국가에서 재정을 지원하는 것도 가능할 것이지만, 국가의 관리감독이 있을 것이다.

- 사회보장기본법 제20조(사회보장위원회) ① 사회보장에 관한 주요 시책을 심의·조정하기 위하여 국무총리 소속으로 사회보장위원회(이하 "위원회"라 한다)를 둔다.

  ...

  ④ 관계 중앙행정기관의 장과 지방자치단체의 장은 위원회의 심의·조정 사항을 반영하여 사회보장제도를 운영 또는 개선하여야 한다.

- 사회보장기본법 제26조(협의 및 조정) ① 국가와 지방자치단체는 사회보장제도를 신설하거나 변경할 경우 기존 제도와의 관계, 사회보장 전달체계와 재정 등에 미치는 영향 등을 사전에 충분히 검토하고 상호협력하여 사회보장급여가 중복 또는 누락되지 아니하도록 하여야 한다.

  ② 중앙행정기관의 장과 지방자치단체의 장은 사회보장제도를 신설하거나 변경할 경우 신설 또는 변경의 타당성, 기존 제도와의 관계, 사회보장 전달체계에 미치는 영향 및 운영방안 등에 대하여 대통령령으로 정하는 바에 따라 보건복지부장관과 협의하여야 한다.

  ③ 제2항에 따른 협의가 이루어지지 아니할 경우 위원회가 이를 조정한다.

  ④ 보건복지부장관은 사회보장급여 관련 업무에 공통적으로 적용되는 기준을 마련할 수 있다.

즉,「사회보장기본법」은 지방자치단체 차원에서 기존의 사회보장제도를 변경하거나, 새로운 사회보장제도를 신설하는 경우 중앙부처와 협의가 필요하고, 협의가 되지 않는 경우 사회보장위원회의 조정을 받아야 한다는 것이다. 서울시나 성남시는 기존에 존재하지 않던 새로운 제도들을 실시하였는데, 보건복지부에서 이와 관련하여 '협의'를 '동의'로 해석하여 서울시나 성남시의 제도 실시에 제동을 걸었고, 지방교부세를 삭감 및 회수하는 등 이를 둘러싸고 법적 갈등이 첨예하게 발생하였다.[64]

우리 법제상 '지방자치단체 차원의 기본소득'과 관련이 있다고 보이는 쟁점은 '「사회보장기본법」 제26조에서 정한 협의·조정 제도의 법적 의미가 무엇인지' 및

'협의절차 및 그 결과에 법적 구속력이 있는지 여부'이다.[65] 「사회보장기본법」 제 26조 제2항에서는 지방자치단체 장이 사회보장제도를 신설하거나 변경할 경우 보건복지부 장관과 협의할 것을 규정하고 있는바, 「사회보장기본법」에서 지칭하는 사회보장은 사회보험, 공공부조, 사회서비스를 의미하므로 신설하거나 변경하는 사회보장제도가 이 세 가지에 속하는 경우 당연히 협의절차가 필요하다는 해석이 도출된다.[66] 그런데 기본소득처럼 이 세 가지 범주에 속하지 않는 사회보장제도라면 어떠한가?

기본소득이 사회보장·사회복지제도라는 전제에서는 「사회보장기본법」 상 제약조건인 협의·조정의 관문을 비켜가기는 쉽지 않을 것이다. 물론 기본소득이 「사회보장기본법」 상 사회보장제도에는 포함되지 않고 헌법 제34조 제2항의 사회보장·사회복지에 포섭될 여지가 크므로 기본소득은 「사회보장기본법」과는 무관한 것이 아닌가라고 생각될 수도 있다.

그러나 「사회보장기본법」 제26조 제2항이 사회보장제도의 '신설'도 언급하고 있고 「사회보장기본법」 상 3대 체계가 어디까지나 예시에 속한다는 점을 고려하면 반드시 신설되는 사회보장제도가 사회보험, 공공부조, 사회서비스 3대 체계에 속할 것을 요구하는 것은 아닐 수도 있다는 점을 도외시할 수 없다. 특히 「사회보장기본법」에서 협의절차를 둔 취지가 결국 지방자치단체의 임의대로 사회보장제도를 신설·변경하는 것을 좌시하지만은 않겠다는 의도라면, 「사회보장기본법」 상의 사회보장제도에 속하지 않는 사회보장제도를 만드는 경우에도 협의절차를 거쳐야 한다는 해석으로 귀결될 것으로 보인다.[67] 이런 입장에 따르는 경우 기본소득이 「사회보장기본법」 상의 사회보장제도에 속하든, 아니면 그에 속하지는 않지

---

64. 헌법재판소 2015헌라6, 헌법재판소 2016헌라3, 대법원 2016추5124 등 참조.
65. 김태환, "지방자치단체의 복지재정 집행에 관한 고찰-서울특별시 청년수당 갈등을 중심으로", 「사회법연구」 제30호, 한국사회법학회, 2016, p.50; 이상협, 앞의 논문, p.67.
66. 노호창(2017), "기본소득의 헌법적 근거에 관한 모색적 연구", p.152.
67. 노호창(2017), "기본소득의 헌법적 근거에 관한 모색적 연구", p.152.

만 헌법상의 사회보장 · 사회복지에는 속할 수 있는 사회보장제도이든 간에, 「사회보장기본법」이 요구하는 협의절차를 거쳐야 할 것으로 보인다.[68]

그렇다면 그 협의절차의 성격이 무엇인지가 문제될 것이다. 단순히 의견청취를 거치면 족한 것인지, 아니면 '동의' 내지 '합의'를 요하는 것인지가 문제된다. 관계기관의 협의의견은 원칙적으로 주무행정청을 구속하지 않지만, 법령상 '협의'로 규정되어 있다 하더라도 해석상 동의라고 보아야 하는 경우에는 그 '협의'는 실질적으로 동의로서 법적 구속력을 갖는다는 것이 판례의 입장이다.[69] 동의를 받아야 함에도 동의 없이 행해진 경우 무권한의 행위가 되어 원칙적으로 무효로 취급되므로[70] 법적 성질이 무엇인가는 매우 중요한 문제이다.

강학상 협의의 경우에는 협의 의견에 주무행정청이 구속되지 않으므로 만일 「사회보장기본법」 제26조의 협의가 강학상 협의라면 중앙부처(보건복지부)의 부동의 의견은 그 자체로서는 지방자치단체의 사업에 어떤 법적 영향을 줄 수 없고, 다만 협의절차를 거치지 않았다면, 이를 행정행위의 하자로 보아 취소할 여지가 있을 뿐이다.[71] 이와 관련하여 중앙부처(보건복지부)는 「사회보장기본법」 제26조 제3항에서 "협의가 이루어지지 아니할 경우 위원회가 이를 조정한다"고 규정하고 있으므로 '협의'가 양 기관 간 의견의 합치, 즉 '합의' 또는 '동의'를 의미하는 것으로 해석하는 것이 타당하다는 입장임을 서울시와 성남시 등의 사례에서 밝힌 바 있다.[72]

「사회보장기본법」 제26조 제1항은 사회보장사업에 관한 국가와 지방자치단체

---

68. 노호창(2017), "기본소득의 헌법적 근거에 관한 모색적 연구", p.153.
69. 대법원 1995.3.10.선고 94누12739 판결.
70. 박균성, 앞의 책, p.930.
71. 박균성, 앞의 책, p.930.
72. 보건복지부, "보건복지부, 서울시의 청년수당 대법원 제소에 엄정히 대응키로", 보건복지부 보도자료, 2016. 8.19.자(http://www.mohw.go.kr/front_new/al/sal0301vw.jsp?PAR_MENU_ID=04&MENU_ID=0403&page=1&CONT_SEQ=333930&SEARCHKEY=TITLE&SEARCHVALUE, 검색 일자 2017.08.31). 법제처도 유권해석 15-0474, 2015.9.18.에서 협의를 합의 또는 동의로 해석하는 입장을 밝힌 바 있다.

의 관계를 '상호협력'으로 규정하고 있고, 동조 제3항에서는 중앙행정기관과 지방자치단체가 협의에 이르지 못하는 경우 '위원회'가 조정하도록 한다고 하고 있고, 여기서 위원회는 「사회보장기본법」 제20조에 의해 설치되는 사회보장위원회를 의미한다. 그런데 사회보장위원회는 보건복지부 장관 소속이 아닌 국무총리 소속의 위원회이다(동법 제20조 제1항). 그렇다면 지방자치단체로서는, 비록 협의절차 자체는 거쳐야 한다고 하더라도, 국가와 상호 협력하는 대등한 입장에서 독자적인 사업을 진행할 수 있는 것이고, 최소한 국무총리 산하의 사회보장위원회가 아닌 보건복지부의 의견에 구속되는 것은 아니라고 볼 여지도 있을 것이다.[73] 게다가 중앙정부의 입장대로라면, 중앙정부가 추진하는 사회보장제도와 다른 새로운 사회보장사업을 지방자치단체에서 실시하는 경우 '협의'를 가장한 '동의' 또는 '합의'를 거쳐야만 추진할 수 있는 것으로 해석되는데, 현행 법령대로라면 지방자치단체들이 예산의 비중을 많이 차지하고 있는 지방교부세를 감면당할 위험에 노출되면서까지 새로운 사회보장사업을 추진하려 시도할지도 매우 의문이다.[74]

그럼에도 불구하고 「사회보장기본법」 제26조의 협의란 강학상 동의를 의미한다는 해석을 고수한다면, 결국 「사회보장기본법」 제26조와 「지방교부세법 시행령」 조항을 함께 바라볼 때, '지방자치단체도 나름대로 사회보장사업을 실시할 수는 있지만, 중앙정부의 허락을 반드시 받아야만 하며, 그렇지 않으면 재정지원을 받을 수 없다'는 취지로 해석될 수밖에 없을 것이다.[75] 물론 사회보장위원회가 조정을 잘 해주기를 기대할 수도 있겠지만 낙관할 수는 없는 노릇이다.

요컨대, 서울시와 성남시의 사례에서 볼 수 있듯이, 지방자치단체가 중앙정부에서 기획하지 않은 독자적인 사회보장·사회복지제도를 시도하는 것에 대해 중앙정부가 지방자치단체를 견제하기 위한 수단으로 「사회보장기본법」 제26조를 활

---

73. 이상협, 앞의 논문, p.69.
74. 김태환, 앞의 논문, p.55.
75. 이상협, 앞의 논문, p.70.

용할 수 있다. 이 규정은 '협의'를 하도록 규정하고 있지만, 중앙정부에서는 '합의' 또는 '동의'로 해석하고 있으며, 이에 근거하여 중앙정부가 지방자치단체의 사회보장사업에 제동을 거는 것이 가능하다.[76] 기본소득을 지방자치단체 차원에서 실시하는 경우에 기본소득을 사회보장·사회복지제도로 보는 전제에서는 피할 수 없는 관문이 될 것이다.

3) 기본소득을 경제정책으로 바라보는 경우

기본소득을 경제정책으로 보더라도 지방자치단체의 조례로 시행하는 것은 가능하다. 그런데 기본소득을 지방차지단체의 사무로 보는 경우 그 성격이 고유사무냐 국가사무냐에 따라 법적 규율이 좀 달라질 수 있다.

「지방자치법」에서는 지방자치단체의 사무로 예산의 편성·집행 및 회계감사와 재산관리(「지방자치법」 제9조 제2항 제1호 사목), 지역경제의 육성 및 지원(지방자치법 제9조 제2항 제4호 거목)을 규정하면서도 법률에 다른 규정이 있으면 법률을 따르도록 하고 있고(「지방자치법」 제9조 제2항 단서), 동시에 물가정책, 금융정책, 수출입정책 등 전국적으로 통일적 처리를 요하는 사무라든가 국가종합경제개발계획 등 전국적 규모나 이와 비슷한 규모의 사무 등에 대해서는 국가사무로 규정하여 원칙적으로 지방자치단체가 처리할 수 없고 법률에 달리 규정한 경우에만 처리가 가능하게 규정하고 있다(지방자치법 제11조). 또한 지방자치법은 지방자치단체장의 명령·처분 또는 지방의회 의결이 법령에 위반되거나 공익을 현저히 해친다고 보이는 경우 시·도에 대하여는 주무부장관이 시·군 및 자치구에 대하여는 시·도

---

76. 최근 중앙정부와 지방자치단체 사이의 '협의'를 사전 합의로 해석한 사례로는 대법원 2018. 7. 12 선고 2014추33 판결[자율형사립고등학교행정처분직권취소처분취소청구] 사건이 있다. 동 판결에서는 "자율형 사립고등학교(이하 '자사고'라 한다) 제도의 성격, 자사고 지정을 취소하는 과정에서 교육감의 재량을 절차적으로 통제할 필요가 있는 점, 구 초·중등교육법 시행령(2014. 12. 9. 대통령령 제25819호로 개정되기 전의 것, 이하 같다) 제91조의3의 개정이유 등에 비추어 볼 때, 구 초·중등교육법 시행령 제91조의3 제5항에서 말하는 교육부장관과의 사전 협의는 특별한 사정이 없는 한 교육부장관의 적법한 사전 동의를 의미한다."로 판시한 바 있다.

지사가 시정 내지 재의를 요구하고, 이에 따르지 않으면 취소, 제소, 집행정지 등을 할 수 있도록 되어 있기도 해서(「지방자치법」제169조, 제172조) 지자체와 중앙부처 혹은 지자체 간에 갈등이 발생할 소지는 기본소득을 경제정책으로 보는 경우에도 마찬가지로 존재한다.

요컨대 기본소득을 경제정책의 전제에서 도입하더라도 지방자치단체에서의 실시 여부에 대해서는 결국 근거 법률에서 최소한의 근거를 어떻게 규정하고 있느냐에 따라서 달라질 것이다.

4) 지자체에서 실시하는 경우 국가로부터 지원 가능 여부

중앙정부가 지방자치단체에 금전적 지원을 할 때, 그 용도를 묻지 않고 지원할 수 있는 교부금과 용도를 엄격히 특정하여 지원할 수 있는 보조금으로 구분할 수 있다. 교부금의 경우 용도는 묻지 않으나 낭비의 우려가 있다고 판단되는 경우 감액·반환 등이 가능하고, 보조금의 경우 용도위반 사용 자체가 부정사용, 기타 횡령이 될 수 있고, 역시 반환당할 수 있다.

기본소득을 사회보장·사회복지제도로 전제하고 도입하는 경우 지방자치단체차원에서 기본소득이 실시될 때 재원이 부족하면 국가나 상급지방자치단체로부터지방교부세 지원을 받을 수 있으나,「사회보장기본법」제26조 제2항 및 제3항에따른 협의·조정을 거치지 아니한 경우에는 감액당하거나 반환당할 수 있다(「지방교부세법」제11조,「지방교부세법」시행령 제12조 제1항 제9호).

기본소득을 경제정책으로 전제하고 도입하는 경우 지방자치단체 차원에서 기본소득이 실시될 때 재원이 부족하면 국가나 상급지방자치단체로부터 지원을 받을수 있을 것이라고 생각되긴 하나, 이 경우 그 지원을 위해서는 법률에 근거가 있어야 할 것이고(「지방교부세법」제6조,「지방재정법」제23조), 그 재원의 명목을 교부금으로 볼 것이냐 보조금으로 볼 것이냐에 따라 적용되는 법적 근거가 달라질 것이며, 아무래도 보조금으로 보게 될 가능성이 높다고 보며, 이 경우 국가의 관리감독이 개입할 것으로 생각된다. 만일 기본소득에 관한 법률이 제정되고, 이 법률에서 조례로 기본소득의 구체적 실시에 대해 정할 수 있도록 위임한 경우 지방자치단체는 재정지원을 받는 것이 가능하지만, 이때 중앙정부로부터 지원받은 지원금을 기본소득으로 지급하는 경우 이는 지방자치단체의 자치사무를 수행하는 것이 아니라 중앙정부의 위임사무를 집행하는 것이 되어 중앙정부의 관리감독, 기타 통제를 받을 것으로 보인다.

5) 지자체에서 기본소득을 실시할 때의 평등권 관련 문제

지자체 수준의 기본소득을 도입한다고 했을 때 첫째, 특정 지역의 주민이라는 요건이 타당한지, 둘째, 일정한 기간 이상 거주라는 요건이 타당한지, 셋째, 거주기간에 따라 액수에 차이를 두는 것이 타당한지 문제될 수 있다.

첫째, 만일 특정지역 주민일 것을 자격요건으로 할 수 없다면, 지방자치단체 수준의 기본소득은 상정하기 어려울 것이다. 이 부분에 관하여 만일 사법심사가 이루어진다면, 특정 지역의 주민과 다른 지역의 주민이 평등원칙 위배 여부의 심사를 위한 비교집단으로 설정될 것이다.[77] 헌법재판소는 거주요건을 전제로 자경농지의 양도소득세를 면제할 수 있도록 한 구舊「조세특례제한법」제69조 제1항 제1호의 위헌 여부와 관련하여 "이 사건 법률조항의 입법목적은 외지인의 농지투기를 방지하고 조세부담을 덜어줌으로써 농업·농촌의 활성화를 도모하는 것이고, 이는 농업의 보호와 지원을 규정한 헌법 제123조 제1항에 비추어 볼 때 정당하고, 그러한 입법목적에 비추어 농지소재지 거주자와 비거주자는 상이하게 취급될 합리적 이유가 있다고 할 것이고, 따라서 양도소득세 면제대상을 농지소재지 거주자로 한정하는 것이 합리적 이유 없이 농지소재지 비거주자를 차별하는 것은 아니라 할 것이다."고 판시한 바 있다.[78] 이러한 판단은 거주요건을 전제로 특정 지역에 한정된 기본소득을 도입하더라도 그러한 특정 지역에 대한 기본소득의 필요성이

---

77. 이상협, 앞의 논문, p.70.
78. 헌법재판소 2003.11.27.자 2003헌바2 결정.

특별히 헌법에 규정되어 있거나 다른 지역에 비교하여 볼 때 목적의 정당성이 인정될 수 있다면, 평등원칙 위반이 아닌 것으로 이해할 수 있다.[79] 헌법재판소의 입장에 따른다면, 최소한 농어촌 등의 지역에 대한 거주요건을 설정하고, 기본소득을 특정 지역을 범위로 하여 도입하는 법률을 제정하더라도 평등권 침해로 판단되지는 않을 것으로 보인다.[80]

둘째, 특정 지역에 일정 기간 이상 거주하였을 것을 요건으로 설정하는 것이 타당한지가 문제된다. 예컨대 성남시의 경우 청년배당과 관련하여 3년 이상의 거주를 요건으로 하고 있다.[81] 해당 지역에 전입신고를 하고 거주하고 있는 주민이라도 기간을 충족하지 못한 경우가 있을 것이다. 이런 경우 기간을 채운 주민과 그렇지 못한 주민간의 차별이 합리적인 것인지가 문제된다. 헌법재판소는 이와 관련하여 구舊「조세특례제한법」제70조 제1항에 관한 위헌소원에서 거주기간을 요건으로 한 조세감면 규정에 관하여 해당 규정이 거주자와 비거주자를 차별하는 것을 전제로 평등원칙 위배 여부를 검토하였고, 2003헌바2 결정과 마찬가지로 해당 조항이 평등원칙에 위배되지 않는다고 보았다.[82] 그렇지만 거주자이지만 거주기간 요건을 충족하지 못하여 비거주자와 마찬가지로 취급되는 자와의 차별취급 여부에 대하여는 명시적으로 판단하지 않았다. 포괄위임입법금지원칙 위배 여부와 관련하여서는 '거주기간' 요건을 두는 것에 대해 자경농민에 대한 면세혜택을 주려는 규정의 취지를 실현하기 위해서는 '자경'을 담보할 필요가 있기 때문이라는 취지로 해석하였다.[83] 수혜적 제도의 입법목적을 달성함에 있어서 그 자격을 확인하는 방법으로 일정기간 이상의 거주를 요구하는 것은 허용될 수 있다는 취지로 이

79. 이상협, 앞의 논문, p.71.
80. 이상협, 앞의 논문, p.71.
81. 성남시 청년배당 지급 조례 제4조(지급대상 및 범위) ① 청년배당 지급대상은 신청일 현재 성남시(이하 "시"라 한다)에 3년 이상 주민등록을 두고 계속하여 거주하고 있는 제2조제1호의 청년을 대상으로 한다.
82. 헌법재판소 2014. 6. 26. 자 2012헌바299 결정.
83. 헌법재판소 2014. 6. 26. 자 2012헌바299 결정.

해할 수 있을 것이다.[84] 기본소득의 개념상 공동체의 구성원인지 여부는 수급 자격을 결정하는 요소이므로 부정수급을 방지하거나 구성원으로 편입되었다고 보기 어려울 정도의 단기 거주자를 배제하기 위해서라도 일정한 거주 기간 요건을 두는 것은 타당하다고 본다.[85]

셋째, 거주한 기간에 따라 지급되는 금액에 차이를 두는 것이 타당한지가 문제된다. 최소 기준을 충족한 경우 그 이상의 요건 충족에 대해서 혜택에 차등을 두는 사례는 우리나라의 경우「고용보험법」에서 찾아볼 수 있다. 「고용보험법」상 실업급여의 경우, 이직離職 전 18개월 동안 180일 이상의 피보험단위기간을 충족하면 실업급여를 받을 수 있고(동법 제40조), 그 이상의 재직 기간에 대해서는 재직 기간에 따라서 실업급여를 지급받을 수 있는 기간이 늘어난다(동법 제50조). 거주기간에 비례한 차별적인 액수 지급의 타당성 여부는 공동체마다 구체적인 제도와 사회문화적 맥락에 따라 판단이 달라질 수 있기 때문에 거주기간의 차이에 따른 차별적 지급이 합리성이 없다고 일률적으로 단정해서는 곤란할 것이다.[86]

내용 정리

이상에서 기본소득의 법적 측면에서 문제될 수 있는 여러 가지 쟁점들을 발굴하고 논의해보았다.

우선 확인할 수 있는 가장 중요한 사실은 기본소득이 법제화되지 않은 단계에서는 다양한 상황을 가정하고 논의를 전개하는 것이기 때문에 논쟁적인 지점들이 많이 등장할 수 있지만 사실 법적 쟁점들의 많은 부분들은 어쩌면 입법자의 선택에

---

84. 이상협, 앞의 논문, p.71.
85. 노호창(2017), "기본소득의 헌법적 근거에 관한 모색적 연구", p.157.
86. 이상협, 앞의 논문, p.72.

달려있는 측면이 크다는 점이다. 예컨대 전 국민적 공감대가 기본소득의 전면적 도입에 있게 되면, 헌법상 도입은 별도로 하더라도, 최소한 법률 제정을 통해서라도 기본소득은 도입될 것이고, 이러한 경우라면 기본소득법이라고 하는 법률에 규정되어야 하는 내용이 무엇이고 재원마련을 어떻게 할 것인가라는 것으로 초점이 모아지게 될 것이다. 또한 기존의 사회보장제도의 조정 내지 개편이 중요한 과제로 등장할 것이다.

반면 기본소득의 도입이 전 국민적 공감대를 얻지 못하고 일부의 공감대만 존재한다든가 지역적 공감대만 존재하는 경우라면, 지방자치단체 차원에서 기본소득을 도입하는 것이 주된 과제가 될 것인데, 이렇게 되면 기본소득의 성격이 사회보장·사회복지제도냐 경제정책이냐에 따라서 상위 규범과의 관계, 기타 중앙정부와의 관계가 달라질 수 있다. 특히 기본소득이 사회보장·사회복지제도라는 전제에서 지역적 차원의 도입이라면, 「사회보장기본법」의 관문을 어떻게 돌파할 것인지가 중요한 과제로 대두될 수밖에 없을 것이다.

요컨대 아직 기본소득이 법제화되어 있지 않은 상태이지만, 기본소득은 그 법적 성격을 무엇으로 보든, 어느 단위에서 기본소득을 도입하든 간에 국민에 대한 금전적 지원이라는 변하지 않는 본질을 가지고 있다는 점을 간과해서는 안 된다. 그렇다면 국가적 관점에서 법률로 추진한다면 규제입법이 아니라 형성입법일 수밖에 없다. 그러므로 굳이 헌법에서 그 근거가 명시적으로 존재하지 않거나 헌법해석을 통하여 그 당위성을 도출해내지 않더라도 국회의 입법형성권 행사, 즉 입법자의 결단만으로 충분히 법률적 차원에서 풀어낼 수 있는 과제가 된다. 이는 곧 기본소득법의 제정을 통해서라면, 지역 단위 차원의 점진적 도입이나 시행도 가능하다는 의미가 된다.

이제는 기본소득의 제도화라는 관점에서 선제적으로 그 규범적 모델을 구상해 볼 때가 된 것은 아닌가 생각된다. 기본소득의 규범적 모델화가 역으로 기본소득 논의의 방향을 모아주고 다양한 쟁점들을 정리해줄 수도 있을 것으로 보인다. 기본소득법을 제정한다고 가정했을 때, 그 법의 내용에 무엇을 담을 것인가라는 관점에서 구체적인 법률안을 구상해보는 것이 필요하고, 전국 단위의 전면적 도입이라는 관점에서 필요한 내용은 무엇이고, 지역 단위 차원의 점진적 도입을 고려하는 것이라면, 그 안에 담아야 할 필요한 내용이 무엇인지 구체적인 고민을 해보고 법률안을 성안해보는 것이 필요하다고 본다.

기본소득법 법률안[1] 조문 및 해석

노호창

경제정책으로서의 기본소득 법률안

본칙

제1장 총칙

제1조(목적) 이 법은 모든 국민에게 기본소득을 지급하여 유효수요를 창출할 수 있게 함
으로써 수요·공급의 균형과 산업의 발전을 통하여 국민경제의 향상을 도모하고, 국민의
생활유지를 지원하는 것을 목적으로 한다.

---

1. 본 법률안은 두 가지 버전으로 나뉜다. 첫째 버전은 기본소득이 시민의 유효구매력을 창출하여 수요와 공
   급의 균형을 달성하고 국가경제의 향상을 도모하여 시민의 생활유지에 기여하고자 하는 경제정책이라는
   전제에서 입안된 것이며, 둘째 버전은 공동체의 구성원 자격에서 누구나 받을 수 있는 기본소득이 인간다
   운 생활을 가능하게 하고자 하는 사회보장·사회복지제도라는 전제에서 입안된 것임을 밝힌다.

본 칙
제1장 총칙
제1조(목적)
제2조(정의)
제3조(기본소득 수급권자의 범위)
제4조(국가의 책무)
제2장 기본소득 금액의 결정 등
제5조(기본소득 금액의 결정)
제6조(기본소득위원회의 설치)
제7조(위원회의 구성과 운영)
제3장 기본소득의 신청 및 지급 등
제8조(기본소득 지급 신청)
제9조(기본소득 관련 정보의 공시)
제10조(기본소득 관련 조사 등)
제11조(기본소득 지급 등의 결정)
제12조(기본소득의 지급)
제13조(기본소득수급계좌)
제4장 기본소득 수급자에 대한 관리
제14조(기본소득 지급의 정지)
제15조(기본소득 수급권의 상실)
제16조(기본소득 수급권 상실 등의 신고)
제17조(기본소득액의 환수)
제18조(환수금의 고지 등)
제5장 기본소득 수급권자의 권리 보호
제19조(기본소득 수급권의 보호)
제20조(기본소득과 조세와의 관계)
제21조(이의신청)
제22조(행정쟁송)
제6장 보칙
제23조(사회취약계층에 대한 권리구제 대리)
제24조(시효)
제25조(기본소득정보시스템의 구축ㆍ운영)
제26조(자료 및 정보의 수집 등)
제27조(정보의 유지 등)
제28조(권한의 위임ㆍ위탁)
제7장 벌칙
제29조(벌칙)
제30조(벌칙)
제31조(양벌규정)
제32조(과태료)
부 칙
제1조(시행일)
제2조(법 시행을 위한 준비행위)

해설 목적규정은 해당 법률이 달성하고자 하는 입법 목적을 간결하고 명확하게 요약한 문장으로서 법률의 입법 취지를 담고 이해할 수 있도록 규정함과 동시에 법률 규정의 운용 및 해석지침을 제시하는 역할을 한다. 목적규정은 정의규정과 함께 입법취지를 명확하게 하는 해석의 기능을 지닌 규정이라고 할 수 있다. 목적규정의 유형에 목적만을 규정한 것이 있고, 목적과 수단을 함께 규정한 것이 있으며, 목적과 수단 및 입법동기까지 규정한 것이 있다.

본 법률안에서는 기본소득이 사회보장·사회복지제도가 아니라 경제정책이라는 전제에서 출발하고자 한다. 기본소득이 사회보장·사회복지제도라는 전제에서 출발하는 경우 현행 헌법 및 각종 사회보험법 등과의 관계에서 이념논쟁이나 법리논쟁에서 자유롭게 될 수 없다. 오히려 기본소득은 경제정책이라는 관점에서 출발하는 경우 소모적인 이념논쟁이나 법리논쟁에서 벗어날 수 있고, 현행 헌법이나 다른 법률과의 관계에서도 충돌이나 모순이 발생하지 않는다. 또한 기본소득이 경제정책이라는 입장을 채택하더라도 사회보장·사회복지의 기능이 없는 것은 아니기 때문에 국가 입장에서는 경제사정이나 복지환경 등 다양한 측면을 고려하여 사회보장·사회복지제도와의 관계에서도 기본소득을 전략적으로 설계하여 활용할 수 있기 때문에 관련된 여러 정책 운영에 보다 도움이 될 수 있다.

제2조(정의) 이 법에서 사용하는 용어의 뜻은 다음과 같다.
1. "기본소득"이란 국민의 유효수요 창출을 위해 이 법에 따라 지급되는 금전을 말한다.
2. "기본소득 수급권"이란 기본소득을 받을 권리를 말한다.
3. "기본소득 수급권자"란 기본소득 수급권을 가진 사람을 말한다.
4. "기본소득 수급자"란 기본소득을 지급받고 있는 사람을 말한다.

해설 정의규정은 해당 법률에서 사용하고 있는 용어의 뜻을 정하는 규정으로서 특히 해당 법률에서 사용하는 중요한 용어 또는 일반적으로 사용하는 용어의 의미와 다른 의미로 사용되는 특수한 용어에 대하여 법률 자체에서 그 의미를 명확하게 함으로써 법률의 해석상 의문을 없애기 위하여 사용한다. 정의규정은 해석상의 논란을 예방하고 집행과정에서 발생할 수 있는 분쟁을 방지할 뿐만 아니라 자주 사용되는 어려운 용어를 미리 한 곳에서 설명함으로써 복잡한 조문 내용을 간결하게 표현할 수 있게 한다. 정의규정은 법률의 제2조에 두는 것이 일반적이다.

본 규정에서는 기본소득의 개념 및 그와 관련하여 필요한 용어들의 개념을 사전에 규정해 두는 것이 필요하다.

제3조(기본소득 수급권자의 범위) ① 기본소득은 0세 이상의 국민에게 지급한다.
② 다음 각 호의 어느 하나에 해당하는 외국인에게 지급한다.
　1. 출입국관리법령에 따른 영주자격(F-5) 취득자 중 대통령령으로 정하는 외국인
　2. 출입국관리법령에 따른 결혼이민 체류자격(F-6) 취득자 중 대통령령으로 정하는 외국인
　3. 기타 5년 이상 한국에서 거주하고 있는 외국인 중 대통령령으로 정하는 외국인

해설 기본소득은 국가가 개인에게 금전을 지급하는 것이기 때문에 그 금전을 누구에게 지급할 것인가를 정해두어야 한다.

기본소득의 개념상 한국 국적을 가진 자, 즉 국민은 누구나 수급자격을 가진다. 따라서 원칙적으로 0세 이상의 국민으로 하여금 지급받을 수 있도록 하는 식으로 규정하는 것이 타당하다. 다만, 연령을 기준으로 범위를 달리 설정하는 것도 국가 상황에 따라 가능하므로 반드시 0세여야 하는 것은 아니다. 예컨대 20세 이상이라든가 30세 이상이라든가 하는 식으로 유연하게 설정하는 것도 충분히 가능하다. 왜냐하면 기본소득 개념 내에서도 부분적 형태의 기본소득도 가능하기 때문이다. 국가 입장에서는 상황에 따라서는 단계적 시행이라는 정책적 선택을 해야 할 수도 있는 것이라는 점도 고려할 필요가 있다. 당연히 '대통령령으로 정하는 연령 이상의 국민'이라는 형태로 구체적인 수급연령을 대통령령에 맡기는 형식도 가능하다. 왜냐하면 기본소득을 경제정책으로 전제하고 제도를 설계하고 있기 때문이다.

국제화 시대이고 한국의 경우에도 외국인 인구가 급증하고 있는 상황에서 외국

인의 수급자격 여부에 대한 쟁점도 고려하지 않을 수 없다. 또한 기본소득의 개념 상 국민에 준할 수 있는 외국인의 경우 기본소득 수급권자로 포섭하는 것이 필요할 수 있다. 한국에서 장기체류하면서 생활을 하고 있고, 경제활동에 종사하며 세금도 내는 경우라면 최소한 기본소득의 관점에서는 국민에 준해서 생각할 수 있다. 본격적으로 시행되고 있는 것은 아니지만, 세계 최초로 기본소득법을 제정했던 브라질의 경우를 보아도 기본소득의 수급권자로서 '모든 브라질 국민과 최소 5년 이상 브라질에 거주하는 외국인'을 설정하고 있다(브라질 기본소득법Lei da Renda Básica de Cidadania 제1조 본문).

　다만, 외국인의 경우 기본소득을 지급받을 수 있는 자격과 관련해서 최소한의 기준을 둘 필요가 있는데, 최소한 국민에 준할 수 있는 경우라야 할 것이다. 그밖에 세부적인 사항은 하위 법령인 대통령령에 맡겨 보다 유연성과 탄력성을 도모하는 것이 타당할 것이다.

제4조(국가의 책무) ① 국가는 기본소득이 제1조의 목적에 따라 국민의 유효수요 창출과 생활유지에 필요한 수준이 되도록 최대한 노력하여야 한다.
② 국가는 제1항에 따라 필요한 비용을 부담할 수 있도록 재원을 마련하여야 한다.

해설 정책이나 시책에 관한 책무규정은 국가의 장·단기적 계획과 시책에 대한 사전 수립의무와 공고의무 등을 정하여 정부의 적극적인 법률 집행을 유도하고, 정부나 행정책임자의 교체에 관계없이 장기적 관점에서 효율적인 국가발전 또는 국민의 권리보장을 위한 정책 등을 추진하기 위해 규정된다. 물론 책무 규정의 경우, '책무'라는 용어가 의미하듯이 구체적인 의무를 제시하는 것이 아니라 노력하여야 할 것을 주문하는 것이기는 하다. 그러나 기본소득법에서는 기본소득의 액수라는 것이 기본소득이 정책적 효과를 달성하기 위해 매우 중요한 역할을 할 것이기에 기본소득의 존재 목적을 달성할 수 있을 정도의 액수가 될 것을 국가의 중요 책무로 설정해둘 필요가 있고, 재원 마련이 국가의 중요한 임무임을 상기시켜 둘 필요가 있다.

제2장 기본소득 금액의 결정 등

제5조(기본소득 금액의 결정) ① 기본소득 수급권자에 대한 기본소득의 금액(이하 "기본소득액"이라 한다)은 제6조에 따른 기본소득위원회가 심의 · 의결한 금액으로 한다.

② 기본소득액은 다음 각 호의 사항을 고려하여 정한다.

1. 산업의 수요 · 공급 현황 기타 국가의 경제상황

2. 조세 수입 기타 국가의 재정상황

3. 인구

4. 국민의 생활비

③ 기획재정부장관은 제1항에 따라 결정된 기본소득액을 매년 12월 31일까지 고시한다. 이 경우 그 고시한 기본소득액의 적용기간은 다음 해 1월부터 12월까지로 한다.

해설 경제정책으로서의 기본소득을 설계함에 있어 급여의 액수는 매우 중요한 변수가 될 수 있으므로 국가의 발전 정도와 예산상의 능력을 고려하면서 모두에게 동등한 액수가 될 수 있도록 결정되어야 할 것이다.

제6조(기본소득위원회의 설치) 기본소득에 관한 다음 각 호의 사항을 심의 · 의결하기 위하여 기획재정부에 기본소득위원회(이하 "위원회"라 한다)를 둔다.

1. 연단위 1인당 기본소득액

2. 제5조 제2항 각호의 분석 및 평가에 관한 사항

3. 기본소득 지급 대상에 대한 사항

4. 기본소득제도의 운영 개선에 관한 사항

5. 그밖에 기본소득에 관한 중요 사항으로서 기획재정부령으로 정하는 사항

해설 기본소득의 제도 시행을 위해 필요한 사항을 다루기 위한 전문위원회가 필요할 수 있고, 기본소득이 경제정책이라는 전제 하에 제도가 마련된다면 이 전문위원회는 기획재정부 산하에 설치되는 것이 타당하다. 또한 기관의 업무에 대해 대

략적으로 규정함으로써 그 권한의 정당성의 근거를 부여할 수 있다. 특히 국가의 예산 및 결산이 1년 단위로 이루어진다는 점에서 1인당 기본소득액 역시 1년 단위로 책정되는 것이 타당하다는 점에서 그 근거를 두었다.

제7조(위원회의 구성과 운영) ① 위원회는 위원장 1명과 부위원장 1명을 포함하여 10명 이내의 위원으로 구성한다.

② 위원장과 부위원장은 위원회에서 선출하고, 위원은 다음 각 호의 어느 하나에 해당하는 사람을 기획재정부 장관이 임명하거나 위촉한다.

1. 대통령령으로 정하는 관계 중앙행정기관의 차관 또는 차관급 공무원

2. 국회 소관 상임위원회에서 추천하는 사람 3명

3. 경제인단체, 노동단체, 시민단체(「비영리민간단체 지원법」 제2조에 따른 비영리민간단체를 말한다)에서 각 추천한 사람 3명

③ 공무원이 아닌 위원의 임기는 3년으로 하되 연임할 수 있으며, 보궐위원의 임기는 전임자의 남은 임기로 한다.

④ 위원회의 회의는 다음 각 호의 경우에 소집한다.

1. 기획재정부장관이 소집을 요구하는 경우

2. 재적위원 3분의 1 이상이 소집을 요구하는 경우

3. 위원장이 필요하다고 인정하는 경우

⑤ 위원회의 회의는 재적위원 과반수의 출석으로 개의하고, 출석위원 과반수의 찬성으로 의결한다.

⑥ 위원회에 그 사무를 처리하기 위하여 사무국을 둔다.

⑦ 위원회에 기본소득 심의 등에 필요한 전문적인 사항을 조사 · 연구하게 하기 위하여 연구위원을 둘 수 있다.

⑧ 위원회는 그 업무 수행을 위하여 필요한 경우에는 이해관계자와 관계 전문가의 의견을 들을 수 있다.

⑨ 그밖에 위원회의 구성 · 운영, 제5항에 따른 사무국의 설치 · 운영 및 제6항에 따른 연구위원의 자격 등에 관하여 필요한 사항은 대통령령으로 정한다.

해설 기관의 조직과 운영에 대한 법적 근거를 둠으로써 해당 기관에 사회적 신뢰

를 제고하고, 효율적인 정책집행의 법적 기반을 마련할 수 있다. 그리고 기본소득과 관련하여 기획재정부가 모든 것을 직접 결정할 수도 있겠지만, 정책의 정당성·신중성, 정책결정의 독립성·중립성 등 측면에서 전문위원회를 통해서 중요 사항을 결정하는 것도 정책의 설득력을 높이는 한 가지 방법이 될 수 있다.

이와 관련하여 ① 기본소득액, ② 제5조 제2항에 따른 분석과 평가에 관한 사항, ③ 기본소득 지급 대상에 대한 사항, ④ 기본소득제도의 운영 개선에 관한 사항, ⑤ 그밖에 기본소득에 관한 중요 사항으로서 기획재정부령으로 정하는 사항 등을 심의·의결하는 전문위원회로서 기본소득위원회를 둘 필요가 있다. 다만, 기본소득위원회와 같은 행정기관 소속 위원회는「행정기관 소속 위원회의 설치·운영에 관한 법률」제5조에 따른 위원회의 설치요건을 충족할 것을 요구한다. 그 내용은 다음과 같고, 기본소득위원회는 그 요건을 갖추고 있다고 판단된다.

「행정기관 소속 위원회의 설치·운영에 관한 법률」제5조(위원회의 설치요건) ① 「정부조직법」제5조에 따라 합의제행정기관(이하 "행정위원회"라 한다)을 설치할 경우에는 다음 각 호의 요건을 갖추어야 한다.

1. 업무의 내용이 전문적인 지식이나 경험이 있는 사람의 의견을 들어 결정할 필요가 있을 것

2. 업무의 성질상 특히 신중한 절차를 거쳐 처리할 필요가 있을 것

3. 기존 행정기관의 업무와 중복되지 아니하고 독자성獨自性이 있을 것

4. 업무가 계속성·상시성常時性이 있을 것

② 행정위원회를 제외한 위원회(이하 "자문위원회등"이라 한다)는 제1항 제1호 및 제2호의 요건을 갖추어야 한다.

제3장 기본소득의 신청 및 지급 등

제8조(기본소득 지급 신청) ① 기본소득을 받을 자격이 있는 모든 사람(이하 "기본소득 수급희망자"라 한다) 또는 기획재정부령으로 정하는 대리인은 기획재정부장관에게 기본소득의 지급을 신청할 수 있다.

② 미성년 자녀에 대하여는 그 법정대리인이 기획재정부장관에게 기본소득의 지급을 신청하여야 한다.

③ 제1항에 따른 기본소득 지급 신청의 방법 및 절차에 관하여 필요한 사항은 대통령령으로 정한다.

해설 기본소득은 국가가 모든 국민에게 지급하는 금전이긴 하지만, 모든 개인의 금융계좌 정보를 독점적으로 보유하고 있는 것은 아니기 때문에 기본소득 지급을 위한 절차로서 모든 국민 누구나 신청을 통해 원하는 계좌로 지급될 수 있도록 하는 과정이 요구된다. 특히 미성년자, 장애인, 외국인 등 사회적 취약계층의 경우 스스로 지급절차 진행이 쉽지 않을 수 있기 때문에 법정대리인 등 대리인을 통한 신청 절차가 요구될 수 있다.

제9조(기본소득 관련 정보의 공시) ① 기획재정부장관은 기본소득의 지급 대상, 금액 및 신청방법 등 기본소득 관련 정보를 공시하여야 한다.

② 제1항에 따른 정보 제공의 내용·방법 및 절차 등에 필요한 사항은 대통령령으로 정한다.

해설 기본소득은 국가가 모든 국민, 기타 자격있는 외국인에게 지급하는 것이기 때문에 제도 자체에 대해서 국민 등이 알고 있어야 하고, 국가는 정보제공의 의무를 진다. 따라서 국가의 의무로서 정보제공에 관한 내용을 근거로 규정하고 있어야 한다.

제10조(기본소득 관련 조사 등) ① 기획재정부장관은 기본소득 수급권의 발생·상실 등을 확인하기 위하여 기본소득 수급희망자, 기본소득 수급권자, 기본소득 수급자(이하 이 조에서 "기본소득 수급권자등"이라 한다)에게 필요한 서류나 자료의 제출을 요구할 수 있으며, 소속 공무원으로 하여금 기본소득 수급권자등의 근무지나 그 밖의 필요한 장소에 방문하여 서류 등을 조사하게 하거나 관계인에게 필요한 질문을 하게 할 수 있다.

② 기획재정부장관은 기본소득의 지급과 관련하여 기본소득 수급권자등의 출생증명, 주

민등록, 출입국 정보 등 필요한 정보 및 자료의 제공을 관계 기관의 장에게 요청할 수 있다. 이 경우 정보 또는 자료의 제공을 요청받은 관계 기관의 장은 특별한 사유가 없으면 그 요청에 따라야 한다.

③ 제1항에 따라 방문 · 조사 · 질문을 하는 관계 공무원은 그 권한을 표시하는 증표 및 조사기간, 조사범위, 조사담당자, 관계 법령 등 기획재정부령으로 정하는 사항이 기재된 서류를 지니고 이를 관계인에게 보여 주어야 한다.

④ 기획재정부장관은 기본소득 수급권자등이 제1항에 따른 서류 또는 자료를 2회 이상 제출하지 아니하거나 거짓의 서류나 정보를 제공한 경우 또는 조사 · 질문을 거부 · 방해 · 기피하거나 거짓 답변을 한 경우에는 기본소득 지급 신청을 각하하거나 기본소득 지급 결정을 취소하거나 기본소득 지급을 정지할 수 있다.

해설 국가가 모든 국민과 일정한 외국인에게 기본소득을 지급할 수 있지만 실존하고 있는 국민이나 자격 있는 외국인이어야 하기 때문에 그 출생 · 존재 및 국내 거주 여부 확인을 위해 필요한 정보를 제공받아야 하고, 현금을 직접 교부하는 것이 아니라 계좌로 입금해줘야 하기 때문에 관련 금융정보의 제출을 필요로 할 수 있으며, 장기 해외체류하거나 하는 경우에는 기본소득을 정지시켜 놓을 필요가 있기 때문에 출입국 정보 등 필요한 정보의 제공을 당사자나 관련 기관에 요청하여 받을 필요가 있다. 당연히 조사나 질문 등을 방해하거나 거부하거나 관련 정보 제공을 하지 않는 경우 국가 입장에서는 기본소득을 지급하고 싶어도 지급하기 어려운 상황에 처하게 된다.

제11조(기본소득 지급 등의 결정) ① 기획재정부장관은 제10조에 따른 조사를 한 후 기본소득 수급권의 발생 · 상실 등을 결정한다.

② 기획재정부장관은 제1항에 따른 결정을 한 경우에는 그 결정 내용을 서면으로 그 이유를 구체적으로 밝혀 기본소득 신청자 · 수급권자에게 지체 없이 통지하여야 한다.

③ 제1항 및 제2항에 따른 기본소득 수급권의 발생 · 상실 등의 결정 절차 및 통지에 관하여 필요한 사항은 기획재정부령으로 정한다.

해설 국가는 기본소득의 지급 여부에 대한 결정, 기타 수급권 관련 사항의 현황에 대해 국민 기타 자격 있는 외국인에게 통지하여야 한다. 그러한 의무 사항에 대한 근거를 마련해둘 필요가 있다.

제12조(기본소득의 지급) ① 기본소득은 같은 액수로 월 단위로 분할되어 지급된다.

② 기획재정부장관은 기본소득 수급권자로 결정한 사람에 대하여 기본소득의 지급을 신청한 날이 속하는 달부터 제11조에 따라 기본소득 수급권이 정지되거나 상실된 날이 속하는 달까지 매월 정기적으로 기본소득을 지급한다.

③ 기본소득 지급의 방법ㆍ절차 등에 관하여 필요한 사항은 기획재정부령으로 정한다.

해설 1인당 기본소득액 자체는 1년 단위로 결정되더라도 그 지급방법에 있어서는 1개월 단위가 적절하다. 왜냐하면 임금이나 연금 등이 월 단위로 지급되는 것이 한국의 보편적 상황이기 때문이다. 그리고 기본소득이 지급되는 월에 대한 명확한 기준이 법률에 설정되어 있어야 한다. 기본소득은 현금으로 지급하는 것이 암묵적 전제이다.

제13조(기본소득수급계좌) ① 기획재정부장관은 기본소득 수급자의 신청이 있는 경우에는 기본소득을 수급자 명의의 지정된 계좌(이하 "기본소득수급계좌"라 한다)로 입금하여야 한다. 다만, 정보통신장애나 그밖에 대통령령으로 정하는 불가피한 사유로 기본소득수급계좌로 이체할 수 없을 때에는 현금 지급 등 대통령령으로 정하는 바에 따라 기본소득을 지급할 수 있다.

② 기본소득수급계좌가 개설된 금융기관은 기본소득만이 기본소득수급계좌에 입금되도록 관리하여야 한다.

③ 제1항에 따른 신청방법ㆍ절차와 제2항에 따른 기본소득수급계좌의 관리에 필요한 사항은 대통령령으로 정한다.

해설 기본소득의 지급방법에 관한 사항은 수급권자의 권리 실현에 있어서 매우 중요한 요소가 된다. 따라서 이에 대한 구체적인 내용을 법률에서 명시하고 있어야 한다.

제4장 기본소득 수급자에 대한 관리

제14조(기본소득 지급의 정지) ① 기획재정부장관은 기본소득 수급자가 다음 각 호의 어느 하나의 경우에 해당하면 그 사유가 발생한 날이 속하는 달의 다음 달부터 그 사유가 소멸한 날이 속하는 달까지는 기본소득의 지급을 정지한다.

1. 기본소득 수급자가 금고 이상의 형을 선고받고 교정시설에 수용되거나 치료감호 선고를 받고 치료감호시설에 수용되어 있는 경우
2. 기본소득 수급자가 행방불명되거나 실종되는 등 대통령령으로 정하는 바에 따라 사망한 것으로 간주되거나 추정되는 경우
3. 기본소득 수급자의 국외 체류기간이 30일 이상 지속되는 경우. 이 경우 국외 체류 30일이 되는 날을 지급 정지의 사유가 발생한 날로 본다.
4. 그밖에 제1호부터 제3호까지의 경우에 준하는 경우로서 대통령령으로 정하는 경우
② 제1항에 따른 지급 정지의 절차 등에 관하여 필요한 사항은 기획재정부령으로 정한다.

해설 기본소득의 수급권이 존재하더라도 언제나 기본소득을 받을 수 있는 것은 아닐 것이다. 즉, 기본소득을 지급하지 않는 것이 타당한 경우가 존재한다는 의미다. 예컨대 국민 등이 교정시설이나 치료감호시설에 수용되는 경우 국민의 세금으로 관리 및 보호되는 것이기에 굳이 기본소득을 받을 필요가 없다. 행방불명이나 실종 등으로 인해 사망으로 간주되거나 추정되는 경우에도 마찬가지일 것이다. 다만, 사망간주나 사망추정의 경우 당사자가 생환하여 올 수도 있기 때문에 수급권 상실이 아니라 정지 사유로 두는 것이 타당하고, 추후 생환을 신고하게 되면 정지되었던 수급권은 다시 행사할 수 있게 된다.

제15조(기본소득 수급권의 상실) 기본소득 수급권자는 다음 각 호의 어느 하나에 해당하게 된 때에 기본소득 수급권을 상실한다.

1. 사망한 때
2. 국적을 상실하거나 국외로 이주한 때

3. 제3조 제2항에 따른 기본소득 수급권자가 더 이상 자격에 해당하지아니하게 된 때

해설 권리는 발생하면 언젠가는 소멸한다. 그 중에서 당사자와 관련된 사유로 소멸하는 경우들이 있다. 기본소득에 있어서는 국민인 경우라면 사망이나 국적 상실 및 국외이주의 경우 기본소득을 지급할 필요성이 사라지게 될 것이다. 외국인의 경우 관련 체류자격이 더 이상 연장되지 않거나 유효하지 않는 경우가 대표적인 기본소득 수급권 상실사유가 될 수 있을 것이다. 왜냐하면 그런 경우 자신의 본국으로 귀환해야 하기 때문이다.

제16조(기본소득 수급권 상실 등의 신고) ① 기본소득 수급자는 다음 각 호의 어느 하나에 해당하는 경우 20일 이내에 그 사실을 기획재정부장관에게 신고하여야 한다. 다만, 제15조 제1호에 해당하는 경우에는 「가족관계의 등록 등에 관한 법률」 제85조에 따른 신고의무자가 기획재정부장관에게 신고하여야 한다.
  1. 제15조에 따른 기본소득 수급권 상실의 사유가 있는 경우
  2. 제14조 제1항 각 호에 따른 지급 정지의 사유가 소멸한 경우
  3. 제3조 제2항에 따른 기본소득 수급권자에 해당하는 사유가 변경된 경우
  4. 그밖에 기획재정부령으로 정하는 사유가 발생한 경우
② 「가족관계의 등록 등에 관한 법률」 제85조에 따른 신고의무자가 같은 법 제84조에 따라 기본소득 수급자의 사망신고를 한 경우에는 제1항 단서에 따른 신고를 한 것으로 본다.
③ 제1항에 따른 신고의 내용, 방법 및 절차 등에 관하여 필요한 사항은 기획재정부령으로 정한다.

해설 권리와 관련된 사항에 대해 변경이 생긴 경우 그 사유를 국가에 신고하도록 하는 것은 국가가 국민 등(일정한 외국인 포함)에게 요구하는 일반적인 사항이다. 이는 권리자의 권리가 상실·정지되는 경우 외에도 권리가 상실·정지되었던 자가 권리를 다시 회복하는 경우에도 마찬가지이다. 국민 등에 대해 신고의무를 부과하기 위해서는 그 근거가 필요한 바, 본 규정은 그러한 근거 규정에 해당한다.

제17조(기본소득액의 환수) ① 기획재정부장관은 기본소득을 받은 사람이 다음 각 호의 어느 하나에 해당하는 경우에는 지급한 기본소득액을 대통령령으로 정하는 바에 따라 환수하여야 한다. 이 경우 제1호에 해당하는 경우에는 지급한 기본소득액에 대통령령으로 정하는 이자를 붙여 환수한다.

  1. 수급자격이 없는 자가 거짓이나 그밖의 부정한 방법으로 기본소득을 받은 경우

  2. 제14조에 따라 기본소득의 지급이 정지된 기간에 대하여 기본소득이 지급된 경우

  3. 그밖의 사유로 기본소득이 잘못 지급되거나 이중으로 지급된 경우

② 기획재정부장관은 제1항에 따라 환수할 기본소득액(이하 "환수금"이라 한다)의 환수 대상자에게 지급할 기본소득액이 있는 경우 그 지급할 기본소득액을 환수금과 상계相計할 수 있다.

③ 기획재정부장관은 환수금이 대통령령으로 정하는 금액 미만인 경우에는 환수하지 아니할 수 있다.

해설 기본소득이 모든 국민에게 일정한 금전을 정기적으로 지급하는 것이긴 하지만, 당연히 부정수급이나 착오지급, 과오지급, 이중지급 등이 발생할 수 있다. 그러한 경우 환수 처분이 필요하고, 따라서 근거규정을 마련해 두어야 한다. 다만, 환수 처분만이 능사는 아니기에 환수하지 않아도 되는 경우를 아울러 마련해두는 것이 적절하다.

제18조(환수금의 고지 등) ① 기획재정부장관은 제17조 제1항에 따라 환수금을 징수하려면, 기한을 정하여 환수금의 금액, 사유 및 납부기한 등을 적은 문서로써 납입 고지를 하여야 한다.

② 기획재정부장관은 제1항에 따른 고지를 받은 사람이 그 기한까지 환수금을 내지 아니하면, 기한을 정하여 대통령령으로 정하는 바에 따라 독촉하여야 한다.

③ 기획재정부장관은 제2항에 따른 독촉을 받은 사람이 그 기한까지 환수금을 내지 아니하면, 국세 체납처분의 예에 따라 징수한다.

해설 환수금 처분의 경우 당사자로부터 일정한 액수의 금전을 국가가 우월적 지위에서 돌려받겠다는 것이기 때문에 상대방인 국민(일정한 외국인 포함)의 권리의무

에 영향을 미치는 행위여서 국민 입장에서는 처분에 해당한다. 처분의 경우 처분의 주체, 처분의 객체, 처분의 내용(환수금 액수, 사유), 처분의 방법(문서, 통지)이 모두 합법적이어야 한다. 이 조항은 그러한 처분의 근거규정이다. 또한 환수금 미납 시의 사후 절차까지 명시해두어야 한다.

제5장 기본소득 수급권자의 권리 보호

제19조(기본소득 수급권의 보호) ① 기본소득 수급권은 양도하거나 담보로 제공할 수 없으며, 압류 대상으로 할 수 없다.

② 제13조 제1항에 따른 기본소득수급계좌의 예금에 관한 채권은 압류할 수 없다.

해설 수급권자의 권리 보호를 위해서 기본적으로 두는 일반적인 내용이다. 기본소득이 경제정책이라 할지라도 수급권자에 대한 사회보장 · 사회복지적 기능을 고려한 것이기도 하다.

제20조(기본소득과 조세와의 관계) 기본소득액으로 지급되는 급여는 개인소득세 부과를 목적으로 하는 과세소득이 아닌 것으로 본다.

해설 기본소득을 지급하면서 기본소득에 조세를 부과하는 것은 기이하다. 이는 사회보장 · 사회복지급여를 지급하면서 그에 대해 조세를 부과하지 않는 것을 고려하면 이해가 가능한 문제이다. 브라질에서 제정된 기본소득법에서도 기본소득에 대해서는 소득세가 부과되지 않는 것으로 규정하고 있다(브라질 기본소득법 제1조 제4항 참조).

제21조(이의신청) ① 제11조에 따른 결정이나 그밖에 이 법에 따른 처분에 이의가 있는 사람은 기획재정부장관에게 이의신청을 할 수 있다.

② 제1항에 따른 이의신청은 그 처분이 있음을 안 날부터 90일 이내에 서면으로 하여야 한다. 다만, 정당한 사유로 인하여 그 기간 이내에 이의신청을 할 수 없었음을 증명한 때에는 그 사유가 소멸한 때부터 60일 이내에 이의신청을 할 수 있다.

③ 제1항과 제2항에 따른 이의신청의 절차 및 결정 통지 등에 관하여 필요한 사항은 기획재정부령으로 정한다.

해설 기본소득의 지급결정 등은 국가와 국민(일정한 외국인 포함) 간에 이루어지는 법적인 행위로서 국가가 국민의 권리의무 내지 법적지위에 영향을 미치는 소위 처분에 해당한다. 처분에 대해서 불이익이 있거나 불만이 있는 경우 국민 입장에서는 당연히 다툴 수 있는 길이 열려 있어야 한다. 그러한 불복의 경로 중 가장 손쉽게 접근할 수 있는 경로로서 우선 해당 처분청을 상대로 다투는 이의신청을 생각해볼 수 있는데, 그에 대한 근거 규정을 둔 것이다.

제22조(행정쟁송) ① 제21조에 따른 이의신청에 대한 결정에 불복하는 자는 「행정심판법」에 따른 심판청구를 할 수 있다. 이 경우 심판청구는 이의신청에 대한 결정(이하 "결정"이라 한다)이 있음을 안 날부터 90일 이내에 문서(전자문서를 포함한다)로 하여야 하며, 결정이 있은 날부터 180일을 지나면 제기하지 못한다. 다만, 정당한 사유로 그 기간에 심판청구를 할 수 없었음을 소명한 경우에는 그러하지 아니한다.
② 이 법에 따른 결정이나 처분에 이의가 있는 자와 제21조에 따른 이의신청 또는 제22조 제1항에 따른 심판청구에 대한 결정에 불복하는 자는 「행정소송법」에서 정하는 바에 따라 행정소송을 제기할 수 있다.
③ 제1항과 제2항에 따른 행정심판과 행정소송에 관한 그밖의 사항에 관해서는 「행정심판법」과 「행정소송법」을 준용한다.

해설 국가의 처분에 대해서는 처분청을 상대로 하는 이의신청 외에도 행정심판이나 행정소송의 길을 열어두어야 한다. 이 조항은 그에 대한 근거규정이다. 이때 행정심판의 경우 이의신청에 대한 결정을 거쳐서 청구하는 것이 행정구제라는 단계적 구제절차상 타당하고, 행정소송의 경우 법원에서 이루어지는 사법구제이기 때문에 어느 단계에서 이루어지든 문제되지 않는다. 왜냐하면 권리구제의 최종적인 종착지는 결국 법원이기 때문이다.

제6장 보칙

제23조(사회취약계층에 대한 권리구제 대리) ① 기획재정부 장관은 기본소득의 신청·결정·지급, 그밖에 이 법에 따른 처분에 관한 사건에서 미성년자, 장애인, 외국인 기타 사회취약계층(이하 "사회취약계층"이라 한다)을 위하여 변호사, 그밖에 대통령령으로 정하는 자로 하여금 권리구제업무를 대리하게 할 수 있다.
② 제1항에 따라 변호사, 그밖에 대통령령으로 정하는 자로 하여금 사회취약계층을 위한 권리구제업무를 대리하게 하려는 경우의 요건, 대상, 보수 등에 관하여 필요한 사항은 기획재정부령으로 정한다.

해설 기본소득을 지급받을 수 있는 자격을 갖춘 자라 하더라도 실제로 지급받기 위해서는 절차적 관점에서 공적인 확인을 거쳐야 한다. 그런데 미성년자, 장애인, 외국인 기타 사회취약계층의 경우 법률행위를 스스로 수행하기 어렵거나 법률지식의 부족 등 여러 요인으로 인해 실제로 권리실현 단계까지 도달하는 것이 매우 어려운 경우가 존재할 수 있다. 이러한 경우를 위해 사회적 약자를 배려하기 위한 취지에서 사회취약계층의 기본소득에 관한 권리구제를 위한 제도적 장치로서 법률조력자에 의한 법률부조가 요구된다.

제24조(시효) 제17조에 따른 환수금을 환수할 권리와 기본소득 수급권자의 권리는 5년간 행사하지 아니하면 시효의 완성으로 소멸한다.

해설 모든 권리에는 소멸시효가 있다. 즉, 권리를 행사할 수 있음에도 불구하고 행사하지 않는 경우 보호의 가치가 약해지고, 또 권리불행사에 대한 상대방의 신뢰를 보호해줄 필요성도 커지기 때문이다. 일반적인 민사 채권의 소멸시효는 10년이 기본이기는 하지만, 국가와의 관계에서 발생하는 권리의 경우 보통 5년의 소멸시효를 두고 있는 경향이 있다. 본 법률안에서도 그러한 경향성을 따랐다.

제25조(기본소득정보시스템의 구축·운영) 기획재정부장관은 이 법에 따른 기본소득 관련 자료 또는 정보의 효율적 처리·관리를 위하여 대통령령으로 정하는 바에 따라 기

본소득정보시스템(이하 "기본소득정보시스템"이라 한다)을 구축 · 운영할 수 있다.

해설 기본소득의 수급권자, 수급자 등에 관한 정보는 개인정보로서 누구나 이를 함부로 처리하거나 관리할 수 없다. 국가가 이를 처리하거나 관리하는 경우에도 당연히 법률에 근거 규정이 필요하다.

제26조(자료 및 정보의 수집 등) 기획재정부장관 및 제28조에 따라 업무를 위임 · 위탁받은 기관은 기본소득 업무의 원활한 수행을 위하여 제10조에 따라 제출 또는 제공받은 서류, 자료 또는 정보를 처리할 수 있다.

해설 기본소득의 수급자, 수급권자 등에 대한 개인정보는 국가가 기본적으로 처리하거나 관리해야 하는 것일지라도 모든 것을 국가가 독자적으로 스스로 수행하기는 어려울 수도 있기 때문에 이러한 경우에는 관련 업무의 일부를 위임 내지 위탁을 통해 수행할 수도 있다. 다만, 그에 대한 근거 규정이 필요하다.

제27조(정보의 유지 등) 기획재정부, 기타 제28조에 따라 업무를 위임 · 위탁받은 기관에서 종사하였던 사람 또는 종사하는 사람은 다음 각 호의 행위를 하여서는 아니 된다.
  1. 기본소득과 관련된 개인정보(「개인정보 보호법」 제2조 제1호의 개인정보를 말한다. 이하 "개인정보"라 한다)를 누설하거나 직무상 목적 외의 용도로 이용 또는 정당한 사유 없이 제3자에게 제공하는 행위
  2. 업무를 수행하면서 알게 된 정보(제1호의 개인정보는 제외한다)를 누설하거나 직무상 목적 외의 용도로 이용 또는 제3자에게 제공하는 행위

해설 개인정보 보호는 현대 사회에서 매우 중요한 개인의 인권이자 권리에 해당하고 직무상 알게 된 정보에 대한 보호는 매우 중요한 공익에 해당하므로 이에 대한 정보보호 규정이 필요하다.

제28조(권한의 위임 · 위탁) ① 이 법에 따른 기획재정부장관의 권한은 대통령령으로 정

하는 바에 따라 그 일부를 특별시장 · 광역시장 · 도지사 · 특별자치시장 · 특별자치도지사 또는 시장 · 군수 · 구청장(구청장은 자치구의 구청장을 말한다)에게 위임할 수 있다.

② 기획재정부장관은 기본소득사업의 원활한 수행을 위하여 대통령령으로 정하는 바에 따라 다음 각 호의 업무를 「국민연금법」 제24조에 따른 국민연금공단에 위탁할 수 있다.

1. 제8조에 따른 신청의 접수
2. 제9조에 따른 기본소득 관련 정보의 제공
2. 제10조에 따른 조사의 지원
3. 제12조에 따른 기본소득의 지급
4. 제16조에 따른 신고의 접수
6. 제18조에 따른 환수금의 고지, 독촉 및 징수
7. 제21조 제1항에 따른 이의신청의 접수
8. 기본소득정보시스템의 구축 · 운영

해설 권한의 '위임'이란 법률에 규정된 행정기관의 장의 권한 중 일부를 그 보조기관 또는 하급행정기관의 장이나 지방자치단체의 장에게 맡겨 그의 권한과 책임 아래 행사하도록 하는 것을 말하고, '위탁'이란 법률에 규정된 행정기관의 장의 권한 중 일부를 다른 행정기관에게 맡겨 그의 권한과 책임 아래 행사하도록 하는 것을 말한다. 그밖에 권한의 '민간위탁'이란 법률에 규정된 행정기관의 사무 중 일부를 지방자치단체가 아닌 법인 · 단체 또는 그 기관이나 개인에게 맡겨 그의 명의로 그의 책임 아래 행사하도록 하는 것을 말한다.

행정기관의 장은 민원에 관한 사무, 정책의 구체화에 따른 집행사무 및 일상적으로 반복되는 사무로서 그가 직접 시행하여야 할 사무를 제외한 일부 권한을 그 보조기관 또는 하급행정기관의 장, 다른 행정기관의 장, 지방자치단체의 장에게 위임 및 위탁한다. 행정권한의 위임 · 위탁은 권한의 법적인 귀속을 변경하는 것이므로 법률이 위임 · 위탁을 허용하고 있는 경우에 한하여 인정되는 것이기 때문에 기본소득과 같은 방대한 제도의 시행은 중앙행정기관인 기획재정부 스스로 모든 것을 준비하여 집행하는 것은 불가능할 수 있기 때문에 위임이나 위탁이 필요할 수도 있으므로 그 근거를 기본소득법에 미리 규정하고 있어야 한다.

업무위탁의 상대방으로 국민연금공단을 특정하는 이유는 국민연금공단이 한국에서 기금관리 및 지급업무를 하는 최대의 공공기관이기 때문이다.

제7장 벌칙

제29조(벌칙) 제27조를 위반하여, 개인정보를 누설하거나 직무상 목적 외의 용도로 이용 또는 정당한 사유 없이 제3자에게 제공하거나, 업무를 수행하면서 알게 된 정보를 누설하거나 직무상 목적 외의 용도로 이용 또는 제3자에게 제공한 자는 5년 이하의 징역 또는 5천만 원 이하의 벌금에 처한다.

해설 개인정보 보호는 매우 중요한 인권보호에 해당하고 직무상 알게 된 정보에 대한 보호는 국가의 중요한 과제가 된다. 따라서 이에 대해 부당하게 혹은 불법적으로 누설하거나 이용하거나 제3자에 제공하는 경우 엄격한 처벌이 요구된다. 정보보호 의무에 대한 위반의 경우 다른 법령(예컨대, 국민건강보험법 등)에서 규정하고 있는 수준의 법정형을 참조하여 유사한 수준으로 규정하였다. 일반적으로 법률에서 징역형과 선택형인 벌금형은 1년과 1천만 원을 대응시켜 규정하고 있다.

형벌에 대한 부과는 「형사소송법」에 따라 수사기관의 수사, 소추기관의 소추, 법원의 판결이라는 절차를 통해 처리되는 것이기에 「기본소득법」에서는 형벌의 실체적 근거만 마련해두면 충분하다.

제30조(벌칙) 거짓이나 그 밖의 부정한 방법으로 기본소득을 지급받은 사람은 1년 이하의 징역 또는 1천만 원 이하의 벌금에 처한다. 거짓이나 그 밖의 부정한 방법으로 타인으로 하여금 기본소득을 지급받게 하거나 수급권자로 하여금 지급받지 못하게 한 경우에도 또한 같다.

해설 부정수급은 기본소득제도의 취지를 몰각시키고 제도의 유지에 근본적인 재정을 소모시키는 행위이므로 이에 대한 규제가 필요하다. 부정수급은 경우에 따라 형법상 사기죄가 될 수 있으나, 사기죄로 처벌하는 경우 형량이 높고 또 사기죄 처벌이 반드시 기본소득제도의 취지 구현에 긍정적인 영향을 주는 것은 아니기에 기본소득법에서 부정수급을 별도로 규율할 필요가 있다. 일반적으로 법률에서 징역형과 선택형인 벌금형은 1년과 1천만 원을 대응시켜 규정하고 있다.

그밖에 사회취약계층으로 하여금 기본소득 수급에 어려움이 없도록 하기 위해서 인정한 권리구제 대리인이 본인의 위임에 반하여 자신이 대신 기본소득을 지급받아서 착복하거나 정당한 수급권자로 하여금 받지 못하게 하거나 정당한 수급권자 아닌 자가 지급받도록 하거나 하는 경우에도 벌칙을 통해서 규제할 필요가 있고, 위 조문은 그러한 모든 경우를 망라하여 규제하고 있다.

형벌에 대한 부과는 「형사소송법」에 따라 수사기관의 수사, 소추기관의 소추, 법원의 판결이라는 절차를 통해 처리되는 것이기에 「기본소득법」에서는 형벌의 실체적 근거만 마련해두면 충분하다.

제31조(양벌규정) 법인의 대표자나 법인 또는 개인의 대리인, 사용인, 그 밖의 종사자가 그 법인 또는 개인의 업무에 관하여 제29조와 제30조의 규정 중 어느 하나에 해당하는 위반행위를 하면, 그 행위자를 벌하는 외에 그 법인 또는 개인에게도 해당 조문의 벌금형을 부과한다. 다만, 법인 또는 개인이 그 위반행위를 방지하기 위하여 해당 업무에 관하여 상당한 주의와 감독을 게을리하지 아니한 경우에는 그러하지 아니한다.

해설 양벌규정은 어떤 범죄가 이루어진 경우에 직접 행위를 한 당사자를 벌하는 외에 그 행위자와 일정한 관계에 있는 타인(자연인·법인 또는 법인격 없는 단체의 대표)에 대하여도 처벌하도록 하는 규정을 말한다.

대부분의 양벌규정은 "법인의 대표자나 법인 또는 개인의 대리인·사용인, 그 밖의 종업원이 그 법인 또는 개인의 업무에 관하여 제ㅇㅇ조의 위반행위를 하였을 때에는 행위자를 벌하는 외에 그 법인 또는 개인에 대하여도 같은 조의 벌금형에 처한다"라고 규정하고 있을 뿐인데, 이에 대해서는 종래 대법원 판례는 무과실책임설의 입장에서의 해석과 과실책임설의 입장에서의 해석이 대립되고 있었다.

그러나 최근에는 헌법재판소와 대법원 모두 과실책임설의 입장을 취하고 있다.

따라서 양벌규정의 입법에서도 '주의 · 감독을 게을리하지 아니한 경우'에는 행위자 이외의 법인 또는 개인은 처벌하지 아니한다고 규정함으로써 무과실에 따른 면책 가능성을 규정하는 것이 바람직하다. 행위자 이외에 법인 또는 개인에게 형벌을 과하기 위해서는 법인 또는 개인에게 책임이 있는 경우로 한정하는 경향이다. 본 법률안은 과실책임설의 입장을 반영한 양벌규정을 채택한다.

> **제32조(과태료)** ① 정당한 사유 없이 제10조 제1항에 따른 자료를 제출하지 아니하거나 거짓의 자료를 제출한 자 또는 조사를 거부 · 방해 또는 기피하거나 거짓 답변을 한 자에게는 100만 원 이하의 과태료를 부과한다.
> ② 정당한 사유 없이 제16조에 따른 신고를 하지 아니한 사람에게는 20만 원 이하의 과태료를 부과한다.
> ③ 제1항과 제2항에 따른 과태료는 대통령령으로 정하는 바에 따라 기획재정부장관이 부과 · 징수한다.

해설 과태료는 형벌로 처벌하기에는 적절치 않은 사소한 행정질서 위반에 대한 제재로서 그 부과 및 집행주체가 행정기관이기 때문에 행정질서벌이라고도 한다. 법률에서는 과태료 부과의 최대한도만을 규정하고 있으면 되고, 구체적인 위반행위별로 과태료 액수는 하위 법령인 시행령(대통령령)에서 규정하면 된다.

과태료에 대한 불복은 「질서위반행위규제법」이라는 별도의 법률에 의해 통일적으로 처리되기 때문에 개별 실체법에서는 과태료의 근거만 규정해두는 것으로 충분하다.

부칙

제1조(시행일) 이 법은 공포 후 1년이 경과한 날부터 시행한다.

해설 기본소득법도 법률이므로 반드시 공포 이후 언제부터 시행될 것인가라는 효력 발생일을 명확히 할 필요가 있다. 일반적인 법률의 경우 공포 후 곧바로 효력 발생이 되는 경우가 많지만, 기본소득법의 경우 제도의 시행을 위해서 준비기간이 필요하다. 그 준비기간으로는 1년 정도를 고려할 수 있으므로 임의로 1년 경과를 시행일로 설정해보았다.

> 제2조(법 시행을 위한 준비행위) ① 기획재정부장관은 이 법 시행 전에 기본소득액의 결정을 위하여 위원회를 설치하는 등 필요한 조치를 할 수 있다.
> ② 기획재정부장관은 이 법의 시행을 위하여 필요하다고 인정하는 경우에는 이 법 시행 전에 기본소득정보시스템의 구축 및 운영에 필요한 조치를 할 수 있다.
> ③ 기획재정부장관은 이 법의 시행을 위하여 필요하다고 인정하는 경우에는 이 법 시행 전에 제8조에 따라 기본소득 지급의 신청을 받을 수 있다.
> ④ 기획재정부장관은 이 법 시행 전에 제10조 제2항에 따라 관계 기관의 장에게 이 법 시행의 준비에 필요한 자료 또는 정보의 제공을 요청할 수 있다.
> ⑤ 기획재정부장관은 이 법 시행 전에 제11조 및 제12조에 따른 결정 및 지급 등 제도 시행을 위하여 필요한 조치를 할 수 있다.

해설 법률 시행 이전이라도 법률 시행을 위해 필요한 준비를 미리 해둘 필요가 있을 수 있다는 점을 감안하여 그러한 사항을 선제적으로 부칙에 담아두는 것이 적절하다.

사회보장·사회복지제도로서의 기본소득 법률안

본칙

제1장 총칙

제1조(목적) 이 법은 대한민국의 모든 구성원에게 기본소득을 지급하여 인간다운 생활을 누릴 수 있게 하고 공동체의 지속가능한 유지와 발전에 이바지하는 것을 목적으로 한다.

해설 목적규정은 해당 법률이 달성하고자 하는 입법 목적을 간결하고 명확하게 요약한 문장으로서 법률의 입법 취지를 담고 이해할 수 있도록 규정함과 동시에 법

본 칙
제1장 총칙
제1조(목적)
제2조(정의)
제3조(기본소득 수급권자의 범위)
제4조(국가의 책무)
제2장 기본소득 금액의 결정 등
제5조(기본소득 금액의 결정)
제6조(기본소득위원회의 설치)
제7조(위원회의 구성과 운영)
제3장 기본소득의 신청 및 지급 등
제8조(기본소득 지급 신청)
제9조(기본소득 관련 정보의 공시)
제10조(기본소득 관련 조사 등)
제11조(기본소득 지급 등의 결정)
제12조(기본소득의 지급)
제13조(기본소득수급계좌)
제4장 기본소득 수급자에 대한 관리
제14조(기본소득 지급의 정지)
제15조(기본소득 수급권의 상실)
제16조(기본소득 수급권 상실 등의 신고)
제17조(기본소득액의 환수)
제18조(환수금의 고지 등)
제5장 기본소득 수급권자의 권리 보호
제19조(기본소득 수급권의 보호)
제20조(이의신청)
제21조(행정쟁송)
제6장 보칙
제22조(사회취약계층에 대한 권리구제 대리)
제23조(시효)
제24조(기본소득정보시스템의 구축·운영)
제25조(자료 및 정보의 수집 등)
제26조(정보의 유지 등)
제27조(권한의 위임·위탁)
제7장 벌칙
제28조(벌칙)
제29조(벌칙)
제30조(양벌규정)
제31조(과태료)
부 칙
제1조(시행일)
제2조(법 시행을 위한 준비행위)

률 규정의 운용 및 해석지침을 제시하는 역할을 한다. 목적규정은 정의규정과 함께 입법취지를 명확하게 하는 해석의 기능을 지닌 규정이라고 할 수 있다. 목적규정의 유형에 목적만을 규정한 것이 있고, 목적과 수단을 함께 규정한 것이 있으며, 목적과 수단 및 입법동기까지 규정한 것이 있다.

본 법률안에서는 기본소득이 경제정책이 아니라 사회보장·사회복지제도라는 전제에서 출발하고자 한다. 기본소득이 나아가고자 하는 지향점은 결국 '인간'이고 '공동체'이기 때문에 이념적 우월성이라는 취지에서 사회보장·사회복지제도로 볼 필요가 있다. 사회보장·사회복지제도로 보더라도 경제적 효과나 기능이 없는 것도 아니므로 기본소득의 성격을 경제정책으로 보는 경우 발전국가로 퇴보하는 것을 의미한다. 특히 헌법에서 근로권을 명시하고 있고 현행 사회보장제도들이 임금노동에 기반한 사회보험을 중심으로 하고 있으나, 근로권은 어디까지나 국민이 임금노동을 하는 경우에 있어서 문제되는 것이므로 비임금노동을 배제하는 것이 아니어서 기본소득과 충돌이 발생하지 않고, 헌법상의 사회보장·사회복지제도의 구체적 예시가 사회보험을 중심으로 하는 현행 사회보장제도이긴 하지만 이 또한 기본소득을 헌법에서 배제하고자 하는 의도나 의미는 전혀 없다는 점에서 기본소득이 근로권이나 현행 사회보장제도와 충돌이 생기지 않는다. 또한 헌법에서 근로의 의무를 명시하고 있으나 근로의 의무 또한 현재의 자본주의 체제와 부합하지 않는 것이고, 근로의 의무에 대해서 법적 의무성 내지 윤리적 의무성도 인정되지 않고 있어서 사실상 사문화된 조항이기에 기본소득은 근로의 의무와도 충돌되지 않는다.

제2조(정의) 이 법에서 사용하는 용어의 뜻은 다음과 같다.
1. "기본소득"이란 자산심사 기타 소득활동 등 그 어떤 요건도 부과하지 않고 대한민국의 구성원 누구나 정기적으로 이 법에 따라 지급받는 일정액의 금전을 말한다.
2. "기본소득 수급권"이란 기본소득을 받을 권리를 말한다.
3. "기본소득 수급권자"란 기본소득 수급권을 가진 사람을 말한다.

4. "기본소득 수급자"란 기본소득을 지급받고 있는 사람을 말한다.

해설 정의규정은 해당 법률에서 사용하고 있는 용어의 뜻을 정하는 규정으로서, 특히 해당 법률에서 사용하는 중요한 용어 또는 일반적으로 사용하는 용어의 의미와 다른 의미로 사용되는 특수한 용어에 대하여 법률 자체에서 그 의미를 명확하게 함으로써 법률의 해석상 의문을 없애기 위하여 사용한다. 정의규정은 해석상의 논란을 예방하고 집행과정에서 발생할 수 있는 분쟁을 방지할 뿐만 아니라 자주 사용되는 어려운 용어를 미리 한 곳에서 설명함으로써 복잡한 조문내용을 간결하게 표현할 수 있게 된다. 정의규정은 법률의 제2조에 두는 것이 일반적이다.

본 규정에서는 기본소득의 개념 및 그와 관련하여 필요한 용어들의 개념을 사전에 규정해 두는 것이 필요하다.

제3조(기본소득 수급권자의 범위) ① 기본소득은 ○○세 이상의 국민에게 지급한다.
② 다음 각 호의 어느 하나에 해당하는 외국인에게 지급한다.
1. 출입국관리법령에 따른 영주자격(F-5) 취득자 중 대통령령으로 정하는 외국인
2. 출입국관리법령에 따른 결혼이민 체류자격(F-6) 취득자 중 대통령령으로 정하는 외국인
3. 기타 5년 이상 한국에서 거주하고 있는 외국인 중 대통령령으로 정하는 외국인

해설 기본소득은 국가가 개인에게 금전을 지급하는 것이기 때문에 그 금전을 누구에게 지급할 것인가를 정해두어야 한다.

기본소득의 개념상 한국 국적을 가진 자, 즉 국민은 누구나 수급자격을 가진다. 따라서 원칙적으로 0세 이상의 국민으로 하여금 지급받을 수 있도록 하는 식으로 규정하는 것이 타당하다. 다만 연령을 기준으로 범위를 달리 설정하는 것도 국가 상황에 따라 가능하므로 반드시 0세여야 하는 것은 아니다. 예컨대, 20세 이상이라든가 30세 이상이라든가 하는 식으로 유연하게 설정하는 것도 충분히 가능하다. 왜냐하면 기본소득 개념 내에서도 부분적 형태의 기본소득도 가능하기 때문이다.

국가입장에서는 상황에 따라서는 단계적 시행이라는 정책적 선택을 해야 할 수도 있는 것이라는 점도 고려할 필요가 있다. 당연히 '대통령령으로 정하는 연령 이상의 국민'이라는 형태로 구체적인 수급연령을 대통령령에 맡기는 형식도 가능하다. 왜냐하면 기본소득의 구체적 실현은 세부적으로는 하위법령을 통해 보충될 수 있기 때문이다.

국제화 시대이고 한국의 경우에도 외국인 인구가 급증하고 있는 상황에서 외국인의 수급자격 여부에 대한 쟁점도 고려하지 않을 수 없다. 또한 기본소득의 개념상 국민에 준할 수 있는 외국인의 경우 대한민국의 구성원으로 보는 것이 타당하므로 기본소득 수급권자로 포섭하는 것이 필요할 수 있다. 한국에서 장기체류하면서 생활을 하고 있고 경제활동에 종사하며 세금도 내는 경우라면 최소한 기본소득의 관점에서는 국민에 준해서 생각할 수 있다. 본격적으로 시행되고 있는 것은 아니지만, 세계 최초로 기본소득법을 제정했던 브라질의 경우를 보아도, 기본소득의 수급권자로서 '모든 브라질 국민과 최소 5년 이상 브라질에 거주하는 외국인'을 설정하고 있다(브라질 기본소득법Lei da Renda Básica de Cidadania 제1조 본문).

다만, 외국인의 경우 기본소득을 지급받을 수 있는 자격과 관련해서 최소한의 기준을 둘 필요가 있는데, 최소한 국민에 준할 수 있는 경우라야 할 것이다. 그밖에 세부적인 사항은 하위 법령인 대통령령에 맡겨 보다 유연성과 탄력성을 도모하는 것이 타당할 것이다.

제4조(국가의 책무) ① 국가는 기본소득이 제1조의 목적에 따라 수급자의 인간다운 생활 및 공동체 유지에 필요한 수준이 되도록 최대한 노력하여야 한다.
② 국가는 제1항에 따라 필요한 비용을 부담할 수 있도록 재원을 마련하여야 한다.

해설 정책이나 시책에 관한 책무규정은 국가의 장·단기적 계획과 시책에 대한 사전 수립의무와 공고의무 등을 정하여 정부의 적극적인 법률 집행을 유도하고 정부나 행정책임자의 교체에 관계없이 장기적 관점에서 효율적인 국가발전 또는 국민의 권리보장을 위한 정책 등을 추진하기 위해 규정된다. 물론 책무 규정의 경우 '책무'라는 용어가 의미하듯이 구체적인 의무를 제시하는 것이 아니라 노력하여야 할 것을 주문하는 것이기는 한다. 그러나 「기본소득법」에서는 기본소득의 액수라는 것이 기본소득이 정책적 효과를 달성하기 위해 매우 중요한 역할을 할 것이기에 기본소득의 존재 목적을 달성할 수 있을 정도의 액수가 될 것을 국가의 중요 책무로 설정해둘 필요가 있고, 재원 마련이 국가의 중요한 임무임을 상기시켜 둘 필요가 있다.

제2장 기본소득 금액의 결정 등

제5조(기본소득 금액의 결정) ① 기본소득 수급권자에 대한 기본소득의 금액(이하 "기본소득액"이라 한다)은 제6조에 따른 기본소득위원회가 심의·의결한 금액으로 한다.

② 기본소득액은 다음 각 호의 사항을 고려하여 정한다.

1. 국민의 생활비
2. 인구
3. 조세 수입 기타 국가의 재정상황
4. 산업의 수요·공급 현황 기타 국가의 경제상황

③ 보건복지부장관은 제1항에 따라 결정된 기본소득액을 매년 12월 31일까지 고시한다. 이 경우 그 고시한 기본소득액의 적용기간은 다음 해 1월부터 12월까지로 한다.

해설 사회보장·사회복지제도로서의 기본소득을 설계함에 있어 급여의 액수는 매우 중요한 변수가 될 수 있으므로 국민의 생활비, 인구, 국가의 발전정도와 예산상의 능력 등을 고려하면서 모두에게 동등한 액수가 될 수 있도록 결정하여야 할 것이다. 고려 사항에 대해서는 수정 내지 추가 보완 등이 가능하다.

제6조(기본소득위원회의 설치) 기본소득에 관한 다음 각 호의 사항을 심의·의결하기 위하여 국무총리 소속으로 기본소득위원회(이하 "위원회"라 한다)를 둔다.

1. 연단위 1인당 기본소득액

2. 제5조 제2항 각호의 분석 및 평가에 관한 사항

3. 기본소득 지급 대상에 대한 사항

4. 기본소득제도의 운영 개선에 관한 사항

5. 그밖에 기본소득에 관한 중요 사항으로서 대통령령으로 정하는 사항

해설 기본소득의 제도 시행을 위해 필요한 사항을 다루기 위한 전문위원회가 필요할 수 있고 기본소득이 경제정책이라는 전제 하에 제도가 마련된다면, 이 전문위원회는 기본소득제도의 위상을 고려할 때 국무총리 소속으로 설치되는 것이 타당하다. 또한 기관의 업무에 대해 대략적으로 규정함으로써 그 권한의 정당성의 근거를 부여할 수 있다. 특히 국가의 예산 및 결산이 1년 단위로 이루어진다는 점에서 1인당 기본소득액 역시 1년 단위로 책정되는 것이 타당하다는 점에서 그 근거를 두었다.

그리고 기본소득과 관련하여 보건복지부에서 모든 것을 직접 결정할 수도 있겠지만, 기본소득의 규범적 위상, 기본소득 결정의 정당성·신중성, 기본소득 제도 운영의 독립성·중립성 등 측면에서 국무총리 소속의 전문위원회를 통해서 중요 사항을 결정하는 것도 정책의 설득력을 높이는 한 가지 방법이 될 수 있다.

이와 관련하여 전문위원회로서 기본소득위원회는 ① 기본소득액, ② 제5조 제2항에 따른 분석과 평가에 관한 사항, ③ 기본소득 지급 대상에 대한 사항, ④ 기본소득제도의 운영 개선에 관한 사항, ⑤ 그밖에 기본소득에 관한 중요 사항으로서 대통령령으로 정하는 사항 등을 심의·의결하는 역할이 주 임무가 될 것으로 본다.

다만, 기본소득위원회와 같은 행정기관 소속 위원회는 「행정기관 소속 위원회의 설치·운영에 관한 법률」 제5조에 따른 위원회의 설치요건을 충족할 것을 요구한다. 그 내용은 다음과 같고 기본소득위원회는 그 요건을 갖추고 있다고 판단된다.

「행정기관 소속 위원회의 설치·운영에 관한 법률」 제5조(위원회의 설치요건)

① 「정부조직법」 제5조에 따라 합의제행정기관(이하 "행정위원회"라 한다)을 설치할 경우에는 다음 각 호의 요건을 갖추어야 한다.

1. 업무의 내용이 전문적인 지식이나 경험이 있는 사람의 의견을 들어 결정할 필요가 있을 것

2. 업무의 성질상, 특히 신중한 절차를 거쳐 처리할 필요가 있을 것

3. 기존 행정기관의 업무와 중복되지 아니하고 독자성이 있을 것

4. 업무가 계속성 · 상시성이 있을 것

② 행정위원회를 제외한 위원회(이하 "자문위원회등"이라 한다)는 제1항 제1호 및 제2호의 요건을 갖추어야 한다.

제7조(위원회의 구성과 운영) ① 위원회는 위원장 1명과 부위원장 2명을 포함하여 20명 이내의 위원으로 구성한다.

② 위원장은 국무총리가 되고 부위원장은 보건복지부장관 및 기획재정부장관이 된다.

③ 위원은 다음 각 호의 어느 하나에 해당하는 사람으로 한다.

　1. 대통령령으로 정하는 관계 중앙행정기관의 장

　2. 다음 각 목의 사람 중에서 대통령이 위촉하는 사람

　가. 국회 소관 상임위원회에서 추천하는 사람 3명

　나. 경제인단체, 노동단체, 시민단체(「비영리민간단체 지원법」 제2조에 따른 비영리민간단체를 말한다)에서 각 추천한 사람 3명

　다. 사회보장에 관한 학식과 경험이 풍부한 사람

　라. 변호사의 자격이 있는 사람

④ 위원의 임기는 3년으로 한다. 다만, 공무원인 위원의 임기는 그 재임기간으로 한다.

⑤ 위원회의 회의는 매월 1회 이상 개최하되, 다음 각 호의 경우에 임시회를 소집한다.

　1. 위원장이 소집을 요구하는 경우

　2. 재적위원 3분의 1 이상이 소집을 요구하는 경우

⑥ 위원회의 회의는 재적위원 과반수의 출석으로 개의하고, 출석위원 과반수의 찬성으로 의결한다.

⑦ 위원회에 그 사무를 처리하기 위하여 사무국을 둔다.

⑧ 위원회에 기본소득 심의 등에 필요한 전문적인 사항을 조사·연구하게 하기 위하여 연구위원을 둘 수 있다.

⑨ 위원회는 그 업무 수행을 위하여 필요한 경우에는 이해관계자와 관계 전문가의 의견을 들을 수 있다.

⑩ 그밖에 위원회의 구성·운영, 제7항에 따른 사무국의 설치·운영 및 제8항에 따른 연구위원의 자격 등에 관하여 필요한 사항은 대통령령으로 정한다.

해설 기관의 조직과 운영에 대한 법적 근거를 둠으로써 해당 기관에 사회적 신뢰를 높이고 효율적인 정책집행의 법적 기반을 마련할 수 있다.

제3장 기본소득의 신청 및 지급 등

제8조(기본소득 지급 신청) ① 기본소득을 받을 자격이 있는 모든 사람(이하 "기본소득 수급희망자"라 한다) 또는 보건복지부령으로 정하는 대리인은 보건복지부장관에게 기본소득의 지급을 신청할 수 있다.

② 미성년 자녀에 대하여는 그 법정대리인이 보건복지부장관에게 기본소득의 지급을 신청하여야 한다.

③ 제1항에 따른 기본소득 지급 신청의 방법 및 절차에 관하여 필요한 사항은 대통령령으로 정한다.

해설 기본소득은 국가가 모든 국민에게 지급하는 금전이긴 하지만, 모든 개인의 금융계좌 정보를 독점적으로 보유하고 있는 것은 아니기 때문에 기본소득 지급을 위한 절차로서 모든 국민 누구나 신청을 통해 원하는 계좌로 지급될 수 있도록 하는 과정이 요구된다. 특히 미성년자, 장애인, 외국인 등 사회적 취약계층의 경우 스스로 지급절차 진행이 쉽지 않을 수 있기 때문에 법정대리인 등 대리인을 통한 신청 절차가 요구될 수 있다.

제9조(기본소득 관련 정보의 공시) ① 보건복지부장관은 기본소득의 지급 대상, 금액 및

신청방법 등 기본소득 관련 정보를 공시하여야 한다.

② 제1항에 따른 정보 제공의 내용·방법 및 절차 등에 필요한 사항은 대통령령으로 정한다.

해설 기본소득은 국가가 모든 국민, 기타 자격있는 외국인에게 지급하는 것이기 때문에 제도 자체에 대해서 국민 등이 알고 있어야 하고, 국가는 정보제공의 의무를 진다. 따라서 국가의 의무로서 정보제공에 관한 내용을 근거로 규정하고 있어야 한다.

제10조(기본소득 관련 조사 등) ① 보건복지부장관은 기본소득 수급권의 발생·상실 등을 확인하기 위하여 기본소득 수급희망자, 기본소득 수급권자, 기본소득 수급자(이하 이 조에서 "기본소득 수급권자등"이라 한다)에게 필요한 서류나 자료의 제출을 요구할 수 있으며, 소속 공무원으로 하여금 기본소득 수급권자등의 근무지나 그 밖의 필요한 장소에 방문하여 서류 등을 조사하게 하거나 관계인에게 필요한 질문을 하게 할 수 있다.

② 보건복지부장관은 기본소득의 지급과 관련하여 기본소득 수급권자등의 출생증명, 주민등록, 출입국 정보 등 필요한 정보 및 자료의 제공을 관계 기관의 장에게 요청할 수 있다. 이 경우 정보 또는 자료의 제공을 요청받은 관계 기관의 장은 특별한 사유가 없으면 그 요청에 따라야 한다.

③ 제1항에 따라 방문·조사·질문을 하는 관계 공무원은 그 권한을 표시하는 증표 및 조사기간, 조사범위, 조사담당자, 관계 법령 등 보건복지부령으로 정하는 사항이 기재된 서류를 지니고 이를 관계인에게 보여 주어야 한다.

④ 보건복지부장관은 기본소득 수급권자등이 제1항에 따른 서류 또는 자료를 2회 이상 제출하지 아니하거나 거짓의 서류나 정보를 제공한 경우 또는 조사·질문을 거부·방해·기피하거나 거짓 답변을 한 경우에는 기본소득 지급 신청을 각하하거나 기본소득 지급 결정을 취소하거나 기본소득 지급을 정지할 수 있다.

해설 국가가 모든 국민과 일정한 외국인에게 기본소득을 지급할 수 있지만, 실존하고 있는 국민이나 자격 있는 외국인이어야 하기 때문에 그 출생 존재 및 국내 거주 여부 확인을 위해 필요한 정보를 제공받아야 하고, 현금을 직접 교부하는 것이 아니라 계좌로 입금해줘야 하기 때문에 관련 금융정보의 제출을 필요로 할 수 있으며, 장기 해외체류하거나 하는 경우에는 기본소득을 정지시켜 놓을 필요가 있기 때문에 출입국 정보 등 필요한 정보의 제공을 당사자나 관련 기관에 요청하여 받을 필요가 있다. 당연히 조사나 질문 등을 방해하거나 거부하거나 관련 정보 제공을 하지 않는 경우 국가 입장에서는 기본소득을 지급하고 싶어도 지급하기 어려운 상황에 처하게 된다.

제11조(기본소득 지급 등의 결정) ① 보건복지부장관은 제10조에 따른 조사를 한 후 기본소득 수급권의 발생 · 상실 등을 결정한다.
② 보건복지부장관은 제1항에 따른 결정을 한 경우에는 그 결정 내용을 서면으로 그 이유를 구체적으로 밝혀 기본소득 신청자 · 수급권자에게 지체 없이 통지하여야 한다.
③ 제1항 및 제2항에 따른 기본소득 수급권의 발생 · 상실 등의 결정 절차 및 통지에 관하여 필요한 사항은 보건복지부령으로 정한다.

해설 국가는 기본소득의 지급 여부에 대한 결정 기타 수급권 관련 사항의 현황에 대해 국민, 기타 자격 있는 외국인에게 통지하여야 한다. 그러한 의무 사항에 대한 근거를 마련해둘 필요가 있다.

제12조(기본소득의 지급) ① 기본소득은 같은 액수로 월단위로 분할되어 지급된다.
② 보건복지부장관은 기본소득 수급권자로 결정한 사람에 대하여 기본소득의 지급을 신청한 날이 속하는 달부터 제11조에 따라 기본소득 수급권이 정지되거나 상실된 날이 속하는 달까지 매월 정기적으로 기본소득을 지급한다.
③ 기본소득 지급의 방법 · 절차 등에 관하여 필요한 사항은 보건복지부령으로 정한다.

해설 1인당 기본소득액 자체는 1년 단위로 결정되더라도 그 지급방법에 있어서는 1개월 단위가 적절하다. 왜냐하면 임금이나 연금 등이 월 단위로 지급되는 것이 한국의 보편적 상황이기 때문이다. 그리고 기본소득이 지급되는 월에 대한 명확한 기준이 법률에 설정되어 있어야 한다.

제13조(기본소득수급계좌) ① 보건복지부장관은 기본소득 수급자의 신청이 있는 경우에는 기본소득을 수급자 명의의 지정된 계좌(이하 "기본소득수급계좌"라 한다)로 입금하여야 한다. 다만, 정보통신 장애나 그밖에 대통령령으로 정하는 불가피한 사유로 기본소득수급계좌로 이체할 수 없을 때에는 현금 지급 등 대통령령으로 정하는 바에 따라 기본소득을 지급할 수 있다.

② 기본소득수급계좌가 개설된 금융기관은 기본소득만이 기본소득수급계좌에 입금되도록 관리하여야 한다.

③ 제1항에 따른 신청방법·절차와 제2항에 따른 기본소득 수급계좌의 관리에 필요한 사항은 대통령령으로 정한다.

해설 기본소득의 지급방법에 관한 사항은 수급권자의 권리 실현에 있어서 매우 중요한 요소가 된다. 따라서 이에 대한 구체적인 내용을 법률에서 명시하고 있어야 한다.

제4장 기본소득 수급자에 대한 관리

제14조(기본소득 지급의 정지) ① 보건복지부장관은 기본소득 수급자가 다음 각 호의 어느 하나의 경우에 해당하면 그 사유가 발생한 날이 속하는 달의 다음 달부터 그 사유가 소멸한 날이 속하는 달까지는 기본소득의 지급을 정지한다.

1. 기본소득 수급자가 금고 이상의 형을 선고받고 교정시설에 수용되거나 치료감호 선고를 받고 치료감호시설에 수용되어 있는 경우
2. 기본소득 수급자가 행방불명되거나 실종되는 등 대통령령으로 정하는 바에 따라 사망한 것으로 간주되거나 추정되는 경우
3. 기본소득 수급자의 국외 체류기간이 30일 이상 지속되는 경우. 이 경우 국외 체류 30일이 되는 날을 지급 정지의 사유가 발생한 날로 본다.
4. 그밖에 제1호부터 제3호까지의 경우에 준하는 경우로서 대통령령으로 정하는 경우

② 제1항에 따른 지급 정지의 절차 등에 관하여 필요한 사항은 보건복지부령으로 정한다.

해설 기본소득의 수급권이 존재하더라도 언제나 기본소득을 받을 수 있는 것은 아닐 것이다. 즉, 기본소득을 지급하지 않는 것이 타당한 경우가 존재한다는 의미다. 예컨대 국민 등이 교정시설이나 치료감호시설에 수용되는 경우 국민의 세금으로 관리 및 보호되는 것이기에 굳이 기본소득을 받을 필요가 없다. 행방불명이나 실종 등으로 인해 사망으로 간주되거나 추정되는 경우에도 마찬가지일 것이다. 다만, 사망간주나 사망추정의 경우 당사자가 생환하여 올 수도 있기 때문에 수급권 상실이 아니라 정지 사유로 두는 것이 타당하고, 추후 생환을 신고하게 되면 정지되었던 수급권은 다시 행사할 수 있게 된다.

제15조(기본소득 수급권의 상실) 기본소득 수급권자는 다음 각 호의 어느 하나에 해당하게 된 때에 기본소득 수급권을 상실한다.
　1. 사망한 때
　2. 국적을 상실하거나 국외로 이주한 때
　3. 제3조 제2항에 따른 기본소득 수급권자가 더 이상 자격에 해당하지 아니하게 된 때

해설 권리는 발생하면 언젠가는 소멸한다. 그 중에서 당사자와 관련된 사유로 소멸하는 경우들이 있다. 기본소득에 있어서 국민인 경우라면 사망이나 국적 상실 및 국외이주의 경우 기본소득을 지급할 필요성이 사라지게 될 것이다. 외국인의 경우 관련 체류자격이 더 이상 연장되지 않거나 유효하지 않는 경우가 대표적인 기본소득 수급권 상실 사유가 될 수 있을 것이다. 왜냐하면 그런 경우 자신의 본국으로 귀환해야 하기 때문이다.

제16조(기본소득 수급권 상실 등의 신고) ① 기본소득 수급자는 다음 각 호의 어느 하나에 해당하는 경우 20일 이내에 그 사실을 보건복지부장관에게 신고하여야 한다. 다만, 제15조제1호에 해당하는 경우에는 「가족관계의 등록 등에 관한 법률」 제85조에 따른 신고의무자가 보건복지부장관에게 신고하여야 한다.
　1. 제15조에 따른 기본소득 수급권 상실의 사유가 있는 경우

2. 제14조제1항 각 호에 따른 지급 정지의 사유가 소멸한 경우

3. 제3조 제2항에 따른 기본소득 수급권자에 해당하는 사유가 변경된 경우

4. 그밖에 보건복지부령으로 정하는 사유가 발생한 경우

② 「가족관계의 등록 등에 관한 법률」 제85조에 따른 신고의무자가 같은 법 제84조에 따라 기본소득 수급자의 사망신고를 한 경우에는 제1항 단서에 따른 신고를 한 것으로 본다.

③ 제1항에 따른 신고의 내용, 방법 및 절차 등에 관하여 필요한 사항은 보건복지부령으로 정한다.

해설 권리와 관련된 사항에 대해 변경이 생긴 경우 그 사유를 국가에 신고하도록 하는 것은 국가가 국민 등(일정한 외국인 포함)에게 요구하는 일반적인 사항이다. 이는 권리자가 권리를 상실·정지되는 경우 외에도, 권리가 상실·정지되었던 자가 권리를 다시 회복하는 경우에도 마찬가지이다. 국민 등에 대해 신고의무를 부과하기 위해서는 그 근거가 필요한 바, 본 규정은 그러한 근거 규정에 해당한다.

제17조(기본소득액의 환수) ① 보건복지부장관은 기본소득을 받은 사람이 다음 각 호의 어느 하나에 해당하는 경우에는 지급한 기본소득액을 대통령령으로 정하는 바에 따라 환수하여야 한다. 이 경우 제1호에 해당하는 경우에는 지급한 기본소득액에 대통령령으로 정하는 이자를 붙여 환수한다.

1. 수급자격이 없는 자가 거짓이나 그밖의 부정한 방법으로 기본소득을 받은 경우

2. 제14조에 따라 기본소득의 지급이 정지된 기간에 대하여 기본소득이 지급된 경우

3. 그밖의 사유로 기본소득이 잘못 지급되거나 이중으로 지급된 경우

② 보건복지부장관은 제1항에 따라 환수할 기본소득액(이하 "환수금"이라 한다)의 환수 대상자에게 지급할 기본소득액이 있는 경우 그 지급할 기본소득액을 환수금과 상계相計할 수 있다.

③ 보건복지부장관은 환수금이 대통령령으로 정하는 금액 미만인 경우에는 환수하지 아니할 수 있다.

해설 기본소득이 모든 국민에게 일정한 금전을 정기적으로 지급하는 것이긴 하지만, 당연히 부정수급이나 착오지급, 과오지급, 이중지급 등이 발생할 수 있다. 그러한 경우 환수 처분이 필요하고 따라서 근거규정을 마련해 두어야 한다. 다만, 환수 처분만이 능사는 아니기에 환수하지 않아도 되는 경우를 아울러 마련해두는 것이 적절하다.

> 제18조(환수금의 고지 등) ① 보건복지부장관은 제17조 제1항에 따라 환수금을 징수하려면 기한을 정하여 환수금의 금액, 사유 및 납부기한 등을 적은 문서로써 납입 고지를 하여야 한다.
> ② 보건복지부장관은 제1항에 따른 고지를 받은 사람이 그 기한까지 환수금을 내지 아니하면 기한을 정하여 대통령령으로 정하는 바에 따라 독촉하여야 한다.
> ③ 보건복지부장관은 제2항에 따른 독촉을 받은 사람이 그 기한까지 환수금을 내지 아니하면 국세 체납처분의 예에 따라 징수한다.

해설 환수금 처분의 경우 당사자로부터 일정한 액수의 금전을 국가가 우월적 지위에서 돌려받겠다는 것이기 때문에 상대방인 국민(일정한 외국인 포함)의 권리의무에 영향을 미치는 행위여서 국민 입장에서는 처분에 해당한다. 처분의 경우 처분의 주체, 처분의 객체, 처분의 내용(환수금 액수, 사유), 처분의 방법(문서, 통지)이 모두 합법적이어야 한다. 이 조항은 그러한 처분의 근거규정이다. 또한 환수금 미납시의 사후 절차까지 명시해두어야 한다.

제5장 기본소득 수급권자의 권리 보호

> 제19조(기본소득 수급권의 보호) ① 기본소득 수급권은 양도하거나 담보로 제공할 수 없으며, 압류 대상으로 할 수 없다.
> ② 제13조 제1항에 따른 기본소득수급계좌의 예금에 관한 채권은 압류할 수 없다.

해설 수급권자의 권리 보호를 위해서 기본적으로 두는 일반적인 내용이다. 이는 수급권자에 대한 사회보장·사회복지적 기능을 고려하고 있다.

제20조(이의신청) ① 제11조에 따른 결정이나 그밖에 이 법에 따른 처분에 이의가 있는 사람은 보건복지부장관에게 이의신청을 할 수 있다.

② 제1항에 따른 이의신청은 그 처분이 있음을 안 날부터 90일 이내에 서면으로 하여야 한다. 다만, 정당한 사유로 인하여 그 기간 이내에 이의신청을 할 수 없었음을 증명한 때에는 그 사유가 소멸한 때부터 60일 이내에 이의신청을 할 수 있다.

③ 제1항과 제2항에 따른 이의신청의 절차 및 결정 통지 등에 관하여 필요한 사항은 보건복지부령으로 정한다.

해설 기본소득의 지급결정 등은 국가와 국민(일정한 외국인 포함) 간에 이루어지는 법적인 행위로서 국가가 국민의 권리의무 내지 법적지위에 영향을 미치는, 소위 처분에 해당한다. 처분에 대해서 불이익이 있거나 불만이 있는 경우 국민 입장에서는 당연히 다툴 수 있는 길이 열려 있어야 한다. 그러한 불복의 경로 중 가장 손쉽게 접근할 수 있는 경로로서 우선 해당 처분청을 상대로 다투는 이의신청을 생각해볼 수 있는데, 그에 대한 근거 규정을 둔 것이다.

제21조(행정쟁송) ① 제20조에 따른 이의신청에 대한 결정에 불복하는 자는 「행정심판법」에 따른 심판청구를 할 수 있다. 이 경우 심판청구는 이의신청에 대한 결정(이하 "결정"이라 한다)이 있음을 안 날부터 90일 이내에 문서(전자문서를 포함한다)로 하여야 하며, 결정이 있은 날부터 180일을 지나면 제기하지 못한다. 다만, 정당한 사유로 그 기간에 심판청구를 할 수 없었음을 소명한 경우에는 그러하지 아니하다.

② 이 법에 따른 결정이나 처분에 이의가 있는 자와 제20조에 따른 이의신청 또는 제1항에 따른 심판청구에 대한 결정에 불복하는 자는 「행정소송법」에서 정하는 바에 따라 행정소송을 제기할 수 있다.

③ 제1항과 제2항에 따른 행정심판과 행정소송에 관한 그밖의 사항에 관해서는 「행정심판법」과 「행정소송법」을 준용한다.

해설 국가의 처분에 대해서는 처분청을 상대로 하는 이의신청 외에도 행정심판이나 행정소송의 길을 열어두어야 한다. 이 조항은 그에 대한 근거규정이다. 이 때 행정심판의 경우 이의신청에 대한 결정을 거쳐서 청구하는 것이 행정구제라는 단계적 구제절차상 타당하고, 행정소송의 경우 법원에서 이루어지는 사법구제이기 때문에 어느 단계에서 이루어지든 문제되지 않는다. 왜냐하면 권리구제의 최종적인 종착지는 결국 법원이기 때문이다.

제16장 보칙

제22조(사회취약계층에 대한 권리구제 대리) ① 보건복지부 장관은 기본소득의 신청 · 결정 · 지급, 그밖에 이 법에 따른 처분에 관한 사건에서 미성년자, 장애인, 외국인 기타 사회취약계층(이하 "사회취약계층"이라 한다)을 위하여 변호사, 그밖에 대통령령으로 정하는 자로 하여금 권리구제업무를 대리하게 할 수 있다.
② 제1항에 따라 변호사, 그밖에 대통령령으로 정하는 자로 하여금 사회취약계층을 위한 권리구제업무를 대리하게 하려는 경우의 요건, 대상, 보수 등에 관하여 필요한 사항은 보건복지부령으로 정한다.

해설 기본소득을 지급받을 수 있는 자격을 갖춘 자라 하더라도 실제로 지급받기 위해서는 절차적 관점에서 공적인 확인을 거쳐야 한다. 그런데 미성년자, 장애인, 외국인 기타 사회취약계층의 경우 법률행위를 스스로 수행하기 어렵거나 법률지식의 부족 등 여러 요인으로 인해 실제로 권리실현 단계까지 도달하는 것이 매우 어려운 경우가 존재할 수 있다. 이러한 경우를 위해 사회적 약자를 배려하기 위한 취지에서 사회취약계층의 기본소득에 관한 권리구제를 위한 제도적 장치로서 법률조력자에 의한 법률부조가 요구된다.

제23조(시효) 제17조에 따른 환수금을 환수할 권리와 기본소득 수급권자의 권리는 5년간 행사하지 아니하면 시효의 완성으로 소멸한다.

해설 모든 권리에는 소멸시효가 있다. 즉, 권리를 행사할 수 있음에도 불구하고 행사하지 않는 경우 보호의 가치가 약해지고, 또 권리불행사에 대한 상대방의 신뢰를 보호해줄 필요성도 커지기 때문이다. 일반적인 민사 채권의 소멸시효는 10년이 기본이긴 하지만 국가와의 관계에서 발생하는 권리의 경우 보통 5년의 소멸시효를 두고 있는 경향이 있다. 본 법률안에서도 그러한 경향성을 따랐다.

제24조(기본소득정보시스템의 구축·운영) 보건복지부장관은 이 법에 따른 기본소득 관련 자료 또는 정보의 효율적 처리·관리를 위하여 대통령령으로 정하는 바에 따라 기본소득정보시스템을 구축·운영할 수 있다.

해설 기본소득의 수급권자, 수급자 등에 관한 정보는 개인정보로서 누구나 이를 함부로 처리하거나 관리할 수 없다. 국가가 이를 처리하거나 관리하는 경우에도 당연히 법률에 근거 규정이 필요하다.

제25조(자료 및 정보의 수집 등) 보건복지부장관 및 제27조에 따라 업무를 위임·위탁 받은 기관은 기본소득 업무의 원활한 수행을 위하여 제10조에 따라 제출 또는 제공받은 서류, 자료 또는 정보를 처리할 수 있다.

해설 기본소득의 수급자, 수급권자 등에 대한 개인정보는 국가가 기본적으로 처리하거나 관리해야 하는 것일지라도, 모든 것을 국가가 독자적으로 스스로 수행하기는 어려울 수 있기 때문에 이러한 경우에는 관련 업무의 일부를 위임 내지 위탁을 통해 수행할 수도 있다. 다만, 그에 대한 근거 규정이 필요하다.

제26조(정보의 유지 등) 보건복지부 기타 제27조에 따라 업무를 위임·위탁받은 기관에서 종사하였던 사람 또는 종사하는 사람은 다음 각 호의 행위를 하여서는 아니 된다.

1. 기본소득과 관련된 개인정보(「개인정보 보호법」 제2조 제1호의 개인정보를 말한다. 이하 "개인정보"라 한다)를 누설하거나 직무상 목적 외의 용도로 이용 또는 정당한 사유 없이 제3자에게 제공하는 행위

2. 업무를 수행하면서 알게 된 정보(제1호의 개인정보는 제외한다)를 누설하거나 직무
상 목적 외의 용도로 이용 또는 제3자에게 제공하는 행위

해설 개인정보보호는 현대 사회에서 매우 중요한 개인의 인권이자 권리에 해당하
여 직무상 알게 된 정보에 대한 보호는 매우 중요한 공익에 해당하므로 이에 대한
정보보호 규정이 필요하다.

제27조(권한의 위임·위탁) ① 이 법에 따른 보건복지부장관의 권한은 대통령령으로 정
하는 바에 따라 그 일부를 특별시장·광역시장·도지사·특별자치시장·특별자치도지
사 또는 시장·군수·구청장(구청장은 자치구의 구청장을 말한다)에게 위임할 수 있다.
② 보건복지부장관은 기본소득사업의 원활한 수행을 위하여 대통령령으로 정하는 바에
따라 다음 각 호의 업무를 특별시장·광역시장·도지사·특별자치시장·특별자치도지
사 또는 시장·군수·구청장(구청장은 자치구의 구청장을 말한다)에 위탁할 수 있다.
  1. 제8조에 따른 신청의 접수
  2. 제9조에 따른 기본소득 관련 정보의 제공
  3. 제10조에 따른 조사의 지원
  4. 제12조에 따른 기본소득의 지급
  5. 제16조에 따른 신고의 접수
  6. 제18조에 따른 환수금의 고지, 독촉 및 징수
  7. 제20조 제1항에 따른 이의신청의 접수
  8. 기본소득정보시스템의 구축·운영

해설 권한의 '위임'이란 법률에 규정된 행정기관의 장의 권한 중 일부를 그 보조기
관 또는 하급행정기관의 장이나 지방자치단체의 장에게 맡겨 그의 권한과 책임 아
래 행사하도록 하는 것을 말하고, '위탁'이란 법률에 규정된 행정기관의 장의 권한
중 일부를 다른 행정기관에게 맡겨 그의 권한과 책임 아래 행사하도록 하는 것을
말한다. 그밖에 권한의 '민간위탁'이란 법률에 규정된 행정기관의 사무 중 일부를
지방자치단체가 아닌 법인·단체 또는 그 기관이나 개인에게 맡겨 그의 명의로 그

의 책임 아래 행사하도록 하는 것을 말한다.

행정기관의 장은 민원에 관한 사무, 정책의 구체화에 따른 집행사무 및 일상적으로 반복되는 사무로서 그가 직접 시행하여야 할 사무를 제외한 일부 권한을 그 보조기관 또는 하급행정기관의 장, 다른 행정기관의 장, 지방자치단체의 장에게 위임 및 위탁한다. 행정권한의 위임·위탁은 권한의 법적인 귀속을 변경하는 것이므로 법률이 위임·위탁을 허용하고 있는 경우에 한하여 인정되는 것이기 때문에 기본소득과 같은 방대한 제도의 시행은 중앙행정기관으로서의 보건복지부 스스로 모든 것을 준비하여 집행하는 것은 불가능할 수 있다. 따라서 위임이나 위탁이 필요할 수도 있으므로 그 근거를 「기본소득법」에 미리 규정하고 있어야 한다.

업무위탁의 상대방으로는 공동체의 모든 구성원을 담당하는 특별시장·광역시장·도지사·특별자치시장·특별자치도지사 또는 시장·군수·구청장에게 위탁하여 가장 접근성이 높은 읍면동사무소(주민자치센터)를 활용하게 하는 방안이 적절할 것이다.

제7장 벌칙

제28조(벌칙) 제26조를 위반하여, 개인정보를 누설하거나 직무상 목적 외의 용도로 이용 또는 정당한 사유 없이 제3자에게 제공하거나, 업무를 수행하면서 알게 된 정보를 누설하거나 직무상 목적 외의 용도로 이용 또는 제3자에게 제공한 자는 5년 이하의 징역 또는 5천만 원 이하의 벌금에 처한다.

해설 개인정보보호는 매우 중요한 인권보호에 해당하고 직무상 알게 된 정보에 대한 보호는 국가의 중요한 과제가 된다. 따라서 이에 대해 부당하게 혹은 불법적으로 누설하거나, 이용하거나, 제3자에 제공하는 경우 엄격한 처벌이 요구된다. 정보보호 의무에 대한 위반의 경우 다른 법령(예컨대, 국민건강보험법 등)에서 규정하고 있는 수준의 법정형을 참조하여 유사한 수준으로 규정하였다. 일반적으로 법률에서 징역형과 선택형인 벌금형은 1년과 1천만 원을 대응시켜 규정하고 있다.

　형벌에 대한 부과는「형사소송법」에 따라 수사기관의 수사, 소추기관의 소추, 법원의 판결이라는 절차를 통해 처리되는 것이기에「기본소득법」에서는 형벌의 실체적 근거만 마련해두면 충분하다.

　제29조(벌칙) 거짓이나 그 밖의 부정한 방법으로 기본소득을 지급받은 사람은 1년 이하의 징역 또는 1천만 원 이하의 벌금에 처한다. 거짓이나 그 밖의 부정한 방법으로 타인으로 하여금 기본소득을 지급받게 하거나 수급권자로 하여금 지급받지 못하게 한 경우에도 또한 같다.

해설 부정수급은 기본소득제도의 취지를 몰각시키고 제도의 유지에 근본적인 재정을 소모시키는 행위이므로 이에 대한 규제가 필요하다. 부정수급은 경우에 따라 형법상 사기죄가 될 수 있으나, 사기죄로 처벌하는 경우 형량이 높고 또 사기죄 처벌이 반드시 기본소득제도의 취지 구현에 긍정적인 영향을 주는 것은 아니기에「기본소득법」에서 부정수급을 별도로 규율할 필요가 있다. 일반적으로 법률에서 징역형과 선택형인 벌금형은 1년과 1천만 원을 대응시켜 규정하고 있다.

　그밖에 사회취약계층으로 하여금 기본소득 수급에 어려움이 없도록 하기 위해서 인정한 권리구제 대리인이 본인의 위임에 반하여 자신이 대신 기본소득을 지급받아서 착복하거나, 정당한 수급권자로 하여금 받지 못하게 하거나, 정당한 수급권자 아닌 자가 지급받도록 하는 경우에도 벌칙을 통해서 규제할 필요가 있고, 위 조문은 그러한 모든 경우를 망라하여 규제하고 있다.

　형벌에 대한 부과는「형사소송법」에 따라 수사기관의 수사, 소추기관의 소추, 법원의 판결이라는 절차를 통해 처리되는 것이기에「기본소득법」에서는 형벌의 실체적 근거만 마련해두면 충분하다.

　제30조(양벌 규정) 법인의 대표자나 법인 또는 개인의 대리인, 사용인, 그 밖의 종사자가 그 법인 또는 개인의 업무에 관하여 제28조와 제29조의 규정 중 어느 하나에 해당하

는 위반행위를 하면 그 행위자를 벌하는 외에 그 법인 또는 개인에게도 해당 조문의 벌금형을 부과한다. 다만, 법인 또는 개인이 그 위반행위를 방지하기 위하여 해당 업무에 관하여 상당한 주의와 감독을 게을리 하지 아니한 경우에는 그러하지 아니하다.

해설 양벌규정은 어떤 범죄가 이루어진 경우에 직접 행위를 한 당사자를 벌하는 외에 그 행위자와 일정한 관계에 있는 타인(자연인·법인 또는 법인격 없는 단체의 대표)에 대하여도 처벌하도록 하는 규정을 말한다.

대부분의 양벌규정은 "법인의 대표자나 법인 또는 개인의 대리인·사용인, 그 밖의 종업원이 그 법인 또는 개인의 업무에 관하여 제○○조의 위반행위를 하였을 때에는 행위자를 벌하는 외에 그 법인 또는 개인에 대하여도 같은 조의 벌금형에 처한다"라고 규정하고 있을 뿐인데, 이에 대해서는 종래 대법원 판례는 무과실책임설의 입장에서의 해석과 과실책임설의 입장에서의 해석이 대립되고 있었다.

그러나 최근에는 헌법재판소와 대법원 모두 과실책임설의 입장을 취하고 있다. 따라서 양벌규정의 입법에서도 '주의·감독을 게을리 하지 아니한 경우'에는 행위자 이외의 법인 또는 개인은 처벌하지 아니한다고 규정함으로써 무과실에 따른 면책 가능성을 규정하는 것이 바람직하다. 행위자 이외에 법인 또는 개인에게 형벌을 과하기 위해서는 법인 또는 개인에게 책임이 있는 경우로 한정하는 경향이다. 본 법률안은 과실책임설의 입장을 반영한 양벌규정을 채택한다.

제31조(과태료) ① 정당한 사유 없이 제10조 제1항에 따른 자료를 제출하지 아니하거나 거짓의 자료를 제출한 자 또는 조사를 거부·방해 또는 기피하거나 거짓 답변을 한 자에게는 100만 원 이하의 과태료를 부과한다.
② 정당한 사유 없이 제16조에 따른 신고를 하지 아니한 사람에게는 20만 원 이하의 과태료를 부과한다.
③ 제1항과 제2항에 따른 과태료는 대통령령으로 정하는 바에 따라 보건복지부장관이 부과·징수한다.

해설 과태료는 형벌로 처벌하기에는 적절치 않은 사소한 행정질서 위반에 대한 제재로서 그 부과 및 집행주체가 행정기관이기 때문에 행정질서벌이라고도 한다. 법률에서는 과태료 부과의 최대한도만을 규정하고 있으면 되고, 구체적인 위반행위별로 과태료 액수는 하위 법령인 시행령(대통령령)에서 규정하면 된다.

과태료에 대한 불복은 「질서위반행위규제법」이라는 별도의 법률에 의해 통일적으로 처리되기 때문에 개별 실체법에서는 과태료의 근거만 규정해두는 것으로 충분하다.

부칙

제1조(시행일) 이 법은 공포 후 1년이 경과한 날부터 시행한다.

해설 기본소득법도 법률이므로 반드시 공포 이후 언제부터 시행될 것인가라는 효력 발생일을 명확히 할 필요가 있다. 일반적인 법률의 경우 공포 후 곧바로 효력발생이 되는 경우가 많지만, 「기본소득법」의 경우 제도의 시행을 위해서 준비기간이 필요하다. 그 준비기간으로는 1년 정도를 고려할 수 있으므로 임의로 1년 경과를 시행일로 설정해보았다.

제2조(법 시행을 위한 준비행위) ① 국무총리는 이 법 시행 전에 기본소득액의 결정을 위하여 위원회를 설치하는 등 필요한 조치를 할 수 있다.
② 보건복지부장관은 이 법의 시행을 위하여 필요하다고 인정하는 경우에는 이 법 시행 전에 기본소득정보시스템의 구축 및 운영에 필요한 조치를 할 수 있다.
③ 보건복지부장관은 이 법의 시행을 위하여 필요하다고 인정하는 경우에는 이 법 시행 전에 제8조에 따라 기본소득 지급의 신청을 받을 수 있다.
④ 보건복지부장관은 이 법 시행 전에 제10조 제2항에 따라 관계 기관의 장에게 이 법 시행의 준비에 필요한 자료 또는 정보의 제공을 요청할 수 있다.
⑤ 보건복지부장관은 이 법 시행 전에 제11조 및 제12조에 따른 결정 및 지급 등, 제도 시행을 위하여 필요한 조치를 할 수 있다.

해설 법률 시행 이전이라도 법률 시행을 위해 필요한 준비를 미리 해둘 필요가 있을 수 있다는 점을 감안하여 그러한 사항을 선제적으로 부칙에 담아두는 것이 적절하다.

Part 4.

경기도 기본소득
정책모형 및 확산

경기도 기본소득 모형 구상

유영성

사전 검토사항

사전 검토 및 선택 사항

경기도 기본소득 모형을 구상함에 있어 그 특징과 관련하여 사전에 검토하고 판단해야 할 사항들을 아래와 같이 제시해 볼 수 있다. 제일 먼저 던져야 할 질문은 "경기도 기본소득 모형으로서 정치적, 재정적으로 실현가능한 모형을 찾아낼 수 있는가?"이다. 이 질문에 대한 답을 구하는 차원에서 다음과 같은 7가지 사항들을 우선 검토하고자 한다.

- 경기도 기본소득 사업을 국가의 위임사업으로 할 것인가, 지자체 고유사업으로 할 것인가? 이는 재원 조달 문제와 긴밀히 연계된다.
- 경기도 기본소득은 유형 분류법에 따라 다양한 유형이 제시될 수 있는데, 이 가운데

어떤 유형을 취할 것인가? 이는 기본소득 구성요소들의 특징을 어떻게 가져갈 것인가와 연계되는 사항이다.

• 경기도 기본소득의 지급 수준을 어느 정도로 할 것인가? 이는 충분성 조건과 연동되는 사항이다.

• 위와 연동해서 기존 사회보장제도와 어느 정도의 통합성을 이룰 것인가 문제가 뒤따른다.

• 재원 조달은 어떻게 할 것인가? 즉, 재정적으로 실현가능한 모형을 구축할 수 있는가?

• 경기도 기본소득은 정치적으로 실현가능한가?

• 경기도 기본소득이 참고할 만한 실제 유사사례가 있는가?

첫째, 경기도 기본소득 사업을 국가의 위임사업으로 할 것인가 지자체 고유사업으로 할 것인가? 경기도는 국가가 아니고 광역지자체이기 때문에 기본소득 사업을 국가 위임사업으로 할 수도 있고, 지자체 고유사업으로 할 수도 있다. 만약 국가 위임사업인 경우 경기도 기본소득 모형은 국가 기본소득 모형의 하위 모형이될 것이다. 그렇지 않고 지자체 고유사업인 경우 경기도 기본소득 모형은 국가 차원의 모형과는 다른 특색을 지닌 모형이어야만 한다. 물론 지방고유사업이라 하더라도 기본소득 모형으로서 갖추어야 할 내용에서 국가 차원의 모형과 공유할 부분이 많을 수도 있다. 국가 위임사업일 경우 국가가 일차로 재원 조달을 책임질 것이고, 경기도는 국가의 예산을 집행하는 형식을 취할 수 있다. 다만, 경기도가 매칭형태로 재원의 일부를 부담하는 경우가 생길 수는 있다. 하지만 국가 위임사무가아닌 지자체 고유목적 사무로서 기본소득 사업을 할 경우 해당 소요 재원 조달은경기도의 몫이 될 것이다. 이 경우도 광역지자체인 경기도가 시·군과 매칭 형태로 재원부담을 나눌 수는 있다. 따라서 여기서 선택사항은 먼저 국가 위임사업과지자체 고유목적 사업 중 어느 것이냐이고, 다음으로 비매칭 사업과 매칭사업 중어느 것이냐이다(선택사항 1 : 국가 위임사무 사업 대 지자체 고유목적 사무 사업, 선택사항 2 : 매칭사업 대 비매칭사업).

둘째, 경기도 기본소득은 유형 분류법에 따라 다양한 유형이 제시될 수 있는데,

이 가운데 어떤 유형을 취할 것인가? 먼저 기본소득은 그 구성요소의 조합에 따른 유형별 분류에 의해 정형기본소득, 준형기본소득, 유사기본소득으로 구분해 볼 수 있다. 정형기본소득은 기본소득 구성요소 5가지를 온전히 구비하는 모형에 해당한다. 따라서 특히 보편성과 관련하여 경기도민(약 1,350만 명) 전체를 다 기본소득 지급 대상으로 삼는 이상형 기본소득이다. 이의 구현은 비록 충분성 조건에 구애받지 않아 극히 적은 금액을 지급한다고 하더라도 총체적으로 재원 조달의 문제와 연결될 수밖에 없으며, 지자체 고유사무에 해당할 경우 경기도 자체 예산으로는 감당하기 어려운 모형에 해당한다. 단, 국가 위임사무에 의한 국가예산에 의해 수행되는 사업모형일 경우 그 실행가능성이 확보될 수 있다. 준형기본소득의 경우는 현실에 맞게 다소의 변형적 형태를 취하는 모형으로 다양한 경기도 기본소득모형을 구상해 볼 수 있는 경우에 해당한다. 이는 충분성 조건을 충족하는 경우와 부분 충분성을 충족하는 경우로 구분하여 각각에 맞춰 대응하는 모형을 설정할 수 있다. 한편 유사기본소득은 애초에 기본소득이라고 할 수 없으므로 경기도 기본소득 모형에서 제외하여야 마땅하다(선택사항 : 정형기본소득 대 준형기본소득).

다음으로 기본소득은 그 핵심 특성에 의한 유형별 분류 중 BIRG가 제시한 '완전기본소득', '부분기본소득', '과도기적 기본소득' 중 어느 하나를 선택하여야 한다. 이는 충분성 조건에 따른 분류인 만큼 기본소득의 5가지 구성요소 조합에 따른 유형 분류와 병행해서 가져갈 수 있다(선택사항 : '완전기본소득', '부분기본소득', '과도기적 기본소득' 중 하나).

마지막으로 Young & Mulvale(2009)이 제안한 '최소주의적 자유주의 모델', '혼합복지 모델', '강한 기본소득 모델'에 대해 검토해 본다. '강한 기본소득 모델'은 완전기본소득과 동치로 볼 수 있으며, '최소주의적 자유주의 모델'과 '혼합복지 모델'은 앞에서 언급한 두 가지 기준 분류법에 의해 구분한 유형들과 병행해서 취급 가능하므로 그대로 선택사항에 포함시켜 갈 수 있을 것이다(선택사항 : 최소주의적 자유주의 모델 대 혼합복지 모델).

	1안	2안	3안	4안	5안
급여기준	기초연금 급여수준	핀란드 기본소득 환산수준	서울시 청년수당 급여수준	네델란드 기본 소득 환산수준	중위소득 50% 수준
급여수준 (월)	20만 원	38.8만 원	50만 원	58.7만 원	82.6만 원

표 15-1 기본소득 급여(안) : 서울시 적용　　　　　자료 : 조권중 · 최상미 · 장동열(2018) 재작성

셋째, 경기도 기본소득의 지급 수준을 어느 정도로 할 것인가? 이와 관련해서는 우리나라 기본소득 모형에서 기본소득의 지급 수준을 어떻게 가져갈 것인지에 대해 논의한 선행연구를 참조할 필요가 있다. 강남훈 · 곽노완(2009)에서는 기본소득 금액이 연령별로 차등화되어 제시된다. 즉 40세 미만은 연 400만 원, 40~54세는 연 600만 원, 55~64세는 연 800만 원, 그리고 65세 이상은 연 900만 원을 지급한다. 또한 강남훈(2010)은 전 국민에게 동일하게 1인당 연 300만 원(월 25만 원) 안을 제시한다. 강남훈(2014)은 이 양자를 통합한 안을 제시하면서 전자를 '높은 기본소득 모델', 후자를 '낮은 기본소득 모델'로 구분하고 있다. 여기서 낮은 기본소득 모델은 현 기초연금과 일부 아동에게 지급되는 보육 수당을 폐지하고(기본소득으로 대체하고), 기존의 복지제도를 유지하는 방안을 제시한다.

이승윤(2016)의 경우 19~24세의 청년에게 '청년기본소득' 지급을 주장하면서 그 금액을 2014년 기준으로 청년들의 한 달 생활비와 최저임금의 차액인 30만 원(298,188원)으로 책정하고 있다. 다른 학자들은 기초생활보장제도의 1인 가구 생계급여 수준인 약 50만 원을 기본소득 지급액의 최저선으로 정하기도 한다. 김교성 · 이지은(2017)의 경우 모든 개인에게 매달 현금 50만 원을 무조건적으로 지급하는 완전기본소득을 제안한다.

한편 조권중 · 최상미 · 장동열(2018)은 서울시 기본소득 소요재정을 추계하는데, 표 15-1에서와 같이 다양한 서울시 기본소득 급여(안)을 적용하기도 한다.

기본소득의 금액이 얼마가 적절한지에 대한 절대적인 기준은 없으며, 이는 다분히 사회적인 합의를 통해 설정될 사안이다. 그럼에도 불구하고 이들 제안을 종합

해서 판단하는 것이 합리적이라 할 때 30만 원,[1] 40만 원, 50만 원, 60만 원, 80만 원 가운데 어느 하나를 선택하면 될 듯하다. 부분기본소득으로서 현금 급부형 복지 제도를 대체하는 최소 수준을 월 30만 원으로 삼고, 부분기본소득의 최고 수준은 월 80만 원으로 삼아 그 사이에 있는 급여액을 여러 대안 중 하나로 설정하는 것이 합리적이라 판단된다(선택사항 : 30만 원, 40만 원, 50만 원, 60만 원, 80만 원 중 하나).[2]

넷째, 위와 연동해서 기존 사회보장제도와 어느 정도의 통합성을 이룰 것인가? 기존 사회보장제도와의 통합성과 관련하여 판단할 때, 월 80만 원에서 강한 통합성을 가진다고 볼 수 있으며, 월 20만 원에서 가장 약한 통합성을 보인다 할 것이다(선택사항 : 강한 통합성 대 약한 통합성).

다섯째, 재원 조달은 어떻게 할 것인가, 즉 재정적으로 실현가능한 모형을 구축할 수 있는가? 재원 조달 방식을 정하기 이전에 어느 규모의 재원을 조달해야 하는지가 중요한 판단사항이 된다. 규모에 따라 재원 조달 방식이 달라질 수 있기 때문이다. 하지만 이는 기본소득 급여액을 얼마로 할 것이며, 어느 정도 규모의 대상에게 지급하느냐에 달린 문제인 만큼 현 단계에서 구체적으로 어느 규모인지를 정할 수는 없다. 다만 최대 규모 정도(전 도민에게 월 80만 원을 지급; 연간 약 129조 6천억 원)와 최소 규모[3] 정도(현재 실행하고 있는 청년기본소득 사업의 지급액 규모; 연간 약 1,752억 원)를 가늠하면서 실질적으로 유의미한 재원 조달 방식을 고찰할 수는 있을 것이다.

기본소득 사업에 소요되는 예산규모와 관련하여 재정적 실현 가능성에 대한 기

---

1. 기초연금 급여수준이 20만 원에서 인상되어 2019년 현재 월 30만 원에 해당한다.
2. 여기서 '합리적'이라는 판단은 다분히 자의적일 수밖에 없다. 다시 말해 이것이 합리적이라는 평가를 받으려면, 그에 합당한 객관적인 근거를 제시하여야 한다. 16장에서 제시한, 경기도민의 선호에 기반하여 추정한 적정 기본소득액이 그 근거가 될 수 있다. 16장에서 제시한 경기도 기본소득의 적정 금액(참값)은 월 최대 42만 원에서 최소 14만 원 사이에 있다. 이에 의하면, 30만 원 또는 40만 원을 대안으로 삼는 것이 합리적인 선택이라고 할 것이다.
3. 최소 규모를 현재 실행하고 있는 청년기본소득 사업의 지급액 규모로 잡는 이유는 이 사업이 현재 진행 중이며, 또 이 사업이 향후에 축소될 것으로 볼 이유가 없기 때문이다.

존의 논의는 주로 국가 차원의 기본소득 도입에 초점이 맞춰져 있다. 예를 들어 강남훈·곽노완(2009)은 연간 약 300조 원의 기본소득을 지급하며 이에 대한 재원을 어떻게 세금으로 조달할지를 다루는 국가 기본소득 기본모델을 제시하고 있다. 강남훈(2010)은 중간 과도기적 모델로서 1인당 연간 300만 원을 지급하여 국가 전체적으로 연간 146조 원이 소요되는 한국형 기본소득 모델을 제시하기도 한다. 그리고 기본소득을 시민배당, 환경배당, 토지배당 등의 방식으로 지급하며, 소요예산의 구체적인 조달방법으로 환경세, 토지세, 시민세, 기존예산 대체 등을 거론한다.[4] 여기서 주장하는 요지는 1인당 기본소득은 연 300만 원 정도가 적절하고, 또 기본소득을 지급하는 데 있어서 재원 조달상의 문제는 충분히 극복 가능하다는 것이다.

한편 기본소득의 재원을 국가 예산에서 조달한다는 측면에서 고찰하는 연구도 있다. 김교성·이지은(2017)의 경우 김교성·백승호·서정희·이승윤(2017)에서 제시한 한국형 기본소득의 이상적 모형에 기반한 재정적 실현가능성을 타진하고 있기도 하다. 이 연구는 모든 개인에게 매달 현금 50만 원을 무조건적으로 지급하는 완전기본소득을 제안하고 있으며, 2017년 4월 시점에서 전국민(약 5,097만 명)을 대상으로 할 경우 연간 총 305조 원의 예산이 필요하다고 하고 있다. 그러면서 실제 필요한 예산은 약 288조 원으로 추산한다. 그런데 이는 현재 우리나라 전체 복지예산(113조 원)의 2.54배에 해당하여 정치적으로 수용이 어렵다고 보고 있다. 다만, 전환적 기본소득의 단계적 예산을 추산하면서 이 기본소득이 단계적 변화를 추구하여 대상범주와 급여수준을 점진적으로 확대해 감으로써 실현가능한 제안이 될 수 있음을 강조한다.

위의 국가 기본소득모형 적용 차원에서의 재원 조달상의 실현가능성에 대한 주장들은 그 규모를 지자체 수준으로 전환할 경우 그대로 경기도 기본소득모형에 적용 가능할 것이다.

---

4. 세금이 연간 100조 원이며, 순조세부담액은 연간 40조 원 정도로 전체 인구의 20% 이하가 부담한다.

앞에서 검토해 보았듯이, 경기도 기본소득 사업이 국가 위임사무인지 지자체 고유사무인지에 따라 재원 조달 방식이 달라질 수 있다. 경기도 기본소득 사업이 국가 위임사무에 해당하여 국가가 소요 예산을 책임지는 경우 국가는 과세권을 가지므로, 조세저항 문제는 차치하고, 기존 조세체계 하에서 소득세, 법인세, 상속세 등의 직접세와 부가가치세 등 간접세의 세율을 인상하거나 적정 세율의 시민세(기본소득세), 환경세(탄소세 혹은 원자력안전세), 토지보유세, 인공지능세, 사회적가치세 등의 목적세를 신설하여 재원을 확보할 수도 있을 것이다. 더 나아가 기존의 조세지출이나 조세감면 등을 줄이는 방식을 택할 수도 있다. 반면에 경기도는 자치재정권을 가지고 있지 못하므로 위에서 언급한 조세 기반 재원 조달 방식을 직접 구가할 수는 없다. 경기도 입장에서 이것들은 중앙정부나 국회 차원에서 관련 법률을 제·개정하는 작업이 수반되어야 실질적으로 검토해 볼 수 있는 방안이다.

아예 이러한 조세 기반의 재원 조달 방식이 아니라 기금을 조성하거나 공공재산 등을 활용한 수익사업을 통한 재원 조달 등도 가능한 방법이 될 수 있다. 이는 국가 차원에서뿐만 아니라 경기도 광역지자체 차원에서도 접근할 수 있는 방안이 된다. 물론 이 경우들도 관련 법률(시행령)의 개정을 요구한다 할 것이다.

한편 경기도 기본소득 사업을 국가 위임사무가 아닌 지자체 고유목적 사무로 추진할 경우 국가가 배정해 준 경기도 예산에 기반하여 그 범위 내에서 재원을 조달할 수 있게 된다. 이 경우 총체적으로는 경기도 예산 전체의 한계 내에서 재원 조달이 가능하겠지만, 실질적으로는 경기도 기본소득 사업이 어떤 성격의 사업이냐에 따라 허용가능한 예산의 범위가 정해질 것이다. 예를 들어 현재 시행되고 있는 경기도 청년기본소득 사업의 경우 사회복지 성격을 띤 사업으로 이 사업의 예산은 사회복지 예산에 속한다 할 것이다. 물론 사회복지 예산을 기존에 주어진 것에 한정하기보다 소요가 예상되는 만큼 더 늘려 잡을 수는 있을 것이다(선택사항 : 조세 기반 국가 예산 대 지자체 예산, 기금 조성 또는 수익사업).

경기도 기본소득 사업에 대한 재원 조달에서 매칭사업 여부 또한 검토할 사항이다. 하지만 설령 매칭사업이 된다 하더라도 해당 매칭 부분만큼의 재원은 기존 예산에서 조달가능하다는 것이 사전에 충분히 검토된 뒤 매칭사업이 수용된다고 할 것이다. 따라서 경기도 기본소득 모형을 구상하는 단계에서 재정적 실현가능성을 논할 때 일단 소요 재원의 전체 규모를 판단한 뒤 필요에 따라 매칭사업 여부를 고찰하면 될 것이다.

여섯째, 경기도 기본소득은 정치적으로 실현가능한가? 기본소득의 실시가 일정 정도 조세 징수에 근거해 재원을 마련해야 할 경우 조세저항 등의 문제가 생기게 된다. 이는 기본소득의 정치적 수용을 어렵게 만드는 요소라 할 수 있다. 그런데 기본소득은 중산층을 더 유리하게 만드는 제도이므로 정치적으로 지지층의 다수로 말미암아 수용이 가능할 수 있다. 강남훈(2010)에 의하면, 부자에게까지 기본소득을 지급하면 중산층이 유리해진다. 즉, 정규직과 비정규직 노동자를 우리 사회의 중산층으로 가정한 뒤 부자에게까지 기본소득을 지급하면 소득 7분위까지 순수혜층이 되며, 더 나아가 순수혜 계층인 7분위까지 소득을 보장하기보다 8분위 이상을 포함하면, 순부담 계층의 순부담액이 오히려 줄어든다는 것이다.

더 나아가 강남훈(2017)은 비례세에 입각한 기본소득은 중산층을 순수혜자로 만드는데, 이는 소득분포에 따라 달라질 수 있음을 지적한다. 즉, 중산층과 고소득층의 소득이 별로 차이가 없고 저소득층과 중산층의 차이가 크다면 기본소득 하에서 중산층이 순부담자가 될 수도 있지만, 신자유주의 하에서 양극화가 심하게 진행되었기에 중산층과 고소득층 간의 소득 차이가 매우 커졌고, 그 결과 기본소득을 실시하게 되면, 중산층이 순수혜자가 될 것이라고 확신한다는 것이다.

이에 입각해서 판단하면, 기본소득은 지지층의 다수를 확보할 수 있다는 점에서 정치적 수용가능성을 높이는 중요한 요소라 할 수 있다. 하지만 부자계층에 해당하는, 대체로 자본가·재산가들이면서 이 나라의 상류층을 형성하여 정치적 영향력을 행사하며 언론의 보도에 영향을 끼치는 계층의 거부적 태도는 쉽게 극복하기 어려운 요소이기도 하다. 그런 점에서 전략적 실현가능성을 타진해 볼 필요가 있는데, 김교성·이지은(2017)의 경우 성남시 청년배당과 서울시 청년수당의 사례를 들어 그 정책의 실천과 관련하여 정치적 지도자의 강력한 의지와 결단의 중요성을 언급함과 함께 전략적 실현가능성을 높게 본다.

이런 점들에 비춰볼 때 기본소득 도입의 정치적 수용성을 국가 차원이 아닌 지자체 차원, 특히 경기도에 한정할 경우 정치적 실현가능성은 상당히 높다고 할 것이다. 먼저 성남시 청년배당을 추진하였던 이재명 전 성남시장이 현 경기도지사가 되었기 때문에 정치적 지도자의 결단 측면에서 유리하다고 볼 수 있다. 그리고 중산층을 순수혜자로 만들 수 있다는 점을 어필하면서 극복해야 할 순부담계층의 저항을 제도적으로 무력화시킬 수 있다는 측면에서 경기도민의 의사를 대변하는 도의회의 다수당이 도지사와 같은 당이란 사실을 들 수 있다. 일단 정책의 제도화에 걸림돌이 없는 상황이라고 볼 수 있어 경기도에서만큼은 기본소득의 정치적 실현가능성은 높다고 할 수 있다. 다만, 기본소득의 실현은 중앙정부의 협조를 얻어서야 비로소 가능하다는 점에서 경기도의 기본소득이 중앙정부의 정책적 기조와 맥락을 같이 하는지는 중요 변수가 될 수 있다. 실제 경기도 청년기본소득 사업은 중앙정부의 승인을 받아 실시하고 있다는 점에 비춰볼 때 경기도 기본소득 일반모형을 구축하고 이를 실시하는데 중앙정부가 거부를 할 특별한 이유는 없다고 본다.

일곱째, 경기도 기본소득이 참고할 만한 실제 유사사례가 있는가? 그동안 국가 차원의 기본소득 모형에 대한 검토는 우리나라의 경우 강남훈(2010), 김교성(2009), 정원호·이상준·강남훈(2016)을 위시하여 여러 학자들에 의해 이루어져 왔고, 전 세계적으로도 Parker(1991), Young & Mulvale(2009), Blaschke(2012), 영국 RSA 모델 등에 의해 국가적 모형이 다양하게 제안되어 왔다.

우리나라의 경우를 대상으로 하는 기본소득 모형은 대체로 '부분 기본소득 모델' 또는 '혼합 복지 모델'의 성격을 보인다 할 것이다. 정원호·이상준·강남훈(2016)은 이와 관련하여 구체적으로 아래와 같은 특징을 제시한다. 전국민을 대상으로 하고, 기본소득 금액은 국제적으로 매우 낮은 복지수준과 매우 낮은 조세부담률/국민부담률을 감안하여 낮은 수준의 부분기본소득을 제안하고 있다. 당연히 기존 사회보장제도와의 통합성은 낮다. 즉, 기존에 조세로 지급되는 현금 급부형 복지 제도들 중 기초생활보장제도의 생계급여, 노인 일부에게 지급되는 기초연금, 그리고 근로 빈곤층에 대한 근로장려금은 기본소득과 통합하여 대체된다. 이 밖에 보험에 근거한 사회보장제도는 현행대로 유지된다. 이밖에 재원 조달과 관련하여 조세 저항이 심한 기존 조세체계 하에서의 일반적인 증세보다는 기본소득을 위한 목적세를 신설하는 방안을 지지한다. 목적세는 용도가 분명하기 때문에 국민적 동의를 얻기가 용이하며, 국민들이 재정환상 없이 자신의 부담과 수혜를 정확히 계산할 수 있을 것이다. 그에 따라 시민 배당을 위한 '시민세', 환경 배당을 위한 '환경세', 토지 배당을 위한 '토지세'를 신설한다.

경기도 기본소득 모형을 설계함에 있어 이들의 예에서 논하고 있는 많은 내용들이 참고자료가 될 수 있을 것이다. 다만 지자체 차원의 기본소득 일반모형에 대한 제안이나 실행 사례는 미국 알래스카주의 영구기금배당을 제외하곤 현재까지 다른 예를 찾기 어렵다.[5] 알래스카 영구기금배당은 기본소득 구성요소의 조합에서 정형기본소득 유형에 해당하며, 충분성 및 통합성에 비춰볼 때 부분기본소득PBI이라 할 수 있다. 그런데 우리나라에서 그동안 제안된 기본소득모형에서는 알래스카 영구기금배당에서 보이는 정형기본소득적 특성은 발견되지 않는다.

위에서 논의된 내용들을 정리하여 경기도 기본소득 모형 구상을 위한 사전 검토 및 선택 사항 목록을 작성하면, 표 15-2와 같이 제시할 수 있다.

경기도 기본소득 모형 구상을 위한 선택사항 조합의 기간별 구분

표 15-2에서 제시된 선택사항들을 조합하면, 경기도 기본소득 모형은 총 1,280가지의 경우가 나온다. 이 중에서 경기도 기본소득 모형으로 합당한 경우를 선별

---

5. 우리나라 성남시 청년배당과 경기도 청년기본소득을 지자체 차원의 기본소득 모형으로 취급할 수 있으나, 지자체 전 구성원을 대상으로 하지 않고 특정 연령에만 한정하고 있는 모형이다 보니 일반적 모형으로 상정하기 어려운 점이 있다. 외국의 경우 스페인 바르셀로나시가 실행하고 있는 B-MINCOME 사업을 해당 지자체 모형으로 볼 수도 있으나, 이는 엄밀히 말해 기본소득 사업이 아니라 시범사업적 성격을 띤 최소소득보장 사업에 해당한다.

분류	고려 항목		선택 사항				
A	사업의 사무 성격	a	국가 위임사무 사업(1)		경기도 고유목적 사무 사업(2)		
		b	예산 매칭사업(1) (국가 : 경기도) 또는 (경기도 : 시 · 군)		예산 비매칭사업(2) (온전히 국가) 또는 (온전히 경기도)		
B	기본소득 유형		정형기본소득(1)		준형기본소득(2)		
C	1인 지급수준(월)		30만 원(1)	40만 원(2)	50만 원(3)	60만 원(4)	80만 원(5)
D	사회복지 통합 정도		강한 통합성(1)		약한 통합성(2)		
E	재원 조달 방식		조세 기반 국가 예산(1)	경기도 예산(2)	기금 조성 또는 수익사업(3)	혼합(4)	
F	실현가능성 (정치적 및 재정적)		높음(1)		낮음(2)		
G	유사사례		알래스카 영구기금배당(1) (정형기본소득 & 부분충분성)		국내 제안 사례(2) (준형기본소득 & 부분충분성)		

표 15-2 경기도 기본소득 모형 구상을 위한 사전 검토 및 선택 사항 목록

하여야 한다. 이를 위해서는 적절한 선별 작업을 위한 기준이 제시되어야 한다. 여러 가지 합리적 기준이 있겠지만, 본 연구에서는 두 가지 기준, 즉 ① 실행기간별 구분, ② 현실형과 이상형의 구분을 제시한다. 그 이유는 먼저 실행기간에 따라 실행가능성 여부가 판가름 날 수가 있기 때문이고, 다음으로 현실적 실행가능성도 중요하지만 이상적으로 목표로 삼고 지향해야 할 모형도 제시되어야 하기 때문이다.

먼저 기간에 따른 모형의 구분은 다음과 같이 할 수 있다. 즉, 단기(1~3년), 중기(3~5년), 장기(5~10년)로 시간 마디를 설정하여 각각의 기간에 적합한 선택사항들을 묶어 모형의 유형을 단순화한다(표 15-3 참조). 이 기간에 따른 모형들은 간명하게 현실형인지 이상형인지를 판단할 수 있다. 단기모형과 중기모형은 현실성이 강한 모형이며, 장기모형은 이상형에 가까운 모형이라 할 수 있다.

경기도 기본소득 모형은 현실적 실행가능성에 바탕을 두고 실천적 모형에서 시작하여 이상적 모형을 지향해 가는 순서로 정립돼 가는 것이 합당할 것인 바, 자연스럽게 단기모형 → 중기모형 → 장기모형으로 그 방향을 잡고 변해가는 순서를

구성 요소	단기모형	중기모형	장기모형
사무 성격	경기도 고유목적 사무사업 (A-a-2)	경기도 고유목적 사무 사업 (A-a-1) 또는 국가 위임사무 사업(A-a-2)	국가 위임사무사업 (A-a-1)
	사무 성격 예산매칭사업 (A-b-1)	예산매칭사업(A-b-1) 또는 예산비매칭사업(A-b-2)	예산비매칭사업 (A-b-2)
기본소득 유형	준형기본소득 유형 (B-2)	준형기본소득 유형 (B-2)	정형기본소득 유형 (B-1)
1인 지급수준(월)	월 30만 원* (C-1)	월 40만 원*, 50만 원 (C-2), (C-3)	월 60만 원, 80만 원 (C-4), (C-5)
사회복지 통합정도	약한 통합성(D-2)	약한 통합성(D-2)	강한 통합성(D-1)
재원 조달	경기도 예산(E-2) 또는 혼합(E-4)	경기도 예산(E-2) 또는 혼합(E-4)	조세 기반 국가 예산(E-1) 또는 혼합(E-4)
실현가능성	높음(F-1)	높음(F-1)	낮음(F-2)
유사사례	국내 제안 사례 (G-2)	국내 제안 사례 (G-2)	알래스카 영구기금배당 (G-1)
	현실성 모형		이상형 모형

표 15-3 경기도 기본소득 모형의 기간별 분류

주) * 30만 원과 40만 원은 16장에서 추정한 적정 지급액의 범위에 속한다.

취해야 할 것이다. 그런 맥락에서 일차적으로 경기도 기본소득 일반 모형은 단기 모형(현실성 모형)으로 설정하고, 그 모형의 구체적인 내용을 채워나갈 필요가 있다. 본 연구에서는 경기도 기본소득 일반 모형은 단기모형(현실형 모형)에 한정하여 다루고자 한다.[6]

경기도 기본소득 일반 모형

모형의 개관

경기도 기본소득 모형(단기모형)은 아래 상자와 같은 구성 요소(특징)들을 담고 있는 모형이다. 이에 대해 개관하면, 다음과 같이 기술할 수 있다.

---

6. 중기모형과 장기모형의 구체적인 내용에 대한 고찰은 추후 연구로 남겨 놓는다.

〈경기도 기본소득 모형(단기모형)의 구성 요소(특징)〉

- 경기도 고유목적 사무 사업(경기도 예산 또는 기금 등으로 재원을 충당)
- 예산 매칭사업(경기도 : 시 · 군)
- 준형기본소득 유형
- 1인당 월 30만 원 지급(부분 충분성 충족)
- 기존 사회복제도와 약한 통합성
- 재정적 및 정치적 실현가능성이 높음

첫째, 경기도 기본소득 모형은 경기도 고유목적 사무에 해당하며, 경기도 자체 예산, 기금 조성 내지 자체 수익사업으로 재원 조달을 하여야 하는 사업이다.

둘째, 경기도가 이 사업을 추진할 경우 경기도와 경기도 내 31개 시 · 군이 합동으로 하면서 서로 간에 일정한 재정 분담을 하는 방식을 취한다. 재정 분담의 비율은 정해진 바가 없으며, 별도의 절대적 기준이 있는 것도 아닌 만큼 경기도와 시 · 군의 재정 여건 등을 감안하면서 협의에 의해 정해 나가면 될 것이다. 경기도 청년기본소득의 경우 70:30의 비율이 적용되고 있음을 참조할 수 있다. 하지만 이 경우는 만 24세 청년에게 특정된, 일반적이지 않은 모형의 특징을 보인다. 따라서 경기도 기본소득 일반모형을 염두에 둘 때 50:50으로 가는 것이 합리적일 것으로 판단된다. 경기도 지방보조금 관리 조례 및 경기도 지방보조금 조례 시행규칙에 의거하여 결정되는 경기도 도비 보조금 시 · 군 차등보조율 적용 기준(경기도 예산담당관-17799(2018.10.18.)호 근거)에 의하면, 기준보조율이 30%이고 인상보조의 경우 최대가 20%이다.

셋째, 준형기본소득 유형의 경우 그 자체만으로는 모형이 다소 추상적인 내용으로 이루어지게 된다. 따라서 기본소득 구성요소 각각에 대한 구체적인 상태를 확정해 줄 필요가 있다.

i) 보편성의 경우 준형기본소득은 도민 전체뿐만 아니라 일정 범주의 도민들을 대상으로 허용한다. 즉, 범주보편성을 용인한다. 이때 도민 전체가 아닌 경우 범주

		일반형(A)	수당형(B)	부기형(추기형)(C)
보편적 접근	개인	1. 전체인구 · 완전형 2. 생산가능집단인구 3. 성인집단인구	1. 아동청소년(아동수당) 2. 청년(청년수당) 3. 중장년(시민수당) 4. 노인(노인수당)	1. 서울시 청년수당
	가구	4. 전체가구 5. 생산가능집단가구 6. 성인집단가구	5. 아동청소년(아동수당) 6. 청년(청년수당) 7. 중장년(시민수당) 8. 노인(노인수당)	
선별적 접근	중위 50% 가구	7. 전체가구 8. 생산가능집단가구 9. 성인집단가구	9. 아동청소년(아동부조) 10. 청년(청년부조) 11. 중장년(실업부조) 12. 노인(노인부조)	2. 기초보장수급가구 3. 서울형기초보장수급 가구 4. 차상위가구

표 15-4 서울시 기본소득 추계 모형(안)

주) 일반형(A)−개인: 무조건적(완전형) 기본소득, 수당형(B)−개인: 수정형 기본소득(범주형 기본소득)

자료 : 조권중 · 최상미 · 장동열(2018) 재작성.

적용 단위	대상 범주(연령별 구분)	
	일반형(A)	생애주기형(B)
개인	1. 경기도민 전체 2. 생산가능집단 3. 성인집단	1. 아동청소년 2. 청년 3. 중장년 4. 노인

표 15-5 경기도 기본소득 모형의 적용대상 범주

를 무엇으로 하고 그 대상을 어느 규모로 할 것인지를 정하는 문제가 남게 된다. 경기도 기본소득 일반 모형은 비록 범주보편성을 허용하는 모형이라 하더라도 그 것이 일반모형의 특성을 띠는 한, 특정 직업에만 한정돼서는 안 된다. 이런 점을 감안할 때 연령적 구분에 의한 대상 범주 설정을 하나의 대안으로 삼을 수 있다. 실제 조권중 · 최상미 · 장동열(2018)은 서울시에서 기본소득을 시행한다는 전제 하에 연령에 의한 대상 구분을 시도하고 있다(표 15-4 참조). 본 연구에서는 이를 참고하여 경기도 기본소득 모형(단기모형)의 특성에 맞는, 보다 단순화된 형태의 연령에 따른 범주 대상을 설정하고자 한다(표 15-5 참조).

ⅱ) 무조건성과 개별성은 당연히 지켜진다.

iii) 주기성의 경우 매년 1회씩 특정 월, 특정 일에 지급하는 방식을 취하는 것으로 한다.

iv) 현금성의 경우 준형기본소득 유형이 반드시 현금만을 고집하는 것이 아닌 만큼 현금성 화폐(지역화폐)를 허용하기로 한다. 이는 실제 경기도 청년기본소득이 경기지역화폐로 지급되는 현실을 일정 정도 반영할 필요가 있기 때문이기도 하다. 이를 종합할 때 경기도 기본소득 일반 모형(단기모형)은 준형기본소득 유형에 관한 한 연령에 의한 범주보편성, 무조건성, 개별성, 주기성, 준현금성을 구성 원칙으로 삼고 있다 할 것이다.

넷째, 1인 월 30만 원을 지급한다. 이는 기초생활보장제도에서 1인 가구 생계급여에 해당하는 월 51만 원에 못 미치는 수준이다. 이는 기초연금 수준에는 부합하는 수준이 되지만, 그렇다고 충분성을 완전히 충족한다고는 할 수 없고, 단지 부분 충분성을 충족하는 부분기본소득 특성을 보인다고 할 수 있다.

다섯째, 충분성을 충족하지 못하는 한 기존 사회복지제도와 약한 통합성을 가질 수밖에 없다. 그런데 경기도의 경우, 기존 사회보장제도를 마음대로 고칠 수 있는 권한이 주어져 있지 않다. 이는 다분히 중앙정부 차원과 국회의 법 개정 차원에서 이루어질 수 있는 사안이다. 따라서 경기도 기본소득 모형에서 상정하는 기존 사회복지제도와의 약한 통합성은 통합성이 없는 상태를 전제하고 가야만 한다. 특히 단기모형인 만큼 더욱 그러하다 할 것이다. 이는 기존 사회보장제도는 그대로 유지한 채 추가적으로 기본소득이 급여형태로 지급되는 방식을 취하는 것을 의미한다. 여섯째, 경기도 기본소득 모형은 앞에서 충분히 논의하였듯이, 일단 정치적 실현가능성은 높다고 볼 수 있다. 뿐만 아니라 재원 조달이 뒷받침되는 수준에 맞는 모형을 찾아 실현한다는 전제 하에 재정적인 실현가능성도 높다 할 것이다. 그렇지만 여기서 재원 조달이 뒷받침되고 재정적으로 실현가능성이 확보되는 수준의 모형이 무엇이냐를 특정하는 일은 여전히 남게 된다. 이에 대해서는 후술한다.

	일반형 집단	인구수	생애주기형 집단	인구수
개인	전체인구	13,077,153	아동청소년	2,594,752
	생산가능집단	11,223,160	청년	3,698,625
	성인집단	10,482,401	중장년	5,231,975
	–	–	노인	1,551,801

표 15-6 경기도 인구수(기본소득 추계용)

주) 아동청소년(0~19세), 청년(20~39세), 중장년(40~64세), 노인(65세 이상)

경기도 기본소득 모형의 재정적 실현가능성 검토

1. 경기도 · 시군 비매칭 사업의 경우

1) 전형적인 경기도 기본소득 모형(단기모형)

경기도 기본소득 모형이 지자체 모형인 만큼 재정적 실현가능성도 지자체 맥락에서 다룰 필요가 있다. 서울시를 대상으로 하는 조권중 외(2018)의 연구가 경기도 기본소득 모형의 재정적 실현가능성을 검토하는 데 유용한 자료가 될 수 있다. 서울시가 경기도와 인구나 재정 규모 등에서 유사한 점이 많기 때문이다. 다만, 서울시에 적용된 분석틀을 적용할 경우, 경기도의 가용 복지예산의 규모가 서울시보다 작다는 점에서 서울시와 동일한 규모의 기본소득을 지급하는 안은 그 실행 가능성에서 더 폭이 좁은 결과가 나올 수 있다. 본 연구에서는 이런 점들을 고려하면서 서울시에 적용된 분석틀을 가능한 단순화한 상태에서 경기도 기본소득 지급액을 추계하고, 그 재정적 실현가능성을 검토하고자 한다.

적용대상 인구수(외국인 제외) 관련 자료와 경기도 복지예산 자료(본청 기준)는 2018년 말 기준 경기도 통계 자료를 사용한다(표 15-6 참조). 경기도 기본소득 모형(단기모형)에서 채택하고 있는 기본소득 지급액은 1인당 월 30만 원이므로 지급대상 인구수에 이 지급금액을 곱하면, 총 지급액 규모를 추계할 수 있다.

경기도 기본소득 모형(단기모형)의 기본소득 지급액 추계 결과는 다음과 같다(표 15-7 참조). 이는 경기도민 개개인에게 소득이나 재산에 대한 조사 없이, 그리고 추가적인 노동 의사 여부를 묻지 않고, 1년에 1회씩 월 30만 원을 현금 내지는 지역화폐로 지급하고, 기존 사회복지제도를 그대로 유지한다고 했을 때 각 범주별

지급대상	기본소득 지급액	지급대상	기본소득 지급액
전체인구	4,707,775	아동청소년	934,111
생산가능집단	4,040,338	청년	1,331,505
성인집단	3,773,664	중장년	1,883,511
–	–	노인	558,648

표 15-7 경기도 기본소득 모형(단기모형) 기본소득 지급액 추계
주) 아동청소년(0~19세), 청년(20~39세), 중장년(40~64세), 노인(65세 이상)

총 지급액 규모를 나타내준다.

이들 범주별 지급액 규모의 재원을 조달하는 방법은 단기모형인 만큼 크게 두 가지, 즉 ① 자체예산, ② 자체예산+기금 또는 수익사업이 적용될 수 있다. 각각에 대해 살펴보면 다음과 같다.

첫째, 자체예산에 의한 재원 조달. 2018년 말 기준 경기도 총예산 지출 규모는 약 25조 1,395억 원이며, 사회복지 지출 규모는 약 6조 8,910억 원이다. 이에 비춰 볼 때, 표 15-7에서 제시한 경기도 기본소득 모형(단기모형)의 기본소득 지급액의 비중은 표 15-8과 같이 제시할 수 있다. 일단 산술적인 계산결과만을 놓고 판단 할 때 총예산을 가용하든 복지예산만을 가용하든 재정적으로 실행가능한 지급대 상 범주는 존재하지 않는다.

둘째, 자체예산과 기금 또는 수익사업을 결합한 상태에서의 재원 조달. 이는 자 체예산만으로는 경기도 기본소득모형(단기모형)은 재정적으로 실행가능성이 없는 만큼 자체예산에만 의존하지 않고 경기도가 적극적으로 다른 방안, 즉 기금을 조 성한다거나 도 공유재산 등을 활용한 수익사업을 통해 재원을 마련하는 방법을 말 한다. 여기서 중요한 것은 기금이나 수익사업에 의해 얼마만큼의 재원을 조달할 수 있느냐이다. 이와 관련하여 단기모형인 점을 감안하여 기금 조성은 중기모형에 서 반영되는 것으로 하고, 수익사업을 통한 재원 조달만 고려하되 가장 단순한 한 가지만 고려하기로 한다. 즉, 경기도 공유재산 수익을 일종의 배당권으로 설정하 여 경기도 기본소득 모형의 범주 대상에 기본소득으로 지급하는 것이다. 그 논리

지급대상	비중		지급대상	비중	
	총예산 대비	복지예산 대비		총예산 대비	복지예산 대비
전체인구	1,873	6,832	아동청소년	372	1,356
생산가능집단	1,607	5,863	청년	530	1,932
성인집단	1,501	5,476	중장년	749	2,733
-	-	-	노인	222	811

표 15-8 경기도 예산 대비 기본소득 모형(단기모형)의 지급액 비중(비매칭사업)
주) 아동청소년(0~19세), 청년(20~39세), 중장년(40~64세), 노인(65세 이상)

적 근거는 대한민국헌법 제1조의 규정에 따라 대한민국의 주인이 국민이라면 대한민국 정부와 지방자치단체의 국공유재산의 주인도 국민이라 할 수 있으며, 따라서 경기도민들은 경기도 공유재산의 수익에 대해 1/n의 배당을 요구할 수 있는 권리가 있다는 데서 찾을 수 있다. 2018년도 현재 경기도 공유재산 총규모는 약 27조 8,000억 원에 해당한다. 이를 전문 자산운용사를 통해 수익사업화한다고 하고, 평균 연수익률 2%를 안정적으로 확보한다고 설정해 볼 수 있다. 이를 통해 조달가능한 재원은 연 5,560억 원에 해당한다.

이외에도 21장에서 제시하고 있는 기본소득 재원 조달 다양화 방안의 각종 사업들 중에서 현실적으로 적용가능한 경우들을 고려한다면 추가로 조달할 수 있는 재원들이 있을 것이다. 하지만 본 모형에서의 재원 조달 방안이 단기에 적용할 수 있는 경우에 한정하는 데 반해, 이들 방안은 대체로 중장기에 해당해 보이므로 일단 고려대상에서 제외하도록 한다. 다른 한편으로 20장에서 제시하고 있는 재원 조달 확충방안으로 경기도 기존 예산에서 기본소득으로 전환해야만 할 예산항목과 예산액에 근거해 보면, 대략 5,165억 원의 기본소득 재원이 확보 가능하다. 당장에 이 예산을 기본소득 예산으로 전환하는 것은 진통이 따를 것으로 보여 현실적 대안으로 삼기에 무리가 있다 할 것이나, 충분히 단기모형에서도 고려해볼 만한 재원 확충방안으로 판단된다.

추가적인 기본소득 재원을 도유재산을 활용한 수익화 사업을 펼쳐 나오는 수익금에서 충당할지, 아니면 기존 예산의 전환에서 할지 또는 둘 다를 취할지에 따라 추가 재원의 규모는 달라질 것이고, 그만큼 경기도 기본소득 모형은 재원 조달 측면에서 더 유연하고 강건한 모형이 될 수 있을 것이다. 다만, 본 연구에서는 그 가능성은 열어두되, 한 가지 대안만 고려해 반영하도록 한다. 도유재산 활용 수익화 방안이 그것이다. 둘 다를 취하는 것은 현실성이 떨어진다고 보며, 기존 예산의 전환에 의한 조달 가능한 예산 규모와 비교해도 엇비슷하여 둘 중 하나를 택한다고 해도 별 차이는 없어 보이기 때문이다. 대표적으로 도유재산 수익화 방안에 의한 추가 재원 조달을 모형 속에서 고려하기로 한다. 그런데 이를 경기도 복지 기반 자체예산에 합하더라도 경기도 기본소득모형(단기모형)의 어떤 범주 대상에도 재정적으로 실행가능한 재원 조달은 존재하지 않는다.

2) 비전형적인 경기도 기본소득 모형(단기모형)

재정적으로 실행가능한 경기도 기본소득모형(단기모형)이 존재하기 위해서는 기존에 설정한 범주 대상과는 다른 범주 대상을 설정하는 접근법이 필요하다. 현실적으로 적용대상 수가 대폭 줄어드는 범주를 설정하려 들면 **표 10-6**에서의 일반형 집단이 아닌 생애주기형 집단이 그 대상이 될 수밖에 없다.

생애주기형 집단 각각에서 재정적으로 실행가능한 하위 범주를 찾는 것은 각 생애주기별 범주 내에서 적정한 연령묶음을 설정하면서 시도해 볼 수 있다. 이 경우도 재원 조달에 의한 재정적 실현가능성은 경기도 복지예산만으로 재원을 조달할 경우와 경기도 복지예산에다가 자체 수익사업을 통해 얻는 재원을 합쳐서 조달하는 경우로 구별해서 판단해 볼 수 있다.

이를 위한 기초자료가 되는, 전체 도민의 각 연령별 인구 규모와 이들에게 지급할 기본소득 금액의 총액을 계산한 내용과 지급액 규모가 경기도 복지예산에서 차지하는 비중 및 지급액 규모에서 수익사업에 의한 수익금을 제외한 상태의 지급액이 경기도 복지예산에서 차지하는 비중은 **표 15-9**에 제시되어 있다.

지급액 규모가 경기도 복지예산에서 차지하는 비중이 모든 연령층 각각에서 100%를 넘지 않으므로 어느 특정 한 연령층만을 대상 범주로 삼을 경우 이는 재

연령	인구수 (명)	지급액 (억원/년)	비중(%)		연령	인구수 (명)	지급액 (억원/년)	비중(%)	
			(A)	(B)				(A)	(Bs)
0세	87,536	3,151	4.6	56.7	51세	219,711	7,773	11.3	142.3
1세	100,422	3,615	5.2	65.0	52세	208,300	8,371	12.1	134.9
2세	115,769	4,168	6.0	75.0	53세	217,074	8,659	12.6	140.6
3세	125,398	4,514	6.6	81.2	54세	213,038	8,686	12.6	137.9
4세	124,626	4,487	6.5	80.7	55세	197,325	9,077	13.2	127.8
5세	124,129	4,469	6.5	80.4	56세	216,368	8,773	12.7	140.1
6세	138,367	4,981	7.2	89.6	57세	218,985	8,747	12.7	141.8
7세	134,080	4,827	7.0	86.8	58세	218,362	8,628	12.5	141.4
8세	133,134	4,793	7.0	86.2	59세	197,139	7,910	11.5	127.6
9세	126,395	4,550	6.6	81.8	60세	181,541	7,499	10.9	117.5
10세	131,986	4,751	6.9	85.5	61세	172,655	7,815	11.3	111.8
11세	138,067	4,970	7.2	89.4	62세	153,441	7,669	11.1	99.4
12세	125,338	4,512	6.5	81.2	63세	155,861	7,104	10.3	100.9
13세	119,285	4,294	6.2	77.2	64세	131,269	7,789	11.3	85.0
14세	129,461	4,661	6.8	83.8	65세	111,572	7,883	11.4	72.2
15세	132,984	4,787	6.9	86.1	66세	218,362	7,861	11.4	80.0
16세	131,903	4,749	6.9	85.4	67세	197,139	7,097	10.3	51.9
17세	147,365	5,305	7.7	95.4	68세	181,541	6,535	9.5	58.2
18세	167,613	6,034	8.8	108.5	69세	172,655	6,216	9.0	58.2
19세	160,894	5,792	8.4	104.2	70세	153,441	5,524	8.0	58.2
20세	163,893	5,900	8.6	106.1	71세	155,861	5,611	8.1	59.7
21세	170,120	6,124	8.9	110.1	72세	75,041	4,726	6.9	48.6
22세	172,023	6,193	9.0	111.4	73세	66,276	4,017	5.8	42.9
23세	178,899	6,440	9.3	115.8	74세	66,983	4,451	6.5	43.4
24세	181,580	6,537	9.5	117.6	75세	66,013	2,887	4.2	42.7
25세	182,287	6,562	9.5	118.0	76세	78,177	3,235	4.7	50.6
26세	188,013	6,768	9.8	121.7	77세	64,404	3,236	4.7	41.7
27세	182,962	6,587	9.6	118.5	78세	55,832	3,238	4.7	36.2
28세	165,548	5,960	8.6	107.2	79세	55,602	3,319	4.8	36.0
29세	163,729	5,894	8.6	106.0	80세	49,818	2,701	3.9	32.3
30세	163,703	5,893	8.6	106.0	81세	44,967	2,386	3.5	29.1
31세	161,680	5,820	8.4	104.7	82세	40,779	2,411	3.5	26.4
32세	164,940	5,938	8.6	106.8	83세	37,428	2,376	3.4	24.2
33세	173,884	6,260	9.1	112.6	84세	31,539	2,814	4.1	20.4
34세	176,380	6,350	9.2	114.2	85세	25,756	2,319	3.4	16.7
35세	200,997	7,236	10.5	130.1	86세	22,693	2,010	2.9	14.7
36세	221,704	7,981	11.6	143.5	87세	17,673	2,002	2.9	11.4

37세	230,080	8,283	12.0	149.0	88세	15,630	1,793	2.6	10.1
38세	229,389	8,258	12.0	148.5	89세	13,541	1,619	2.3	8.8
39세	226,814	8,165	11.8	146.9	90세	10,838	1,468	2.1	7.0
40세	197,953	7,126	10.3	128.2	91세	8,532	1,347	2.0	5.5
41세	214,353	7,717	11.2	138.8	92세	6,022	1,135	1.6	3.9
42세	209,884	7,556	11.0	135.9	93세	4,763	927	1.3	3.1
43세	215,918	7,773	11.3	139.8	94세	3,550	817	1.2	2.3
44세	232,539	8,371	12.1	150.6	95세	3,209	636	0.9	2.1
45세	240,523	8,659	12.6	155.7	96세	2,405	563	0.8	1.6
46세	241,266	8,686	12.6	156.2	97세	1,541	487	0.7	1.0
47세	252,135	9,077	13.2	163.3	98세	1,128	390	0.6	0.7
48세	243,689	8,773	12.7	157.8	99세	788	307	0.4	0.5
49세	242,971	8,747	12.7	157.3	100세 이상	3,602	217	0.3	2.3
50세	239,675	8,628	12.5	155.2					

표 15-9 경기도민 연령별 기본소득 지급금액 및 비중(비전형 모형 및 비매칭사업)

주) (A) 기본소득 지급액/경기도 복지예산(2018년 말 기준)
(B) 기본소득 지급액/수익사업 수익금

정적으로 실행가능한 모형이 될 수 있다. 이뿐만 아니라 연령의 폭을 넓게 잡아도 재정적으로 실행가능한 경우가 많이 생길 수 있다. 하지만 실제 현실에서는 전체 복지예산 중 가용한 수준이 있기 마련이다. 엄밀히 말해 기존 복지예산은 경직성 경비가 대부분을 차지하여 기존 예산에서 기본소득 사업예산을 확보하는 것은 거의 불가능하고, 경기도가 기본소득 사업과 관련하여 새롭게 예산을 편성할 때 경기도 전체 가용예산 중 일부를 융통하여 예산을 확보할 수 있게 된다. 그런 맥락에서 볼 때 기존 복지예산 대비 비율을 가지고 재정 차원의 실행가능 여부를 판단하는 것은 불합리하다 할 것이다. 다만, 기본소득 사업(신규)에 타 부문 가용예산을 사용한다고 하더라도 기존 복지예산 항목의 일환으로 포함하여 복지예산 범위 내에서 산정할 것인 바, 복지예산 대비 비율을 사업 예산규모의 적정성 판단 기준으로 삼아도 된다고 할 것이다.

현실적으로 경기도 기본소득 지급 가용예산의 규모가 기존 복지예산의 10%를 초과하는 경우는 실행 불가능한 경우라고 보는 것이 합당하다. 그렇다고 허용 범위를 10% 미만으로 설정하는 데는 어떤 객관적 이유가 있는 것은 아니다. 다만,

복지재정으로 지자체의 고유 사업을 하는 것은 상당히 제한되지만 정책적 의지를 반영할 경우 최대치를 10%까지 잡아도 될 것으로 보인다. 그렇더라도 실질적으로는 5% 수준을 마지노선으로 보는 것이 현실적이라고 판단된다.

① 한 연령층만을 범주로 삼을 경우

먼저 경기도 복지예산만으로 재원을 조달할 경우를 살펴보면, 0세와 75세 이상의 연령층에서만 실행가능하게 된다. 반면에 수익사업 수익금만으로 재원을 충당할 경우는 0세~17세, 62세, 64세부터~100세 이상의 연령층에서 실행가능하다. 그런데 경기도 복지예산에 수익사업 수익금을 합한 상태에서 재원을 조달할 경우에는 47세만 제외하면 모든 연령층에서 실행가능하게 된다. 이 둘의 재원을 합쳐서 연간 지급액 규모가 9,005억 원(≒5560억 원 +0.05*6조 8910억 원)을 넘지 않아야 실행 가능해지는데, 47세에 대한 지급액은 9,077억 원이기 때문이다.

② 두 연령층을 합쳐서 범주로 삼을 경우

경기도 복지예산만으로 재원을 조달할 경우에는 초고령층에서만(88세부터 두 연령층의 조합) 실행가능하게 된다. 반면에 경기도 복지예산에 수익사업 수익금을 합한 상태인 경우 실행가능한 경우가 생기기는 하나, 한 연령층에 적용할 경우에 비해 많이 줄어든다고 할 것이다. 구체적으로 특정 연령을 기준으로 삼고, 이 연령과 합칠 수 있는 연령은 대체로 0세~17세 및 70세~100세 이상에서 찾을 수 있다. 이는 미성년층과 고령층이 주 대상이 될 것을 의미하므로 대상 범주가 특정 연령대에 치우쳐 있어 일반 모형으로서 인정받기에는 문제가 있다 할 것이다.[7]

이를 종합해 보면, 경기도 기본소득 모형(단기모형)은 전형적인 형태의 경우 재정적으로 실행가능하지 않으며, 비전형적인 경우엔 실행가능한 범주를 찾을 수 있

---

7. 세 연령층을 합쳐서 범주로 삼을 경우는 실행 가능한 두 연령층을 합쳤을 경우에 제시한 가능 연령조합의 범위 내에서 해당 연령조합이 대폭 줄어들 것으로 굳이 부연해서 설명할 필요는 없어 보인다.

지급대상	비중		지급대상	비중	
	총예산 대비	복지예산 대비		총예산 대비	복지예산 대비
전체인구	936	3,416	아동청소년	186	678
생산가능집단	804	2,932	청년	265	966
성인집단	751	2,738	중장년	375	1,367
−	−	−	노인	111	405

표 15-10 경기도 예산 대비 기본소득 모형(단기모형)의 지급액 비중(50:50 매칭사업)

다. 이러한 비전형적인 형태의 모형은 대상 범주를 특정 연령으로 설정하는 것으로서 경기도 복지예산에만 전적으로 의존할 경우 0세와 75세 이상에서 실행가능해진다. 반면에 복지예산에 수익사업에 의한 수익금을 더하여 재원을 충당하게 되면, 한 연령층 범주 사업은 거의 모든 연령에서 실행가능해지고, 심지어 두 연령층을 묶어서 범주로 삼아도 많은 경우에 실행가능성을 확보할 수 있게 된다. 다만, 그 연령층 조합이 미성년과 고령층에 한정되는 약점이 있기는 하다.

2. 경기도 · 시군 매칭 사업의 경우

1) 전형적인 경기도 기본소득 모형(단기모형)

경기도 기본소득 모형을 실행하는 데 소요되는 재원을 경기도와 31개 시 · 군이 매칭사업 형태로 분담할 경우에 그 분담비율은, 앞에서 언급하였듯이, 경기도 부담 대 시 · 군 부담을 50:50으로 가져간다. 이런 상황 하에서도 전형적인 경기도 기본소득 모형(단기모형)에서 경기도 예산으로 재원 조달하는 경우 재정적으로 실행가능한 지급대상 범주는 존재하지 않는다. 모든 경우에서 조달가능한 재원 대비 지급규모가 100%를 넘기 때문이다(표 15-10 참조).

다음으로 경기도 자체 예산과 기금 또는 수익사업을 결합한 상태에서의 재원 조달의 경우에서도 재정적으로 실행가능한 경기도 기본소득 모형(단기모형)의 범주 대상을 찾을 수가 없다.

연령	지급액 (억원/년)	비중(%)		연령	지급액 (억원/년)	비중(%)	
		(A)	(B)			(A)	(Bs)
0세	1,576	2.3	28.3	51세	3,955	5.7	71.1
1세	1,808	2.6	32.5	52세	3,749	5.4	67.4
2세	2,084	3.0	37.5	53세	3,907	15.7	70.3
3세	2,257	3.3	40.6	54세	3,835	5.6	69.0
4세	2,243	3.3	40.3	55세	3,552	5.2	63.9
5세	2,234	3.2	40.2	56세	3,895	5.7	70.0
6세	2,491	3.6	44.8	57세	3,942	5.7	70.9
7세	2,413	3.5	43.4	58세	3,931	5.7	70.7
8세	2,396	3.5	43.1	59세	3,549	5.1	63.8
9세	2,275	3.3	40.9	60세	3,268	4.7	58.8
10세	2,376	3.4	42.7	61세	3,108	4.5	55.9
11세	2,485	3.6	44.7	62세	2,762	4.0	49.7
12세	2,256	3.3	40.6	63세	2,805	4.1	50.5
13세	2,147	3.1	38.6	64세	2,363	3.4	42.5
14세	2,330	3.4	41.9	65세	2,008	2.9	36.1
15세	2,394	3.5	43.1	66세	2,225	3.2	40.0
16세	2,374	3.4	42.7	67세	1,444	2.1	26.0
17세	2,653	3.8	47.7	68세	1,617	2.3	29.1
18세	3,017	4.4	54.3	69세	1,618	2.3	29.1
19세	2,896	4.2	52.1	70세	1,619	2.3	29.1
20세	2,950	4.3	53.1	71세	1,659	2.4	29.8
21세	3,062	4.4	55.1	72세	1,351	2.0	24.3
22세	3,096	4.5	55.7	73세	1,193	1.7	21.5
23세	3,220	4.7	57.9	74세	1,206	1.7	21.7
24세	3,268	4.7	58.8	75세	1,188	1.7	21.4
25세	3,281	4.8	59.0	76세	1,407	2.0	25.3
26세	3,384	4.9	60.9	77세	1,159	1.7	20.9
27세	3,293	4.8	59.2	78세	1,005	1.5	18.1
28세	2,980	4.3	53.6	79세	1,001	1.5	18.0
29세	2,947	4.3	53.0	80세	897	1.3	16.1
30세	2,947	4.3	53.0	81세	809	1.2	14.6
31세	2,910	4.2	52.3	82세	734	1.1	13.2
32세	2,969	4.3	53.4	83세	674	1.0	12.1
33세	3,130	4.5	56.3	84세	568	0.8	10.2
34세	3,175	4.6	57.1	85세	464	0.7	8.3
35세	3,618	5.3	65.1	86세	408	0.6	7.3
36세	3,991	5.8	71.8	87세	318	0.5	5.7

37세	4,141	6.0	74.5	88세	281	0.4	5.1
38세	4,129	6.0	74.3	89세	244	0.4	4.4
39세	4,083	5.9	73.4	90세	195	0.3	3.5
40세	3,563	5.2	64.1	91세	154	0.2	2.8
41세	3,858	5.6	69.4	92세	108	0.2	1.9
42세	3,778	5.5	67.9	93세	86	0.1	1.5
43세	3,887	5.6	69.9	94세	64	0.1	1.1
44세	4,186	6.1	75.3	95세	58	0.1	1.0
45세	4,329	6.3	77.9	96세	43	0.1	0.8
46세	4,343	6.3	78.1	97세	28	0.0	0.5
47세	4,538	6.6	81.6	98세	20	0.0	0.4
48세	4,386	6.4	78.9	99세	14	0.0	0.3
49세	4,373	6.3	78.7	100세 이상	65	0.1	1.2
50세	4,314	6.3	77.6				

표 15-11 경기도민 연령별 기본소득 지급금액 및 비중(비전형 모형 및 50:50 매칭사업)

주) (A) 기본소득 지급액/경기도 복지예산(2018년 말 기준)

(B) 기본소득 지급액/수익사업 수익금

2) 비전형적인 경기도 기본소득 모형(단기모형)

비매칭사업의 경우에 해당하는 **표 15-9**의 자료는 매칭사업인 경우로 전환할 경우 **표 15-11**과 같이 제시할 수 있다.

① 한 연령층만을 하나의 범주로 삼을 경우

경기도 복지예산만으로 재원 조달을 할 경우에는 실행가능한 연령 범주는 35세 ~50세를 제외한 전 연령층이 해당한다. 수익사업 수익금만으로 재원 조달을 할 경우 전 연령층 각각의 범주에 대해서 모두 다 실행가능하다는 결과가 나온다. 이는 재원 조달에 관한 한 굳이 경기도 복지예산에 의존할 이유가 없다는 것을 말한다.

② 두 연령층을 합쳐서 하나의 범주로 삼을 경우

경기도 복지예산만으로 재원을 조달할 경우엔 재정적으로 실행가능한 범주는 다음과 같은 조합에서 찾을 수 있다. 즉, ① 0세와 1세의 조합, ② 60세~100세 이상 연령구간에서 두 연령의 조합, 그리고 ③ 0세~34세에서 한 연령층을 선정하고,

구분	복지예산 충당(A)	사업수익금 충당(B)	혼합(A+B)
단독 연령층	모든 연령층 (35세~50세 제외)	모든 연령층	모든 연령층
2개 인접 연령층	① 0세와 1세의 조합 ② 60세~100세 이상 연령 구간 에서 두 연령층의 조합 ③ 0세~34세에서의 한 연령층과 60세~100세 이상에서 한 연 령층의 조합	무수히 많은 조합 가능 (18세~61세 연령구간 내 두 연령층의 조합 제외)	모든 연령층에서 임의의 두 연령층의 조합 가능
3개 인접 연령층	–	–	① 아동청소년 그룹 모두 에서 17가지 조합 ② 61세~100세 이상 그룹에서 38가지 조합
4개 인접 연령층	–	–	① 아동청소년 그룹에서 3가지 조합(0세~3세, 1세~4세, 2세~5세) ② 64세~100세 이상 구간에서 37가지 조합
5개 인접 연령층	–	–	65세~100세 이상 구간에 서 32가지 조합

표 15-12 재정적으로 실행가능한 경기도 기본소득 단기모형(비전형 및 50:50 매칭사업)의 대상 범주

60세~100세 이상에서 또 다른 한 연령층을 선정한 후 이 둘의 조합 등.

수익사업 수익금만으로 재원 조달을 할 경우 18세~61세 연령구간 내에서 두 연령층을 선정하여 이들을 조합하는 것을 제외하고는 전 연령층에서 적절한 두 연령층을 선정하여 조합할 수 있는 경우가 수없이 많이 존재한다.

경기도 복지예산과 수익사업 수익금을 결합한 재원 조달의 경우 전체 연령에서 가장 지급금액이 큰 두 연령이 47세와 48세인데, 이들의 지급금액을 합쳤을 경우 8,924억 원에 해당하여 9,005억 원을 넘지 못한다. 따라서 이에 입각해 판단해 볼 때 전 연령 구간에서 어떠한 두 연령층을 선정하여 결합시키더라도 재정적으로 실행가능하다고 할 수 있다.

③ 여러 연령층을 조합하여 하나의 범주로 삼을 경우

여러 연령층을 조합하여야 하는 경우를 논하므로 재원 조달의 가능성을 최대한

으로 잡는 것을 전제하고 가는 것이 합리적이라 판단되어 여기서는 경기도 복지예산과 수익사업 수익금을 결합한 재원 조달의 경우만 고려하기로 한다. 행정적 편의성 등을 감안하면, 현실에서 정책을 설계할 때 인접 연령들을 하나로 묶는 방식을 취하기가 쉽다. 이 점을 고려하여 가급적 생애주기형 범주 각각의 연령구간 내에서 인접연령을 하나로 묶되 재정적으로 허용되는 최대한의 연령층 수를 잡으면 다음과 같다.

첫째, 3개의 연령층을 하나로 묶을 수 있는 경우. ① 아동청소년 그룹 모두에서 인접한 연령 묶음으로 3개의 연령을 취할 수 있는 17가지 조합이 생긴다. ② 61세~100세 이상 그룹에서 인접한 연령 묶음으로 3개의 연령을 취할 수 있는 38가지 조합이 생긴다.

둘째, 4개의 연령층을 하나로 묶을 수 있는 경우. ① 아동청소년 그룹에서 3가지 경우, 즉 0세~3세, 1세~4세, 2세~5세, ② 노인 그룹에서는 64세~100세 이상 구간에서 인접한 연령 묶음으로 4개의 연령을 취할 수 있는 37가지가 생긴다.

셋째, 5개의 연령층을 하나로 묶을 수 있는 경우. 노인 그룹인 65세~100세 이상 구간에서 32가지 조합이 생긴다.[8]

내용 정리

앞에서 논의한 내용을 종합해 보면, 결론적으로 재정적으로 실행가능한 경기도 기본소득 모형(단기모형)은 존재한다고 할 수 있다. 구체적으로 경기도 기본소득 모형(단기모형)은 비전형적인 형태의 경우이면서 매칭사업인 경우 경기도가 재정적으로 실행가능한 범주들을 찾을 수 있었다. 이러한 비전형적인 형태의 모형은 대상 범주를 특정 연령으로 설정하는 것으로서 경기도 복지예산에만 전적으로 의

---

8. 6개 이상의 연령층을 하나로 묶을 수 있는 경우도 존재하나, 모두 다 노인 그룹 내에서 생기므로 본 연구에서는 5개 연령층을 하나로 묶는 경우에 한해서 논하는 것으로 만족한다.

존할 경우라 할지라도 많은 실행가능한 범주를 구성할 수 있으며, 여기에 수익사업 수익금까지 재원에 포함시킬 경우 재정적으로 실행가능한 범주의 수는 대폭 늘어나게 된다. 비록 노인그룹에 한정되기는 하나 5개 이상의 연령층을 하나로 묶는 경우도 여러 개 존재한다. 아동청소년 그룹에서 실행가능한 범주를 찾고자 할 때에는 3개 연령층을 묶는 경우가 전 아동청소년 그룹에서 가능해지고, 그 조합수도 17가지나 된다.

특히 그 적용대상 범주가 특정 연령층에 한정할 경우와 순수 경기도 복지예산만이 아닌 수익사업 수익금을 합쳐서 재원 조달을 하면서 그것도 매칭사업인 경우 실행가능한 경기도 기본소득 모형(단기모형)은 그 적용 대상으로서 가능한 연령이 다양해지고 넓어지는 특징을 보인다.

지금까지 연령에 따른 적용대상 범주를 설정하여 기본소득을 다루는 모형을 논의했다. 이러한 한계를 벗어나 더 확장된 범주를 적용하는 경우를 고려해 볼 수도 있을 것이다. 예를 들어 농민, 장애인, 문화예술인 등을 범주로 설정하고 기본소득 모형을 구축할 수도 있다. 이러한 형태의 범주 기본소득을 고려하는 이유로 이상형 기본소득인 정형기본소득으로 가기 위한 이행 내지 과도기적 기본소득이 필요하고, 따라서 이런 방향에서 기본소득 모형을 고려한다는 점도 있다. 다만, 이러한 범주를 대상으로 한 기본소득 모형은 일종의 현실적 방편으로 수용하는 것이라는 점을 분명히 해야 한다. 이들은 그 구체적인 내용이나 형태가 준형기본소득 유형에서 벗어나 자칫 유사기본소득 유형에 가까울 수도 있기 때문이다. 이러한 점을 분명히 인식하면서 현실적 필요에 의해 이들 모형을 적용하려 한다면, 이는 의지의 실천 문제가 된다고 할 것이다.

경기도 적정 기본소득액 추정

유영성·마주영

경기도는 현재 청년기본소득 사업을 실시하고 있다. 이에 의하면, 경기도는 경기도에 3년 이상 거주한 만 24세 청년 개개인에게 분기별로 25만 원, 연간 최대 100만 원을 지급한다. 이 금액이 산정되는 데는 여러 가지 이유와 충분한 검토가 있었을 것이다. 다만, 이의 적정성을 도민들의 선호에 입각하여 판단하기 위한 경제학적 연구결과는 아직까지 없는 실정이다. 그렇다고 현재 실행 중인 사업의 지급액의 적정성을 다시 따지는 것은 현재 상태에서는 크게 의미 있는 일은 아니다. 사업의 사후 종합평가 때 판단하면 될 일이기 때문이다. 그렇더라도 향후 경기도민에게 기본소득이 지급될 경우를 상정하여 경기도민들이 자신들의 선호에 입각해 적정하다고 표현하는 금액이 얼마인지를 추정해 보는 것은 정책적으로나 학술적으로도 의미 있는 일이다. 이는 경기도 청년(만 24세)에만 국한한 것이 아니고, 도민 전체를 대상으로 하는 일반모형을 찾는 과정에서 적정 기본소득 지급액을 추정하는 일이기에 경기도가 경기도 기본소득 일반모형을 구하려 한다면 반드시 거처야 할 과제에 해당한다.

본 연구에서 경기도민이 적정하다고 생각하는 기본소득액이 얼마인지를 추정하고자 한다. 이는 구체적으로 기본소득 지급의 근본 취지에 해당하는 것의 가치를 추정하는 것을 말한다. 기본소득 지급의 근본 취지는 "사람들에게 생계유지가 가능한 최소한의 경제적 뒷받침을 통해 그들이 실질적(경제적) 자유를 누릴 수 있게 하고 타인의 지배와 착취로부터 벗어나 인간의 존엄과 인권을 보장하는 것"을 말한다.

사람들은 기본소득이 기존에 자신이 노동을 통해 얻는 수입을 (그것이 얼마이든지 간에) 보완하는 역할을 하는 것으로 볼 수도 있고, 소득이 전혀 없거나 미미한 수준에 머무는 경우에는 온전한 자신의 주된 수입 역할을 하는 것으로 볼 수도 있다. 어떤 상황이라고 하더라도 기본소득은 그 근본 취지에 부합하는 데서 오는 가치를 지니게 된다. 이 가치의 크기가 곧 기본소득의 적정 금액이라고 할 수 있다. 이러한 기본소득의 근본취지에 부합하는 행태적 사상(사태)은 시장에서 직접 사고파는 재화와 서비스가 아니다. 즉, 전형적인 비시장재라고 할 수 있다. 따라서 이의 가치를 추정하는데 시장에서의 가격 정보가 별로 소용이 없다. 따라서 유용한 정보를 얻어쓰기 위한 다른 방법론이 필요하다.

비시장재 가치를 추정하는 것은 방법론적으로 여러 가지 접근이 가능하지만, 본 연구에서는 재화나 서비스 등의 가치나 평가대상의 금액은 그의 수용자가 자신의 주관적 선호에 입각해 구체적인 값을 부여함으로써 정해질 수 있다는 이론적 입장을 따른다. 그리고 이러한 이론적 입장에 부합하도록 개발된 방법론을 적용한다. 구체적으로 해당 방법론은 조건부가치측정법Contingent Valuation Method, CVM이다. 이를 이용하여 경기도민이 선호하는 적정 기본소득(평가대상)의 금액, 즉 기본소득의 근본취지에 부합하는 행태적 사상이 지니는 가치를 추정하고자 한다.

CVM은 설문조사를 통해 재화나 평가대상에 대한 화폐적인 지불의사액을 구해내는 기법으로 이론적 토대가 확고하고 방법론상의 장점을 지니며, 더 나아가 실제 시장에서 구체적으로 구현된 상황이 아닌 미래 상황 하의 재화나 서비스 또는 평가대상의 가치(금액) 추정에 유용하다.

가치 평가를 하기 위한 질문 방식에는 개방형과 폐쇄형이 있다. 개방형은 구체적으로 얼마가 적정한 가치인지 직접 표현하도록 하는 방식이다. 이는 과대 추정의 편의로 인해 최근 들어 채택되지 않는 방식이다. 반면, 폐쇄형은 적정한 가치를 직접 표현하도록 하기보다 간접적인 방식을 통해 선호를 표출하도록 하고, 이 현시 선호를 경제적으로 해석하는 방법을 거쳐 가치를 도출해 내는 방식이다. 이는 과대 추정의 편의에서 자유로울 수 있다는 장점이 있다. 이를 감안하여 본 연구에서는 폐쇄형 방식을 사용한다.

폐쇄형 방식은 크게 몇 가지 선택지를 제시하는 카드제시형과 양분선택형으로 구분할 수 있다. 카드제시형 방식도 유용할 수 있으나, 질문자의 의도가 시작부터 응답자의 선호를 제약하는 문제, 즉 닻 효과anchoring effect가 있고, 응답자조차 여러 개 중에서 전략적 선택을 할 수 있어 참값에서 벗어나 편의가 발생할 여지를 지닌다는 약점이 있다. 이러한 문제를 극복하는 차원에서 폐쇄형 방식 중 특히 주어진 가치 도출 질문에 대해 '예' 또는 '아니오'의 답을 구하는 양분선택형Dichotomous Choice, DC 설문방식을 취하는 CVM은 조사비용이 많이 소요됨에도 불구하고 가장 널리 이용되고 있는 측정 기법 중의 하나로 자리 잡고 있다. 양분선택형 CVM은 확률효용이론에 그 계량경제학적 기초가 있으며(Luce and Suppes, 1965; Manski, 1977), 특히 공익적 성격의 재화나 서비스의 가치 평가에 적절한 기법으로 받아들여지고 있다(Arrow et al., 1993).

우리나라에서도 문화, 정보, 기술, 환경, 교통 및 과학 분야 등 이 기법의 적용범위가 광범위해지고 있다. 우리나라 CVM 연구의 70% 이상이 양분선택형 질문법을 택하고 있으며, 공공사업의 예비타당성 조사에 적용된 CVM 연구들의 대부분이 양분선택형 방법을 채택하고 있다.

이하에서는 경기도민 선호 기반 적정 기본소득액 추정 방법론(폐쇄형)에 대해 논의한 후 이의 추정을 위한 계량모형을 약술하고, 계량모형을 추정하는데 필요한 자료를 수집할 방법을 설명하고, 적정 금액을 추정한다.

도민 선호 기반 적정 기본소득액 추정 방법론

조건부가치측정법

본 연구는 응답자에게 가상 상황(미래 상황)을 제공하고, 예산제약 하에서 자신의 효용을 극대화하는 선택을 통해 다양한 평가대상의 가치를 측정하는 진술선호법Stated Preference Method을 채택한다. 이 진술선호법을 대표하는 것으로 조건부가치측정법CVM이 있다. 이는 기존에 없는 분석 데이터를 설문조사를 통해 생산하는 기법으로서 세계적으로 널리 활용되어 온 기법이다(Mitchell and Carson, 1989; Bateman and Willis, 1999; Bateman et al., 2002).

CVM은 시장자료가 아니라 가상적(미래적) 상황을 설정하여 구한 자료에 의존하므로 설문지나 설문조사 과정에서의 오류가 있거나 비협조적, 비합리적 응답으로 인해 분석결과에 편의가 발생하거나 분석의 신뢰성이 낮아질 위험이 있어 그 유용성이 논쟁거리가 되어왔다(Hausman, 1993; Diamond and Hausman, 1994; Bjornstad and Kahn, 1996).

그럼에도 불구하고 CVM은 소비자 선택이론에 충실하며(Hicks, 1939; Freeman III, 1993) 엄밀한 설문조사 방법론에 입각하여 현재 존재하지 않는 양질의 다양한 정보를 얻을 수 있다는 점에서 유용한 연구방법론으로 인정받고 있다. 또한 CVM 설문조사 및 분석 과정에서의 다양한 편의bias를 줄이기 위해 많은 연구가 진행되어 왔다(Smith, 2006; 엄영숙, 2008).

CVM은 기본적으로 평가대상의 화폐가치를 추정하기 위해 질문방식을 사용한다. 이는 평가대상의 성질이 사회적 피해를 동반하는 것이 아닌 한, 주민들에게 지불의사액을 묻는 방식이 된다.

양분선택 조건부가치측정법(DC CVM)

본 연구는 경기도민 선호 기반 적정 기본소득액 추정에 적용되는 CVM 기법의 경우, 카드 선택형 질문에 의한 가치측정법이 아닌 경우 양분선택형 조건부가치

측정법DC CVM을 채택한다.[1] 그런데 DC CVM은 질문방식에서 단일양분선택Single Bounded Dichotomous Choice, SBDC, 이중양분선택Double Bounded Dichotomous Choice, DBDC 등 다양하게 구분된다. 본 연구는 아래의 이유들 때문에 이들 질문 방식 등 단일양분선택 질문 방식을 이용하고자 한다.

DBDC 질문 방식은 SBDC 모형 질문방식의 바람직한 특성을 유지하는 동시에 관측치의 수를 SBDC 모형보다 두 배로 늘림으로써 SBDC 모형이 직면해 온 통계적 효율성 문제를 극복할 수 있다는 이유 때문에(Hanemann, et al., 1991) 많은 연구자들이 채택해 왔다. 그런데 DBDC 모형은 닻 효과 또는 출발점 편의starting point bias에 취약하여 두 번째 질문에 대한 응답이 첫 번째 질문에 대한 응답에 영향을 받아 편의가 발생하는 일이 벌어질 수 있다.

따라서 DBDC 모형이 통계적 효율성 측면에서 상대적으로 우월한 모형이지만 본 연구에서는 그 약점들을 피하는 차원에서 SBDC 모형을 이용하고자 한다. SBDC 모형도 통계적 효율성 면에서 문제가 없다면 매우 유용한 모형이 된다. 하지만 DBDC 모형의 사용 시 출발점 편의가 나타날 수 있으므로 이러한 한계를 극복하는 차원에서 SBDC 모형을 이용하는 것이 타당하다.[2]

적정 기본소득 금액 추정의 모형

카드선택형 가치 추정 모형

카드선택형 가치 측정법은 경기도민 기본소득의 근본 취지인 도민의 "생계유지가 가능한 최소한의 경제적 뒷받침을 통해 그들이 실질적(경제적) 자유를 누릴 수 있게 하고 타인의 지배와 착취로부터 벗어나 인간의 존엄과 인권을 보장하는

---

1. 물론 카드선택형 조건부가치 측정법도 겸해서 사용할 것이다. 상호 비교함으로써 좋은 시사점을 얻어낼 수 있기 때문이다.
2. DBDC 모형이 아닌 SBDC 모형을 이용하였을 경우, 만약 통계적 유의성을 확보하지 못하면, DBDC 모형을 사용하는 것이 더 적합하다고 할 수 있다.

것"(가상 상징재)에 대한 응답자의 지불의사금액을 미리 만들어 놓고, 응답자가 제시된 여러 개의 선택 카드(금액) 중 하나를 고르면 이 결과를 종합하여 구하고자 하는 값을 계산 내지 통계적으로 추정하는 방법이다.

가장 단순한 방법은 통계적 추정법을 쓰지 않는 방법으로 여러 선택지의 각각에 대해 해당 구간의 평균치 금액을 빈도수와 곱한 후 다시 평균값을 계산하는 것이다. 다음으로 회귀분석을 하는 방법으로 이 경우 종속변수가 여러 선택지가 되고, 각각의 선택지가 구간값(범주 특성)을 가지는 만큼 이에 적합한 회귀분석 모형 형태로 만들어주는 작업이 수반된다. 대체로 각 선택지 값을 카운트 자료화하여 다루는 모형으로 포아송 회귀모형 분석을 하게 된다.

카운트 자료에 적합한 확률분포는 포아송 확률분포이다. 포아송 분포의 pdf는 아래 식(1)과 같다.

(1) $f(Y_i) = \dfrac{\mu^Y e^{-\mu}}{Y!} \quad Y = 0,1,2,....$

여기서 $f(Y_i)$는 변수 Y가 비음인 정수값을 취할 확률을 나타낸다. 이 확률분포에서는 식(2)와 같이 평균값과 분산값이 같다.

(2) $E(Y) = \mu, \quad var(Y) = \mu$

포아송 회귀모형은 식(3)과 같다.

(3) $Y_i = E(Y_i) + u_i = \mu_i + u_i$

여기서 Y들은 각 개인에 대해 평균 μ_i를 갖는 포아송 확률변수로 독립적으로 분포하는데, 식(4)와 같이 표현된다.

(4) $\mu_i = E(Y_i) = \beta_1 + \beta_2 X_{2i} + \cdots + \beta_k X_{ki}$

여기서 X들은 평균값에 영향을 미칠 수 있는 몇몇 변수들이다.

추정을 위한 모형은 식(5)와 같이 쓸 수 있다.

$$(5) \quad Y_i = \frac{\mu^Y e^{-\mu}}{Y!} + u_i$$

여기서 μ는 식(4)로 대체된다.

양분선택형 조건부가치 추정(DC CVM) 모형

양분선택형 조건부가치 추정 모형은 아래와 같이 제시할 수 있다. SBDC 자료로부터 기본소득이 추구하는 근본 취지 및 정신이라는 상징 재화 내지 서비스(비시장재) 지급에 대한 힉스적 보상잉여Hicksian compensating surplus를 도출하기 위하여 확률효용이론(McFadden, 1974) 또는 소위 효용차이접근법utility difference approach(Hanemann, 1984)[3]을 사용할 수 있다. 이에 근거하여 경기도민 기본소득의 근본 취지인 도민의 "생계유지가 가능한 최소한의 경제적 뒷받침을 통해 그들이 실질적(경제적) 자유를 누릴 수 있게 하고 타인의 지배와 착취로부터 벗어나 인간의 존엄과 인권을 보장하는 것"을 위한 지불의사 공식을 구할 수 있다. 이는 다음과 같다.

단일양분선택형 모형의 응답 자료를 사용하는 데 필요한 로짓모형을 다음과 같이 설계하였다. 우선 "생계유지가 가능한 최소한의 경제적 뒷받침을 통해 그들이 실질적(경제적) 자유를 누릴 수 있게 하고 타인의 지배와 착취로부터 벗어나 인간의 존엄과 인권을 보장하는 것"을 통해 도민이 얻는 추가적인 만족, 즉 효용을 얻는 도민이 추가적인 효용의 대가로 제시액bid B를 지불할 것인지 결정해야 한다고 하자. 경제주체인 경기도민은 스스로의 효용함수를 극대화시킬 지불의사액 C를 알고 있다고 가정한다. 또한 이 도민은 지불의사 제시액 B를 지출하여 자신의 실질적(경제적) 자유가 증진되고, 존엄과 인권이 보장받게 되어 q_1의 효용을 얻을 것이고, 이 금액을 지출하지 않을 경우에는 현재와 변화가 없는 q_0의 효용을 누린다는 것도 알고

---

3. Cameron(1988)은 지출차이접근법expenditure difference approach이라고 부를 수 있는 접근법을 대안으로 제시하였다. 그러나 양자는 본질적으로 동일하다(McConnell, 1990).

있다고 하자. 그러면 후자의 경우가 전자의 경우와 같거나 높은 효용을 줄 경우에만 이 도민은 제시액을 지불하고자 할 것이다(Hanemann, 1984). 즉,

(6) $v(q_1, y - B) - v(q_0, y) \geq 0 \quad (q_0 < q_1).$

현실적으로는 이 효용함수에 대한 완전한 정보가 부족하므로 간접효용 v를 관찰 가능한 w와 교란항 ϵ으로 나누면, 식(1)은 식(7)과 같이 고쳐 쓸 수 있다.

(7) $w(q_1, y - B) + \epsilon_1 \geq w(q_0, y) + \epsilon_0.$

한편 지불의사 제시액 수용 확률 L_1은 위 식을 사용하여 식(8)과 같이 나타낼 수 있다.

$$
\begin{aligned}
(8) \quad L_1 &= prob\left[w(q_1, y - B) + \epsilon_1 \geq w(q_0, y) + \epsilon_0\right] \\
&= prob\left[\epsilon_1 - \epsilon_0 \geq w(q_0, y - w(q_1, y - B)\right] \\
&= prob\left[\eta \geq -\triangle w(q_0, q_1, y - B)\right] \\
&= F_\eta\left[1 - F_\eta(-\triangle w)\right], \qquad (0 \leq L_1 \leq 1).
\end{aligned}
$$

여기서 $\triangle w \equiv w(q_1, y - B) - w(q_0, y)$, $\eta \equiv \epsilon_1 - \epsilon_0$이다. F_η은 η의 확률밀도함수인 f_η에 대응하는 누적분포함수이다.

이러한 w, ϵ 또는 F_η의 구조에 대한 가정에 따라 다양한 모형들을 생각해 볼 수 있다. 예를 들어 w가 선형이고 ϵ이 제1형태 극한치분포를 따를 경우 로짓분포 F_η은 로짓모형을 사용할 수 있으며, w가 선형이고 ϵ이 정규분포를 따른다면, 다변량 정규분포 F_η은 프로빗모형을 사용할 수 있다. 여기서 문제는 경기도민 자신의 실질적(경제적) 자유가 증진되고, 존엄과 인권이 보장되는 것의 가치(금액) 추정에 적합한 w, ϵ 및 F_η의 구조를 올바로 설명할 수 있는 함수형태를 가정할 수 있는 경제이론을 찾아야 한다는 것이다. Hanemann and Kanninen(1999)의 연구에 따르면, 연구자가 사용할 수 있는 모형이 몇 가지 존재한다. 본 연구에서는 그 중에서도 가장 널리 사용되어 온 로짓모형을 사용하여 편익을 추정한다. 제1형태 극한치분포를 가정하는 로짓모형은 오랫동안 안정적인 모형으로 검증되어 신뢰성이 있

으며, 이론적인 경제모형에도 부합하다는 점에서 CVM 자료를 분석하는 데 우수한 모형이라고 볼 수 있다.

특정한 상황 i에 직면한 한 사람의 간접효용함수가 식(9)와 같이 선형이라고 하자.

(9) $\quad v_i = \alpha_i + \beta y + \epsilon_i$

여기서 i는 경기도 기본소득이 주는 자신의 실질적(경제적) 자유가 증진되고, 존엄과 인권의 보장을 위한 지불의사 제시액을 거부하거나(0) 수용하는(1) 상황을 나타내며, ϵ는 제1형 극한치분포의 성질을 갖는 교란항이다.

이 경우 (0)과 (1) 사이에 연구자가 관찰할 수 있는 간접효용의 차이는 식 (10)으로 나타낼 수 있다.

$$
\begin{aligned}
(10) \quad \Delta w &\equiv w_1 - w_0 \\
&= \alpha_1 + \beta(y - B) - (\alpha_0 + \beta y) \\
&= \alpha - \beta B.
\end{aligned}
$$

이때 $\alpha \equiv \alpha_1 - \alpha_0$이며, 소득은 함수에 대해 선형이기 때문에 두 선택확률에 대한 소득효과는 상쇄된다.

한편 $\eta \equiv \epsilon_1 - \epsilon_0$가 로지스틱분포를 한다고 가정하므로 F_η도 로지스틱 분포를 하게 된다. 따라서 지불의사 제시액 수락확률은 식(11)과 같은 지불의사액 분포함수로 나타낼 수 있다(Kim, 2004).

$$
(11) \quad L_1 = \frac{1}{1 + [\exp(-\Delta w(B))]}
$$

식(10)를 식(11)에 대입하면, 본 조사의 선택확률 계산에 사용하게 될 로짓모형을 식(12)와 같이 얻을 수 있게 된다.

$$
(12) \quad L_1 = \frac{1}{1 + [\exp(-\alpha + \beta B)]}
$$

자료 및 설문조사

설문지 설계

이 조사는 응답자들이 경기도 기본소득이 무엇을 의미하는지를 충분히 고려할 수 있도록 설문조사지를 설계하였다. 설문지를 설계함에 있어서 기본소득의 근본 취지라는 상징적 사상(사태)을 '상징재'라는, 일반인들에게 생경한 경제적인 재화의 일종으로 인식시키기 위해 설문방식을 취하는 데서 오는 설문조사 상의 한계가 분명하였지만, 가능한 핵심사항들만큼은 인지할 수 있도록 설문지의 설명내용을 담고자 하였다. 구체적으로 경기도가 추진하고자 하는 경기도민 기본소득의 개념 정의와 이로부터 파생되는 기본소득의 구성원칙을 제시하였다. 또한 그 근본 취지가 무엇인지를 파악할 수 있게 하였다(해당 내용은 아래 참조).

〈 기본소득 〉

* 기본소득은 국가 또는 지방자치단체가 노동을 해야 하는 조건이나 기존에 보유한 재산·소득 수준과 상관없이 모든 구성원 개개인에게 정기적으로 무조건 지급하는 일정액의 현금 내지 소득을 말한다. 따라서 기본소득은 5가지의 구성원칙을 지닌다.

1) 보편성(소득, 재산에 상관없이 모두에게 지급)[4]
2) 무조건성(노동 여부, 노동능력 유무에 상관없이 무조건 지급)
3) 개별성(가구 단위가 아닌 구성원 개개인에게 지급)
4) 현금성(바우처나 상품권이 아닌 현금으로 지급)
5) 정기성(일회성이 아니라 정기적으로 지급)

* 기본소득의 근본 취지는 최소한의 경제적 뒷받침을 통해 실질적 자유를 누릴 수 있고, 타인의 지배와 착취로부터 벗어나 인간의 존엄과 인권을 보장하는 것이다.

WTP 질문은 카드선택형과 양분선택형을 겸해서 하였다. 카드선택형은 아무런

---

4. 통상 소득, 재산 유무를 묻지 않고 지급하는 것은 무조건성으로 취급하나 여기서는 가이 스탠딩의 학설에 따라 보편성으로 취급했다.

제약조건이 없는 상황에서 주어진 카드 중 하나를 고르도록 설계되었으며, 양분선택형 질문은 일정한 현실적 제약조건을 부가한 상태에서 응답하도록 하였다. 특히 양분선택형에 현실적 제약조건을 부가하는 이유는 응답자의 신뢰성 있는 답변을 유도하기 위해 필요한 환경을 조성한다는 의미가 담겨있기 때문이다.

먼저 카드 선택형 질문의 경우 다음과 같은 질문을 하였다.

"정부가 경기도민 개개인에게 평생 동안 무조건 기본소득을 현금으로 제공한다면, 지금 물가 기준으로 매월 얼마를 지급하는 것이 적정하다고 생각하십니까?"

이 질문에 대한 응답으로 응답자가 몇 가지 제시 금액 중 하나를 선택하도록 하였다. 구체적으로 20만 원 간격으로 6가지 선택지를 정해서 제시하고 그 가운데 하나를 선택하도록 하였다.

① 월 0원~20만 원 미만 ② 월 20~40만 원 미만 ③ 월 40~60만 원 미만 ④ 월 60~80만 원 미만 ⑤ 월 80~100만 원 미만 ⑥ 월 100~120만 원 미만 ⑦기타 (월   원)

이들의 응답결과에 대한 처리는 ①부터 ⑥까지는 각 구간별 평균치를 취하도록 하였다. 다음으로 양분선택형 질문의 경우 아래와 같은 질문을 하였다.

"정부가 향후 10년 동안 국민 개개인 모두(귀하도 포함)에게 적정 기본소득을 주기 위한 기본소득 재원을 마련하기 위해 귀하에게 10년 동안 매월 세금(소득세)을 부과한다면 수용하시겠습니까(이때 적정 기본소득 수준은 국민들 개개인이 생각하는 적정 기본소득의 평균치에 해당한다고 생각하시기 바랍니다)?"

여기서 10년을 기본소득 사업의 지속기간으로 설정한 이유는 세금 부과라는 제약조건에 맞는 현실적 기간 설정이 필요한데 중장기적 관점에서 기간을 설정하는 것이 바람직하다고 봤기 때문이다. 보통의 정책사업은 5~10년 사이를 중장기로 본다. 본 연구에서는 조사 실시의 결과인 2,000명의 응답자를 대상으로 한 조사의 표본에서 유효표본을 확보하고자 하였다. 위의 세금 부과 수용에 대한 질문에서 '아니오'라고 답변한 경우 추가 소득세 지불의사가 전혀 없는 것을 의미한다. 이를 지불 금액으로 환산할 경우 0원에 해당한다고 볼 수 있다. 이러한 답변을 할 경우 그 이유를 물어본 다음, 이 중 비경제적인 이유로 0원 의사를 밝힌 경우 저항응답으로 분류하여 이를 사후적으로 유효표본에서 제외하였다.

위의 질문에 "예스"로 응답한 경우에 한하여 다음의 질문을 하였다.

> "정부가 향후 10년 동안 국민 개개인 모두(귀하도 포함)에게 적정 기본소득을 주기 위해 귀하의 월수입에서 (   )%에 해당하는 세금(예, 소득세)을 추가로 책정하여 귀하에게 10년 동안 매월 부과한다면 이를 수용하시겠습니까?(귀하의 매달 총수입과 총세금 액수를 충분히 생각하신 후 답을 하시기 바랍니다.)"

구체적으로 소득세를 추가로 지불할 용의가 있는지를 물어보기 위해 세금액을 제시하는 대신에 세율을 제시하였다. 이는 통상 제시 금액으로 할 경우 제시할 수 있는 금액의 종류가 5가지 이내이고 그 제시 금액 간 간격을 너무 크지 않는 선에서 일정하게 유지해야 하는 법인데, 제시 금액을 크게 해야 할 필요가 있을 때 다소 부적절한 방식이 될 수 있는 반면에, 소득세율로 할 경우 세율의 차이 간격이 크지 않은 5가지 종류의 세율을 제시하여도 제시 금액적인 측면에서 큰 금액도 포함할 수 있어 보다 유연한 접근법이 될 수 있기 때문이다.

이 질문은 본인을 포함한 도민 전체가 적정 기본소득이라고 응답한 기본소득액(개개인의 평균치)을 지급받을 때 본인은 그 재원 조달을 위해 추가 세금을 내야 하고, 이로 인해 자신의 전체 소득이 제한되며, 다른 용도에 대한 지출을 그만큼 줄여야 하는 상황이 발생할 수 있음을 인지시키는 메시지를 암묵적으로 담고 있다.

응답은 양분 선택형으로 아래와 같은 다섯 가지 질문 중 어느 하나를 제시받았을 때 '예스'와 '노'로 응답 하게끔 설계되었다.

① 0.1%　　② 1.0%　　③ 2%　　④ 4%　　⑤ 8%

구 분		사례수(명)	비율(%)
전 체		2000	100.0
성별	남성	1023	51.2
	여성	977	48.9
연령별	만19~29세	398	19.9
	연령별30대	399	20.0
	연령별40대	472	23.6
	50대 이상	731	36.6
권역별	경부권역	675	33.8
	경원권역	147	7.4
	경의권역	292	14.6
	동부권역	302	15.1
	서해안권역	584	29.2
교육 수준별	중졸 이하	12	0.6
	고졸	389	19.5
	대졸	1409	70.5
	대학원 이상	190	9.5
직업별	자영업	238	11.9
	사무직군	848	42.4
	노무직군	179	9.0
	서비스직군	121	6.1
	전업주부	273	13.7
	학생	171	8.6
	무직/은퇴	170	8.5
가구 소득	200만 원 미만	798	39.9
	200~400만 원 미만	729	36.5
	400~600만 원 미만	314	15.7
	600~800만 원 미만	93	4.7
	800만 원 이상	66	3.3
세금 부과시 수용 여부	수용한다	999	50.0
	수용 못한다	1001	50.0

표 16-1 조사 표본의 특성

설문조사

이 연구의 모집단은 경기도민들(2019년 8월 31일 현재 10,629,728명)이며, 표본은 2019년 8월 31일 현재 경기도 지역에 1년 이상 거주한 20세 이상 내국인 성인이다. WTP 추정을 위한 기제로 '소득세'를 활용하였고, 설문조사의 현실성을 높이기 위한 차원에서 조사의 단위를 개인으로 하였다. 소득을 조사할 경우 세전소득으로 하였다. 조사대상 연령의 상한을 70세 미만으로 하였다. 이는 보통 65세까지로 연령

	구 간						
	월 0~20 만 원 미만	월 20~40 만 원 미만	월 40~60 만 원 미만	월 60~80 만 원 미만	월 80~100 만 원 미만	월 100~120 만 원 미만	기타
사례수	534	642	382	160	126	92	64
비중(%)	26.7	32.1	19.1	8.0	6.3	4.6	3.2
총액(만 원)	5,340	19,260	19,100	11,200	11,340	10,120	8,320
평균	월 423,400원						
적정 기본소득액 추정치 : 월 423,400원							

표 16-2 카드선택형 응답결과

제한을 두나 본 설문조사에 신뢰성 있게 응답할 수 있는 응답자의 연령을 65세 이상 70세 미만까지로 해도 무방하다고 보았기 때문이다.

본조사는 2019년 9월 10일~9월 20일까지 전문조사기관에서 MS Master Sample 패널을 이용한 조사를 통해 진행하였다. 설문조사 표본은 2,000개이다. 응답률은 72.4%이었으며, 표본오차는 95%신뢰수준에서 ±2.1%p였다. 설문조사 표본 2,000개의 특성은 표 16-1과 같다.

모형 추정 결과

카드선택형 추정 결과

1. 단순 계산법

응답결과 통계는 표 16-2와 같다. 이에 의하면, 월 20~40만 원 미만 구간에서 수용 응답자가 가장 큰 빈도수(642명)를 나타내고 있다. 그 다음으로 0원~20만 원 미만 구간에서 534명이 수용 의사를 표하였고, 세 번째로 큰 빈도수는 40~60만 원 미만 구간의 응답자(160명)이다. 수용 응답자 수가 월20~40만 원 미만 구간에서 가장 많다가 제시 금액(구간)이 커짐에 따라 점차 작아지는 흐름을 보여 상식적인 수준의 이론적 일관성을 보여주고 있다.

결론적으로 월 평균 지불용의액은 월 423,400원이다. 이로부터 경기도민이 생각

변수	포아송 회귀모형 추정		일반 회귀모형 추정	
	추정계수	표준오차	추정계수	표준오차
세금 수용 여부	-0.160***	0.028	-0.417***	0.071
소득구간	-0.008	0.016	-0.021	0.041
직업구분(ref=자영업자)				
사무직군	-0.045	0.046	-0.126	0.120
노무직군	0.041	0.060	0.125	0.159
서비스직군	-0.034	0.068	-0.096	0.176
전업주부	-0.150*	0.065	-0.373*	0.163
학생	-0.069	0.075	-0.181	0.190
무직/은퇴	-0.094	0.073	-0.245	0.183
근로시간	0.001	0.001	0.003	0.003
성별	-0.042	0.032	-0.113	0.082
연령	0.000	0.002	0.000	0.004
교육(ref=고등학교)				
대학교	-0.079*	0.037	-0.206*	0.095
대학원	-0.052	0.057	-0.137	0.147
혼인여부	0.046	0.037	0.122	0.094
상수항	1.323***	0.117	3.578***	0.298
	N = 2000 AIC 3,573 BIC 3,615		N = 2000 R 0.038 AIC 3,736 BIC 3,778	

표 16-3 포아송 회귀모형 추정 결과

주 1) * p<0.05, ** p<0.01, *** p<0.001
2) AIC, BIC 값이 일반 회귀모형 보다 포아송 회귀모형에서 더 작아 포아송 회귀모형이 더 적합함.

하는 적정 기본소득액은 월 42만 3천 4백 원으로 추정할 수 있다. 이 금액은 별다른 제약을 주지 않은 상태에서 경기도민들이 제시된 금액 중 하나를 선택하여 얻어낸 결과이다. 그런 만큼 보수적 입장에서 볼 때 참값에서 멀어지는 편의bias의 가능성 이 있다 할 것이다. 그럼에도 불구하고 이 값을 아무런 제약 조건이 없는 상태에서 경기도민이 선택한 적정 기본소득액으로 간주할 수 있다.

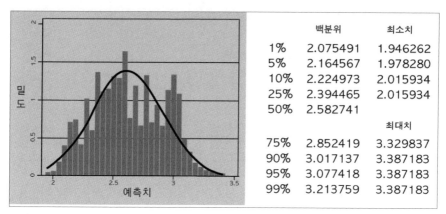

	백분위	최소치
1%	2.075491	1.946262
5%	2.164567	1.978280
10%	2.224973	2.015934
25%	2.394465	2.015934
50%	2.582741	
		최대치
75%	2.852419	3.329837
90%	3.017137	3.387183
95%	3.077418	3.387183
99%	3.213759	3.387183

그림 16-1 커널분포에 의한 정규화 결과

2. 포아송 회귀모형 추정 결과[5]

포아송 회귀모형 추정 결과는 **표 16-3**과 같다. 계수값의 부호는 대체로 이론적으로 합리적인 결과를 보여주고 있다. 그리고 세금 수용 여부가 중요한 설명변수인데, 세금 수용을 하는 경우가 더 기본소득에 긍정적인 것을 확인할 수 있었다(1% 유의수준에서 통계적으로 유의함). 직업 구분에서 전업주부의 경우 기본소득에 대하여 부정적인 것으로 나타났다. 더불어 교육수준에서는 대학교를 졸업한 경우 기본소득에 대하여 부정적으로 나타났다. 소득의 경우 통계적으로 유의하지 않았다.

포아송 회귀분석 결과를 이용하여 적정 기본소득금액fitted value을 구하기 위해 커널분포에 의한 정규화를 시도하였다(그림 16-1 참조). 그 결과 적정 기본소득 금액을 표시해 주는 카운트 데이터의 평균값은 2.62이고, 표준편차 0.2894969, 분산 0.838085, 왜도Skewness 0.1012327, 첨도Kurtosis 2.146838로 나왔다. 이러한 결과에 입각해서 볼 때 포아송 회귀모형으로 추정한 경기도민의 월 평균 지불용의액은 월 419,200원이다. 즉, 경기도민이 생각하는 적정 기본소득액은 월 41만 9천 2백 원으로 추정할 수 있다.

---

5. 이 부분은 경기연구원 박민근 연구원의 지원이 있었다.

구분			표본수(개)	비중(%)
전체 표본			2,000	100.0
유효 표본		지불의사가 있는 응답	999	49.95
	지불의사가 전혀 없는 이유	세금을 더 내기에 경제적 여유가 없다	337	16.85
		소계	1336	66.8
저항 응답	지불의사가 전혀 없는 이유	탈세 등을 막거나 새로운 세원을 발굴해서 재원을 조달해야 한다	179	8.95
		세금을 더 낼 의사가 없다	207	10.35
		개인보다 기업이 부담해야 한다	35	1.75
		기존 복지제도를 축소하여 재원을 마련해야 한다	32	1.6
		고소득자나 부동산 등 재산이 많은 사람에게서 재원을 마련해야 한다	117	5.85
		현 예산에서 재원 조달을 해야 한다	34	1.7
		추가 세금을 부과하는 것은 사회정의에 부합하지 않다	52	2.6
		기타 의견	8	0.4
		소계	664	33.2

표 16-4 전체 표본에서의 저항응답과 유효표본의 분포

DC CVM 추정 결과

1. 유효표본의 선택

표 16-4는 전체 표본 2,000개 중 유효표본과 저항응답의 수와 분포를 나타낸다. 저항응답 664개를 제외한 표본 1,336개(66.8%)가 유효표본으로서 양분선택 조건부가치측정법을 이용한 경기도 기본소득의 적정 금액 추정에 사용될 최종표본이다.

추가 소득세를 전혀 지불할 의사가 없는 응답 중 경제적으로 비합리적인 이유로 지불할 의사가 없는 저항응답은 664개로서 전체의 33.2%를 차지하였다. 이러한 응답들의 내용을 살펴보면 "세금을 더 낼 의사가 없다"는 응답이 207개(전체 표본의 10.35%)로서 대부분을 차지하였고, "탈세 등을 막거나 새로운 재원을 발굴해서 재원을 조달해야 한다"는 응답도 179개로 8.95%에 해당하며, "고소득자나 부동산 등 재산이 많은 사람에게서 재원을 마련하여야 한다"도 117개로서 5.85%를 차지하였

변수	추정계수	z-통계량	P-값
상수항	0.6645049	0.92	0.357
여성	−0.1791553	−1.02	0.306
나이	0.0300095	3.17	0.020
기본소득 찬성여부	0.3509581	2.09	0.036
교육	−0.0103375	−0.07	0.948
노동형태(정규직)	−0.1011779	−0.35	0.724
노동형태(비정규직)	−0.2675178	−0.77	0.441
노동형태(파트타임)	−0.0344122	−0.10	0.923
노동형태(실업, 무직(구직 의도 있음))	0.0994924	0.28	0.778
노동형태(실업, 무직(구직 의도 없음))	−0.420382	−0.98	0.325
혼인상태(기혼)	−0.4865296	−2.02	0.044
혼인상태(이혼, 별거 등)	−0.9367991	−2.36	0.018
소득	0.6463155	4.47	0.000***
기본소득 인지여부	−0.4157071	−2.37	0.018
노동시간	0.0072157	1.10	0.271
제시금액	−0.0767214	−8.82	0.000***

표 16-5 양분선택 조건부가치 로짓모형 추정 결과

주) *** 1% 수준 유의; LR chi(15)= 116.77; Prob > chi = 0.0000; Pseudo R^2 =0.1051;
Log likelihood = −496.8998

다. 기타 의견도 8개(0.4%)로 소수 존재하였다.

2. 로짓모형 추정 결과

단일양분선택형 CVM 질문을 이용하여 확보한 전체 표본 중 저항응답 664개를 제거한 유효표본 1,336개를 선정하여 사회경제적 변수들을 포함한 로짓모형을 추정한 결과 **표 16-5**와 같이 소득수준과 제시금액이 1% 수준에서 통계적으로 유의한 것으로 나타났다.[6] 조건부 로짓모형인 만큼 제시금액을 제외한 다른 변수들을

---

6. 본 연구의 추정 로짓모형은 조건부로짓모형에 해당하여 함수식상 공변량을 명시적으로 표시하지 않고 있다. 따라서 추정 결과에 공변량 부분을 표시할 필요가 없으나, 본 연구에서는 이를 포함시켜 제시하였다. 이는 해당 변수의 포함 여부에 상관없이 공변량 추정 결과치에 대한 관심을 표명할 필요가 있다고 보았기 때문이다.

특별히 비중 있게 고려해야 하는 것은 아니지만, 소득에 대한 계수값이 통계적으로 1% 수준에서 유의하게 나온 것은 고무적인 부분이다. Pseudo R^2 값은 0.1051으로서 10% 이상에 해당하여 만족스러운 수준이라고 할 수 있다.[7]

3. 가치 추정 결과

1) 경기도민 1인당 적정 기본소득액 추정 결과

앞서의 선형 로짓모형 추정결과는 경기도민 기본소득의 근본 취지라는 '상징재'에 대한 모집단의 1인당 평균지불의사액(적정 기본소득 금액)을 추정하는 데 다음과 같이 사용될 수 있다. 즉, 상수항의 계수인 α와 제시금액을 평균 지불의사액 계산식에 대입하여 경기도 기본소득에 대한 경기도민 1인당 평균 지불의사액을 추정할 수 있다.[8] 여기서 조건부 로짓모형의 평균 지불의사액 계산식은 식(8)에서와 같이 양(+)의 지불의사만 허용한다(Hanemann, 1984).

$$(13) \quad C = \frac{1}{\beta} \times \ln[1 + \exp(-\alpha)]$$

(13)의 도출과정은 다음과 같다. 식(13)은 음(-)의 WTP가 존재하지 않는다고 가정하는 경우로 본 연구는 단순히 분포함수 중 음(-)의 WTP 부분을 잘라내는 절단 로짓censored logit모형에 의존한다.[9] 이 경우 WTP의 계산공식은 식(14)와 같이 확률 분포함수를 지불의사 제시액 상의 $(0, +\infty)$ 구간에서 적분하여 식(15)와 같이 구한 공식을 이용한다(Hanemann and Kanninen, 1999).

---

7. McFadden(1974)의 ρ^2(Pseudo R^2)값에 대한 설명력 판단의 절대적인 기준은 없다. 단, 회귀모형과는 달리 ρ^2값이 통상 10% 이상이면 모형으로서 의미가 있으며(Bateman et, al., 2002), 20~40% 사이는 매우 만족스럽고very satisfactory, 40%에 육박하면 설명력이 지극히 높으며extremely high, 40%를 넘기면 극히 예외적인very exceptional 결과로 해석될 수 있다(Hensher and Johnson, 1981).
8. 조건부로짓모형은 상수항과 제시금액 변수의 계수 추정치만이 의미가 있으므로 이에 입각하여 도민 1인당 지불의사액 추정을 할 경우 기본적으로 상수항과 제시금액 계수추정치만을 적용하는 것이 합당하다.
9. 양(+)의 지불의사만을 허용하는 경우는 경기도민 기본소득제의 실시가 경기도민들의 효용을 감소시키지 않는다는 것을 전제한다.

변수	추정계수	t-통계량	P-값
1인당 월 적정 기본소득액	140,718.1	2.14	0.032
95% 신뢰구간	[11,9322, 269,502.9]		

표 16-6 경기도민 1인당 월 지불의사액(적정 기본소득액) 계산식 추정

주) t-통계량은 델타법(Delta-method)을 사용하여 계산하였다.[10] 델타법이란 X라는 확률변수가 정규분포를 따른다고 할 때 x의 특정함수 $f(x)$의 분산은 $Var[f(x)] = [\frac{\partial f(x)}{\partial(x)}]'\, Var(x)[\frac{\partial f(x)}{\partial(x)}]$을 만족함을 의미함.

$$
\begin{aligned}
L_0 &= \int_0^\infty [1 + (\exp(-\alpha - \beta A)]^{-1} dA \\
(14) \quad &= \lim_{\alpha \to \infty} \int_0^\alpha [1 + \exp(-\alpha - \beta A)]^{-1} dA \\
&= \lim_{\alpha \to \infty} |(1/-\beta)\ln[1 + \exp + (-\alpha - \beta A)] + \overset{\alpha}{\underset{0}{C}}|
\end{aligned}
$$

$$(15) \quad \therefore C^+(0, \infty) = (1/\beta)\ln[1 + \exp(-\alpha)].$$

여기서 a는 보상제시액을 제외한 모든 특성변수들의 함수이다(Bateman et al., 2002, pp.173-247). 그런데 조건부로짓모형을 사용하는 본 연구의 경우 a는 상수항만 포함하며, 따라서 지불함수 추정식은 상수항과 보상제시액으로 구성된다. 즉, 상수항과 보상제시액의 추정계수를 식(8)에 대입하여 평균 WTP를 추정할 수 있다.

표 16-6은 경기도 도민 1인당 월 평균 지불의사액(적정 기본소득 금액) 추정결과를 나타낸다.[11]

경기도 도민 1인당 적정 기본소득 금액의 추정치는 월 140,718원이다. 이는 통계적으로 5% 수준에서 유의하다.

---

10. 식(13)은 분수형태의 비선형함수에 해당하므로 경기도민에게 기본소득을 지급할 때 그 적정액(지불의사액으로서 잠재가격)을 추정할 경우 델타법을 이용하여 그 추정치가 통계적으로 유의한지 검토할 수 있다. 추정계수의 비율 자체는 비선형 함수가 아니다. 하지만 단위 증감을 가정하여 계수의 비율로 축약되기 전의 보다 일반적인 함수 형태를 추정하므로 비선형함수 추정 문제가 발생한다.

11. **표 16-6**에서 제시되는 추정계수의 값은 원래의 부호가 음(-)인 만큼 음(-)으로 표시되어야 하는데, 비효용 그 자체를 가치(값)로 한다는 점에서 부호를 양(+)으로 전환하여 표시하고 있다.

본 연구에서 경기도민이 자신의 선호에 기반하여 제시하는 경기도 기본소득의 적정 금액을 두 가지 방법을 적용하여 추정해 냈다. 하나는 카드선택형 CVM 추정방식이고, 다른 하나는 양분선택형 CVM 추정방식이다.

먼저 카드선택형 CVM 추정법으로 구한 경기도민에게 지급할 적정 기본소득액은 단순계산법을 적용하였을 경우 월 42만 3천 4백 원이고, 포아송회귀모형 분석을 거쳐 나온 값은 월 41만 9천 2백 원이다. 이와 별도로 양분선택형 조건부가치측정법으로 구한 결과는 월 14만 718원이다. 전자는 아무런 제약조건이 없는 상황에서 구한 값이고, 후자는 소득세라는 세금을 부과한다는 제약조건이 수반된 상태에서 구한 값이다. 이들 중 무엇이 참값인지, 아니 참값에 가까운지는 모른다. 다만, 양분선택형 CVM 추정법으로 구한 금액이 월등히 보수적 입장에서 구한 값이라고 할 수 있다. 이 값을 도출하는데 기본 전제가 된 세금 부과 액수(소득세율)는 1인당 평균 월 63,852원(2.18%)이 된다.[12]

이 세금 크기(월 63,852원)는 카드선택형 추정법으로 구한 값(월 423,400원 또는 월 419,200원)과 양분선택형 CVM 추정법으로 구한 값(140,718원)의 차이(282,682원 또는 278,482원)보다 월등히 작다. 이는 세금을 부과한다는 제약조건이 사람들로 하여금 공익적인 활동이나 상징재화의 가치를 평가하는데 얼마나 인색하게 만드는지를 보여주는 징표이다. 이것이 자기 이익에 민감한 인간들의 이기심이 작동할 때 나타나는 현실의 실상이다.

결론적으로 경기도민이 자신의 선호에 입각해서 평가하는 경기도 기본소득의 적정 금액(참값)은 대략 월 최대 42만 원에서 최소 14만 원 사이에 있기 쉽다고 보는 것이 합리적일 것이다.

---

12. 보다 세부적인 내용은 표 16-7을 참조할 것.

표 16-7 경기도민 적정 기본소득금액(제시액) 및 세율에 대한 응답자 통계

I. 월소득 구간 200만 원 미만

제시 적정금액 (만 원/월)	0~20 미만	20~40 미만	40~60 미만	60~80 미만	80~100 미만	100~120 미만	120~140 미만	합계
응답자 수(명)	112	642	382	160	126	92	64	556
비중(%)	20.1	32.1	19.1	8.0	6.3	4.6	3.2	100
평균 선택금액				43.8만 원				

제시 세율(%)	0.0	0.1	1.0	2.0	4.0	8.0	합계
응답자 수(명)	148	100	88	74	67	79	556
비중(%)	26.62	17.99	15.83	13.31	12.05	14.21	100
세금수용여부(명) (예/아니오)	148 / 0	87 / 13	78 / 10	58 / 16	48 / 19	45 / 34	464 / 92
평균 수용세율 (지불용의 세금액)			2.06% (0원 ~ 4.12만 원)				

주) 제시 세율 0%에 대한 예스 응답자 수(명)는 세금 부담에 대해 일체 거부하는 응답자 수를 말함.

II. 월소득 구간 200~400만 원 미만

제시 적정금액 (만 원/월)	0~20 미만	20~40 미만	40~60 미만	60~80 미만	80~100 미만	100~120 미만	120~140 미만	합계
응답자 수(명)	90	172	111	46	31	23	12	485
비중(%)	18.56	35.46	22.89	9.48	6.39	4.6	3.2	100
평균 선택금액				44.8만 원				

제시 세율(%)	0.0	0.1	1.0	2.0	4.0	8.0	합계
응답자 수(명)	138	66	65	72	75	69	485
비중(%)	26.6	18.00	15.8	13.3	12.1	14.2	100
세금수용여부(명) (예/아니오)	138 / 0	61 / 5	60 / 5	61 / 11	53 / 22	48 / 21	421 / 64
평균 수용세율 (지불용의 세금액)			2.20% (4.4만 원 ~ 8.8만 원)				

주) 제시 세율 0%에 대한 예스 응답자 수(명)는 세금 부담에 대해 일체 거부하는 응답자 수를 말함.

Ⅲ. 월소득 구간 400~600만 원 미만

제시 적정금액 (만 원/월)	0~20 미만	20~40 미만	40~60 미만	60~80 미만	80~100 미만	100~120 미만	120~140 미만	합계
응답자 수(명)	32	58	46	26	17	13	9	201
비중(%)	15.92	28.86	22.89	12.94	8.46	6.47	4.48	100
평균 선택금액				43.8만 원				

제시 세율(%)	0.0	0.1	1.0	2.0	4.0	8.0	합계
응답자 수(명)	43	36	29	35	29	29	201
비중(%)	21.39	17.91	14.43	17.41	14.43	14.43	100
세금수용여부(명) (예/아니오)	43 / 0	36 / 0	24 / 5	32 / 3	24 / 5	15 / 14	174 / 27
평균 수용세율 (지불용의 세금액)			2.24%(8.96만 원 ~ 13.44만 원)				

주) 제시 세율 0%에 대한 예스 응답자 수(명)는 세금 부담에 대해 일체 거부하는 응답자 수를 말함.

Ⅳ. 월소득 구간 600~800만 원 미만

제시 적정금액 (만 원/월)	0~20 미만	20~40 미만	40~60 미만	60~80 미만	80~100 미만	100~120 미만	120~140 미만	합계
응답자 수(명)	15	14	14	7	2	3	5	60
비중(%)	25.00	23.33	23.33	11.67	3.33	5.00	8.33	100
평균 선택금액				48.7만 원				

제시 세율(%)	0.0	0.1	1.0	2.0	4.0	8.0	합계
응답자 수(명)	7	16	10	7	11	9	60
비중(%)	11.67	26.67	16.67	11.67	18.33	15.00	100
세금수용여부(명) (예/아니오)	7 / 0	16 / 0	9 / 1	7 / 0	7 / 4	7 / 2	53 / 7
평균 수용세율 (지불용의 세금액)			2.36%(14.16만 원 ~ 18.88만 원)				

주) 제시 세율 0%에 대한 예스 응답자 수(명)는 세금 부담에 대해 일체 거부하는 응답자 수를 말함.

V. 월소득 구간 800만 원 이상

제시 적정금액 (만 원/월)	0~20 미만	20~40 미만	40~60 미만	60~80 미만	80~100 미만	100~120 미만	120~140 미만	합계
응답자 수(명)	7	10	6	3	4	3	1	34
비중(%)	20.59	29.41	17.65	8.82	11.76	8.82	2.94	100
평균 선택금액	50.0만 원							

제시 세율(%)	0.0	0.1	1.0	2.0	4.0	8.0	합계
응답자 수(명)	1	4	7	8	6	8	34
비중(%)	2.94	11.76	20.59	23.53	17.65	23.53	100
세금수용여부(명) (예/아니오)	1 / 0	4 / 0	5 / 2	7 / 1	5 / 1	7 / 1	29 / 5
평균 수용세율 (지불용의 세금액)	3.28%(26.24만 원 ~)						

주) 제시 세율 0%에 대한 예스 응답자 수(명)는 세금 부담에 대해 일체 거부하는 응답자 수를 말함.

○ 응답자 기초통계

소득구간	0~20만 원 미만	200~400 만 원 미만	400~600 만 원 미만	600~800 만 원 미만	800만 원 이상	합계
응답자 수(명)	556	485	201	60	34	1336
비중(%)	41.6	36.3	15.0	4.5	2.5	100
제시 세율(%)	0.0*	0.1	1.0	2.0	4.0	8.0
응답자 수(명)	337	222	199	196	188	194
비중(%)	25.2	16.6	14.9	14.7	14.1	14.5
세금수용여부(명) (예/아니오)	337/0	204/18	176/23	165/31	137/51	122/72

주 1) 제시 세율 0%에 대한 예스 응답자 수(명)는 세금 부담에 대해 일체 거부하는 응답자 수를 말함.
  2) * 0.0%는 제시 세율은 아니고, 응답자가 세금을 지불할 의사가 전혀 없다고 응답한 경우를 반영한 것임.

경기도 기본소득 정책 고찰
: 청년기본소득을 중심으로

유영성

경기도 기본소득 정책 배경 및 현재

기본소득과 관련된 주장의 역사는 깊고, 수많은 학자들의 기본소득 관련 연구도 오래됐다고 할 수 있다. 1970년대부터 북미를 중심으로 부의 소득세 등 기본소득과 유사한 형태의 정책들의 실험 및 실행도 있었다. 그동안 크게 주목을 받지 못하던 기본소득이 최근 들어 부쩍 관심을 받게 되었다. 그 계기는 바로 2016년 6월에 스위스에서 기본소득(안)이 국민투표에 부쳐졌다가 부결된 사건에 있다고 할 수 있다. 2017년부터 진행된 핀란드에서의 소위 기본소득 성격의 실험, 즉 2,000명의 실업자를 대상으로 2년 동안 매월 560 유로(약 70만 원)를 지급하는 실험도 세간의 큰 관심을 끌었다. 이밖에도 전 세계적으로 수없이 많은 크고 작은 기본소득 실험이 실시되거나 계획되고 있기도 하다.

이런 최근의 세계적 추이와 맥을 같이 하면서 경기도 성남시에서 2015년 12월

18일에 성남시 청년배당 지급 조례를 제정한 뒤 2016년 1월 20일부터 청년배당 사업을 실시하게 된다. 이 사업은 성남시 거주 청년층의 복지 향상과 취업역량을 강화하기 위해 만 24세 청년들에게 기본소득 성격의 청년배당을 지급하는 데 그 취지를 두고 있다. 더 나아가 성남시 청년배당은 이러한 취지를 실현하면서 동시에 청년배당을 현금보다 성남사랑상품권으로 지급함으로써 성남시 지역경제를 활성화하겠다는 뜻도 지닌다.

만 24세 청년들로 대상을 설정한 것은 무엇보다도 그 연령대가 실업률도 10%를 넘어설 정도로 높고 실질적 소득이 발생하지 않는데도 불구하고 국가로부터 별다른 복지 혜택을 받지 못하는 사각지대에 놓여 있다는 인식 하에 이들에 대한 사회활동 유인, 생활유지 등을 포괄하는 정책 지원이 필요하다고 판단했기 때문으로 보인다. 여기에 대상을 크게 확대하기에는 당장에 가용할 수 있는 시 재정도 부담이 되었을 것이다.

이후 지난 2017년 대통령 선거 때 이재명 후보의 경우 보편적 복지 성격의 기본소득을 주장하였고, 많은 후보들이 비록 선별적 복지 형태이기는 하나 기본소득이라는 이름의 복지정책을 공약으로 내세우고, 이의 단계적 도입에 찬성하는 일도 발생하였다.

이런 흐름 속에 2018년 광역지자체 선거에서 이재명 후보가 경기도지사에 당선되는 일이 발생하였다. 이재명 경기도지사는 성남시 청년배당 사업의 성격과 내용을 그대로 이어받은 경기도 청년배당 사업을 공약사업으로 내걸었던 만큼 성남시 청년배당 사업은 그대로 경기도 청년배당 사업으로 변환된다. 경기도 청년배당은 이후 경기도가 보건복지부와 정책 협의를 거쳐 청년배당 대신 청년기본소득이라는 명칭을 취하게 된다(2019년 3월 26일 확정).

이러한 청년기본소득에서 시작한 경기도 기본소득 정책은 비록 범주 기본소득의 한계를 지니지만 농민기본소득, 문화예술인 기본소득, 장애인 기본소득 등으로 점차 그 외연을 확대하려는 의도가 있는 것으로 보인다. 예를 들면 농민기본소득의 경우 이천시가 2020년부터 도입 예정인 이천시 농민수당(1인당 연

30만 원) 사업비의 일부(50%, 39억)에 대해 도비 지원을 건의하였던 바('19.1.16 공문 건의), 경기도는 이에 대한 회신('19.1.28)으로 이천시 자체적으로 농민수당을 우선 실시하도록 하고 경기도는 농민수당 정책 및 기본계획 수립을 진행하고 있다.

또한 경기도는 기본소득을 추진하기 위한 기구 및 제도로 경기도 기본소득위원회를 설치하였고, 운영 조례(제5962호, 2018. 11. 13.)도 제정하였다. 더 나아가 기본소득 지방정부 협의회 구성도 추진 중이다. 이 기본소득 지방정부 협의회에 2019년 5월 기준 전국 35개 지자체가 참여를 신청하였다.

경기도 청년기본소득 정책의 주요 내용 및 특징

청년기본소득 정책의 주요 내용
1. 청년기본소득의 정의 및 설계 내용

경기도 청년기본소득은 경기도에 3년 이상 주민등록을 두고 계속 거주하거나 전체 합산 10년 이상[1]을 거주한 만 24세 청년 개인에게 분기당 25만 원, 연간 최대 100만 원을 현금이 아닌 지역화폐로 지급하는 사업이다. 만 24세에 해당하는 청년들에게 매 분기 지급하기 때문에 매분기 시작 월 1일을 기준으로 지급대상자 생년월일의 구간이 정해진다(표 17-1 참조). 이 사업은 청년기본소득을 매 분기별로 지급하다 보니 지급대상자는 매 분기에 신청을 하여야 한다.[2] 해당 분기에 신청을 안 하고 지나친 사람들의 경우 이후 분기 때에 신청할 시 소급해서 청년기본소득을 지급받을 수 있다.[3] 이 사업의 실제 시작이 2019년 4월부터이다 보니 2019년 1분기 신청대상자였던 사람들은 2분기부터 신청을 할

---

1. 전체 합산 10년 이상 거주 조건은 사업 시행 초기에 없었으나, 2019년 1분기 지급을 실시하면서 잠시 이주할 필요에 의해 3간 계속 거주하지는 못하였으나 그 이전부터 오랜 기간 경기도에 거주하였던 청년들의 민원과 이의 제기가 있어 1분기 지급사업 이후 2분기 지급부터 추가로 적용한 사항이다.
2. 청년기본소득 지급 신청대상자 약 175,000명 중 실제 1분기 신청자는 124,335명이었다.
3. 실제 1분기 지급 대상자인데 2분기에 신청한 청년들이 1만 명을 초과하였다.

분기별	지급 기준일	지급 대상자 생년월일
1분기	'19. 01. 01.	'94. 01. 02. ~ '95. 01. 01.
2분기	'19. 04. 01.	'94. 04. 02. ~ '95. 04. 01.
3분기	'19. 07. 01.	'94. 07. 02. ~ '95. 07. 01.
4분기	'19. 10. 01.	'94. 10. 02. ~ '95. 10. 01.

표 17-1 청년기본소득 분기별 지급 대상자　　　　　자료 : 경기도 청년복지정책과(2019).

수 있게 된다.

한편 이 사업이 시작된 첫 해의 경우 만 24세에 해당하는 청년들 중 1분기 기간 출생자들은 1회 25만 원만 지급받게 되고, 2분기 기간 출생자들은 2회 총 50만 원, 3분기 기간 출생자들은 3회 총 75만 원, 4분기 출생자들은 4회 총 100만 원을 지급받게 된다. 이 사업의 두 번째 해부터는 어느 분기에 출생하였는가와 상관없이 만 24세 청년으로서 지급신청을 한 자는 4회 총 100만 원을 지급받을 수 있게 된다.

이 사업은 경기도와 경기도 내 31개 시·군이 합동으로 시행하되, 31개 개별 시·군 단위에서 지역화폐를 발행하여 실시하도록 되어 있다. 지역화폐는 발행유형에서 각 시·군별로 자체 선호 방식과 형태를 취할 수 있도록 하고 있다. 즉, 지역화폐는 종이류, 카드, 모바일 중 시·군별 지역의 사정에 맞게 한 가지 또는 복수로 발행할 수 있도록 하고 있다.

이 사업의 기간은 민선 7기에 시작한 만큼 일단 2019년부터 2022년까지 4년에 걸쳐 실시하도록 되어 있다. 2019년 만 24세에 해당하는 경기도 청년은 약 17만 5천 명이며, 2010년부터 2022년까지 4년 동안 매해 인구 규모는 엇비슷한 것으로 추계된다. 이 사업에 소요되는 예산은 2019년의 경우 약 1,753억 원이며, 이후 3년간도 비슷한 규모의 예산이 소요된다. 이러한 소요예산은 경기도와 31개 시가 70:30의 재정부담 비율에 입각하여 서로 분담한다(표 17-2 참조).

	구분	계	2019년	2020년	2021년	2022년
사업비	계	6,866	1,753	1,746	1,698	1,669
	도비(70%)	4,806	1,227	1,222	1,189	1,168
	시·군비(30%)	2,060	526	524	509	501
사업량	(주민등록수)	686,550	175,281	174,557	169,812	166,900

표 17-2 경기도 청년기본소득 지급대상 규모 및 소요예산 추계

자료 : 경기도 청년복지정책과(2019).

2. 청년기본소득 정책의 법적 근거 및 추진체계

경기도 청년기본소득 정책은 법적으로 첫째, 「청소년기본법」 제3조(정의), 둘째, 「사회보장기본법」 제5조(국가와 지방자치단체의 책임)와 제6조(국가 등과 가정), 셋째, 「경기도 청년배당 지급 조례」에 근거하고 있다. 보다 직접적으로 「경기도 청년배당 지급 조례」 제2조는 청년기본소득을 "경기도 거주 청년들의 복지향상과 안정적 생활기반 조성을 위하여 경기도와 경기도 내 31개 시·군이 합동으로 현금을 지급하는 사회보장적 금전"이라고 규정하고 있다.[4]

■ 청소년기본법

제3조(정의) 이 법에서 사용하는 용어의 정의는 다음 각호와 같다.

1. "청소년"이라 함은 9세 이상 24세 이하의 자를 말한다. 다만, 다른 법률에서 청소년에 대한 적용을 달리할 필요가 있는 경우에는 따로 정할 수 있다.

2. "청소년육성"이라 함은 청소년활동을 지원하고 청소년의 복지를 증진하며 사회여건과 환경을 청소년에게 유익하도록 개선하고 청소년을 보호하여 청소년에 대한 교육을

---

4. 조례가 제정될 때 청년기본소득이라고 하지 않고 청년배당이라고 하여 청년기본소득과 개념적으로 차이가 있는 것으로 오해될 소지가 있다. 경기도 청년기본소득 정책은 성남시 청년배당을 명칭과 내용 면에서 승계했기에 청년배당이란 명칭으로 시작하였으나, 이후 2019년 들어와 경기도가 정책을 추진하는 과정에서 중앙정부와 협의 하에 청년기본소득이라는 명칭을 취하게 된 것이다. 다만, 조례의 명칭은 아직 개정되지 않은 상태이다 보니 조례에서는 청년배당이란 용어를 그대로 쓰고 있다.

보완함으로써 청소년의 균형있는 성장을 돕는 것을 말한다.

3. "청소년활동"이라 함은 청소년의 균형있는 성장을 위하여 필요한 활동과 이러한 활동을 소재로 하는 수련활동 · 교류활동 · 문화활동 등 다양한 형태의 활동을 말한다.

4. "청소년복지"라 함은 청소년이 정상적인 삶을 영위할 수 있는 기본적인 여건을 조성하고 조화롭게 성장 · 발달할 수 있도록 제공되는 사회적 · 경제적 지원을 말한다.

5. "청소년보호"라 함은 청소년의 건전한 성장에 유해한 물질 · 물건 · 장소 · 행위 등 각종 청소년 유해환경을 규제하거나 청소년의 접촉 또는 접근을 제한하는 것을 말한다.

6. "청소년시설"이라 함은 청소년활동 · 청소년복지 및 청소년보호에 제공되는 시설을 말한다.

7. "청소년지도자"라 함은 제21조의 규정에 의한 청소년지도사 및 제22조의 규정에 의한 청소년 상담사와 청소년시설 · 청소년단체 · 청소년관련기관 등에서 청소년육성 및 지도업무에 종사하는 자를 말한다.

8. "청소년단체"라 함은 청소년육성을 주된 목적으로 설립된 법인 또는 대통령령이 정하는 단체를 말한다.

■ 사회보장기본법

제5조(국가와 지방자치단체의 책임) 국가와 지방자치단체는 국가 발전의 수준에 부응하는 사회보장제도를 확립하고 매년 이에 필요한 재원을 조달하여야 한다.

제6조(제6조(국가 등과 가정) ① 국가와 지방자치단체는 가정이 건전하게 유지되고 그 기능이 향상되도록 노력하여야 한다. ② 국가와 지방자치단체는 사회보장제도를 시행할 때에 가정과 지역공동체의 자발적인 복지활동을 촉진하여야 한다.

경기도 청년기본소득 사업을 추진하는 데는 경기도 내 기관별 역할이 주어져 있다. 즉, 경기도는 지원계획을 수립하고 예산편성 등을 하며, 시 · 군의 경우 대상자 신청 · 접수 및 선정, 지역화폐 발급, 그리고 기본소득 지급을 한다. 여기에 추가로 경기도일자리재단은 온라인 시스템을 구축하여 운영하며, 경기연구원은 대상자 모니터링(사전 · 사후평가) 및 실태조사(만족도 등)를 한다. 지역화폐 발급 및 기본소득 지급의 업무는 코나아이(주)라는 지역화폐 플랫폼 사업체가 대행한다.

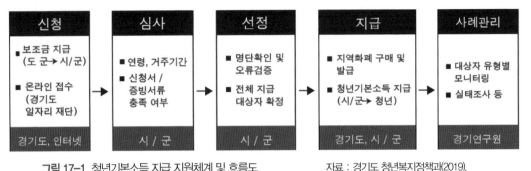

신청	심사	선정	지급	사례관리
■ 보조금 지급 (도 군→시/군) ■ 온라인 접수 (경기도 일자리 재단)	■ 연령, 거주기간 ■ 신청서 / 증빙서류 충족 여부	■ 명단확인 및 오류검증 ■ 전체 지급 대상자 확정	■ 지역화폐 구매 및 발급 ■ 청년기본소득 지급 (시/군→청년)	■ 대상자 유형별 모니터링 ■ 실태조사 등
경기도, 인터넷	시 / 군	시 / 군	경기도, 시 / 군	경기연구원

그림 17-1 청년기본소득 지급 지원체계 및 흐름도   자료 : 경기도 청년복지정책과(2019).

경기도 청년기본소득의 지급 신청은 온라인으로만 하는 것을 원칙으로 하고 있다. 구체적으로 경기도 일자리재단이 구축하여 운영하는 온라인 시스템(https://apply.jobaba.net/bsns/bsnsListView.do)에서 신청이 가능하다. 신청자들은 신청서, 주민등록등본, 개인정보활용동의서 등의 서류를 제출하여야 한다.

청년기본소득 정책의 주요 특징

경기도 청년기본소득 정책의 주요 특징들을 살펴보면 다음과 같다.

첫째, 경기도 청년기본소득 사업은 경기도의 고유사무에 해당하여 자체 재원을 가지고 해야 하는 사업이다. 그런 만큼 경기도가 이 사업을 추진함에 있어 기본적으로 국가의 개입이나 허가를 받아야 할 의무는 없다. 다만 「경기도 청년배당 지급 조례」에서 규정하고 있듯이, 이 사업은 사회보장적 성격을 띤 금전 지급사업에 해당한다. 이는 국가와 협의를 거쳐야만 하는 사항이다. 따라서 경기도 청년기본소득사업은 보건복지부와 협의를 거치고 사회보장심의회 승인을 받게끔 되어 있다. 만약 경기도 청년기본소득 사업이 조례의 개정 등을 통해 사회보장적 금전 지급과는 다른, 경제정책적 성격을 강하게 지닌 사업이라고 판단하면, 보건복지부와 협의할 이유는 사라진다. 그럼에도 불구하고 현재 경기도의 입장은 경기도 청년기본소득을 사회보장정책의 성격을 유지하는 사업으로 수용하고, 사회보장심의회 승인 절차를 거쳐서 정책을 실행하고 있는 것이다.

둘째, 경기도 청년기본소득은 경기도를 대상 지역으로 설정하고 있지만, 엄밀히 말하면 지역화폐의 통용이 개별 31개 시·군의 경계 내로 한정되기 때문에 경기도 내 시·군 청년기본소득이라 하는 것이 맞다. 즉, 기본소득 지급대상의 지역적 경계가 시·군인 만큼 경기도 청년기본소득 정책은 경기도와 31개 시·군간 연합 정책이라 해야 할 것이다.

셋째, 경기도 청년기본소득은 원래 청년배당이란 명칭으로 시작하였으나, 이후 청년기본소득으로 명칭이 변경되었다. 여기서 배당과 기본소득은 명칭은 다르나 본질적으로 등가적 가치를 지녔다고 할 수 있다. 역사적으로 기본소득은 기초소득보장Guaranteed Income, 시민소득Citizen's Income, 시민배당Citizen's Dividend, 사회배당 Social Dividend, 국민배당National Dividend, 국민보조금National Subsidy 등 다양하게 불려왔다. 그런 만큼 청년배당은 기본소득의 다른 이름인 사회배당, 시민배당, 국민 배당에서 '배당'을 차용한 것이고, 단지 그 대상을 청년으로 한다는 의미로 해석이 가능하다. 여기서 배당은 사기업의 지분투자에 대한 수익배당이 아니라 사회의 공동부에 대한 시민권으로서 지분 권리를 국가가 배당 형태로 지급한다는 것을 의미한다. 그 배당이 곧 기본소득인 것이다. 그런 맥락에서 볼 때 청년배당과 청년기본소득은 서로 차별해서 다룰 필요는 없다.

넷째, 과연 경기도 청년기본소득은 기본소득이란 이름에 걸맞게 기본소득이 되려면 갖추어야 할 구성요건을 구비하고 있는가? 결론적으로 말해서 100% 완벽한 기본소득에 부합한다고 할 수 없으나, 현실의 실행성을 고려한 변형(준형) 기본소득으로서의 조건은 하자 없이 구비한 기본소득이라 할 수 있다. 구체적으로 경기도 청년기본소득은 만 24세 청년들 모두를 대상으로 하고 있어 범주보편성을 만족하고, 이들이 이를 받고 노동을 더 할지 등을 묻지 않고 지급하여 무조건성도 충족하며, 지급받는 대상이 가구주나 가구주의 배우자가 아니라 청년 개인이므로 개별성도 충족한다. 이 세 가지가 기본소득 구성요건 중 필수 항목인데, 청년기본소득은 이들 세 가지 요건을 완전하게 충족하고 있다.

이뿐만 아니라 경기도 청년기본소득은 단 1년 동안 지급하지만, 1회가 아니라 4회에 걸쳐 지급하므로 주기성도 충족한다. 그런데 여기서 주기성의 경우 1년만

기본소득 구성요건	충족 여부	내용	특이사항
보편성	O	– 만24세 청년 전부를 대상으로 함 (도내 3년 연속 거주 또는 전체 10년 거주) – 재산, 소득 상태를 심사하지 않음	범주보편성
무조건성	O	– 취업 상태, 노동 의욕 등을 묻지 않음	
개별성	O	– 해당 청년이 속한 가구의 가구주나 배우자가 아니라 청년 개인에게 직접 지급	
주기성	△	– 1년 동안만 지급 – 분기별(일정 주기)로 4회에 걸쳐 지급	준(準)주기성
현금성	△	– 현금처럼 사용가능한 지역화폐로 지급 (특정 용도의 바우처나 상품권이 아님)	준(準)현금성
충분성	△	– 분기별 25만 원 지급 – 생계급여(2019년 1인 가구 기준 월 512,102원) 보다 적은 액수 지급	BIEN에서 불인정 요건

표 17–3 경기도 청년기본소득의 기본소득 구성요건 충족 여부

주 1) 충족 여부(O 충족, △ 부분 충족, × 불충족).
2) 보편성, 무조건성, 개별성이 기본소득의 필수 요건.

지급한다는 것이 문제시될 수 있다. 주기성은 원래 햇수로 긴 기간에 걸쳐 주기적으로 지급하는 것을 의미하기 때문이다. 하지만 청년기본소득은 애초에 지급대상 범주를 만 24세로 한정하는 범주보편성을 충족하는 선에서 출발하였으므로 1년간 지급하는 것은 불가피한 상황이라 할 것이다. 또한 만 24세는 매년 지속적으로 발생하므로 긴 시간을 놓고 본다면 1세부터 24세까지를 다 지급대상으로 망라한다는 점에서 비록 매년 지급대상이 달라지는 문제가 있지만 24년간을 전체 기간으로 한 상태에서 기본소득을 지급한다고도 볼 수 있다.

경기도 청년기본소득은 현금성을 지니는 지역화폐로 지급하여 준準현금성을 충족한다고 할 수 있다.[5] 특히 경기지역화폐는 방대한 사용처를 가지고 있고, 지급형태로 종이류, 직불카드, 모바일 중 직불카드가 지역화폐 발행형태의 대부분을 차지하여 거의 현금과 다름이 없다 할 것이다. 더군다나 기본소득네트워크 등에서

---

5. 지역화폐의 경우 법정화폐가 아닐 뿐 화폐의 기능을 한다. 다만, 화폐로서 내발적 생성이 아닌, 외발적 형성의 경우 화폐의 본질과 관련한 문제제기가 있기도 한다.

강조하는 기본소득의 구성요건에 비춰볼 때도 엄격한 의미의 현금을 상정할 필요는 없는 만큼 경기도 청년기본소득은 현금성을 충족한다고 봐도 무방하다.

다만, 지역화폐의 사용처가 전통시장 및 소상공인 업체에 한정되고 백화점, 대형마트, SSM, 유흥업소, 연매출 10억 원 이상 점포는 제외한다는 점에서 개인에게 있어서 현금이 지니는 사용의 자유로움과 효용극대화 달성에는 못 미치는 제약이 따른다. 이러한 약점이나 한계는 사회 전체 차원의 득실을 따질 때 충분히 득으로 나타날 수도 있다는 관점에서 다뤄볼 필요가 있다. 즉, 개인의 효용극대화를 다소 양보함으로써 지역화폐라는 도구적 수단을 통한 사회적 효용 극대화를 달성할 수 있고, 더 나아가 보다 균형된 사회의 실현이라는 비시장적(사회적) 가치를 창출할 수도 있는 것이다.

다섯째, 청년기본소득은 사회적 기본권 보장을 지원하는 정책이며, 복지정책과 경제정책이 함께 결합되어 있는 특성을 보인다.

경기도 청년기본소득은 필요성 인식 측면에서 성남시 청년배당을 승계한 것인 만큼 성남시가 표방했던 기존 복지 대상층에서 가장 소외된 청년층에 대한 정책적 배려 차원에서 출발하였다고 할 수 있다. 실제 2014년 이후 청년실업률은 상승 추세가 지속되어 고용 여건이 악화되었고 만 24~25세 사이가 실질적 소득이 미발생하는 연령이라는 인식이 깔려 있기도 하다. 그런 맥락에서 보면, 청년기본소득을 공유부에 대한 시민의 권리로서 인식하며 접근하는 근본적 입장에 서기보다 현실의 복지적 관점에서 문제 해결을 하겠다는 다분히 도구주의적 접근법의 특징을 강하게 지닌다 할 것이다. 하지만 여기에 머물지 않고 이들에 대한 사회활동 유인, 생활유지 등을 포괄하는 정책 지원이 필요하다고 판단하고 청년들의 사회적 기본권 보장을 추구하기도 한다. 이런 점은 기본소득의 정신에 부합한다고 볼 수 있다. 즉, 기본소득은 공유부(공유재산, 공유지)에 대한 시민의 권리로 상정하기 때문이다.

경기도 청년기본소득은 자칫 선택적 복지제도인 사회수당으로서 청년수당과 그 맥이 같다고 혼동을 할 여지가 있다. 특히 청년기본소득이 청년배당으로 명칭을 지니고 이해될 경우 그렇다. 하지만 이들은 분명히 서로 다르다는 점을 확실히 할 필요가 있다. 청년기본소득은 청년 중 저소득층이나 빈곤층을 대상으로 하지 않고 모든 청년을 다 포괄한다는 점에서 보편적 복지에 해당한다고 볼 수 있다. 다만, 현재의 청년기본소득은 공적 이전소득에 포함될 수 있어 국민기초생활 보장사업 대상자의 경우 수급비 중지 또는 감소의 가능성이 있다. 이런 점에서 보편적 복지 정책으로서 다소의 결함이 따를 수 있다. 실제 경기도 내 만 24세 청년 중 기초 수급대상자 수는 2019년 현재 1,601명에 해당한다. 이들의 경우 청년기본소득을 받으면 기초생활수급을 못 받게 되어 차라리 청년기본소득 지급 신청을 안 하던지 신청을 한 경우는 이를 철회할 것으로 보인다. 이들은 비록 청년기본소득 지급 대상자 전체의 1% 미만에 해당하지만, 기본소득 지급 정신에 벗어나는 결함을 보여주는 증거가 될 수 있다. 물론 이는 경기도 청년기본소득 자체의 문제라기보다 국가 차원의 복지제도와 불협화음을 일으켜 생기는 문제라고 할 것이다. 이러한 문제는 향후 정책협의와 보완을 통해 충분히 개선 가능할 것으로 판단되며, 또 그렇게 되어야 할 것으로 보인다.

〈공적 이전소득〉

- 정기적으로 지급되는 각종 수당, 연금, 급여, 기타 금품(일시적으로 받는 금품은 재산으로 산정)〈2019년 국민기초생활보장사업안내 P.119〉
- 조례에 따라 지방자치단체가 수급(권)자 또는 생활이 어려운 저소득층에게 지급되는 금품은 실제 소득 산정에서 제외함. 그렇지 않은 경우에는 소득으로 반영함.
- 청년기본소득은 지자체 지원으로 제공되는 것으로 조례에 근거하고 있지만, 소득기준 없이 만 24세 청년 전체를 대상으로 하고 있어 공적 이전소득에 포함됨.

자료 : 경기도 청년복지정책과(2019).

경기도 청년기본소득 정책은 지역화폐를 활용하여 지역경제를 살리겠다는 목적을 명확히 하고 있는 만큼 경제정책으로서의 성격을 지닌다. 지역화폐 지급은 지역경제에서 청년(및 주변인들)의 소득(가처분소득) 증가, 구매력 향상, 소비 증가 및 지역 내 소상공인의 매출 증가, 더 나아가 매출 증가로 소득이 증가된 소상공인들의 소비 증가 등을 연속적으로 파생시킬 수 있다. 이는 청년기본소득이 지역 내 가계소득 증가, 지역경제 활성화, 고용 증가 등 경제 목표의 달성을 가능하게 해주는 경제정책임을 말한다.

지역화폐가 일회성 사용으로 끝나지 않고 현금화폐로서 경제 내에서 반복하여 순환사용이 가능할 경우를 상정해 볼 수 있다. 이 경우 화폐의 순환으로 인한 경제효과도 발생시키는 화폐금융 정책의 하나가 될 수도 있을 것이다. 그런 면에서 경기도 청년기본소득에서 지역화폐의 순환사용은 장기적으로 고려해 볼 사안이다.

결론적으로 경기도 청년기본소득은 복지정책이라는 보조금 성격을 지역화폐를 매개로 한 지역금융정책과 결합함으로써 경제정책으로 전환 혹은 융합, 더 나아가 현실의 문제를 해결하기 위한 경제·사회정책 진화체의 모습을 띠고 있다 할 것이다.

청년기본소득 정책의 만족도

경기도 청년기본소득 정책이 효과가 있는지를 밝히는 것은 정책을 평가하는데 중요한 요소이다. 그 효과 유무를 판단함에 있어 청년기본소득을 수령하고 쓴 청년들의 주관적 선호를 파악하는 것에서부터 청년들이 청년기본소득을 지역화폐로 받아씀에 따라 지역의 소상공인들의 판매가 늘었는지 등을 보여주는 객관적 결과에 이르기까지 다양한 평가지표가 있을 수 있다. 지금까지 조사결과로 나온 자료에 입각해 볼 때 청년기본소득을 수령한 청년들의 주관적 만족도 결과와 청년기본소득을 지역화폐로 수령하여 사용함에 따라 나타난 지역 소상공인(골목상권 등)의 매출 변화에 대한 패널조사 결과가 있다. 따라서 본고에서는 청년들의 만족도 결과와 소상공인 패널조사 결과에 근거해서 청년기본소득 정책을 평가해 보고자 한다.

청년기본소득 수령 청년들의 만족도 결과

2019년 4월 1일 경기도 청년기본소득 사업이 시작하고 5월에 1분기 지급이 끝난 후, 그리고 10월에 3분기 지급이 끝난 후 경기연구원에서 청년기본소득을 지역화폐로 수령하여 사용한 청년들을 대상으로 정책만족도 조사를 실시하였다.[6]

〈청년기본소득 만족도 조사 개요〉

- 조사명칭 : 경기도 청년기본소득 만족도 조사
- 조사기간 : 2019.07.17. ~ 2019.07.22.(1분기), 2019.11.04.~2019.11.15.(3분기)
- 표본규모 :
  1. 경기도 청년기본소득 1분기 신청자 중 지역화폐를 받아 사용하고 있는 청년 3,500 명(1분기)
  2. 경기도 청년기본소득 1분기 신청자(105,275명) 중 총 3회(1분기~3분기) 지역화폐를 받아 사용하고 있는 만24세 청년 3,500명(3분기)
- 조사방식 : 구조화된 설문지를 이용한 웹 설문조사 (1분기와 3분기 모두 동일 설문지 사용)
- 자료 처리방법 : 산출된 자료파일은 통계패키지인 SPSS에 의해 통계처리
- 표본오차 : 95% 신뢰수준에서 ±1.6%p (1분기와 3분기 동일; 모집단과 표본수가 같음)

이들 조사의 응답자 특성은 **표 17-4**와 같다.

이 조사 결과에 따르면, 경기도 청년기본소득을 지급받는 경기도 만 24세 청년들의 경우 이 사업에 대한 전반적 만족도가 1분기 77.10점으로 전체 응답자의 80.6%(n=2,820)가 사업에 대해 만족하고 있는 것으로 나타났다. 이제 막 시작한 정책 사업에 대해 상당히 긍정적 신호라 할 것이다. 한편 3분기의 전반적 만족도는 77.22점으로 1분기(77.10점)에 비해 약간 증가한 수준(0.12점)으로 나타나고 있다[만족: 82.7%(+2.1%p)](그림 17-2 참조).

---

6. 이 조사는 본 연구의 내용을 지원하기 위해 실시한 것이다. 더 자세한 내용은 유영성 외(2019)를 참조.

		1분기		3분기	
		사례수(명)	비율(%)	사례수(명)	비율(%)
전체		3500	100.0	3500	100.0
성별	남성	1690	48.3	1221	34.9
	여성	1810	51.7	2279	65.1
교육 수준	고졸 이하	486	13.9	500	14.3
	대학 재학	941	26.9	826	23.6
	대졸 이상	2073	59.2	2174	62.1
혼인 상태	미혼	3416	97.6	3414	97.5
	기혼	75	2.1	79	2.3
	기타	9	0.3	7	0.2
가구 형태	1인 가구	335	9.6	324	9.3
	부부가구	32	0.9	27	0.8
	자녀와 동거	31	0.9	37	1.1
	부모와 동거	2899	82.8	2846	81.3
	기타	203	5.8	266	7.6
현재 신분	학생(아르바이트 함)	442	12.6	327	9.3
	학생(아르바이트 안함)	466	13.3	438	12.5
	무직	841	24.0	934	26.7
	군인	49	1.4	32	0.9
	취업자	1695	48.4	1607	45.9
	기타	7	0.2	162	4.6
가구 소득	100만 원 미만	160	4.6	175	5.0
	100~200만 원 미만	547	15.6	546	15.6
	200~300만 원 미만	892	25.5	842	24.1
	300~400만 원 미만	496	14.2	450	12.9
	400~500만 원 미만	508	14.5	522	14.9
	500~600만 원 미만	251	7.2	291	8.3
	600만 원 이상	646	18.5	674	19.3
생활 수준	상	394	11.3	398	11.4
	중	1494	42.7	1476	42.2
	하	1612	46.1	1626	46.5

표 17-4 청년기본소득 수령 청년 만족도조사 응답자 특성

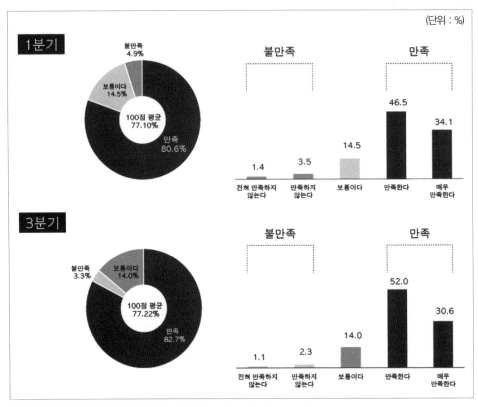

그림 17-2 청년기본소득 사업의 전반적 만족도

1분기 응답자의 특성별 '만족' 응답은 여성에서, 교육수준이 높을수록, 현재 군인 신분에서 상대적으로 높게 나타났는데, 3분기도 이와 비슷하였다. 다만, 3분기에는 현재 신분이 학생인 경우와 가구소득 400만 원~500만 원 미만에서 상대적으로 높게 나타나는 특징을 보였다.

1분기 때 만족하는 주된 이유는 '경기도에 거주하는 만 24세 청년 모두에게 지급되기 때문에'(35.2%), '현금처럼 사용이 가능한 경기지역화폐로 지급되기 때문에'(31.6%)가 가장 많았고, '청년기본소득을 받는 조건으로 일을 하거나 구직활동 등의 조건이 없기 때문에'(11.3%) 등의 의견이 뒤를 이었다. 3분기 때에도 만족 이유는 '현금처럼 사용이 가능한 지역화폐로 지급되기 때문에'(30.7%)가 가장 많았고, 다음으로 '경기도에 거주하는 만 24세 청년 모두에게 지급되기 때문

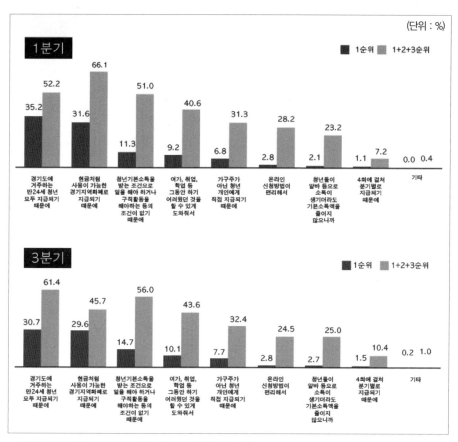

(단위 : %)

1분기

■ 1순위 ■ 1+2+3순위

	1순위	1+2+3순위
경기도에 거주하는 만24세 청년 모두 지급되기 때문에	35.2	52.2
현금처럼 사용이 가능한 경기지역화폐로 지급되기 때문에	31.6	66.1
청년기본소득을 받는 조건으로 일을 해야 하거나 구직활동을 해야하는 등의 조건이 없기 때문에	11.3	51.0
여가, 취업, 학업 등 그동안 하기 어려웠던 것을 할 수 있게 도와줘서	9.2	40.6
가구주가 아닌 청년 개인에게 직접 지급되기 때문에	6.8	31.3
온라인 신청방법이 편리해서	2.8	28.2
청년들이 알바 등으로 소득이 생기더라도 기본소득액을 줄이지 않으니까	2.1	23.2
4회에 걸쳐 분기별로 지급되기 때문에	1.1	7.2
기타	0.0	0.4

3분기

■ 1순위 ■ 1+2+3순위

	1순위	1+2+3순위
경기도에 거주하는 만24세 청년 모두 지급되기 때문에	30.7	61.4
현금처럼 사용이 가능한 경기지역화폐로 지급되기 때문에	29.6	45.7
청년기본소득을 받는 조건으로 일을 해야 하거나 구직활동을 해야하는 등의 조건이 없기 때문에	14.7	56.0
여가, 취업, 학업 등 그동안 하기 어려웠던 것을 할 수 있게 도와줘서	10.1	43.6
가구주가 아닌 청년 개인에게 직접 지급되기 때문에	7.7	32.4
온라인 신청방법이 편리해서	2.8	24.5
청년들이 알바 등으로 소득이 생기더라도 기본소득액을 줄이지 않으니까	2.7	25.0
4회에 걸쳐 분기별로 지급되기 때문에	1.5	10.4
기타	0.2	1.0

그림 17-3 청년기본소득 사업의 "만족" 이유(우선순위)

에'(29.6%), '청년기본소득을 받는 조건으로 일을 해야 하거나 구직활동을 해야 하는 등의 조건이 없기 때문에'(14.7%) 등의 순으로 나타났다.

1분기와 3분기 조사결과를 비교해 보았을 때 1위와 2위의 순위가 바뀌었다는 것이 주요 특징이다. 이는 경기지역화폐 지급에 대한 의미를 이를 사용할수록 더 크게 느낀다는 것을 말해 준다. 다음으로 기본소득이 다른 선택적 복지 정책에 비해 우월성을 지니는 것으로 인식되는 보편성을 충족한다는 것을 두 기간 모두의 응답이 말해 주고 있으며, 거기다 경기도만의 특색을 지니는 기본소득 정책사업으로 기본소득을 현금처럼 사용이 가능한 지역화폐로 지급한다는 것을 거론하고 있다는 점에서 기본소득이 복지정책을 넘어 지역경제정책으로도 좋은 반응을 얻고 있음을 알 수 있다.

정보 접근성			신청 절차			지원금액 및 방법		
항목	100점 평균		항목	100점 평균		항목	100점 평균	
	1Q	3Q		1Q	3Q		1Q	3Q
청년기본소득 사업에 대한 홍보는 충분하다	78	75	온라인 신청 절차가 편리하다	74	71	청년기본소득 지원 금액에 대해 만족한다	68	67
주변에 만 24세 동갑내기 친구들이 많이 안다	83	82	분기마다 신청하는 것에 대해 만족한다	52	57	경기지역화폐가 잘 배송·지급 된다	81	83
청년기본소득 사업 관련 정보를 쉽게 알 수 있다	78	79	구비서류가 간소하다	76	73	경기지역화폐로 받는 취지를 잘 이해하고 있다	84	83
신청 시 주의해야 할 점을 잘 안내 하고 있다	75	79	신청기간이 충분하다	87	85	경기지역화폐를 이용하는데 불편함이 없다	70	70

표 17-5 청년기본소득 만족도 조사의 중요 결과

청년기본소득 만족도 조사 결과(표 17-5 참조) 전체적으로 모든 주요 항목에서 100점 만점에 50점을 넘기고 있으며, 거의 대부분이 70점을 넘기고 있음을 보여준다. 두 기간 차이도 약간의 증감 변화는 있으나 크지 않다. 경기도 청년기본소득 사업은 정책적으로 소기의 성과를 내고 있다고 평가할 수 있다.

더군다나 청년기본소득은 단지 1분기 지급만으로도 수급받은 청년들의 인식, 삶에 대한 태도 등 여러 측면에서 긍정적 변화를 보이고 있다. 특히 3분기에는 긍정적 변화 정도가 1분기에 비해 더 증가하는 모습을 보이고 있다.

첫째, 이제 막 시작한 단계이다 보니 특정 연령에게 다소 적은 금액을 지급함에도 불구하고 이를 수령한 청년들은 개인 차원에서 삶의 변화가 다양하게 나타나고 있다. 청년기본소득 수령 후 청년들은 삶의 변화에 대해 1분기에 '변화 있음'(60.3%)이 '변화 없음'(15.9%)보다 월등히 높게 반응하고 있다. 더군다나 3분기의 경우 '변화 있음'(65.4%)이 1분기에 비해 5%p 이상 증가하였으며 '변화 있음'과 '변화 없음'의 차이도 44.4%p → 53.5%p로 훨씬 커졌다.

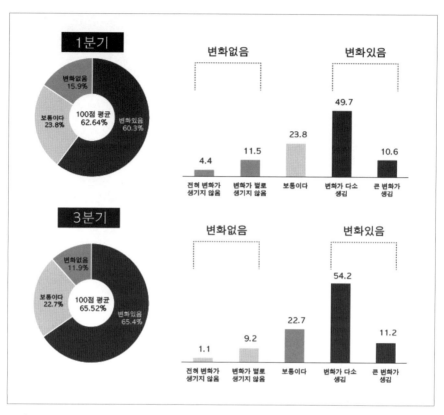

그림 17-4 청년기본소득 수령 후 삶의 변화

　삶의 변화 내용을 살펴볼 때, 청년기본소득은 청년 개인의 삶 전반에 걸쳐 보다 자유롭고 합리적인 재구성에 기여한다고 할 수 있다(그림 17-5 참조). 구체적으로 "친구 등과 교제하는데 금전 걱정을 덜 수 있음"과 "자기계발을 시도해 볼 수 있음"이 공히 1위[7]와 2위를 차지하였고 다만 1분기와 3분기에 그 순위가 바뀌는 변화를 보였다.

　둘째, 1분기와 3분기 공히 모든 개인에게, 보편적으로, 무조건적으로 지급하는 기본소득으로 인해 청년의 사회적 이슈에 대한 관심도나 국가/지자체/가족 공동체 및 개인 자신에 대한 인식에도 긍정적 변화가 나타나고 있다(그림 17-6 참조).

---

7. 이를 통해 그동안 젊은 청년들은 친구를 사귀는데 작은 금액의 제약만으로도 주눅이 들 정도로 심리적 어려움이 동반되었다는 것을 알 수 있다.

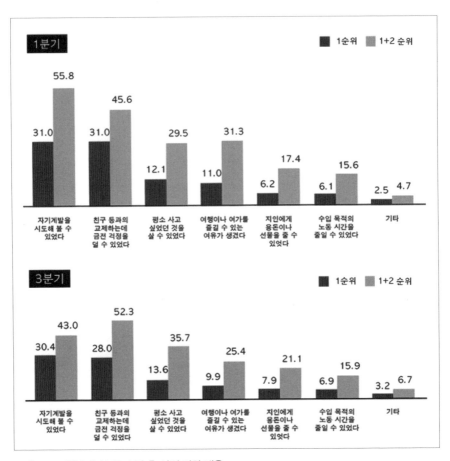

그림 17-5 청년기본소득 수령 후 삶의 변화 내용

먼저 사회적 이슈에 대한 관심도 측면을 살펴보면, 1분기에 비해 3분기에 약간 감소하는 모습을 보이고 있으나, 전반적으로 60점대 이상을 보이고 있다. 이는 청년기본소득을 수령하는 청년들 과반이 사회적 이슈에 관심을 두기 시작했다는 것을 말해준다. 그 구체적인 내용은 '경제적 자유에 대한 관심이 높아졌다'(1분기 69.91점, 3분기 69.13점)가 가장 높고, 다음으로 '사회 불평등 해소에 대한 관심이 높아졌다'(1분기 64.32점, 3분기 63.69점), '인권 신장에 대한 관심이 높아졌다'(1분기 61.99점, 3분기 60.02점) 순으로 나타나고 있다.

이밖에도 청년들은 '국가/지자체 역할에 대한 인식이 긍정적으로 변했다'(1분기

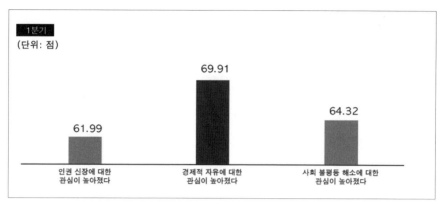

그림 17-6 청년기본소득 수령으로 인한 사회적 이슈에 대한 관심 변화

주) 3분기의 결과도 1분기와 비슷함.

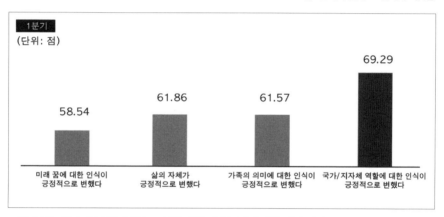

그림 17-7 청년기본소득 수령으로 인한 개인 및 공동체에 대한 인식 변화

주) 3분기의 결과도 1분기와 비슷함.

69.29점, 3분기 61.4%) 의사를 표시하고 있다(그림 17-7 참조). 이 결과에서 보듯이, 청년기본소득은 그동안 국가가 자신들에게 해준 것이 없다는 인식에서 탈피하는 중요한 계기를 주고 있다고 할 수 있다. 미래의 꿈, 삶의 자세, 가족의 의미 등에 대해서도 전체의 과반이 긍정적 변화를 말하고 있어 이 또한 개인적으로나 사회적으로 유의미한 반응이라고 할 수 있다.

한편 1분기와 3분기 공히 별 차이 없이 청년기본소득을 지역화폐로 지급받아 쓰는 데 대해 청년들 대다수가 지역화폐의 취지를 잘 이해하고, 지역화폐가 편리하며, 잘 쓰고 있고, 전체적으로 만족한다고 답변하고 있다(그림 17-8 참조). 구

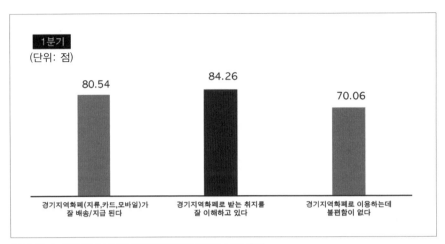

그림 17-8 청년기본소득의 경기지역화폐 지급에 대한 응답

주) 3분기의 결과도 1분기와 비슷함.

체적인 내용을 살펴보면, 청년들은 '경기지역화폐로 받는 취지를 잘 이해하고 있다'(84.26점), '경기지역 화폐가 잘 배송·지급된다'(80.54점), '경기지역화폐를 이용하는 데 불편함이 없다'(70.06점) 등 비교적 높은 점수를 보인다.

이는 청년이 복지의 수혜자로서 지역화폐를 수동적으로 지급받는 대상적 존재가 아니라 정책의 옳고 그름을 판단하고, 그에 따라 적극적으로 호응하는 '지역화폐 정책의 동반자'이자 '참여형 권리자'임을 자각하고 있음을 말해준다.

경기도 청년기본소득은 계속 매 분기별로 지급하는 만큼 4분기 지급 후의 만족도 결과를 보고 정책의 성공 여부를 판단하는 것이 합당할 것이다. 다만, 1, 3회차 지급의 결과가 이 정도라면, 향후 4회차 지급이 다 끝났을 때 결과가 어떻게 나올지 예단하기는 어렵지 않을 것 같다. 비록 주관적 반응에만 입각하여 객관적 지표에 의한 결과가 뒤따르지 않는다는 한계가 있음에도 불구하고 청년들의 만족도 결과에 입각해 판단해 볼 때 경기도 청년기본소득은 일단 성공적인 출발을 하고 있다고 평가를 내릴 수 있을 것 같다.

청년기본소득 지역화폐 사용에 따른 소상공인 패널 조사 결과

경기지역화폐가 정책발행과 일반발행을 합쳐서 2019년 4월 1일을 기점으로 경기도 내 31개 시·군에서 전면적으로 발행(충전)되었다. 2019년 9월 30일 현재 경기지역화폐 발행액(충전액)은 정책발행(청년기본소득, 산후조리비, 기타) 및 일반발행 모두 합쳐서 3,425억 원이며, 이를 실제로 사용한 규모는 2,661억 원(발행액 대비 77.7%)에 해당한다. 이와 같이 경기지역화폐가 발행되고 사용됨에 따라 31개 시·군 각각의 지역 내 소상공인들의 매출은 크던지 작던지 영향을 받게 된다. 자연스럽게 이 정책을 추진하거나 이와 관련이 있는 사람들은 이러한 영향이 어느 정도 될 것인지에 대해 관심을 갖게 된다.

따라서 영향을 측정하기 위한 조사의 필요성에 입각하여 정책담당자와 연구자들이 모여 조사를 위한 설계를 하게 되었고, 실제 조사사업을 수행하였다. 조사하고자 하는 바를 문항으로 담은 조사 설문지를 가지고 경기도 31개 시·군 각각의 주도로 시·군의 지역 소상권(전통시장 포함)에 있는 점포들을 100개를 기준으로 시·군 상권의 사정에 따라 49~150개까지 표집하고, 패널 자료를 구축하기 위한 실사작업을 시·군 소속 마케터들을 활용하여 실시하였다.

조사는 사전조사와 사후조사로 구분하여 실시하였고, 그 기준 시점은 4월 1일 지역화폐 발행이 본격적으로 시행되는 날짜로 하였다. 사전과 사후를 구분하여 패널 자료를 구축하려는 의도는 정책이 실행되기 전과 후를 비교해 보기 위함이었다. 사전조사는 1분기(1차)를 대상으로 했고, 사후조사는 2분기(2차)를 대상으로 했다. 조사결과 사전조사 3,212개와 사후조사 3,212개를 합하여 총 6,424개의 조사 표본을 얻었다. 이들 3,212개 대상업체를 31개 시·군별로 구분한 현황은 **표 17-6**과 같다. 이들을 다시 상권유형별로 구분하면, 상점가 1,944개소(1차)/1,955개소(2차), 전통시장 1,184개소(1차)/1,171개소(2차), 무응답 84개소(1차)/86개소(2차)가 된다. 상권유형에 대한 응답에서 1차와 2차가 차이가 나는 이유는 응답자가 응답한 1차 조사 시점과 2차 조사 시점에서 상권유형이 변경되었을 수도 있고, 이러한 변경이 없었는데도 불구하고 응답자가 상권유형을 처음 응답했을 때와 나중 응답했을 때 서로 다르게 판단하였을 수도 있기 때문이다. 정확하게 어느 이유 때문인지 파악이 어려워 본 연구에서는 일단 응답한 자료 그대로를 수용하고 적시하고자 한다(표 17-7 참조). 이밖에도 조사 대상업체의 점주나 점포 특성에 따른 기초통계는 **표 17-8**와 같다.

〈지역화폐 사용에 따른 소상공인 영향 패널조사 개요〉

- 조사기간 : 2019.03. ~ 2019.08.(사전조사 3~4월, 사후조사 7~8월)
- 표본규모 : 경기도 31개 시 · 군 소재 소상공인 업체 3,212개(사전조사 및 사후조사)
- 조사방식 : 구조화된 설문지를 이용한 대면조사
- 자료 처리방법 : 통계패키지인 SPSS에 의해 통계처리

시 · 군	업체수	시 · 군	업체수	시 · 군	업체수	시 · 군	업체수
수원시	99	시흥시	101	의왕시	99	파주시	95
성남시	128	군포시	99	오산시	94	구리시	49
부천시	94	화성시	77	과천시	138	포천시	91
안양시	113	이천시	97	여주시	94	양주시	100
안산시	123	김포시	150	양평군	66	동두천시	100
용인시	155	광주시	78	고양시	100	가평군	100
평택시	100	안성시	159	의정부시	68	연천군	103
광명시	100	하남시	142	남양주시	100	총합	3,212

표 17-6 31개 시 · 군내 소상공인 영향 조사 패널 업체수

상권유형	조사 시기	업체수(개)	비중(%)
상점가	1차(2019년 1월~3월)	1944	30.3
	2차(2019년 4월~6월)	1955	30.4
전통시장	1차(2019년 1월~3월)	1184	18.4
	2차(2019년 4월~6월)	1171	18.2
무응답	1차(2019년 1월~3월)	84	1.3
	2차(2019년 4월~6월)	86	1.3

표 17-7 상권유형별 소상공인 조사 패널 업체수

특성 분류	구분	업체수(개)	비중(%)
점주 성별	남성	2763	43.0
	여성	3591	55.9
	무응답	70	1.1
점주 연령	만19~29세	263	4.1
	30대	922	14.4
	40대	1618	25.2
	50대	2240	34.9
	60세 이상	1266	19.7
	무응답	115	1.8
점주 업력	1년 미만	138	2.1
	1년~5년 미만	2115	32.9
	5년~10년 미만	1289	20.1
	10년~15년 미만	962	15.0
	15년~20년 미만	561	8.7
	20년 이상	1234	19.2
	무응답	125	1.9
점포 규모	1명	1960	30.5
	2명	1882	29.3
	3명	951	14.8
	4명	623	9.7
	5명	411	6.4
	6명 이상	437	6.8
	무응답	160	2.5
점포 유형	일반점포	4043	62.9
	프랜차이즈 점포(편의점 제외)	792	12.3
	프랜차이즈 편의점	953	14.8
	무응답	636	9.9

점포 업종	한식	911	14.2
	양식	73	1.1
	중식/일식/기타음식	640	10.0
	스넥	586	9.1
	농축수산물	478	7.4
	편의점	1051	16.4
	수퍼마켓	259	4.0
	의류/잡화/직물	883	13.7
	학원	67	1.0
	병원/약국	224	3.5
	보건/위생	511	8.0
	서적/문구/사무용품	91	1.4
	숙박/여행	13	.2
	가전/주방/가구	77	1.2
	레저/문화/취미	237	3.7
	기타	79	1.2
	무응답	270	4.2

표 17-8 점주, 점포 특성에 따른 기초통계

패널 조사를 통해 다음과 같은 결과를 얻을 수 있었다.

첫째, 매출에 대한 질문으로 사전조사의 경우 2018년 1분기 대비 2019년 동기의 매출 증감 여부를 물었고, 사후조사는 2018년 2분기 대비 2019년 동기의 매출 증감 여부를 물었다. 그 결과 1분기, 2분기 모두 다 매출이 '감소'했다는 응답자의 비율이 각각 56.4%, 53.6%로 '증가'했다는 응답자 비율, 각각 6.8%, 8.9%보다 월등히 컸다. 이는 1분기, 2분기 공히 경기가 좋지 않아 매출 감소를 경험한 업체들이 절반을 넘고, 매출 증가를 경험한 업체들은 전체의 10%도 안 된다는 것을 보여준다. 하지만 매출 감소를 경험한 업체들이 1분기 대비 2분기에 다소 줄고 있고 (56.4% → 53.6%, 2.8%p 감소), 매출 증가를 경험한 업체들은 1분기 대비 2분기에

구분		사업체 응답 (%)				계
전년 동기 대비 올해 매출변화		감소	변화없음	증가	무응답	
해당기간	1분기	56.4	34.6	6.8	2.2	100.0
	2분기	53.6	35.3	8.9	2.1	100.0

표 17-9 소상공인 패널의 매출변화 응답

다소 늘어났다(6.8% → 8.9%, 2.1%p 증가)는 점에서 경기 하락의 정도가 다소 줄어들었다는 것을 알 수 있다(표 17-9 참조).

이러한 매출 증감 경험 여부를 31개 시·군에 적용할 경우 나타난 결과는 표 17-10과 같다. 19개 시·군에서 1분기에 비해 2분기에서 매출액 변화 경험이 '증가'한 경우이고, 9개 시·군은 '감소'한 경우이다. '변화 없는' 시·군은 3개이다.

여기서 중요한 점은 1분기 변화에 비해 2분기 변화에서 상대적으로 '감소'의 비율이 줄어들었고 '증가'의 비율은 늘어났다는 것이다. 2019년 상반기에 매출 감소가 절대적으로 큰 만큼 전체적으로 경기가 안 좋지만, 그럼에도 불구하고 1분기에 비해 2분기가 조금은 덜 나빠지는 모습을 보이고 있어 무엇인가 소상공인 매출에 비록 미미하지만 변화를 일으키는 요인이 있었다고 할 수 있다. 다만, 이러한 1분기와 2분기 매출변화 응답 결과의 차이는 통계적 유의성을 보이지는 않는다(표 17-11 참조).

둘째, 실제 정량적으로 월 평균(3개월 평균) 매출액이 얼마나 됐는지를 물어보았다. 그 결과 2019년 1분기(3개월) 경기도 전체 소상공인 응답자들의 월평균 매출액은 19,136,737원인데 반해, 2019년 2분기(3개월) 월평균 매출액은 18,655,384원으로 481,353원(1분기 매출액 대비 2.5%) 감소하는 것으로 나타났다(표 17-12 참조).

실제 정량적으로 기입한 매출액의 1분기 대비 2분기의 변화는 앞에서 살펴본 매출 증감 경험 업체수의 변화와 그 방향에서 서로 일치하고 있음을 알 수 있다.

다만, 위의 결과를 수용하는데 있어서 주의해야 할 점이 있다. 업체들이 직접

'증가' 경험 지역	'감소' 경험 지역	'변화없음' 경험 지역
수원시, 안산시, 용인시, 평택시, 군포시, 화성시, 김포시, 광주시, 하남시, 의왕시, 오산시, 과천시, 양평군, 고양시, 남양주시, 파주시, 양주시, 동두천시, 연천군	성남시, 부천시, 고양시, 광명시, 시흥시, 안성시, 의정부시, 구리시, 포천시	이천시, 여주시, 가평군
19개 시·군	9개 시·군	3개 시·군

표 17-10 매출액 2019년 1분기 변화 대비 2분기 변화 경험 업체수의 지역별 증감 분류

표 17-11 매출변화 경험 업체의 평균의 동일성에 대한 t-검정 결과

1) 집단통계량

구분	시기	N	평균	표준편차	평균의 표준오차
매출감소 비율	1차(2019년 1월~3월)	1631	25.9405	15.06451	0.37302
	2차(2019년 4월~6월)	1555	25.9460	15.55948	0.39458
매출증가 비율	1차(2019년 1월~3월)	170	18.4294	23.65552	1.81430
	2차(2019년 4월~6월)	223	16.4126	21.96866	1.47113

2) t-검정

	평균의 동일성에 대한 t-검정						
	t	자유도	유의확률 (양쪽)	평균차	차이의 표준오차	차이의 95% 신뢰구간	
						상한	하한
매출감소 비율	-.010	3184	.992	-.00545	.54256	-1.06927	1.05836
매출증가 비율	.872	391	.384	2.01686	2.31258	-2.52979	6.56350

기입한 정량적 자료로서 매출액의 경우 응답 결과에 수많은 오류가 발견되었다는 점이다. 예를 들어 금액의 단위를 자의적으로 판단하여 기재하거나(1분기에는 16,000,000원으로 적고, 2분기엔 1600으로 적음), 터무니없이 큰 액수를 적었다(수십 조 원에 해당하는 금액을 적음. 즉, 1천만 원 정도에 해당하는 금액의 뒷자리 0의 개수를 13개 이상 적기도 함). 뿐만 아니라 1분기 매출액 대비 2분기 매출액이 지나치게 크거

조사 분기	N[1]	월평균 매출액(원)	표준편차[2]	평균의 표준오차[2]
1차 (2019년 1월~3월)	2,569	19,136,737	22,790,654	449,650
2차 (2019년 4월~6월)	2,569	18,655,384	22,525,842	444,426

표 17-12 31개 시·군내 소상공인 조사 대상업체 매출액 변동 (집단통계량)

주 1) **표 17-6**에서는 3,212개였는데, **표 17-12**에서는 2,569개로 줄어듦.
이는 데이터 오류 등을 보정함으로써 생긴 결과임. 이에 대해서는 후술함.
2) 소수점 이하는 반올림한 후 절사함.

나 작아 그 차이가 수백, 수천 배에 해당하는 액수를 적어 넣는 경우가 발견되었다. 이 경우는 영업이 갑자기 좋아지거나 나빠져서 그럴 수 있지만, 조사 대상업체의 일련번호를 점검해 볼 때 해당 업체의 인근 업체들의 매출에서 그런 변화를 볼 수 없다는 점에서 매출액 자료 기입의 오기를 의심하지 않을 수 없었다. 구체적으로 예를 들면 1분기 때는 해당업체와 인근업체들이 엇비슷한 매출액 수준을 보였는데 2분기에 가서는 인근 업체들은 증감, 감소가 있더라도 1분기와 큰 차이가 안 나는데 반해, 해당 업체만 지나칠 정도로 현격한 차이를 보였다. 그럼에도 불구하고 향후 경영계획에 대한 질문에서는 확장이나 폐쇄 등이 아닌 현상 유지로 응답하고 있었다. 여기에 더해 매출액 응답란에 무응답으로 기재한 경우도 제법 많았다.

따라서 이러한 합리적 의심이 드는 매출액 기입 자료들의 경우 수정, 보완이 필요하다고 판단하였다. 다만, 설령 수치에 합리적 의심이 든다고 해서 함부로 인위적인 수정을 가할 수는 없기에 인위적인 개입은 극히 제한적인 수준에서 하였다. 자료 보정을 한 경우는 구체적으로 다음과 같다.

① 매출액 기입 시 단위 표기상의 오류(예, 1분기에 1천 6백만 원을 생각하고 1,600으로 적고, 2분기에 16,000,000으로 적은 경우)를 통일되게 수정하였다.

② 연 매출액이 얼마 안되는 소상공인임에도 불구하고 기입 매출액을 수백억 원, 수천억 원 이상으로 적은 경우는 데이터에서 제외시켰다.

③ 1분기 매출액과 2분기 매출액의 차이가 수백 배 이상 남에도 불구하고 향후 경영계획에서 증가나 감소가 아닌 현상유지를 하겠다고 응답한 경우는 데이터에서

월평균 매출액		평균의 동일성에 대한 t-검정					
	t	자유도	유의확률 (양쪽)	평균차	차이의 표준오차[1]	차이의 95% 신뢰구간[1]	
						상한	하한
	.761	5136	.446	481,353	632,218	−758,063	1,720,769

표 17-13 소상공인 조사 대상업체 매출액 평균의 동일성에 대한 t-검정 결과

주 1) 소수점 이하는 반올림 후 절사함.

삭제하였다.

④ 무응답한 경우도 자료에서 제외하였다. 이렇게 보정을 가한 후에 얻은 조사대상 소상공인업체의 매출액 패널 자료는 총 6,424(3,212개*2)개에서 5,138(2,569개*2)개로 줄어들었다(표 17-12 참조).

상권 유형별로 구분했을 때 전체 자료 대비 활용자료의 비율은 대략 70~80% 사이로 엇비슷한 수준이었다.

셋째, 조사대상 소상공인업체의 월평균 지역화폐 매출액이 얼마인지에 대한 물음에 경기도 31개 시 · 군 전체 소상공인들(3,212개 업체)은 2019년 2분기 월평균 지역화폐 매출액을 388,728원으로 응답하였다. 이는 자료상에 별다른 오류가 발견되지 않아 조사대상 업체 3,212개 자료를 그대로 사용하여 구한 값이다. 이는 2019년 2분기 월평균 매출액으로 응답한 18,655,384원의 2.1%에 해당하는 금액이다. 만약 지역화폐로 인한 매출액이 발생하지 않았다면 2019년 2분기 월평균 매출액은 1분기에 비해 -2.5%p 감소에서 -4.55%p 감소로 감소폭이 훨씬 커졌을 것이다. 이에 비춰볼 때 지역화폐가 전체 매출액의 감소폭 증가를 다소나마 저지하였다는 점에서 의의가 있을 것이다.

다만, 이 결과를 해석하는데 주의할 점이 있다. 이러한 결과를 도출하기 위해 사용한 자료는 표집 표본이 2,569개 해당한다는 것이다. 즉, 매출액 자료에서 오류를 보정한 후 선택된 자료(2,569개)에 입각하여 지역화폐 매출액 자료도 이에 대응하는 2,569개를 적용하였다는 것이다. 원래 매출액 자료는 보정을 하여 얻은 자료를 사용하여야 하지만, 지역화폐 매출액 자료는 3,212개가 별다른 오류가 없어 있

구분	제외	활용	총합계	구분	제외	활용	총합계
가평군	1	99	100	안양시	2	111	113
고양시	8	92	100	양주시	3	97	100
과천시	10	128	138	양평군	–	66	66
광명시	13	87	100	여주시	23	71	94
광주시	22	56	78	연천군	3	100	103
구리시	17	32	49	오산시	3	91	94
군포시	5	94	99	용인시	16	139	155
김포시	27	123	150	의왕시	4	95	99
남양주시	16	84	100	의정부시	3	65	68
동두천시	9	91	100	이천시	97	–	97
부천시	45	49	94	파주시	–	95	95
성남시	128	–	128	평택시	25	75	100
수원시	87	12	99	포천시	7	84	91
시흥시	19	82	101	하남시	34	108	142
안산시	6	117	123	화성시	9	68	77
안성시	1	158	159	총합계	643	2,569	3,212

표 17-14 소상공인 조사 대상업체 매출액 자료(보정 전/후) 기초통계

	평균의 동일성에 대한 t-검정						
월평균 매출액	t	자유도	유의확률 (양쪽)	평균차	차이의 표준오차	차이의 95% 신뢰구간	
						하한	상한
	.627	4,128	.531	476,436	760,051	−1,013,672	1,966,545

표 17-15 소상공인 매출액(지역화폐 매출액 제외 전후) 평균의 동일성에 대한 t-검정 결과

는 그대로 사용할 수 있었다. 그럼에도 불구하고 3,212개 자료가 아닌 2,569개 자료만 사용한 것은 분명 문제가 있을 수 있다. 이 문제를 해결하기 위해서는 사후(2차)조사 자료(2,569개)가 3,212개 자료의 특성을 반영하도록 보정하는 작업이 필요하다. 이는 두 데이터 집단 간에 평균값의 차이(약 1.76배) 만큼을 조정함으로써 해결하도록 하였다. 이러한 보정을 거치게 됨으로써 두 집단 간에 독립표본적 성격

독립표본 검정							
				Levene의 등분산 검정			
				F		유의확률	
월평균 매출액	등분산이 가정됨			.720		.396	
	등분산이 가정되지 않음						
평균의 동일성에 대한 t-검정							
	t	자유도	유의확률 (양쪽)	평균차	차이의 표준오차	차이의 95% 신뢰구간	
						하한	상한
월평균 매출액	1.432	5,136	.152	900,233	628,674	−332,235	2,132,702
	1.432	5,133	.152	900,233	628,674	−332,235	2,132,702

표 17-16 소상공인 매출액(보정 지역화폐 매출액 제외 전후) 검정 결과

(단위 : 천원, %)

구분	4월	5월	6월	7월
전체발행 사용액	12,150,960	29,955,745	37,517,322	79,624,027
정책발행 사용액	5,737,584	16,715,304	17,182,466	39,635,354
비중	47.22	55.80	45.80	49.78

표 17-17 2019년 2분기 경기도 지역화폐 사용액 내역　　　　　자료 : 경기도 내부자료

을 띨 수 있다는 점을 감안하여, 분산이 같은지 여부를 검정하는 과정을 거치도록 하였다. 이렇게 해서 얻은 검정 결과는 표 17-15와 같다.

표 17-15에 의하면, 통계적으로 등분산이 유지됨을 알 수 있다. 즉, 두 시기 (1차, 2차)의 조사대상 집단은 일단 다르지 않다는 것이다. 반면에 평균의 차이 가 있는지와 관련해서는 통계적으로 그렇다고 주장하기는 어렵다(유의확률(양쪽) 0.152>0.05). 다만, 표 17-16 결과와 차이점은 유의확률(양쪽)이 0.531에서 0.152 로 줄어들었다는 점이다.

다른 한편에서 2분기 지역화폐 매출액은 지역화폐 발행 시작 후 얼마 되지 않았 고, 그런 만큼 2분기 들어 지역화폐 발행률도 평균 22.4%(4월 11.5%, 5월 24.2%, 6 월 31.6%)에 불과하고 사용률도 평균 66.4%(4월 71.3%, 5월 58.9%, 6월 60.0%)에 불 과하다가, 3분기 들어 발행률도 평균 56.2%(7월 45.2%, 8월 54.4%, 9월 69.0%)로 증

	청년기본소득	산후조리	기타(아동수당 등)	전체
발행규모	1,753	423	1,406	3,582
비중	45.03	19.06	35.91	100

표 17-18 2019년 경기도 지역화폐 정책발행 구성 비율　　　　　　자료 : 경기도 내부자료

가하고 사용률 또한 평균 75.2%(7월 69.8%, 8월 78.2%, 9월 77.7%)로 증가했다는 점에 주목할 필요가 있다. 그만큼 2분기 지역화폐 사용액이 작았고, 전체 매출액에서 차지하는 비중도 그만큼 작았다는 점을 감안하면, 지역화폐 매출액이 3분기, 4분기, 더 나아가 2020년에 이르러 발행액과 별 차이가 나지 않는 상황을 상정할 경우 지역화폐 사용이 전후 비교에서 소상공인 매출액에서 차이를 내는 요인이 될 수 있다는 것이다. 최소한 3분기와 4분기 지역화폐 사용 결과만이라도 놓고 평가할 필요가 있다고 판단된다.

　여기서 살펴보아야 할 사항이 또 하나 있다. 지역화폐 매출액이 2019년 2분기 소상공인 월평균 매출액으로 응답한 18,655,384원의 2.1%에 해당하는 금액인데, 이 2.1%는 청년기본소득(정책발행)만을 사용한 결과가 아니라는 사실이다. 2.1%에는 정책발행분 중 산후조리비, 기타 등으로 발행한 지역화폐의 사용도 포함되고, 더 나아가 일반발행분으로 발행한 지역화폐의 사용도 포함된다. 2019년 2분기 3개월 동안 전체 지역화폐 사용액(79,624,027천 원) 중 정책발행 사용액(39,635,354천 원)은 49.78%를 차지한다(표 17-17 참조).

　정책발행 내에서 청년기본소득의 비중이 45.03%에 해당하여 이를 감안하면, 전체 지역화폐 사용액 중 청년기본소득 지역화폐 사용액은 22.42%에 해당한다(표 17-18 참조). 이는 경기도 내 소상공인이 지역화폐로 인해 2019년 2분기 동안 올린 전체 매출액 중 청년기본소득 지역화폐로 인해 올린 매출액 비중이 0.47%에 불과하다는 것을 말해준다. 이를 월평균 매출액으로 환산하면 87,680원에 해당한다.

　소상공인 전체 매출액(월평균 금액)에서 청년기본소득 사용액이 차지하는 비중이 0.47%인 만큼 지극히 미미하다고 할 수 있는데, 이것이 소상공인들의 매출액이

2019년 1분기에 비해 2분기가 미미하지만 약간 덜 나빠지는 모습을 보이고 있다.

다만, 이는 소상공인들이 기술한 매출액 자료에서 하자가 많아 이를 상당 부분 보정한 자료를 사용할 수밖에 없었다는 점을 감안하고 판단할 사항이다.

특히 본고에서 사용한 자료는 단지 2019년 2분기(3개월) 동안 청년기본소득 지역화폐를 사용한 결과이다. 더군다나 이를 가지고 1분기 전체 매출액과 비교하고 있다. 그러다 보니 청년기본소득 지역화폐가 일으키는 매출액 차원의 변화(정책효과)를 제대로 평가하기가 어렵다. 최소한 1년 정도의 기간에 걸쳐 일어난 변화를 살펴보는 것이 필요하다고 판단된다.

내용 정리

경기도는 2019년 4월 1일 청년기본소득 사업을 시행하였다. 청년기본소득은 기본소득이 갖추어야 할 핵심 구성 요건(원칙)을 갖춘 사업이란 점에서 기본소득에 해당한다. 비록 이상적 형태의 정형기본소득은 아니나 준형기본소득으로서 손색이 없다고 할 수 있다. 세계 여러 국가들에서 보여줬던 유사실험experiment이나 시범사업pilot project과는 다르다.

경기도 청년기본소득을 실시하고 난 뒤 청년 당사자들의 반응은 "대체로 만족할만하다"였다. 이에 입각하여 판단할 때, 비록 어떤 단정적 결론을 내리기에 조심스럽고 정책의 성공 여부를 판단하기에 보다 객관적 차원에서 뒷받침해 줄 자료가 있어야 하지만, 일단 성공적 시작을 보이고 있다는 평가를 내릴 수 있다. 좀 더 면밀한 모니터링을 통해 이러한 초기단계의 잠정적 결론이 이후에도 확증적으로 나타날지 살펴보아야 하겠지만, 이 사업에 대해 보다 긍정적이고 적극적으로 바라보는 태도를 가질 필요는 있을 것 같다. 이는 청년기본소득과 같은 여러 범주형 기본소득 사업을 실시하는 것에 대한 긍정적 시그널이 된다고 해석할 수 있다.

한편 청년기본소득 수급자 대다수가 지역화폐에 대한 취지 이해, 불편함, 사용상 애로점 등에 대해서 긍정적인 반응을 보였다. 이러한 반응을 볼 때 청년들이 지역화폐와 기본소득을 별개로 분리해서 보는 것이 아니라 동일체로 인식하고 있음을 알 수 있다. 이런 청년 당사자들의 반응을 고려할 때 청년기본소득과 지역화폐는 하나의 융합체로서 더욱 공고해질 필요가 있다. 이런 맥락에서 살펴볼 때 향후 사회복지정책, 지역금융정책, 지역경제정책이 서로 융합하는 정책적 틀을 구축하면서 기본소득 정책이 전개되어야 의미가 있을 것으로 판단된다.

청년기본소득이 지역화폐로 지급되고, 이를 수령한 청년들이 소비함으로써 지역내 소상공인들의 전년 동기 대비 매출 감소가 미미하나마 저지되고 있음을 알 수 있다. 다만 이 결과가 유의성 측면에서 확신을 주기 어려운 만큼 3분기와 4분기 자료가 축적되어야 보다 명확한 판단을 할 수 있을 것으로 보인다. 이런 점들을 함께 고려하면서 경기도 청년기본소득 정책을 바라보아야 정책에 대한 평가나 판단에 있어서 균형 잡힌 스탠스를 취할 수 있을 것이다.

경기도 장애인 기본소득 도입 고찰

김병조

기본소득의 문제의식과 장애인 기본소득

최근 국내외적으로 기본소득이 사회적 관심사로 주목받으면서 기본소득 도입을 둘러싼 찬반 논쟁도 활발하게 진행되고 있다. 기본소득 논쟁은 크게 도입의 정당성, 정책의 실효성, 재원확보 문제로 구분할 수 있다. 현재 논쟁의 형태는 도입의 찬반보다 도입에 따른 사회적 효과와 재정확보 문제에 초점이 맞춰져 있다.

국내에서는 이상적 보편소득에 대한 중간과정으로 다양한 차원에서 범주형 기본소득이 논의되고 있다. 논쟁이 진행되는 과정에서 실제적인 정책가능성과 관련하여 보편적 기본소득Universal Basic Income, UBI에 대한 기대치를 유보하고, 현실적인 측면에서 파일럿 프로그램Pilot program의 도입단계로서 다양한 범주형 기본소득이 주목받고 있다. 특히 범주형 기본소득의 대상으로는 농민, 문화예술인, 장애인이 주목받고 있다. 이 대상의 공통된 특성은 사회적 긴요성이 필요한 계층으로 사회특수 부문, 경제적 취약층, 비공식 부문 등에 걸쳐있는 한정된 계층이라고 할 수 있다.

장애인 기본소득에 대한 국내외 논의는 활발하지 않은 편이다. 국제적으로는 국제기본소득 네트워크에서 몇 가지 짤막한 에세이 등과 같은 단서적인 언급 (Mays, 2015; Prochazka, 2018)만이 있을 뿐이다. 국외에서의 기본소득 실험에서도 스위스, 프랑스, 미국, 캐나다, 네덜란드, 핀란드 등에서 기본소득에 대한 제안이 있었으나(석재은, 2018), 장애인 기본소득에 대한 본격적인 논의는 진전되지 않고 있다.

국내에서 논의는 진보적인 관점에서 장애인 인권을 주장한 유동철(2018), 장애 문제를 적극적으로 접근한 오혜경(2019), 장애인 서비스의 현금급여화를 소개한 김용득(2019), 청장년 근로시민을 범주화 하여 기본소득 이용권을 제안한 석재은 (2018) 등이 있다. 그러나 이들 논의는 단지 장애인 기본소득에 대한 약간의 문제 의식의 출발을 보여주고 있을 뿐, 본격적인 연구로 진행되지는 않고 있다. 시사적인 접근으로는 장애인 전문 시사 보도매체에서 약간의 언급 등이 있다(「함께걸음」, 「에이블뉴스」, 「주간경향」 등). 국내 장애 관련 전문 연구기관인 장애인개발원, 장애인 권익 보장단체인 장애우 권익문제 연구소, 전국 장애인 단체를 총망라한 장애인총연합측은 장애인 기본소득에 대한 준비와 관심은 아직 미약한 편이다. 단지 김찬휘(2019a, 2019b) 등에서 새로운 문제제기를 하고 있을 뿐이다.

장애인 현황

전국의 장애인 현황

일반적으로 장애Disable라 함은 '일상생활이나 사회생활에서 일반적인 활동을 수행함에 있어 상당한 제약을 받는 상태'를 의미한다. 장애인에 대한 법률적, 사전적 정의는 "'장애인'이란 신체적 · 정신적 장애로 오랫동안 일상생활이나 사회생활에서 상당한 제약을 받는 자"를 의미한다(「장애인복지법」 참조).

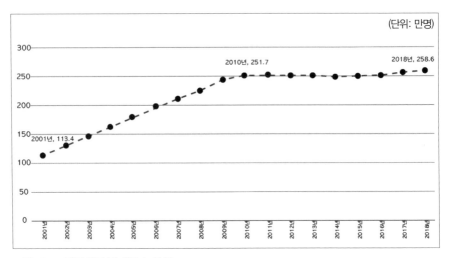

(단위: 만명)

그림 18-1 전국 등록 장애인 수 추이
자료 : 국가통계포털(KOSIS), 「장애인 현황」, 보건복지부, 2019. (검색일자 : 2019. 9. 11).

본 연구에서는 공적으로 검증된 '등록 장애인'을 주요 연구대상으로 한다. 장애는 15개의 유형으로 구분되며, 장애 정도에 따라 경증(1~3급), 중증(4~6급)으로 구분할 수 있다. 2018년 한국의 총 장애인 수는 2,585,876명으로 추계된다.[1] 전국 장애인 수는 2001년부터 2010년까지 매년 지속적으로 증가하여 왔으며, 2010년을 기점으로 장애인 수의 증가치는 평탄한 흐름을 유지하고 있다.

OECD의 장애 관련 통계 자료를 검토하면, 한국은 2017년 기준 GDP 대비 장애에 대한 공공지출 비중이 0.6%로 OECD 평균 1.9%에 한참 못 미칠 뿐 아니라 멕시코(0.0%), 터키(0.5%)에 이어 가장 낮은 수준을 보여주고 있다.

〈2017년 장애인실태조사 결과〉에 의하면 한국의 장애인 출현율은 2011년 5.61%에서 2017년 5.39%로 평균 5%대를 유지하고 있다. 중요한 점은 65세 이상의 노령 장애인 인구는 2011년 38.8%에서 2017년 46.6%로 지속적인 상승세를 보여주고 있다는 점이다(보건복지부 외, 2018, p.1). 이는 65세 이상 인구 규모가 증가

---

1. 국가통계포털KOSIS, 『장애인 현황』, 보건복지부, 2019(2019.9.11. 검색). http://kosis.kr/statHtml/statHtml.do?orgId=117&tblId=DT_11761_N001&vw_cd=MT_ZTITLE&list_id=101_11761&seqNo=&lang_mode=ko&language=kor&obj_var_id=&itm_id=&conn_path=MT_ZTITLE

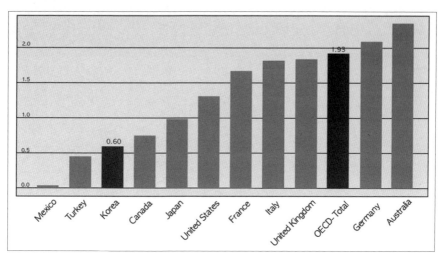

그림 18-2 OECD의 장애 부문 공공지출

자료 : data.OECD.org(https://data.oecd.org/socialexp/public-spending-on-incapacity.htm 검색일자: 2019. 9. 3).

되는 것에도 기인하지만, 과거와 달리 노령인구의 사회적 활동이 활발하게 이루어지고 있는 데에서도 원인을 찾을 수 있다. 노령인구가 급증하는 고령화시대에 모든 비장애인은 잠재적 장애인이라고 할 수 있다.

장애인 1인 가구는 2011년 기준 17.4%인데 비해 2017년에는 26.4%로 급속하게 증가하고 있음을 확인할 수 있다. 선천성 장애가 아닌 '중도 장애' 혹은 '후천적 장애'는 2011년 90.5%에서 2017년 88.1%로 감소하는 경향을 보여주고 있다. 후천적 장애의 절대 다수의 비중은 질환으로 56%를 보여주고 있으며, 사고로 인한 후천적 장애 비율은 32.1%를 차지하고 있다(보건복지부 외, 2018, pp.1-2).

장애 정도별 인구수를 보면 전체 260만 명 대비 중증(1~3급)이 약 98만 명 (983,769명)으로 전체의 38.0%를 차지하고 있으며, 경증(4~6급)은 약 160만 명 (1,602,107명)으로 62.0%를 차지하고 있다.

경기도 장애인 현황

경기도의 등록장애인 수는 약 55만 명(547,386명)으로 전국 17개 광역시도에서 1위를 기록하고 있다. '총 인구 대비 경기도 장애인 비율'은 1.06%로 광역시도 중

(단위: 명, %)

구분	1급	2급	3급	4급	5급	6급
	중증			경증		
장애 인구 수	198,281	342,160	443,328	385,205	567,295	649,607
등급별 비율	7.67	13.23	17.14	14.90	21.94	25.12
정도별 비율	38.04			61.96		

표 18-1 장애 정도별 전국 장애인구 및 비율   자료 : 국가통계포털(KOSIS), 『장애인 현황』, 2019.

가장 높으며(1위)이며, '전국 장애인 대비 경기도 장애인 비율'(1위)은 21.17%로 매우 높은 수준을 기록하고 있다. 반면에, '경기도 인구대비 경기도 장애인 비율'은 4.18%로 광역시도에서 15위(하위 3위)를 기록하고 있다.

이러한 경기도 장애인 수와 비율이 의미하는 바는 전국 대비 경기도 장애인의 절대 수가 매우 많은 편이며, 전국 장애인 인구 대비 경기도 등록 장애인 비율인 21.17%는 전국 장애인 중의 절대 다수(5명 중 1명 이상)가 경기도에 거주하고 있음을 의미하는 것이다(그림 18-4 참조).

그러나 여기서 주목할 측면은 경기도 인구대비 장애인 비율이 4.18%로 광역시도 중에서 15위를 보여주고 있다는 점이다(그림 18-5 참조). 즉, 경기도 장애인은 절대수에 있어서는 많은 숫자를 차지하고 있으나, 경기도 인구에 비해서는 상대적으로 작은 비중을 차지하고 있다. 역설적으로 다른 광역시도와 비교하여 경기도는 '장애인 수는 많지만, 비장애인 수는 더 많은 셈'이다(그림 18-3 참조).

이는 장애인 기본소득을 실험적으로 도입할 수 있는 긍정적인 환경을 조성해 주는 것이라고 할 수 있다. 장애인 기본소득 정책을 추진하였을 경우 첫째, 수급 받을 장애인 인구수가 많아 다양한 정책 실험과 효과를 검증하기 용이하며, 둘째, 전체 인구 대비 장애인 인구 비중은 낮아 (다른 광역시도와 대비하였을 경우) 상대적으로 예산의 비례적 부담이 더 작다. 셋째, 경기도는 31개 시군이 장애인 기본소득과 연계하여 지역화폐를 활용하여 다양한 정책 조합을 구사할 수 있는 매우 유리한 사회적 조건을 갖추고 있다고 할 수 있다.

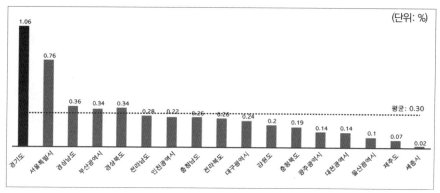

그림 18-3 전국 인구 대비 광역시도별 장애인 비율 (경기도 1위)

자료 : 국가통계포털(KOSIS), 『장애인 현황』, 2019.

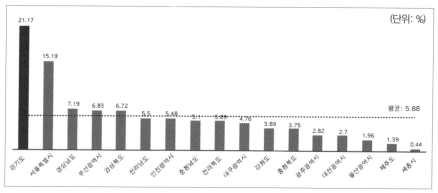

그림 18-4 전국 장애인 대비 광역시도별 장애인 비율 (경기도 1위)

자료 : 국가통계포털(KOSIS), 『장애인 현황』, 2019.

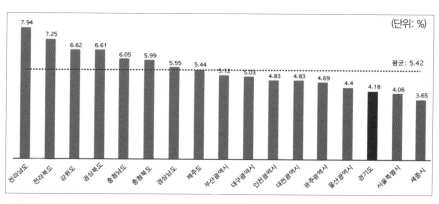

그림 18-5 광역시도별 자기지역 인구 대비 장애인 비율

자료 : 국가통계포털(KOSIS), 『장애인 현황』, 2019.

장애로 인한 추가 소요 비용

전체 장애인이 필요로 하는 월평균 총 추가 소요비용은 약 16.5만 원이다. 장애인 전체를 대상으로 〈현재 장애로 인한 추가 소요비용〉(국가통계포털, 『장애인 현황』, 보건복지부, 2017)을 검토해 보면, 의료비가 전체의 39.9%로 1위를 차지하였으며, 부모 사후 및 노후 대비가 13.9%(2위), 보호간병인비가 12.5%(3위)를 차지하였다.

9가지 항목 중 장기 대비용 성격인 '부모 사후 및 노후 대비용' 항목을 제외하고는 전체의 약 86%가 현재의 생활조건을 유지하기 위한 소모성 관리비용으로 지출됨을 알 수 있다.

장애 유형별로 추가 소용비용을 검토해 보면, 자폐성장애가 60.8만 원으로 가장 많은 비용을 필요로 했으며, 간장애가 46.2만 원, 뇌병변장애가 34.2만 원, 안면장애가 32.9만 원을 필요로 하였다. 이에 비해 청각장애는 8.3만 원, 정신장애는 8.6만 원을 필요로 하였다.

이러한 장애로 인한 추가 소모비용의 최소한의 금액을 장애인 기본소득으로 전환시키는 것을 기획해 볼 수 있을 것이다.

장애인 기본소득의 필요성

장애인 기본소득의 독자적 의미

일반적으로 "장애인은 사회적으로 가장 취약한 소수자이자 주변인으로 존재한다"(오혜경, 2018, p.16). 이때 '장애인 복지수당과 장애인 기본소득은 대체관계여야 하는가, 보완관계여야 하는가'라는 문제제기는 매우 도발적이고 근본적인 질문이라고 할 수 있다. 장애인 기본소득과 관련하여 일부 장애인은 추가 수요가 무시되고 소득이 낮고 부적절한 수준으로 감소할 수 있기 때문에 장애인 기본소득으로 전환하면 기존의 복지수당이 저하되지 않을까 우려하게 된다.

Simon Duffy(2018)는 첫째, 기본 소득이 너무 낮아서 대다수는 빈곤상태를 벗어나지 못할 것이라는 일부의 의견에 반론을 제기하면서 "장애인의 다수는 비장애인보다 소득이 적은 경향이 다수일 가능성이 크기 때문에 확률적 분포를 통하여 조정"을 할 수 있을 것이라고 반박한다. 둘째, 장애인이 부담해야 할 추가 비용은 무시된다는 의견에 "장애인은 사회에 평등하게 참여하기 위해서는 더 비싼 비용을 지불하여야 하기 때문에 보조금, 적응, 이동성 또는 기타 비용의 필요성을 추가로 반영하는 것이 필수적"이라고 주장한다.

장애인 기본소득은 보편적(완전) 기본소득 및 기존 (장애인)복지수당의 하위개념이나 부수적이거나 종속된 정책이 아니고, 보편적 기본소득으로부터 독립된 독자적 영역이다. 따라서 보편적 기본소득이 시행된다고 장애인 기본소득을 유예하는 것이 정당화될 수 없으며, 보편적 기본소득이 도입되지 않았는데 장애인 기본소득을 먼저 요구하는 것은 너무 앞서간 것이라는 주장은 동의하기 어렵다.

장애인 소득보장 요구와 경제사회적 특성

『2017년 장애인 실태조사 결과』(보건복지부 외, 2018, p.4)에 의하면, 장애인들의 복지 서비스 수요 중 장애인 기본소득과 관련하여 몇 가지 주목할 만한 점들이 있다. '국가 및 사회에 대한 요구사항(1순위)'으로 2011년 기준 소득보장이 38.2%, 의료보장이 31.5%였으나, 2017년에는 소득보장이 41.4%, 의료보장이 27.6%로 소득보장에 대한 요구가 보다 증가하고 있다는 점이다(표 18-2 참조).

이와 관련하여 장애인의 경제사회적 특성을 파악해 보자. 장애인구 대비 취업자 비율은 2011년 35.5%에서 2017년 36.9%로 증가하였으며, 실업률은 7.8%에서 5.1%로 하락하였다. 취업장애인의 월평균 근로소득(임금액)은 2011년 1,419,000원에서 2017년 1,710,000원으로 증가하였다. 반면, 전국 근로자 평균임금 대비 취업장애인 월평균 임금의 비중은 69.8%에서 69.1%로 미세하게 감소하였다(표 18-3, 표 18-4 참조).

장애인 기본소득의 사회적 의미

장애인 기본소득은 기본소득의 하위개념이나 종속된 정책이 아니고, 기본소득

구분		2011년	2014년	2017년
국가 및 사회에 대한 요구사항	1순위	소득보장(38.2)	소득보장(38.5)	소득보장(41.0)
	2순위	의료보장(31.5)	의료보장(32.8)	의료보장(27.6)

표 18-2 장애인 복지 서비스 수요　　　　　　　　　　　　자료 : 보건복지부(2018).

구분	2011년	2014년	2017년	비고
장애인구 대비 취업자 비율	35.5	36.6	36.9	만 15세이상 인구 중 취업자 비율
실업률	7.8	6.2	5.1	통계청 ILO기준 적용
취업장애인 월평균 근로소득	(장애) 1,419,000 (임금) 2,033,000	(장애) 1,525,000 (임금) 2,240,000	(장애) 1,710,000 (임금) 2,430,000	전국 임금근로자 월평균 임금과 비교 *경제활동인구조사 근로형태별 부가조사 (2011.8, 2014.8, 2017.8)

표 18-3 장애인의 사회경제적 특성　　　　　　　　　　　자료 : 보건복지부(2018).

구분		2011년	2014년	2017년	비고
가구소득 수준	장애	1,982,000	2,235,000	2,421,000	전국가구 월평균 소득과 비교 *가계동향(2011,2014,2017.2/ 4분기) 전국1인이상 가구 월평균 소득
	전국	3,260,000	3,560,000	3,617,000	
	비율	60.8	62.8	66.9	
가구지출 수준	장애	1,618,000	1,706,000	1,908,000	전국가구 월평균 지출과 비교 *가계동향(2011,2014.2/ 4분기,2017.4/4분기) 전국 1인 이상 가구 월평균 소득
	전국	2,642,000	2,814,000	2,761,000	
	비율	61.2	60.6	69.1	

표 18-4 장애인의 취업, 실업, 임금 특성　　　　　　　　자료 : 보건복지부(2018).

의 핵심적인 '가치'라고 해야 할 것이다. 즉, 장애인 기본소득은 인권적인 측면에서 천부적으로 보장되어야 할 시민/장애인으로서의 권리이다. 그 특징을 4가지로 정리하여 보자.

① 시민으로서의 권리 : 기본소득은 일반 시민(비장애인)으로서의 '시민권적 권리'라고 한다면, 장애인 기본소득은 장애의 특성을 존중한 '인간으로서의 기본권리'라고 할 수 있다.

② 장애인 권리의 최저선 : "사회의 진보는 정확히 '(추녀를 포함한) 여성'의 사회적

지위로부터 측정할 수 있다"(하인리히 겜코프, 1989, p.21). 19세기 당시 여성은 보통권적 권리도 향유하지 못하는 사회 최하층으로 취급되었으며, 현재 장애인의 사회적 지위는 취약계층으로 간주될 수 있다. 따라서 '사회적 권리'의 수준이 최하위인 장애인에 대한 권리의 보장은 그 사회의 평등의 기준 및 평등의 수준이 될 수 있다.

③ 소득손실 보완 : 장애인은 비장애인보다 대부분 저소득층에 속한다. 노동과 노동에 따른 생산성을 소득의 기준으로 삼는 자본주의 체제 아래에서 장애인은 '정상적인 노동력이 결핍된' 존재로 이미지화된다. 이는 장애인에 대한 다양한 차별을 정당화한다. 국가와 사회는 이러한 상황을 적극적으로 개선하고, 소득손실이 나타나는 사회적 차액을 보상해주어야 한다. 이 보상은 기존의 복지수당과의 중복을 이유로 "주었다 다시 뺏는"식으로 삭감되거나 소멸되지 않아야 한다.

④ 장애의 추가비용 : 장애인이 사회에 동등하게 참여하기 위해서는 더 많은 비용을 부담하여야 한다. 보조금, 적응, 이동성 또는 기타 비용의 필요성을 반영한 추가비용을 요구할 수 있다.

장애인 기본소득을 둘러싼 찬반 논쟁 및 평가

이하에서는 장애인 기본소득의 필요성에 대한 긍·부정적인 의견을 검토하고, 이에 대한 간단한 평가를 하고자 한다.

1. 긍정적 입장

① 장애인 고용감소 대응: 4차 산업혁명을 배경으로 급속한 기술적 발전, 자동화·전산화로 인한 고용감소, 기술혁신에 따른 직무 변경은 상대적으로 적응과 변화에 취약한 장애인 고용을 가장 먼저 감소시킬 것이다. 이에 대비하여 장애인이 스스로 선택할 수 있는 재교육, 재취업, 재충전, 휴식 등의 기회 제공이 긴요하다.

② 고용안전망 개선·보강 : 장애인은 노동시장에서 비장애인들을 위한 노동력 저수지 기능을 하며, 경제 호황기에 가장 늦게 고용되고, 경제 침체기에 가장 먼저 해고된다. 이러한 고용불안정, 소득불안으로부터 안정적 생계를 보장해 줄 사회적

기저基底정책이 요구된다.

③ 복지의 사각지대 개선 : 아무리 '복지의 그물망'이 촘촘하더라도 복지의 사각지대는 엄연히 존재한다. 오히려 선별복지에 따르는 예산낭비, 행정비용 과다 지출로 비효율성이 증가한다. (장애인) 기본소득은 "기존의 고용안전망과 사회안전망의 문제점을 개선·보강하고, 사회적 약자들에게 더 많은 사회적 기회를 제공한다"(장인호, 2017, p.319).

④ 추가부담 및 경제적 격차 완화 : 장애인이 겪는 일상의 각종 장애는 모두 개별적이고 고유한 특성을 가지므로 장애인 편의시설 설치나 보조 지원을 통해 쉽게 해소될 수 없다. "장애인이 추가적으로 부담해야 하는 이동, 치료, 적응, 불편해소 등 각종의 제비용"(Simon Duffy, 2018) 등을 계상해 줄 적합한 방법이 없다. 따라서 장애의 개별적 특성을 일률화할 수 없기 때문에 장애인 기본소득으로 보완하는 것이 타당하다. 장애인 기본소득은 장애인으로서 감당해야 하는 추가적·경제적 부담으로 인한 경제적 빈곤 및 격차를 완화, 보완 및 보상해 주는 기능을 한다.

⑤ 사회적 통합 : '가난을 입증'해야 하는 각종 선별적이고 중복되는 사회복지수당으로 공식부문의 취업을 기피하고 비공식 부문의 임시·저임금 취약계층을 양산하는 기존의 장애인 복지제도의 개선을 시도할 수 있다. 소득에 따른 선별적 지원제도를 개선하고, 장애인의 사회활동을 장려하고 활성화하여 사회적 통합을 추구할 수 있다.

2. 부정적 입장

① 특권 조장 : 노동에 다른 보상체계가 아닌 장애에 따른 보상체계는 비장애인에 대한 차별이자 장애에 의한 특권으로 작용할 수 있다.

② 노동의욕 저하 : 장애인에게 노동할 유인을 제공하여 스스로 자립하게 하여야 한다. 불로소득은 근로의욕을 저하시킨다.

③ 재정부담 : 장애인 기본소득을 지급할 재원에 대하여 고려하여야 한다. 재원 확보 없이 필요성만 주장해서는 안 된다.

④ 중복 복지 : 현재에도 장애인을 지원하는 각종의 복지정책이 다양하게 실행되고 있다. 이러한 정책이 상충될 수 있으며, 통·폐합 등 장애인 복지정책의 전반적인 개선을 먼저 고려하여야 한다.

⑤ 소득역전 현상 우려 : 기존의 장애인 복지 수당 외 또 다른 추가 장애인 기본소득은 소득 역전현상을 일으킬 수 있다.

⑥ 성급한 주장 : 현재 기본소득도 도입되지 않았는데, 장애인 기본소득을 주장하는 것은 매우 성급한 주장이다.

이러한 찬반 논의는 모두 한국 사회의 기본소득 및 장애인 기본소득에 대한 인식 및 수용의 정도를 보여주는 것으로 권리의식의 발전과 확장의 과정으로 이해하여야 할 것이다. 과거 노예제에서 오늘날의 자본주의 하 '시민의식'으로 성장하기까지에는 생산자 계급의 많은 시간과 노력이 필요하였다. 장애인 기본소득의 도입 과정 역시 이러한 '고통과 숙성의 시간'이 필요할 것이다.

3. 비판적 평가

이상 긍·부정적 논의를 통해 장애인 기본소득의 필요성과 의의에 대하여 검토하였다. 먼저 장애인 기본소득에 대한 반대논거를 비판하는 것으로 장애인 기본소득의 정당성을 주장하고자 한다.

첫째, 장애인 기본소득은 비장애인에 대한 시혜와 특권이 아니라 장애로 인한 차별·배제·소외를 탈피하고자 하는 하나의 출발점이다. 이는 비장애인에 대한 차별이 아니라 장애인과 비장애인의 출발선을 나름대로 동등하게 하는 사회적 합의가 필요한 문제이다. 장애인 기본소득은 장애인과 비장애인의 '미래의 완전하고 실질적인 평등'을 위한 '현재의 일시적 불평등한 권리의 요구'라고 해야 할 것이다.

둘째, 부정적인 입장의 논자들은 장애인 기본소득을 지급하면 장애인이 노동할 동기가 저하될 것이라고 주장한다. 그러나 장애인도 마땅히 일정한 경제적 수준 이상을 향유할 권리가 있으며, 이를 통해 더 좋은 일자리를 취사·선택할 수 있는 협상력을 가질 수 있어야 한다. 이는 장애인/비장애인의 구분보다 더 우선하는 본질적인 문제이다.

셋째, 부정적인 입장의 논자들은 장애인 기본소득이 재정부담을 야기한다고 주장한다. 그러나 복지를 경제적 측면에서만 접근한다면 '모든 복지는 비용이다'라고 할 수 있다. 자본주의가 심화되면서 절대적 빈곤은 사라졌지만, 오히려 상대적 빈곤시대에 양극화의 문제는 더 심화하고 있다. 고독사, 빈곤사, 복지의 사각지대 등 양극화를 방치하여 지출해야 할 사회적 비용보다 (장애인) 기본소득이 사회적 비용을 절감시키는 선제적 가치를 가진 정책이라고 할 수 있다.

중요한 점은 복지지출은 재정이 소모되는 것에서 끝나는 것이 아니다. 재정은 복지수당으로 전달되고, 복지수당의 수급은 장애인의 소득이 되며, 이 소득은 취약계층을 경제활동에 참여를 고무시키고, 지역경제를 순환시키는 마중물 역할을 하게 된다. 이러한 과정에서 장애인이 향유할 수 있는 '복지로 인한 삶의 충만'은 금액의 문제가 아니라 인간존재의 본질과 존엄의 문제라고 할 수 있다. 따라서 복지에 반드시 따라붙는 재정지출의 문제는 정책의 우선순위의 문제일 뿐이다.

넷째, 장애인 복지지원제도가 이미 다양하고, 이의 개선을 통해 복지 사각지대를 소멸시킬 수 있을 것이라는 견해가 있다. 그러나 현재의 선별적 복지는 언제나 자신의 '가난을 입증'해야 하는 전근대적이며 자학적인 제도이다. 복지안전망을 강화한다면서 대상자를 선별하고 차별을 야기하는 연구 및 정책에 투여되는 비용보다 모든 장애인에게 보편적으로 지급하는 장애인 기본소득이 더 효과적일 수 있다.

다섯째, 각종의 중복된 장애인 복지수당으로 소득이 역전될 수 있다는 주장이 있다. 그러나 기본소득 및 장애인 기본소득의 금액수준은 절대빈곤층에게는 매우 소중하고 유력한 지원책이 될 수 있지만, 일정소득을 넘어선 부유층에게는 의미를 가진 금액은 아니다. 일부구간에서는 소득역전이 발생할 수도 있겠지만, 이는 일부에 지나지 않을 것이다. 이러한 소득역전은 복지수당에 의한 역전이라기보다는 장애인의 노력에 의한 사업 및 노동에 기인한 소득증가라 할 수 있을 것이다. "이건희에게 지급할" 기본소득을 걱정하지 말고, 취약계층이 지급받을 복지의 수준을 더 우선하는 것이 사회정의에도 합당하다.

여섯째, 기본소득도 도입되지 않았는데 장애인 기본소득은 너무 앞선 주장이라는 비판이 있을 수 있다. 그러나 장애인 기본소득은 기본소득에 종속된 복지정책도 아니고, 앞뒤 순서의 문제도 아니다. 장애인 기본소득은 그 자체로 독자성을 가진 정책이다. 기본소득을 전면적으로 도입하기 힘든 경우 범주형 장애인 기본소득을 독자적인 정책으로 도입해 볼 수 있다. 현재 논의되고 있는 농민 및 예술인 기본소득은 장애인 기본소득과 비교할 시 지급기준 및 대상자 선정을 확정하는 것에 많은 곤란함이 있다. 그러나 장애인 기본소득의 경우 대상자의 의학적 경계가 비교적 명료하므로 대상자 경계의 모호함, 선정의 곤란함, 부적절성, 도덕적 해이가 발생할 여지는 상대적으로 적다고 할 것이다.

장애인 기본소득은 기본조건으로 최소한의 요건을 필요로 한다. 즉, 자신이 등록 장애인임을 증명하고, 장애인 기본소득을 신청하여야 한다. 이에 따른 별도의 선별비용은 발생하지 않는다. 장애인 기본소득은 많은 사회적 편익을 창출한다. 즉, 이는 장애인의 사회진출을 지원하고, 장애인 개인의 재능과 취미활동의 기회를 지원한다. 또한 비장애인으로부터 인격적 독립을 통해 장애에 따른 차별을 완화하고 자존감을 회복할 수 있다. 사회적 효과 측면에서 볼 때 장애인과 비장애인의 사회통합 효과가 발생하며, 장애에 따른 추가 소요 비용을 지원하여 소득을 간접적으로 지원하는 효과를 거둘 수 있다. 장애인 기본소득은 장애인과 비장애인 구분 없이 평등한 사회에서 자신의 삶과 행복을 추구할 수 있다.

전체 사회 맥락에서 검토하였을 때 결과적으로 장애인 기본소득은 사회적 비용이 추가적으로 지출되는 것이 아니라, 장애인의 사회적 활동과 사회적 통합을 지원함으로써 불필요한 사회적 분쟁을 막아 사회적 비용지출을 감소시키는 긍정적 효과를 발휘한다.

경기도 장애인 기본소득 도입

경기도 장애인 기본소득의 구성 요소 및 특성

장애인 기본소득의 지급 요건은 다음과 같다. 이상적인 장애인 기본소득의 취지는 '연령, 소득 및 자산, 성, 취업, 근로가능 여부, 장애정도, 장애유형에 관계없이 등록된 모든 장애인'을 대상으로 지급하는 것이 원칙이라고 할 것이다. 일단 기본소득은 6가지 요건에 따라 지급하는 것이므로(김병조, 2018, p.40) 단기적으로는 기존의 장애관련 및 기타 취약계층 복지수당 등이 충돌한다 하더라도 조건 없이 지급한다. 중장기적으로는 기존 장애인 및 취약계층 복지수당과의 연관성을 따져 장애인 기본소득에 적합한 모형을 사회공론화 과정을 통하여 도출해 내야 할 것이다.

장애인 기본소득을 추진함에 있어 다음과 같은 전제가 필요하다. 첫째, 기존의 장애관련 복지수당의 수준이나 금액을 저하시키지 않아야 한다. 둘째, 기존의 장애인 지원 서비스의 양과 질을 저하시키지 않아야 한다. 셋째, 장애관련 복지수당을 통폐합하면서 명칭을 변경하지 않아야 한다. 따라서 기본적으로는 장애인 기본소득은 기존의 장애인 관련 복지수당에 기반하여 Top-Up(추가 지불 방식 : 지불하는 금액을 필요한 수준까지 높여 가는) 방식을 기본으로 하여야 하며, 기존의 복지 · 사회 서비스의 수준을 감소시키지 않아야 한다.

1. 기존 복지수당 검토

장애인 기본소득을 기존의 복지정책과 비교 검토하여 보자. 가장 대표적인 「국민기초생활보호법」은 기존의 「생활보호법」보다 한층 진전되었는데, 복지를 '국가의 의무, 시민의 권리'로 파악하고, 개인이 처한 여건과 상황에 따른 적절한 복지 서비스를 제공한다. 그러나 선정기준으로 '부양의무자 및 소득인정액' 기준을 내세움으로써 선별적 복지의 가장 큰 폐해인 복지의 사각지대를 만들어 낸다. 표 18-5는 저소득층을 대상으로 한 보충적 소득보장의 성격을 가지는 각종 사회복지 급여의 유형과 급여형태를 정리한 것이다.

	성격	대상	원칙	재원	유형	급여형태
공공 부조	보충적 소득보장 빈곤에 대한 사후처리	저소득층	보충성 열등 처우	조세	국민기초생활보장	현금+현물
					생계급여	현금
					의료급여	현물
					주거급여	현금+현물
					교육급여	현물
					해산급여	현물
					장제급여	현물
					자활급여	현금

표 18-5 국민기초생활보장제도 중심의 사회보장체계 　　　　　　　자료 : 이용석(2019).

　기존의 장애인 복지체계는 소득과 자산, 장애의 유형과 정도에 따른 선별적 정책이었다. 장애연금의 경우 노동기여에 따른 일시 보상금적 성격을 지니며, 장애인연금(기초급여+부가급여), 장애수당(+아동수당)은 자산과 소득 심사에 따라 지급액이 다르다. 결국 기존의 장애인연금, 장애수당 등 장애인 복지체계는 복지수당을 수급하기 위하여 수급자 자신의 가난을 끊임없이 입증해야 하는 '자학적인' 제도이다.

2. 장애인 관련 복지수당 검토

　2019년 장애인 등급제의 변화는 연계된 다양한 장애인 소득보장체계(장애연금-장애인연금 vs 장애수당 기본체계)에 많은 영향을 끼치게 된다. "장애인 연금과 국민연금법상의 노령연금과 장애연금, 산재보험법상의 장해보상연금, 그리고 기초연금과 국민기초생활보장법상의 맞춤형 급여 간의 관계정립의 문제"(보건복지부, 2015, ⅲ)가 발생한다.

　장애인을 대상으로 현금으로 지급되는 급여에는 장애인 연금, 장애 연금 및 장애수당이 있다. 장애연금은 "(국민연금) 가입자나 가입자이었던 자가 질병이나 부상이 발생하여 완치(진행 중인 때는 초진일로부터 1년 6개월 경과 시)되었으나 신체적 또는 정신적 장애가 남았을 때 이에 따른 소득 감소부분을 보전함으로써 자신과 가족의 안정된 생활을 보장하기 위한 급여로서 장애정도(1급~4급)에 따라 일정한

급여를 지급"하는 것을 말한다(국민연금 홈페이지).[2]

장애수당은 "18세 이상 등록장애인 중 중증장애인에 해당하지 않는 자"(장애인연금법)로 국민기초생활수급자 및 차상위계층에게 지급된다. 기초수급 경증장애인 및 차상위 경증장애인에게는 월 4만 원을, 보장시설 입소 경증장애인에게는 월 2만 원이 지급된다(보건복지부 홈페이지. 이하 각종 장애복지 수당 설명은 자료 출처 동일).[3]

장애아동수당은 "국민기초생활보장법에 의한 수급자 및 차상위 계층의 만 18세 미만 등록 장애아동에게 중증도에 따라 10/20만 원, 기초수급 차상위 중증도에 따라 10/15만 원, 보장시설 입소자는 중증도에 따라 2~7만 원이 지급"된다.

장애인연금은 "장애로 인하여 근로상실로 생활이 어려운 중증장애인에게 매월 일정 금액을 연금으로 지급하여 생활안정을 지원하는 사회보장제도로, 18세 이상의 중증장애인 중 본인과 배우자의 소득과 재산을 합산한 금액(소득인정액)이 선정기준액 이하인 사람"에게 소득과 자산심사를 거쳐 지급된다.

장애인연금 중 기초급여는 "근로능력의 상실 또는 현저한 감소로 인하여 줄어드는 소득을 보전해 주기 위하여 지급하는 급여로, 만 18세~만 65세가 되는 전 달까지 수급권을 유지하고 있는 자를 대상으로 한다"(보건복지부 홈페이지). 이 경우 감액이 없는 최고지급액은 2018년 9월~2019년 3월 동안 250,000원(감액이 없는 최고 지급액 기준)으로 책정된다. 이러한 금액산정은 기초연금과의 상충 여부, 부부감액, 소득역진 방지를 위한 초과분 감액 등 매우 복잡한 산정 및 조정절차를 거치게 된다.

장애인연금 중 부가급여는 "장애로 인하여 추가로 드는 비용의 전부 또는 일부를 보전해주기 위하여 지급하는 급여로, 대상자는 만 18세 이상 장애인연금 수급자 중 국민기초생활보장 수급자와 차상위계층, 차상위 초과자를 포함한다. 지급 금액은 소득과 자산정도에 따라 2~38만 원까지 다양하다"(보건복지부 홈페이지).

---

2. https://www.nps.or.kr/jsppage/info/easy/easy_04_03.jsp(검색일자: 2019.9.10).

3. http://www.mohw.go.kr/react/jb/sjb0406vw.jsp?PAR_MENU_ID=03&MENU_ID=030406&CONT_SEQ=352376(검색일자: 2019. 9.10).

이상에서 살펴 본 장애수당, 장애인연금(기초급여, 부가급여)은 소득과 자산에 따라 급여액이 달라진다(단, 장애연금은 사회보험으로 기여정도에 따라 급여액이 상이하다). 이러한 급여 책정은 중복지급 방지, 소득역진 방지로 인해 복잡한 도출 체계를 가지고 있다. 대표적인 선별복지의 폐해라고 할 수 있다.

장애인 기본소득의 취지와 원칙에 비교한다면, 장애인연금(기초급여와 부가급여)이 매우 근사하다고 할 것이다. 그러나 장애인연금은 소득과 자산 심사를 기초로 하고 있기 때문에 취지와는 다르게 차별과 선별을 전제로 하고 있다.

장애인 기본소득은 기존의 여러 복지정책과 중복될 수 있으며, 장애인 관련 복지수당과 상충될 수 있다. 그러나 장애인 기본소득은 이러한 상충성과 대체가능성에도 불구하고 그 자체로 의의를 가진 정책이라고 할 수 있다.

3. 지급 대상

장애인 기본소득은 완전(정형) 기본소득의 원칙을 반영하고, 장애 유형 및 장애 정도를 불문하고 최소한의 요건으로 실행되어야 한다. 그러기 위하여 세 가지 사항은 필수적으로 준수하여야 한다.

첫째, 지급대상은 장애 정도(중·경증)와 무관하되 반드시 '등록된 장애인'으로 한정한다. 둘째, 반드시 장애인 기본소득을 사전에 신청하여야 한다. 셋째, 신청일 기준 경기도 '관내 거주 3년 이상'이어야 한다.

장애인 기본소득이 장애 정도를 구분하지 않는 이유는, 기본소득이 무조건성에 기반하여 개인의 개별적 여건들을 이유로 차별하지 않는 보편적 복지수당이므로 장애인 기본소득도 장애인에게 마찬가지로 적용되어야 할 것이다.

등록된 장애인이라 함은 각종 공식적인 절차와 의료적 공증과정을 거친 장애인을 의미한다. 반면에 신체능력의 중도 복구로 인해 장애인 자격이 상실된 자(미등록)는 장애인 기본소득을 받을 수 없다. 또한 경기도 예산이라는 특정성이 있으므로 신청일 기준 경기도 관내 거주 3년 또는 일정기간 이상이라는 최소한의 기준이 필요하다(표 18-6 참조).

구분	세부 항목	구체 요건
지급 대상	(등록) 장애인	① 등록된 장애인
		② 장애인 기본소득 신청자
		③ 경기도내 3년 이상 거주자(공고일 기준)

표 18-6 장애인 기본소득 지급 대상

장애인 기본소득의 독자적 모형

1. 전문가 의견

장애인 기본소득 모형을 구상하기 위하여 장애인 분야의 전문가들과 인터뷰하였다. 그 결과 장애인 기본소득이 도입되더라도 기존의 복지수당 체계 및 서비스의 질을 훼손시키지 않는 한에서의 '추가적인' 것이어야 하며, 대체하거나 단순히 보완하는 형태라면 의미가 없다는 것이 공통된 의견이었다.

"아직 장애인 기본소득은 좀 이른 감이 없지 않아 보입니다. 어쨌든 전제는 이런 것이어야 한다고 생각합니다. 기존의 장애인 수당들을 건드리면 안돼요. 깎인다거나 대신 준다든가 식으로 조삼모사식으로 가면 정책 장난인 셈이에요."(장애인 관련 공단 교사, 50대, 19년 근무. 2019년 8월 인터뷰)

"장애수당이나 장애인연금이 (장애인)기본소득으로 인정을 받으려면, 어디서 깎아서 하면 그건 기본소득이 될 수 없어요. 장애인 기본소득은 시드머니 역할을 해야 해요. 장애인 기본소득의 목적이 무엇이냐에 초점을 맞추어 설계해야 합니다. 여타 복지수당에 관련되지 않는 독립적인 기본소득이 필요해요. 장애인 개인맞춤 예산제를 검토해 볼 수 있지 않을까 싶습니다."(지체장애인이자 장애인 당사자 운동 활동가, 50대. 2019년 10월 인터뷰)

"세계적인 사례를 보더라도 기본소득을 시행하면서 장애인 복지수당, 아동수당을 건드리지 않는 것을 기본으로 합니다. 장애인 기본소득도 기본소득과는 별개로 가야 한다는 거죠."(기본소득 연구자, 30대. 2019년 10월 인터뷰)

"장애인 기본소득은 두 가지 방향이 있을 수 있어요. 모두 다 포괄하자는 의미이기도 하고, 모두 다 흩트려서 새롭게 설계하자는 의미일 수도 있습니다. 제도를 만들 때 기본소득의 취지에 맞도록 소득 측면에서 재설계를 고려해야 해요."(장애인 관련 연구기관 연구자, 30대. 2019년 10월)

위 인터뷰에서 장애인 교사, 장애인 당사자, 기본소득 연구자 등은 장애인 기본소득의 독자성을 매우 강조하였다. 전문가들의 공통된 견해를 모아보면, 장애인 기본소득의 지급형태는 기존의 '장애인연금+장애수당'에 '장애인 기본소득'을 추가적으로 결합시키는 [장애인연금+장애수당+장애인 기본소득] 형태로 설계가 가능할 것이다.

본 연구에서는 일시적 · 임시적 차원에서 기존의 수당 체계를 존중하면서(표 18-7 참조) 장애인 기본소득을 독자적으로 출발시키는 것을 가정한다. 추후 장애인 관련 수당의 복잡한 체계는 종합적인 검토를 통해 '삭감 없고 대체-보완이 아닌' 장애인 기본소득을 검토하여야 할 것이다.

2. 기존 지급 모형 검토

현재까지 제출된 장애인 기본소득에 관한 연구는 김찬휘(2019a, 2019b)가 가장 구체적이다. 특히 복지수당과 연계된 구체적인 설계모형을 제시한 것은 장애인 기본소득의 현실화에 큰 기여를 할 것으로 평가할 만 하다.

김찬휘(2019b)는 장애인 기본소득의 모델 중 "장애인연금 부가급여는 장애수당과 통합하고 자산/소득 심사를 폐지하며, 장애정도의 경중 구별 없이 등록된 모든 장애인에게 지급하는 보편적인 사회수당이 되어야 한다. '보편적 장애수당'은 장애로 인한 추가비용을 보전하는 장애인 모두의 권리이다. 장애인연금 기초급여는 현행 3급까지 포괄하도록 확대하고, 장애수당은 모든 장애인의 보편적 사회수당으로 통폐합한다는 방안"을 주장하고 있다.

김찬휘의 주장 중 [모델 1 기본소득이 있는 모델]은 '장애인 연금 부가급여+장애수당'을 '보편적 장애수당'으로 재편 혹은 포괄하고, 그 밑에 별도의 (장애인) 부

유형	성격	명칭	분류	월 지급액	문제점
소득보전 급여	장애로 인한 소득상실을 보전	장애연금 (국민연금에 속함)	기여형 사회보험	1~3급 기본연금액% +부양가족연금액 4급 기본연금액 225% 일시보상금	선천적 장애나 노동연령 이전 장애의 경우 사각지대. 장애등급제
		장애인연금 기초급여	비기여형 사회부조	1~2급, 3급 중복 수급자 최고 30만 원(조기인상) / 253,750원	장애등급제(중증) 자산/소득 심사 (18세 이상 중증장애인의 70%)
추가비용 급여	장애로 인한 추가지출을 보전	장애인연금 부가급여		65세 미만: 8/7/2만 원 65세 이상: 38*/7/4만 원	
		장애수당		4~2만 원	장애등급제(경증) 자산/소득 심사
		장애아동 수당		20~2만 원	장애등급제 자산/소득 심사

표 18-7 장애급여 유형과 종류 (2019) 자료 : 김찬휘(2019b) 참고하여 재구성.
* 65세 이상은 기초급여가 기초연금으로 전환. 65세 이상 국민기초생활보장 수급자는 생계급여에서 차감되는 기초연금액을 부가급여에서 보전.

분 기본소득을 설계한다는 '별도/보완형' 모델이라고 할 수 있다(표 18-8 참조).

오건호(2019)는 단계적 장애인 기본소득을 주장하고 있다. 일단 장애인연금을 모든 중증장애인으로 완전 보편화하고, 기초급여를 인상한 후 부가급여를 현실화하고, 이후 재구조화를 통하여 장애인 기본연금과 생계급여를 통합하여 수당형의 '장애인 기초보장'(장애인 기본소득) 체계로 발전시킬 것을 제안한다. 이를 통합/대체형 모델이라고 할 수 있을 것이다(표 18-9 참조).

오건호(2019)는 김찬휘(2019b)의 주장이 "장애인 소득보장을 강화하기 위한 방안으로 기본소득 도입을 주장하지만, 장애인 대상의 소득보장에서 모든 시민을 위한 기본소득으로 확장, 이동하게 된다"면서 "이는 장애인 연금 개혁보다 더 많은 논점들을 수반한다"고 지적한다.

김찬휘(2019b)와 오건호(2019)의 안의 공통점은 장애인연금 기초급여를 대폭 인상해야 한다. 차이점을 확인해 보자. 김찬휘는 [장애인연금 기초급여+보편적 장애수당(=부가급여+장애수당)+'장애인(부분) 기본소득']으로 부분 기본소득을 별도의 독립적인 형태로 설정하자는 입장이다. 반면 오건호는 {장애인연금 기초급여+[장

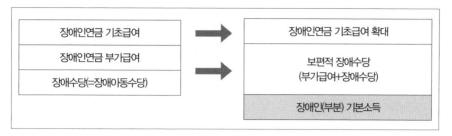

표 18-8 김찬휘 안(2019) 별도/보완형   자료 : 김찬휘(2019b)에서 재구성.

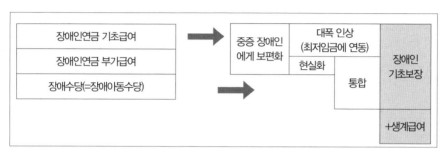

표 18-9 오건호의 안(2019) 통합/대체형   자료 : 오건호 안(2019)에서 재구성.

애인연금 부가급여+장애수당]+별도의 '생계급여'}를 포괄하여 '장애인 기초보장'
이라는 장애인 기본소득의 성격을 갖춰내자고 주장한다.

　이러한 복지수당 설계안은 장애인계의 전문가, 장애인 당사자, 사회복지 전문가,
비장애인 시민들과의 공론화와 사회적 합의가 필요한 부분이다. 구체적인 논의 및
검토는 추후의 연구과제로 남긴다.

3. 장애인 기본소득 예산 규모 추정

　장애인 기본소득의 지급액을 얼마로 할 것인가는 그 자체로 매우 논쟁적인 주제
라고 할 수 있다. 여기서는 구체적인 추정치를 구하기보다는 몇 가지 제시 가능한
수치들을 통해 장애인 기본소득의 예산 규모를 추정해보고자 한다.

　첫째, 장애로 인한 추가발생 비용(165천 원)과 경기도민이 선호하는 '경기도 적정
기본소득'(140천 원)을 검토한다. 둘째 단계로, 희망하는 시군의 신청을 받거나 지역
의 장애인 수가 많거나 장애인 비율이 높은 지역을 선정하여 시행할 것을 상정한다.

	지급 금액	지급 지표	예산 부담	지급 대상(및 지역)
A-1안	16.5만 원	장애로 인한 추가발생 비용	경기도 100%	경기도 전체 장애인
A-2안	14.0만 원		경기도 100%	
B-1-1안	14.0만 원		경기도 100%	장애인 수 및 비율이 높은 지역 (수: 수원시, 고양시, 부천시 비율: 가평군, 연천군, 양평군)
B-1-2안	14.0만 원	경기도 적정 기본소득	도:시군 50%:50%	
B-2-1안	14.0만 원		경기도 100%	장애인 비율이 가장 높은 3개지역 (가평군, 연천군, 양평군)
B-2-2안	14.0만 원		도:시군 50%:50%	

표 18-10 경기도 장애인 기본소득 지급 방안

주) * 경기도 내 장애인 수가 가장 많은 지자체 : 수원시, 고양시, 부천시
* 경기도 내 장애인 비율이 가장 높은 지자체 : 가평군, 연천군, 양평군

셋째로, 실험적 시행기간은 최소 2년이상으로 하되, 예산 추정기간은 1년으로 한다.

[A-1안] '장애로 인한 추가발생 비용' 전액을 장애인 기본소득으로 할 경우

앞의 〈장애인 실태조사〉에서 '장애로 인해 발생하는 추가 지출비용'은 약 16.5만 원이다. 경기도 장애인 547,386명(2018년)에게 이 금액을 전액 지원할 경우 1년 예산은 다음과 같다.

- 165,000원 * 약 55만 명 * 12개월 = 약 1조 890억 원

[A-2안] 경기도민이 선호하는 '경기도 적정기본소득' 금액으로 추정할 경우

경기도민이 선호하는 '경기도 적정기본소득'의 적용을 검토해 보자. 경기도 적정기본소득은 경제학의 확률효용이론에 입각한 양분선택 조건부 가치측정법을 적용하였으며, 계량경제학적으로 로짓모형을 활용하여 추정하였다.

추정 결과 값(중위값이 아니라 평균값)은 첫째, 월 448천 원(아무런 제약이 없는 상태), 둘째, 월 14만 718원(소득액에 비례한 세금 부담 전제)으로 도출되었다. 최저금액인 14만 718원은 응답자에게 기본소득 수취로 인한 세금이 증가할 것을 고지한 후에 답변한 금액으로 보수적으로 추정된 금액이라 할 수 있다.

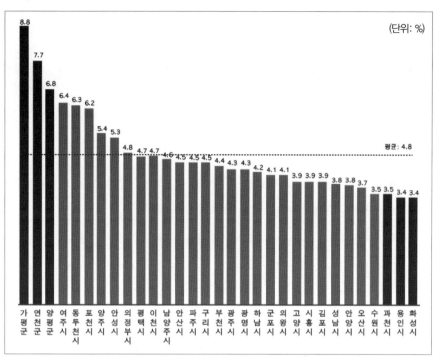

그림 18-6 경기도 시군별 장애인 수 및 순위   자료 : 경기도 장애인 등록 현황(2018년 12월 기준)

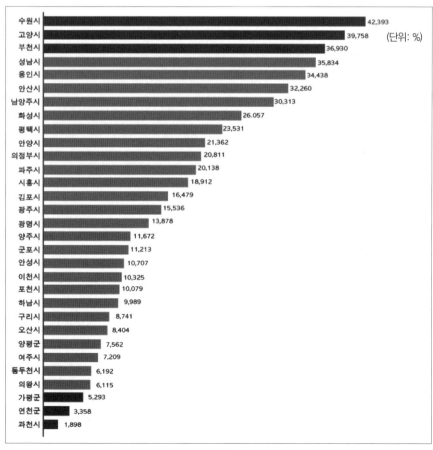

그림 18-7 경기도 시군별 인구 대비 별 장애인 비율   자료 : 경기도 장애인 등록 현황(2018년 12월 기준)

이 경우 최저값인 약 14.0만 원을 활용하여 1년 총예산액을 추정해보면 다음과 같다.

- 140,000원 * 약 55만 명 * 12개월 = 약 9,240억 원

[B-1-1안] 장애인 기본소득을 희망하는 지자체를 우선하여 시행할 경우(또는 장애인 수와 장애인 인구 비중이 가장 높은 3개의 시군을 선별하여 시행할 경우)

장애인 기본소득 시행시 31개 시군을 동시에 시행하는 것은 일반 여론, 정책 시행착오, 예산 부담 측면에서 많은 무리가 따를 수 있다. 따라서 하나의 파일럿 프로그램으로 장애인 정책에 관심을 가지고 의지를 가진 지자체의 신청을 받아 우선 시행하는 것을 검토해 볼 수 있다.

일단 경기도의 장애인 수가 가장 많은 기초지자체 3곳과 인구대비 장애인 비율이 가장 높은 지역 3곳을 선정하여 소요예산을 추정해 본다.

경기도 총 장애인 수는 547,386명이며, 총인구 수는 13,103,188명으로 총인구 대비 장애인 비율은 4.2%이다. 경기도 내 시군 중 장애인 수가 가장 많은 지역은 1위 수원시(42,393명, 인구 대비 3.5%, 29위), 2위 고양시(39,758명, 인구 대비 3.9%, 22위), 3위 부천시(36,930명, 인구 대비 4.4%, 16위)가 있고, 비율이 가장 높은 곳은 1위 가평군(8.8%, 5,293명, 장애인 인구 순위 29위), 2위 연천군(7.7%, 3,358명, 장애인 인구 순위 30위), 3위 양평군(6.8%, 7,562명, 장애인 인구 순위 29위)을 들 수 있다(그림 18-6, 그림 18-7, 표 18-11 참조).

이들에게 경기도민이 선호하는 '경기도민 적정기본소득' 14.0만 원(140,718원)을 경기도가 100% 부담하여 지급할 경우를 가정하여 예산규모를 추정해 본다.

- 수원시(42,393명) + 고양시(39,758명) + 부천시(36,930명) = 119,081명
- 가평군(5,293명) + 연천군(3,358명) + 양평군(7,562명) = 16,213명
- 총 135,294명 * 14.0만 원 * 12개월 = 약 2,273억 원

	기초 지자체	장애인		총인구		
		장애인 수	순위	총인구	총인구대비 장애인 비율	비율 순위
	소계	547,386	–	13,103,188	4.2	–
1	수원시	42,393	1	1,218,843	3.5	29
2	성남시	35,834	4	931,393	3.8	25
3	의정부시	20,811	11	432,286	4.8	9
4	안양시	21,362	10	566,574	3.8	26
5	부천시	36,930	3	848,756	4.4	16
6	광명시	13,878	16	323,460	4.3	17
7	평택시	23,531	9	504,485	4.7	11
8	동두천시	6,192	27	97,535	6.3	5
9	안산시	32,260	6	720,105	4.5	14
10	고양시	39,758	2	1,006,992	3.9	22
11	과천시	1,898	31	53,740	3.5	28
12	구리시	8,741	23	195,868	4.5	15
13	남양주시	30,313	7	661,866	4.6	12
14	오산시	8,404	24	228,059	3.7	27
15	시흥시	18,912	13	480,201	3.9	23
16	군포시	11,213	18	276,860	4.1	21
17	의왕시	6,115	28	149,599	4.1	20
18	하남시	9,988	22	238,592	4.2	19
19	용인시	34,438	5	1,026,126	3.4	30
20	파주시	20,138	12	447,906	4.5	13
21	이천시	10,325	20	220,599	4.7	10
22	안성시	10,707	19	201,135	5.3	8
23	김포시	16,479	14	424,865	3.9	24
24	화성시	26,057	8	777,295	3.4	31
25	광주시	15,536	15	364,178	4.3	18
26	양주시	11,672	17	217,776	5.4	7
27	포천시	10,079	21	161,564	6.2	6
28	여주시	7,209	26	112,096	6.4	4
29	연천군	3,358	30	43,383	7.7	2
30	가평군	5,293	29	59,957	8.8	1
31	양평군	7,562	25	111,094	6.8	3

표 18-11 2018년 경기도 시군 별 장애인 인구 수

자료: 경기도 장애인 등록 현황(2018년 12월 기준)

[B-1-2안] 경기도 예산과 기초지자체 예산을 50 : 50으로 부담할 경우

- 총 2,272억 원 ÷ 2(경기도 50% : 기초지자체 50%) = 약 1,136억 원

[B-2-1안] 경기도 내 장애인 비율이 가장 높은 곳을 우선적으로 시행할 경우

경기도의 인구대비 장애인 비율이 가장 높은 지자체는 가평군, 연천군, 양평군이다. 이들 3개 군에 우선하여 장애인 기본소득을 집행하고, 그에 따른 예산은 경기도가 전부 부담하는 방안이다. 이 방안은 경기도의 상대적으로 경제력이 취약한 군 단위를 집중 지원할 수 있다는 점에서 이차적인 정책 효과를 기대할 수 있다. 경기도가 100%를 부담하여 지원할 경우를 가정하여 예산 규모를 추정해 본다.

- 가평군(5,293명) + 연천군(3,358명) + 양평군(7,562명) = 16,213명
- 경기도 100% 부담 : 총 16,213명 * 14.0만 원 * 12개월 = 약 2723억 원

[B-2-2안] 경기도의 예산과 기초지자체의 예산을 50 : 50으로 부담할 경우

- 총 2,723억 원 ÷ 2(경기도 50% : 기초지자체 50%) = 약 1,361억 원

4. 예산 규모 추정 소결

2018년 기준 경기도의 총예산 지출은 22조 1,395억 원이고, 그 중 사회복지 지출 규모는 약 6조 8,910억 원이다. 이를 감안 할 때 장애인 기본소득으로 가정한 A-1안(약 1조 890억 원), A-2안(약 9,240억 원)은 예산규모가 방대하여 현재로서는 비현실적이다.

B-1-1안은 약 2,273억 원(경기도 100%), B-1-2안은 약 1,136억 원(50% : 50%)이다. B-1-1안의 2,273억 원은 사회복지 지출 중 3.3%로 비교적 작은 비중을 차지하고 있다. 참고로 2019년 시행한 경기도 청년기본소득의 경우 24세 청년에게 분기별 25만 원씩 총 4회에 걸쳐 지급할 비용으로 전체 1,753억 원의 예산 중 경기도는 1,227억 원을 책정하고 있다.

이런 점에서 경기도 내 전체 장애인에게 2,273억 원 또는 1,136억 원을 장애인

기본소득으로 제공하는 예산으로 추정할 수 있다. 따라서 경기도의 전체 사회복지 예산규모와 비견해 보건대, 장애인 기본소득은 적극적으로 검토 및 시도해 볼 수 있는 사회적 · 정책적 의제라고 할 수 있다.

지급 주기 및 전달 방법

1. 지급 주기

장애인 기본소득의 지급방법과 관련해서 다양한 현실적 여건들을 종합적으로 고려하여야 한다. 수급자인 장애인 입장에서 소득 입금의 정기성 · 안정성에 따른 소비의 계획화와 규칙적인 생활패턴을 지원한다는 차원에서 고려해 볼 필요가 있다. 소상공인/자영업자 입장에서도 소비자의 지속적인 방문과 매출의 안정성을 고려하여야 한다. 기초지자체의 입장에서는 지급 금액, 행정력 등 전체적인 여건들을 고려하여야 한다. 이런 여러 가지 측면들을 검토하였을 때 기본적으로 월 1회 정기적으로 지급하는 것이 바람직할 것으로 판단된다.

파일럿 프로그램으로 기간은 잠정적으로 2년 동안 시행하는 것으로 한다. 시행 후 장애인 당사자, 장애인 복지 및 지역화폐 전문가, 담당 사회복지 공무원, 소상공인/중소자영업자, 시민사회 및 지역사회의 여론 및 의견을 숙의 민주주의 토론 방식을 거쳐 검토한 후 2회기 실행 여부와 타 시군으로의 확대 시행 여부 등을 종합적으로 검토한다.

2. 전달 방법

장애인 기본소득에 대한 전달 방법은 기존 청년기본소득의 방법을 준용할 수 있다. 즉, 지역화폐로 전환하여 수급자의 개인 은행계좌로 지급하고, 지역 내 경제순환을 유도하여 지역경제 활성화를 도모하는 것이다. 이러한 '지역화폐 연계형 복지수당'은 단순한 복지정책이 아니라 복지를 통한 지역경제 활성화까지 도모하는 복지-경제 융복합형 정책이자 '1과정 3단계' 정책이라 할 수 있다(이한주 · 김병조, 2017).

문제는 지역화폐로 전달할 경우 여러 가지 여건들을 감안하여야 한다는 것이다.

이 문제는 기본적으로 기본소득의 '현금성' 조항과 연관되는 부분이다. 일부에서는 지역화폐의 현금성에 대하여 문제를 제기하기도 한다. 그러나 디지털 기술의 발달과 함께 전자화폐, 가상화폐 등의 사례와 같이 화폐의 유형적 측면이 매우 다양해지고 있어 이러한 시대적 변화를 반영한다면 지역화폐를 현금으로 인정하는 것이 타당할 것이다.

장애인에게는 정작 중요한 점은 '현금성' 조항이 아니라 첫째, 정책의 주체이며 수급자이자 소비인인 장애인에게 지역화폐로 전달시에 사용상의 불편함은 없는가, 둘째, 장애인들이 장애인 기본소득을 지역화폐로 사용할 경우 소비현장에서 '식별과 차별'의 원인으로 작용하지 않는가에 대한 면밀한 검토가 필요하다.

그러나 경기도의 경우 2019년 한 해 동안 약 5,000억 원의 지역화폐가 발행되었으며, 지역에 따라 여건은 다를 수 있지만, 인지성, 편의성, 접근성 면에서 대중적인 보급이 이루어져 불편함이 상당부분 해소되었다고 할 수 있다. 또한 지역화폐의 형태로서 카드형, 모바일형 등 다양한 결제수단을 갖추고 있어, 장애인 기본소득을 지역화폐로 지급하더라도 장애인이 사용 중 '식별과 차별'에 대한 우려는 많이 완화될 수 있을 것이다.

〈장애인 기본소득 행정도〉(표 18-12)는 장애인 기본소득 실행에 따르는 행정 흐름도를 보여주고 있다.

추진방안 전략

1. 희망하는 장애인의 신청에 따라 시범사업으로 출발

경기도의 31개 시군의 장애인 기본소득에 대한 서비스 수요를 파악하고, 시범사업에 참여할 시군을 결정하여야 한다. 첫째, 경기도 장애인 기본소득을 신청한 시군 중 정책의 취지와 목적을 구현하기에 더 적합한 시범지역을 선정한다. 둘째, 희망 지역 선정이 어려울 경우 장애인 수 및 장애인 비율 등을 감안하고, 사회경제적 여건을 감안하여 효과가 클 것으로 예상되는 적합한 시군을 선정한다.

정책주체	행정 흐름도		개요 및 효과
국가	**헌법 제34조** "①모든 국민은 인간다운 생활을 할 권리를 가진다. ②국가는 사회보장·사회복지의 증진에 노력할 의무를 진다. ③국가는 여자의 복지와 권익의 향상을 위하여 노력 ⑤신체장애자 및 질병·노령 기타의 사유로 생활능력이 없는 국민은 법률이 정하는 바에 의하여 국가의 보호" **장애인고용촉진법 제6조** "②장애인의 자립을 촉진하기 위하여 적극적으로 노력하여야 한다. 제7조 ②장애인은 장애인 아닌 사람과 동등한 선택권을 보장받기 위하여, 제8조①국가 및 지방자치단체는 장애인에 대한 모든 권리를 구제할 책임이 있으며, 장애인 차별을 실질적으로 해소" **장애인복지법 제1조** "장애인의 인간다운 삶과 권리보장을 위한 국가와 지방자치단체 등의 책임을 명백히, 장애인복지대책을 종합적으로 추진하며, 장애인의 자립생활·보호 및 수당지급 등 생활안정에 기여하는 등 장애인의 복지와 사회활동 참여증진을 통하여 사회통합에 이바지. 제3조(기본이념) 장애인복지의 기본이념은 장애인의 완전한 사회 참여와 평등을 통하여 사회통합" **장애인차별금지법 제8조** "①국가 및 지방자치단체는 장애인 및 장애인 관련자에 대한 모든 차별을 방지하고 차별받은 장애인 등의 권리를 구제할 책임. 장애인 차별을 실질적으로 해소하기 위하여 차별 시정에 대하여 적극적인 조치"		
장애인	2-1. 인권, 기본권,	2-2. 장애인 인권	시민 및 장애인으로서의 적극적 권리 요구
	3. 장애인 기본소득		명칭: 장애인 기본소득 재원: 복지예산 및 공유부 활용 지급액: 일시1회, 약 14만 원 *24개월 시행: 경기도 및 기초지자체
경기도	4. 지역 복지·경제정책		장애인 가처분 소득 증대→ 지역내 경제활력 → 자본의 지역 내 순환→ 지역경제 활성화
기초 지지체	5. 지역화폐		19년 경기도 발행액 5000억원
	6. 경기도 등록 장애인		대상: 등록 장애인으로서 경기도 3년 이상거주, 장애인기본소득 신청한 자
기초지자체, 소상공인/자영업자	7-1 지역 / 전통시장 / 골목상권	7-2 계층 / 자영업자 / 소상공인	매출 증가→ 수익증가→ 서민·중산층 소득 증가→ 지역상권 활성화
기초 지지체	8. 장애인 소득 향상		소득증대, 복지증진, 지역사회 경제활동 참여, 권리 확대 및 존중
기초 지지체	9. 장애인 복지 및 인권 향상		소비자로서 장애인 존중, 사회참여, 지역융화
국가 경제	10. 시민생활의 삶과 질 향상		장애와 비장애인의 사회통합, 장애해방

표 18-12 '장애인 기본소득' 행정 흐름도   자료 : 김병조(2018, p.133)를 참조하여 재작성.

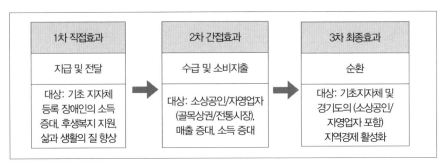

1차 직접효과	2차 간접효과	3차 최종효과
지급 및 전달	수급 및 소비지출	순환
대상: 기초 지자체 등록 장애인의 소득 증대, 후생복지 지원, 삶과 생활의 질 향상	대상: 소상공인/자영업자 (골목상권/전통시장), 매출 증대, 소득 증대	대상: 기초지자체 및 경기도의 (소상공인/ 자영업자 포함) 지역경제 활성화

표 18-13 장애인 기본소득의 정책단계별 연쇄효과   자료 : 김병조(2018, p.154)를 참조하여 재작성.

2. 지역화폐와 연계하여 지급

장애인 기본소득의 전달 방식은 지역화폐를 활용할 것을 검토할 수 있다. 지역화폐를 활용할 때 장애인 기본소득에 대한 지지기반을 넓히고 지역의 소상공인/자영업자를 정책의 주체로 연대할 수 있으며, 이를 통해 지역 내에서 장애인에 대한 정서적 지지와 공감을 가져올 수 있다는 장점이 있다.

표 18-13에서 보는 바대로, 지역화폐 연계형 장애인 기본소득을 통하여 지역사회 안에서 2차적 경제적 효과를 유도할 수 있으며, 궁극적으로 지역사회 안에서 장애인과 비장애인의 사회적·정서적 교류 등 3차적 지역통합을 추진할 수 있을 것이다. 지역화폐 활용을 통한 지역사회와의 공동체성 조성, 지역사회의 장애인의 활동 등을 감안하였을 때 지역화폐의 간접적 효과를 충분히 주장할 수 있을 것이다. 소상공인 입장에서 장애인 기본소득을 지역화폐로 발행하였을 때, 지역사회안에서 일정금액의 매출이 보장된다는 점, 매출을 통해 유통이 활발해지고 장애인과 지역사회 안에서 경제공동체로서 상부상조하는 공동체 정서를 함양할 수 있다는 점은 매우 긍정적인 효과라고 할 수 있다.

그러나 식별과 사용상의 불편을 이유로 장애인 입장에서 부정적인 의견을 피력할 수도 있다. 중요한 것은 실 사용자이자 지역의 소비자이며, 장애인 기본소득의 주체인 장애인 스스로의 판단과 의견을 존중하고, 지역사회의 여러 여건과 의견을 감안하여야 한다는 것이다.

3. 단계별 추진 방안

장애인 기본소득을 추진함에 있어 단계별 추진방안은 다음과 같다.

사전 준비기를 포함하여 총 4기의 단계로 구분하여 2021년 1월 시행을 가정하여 24개월간 월 14만 원을 지역화폐로 전달한다. 2년 시행 후 장애인 및 지역사회의 평가와 반응을 검토하고, 장애인 및 지역사회의 정책적 효과를 숙의 민주주의를 통해 심도 있게 논의한다. 이러한 경과를 바탕으로 장애인 기본소득의 개선방안, 시행 기간 연장, 타 시군 확대 시행 등을 결정하도록 한다.

내용 정리

향후 자본주의의 진전 과정에서 장애인은 기술적 혁신으로 인한 일부 혜택을 보는 측면도 있을 수 있겠지만, 전반적으로는 노동과정과 일상생활에서 더욱 소외될 여지를 안고 있다. 지식기반사회에서 디지털 혁신, 인공지능, 4차 산업혁명 등으로 인한 자동화 · 전산화 · 디지털화의 과정은 장애인들의 노동능력 가치를 더욱 하락시킬 것이다.

또한, 장애인은 비장애인의 노동력 저수지로 경기침체시에 가장 먼저 해고당하며, 경기회복시 가장 늦게 고용된다. 이러한 극도로 양극화되는 자본주의적 상황에서 장애인은 자기삶의 미래를 보장할 수 없다. 자본주의가 심화될수록 사회구조 안에 은폐된 장애인의 여러 생활상의 고통은 경제적 양극화, 노동력의 서열화, 지원 서비스의 등급화를 더욱 강화시킬 것이며, 이는 차별과 배제를 양산하고 복지의 사각지대는 더욱 심각해질 것이다. 이 과정에서 장애인 당사자와 시민사회의 사회적 부담과 책무는 더욱 커질 수밖에 없다. 이러한 대안으로 장애인 기본소득을 적극적으로 고려해 볼 수 있을 것이다.

장애인 기본소득은 특성상 대상자 범주가 매우 분명하고, 사회적 합의를 비교적 쉽게 이루어 낼 수 있으며, 기본소득의 원칙과 취지에도 매우 잘 부합하는 범주 기본소득이라 할 수 있다. 장애는 개인의 특수조건임과 동시에 비장애인도 누구나

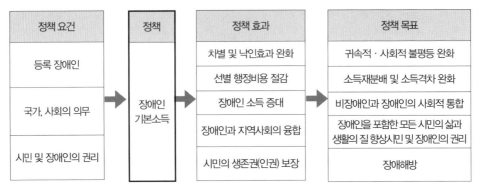

정책 요건	정책	정책 효과	정책 목표
등록 장애인	장애인 기본소득	차별 및 낙인효과 완화	귀속적·사회적 불평등 완화
국가, 사회의 의무		선별 행정비용 절감	소득재분배 및 소득격차 완화
		장애인 소득 증대	비장애인과 장애인의 사회적 통합
시민 및 장애인의 권리		장애인과 지역사회의 융합	장애인을 포함한 모든 시민의 삶과 생활의 질 향상시민 및 장애인의 권리
		시민의 생존권(인권) 보장	장애해방

표 18-14 장애인 기본소득의 사회적 효과와 목표   자료 : 김병조(2018, p.69)를 참조하여 재작성.

잠재적 장애인이라는 점에서 '보편적 개별범주'로 이해해야 할 것이다.

표 18-14는 장애인 기본소득의 사회적 효과와 목표를 설명하고 있다. 표 18-15는 그동안 본 연구에서 논의된 장애인 기본소득 지급요건 및 지급방안을 간략하게 표로 정리한 것이다.

장애인 기본소득 시행을 위한 지역선정과 관련하여, 시군 단위 농촌지역에서 필수적인 이유는 농촌지역의 장애인에 대한 관심·지원·대책의 불비함에서 더 큰 이유를 찾아야 할 것이다. 김춘남 외(2017)는 농촌지역에서 "장애인 돌봄서비스에 대한 홍보가 제대로 되지 않고 있으며, 이는 돌봄 서비스의 이용율과 인지도에 부정적인 영향을 미치"(김춘남 외, 2017, p.181)며, "재정 자립도가 낮은 시군은 의도적으로 돌봄서비스에 대한 홍보에 소극적"(김춘남 외, 2017, p.181)이라는 지적은 매우 주목할 만하다.

장애인 기본소득을 경기도 단위가 아닌 시군 기초 단위에서 추진할 경우 장애인 정책에 있어 많은 긍정적인 요인을 추구할 수 있다. 장애인 기본소득은 시군단위의 장애인 실태조사를 통해 "지역에 숨어 있는 장애인을 발굴하여 서비스를 제공할 수 있으며 특히 농촌이나 외곽지역에 거주하는 장애인이 장애인 등록을 하지 않거나 했다고 하더라도 집안에서 방치되어 있는"(김춘남 외, 2017, p.183) 경우 이를 발굴하여 장애인 기본소득의 수급 대상자로 적극적으로 선정할 수 있다. 장애인 기본소득의 수급을 통해 장애인 자신의 권리와 존엄을 회복하고, 지역사회는 장애인과 더욱 공존의 삶을 추구할 수 있으며, 지역경제는 지역화폐를 통한 지역

구분	구분	구체 요건	
지급 대상	장애인	① 등록된 장애인 ② 장애인 기본소득 신청자 ③ 경기도내 3년 이상 거주자(공고일 기준)	
지급 주기	지급 정기성	월	
지급 기간	2년	12개월 * 2년	
예산 규모(案)	A-1	장애인 추가 소요비용 전액(165,000원)	
	A-2	경기도민 기본소득 적정규모 (140천 원)	
	B-1-1	장애인 수 상위 3개시, 비율 상위 3개군 (총 6개 기초지자체)	경기도 100%
	B-1-2		경기도 50%: 기초지자체 50%
	B-2-1	장애인 비율 상위 3개군 (가평, 연천, 양평)	경기도 100%
	B-2-2		경기도 50% : 기초지자체 50%
전달 방법	현금 유형	지역화폐	
		현금(제한적 사례에 한정)	

표 18-15 장애인 기본소득 지급 요건 및 지급 방안

내 순환을 통해 더욱 성장하게 될 것이다.

마지막으로 장애인 기본소득을 실행하고, 그 결과를 사회적으로 검토함으로써 장애인 당사자들을 주체로 한 사회적 평등을 추구하도록 하여야 한다. 장애로부터의 해방은 당사자인 장애인 뿐 아니라 장애와 비장애를 통합하며 경계를 해체한다. 이는 비장애인을 위해서라도 더 절실히 요청되는 과제일 것이다.

장애인 기본소득은 취약계층에 대한 호의나 시혜, 부조나 지원이 아니라 시민으로서, 인간으로서 장애인의 개별적 조건에 대한 공감과 연대의 징표이며, 장애인의 권리에 대한 존중이자 사회적 합의라고 할 수 있다. 장애인의 권리 확장으로 인해 장애인-비장애인의 권리는 더욱 공고히 될 것이며, 장애해방[4]을 통한 사회적 평등의 실현에도 더욱 기여할 것이다.

---

4. '장애해방'은 장애로부터의 해방을 의미하는 것이 아니다. 장애해방은 일상생활, 사회적 처지와 대우, 인간에 대한 존중 등의 측면에서 장애와 비장애 간의 전사회적인 경계 자체가 사라져 장애 자체가 개인적 특성 그 이상으로 인식되지 않는 상태를 의미한다.

예술인 기본소득 도입을 위한 모색

김성하

기본소득과 개인의 존재 가치 보장

신자유주의의 한계, 4차 산업혁명 도래 등 사회변화와 함께 경제적 불평등, 인공지능 등장으로 인한 대량 실업, 미래사회의 지속성에 대한 목소리가 점차 커지고 있다. 신자유주의의 한계와 문제점이 강조되면서 부각되는 경제적 불평등, 즉 소득 불평등은 사회 구성원으로서 개인의 삶의 불안정과 이로 인한 사회의 지속 가능성에 대한 불안감을 증대시킬 수밖에 없다는 관점에서 경제적 불평등은 인간으로서 한 개인의 기본적 삶의 기반을 불평등구조에 삽입시키는 결과를 초래할 뿐만 아니라 궁극적으로 인간으로서 기본적 존엄성과 존재의 권리를 위협하게 될 것이라는 우려가 커지고 있다.

인공지능의 등장으로 예견되는 일자리 감소 역시 개인의 삶의 불안정을 가속화시킬 수도 있다는 부정적 관점이 강조되면서 점차 미래사회의 안정과 지속성을 담보하기 위한 연구와 정책적 고민이 점차 증가하고 있는 추세이다.

이러한 흐름 속에서 경제적 불평등을 해소하고 개인의 삶의 안정을 가져오기 위해 가능한 대안으로 거론되고 있는 것이 기본소득이다. 따라서 기본소득은 단순히 경제적 불평등 해소만을 목적으로 하기보다는 궁극적으로 개인의 삶의 불평등을 해소하고 인간으로서 기본적 삶의 권리와 존재 가치 보장을 지향한다고 봐야 할 것이다.

기본소득의 출발이 경제적 불평등으로 인한 삶의 불안정을 해소하며, 4차 산업혁명 등 기술 발전과 산업구조 변화에 따른 대량 실업과 사회보장제도 보완 등에서 비롯되었다는 점을 감안한다면, 기본소득은 모든 국민을 대상으로 해야 함은 명확하다. 이러한 관점에서 기본소득은 "모든 시민이 빈곤선 이상의 생활수준을 유지할 수 있도록 충분히 많은 현금급여를 매달 지급하는 것이며, 모든 개인들에게 소득심사나 재산심사는 물론 노동의무나 요구 등의 조건 없이 월단위로 무조건적으로 지급되는 소득"으로 이해된다(브루스 애커만, 앤 알스톡, 필리프 판 파레이스 외, 2010, pp.8, 11). 기본소득한국네트워크BIKN에서는 기본소득을 "국가 또는 지방자치단체(정치공동체)가 모든 구성원 개개인에게 아무 조건 없이 정기적으로 지급하는 소득"이라고 정의하고 있다.

또한 김을식 · 이지혜(2018, p.2)에 따르면 비효율적 사회보장 제도를 대체할 수 있는 대안적 소득보장제도로서 기본소득을 간주하기도 하며, 강남훈(2019, p.183)은 "사회적으로 가치 있는 비임금노동에 대한 보상"이 될 수 있으며, "임금노동뿐만 아니라 가치 있는 비임금노동도 노동으로 인정하는 것"이라고 강조한다.

유영성 외(2018, p.4)에 따르면, **표 19-1**에서 보듯이 기본소득의 기본 구성요소로 6가지 요소가 제시되고 있다. 먼저 모든 사회구성원을 대상으로 해야 한다는 보편성, 자산소득의 유무와 노동 여부와 관계없어야 한다는 무조건성, 가구 단위가 아니라 개인단위로 지급되어야 한다는 개별성, 정해진 기간 동안 일정 주기로 지급해야 한다는 정기성, 현물이 아닌 현금으로 지급해야 한다는 현금성, 일정 기

구성요소	내용	변형사항		인정
보편성	모든 사회구성원을 대상으로 삼음	범주 보편성	일정 대상(계층)으로 한정	O
무조건성	자산소득 유무, 노동 여부 관계 없음	조건성	심사를 거침	X
개별성	가구단위가 아니라 개인단위로 지급	비(非) 개별성	개인이 아닌 가구/ 미성년은 예외	X
정기성	정해진 기간 동안 일정 주기로 지급	비(非) 정기성	1회 지급 내지 일정기간 내 비정기적 지급	△
현금성	현물이 아닌 현금으로 지급	준(準) 현금성	현금 대신 準 현금 (예:상품권) 지급	△
충분성	일정 기준에 맞는 금액 지급	부분 충분성	일정 기준 이하 지급 (단, 최저선 지킴)	O

표 19-1 기본소득 구성요소   자료 : 유영성 외(2018, p.4).

준에 맞는 금액을 지급한다는 충분성이다. 그러나 모든 구성요소를 충족하는 무조건적 기본소득의 형태를 바로 시행하기 어려운 조건 속에서 다양하게 변형된 기본소득의 형태가 제시되고 있다. 변형된 기본소득이라 해도 변형이 인정되지 않는 요소는 무조건성과 개별성이다. 즉, 지급 대상을 선정하기 위한 심사를 거치는 조건성과 개인이 아닌 가구를 대상으로 하는 비개별성은 기본소득의 기본 취지와 맞지 않기 때문이다. 반면 일정 대상 혹은 계층으로 한정하여 지급하는 범주보편성과 일정 기준 이하를 지급(단, 최저선 지킴)하는 부분 충분성의 경우 변형된 기본소득의 요소로 인정하고 있다. 그 밖에도 현금 대신 준현금(예:상품권)을 지급하는 준현금성과 1회 지급 내지 일정기간 내 비정기적으로 지급하는 비정기성의 경우는 기본소득의 요소로서 부분적으로 인정될 수 있다.

이에 **표 19-2**에서 보듯이 부분적으로 그동안 시행되고 있었던 유사 기본소득 도입 사례를 보면, 경기도의 경우 만 24세 청년을 대상으로 1년간 총 100만 원을 지급하는 '경기도 청년기본소득'이 있으며, 강원도 육아기본수당, 전남 해

구분	목적	도입 시기	대상	지원 내용	지급 방법	비고
경기도 청년 기본소득 (청년배당)	청년의 자기결정권 강화, 사회편입지원 및 지역경제 활성화 도모	2019	신청일 기준 경기도에 주민등록을 두고 3년 이상 계속 거주 또는 합산 10년 이상 거주한 만 24살 청년	25만 원/분기 총 4회 지급 (연100만 원)	지역화폐	조례 '경기도 청년 배당 지급 조례' 제정
전남 해남 농민수당	농업인의 소득안정과 농업·농촌의 지속가능한 발전, 공익적 기능 증진	2019	신청연도 직전 1년 이상 해남군내 주소를 두고 계속하여 거주하는 사람으로 농업경영체로서 실제 경작 또는 사육하고 있는 농업인	30만 원/반기 연 총 2회 (연 60만 원) 매년 지원	지역 상품권 (해남사랑 상품권)	조례 제정 (해남군 농업 보전 등을 위한 농민수당 지원 조례)
강원도 육아 기본수당	「저출산·고령사회기본법」 및 「영유아보육법」에 따라 출산장려와 아동 양육에 대한 경제적 부담을 경감하고 안정된 양육환경 조성에 필요한 사항을 규정함으로써 강원도의 저출생 극복에 기여	2019	2019.1.1. 이후 출생아 중 「주민등록법」에 따른 주민등록번호가 정상적으로 부여된 아동 출생일 기준, 부 또는 모가 강원도 내 1년 이상 거주자	출생일부터 4년간 1인당 30만 원/월, 총 48회 지급	현금 지급 원칙	조례 제정 (강원도 육아 기본수당 지원 조례)
경남 고성군 청소년 수당 (꿈페어)	미래자산인 청소년들이 행복하고 꿈을 키울 수 있는 청소년 친화도시를 조성하고 청소년수당 지원을 통해 청소년의 건전한 육성과 지역경제 활성화에 기여	추진 중	13~18살 청소년	10만 원/월, (연 120만 원)	전자 바우처	조례 '청소년 수당 지원' 조례안마련, 입법 예고 (19.2.14)

표 19–2 지자체별 기본소득 유사 개념 도입 사례

자료 : "경기도 청년기본소득 도입계획", 경기도 청년복지정책과 및 경기도청 홈페이지(https://www.gg.go.kr/archives/4054147/)(검색일자: 2019.6.11).
전남해남군청 보도자료 "해남군, 농민수당 6월 전국 최초 지급",(http://www.haenam.go.kr/planweb/board/view.9is?contentUid=18e3368f655bdbc60165c1d9a6b15661&boardUid=18e3368f655bdbc60165c1d8ebb65645&pBoardId=BBSMSTR_000000000591&dataUid=18e3368f5d542987015d63ee65c202ff&nttId=43431)(검색일자: 2019.6.11).
전남해남군청 보도자료(2018.12.21.) "해남군의회, 전국최초 농민수당 지원 조례 의결", (http://www.haenam.go.kr/planweb/board/view.9is?contentUid=18e3368f5d745106015de95ebe732057&boardUid=18e3368f5fb80fdc015fdc4c2ac203e7&pBoardId=BBSMSTR_000000000131&dataUid=18e3368f5d542987015d63ee65c202ff&nttId=43321)(검색일자: 2019.6.11).
강원도청 홈페이지(http://www.provin.gangwon.kr/gw/gnews/sub01?mode=readForm&articleSeq=20190222121047119)(검색일자: 2019.6.11).
「강원도 육아기본수당 지원 조례」, 경남고성군청 홈페이지(https://www.goseong.go.kr/board/view.goseong?boardId=BBS_0000070&menuCd=DOM_000000104001001001&startPage=1&dataSid=527770)(검색일자: 2019.6.11).

남의 농민수당 등이 있다.

청년, 영유아, 농민 등 일정 대상 혹은 계층으로 한정하는 것은 모든 사회구성원을 대상으로 하는 '보편성'이라는 기본소득의 구성요소의 변형된 형태인 '범주보편성'으로 기본소득의 구성요소로 인정되고 있다. 이와 관련하여 또 다른 범주보편성으로 거론되는 것이 예술인 기본소득이다.

다만, 청년, 영유아의 경우 연령을 통한 명확한 대상 확정이 가능하며, 농민의 경우도 비교적 그 계층을 명확히 할 수 있다고 본다면, 예술인의 경우 대상 확정을 위한 기준 혹은 규정에 대한 많은 논쟁과 함께 사회적 합의가 요구된다고 할 수 있다. 이는 법적으로 규정하고 있는 등록 예술인과 등록하지 않은 예술인에 대한 형평성 문제, 또한 생활문화 지원 정책에 따라 점차 증가하고 있는 생활 예술인을 예술인으로 포함할 것인지의 문제 등 사회적 합의가 필요한 쟁점들이 잠재하고 있기 때문이다.

그럼에도 삶의 기본권 보장과 개인의 존재 가치 보장이라는 기본소득의 궁극적 지향점을 공유하고 있다는 점에서 예술인 기본소득을 검토할 충분한 가치가 있다고 봐야 할 것이다. 강남훈(2019, p.183)이 언급하였듯이, 기본소득이 사회적으로 가치 있는 비임금노동을 노동으로 인정하는 것이라면, 일반적으로 임금노동으로 간주되지 않지만 사회에 기여하는 바가 큰 예술 활동은 기본소득을 통하여 노동으로 인정받을 수 있을 것이다. 이는 많은 예술인들이 각자의 예술 분야에서 고유의 예술 활동을 안정적으로 지속해 나갈 수 있음을 의미하며, 순수 예술 분야뿐만 아니라 예술과 관련된 다양한 직업인들의 활발한 경제활동을 보장하게 될 것이다. 이를 통하여 예술 활동은 중장기적으로 미래사회가 요구하는 상상력과 창의성을 확대해 나가며 궁극적으로 사회발전의 중요한 근간이 될 수 있기 때문에 예술인 기본소득에 대한 검토는 의미가 있다.

예술인과 기본소득

　예술인 기본소득을 언급하면서 우선적으로 제기되는 질문은 예술인을 어떻게 규정할 수 있는가와 예술 활동이 경제 활동과 무슨 관련이 있는가이다. 그리고 기본소득과 예술인이 무슨 관련이 있는가라는 보다 근원적인 질문과 함께 예술인 기본소득을 시행할 경우 그 재원은 어떻게 마련할 것인지에 대한 검토가 필요할 것이다.

왜 예술인을 위한 기본소득인가

　기본소득의 출발이 경제적 불평등과 이로 인한 삶의 불안정으로부터 비롯되었다면, 기본소득의 목적은 경제적 불평등, 즉 소득불평등의 완화와 삶의 안정을 통한 인간으로서 기본적 권리 확보에 있을 것이다. 세계인권선언(제1조)은 "모든 인간은 태어날 때부터 자유로우며 그 존엄과 권리에 있어 동등하다"고 천명하고 있다. 동등한 존엄과 권리를 가진 인간이 불평등하며 자유롭지 못한 불안정한 삶을 산다는 것은 사회와 국가가 그 구성원들에 대한 의무와 책임을 소홀히 한 결과이며, 다른 사람과 함께 공동체를 구성하며 살아가야 하는 개인이 불공정한 경쟁, 이기적 소유 등으로 공동체성을 상실하고 있기 때문이다.

　법과 제도의 물리적 불공정, 불평등이 불안정한 삶의 기반을 조성하며 인간의 기본적 권리와 존엄성을 약화시키는 것은 분명하다. 그러나 법과 제도라는 가시적可視的 조건 외에 눈에 보이지 않는 비가시적非可視的 조건의 불공정과 불평등성 역시 인간의 기본적 권리와 존엄성을 해한다는 점을 망각하여서는 안 된다. 가시적 · 비가시적 조건이 적절하게 작용할 때 비로소 인간은 자유로우며, 그 존엄과 권리에 있어 동등해지기 때문이다.

　공정과 평등으로부터 불공정과 불평등을 만들어내는 비가시적 조건의 핵심이 바로 문화이며, 문화의 근본이 바로 예술이다. 예술은 인간의 자유, 기본적 권리, 그리고 존엄성을 확인하고 일깨워 준다. 따라서 소득불평등 해소 차원의 작은 의미로서 기본소득이 아닌, 인간의 기본적 권리와 존엄성, 그리고 자유를 보장하기 위한 기본소득을 지향해야 한다면 예술 활동과 연계된 기본소득을 준비하고 구상할 필요가 있다.

예술 활동을 기반으로 하는 예술의 의미를 사회적 차원과 개인적 차원으로 살펴보면, 먼저 사회적 차원에서의 예술이란 사회와 문화를 이해하고, 공동체의 문제에 접근하며, 다른 사람과의 관계 맺기를 의미한다. 개인적 차원에서의 예술은 창의성과 감수성을 증대시키며, 논리적 사유를 확장하고, 이성과 감성의 조화를 통한 인지능력과 공감능력을 향상시킨다. 예술 활동은 특정 개인의 만족을 위한 소극적 활동이 아닌 개인과 개인, 개인과 사회, 사회와 사회의 공감능력을 향상시키는, 적극적이며 공적인 주요한 활동인 것이다.

2010년 서울에서 개최된 「2010 유네스코 세계문화예술교육대회THE 2nd WORLD CONFERENCE ON ARTS EDUCATION」에서 로버트, 미셸 루트번스타인 부부는 '예술이 중심이다'라는 주제의 기조 강연을[1] 통하여 21세기 사회 변화와 국가발전의 핵심요소로 거론되는 상상력과 창의성은 예술의 본질임을 강조하였다.

4차 산업혁명 시대의 도래와 함께 사회와 국가는 개인의 창의성뿐만 아니라 개별적, 사적 소유와는 다른 공유개념의 확산과 함께 사회 구성원들의 공감능력을 더욱 요구하고 있다. 예술은 감성을 중심으로 이성과의 조화로운 발전을 가능하게 하는 중요한 역할을 한다는 점에서 21세기 미래사회가 요구하는 상상력, 창의성, 공감능력을 함양하는 데 있어 예술의 중요성과 그 필요성은 더욱 커지고 있다.

영국예술위원회Arts Council England는 "예술가가 없으면, 예술 분야도 없다. (예술가의) 재능은 우리의 주된 자원이다. 우리는 그 재능을 지원하고 영양을 공급하며, 모든 분야의 예술가들이 우리 사회에 기여한 공헌을 대중이 이해하고 중시하도록 할 필요가 있다"고 제시하고 있다(송남은·장웅조, 2019, p.25 재인용).

---

1. 「제2차 유네스코 세계문화예술교육대회」 유네스코 한국위원회 보도자료(2010.6.11), https://unesco.or.kr/news/press/view/972/page/1248.

10 Reasons to Support the Arts
1. Arts improve individual well-being.
2. Arts unify communities.
3. Arts improve academic performance.
4. Arts strengthen the economy.
5. Arts drive tourism and revenue to local businesses.
6. Arts spark creativity and innovation.
7. Arts drive the creative industries.
8. Arts have social impact.
9. Arts improve healthcare.
10. Arts for the health and well-being of our military.

표 19-3 예술을 지원해야 하는 이유 10가지

자료 : Randy Cohen(2019), 「10 Reasons to Support the Arts 2019」, https://www.americansforthearts. org/by-program/reports-and-data/legislation-policy/naappd/10-reasons —to-support-the- arts-2019 (검색일자: 2019.8.6.)

Randy Cohen(2019)의 '10 Reasons to Support the Arts 2019'에서는 "예술 은 우리 인류에게 필수적이다. 예술은 창의성, 선함, 아름다움을 함양하도록 우리 를 격려하고 고무시킨다. 예술은 우리에게 기쁨을 가져다주고, 우리의 가치를 표 현하도록 도와주며, 문화 간 연결 다리를 놓아준다. 예술은 또한 건강한 공동체의 기본 요소로 사회경제적 어려움 속에서도 사회적, 교육적, 경제적 이익을 지속적 으로 강화시키는 동력이 된다[2]"며 **표 19-3**에서 보듯이 예술을 지원해야 하는 10 가지 이유를 제시하고 있다.

결국 예술인 기본소득을 주장하는 두 가지 근거는 첫째, 예술인 기본소득은 예 술가 개인에 대한 경제적 지원이 아니라 그들의 예술 활동을 보장하여 사회 구성

---

2. https://www.americansforthearts.org/by-program/reports-and-data/legislation-policy/ naappd/10-reasons —to-support-the-arts-2019(The arts are fundamental to our humanity. They ennoble and inspire us—fostering creativity, goodness, and beauty. The arts bring us joy, help us express our values, and build bridges between cultures. The arts are also a fundamental component of a healthy community—strengthening them socially, educationally, and economically—benefits that persist even in difficult social and economic times).

원 모두가 예술의 근원적 질문인 삶의 가치를 공유할 수 있도록 한다는 점이다. 모든 구성원이 동등하게 삶의 가치를 공유할 때, 이기적 개인주의, 불공정 경쟁, 불평등 분배 등을 극복할 수 있는 비가시적 조건이 갖추어질 것이다. 즉, 예술인 기본소득은 사회 구성원 모두의 공정하고 평등한 삶의 기반 조성과 궁극적으로 기본소득이 지향하는 인간의 기본적 권리와 존엄성 확보에 기여할 것이다.

둘째, 예술인 기본소득은 사회구성원 개개인들에게 미래사회가 요구하는 창의성과 상상력을 확대하는 효과를 가져올 것이다. 예술인 기본소득이 궁극적으로 지향하며 보장하는 것이 예술 활동이다. 예술 활동은 좁은 의미에서 창작을 하는 예술인 개인의 활동으로 이해된다. 그러나 예술의 본질적 의미와 예술 활동의 사회적 의미는 창작자 개인으로서 예술가의 활동뿐만 아니라 예술 작품을 감상하는 향유자의 감상 혹은 향유 활동까지 포함하는 것이다. 나아가 창작자와 향유자 간에 발생하는 보이지 않는 소통의 장까지도 포함한다. 따라서 예술 활동을 통한 창의성과 상상력의 확대는 예술가뿐만 아니라 이를 감상하는 향유자에게까지 적용되는 것이다. 따라서 예술인 기본소득을 통한 예술 활동의 양적이며 동시에 질적인 성장은 예술가 개인의 경제적 지원이 아닌, 미래 사회 발전의 원동력으로 이해해야 한다. 결국 예술인 기본소득은 사회 구성원 개개인의 존엄성을 증대시키며 미래사회 발전의 주요 기반이 된다는 점에서 그 의미를 확인할 수 있다.

예술인을 어떻게 규정할 수 있나

예술인에 대한 규정은 국가마다 약간의 차이를 보여준다. 5개국(프랑스, 독일, 네덜란드, 일본, 미국)[3]에서 예술인을 어떻게 규정하고 있는가에 대하여 제시한 박조원 외(2013)에 따르면, 표 19-4와 같이 프랑스의 경우 예술인을 「문학, 연극, 음악, 무용, 시청각 예술, 영화, 그래픽, 조형예술 작품을 생산하는 예술가의 사회보

---

3. 박조원 외(2013)는 복지 국가의 유형에 따른 비교를 위해 자유주의 유형(미국, 일본), 보수주의 유형(프랑스, 독일), 사민주의 유형(네덜란드)을 기준으로 5개국을 선정.

구분	내용
프랑스	법적으로 사회보장제도에 가입되는 예술인의 정의 – '문학, 연극, 음악, 무용, 시청각 예술, 영화, 그래픽, 조형 예술 작품을 생산하는 　예술가의 사회보장에 관한 법률'에 명시된 8개 장르의 예술작품 생산에 종사하는 사람
독일	예술가사회보험 가입 대상자를 문화예술 활동을 주업으로 영위하는 예술가 및 언론출판인 으로 정의. 독일이 인정하는 예술인의 정의는 통상적인 예술가 외에도 언론출판인을 포함 하기 때문에 더욱 폭이 넓음 – 예술가 : 음악, 공연예술 및 미술을 창작 및 영위하거나, 또는 이를 가르치는 자 – 언론출판 : 작가, 언론인 또는 기타 다른 방법으로 출판업에 종사하거나 언론출판학을 　가르치는 자
네덜란드	예술인 최저생활보장제도(WWIK) 지원 자격에서 예술학교 졸업 1년 이상과 미만으로 분류. 1년 이상의 경우 예술 관련 업무로 지원 전 12개월 소득이 1,200유로 정도임을 입증해야 함 – 예술 관련 업무는 문화산업 분류에 따름 : 출판, 영화 · 비디오 · TV · 음악레코딩 · 출판, 　프로그래밍 · 방송, 크리에이티브 아트 및 엔터테인먼트, 도서관 · 아카이브 · 박물관 · 기 　타 문화 활동
일본	문화예술진흥기본법 – 제2장 16조(예술가 양성 및 확보)에 따르면, 문화 예술에 대한 창작활동을 하는 사람, 전 　통 예술의 전승자, 문화재 보존 및 활용에 관한 전문적인 지식과 기술을 가진 사람, 문화 　예술 활동의 기획을 실시하는 사람, 문화 시설의 관리 및 운영을 하는 자, 기타문화 예술 　을 담당하는 자를 예술인으로 정의 – 제3장 문화 예술 진흥에 관한 기본 시책에 따르면, 문학, 음악, 미술, 사진, 연극, 　무용, 기타예술, 미디어예술, 전통예술, 생활문화예술이 예술의 범주에 포함됨
미국	예술가들에 대한 직접적인 사회적 안전망의 부재로 예술인의 정의 및 분류 기준이 마련되 어 있지 않음. 다만, 사적 지원의 형태인 개별 노동조합 등에서의 가입 기준 및 조건으로 예 술인의 자격을 유추

표 19-4 해외 예술인의 정의　　　　　　　　　　　　　자료 : 박조원 외(2013)를 활용하여 재구성.

장에 관한 법률」에 명시된 8개 장르의 예술작품 생산에 종사하는 사람으로 정의하고 있으며, 허은영 외(2018)에 따르면 '작가-예술가 사회보장제도Le règime de Sècuritè sociale des artistes auteurs'에 따른 직업 분류, 국립공연예술 고용 및 직업훈련노사위원회Commission Paritaire Nationale Emploi Formation du Spectacle Vivant의 '공연예술 직업분류(계Nomenclature d'emplois', '고용지원센터 직업목록Pôle Emploi ROME'에서의 예술인 직업 분류 등을 통해 예술인의 직업을 분류하고 있다.

독일의 경우 직업분류 2010Klassifikation der Beurfe 2010: KldB 2010에 의한 예술인 분류와 예술인 사회보험Künstlersozialversicherung 상의 예술인 직업분류가 있다. 독일의 예술인 사회보험은 가입 대상자를 문화예술 활동을 주업으로 영위하는 예술

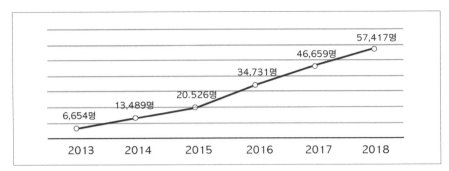

그림 19-1 연도별 예술 활동 증명 완료자(누적) 현황

자료 : 한국예술인복지재단(2019, pp.52, 54).

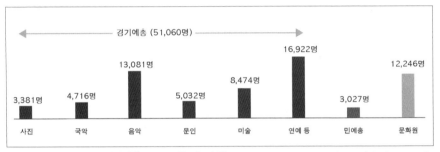

그림 19-2 도내 예술인 현황(2018.11월 말 기준)

자료 : 경기도(2019, p.1).

가(음악, 공연예술 및 미술을 창작·영위하거나 또는 이를 가르치는 자) 및 언론출판인 (작가, 언론인 또는 기타 다른 방법으로 출판업에 종사하거나 언론출판학을 가르치는 자) 으로 정의하고 있어 통상적인 예술가 외에도 언론출판인을 포함하여 다른 국가 에 비해 예술인의 폭이 넓다. 독일 연방노동사회부의 「예술인 사회보험법」 해설서 에 따르면, '예술인'은 본질적으로 절대적 정의를 내리기 어려우며, 직업세계도 끊 임없이 변화하기 때문에 「예술인사회보험법」에서 예술인에 대한 최종적인 법률적 정의를 내리지 않고 있다고 밝히고 있다(허은영 외, 2018 재인용).

네덜란드의 경우 '예술인 최저생활보장제도WWIK' 지원 자격에서 예술인을 규정 하고 있는데, 먼저 예술학교 졸업 1년 이상과 미만으로 분류하고 1년 이상의 경우 예술 관련 업무로 지원 전 12개월 소득이 1,200유로 정도임을 입증해야 한다.

일본은 「문화예술진흥기본법」(제2장 16조 예술가 양성 및 확보)에서 "문화 예술에 대한 창작활동을 하는 사람, 전통 예술의 전승자, 문화재 보존 및 활용에 관한 전

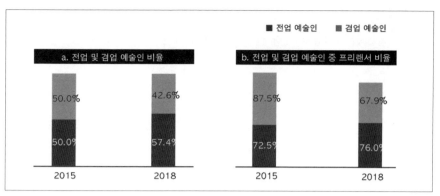

그림 19-3 프리랜서 비율

자료 : 문화체육관광부(2019, pp.19, 22).
주) 조사규모 : 5,002명 / 조사대상 : 14개 분야 예술인(문학, 미술, 공예, 사진, 건축, 음악, 국악, 대중음악, 방송연예, 무용, 연극, 영화, 만화, 기타)

문적인 지식과 기술을 가진 사람, 문화 예술 활동의 기획을 실시하는 사람, 문화 시설의 관리 및 운영을 하는 자, 기타 문화 예술을 담당하는 자"를 예술인으로 정의하고 있다.

미국의 경우에는 앞서 제시된 국가와 다르게 예술가들에 대한 직접적인 사회적 안전망의 부재로 예술인의 정의 및 분류 기준이 마련되어 있지 않으나, 사적 지원의 형태인 개별 노동조합 등에서의 가입 기준 및 조건으로 예술인 자격을 유추한다.

우리나라에서는 「예술인복지법」(제2조 2)에서 예술가를 "예술 활동을 업業으로 하여 국가를 문화적, 사회적, 경제적, 정치적으로 풍요롭게 만드는 데 공헌하는 사람으로서 문화예술 분야에서 대통령령으로 정하는 바에 따라 창작, 실연實演, 기술 지원 등의 활동을 증명할 수 있는 사람"으로 규정하고 있으며, 한국예술인복지재단에서 예술인을 지원하기 위해 추진하는 사업 대상의 기본 조건이 된다.

한국예술인복지재단에서는 예술인 활동 증명을 통해서 예술인을 법적으로 규정하고, 예술 활동 권리를 보장하고 있다. 2018년 전국 예술 활동 증명 완료자(누적)는 **그림 19-1**과 같이 총 57,417명으로 경기도는 약 23.3%(13,381명)를 차지하고 있다. 경기도(2019, p.1)에 따르면 경기도 예술단체 및 문화원에 등록된 예술인은 **그림 19-2**에서 보듯이 2018년 경기도 예술인 활동 증명 완료자(13,381명) 대비 약 5배 높은 총 66,879명(2018.11. 기준)으로 나타났다.

문화체육관광부의 「2018 예술인 실태조사」에 따르면, 등록 전업예술인의 증가 추세 속 프리랜서 비율도 **그림 19-3**에서 보듯이 2015년 대비 2018년 3.5%p 증가하고 있는 것으로 나타났다. 전체 응답자의 42.6%는 겸업 예술인으로서 소득 문제[낮은 소득(46.5%), 불규칙한 소득(27.1%)]가 예술 활동 외 직업에 종사하는 가장 큰 이유라고 하였다. 또한 지난 1년간 예술인의 예술 활동 개인 수입은 평균 1,281만 원이었으며, 전체의 72.7%는 월 100만 원 미만인 것으로 나타났다(문화체육관광부, 2019, pp.20-27).

그러나 전업 예술인 증가에도 작품 발표 횟수는 점차 감소하고 있으며, 예술 경력 단절 경험률은 증가 추세를 나타냈다. 예술작품 발표 횟수는 2015년 9.1회에서 2018년 7.3회로 감소하였으며, **그림 19-4**와 같이 예술경력 단절 경험률은 2015년 대비 8%p 증가하였다. 예술경력 단절을 경험하였다고 응답한 1,196명 중 68.2%의 단절 이유가 **그림 19-5**에서 보듯이 '예술 활동 수입 부족'이라고 답하였다(문화체육관광부, 2019, p.29).

2018년 개인 예술 활동 수입은 **그림 19-6**에서 나타난 것과 같이 평균 1,281만 원이며, 전체의 72.7%는 월평균 100만 원 미만으로 전체 응답자(4,800명)의 28.8%는 개인 수입 중 예술 활동 수입이 없었다고 응답하였다(문화체육관광부, 2019, p.27).

이렇듯 어려운 예술 활동의 상황을 예술인 기본소득이 개선시킬 것이라는 기대와 함께 궁극적인 기본소득의 지향점을 공유하기 위해서는 예술인 기본소득의 대상인 예술인을 규정하기 위한 단계적 접근이 필요하다. 먼저 예술인 복지재단에 등록된 예술인으로 출발할 수 있지만, 점차 그 범위를 확대해 가야 할 것이다. 그렇지 않다면 등록 예술인이라는 조건성이 기본소득의 구성 요소에 위배된다는 점에서 예술인 기본소득은 그 정당성을 찾을 수 없기 때문이다. 결국 예술인을 어떻게 규정할 것인가의 문제는 예술인을 어떻게 확장해 나갈 것인가의 문제이며, 이를 통하여 예술인 기본소득은 삶의 기본권과 개인 존재 가치의 보장이라는 기본소득의 궁극적 지향점을 따르게 될 것이다.

그림 19-4 예술경력 단절 경험률

자료 : 문화체육관광부(2019, p.29).

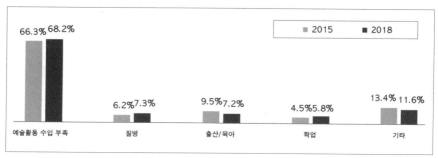

그림 19-5 예술경력 단절 주요 이유

자료 : 문화체육관광부(2019, p.29).

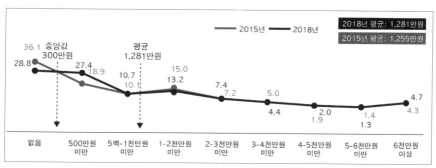

그림 19-6 개인 예술 활동 수입

자료 : 문화체육관광부(2019, p.26).

예술 활동이 경제활동과 관련이 있나

예술 활동은 경제 활동과 관련성이 적을 것이라는 일반적 인식과 달리 실제적으로 관련성이 높다고 볼 수 있다. 예술관련 산업 혹은 시장은 콘텐츠 산업, 미술시장, 그리고 공연시장으로 크게 분류할 수 있으며, 각각 성장세를 보이고 있는 것을 알 수 있다.

예술인 기본소득은 예술 활동을 경제 활동으로 간주하며, 기본소득의 일차적 지향점인 경제적 불평등 해소에 기여할 수 있을 것이다. 더군다나 예술관련 시장의 성장세를 감안한다면, 그 의미는 더욱 확대될 수 있다. 3개의 예술관련 시장이 점차 성장하고 있는 내용을 살펴보면 다음과 같다.

1. 콘텐츠산업

「콘텐츠산업진흥법」 제2조(정의)에 따르면, 콘텐츠는 "부호 · 문자 · 도형 · 색채 · 음성 · 음향 · 이미지 및 영상 등(이들의 복합체를 포함)의 자료 또는 정보"라고 규정되며, 콘텐츠산업은 "경제적 부가가치를 창출하는 콘텐츠 또는 이를 제공하는 서비스(이들의 복합체를 포함)의 제작 · 유통 · 이용 등과 관련한 산업"을 말한다. 관계부처 합동 「콘텐츠산업 경쟁력 강화 핵심전략(2018.12.13.)」에 따르면, 콘텐츠(산업)는 일반적으로 '문화콘텐츠' 내지 '문화산업'을 의미하며, 「문화산업진흥기본법」 제2조(정의)에 의해 영화 · 비디오물, 음악 · 게임, 방송영상물, 문화재, 만화 · 캐릭터 · 애니메이션 · 에듀테인먼트 · 모바일문화콘텐츠 · 디자인(산업디자인 제외) · 광고 · 공연 · 미술품 · 공예품, 대중문화예술, 전통 소재 및 기법을 활용한 상품 생산 · 유통, 문화상품 대상 전시회 · 박람회 · 견본시장 · 축제 등의 분야를 의미한다. 동 자료에 따르면, 콘텐츠는 매출 · 수출 · 고용이 지속 성장세이며, 타 산업에 비해 성장률이 높은 신성장 산업으로 국내외 콘텐츠산업의 지속 성장을 전망하고 있다.

한국콘텐츠진흥원(2019, p.71)에 따르면 2018년 전체 콘텐츠산업의 매출액은 전년 대비 5.2% 증가한 116조 3,000억 원을 나타냈으며, 2014년 이후 지속적인 증가 추세를 나타내고 있다. 2018년 콘텐츠산업 수출액의 경우 75억 달러를 기록하여 2017년 대비 8.8% 성장, 전체 콘텐츠산업과 마찬가지로 2014년 이후 지속적인 성장세를 나타내고 있다.

동 보고서에 따른 2019년 국내 콘텐츠산업 전망은 **그림 19-8**과 같이 매출액 122.6조 원, 수출액은 81.3억 달러로 2018년 대비 매출액은 약 5.4%, 수출액은 약

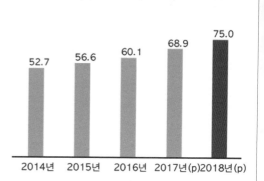

| 5년간 콘텐츠산업 매출액 추이 (단위:조 원) | 5년간 콘텐츠산업 수출액 추이 (단위:억 달러) |

2014년 94.9 / 2015년 100.5 / 2016년 105.5 / 2017년(p) 110.5 / 2018년(p) 116.3

2014년 52.7 / 2015년 56.6 / 2016년 60.1 / 2017년(p) 68.9 / 2018년(p) 75.0

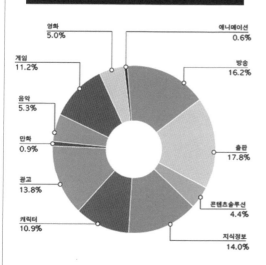

2018년 장르별 매출액 비중 (단위: %)

영화 5.0% / 애니메이션 0.6% / 게임 11.2% / 방송 16.2% / 음악 5.3% / 출판 17.8% / 만화 0.9% / 콘텐츠솔루션 4.4% / 광고 13.8% / 지식정보 14.0% / 캐릭터 10.9%

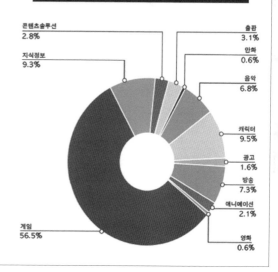

2018년 장르별 수출액 비중 (단위: %)

콘텐츠솔루션 2.8% / 출판 3.1% / 지식정보 9.3% / 만화 0.6% / 음악 6.8% / 캐릭터 9.5% / 광고 1.6% / 방송 7.3% / 애니메이션 2.1% / 게임 56.5% / 영화 0.6%

그림 19-7 콘텐츠산업 매출액 및 수출액 추이   자료 : 한국콘텐츠진흥원(2019, p.7).

8.5% 성장할 것으로 전망하고 있다.

2. 미술시장

문화체육관광부 보도자료(2018.12.12. p.6)에 따르면, 2017년 기준 국내 미술시장의 규모는 **그림 19-9**에서 보듯이 중복금액을 제외하고, 494,243백만 원으로 전년(396,469백만 원) 대비 약 24.7% 성장하였다. 2017년 기준 총 거래 작품 수는

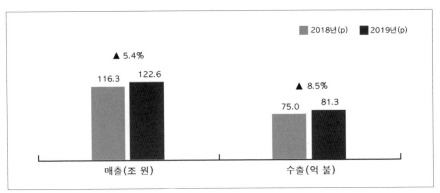

그림 19-8 2018년 대비 2019년 콘텐츠산업 매출, 수출 전망
자료 : 한국콘텐츠진흥원(2019, p.79).

35,712건으로 전년 대비 6.9% 증가했다. 거래 작품 수가 2012년 이후 꾸준히 증가 추세를 유지하고 있는 것으로 나타났다.

문화체육관광부 보도자료(2016.10.6.)에 따르면, 미술품 위작 문제를 해결하고자 '미술품 유통 투명화 및 활성화 대책'을 발표('16.10.6)하고, 그 대책의 일환으로 미술품의 유통 및 감정에 관한 법률 · 제정을 추진하였다. 현재 미술품 유통 및 감정에 필요한 사항을 규정하여 미술품 시장의 건전하고 안정적인 발전을 도모하고 미술품의 창작과 소비 활성화하기 위한 「미술품의 유통 및 감정에 관한 법률」이 발의되었다(2019.2).

결국 미술시장은 일반적 인식과 달리 활발히 움직이고 있으며, 예술인 기본소득은 이러한 미술시장의 성장세를 더욱 가속화시킬 수 있을 것이다.

3. 공연시장

문화체육관광부 · 예술경영지원센터(2018)에 따르면, 2017년 기준 국내 공연시장 규모(공연시장 매출액+공연단체 매출액)는 **그림 19-10**과 같이 8,132억 원으로 전년 대비 8.7% 증가하였다. 2017년을 기준으로 전년 대비 약 8.7% 증가한 8,132억 원으로 공연 시설 매출액 3,500억 원(전년 대비 1.9% 증가)과 공연단체 매출액 4,632억 원(전년 대비 14.5% 증가) 모두 증가했다. 총매출액 8,132억 원 중 가장 높은 점유율을 차지한 것은 티켓 판매 수입(48.9%)이고, 공연단체 작품 판매와 출연

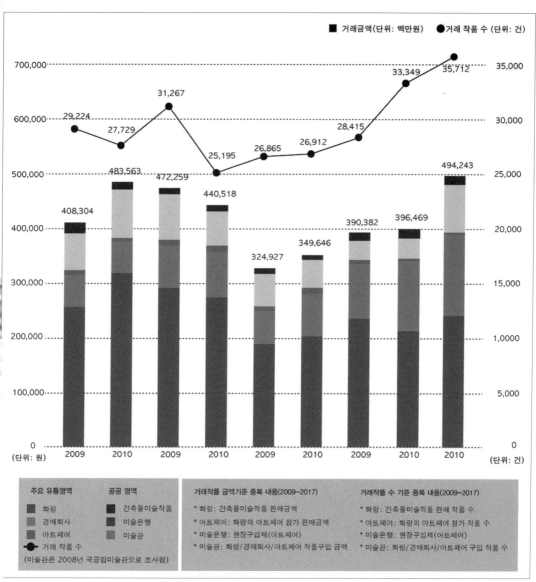

그림 19-9 9년간 미술시장 거래 규모 추이 　　　　자료 : 문화체육관광부 · 예술경영지원센터(2018, p.2).

료 수입(13.9%), 공연장 대관 수입(약 13.6%)이 2, 3위를 차지했다.

　동 조사 결과에 따르면, 민간기획사는 전체 공연시설 · 단체 중 7.2%(280개)에 불과하지만, 2017년 기준 민간기획사 시장 점유율이 41.1%로 2015년 이후 그 비중이 점차 증가(2015년 30.3%, 2016년 33.3%)하여 시장 성장의 주요한 요인으로 작

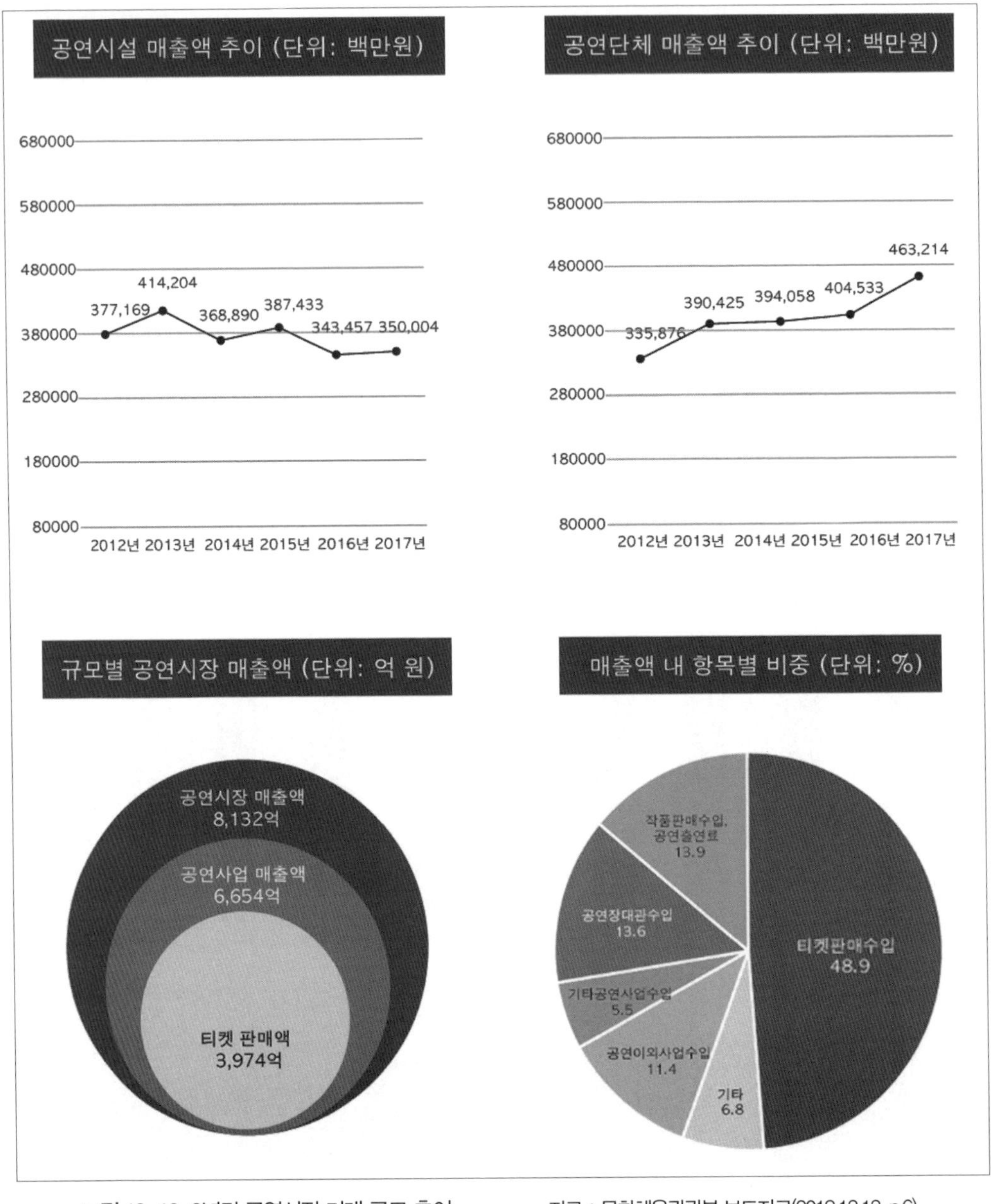

공연시설 매출액 추이 (단위: 백만원)

```
680000

580000

480000              414,204
                     387,433
        377,169    368,890
380000 ●           ●      ●     343,457 350,004
                              ●────●

280000

180000

 80000
      2012년 2013년 2014년 2015년 2016년 2017년
```

공연단체 매출액 추이 (단위: 백만원)

```
680000

580000
                                        463,214
480000                                   ●
                    390,425 394,058 404,533
                     ●      ●     ●
380000 335,876
      ●

280000

180000

 80000
      2012년 2013년 2014년 2015년 2016년 2017년
```

규모별 공연시장 매출액 (단위: 억 원)

공연시장 매출액
8,132억

공연사업 매출액
6,654억

티켓 판매액
3,974억

매출액 내 항목별 비중 (단위: %)

작품판매수입,
공연출연료
13.9

공연장대관수입
13.6

기타공연사업수입
5.5

공연이외사업수입
11.4

기타
6.8

티켓판매수입
48.9

그림 19–10 9년간 공연시장 거래 규모 추이

자료 : 문화체육관광부 보도자료(2018.12.12. p.6).

용하고 있는 것으로 나타났다.

특히 52시간제, 최저임금제, 워라밸 등의 사회변화가 향후 국민들의 여가생활에 큰 변화를 가져올 것으로 예측되고 있다는 점을 감안한다면, 성장세에 있는 콘텐츠산업, 미술시장, 그리고 공연시장에 주요 핵심 요소인 예술 창작 활동은 더

목표 4. (혁신) 성장하는 문화 · 콘텐츠 · 관광 · 스포츠 산업,	
세부과제 4-4. [문화예술] 기초예술과 전통문화의 경제적 가치 확장 주요 내용	
구분	주요 내용
기초예술 사업화 지원	창업 아이디어 발굴 및 사업화 지원(각 10여 팀) 공연 · 미술 저작물 활용 부가상품 개발 · 유통 지원(55건)
사회적경제 활성화	영리활동과 예술의 사회적 가치 확산을 추구하는 사회적경제 조직 · 단체 성장단계별 지원 확대(30여 개/39억 원) 사회적기업 · 사회적협동조합 · 마을기업 · 소셜벤처 등 다양한 사회적경제 조직에 대해 아이디어 발굴, 창업 인큐베이팅, 사업화, 경영 활성화, 투자 연계 등 지원
공연시장	콘텐츠 개발 · 영상화를 통한 온라인 확산 지원(34편, 국내 1천 회) 전통예술 전문 영상채널 설립(11월 개국 예정/24억 원)
공예산업	공예 메이커스페이스(창작 공방, 전시 판매) 조성(1개소) 공예트렌드페어 등 유통망 확대 전통문화유산활용 상품 개발(100개)

표 19-5 예술과 경제 발전의 시너지 효과 증대 관련 2019 문화체육관광부 업무계획

자료 : 문화체육관광부(2019, p.25).

욱 중요해질 것이다. 이는 4차 산업혁명 등에 따른 미래사회의 주요한 경제 활동의 한 축으로 작용할 가능성이 매우 크다. 표 19-5에서 보듯이 문화체육관광부가 2019년 업무계획을 통하여 예술과 경제 발전의 상호 시너지 효과 증대를 위한 지원을 제시하고 있다는 점은 점차 예술 활동은 곧 경제 활동이라고 해도 무방한 사회가 도래하고 있음을 짐작케 한다. 결국 예술인 기본소득은 예술가 개개인에 대한 지원 사업이 아니라 경제 활동의 중요한 한 축으로서 예술인의 자생력을 강화하고 건강한 예술 생태계를 조성하여 예술의 경제적 가치를 증대시키는 효과를 기대할 수 있다.

재원 조달은 어떻게 하나

예술인 기본소득의 재원 조달은 기본소득 재원 조달이라는 큰 축에서 함께 검토될 수 있을 것이다. 현재 거론되고 있는 몇몇 기본소득 재원 조달 방안과 관련된

논의를 간략히 살펴보면 다음과 같다.

먼저 천우정(2019, p.10)에 따르면, 대한민국 헌법에 따라 대한민국의 주인은 대한민국 국민이다. 따라서 정부가 소유하고 있는 국(공)유 재산의 주인 역시 대한민국 국민으로 국민은 국(공)유 재산으로부터 발생하는 수익에 대하여 배당을 요구할 권리가 있다. 2019년 4월 2일 국무회의에서 의결한 '2018 회계연도 국가결산보고서'에 따르면, 2018년 국유재산은 1,076조 6,000억 원(전년대비 8,000억원 증가)이나, 이로부터 거의 수익이 발생하지 않고 있다. 이에 국유재산의 수익 발생을 위한 방안으로 국유지의 지상권 설정을 통한 국유재산 장기 임대 수익/공공개발(아파트, 공유주방 등)을 통한 임차 수익, 스마트팜 및 태양광 발전패널을 통한 발전 수익과 공공클라우드 데이터사용료, CPC광고 도입을 통한 광고수익 등을 제시하고 있다.

또한 최원철(2019, p.59)에서는 미래 부동산 전략으로 국유/도유 재산을 활용한 주택(공간 공유/식사 공유), 상가(공간 공유/업종 공유), 오피스(공간 공유/인적 공유), 호텔(공간 공유/시설 공유) 등의 공유부동산, 공유경제를 강조하였다. 공유경제가 활성화됨에 따라 국유/도유 재산 관련 임차 수익이 감소하는 등의 현상이 발생할 수 있어 이를 보완하기 위한 방안으로 개인·일반·기관 투자자의 지분투자를 통한 개발이익(임대료, 이자 등)을 배당받는 '리츠Real Estate Investment Trusts, REITs'를 제시하였다. 국토교통부 금융위원회 '리츠 공모·상장 활성화 방안(2018.12.19.)'에 따르면, 리츠는 ⅰ) 다수국민에게 부동산수익의 분배, ⅱ) 부동산 간접투자 확대로 투기수요·가계부채 완화, ⅲ) 기업의 자금 공급·부동산산업 발전이라는 사회경제적 효과를 나타낸다.

이와 같이 국유재산의 활용을 통해 발생한 수익을 기본소득의 재원으로 조달하는 등 기본소득 재원 확보를 위한 논의가 이루어지고 있다. 이러한 논의 속에서 예술인 기본소득 재원 조달 방안이 함께 고려될 수 있을 것이다.

그 밖에 예술인 기본소득 재원 조달 방안 중 검토할 수 있는 부분은 기존 예술인 복지 관련 예산을 예술인 기본소득 재원으로 활용하는 방안이다. 이것은 기존의 예술인 복지 사업을 전면 중단하고 예술인 기본소득 재원으로 활용해야 한다는 제한적 방안일 수밖에 없으며, 그 실효성에 대한 면밀한 검토가 전제되어야 할 것이다.

예술인 복지 관련 예산의 예술인 기본소득 활용 방안의 실현 가능성이 없다고 하더라도 현재 활용 가능한 예산 범위에서 기본소득 활용의 경우를 단순히 산술적으로 추정해 보면 다음과 같다. 표 19-6에서 보듯이 2018년 기준 한국예술인복지재단 예산은 약 275억 원으로 예술인 직업역량강화, 창작역량강화, 불공정관행 개선, 사회보험료 등 예술인 복지실현을 위한 지원 사업을 추진하고 있다. 2018년 예술인 활동 증명 완료자(누적)는 총 57,417명이며 경기도는 약 23.3%(13,381명)를 차지한다. 전체 한국예술인복지재단 예산을 지역별 예술인 활동 증명 완료자(누적) 비율로 살펴보면, 경기도의 경우 약 64억 원의 예산을 지원할 수 있으며, 경기도 예술인 활동 증명 완료자 1인 당 약 47만 원/년 정도의 예산을 지원할 수 있다(한국예술인복지재단, 2019, p.24).

경기도의 경우 표 19-7과 같이 2022년까지 총 132.2억 원을 투입하여 예술인 권익보호, 예술창작활동 지원, 그리고 창작공간을 조성하는 '공정하고 활력이 넘치는 경기예술인 정책'을 추진하고자 한다. 한국예술인복지재단에 등록된 예술인과 미등록 예술인을 포함하여 경기도 예술단체 및 문화원에 등록된 예술인은 총 66,879명(2018.11. 기준)[4]으로 4년간 해당 인원을 동일하게 지원한다고 가정했을 때 예술인 1인에게 약 19만 원씩 4년 정도 지원할 수 있으며, 예술인 활동 증명 완료자 13,381명을 대상으로 할 경우 1인에게 약 98만 원씩 4년 정도 지원할 수 있다.

예술인 복지재단의 지원 사업이 등록예술인의 지원과 이에 따른 선정 절차를 통하여 일부에게 지원된다는 점을 감안한다면, 지원 액수의 차이가 있지만, 적은

---

4. "도, 매년 청년예술가 200명 선발. 창작비 최대 300만 원 지원", 경기도 보도자료(2019.3.7). 첨부자료 '공정하고 활력이 넘치는 경기예술인 정책 추진' p.1.

세부 사업명	2017년 예산	2018년 예산
창작역량강화 –예술인 창작준비금 지원사업–창작디딤돌 　(1인 300만 원) –원로 예술인 창작준비금 지원	12,645,000	13,954,000
직업역량강화 –예술인 파견지원 사업–예술路(로) –예술인 자녀돌봄지원	8,238,000	8,191,000
불공정관행 개선 지원	1,080,000	975,000
사회보험 가입 지원	1,000,000	1,000,000
예술인복지금고 구축지원	–	1,000,000
예술인복지재단 운영 지원	1,858,000	2,343,000
총계	24,821,000	27,463,000

표 19–6 한국예술인복지재단 2017~2018 예산　　　자료 : 한국예술인복지재단(2019, p.38).

액수를 모든 등록예술인에게 골고루 지급하는 방안을 검토할 수 있을 것이다. 이 경우 지원사업 운영에 따른 행정$비용의 지출을 대폭 감소시킬 수 있다. 마찬가지로 경기도의 경우 예술인 지원 사업을 위해 소요되는 행정비용을 모두 줄일 수 있다는 점과 적은 액수이지만 경기도에 등록된 모든 예술인에게 골고루 지급할 수 있다는 점은 예술인 기본소득과 관련하여 고려할 수 있는 부분이다.

　그러나 기존의 예술인 복지 관련 지원사업을 모두 중단해야 한다는 한계를 가지고 있기 때문에 실현 가능성이 매우 낮다고 볼 수 있다. 따라서 예술인 기본소득 재원 조달은 기존 복지 관련 예산 중 전액이 아닌 일부가 활용될 수 있을 것이며, 근본적으로는 국유재산 활용 발생 수익을 통한 기본소득 재원 활용 방안 논의 속에서 검토될 수 있을 것이다.

（단위: 억 원）

주요 정책	총 예산 (2019~2022)
예술인 권익보호 (예술인 지킴이 등 4명 고용, 예술인 교육 등)	12.2
예술창작활동 지원 (청년예술가 800명 예술창작활동 지원 등)	27
창작공간 조성(문화사랑방 4개소, 복합문화공간 1개소, 공공예술창작소 4개소)	93
총계	132.2

표 19-7 경기도 '경기예술인 정책(예술인 권익보호 및 창작활동 지원)' 주요 정책 예산
자료 : 경기도 보도자료(2019.3.7., p.1).

경기도 예술인 기본소득 도입 방안

예술인 기본소득과 관련하여 제기되는 질문들은 명확한 답을 제시할 수 없는 쟁점 사항들이라는 점을 차치하고 예술인 기본소득 도입 방안을 모색해 본다면, 예술인 기본소득 제도 도입·안착을 위하여 지원 대상, 지원 범위 등 범주 설정을 위한 시범적 접근을 도모할 필요가 있다. 특히 지역별 예술인에 대한 정의, 지원 가능 예산 등에서 차이가 있을 수 있어 시범적 접근을 통한 다양한 도입 방안을 모색해야 한다.

경기도의 경우 31개 시·군을 대상으로 시범사업 참여에 대한 수요 파악을 통해 신청 시·군을 대상으로 도-시·군 매칭사업을 진행할 수 있을 것이다. 이때 시범사업 결과에 대한 시·군별 모니터링 및 비교를 통해 경기도 내 예술인 기본소득 도입을 위한 구체화된 논의와 함께 추진 방안을 모색해 나가야 한다.

시범사업을 도입함에 있어 전제해야 할 몇 가지 사항은 다음과 같다.

첫째, 예술인 기본소득은 예술인을 위한 기본소득으로 인식되거나 추진되어서는 안 된다. 전체 국민기본소득을 향한 단계적 접근 차원에서 실시되는 범주형, 즉 범주보편성을 적용하는 것으로 궁극적으로 전체 국민기본소득을 전제해야 한다. 따라서 예술인을 어떻게 규정할 것인가에서 특정 예술인을 대상으로 그 범위를 최

소화하는 것이 시범사업의 출발선은 될 수 있어도 최종 목적이 되어서는 안 된다. 결국 예술인의 범위를 어떻게 확장해 갈 것인가에 대한 논의가 시범사업 초기 단계에서 함께 논의되어야 한다. 이것은 기본소득의 조건 중 보편성과 무조건성을 고려하기 때문이다.

둘째, 시범사업 참여 시·군의 경우 시·군의 자율적인 예술인 기본소득에 대한 공론화 과정은 필수이다. 특정 예술인, 단체 및 전문가 등에 의한 시범사업 참여보다는 전체 지역 사회가 참여하는 예술인 기본소득에 대한 의미, 필요성 등에 대한 공론화 과정이 반드시 필요하며, 이를 통해 예술인 기본소득 시범사업 방안에 대해 각 시·군별로 최소한의 사회적 합의가 있어야 한다.

현재 경기도 시·군 중 예술인 기본소득에 대한 논의가 시작되고 있는 곳은 부천시와 안산시이다. 부천시의 경우 2019년 6월 26일 부천문화재단에서 예총, 민예총, 시의회 의원, 청년작가 등이 '부천 예술인 기본소득 시범모형 구축 회의'를 진행하였다. 그리고 2019년 7월 5일 부천시 예술인 기본소득 추진위원회 출범식 및 1차 회의가 부천예총 회의실에서, 2019년 11월 4일 부천시 예술인 기본소득 추진위원회 주최로 '부천 예술인 기본소득 토론회'가 있었다.

안산시의 경우 예총, 민예총, 예술단체 등 20개 단체와 개인 150명으로 구성된 안산 예술인 기본소득 추진위원회가 구성되었으며, 2019년 8월 12일 '안산시 예술인 기본소득 토론회'가 있었다.

부천과 안산의 경우 예술인 기본소득 추진위원회가 구성되어 예술인 기본소득 관련 토론회 등을 진행하였으나, 향후 부천시와 안산시 전체 시민들과 예술인 기본소득과 관련한 토론뿐만 아니라 여러 쟁점사항들에 대한 사회적 합의 등 많은 부분을 함께 풀어나가야 할 것이다.

특히 지난 토론회를 통해 부천과 안산의 추진위원회는 예술인 자격을 한국예술인 복지재단 등록 예술인으로 한정하고 있다. 이는 앞서 살펴본 것과 같이, 기본소득의 무조건성에 위배된다는 점에서 예술인 기본소득이라고 명명하기에 많은 논쟁을 야기할 수 있음을 명심해야 한다.

따라서 예술인 기본소득 시범사업의 첫 단계에서 예술인 자격을 어떻게 규정할 것인가에 대한 사회적 합의는 반드시 필요하다고 볼 수 있다. 그 밖에 시범 대상 규모 및 선정방법, 지급액수 및 지급방식, 시범기간, 사회적·경제적 파급효과 검토 방안, 예술인 범위 확대 등에 대한 면밀한 논의와 검토도 필요하다. 그리고 이러한 논의와 검토는 시민들이 참여하는 공론의 토론장에서 이루어져야 할 것이다.

그리고 경기도는 시·군의 상황과 특성 등을 충분히 고려·검토하여 시범사업의 적절한 모델을 사전에 구상할 필요가 있으며, 시범사업을 통한 예술인 기본소득 도입 및 추진 방안 등을 모색할 수 있을 것이다.

예술인 기본소득의 지향점

경기도에서 예술인 기본소득을 추진한다면, 먼저 예술인 기본소득의 지향점이 경제 불평등 해소뿐만 아니라 삶의 기본적 권리와 개인의 존재 가치 보장이라는 기본소득의 지향점과 같아야 한다. 그리고 기본소득의 구성요소 중 최소한의 구성요소로 인정되는 범주보편성과 무조건성을 반드시 포함해야 한다. 이를 기반으로 경기도가 추진할 수 있는 예술인 기본소득은 최소한 다음 두 가지 사항에 대한 충분한 논의와 전제가 필요하다.

첫째, 예술인 기본소득이라는 명칭이 적합한가에 대한 논의이다. 이것은 범주보편성을 적용한다 했을 때 예술인이 범주보편성에 적합한가에 대한 논의이기도 하다. 부천시와 안산시에서 제안하고 있는 예술인 복지재단에 등록된 예술인으로 한정할 경우 이는 예술 활동 증명이라는 심사를 거친다는 점에서 무조건성이라는 기본소득 구성요소에 위배되기 때문이다. 따라서 등록 예술인으로 한정하는 것은 근본적으로 기본소득의 취지에 부합하지 않는다고 볼 수 있다. 결국 예술인 기본소득이 시범사업 단계에서 등록 예술인으로 출발하는 것은 향후 단계적으로 예술인을 확대해야 한다는 전제하에 그 의미가 있는 것이다. 그리고 예술인을 확대한다는 것은 전문예술인뿐만 아니라 생활예술인으로까지 확대를 의미하며, 궁극적으로 모든 국민이 생활예술인이 될 수 있다는 가정 하에 예술인 기본소득은 국민기본소득으로의 지향점을 갖게 된다. 이는 모든 국민이 예술 활동을 통하여 삶의 기본적 권리, 모든 인간의 평등성 및 존엄성을 확인하고 보장하는 문화적·사회적 환경 조성에 기여함을 의미한다. 즉, 예술인 기본소득은 궁극적으로 예술 활동을 보장하는 국민기본소득이라는 의미를 담아야 한다는 점과 예술인의 범위가 등록예술인에서 생활예술인 나아가 국민 전체로 확장되어야 한다는 점에서 예술인 기본소득이라는 명칭이 적합한가에 대한 검토가 필요하다. 기본소득의 궁극적 지향점을 고려한다면, 예술인 기본소득이라는 명칭보다는 예술 활동 기본소득, 혹은 문화예술 기본소득 등 다양한 시각에서 보다 적합한 명칭이 검토될 수 있을 것이다.

둘째, 예술인 기본소득은 경제적으로 어려운 예술가를 지원하는 것이 아님을 명확히 해야 한다. 이는 예술인 기본소득 역시 기본소득이 복지정책인가 경제정책인가라는 논의의 연장선에 있기 때문이다. 따라서 예술인 기본소득을 주장하면서 예술인이 약자이기 때문에, 예술인이 경제적으로 어렵기 때문에 그 필요성을 주장한다면, 이는 국민기본소득을 지향하는 보편성에 위배된다고 볼 수 있다. 따라서 특정 예술인이 아닌 모든 국민이 생활예술인이 될 수 있는 기반을 조성하며, 이를 통하여 사회 전체가 예술 활동으로부터 인간의 존엄성을 확보하며, 미래사회가 요구하는 상상력, 창의성 그리고 융합의 능력을 증대시킬 수 있다는 점에서 예술인 기본소득 혹은 예술 활동 기본소득 혹은 문화예술 기본소득을 추진해야 한다.

인공지능의 발달로 점차 인간의 노동력이 불필요해지는 미래사회에서 예술의 중요성은 더욱 커질 수밖에 없으며, 이런 점에서 기본소득을 통하여 생활예술인, 나아가 국민 모두가 창작할 뿐만 아니라 향유한다는 관점에서 직·간접적으로 예술 활동에 참여하는 미래사회를 준비하는 것은 충분히 의미 있는 일일 것이다.

이상의 두 가지 사항을 고려하면서 시·군에서 사회적 합의를 통해 제안하는 시범(안)에 대한 검토와 함께 경기도는 예술인 기본소득 혹은 예술 활동 기본소득 혹은 문화예술 기본소득을 추진할 수 있을 것이다.

Part 5.

기본소득의 재원

경기도 기본소득 재원 확충 방안

곽노완

정부의 공유지 인클로저에 대한 문제제기

기본소득의 지속가능성을 위해서는 첫째, 기본소득 권리에 대한 사회적 정당화
와 공론화를 통한 높은 지지와 둘째, 기본소득 재원의 안정적인 법제화가 필요하
다. 이는 경기도 또는 내지 시군구와 같은 지자체 차원에서도 마찬가지이다.

기본소득 논의가 시작된 유럽에서의 재원모형들은 대체로 소득세 증세를 중심으
로 설계되어 있다. 그러나 노동소득이 큰 비중을 차지하는 소득에 대한 증세는 정당
성 및 정치/경제적 실현가능성이 상대적으로 낮을 수밖에 없다. "왜 일하는 사람의
소득을 줄이고 일하지 않는 사람의 소득을 늘려주어야 하는가"라는 반론과 소득이
있는 다수의 정치적 반대에 직면하게 되며, 노동유인 및 총생산을 감소시켜 결국 기
본소득의 재원조차 축소시키기 때문이다. 이런 식의 기본소득 재원 확충은 일하는
사람을 추가로 착취하는 것이기에 부정의하다는 반론을 피할 수 없으므로 정치/경

제적으로 실현가능성이 낮고, 실현된다고 하더라도 지속가능성이 낮을 수밖에 없다. 더구나 국내에서는 정부예산 중 근로소득/이자소득/배당소득/임대소득/양도소득을 모두 포함한 총소득에 대한 소득세 비중이 2019년 기준 예산 총액 400조 원의 1/5에 불과한 80조 원 정도이다. 따라서 국내에서 소득세 증세를 통한 기본소득 재원은 기존 소득세율을 급격히 인상하여도 불충분할 수밖에 없는 실정이다. 더구나 고소득 자영업자와 전문직의 미신고 소득이 만연한 상황에서 소득이 투명하게 드러나는 임금노동자들에게 소득세 부담이 가중되어 형평성에도 어긋난다. 곧 국내에서 소득세를 주요 재원으로 하는 기본소득은 극심한 사회갈등을 유발하면서 재원도 충분히 확보하지 못하는 모형이다. 이런 점을 감안할 때 특히 우리나라의 경우 우선 마이너스 소득세를 통해 점차 기본소득으로 나아가자거나 또는 마이너스 소득세 방식으로 기본소득을 실시하자는 주장은 유효성이 떨어진다.

이에 반해 기본소득의 주요 재원을 공유지commons, 共有地[1] 수익에서 확보한다면, 정당성, 정치/경제적 지속가능성을 일거에 확보할 수 있다. 물론 공유지 수익이 당장 기본소득의 재원을 충당하기에는 충분치 않으며, 그나마 중앙정부와 지방정부에 의해 대기업, 특권층, 부자 등을 위한 예산으로 용처가 이미 정해진 경우도 많다. 그런데 4차 산업혁명과 더불어 빅데이터 및 플랫폼 공유지가 폭발적으로 증가하는 추세이다. 특히 국내에서는 지난 50년간 고도성장의 결과로 도시 재건축, 재개발이 불가피하고, 여기에서 막대한 공유지 수익이 개발이익의 형태로 창출된다. 이처럼 모두의 활동을 통해 생산되는 빅데이터 등 새로운 공유지의 수익을 기본소득으로 전환하거나 도시부동산 개발이익의 일정비율과 기존에 대기업과 특권층 및 부자들에 돌아가던 공유지 수익을 모두를 위한 기본소득으로 전용한다면,

---

1. 유스티니아누스의 로마 법전에서 자연법에 따른 공동자산common wealth은 인류 모두의 공동의 것이라고 정의하고 있다. 그리고 공동자산의 종류로 공기, 흐르는 물, 수산물, 숲, 바다 및 해안가를 들고 있다(Flomenhoft, 2012, p.88). 이 글에서의 공유지는 이러한 공동자산을 뜻한다. 단, 자연의 선물만이 아니라 역사적인 공동유산 및 인공지능, 빅데이터 등 공동으로 생산한 자산으로까지 공유지의 외연을 확대하여 사용하고자 한다(곽노완, 2018, p.171).

기본소득의 재원을 빠르게 확충해 나갈 수 있다.

　이러한 공유지 수익을 통한 기본소득 재원 확충방안은 "모두의 것을 모두에게"라는 기본소득의 정의로운 배당 원칙에 충실할 뿐만 아니라 손해 보는 사람들을 없애므로 정치적으로 갈등을 최소화하며, 소득세 증세와 달리 노동유인 감소효과가 크지 않으므로 경제적인 지속가능성도 큰 방안이다.

　이처럼 공유지 수익을 통한 기본소득모형은 기존의 시장과 정부의 이분법을 대체하는 새로운 프레임이기도 하다. 시장을 중시하는 기존의 신자유주의 정책은 시장약자(무산자, 서민층)의 소득과 자산을 빼앗아 시장강자(한국의 경우 재벌과 자산가)의 소득과 자산가치를 급증시키면서 초양극화를 초래한다면, 정부비중 확대를 중시하는 전통적인 사민주의 또는 현실사회주의 정책은 정규직 등 중산층 이상을 위한 복지정책과 정치특권층 및 재벌을 위한 경제정책으로 무산자와 서민의 것을 빼앗아 우회적으로 중산층 이상에게 갖다 주는 '공유지의 역설'[2]을 초래해 왔다. 전통적인 사민주의 또는 현실사회주의 경제정책은 정부비중을 확대하여 임금노동자를 비롯한 시장약자를 후견하는 방향을 지향하는 듯 보이지만, 실제로는 임금노동자 일부(정규직) 및 재벌과 중소자본가를 포함한 시장강자, 그리고 무엇보다 정치/행정 특권층의 사적인 이익을 극대화하는 경향이 있다. 공유지 또는 공공자산의 규모가 커질수록 현행법상 이를 관할하는 정치/행정 특권층에게 유리한 방향으로 공공자산이 사용되는 것은 불가피하다. 그리고 공유지 접근성이 높은 토지 등 자산을 가진 기업이나 부자들의 공유지 인클로저가 더 확대될 수밖에 없다. 정부가 관할하는 공유지나 공공자산의 확대 내지 정부역할의 증대는 필연적으로 정의에 역행하여 부자들과 특권층의 공유지 사유화를 초래하는 낡은 프레임이라고 할 수 있다.

---

2. '공유지의 역설'은 사회성원 모두가 평등한 지분을 갖는 공유지共有地와 공공기관의 자산인 국공유지國公有地가 늘어날수록 사회성원 모두가 더 평등해지기보다는 오히려 자산에 인접한 토지소유자들의 자산가치가 초과 상승하여 자산양극화가 확대된다는 테제이다(곽노완, 2017, p.219). 그런데 이러한 공유지의 역설은 토지만이 아니라 공유자산과 공공자산 전체에서 나타나는 현상이다.

그러면 공유지나 공공자산 확대 자체를 폐기하고 시장의 비중을 확대해야 하는가? 그렇지는 않다. 신자유주의의 초양극화를 경험한 이래 우리는 시장이 정부 이상으로 강자 독식과 독점의 체계임을 뼈저리게 인식하고 있다. 문제는 공유지나 공공자산의 확대가 아니라 정부역할의 확대에 있다. 공유지나 공공자산이 확대되어도 정부역할 대신에 국민이나 도민, 시민, 거주자의 공유권한이 강화된다면, 이는 정부와 시장의 이분법을 넘어서서 민주적이고 평등한 새로운 '공유' 영역을 확장하는 바람직한 결과를 낳을 것이다. 공동체 성원들의 평등하고 공정한 공유권이 보장되면, '공유지의 역설' 내지 하딘Hardin이 밝힌 '공유지의 비극'을 로즈Rose가 주장한 '공유지의 희극'으로 전환시킬 수 있다(하비, 2014, pp.128-163).

　자연유산, 문화유산, 그리고 모두 함께 생산하는 빅데이터 등 새로운 공유지에 대한 모두의 평등한 공유권의 구체적인 형태인 기본소득은 이처럼 '공유지의 역설', '공유지의 비극'을 '공유지의 희극'으로 전환시키는 새로운 프레임에 기초하고 있다. 따라서 기본소득의 재원은 새로운 공유지 수익 확충만이 아니라 우선적으로 현재 정부와 시장강자에 의해 인클로저되고 있는 공유지 수익의 전환으로부터 마련될 필요가 있다. 그 중에서도 정부를 통해 특권층과 시장강자를 위해 사용되어 왔던 공유지 수익을 온전히 기본소득과 같은 모두의 공유권으로 되찾아 오는 것이 긴요하다. 민주정부라면 진즉에 마땅히 실행했어야 하는 정책이 지금까지 지체된 데에는 '정부=정의' 대 '시장=부정의'라는 낡은 프레임에 갇혀있었던 탓이 클 것이다.

　이러한 문제의식 아래 이 글은 현재 경기도 세입에서 공유지 수익을 분리 추출하여 증세 없이도 기본소득과 같은 보편복지의 재원으로 당장 가용해야 마땅할 공유지 수익의 규모를 제시하고자 한다. 그러나 기존 예산에 대해 이미 세출 용처가 정해져 있으므로 세출예산을 삭감할 방안을 제시하지 못한다면, 공유수익을 기본소득 등 보편복지의 재원으로 전환하기가 어려울 것이다. 따라서 공유지 수익뿐만 아니라 기존 경기도 세출에서 특권층과 시장강자에게 인클로저되어 온 예산 종류와 규모를 파악하고, 이를 조속히 또는 단계적으로 폐기하는 방안을 제시할 필요가 있다. 이 글은 부동산 불로소득 내지 투기소득 등으로 나타나는 공유지 수익의 사유화에 대한 환수조차 오히려 정부를 통해 특권층과 부자들이 공유지 수익을 재사유화하는 경로에 불과할 수 있다는 문제의식 아래 정부에 의한 공유지 수익 인클로저를 사회성원 모두가 공유하는 기본소득으로 전환시킬 프레임을 제시하고자 한다.

공유지의 지속가능성과 지자체의 공유지

공유지의 개념과 공유지 수익

공유지, 공유자산 등으로 번역되는 광의의 커먼즈the Commons는 공동체 성원들이 평등하게 소유한 자산 또는 수익을 창출하는 재원을 뜻한다(Bollier, 2011, p.28). 이러한 공유자산은 공동체 성원들이 평등하게 나누고 향유하는 자산이라는 점에서 정부에 의해 독점적으로 소유되고 관리되는 국공유지國公有地 등 공공자산과는 전혀 다른 개념이다. 이처럼 차별적인 공유자산과 공공자산에 대한 혼동은 현실사회주의와 기존의 사민주의 국가가 모두를 위한 공동체가 되지 못하고 통치권자나 특권층의 국가로 전락하는 함정이 되어 왔다.

이 공유자산의 소유공동체는 주식회사나 협동조합과도 다르다. 주식회사에서는 소유지분에 따라 소유자들의 의결권 및 소유권/수익권의 크기가 다르고, 협동조합에서는 소유자들의 의결권은 동일하지만, 소유권/수익권은 차별적이다. 이에 반해 공유자산의 소유자들은 동일한 의결권과 소유권/수익권을 갖는다.

이 공유자산의 소유공동체는 자발적 의사와 무관하게 소속된 국가나 지방자치체일 수도 있다. 그리고 원리적으로 인류는 지구 공유자산의 소유공동체이기도 하다. 이러한 지구 공유자산으로는 하늘, 바다(공해), 남극, 대기, 우주 등이 있다. 이들 공유자산 중 하늘, 바다, 대기, 남극은 이미 막대한 수익을 낳고 있으나, 강대국 내지 거대 자본에 의해 인클로저되면서 지구적인 불평등과 지구생태계 파괴의 원천이 되고 있다. 이런 이유로 인류 모두에게 이익이 되고 생태계의 지속성을 향상시키도록 지구차원의 기본소득과 지구공유권이 시급히 법제화 될 필요가 있다.[3]

물론 공유자산의 소유공동체가 사적으로 결성된 공동소유자 개인들의 집단일 수도 있다. 전통적인 총유總有의 공동체가 그것이다. 총유란 개인주의적 공동 소유의 한 형태로서 자산의 관리·처분권은 공동체에 속하고, 그 사용·수익의 권능은 공동체의 각 구성원에 평등하게 속하는 소유 형태를 뜻한다. 전통적인 문중의 자산 등은 이러한 총유의 형태를 띤다고 할 수 있을 것이다. 오늘날에도 이런 총유의 형태는 기하급수적으로 증가할 수 있다. 각종 인터넷 플랫폼에서 생성된 빅데이터에 대해 일정 비율만큼 회원들 내지 이용자들의 공동소유권을 확립하게 된다면, 이 또한 총유의 한 형태라고 할 수 있기 때문이다. 이로부터 생겨나는 수익의 일정 비율을 회원들 간에 동일하게 나누어 갖는다면, 이는 총유 공동체 차원의 기본소득이 될 것이다.

자연적으로 생성된 것이든, 아니면 공동의 조상으로부터 역사적으로 물려받은 것이든, 아니면 오늘날 공동체 성원들의 협력으로 생산된 것이든 공유지 내지 공유자산은 인구의 증가와 도시화, 과학 기술 및 산업의 발전으로 갈수록 사용가치가 증가하면서 공동사용 차원을 넘어서서 막대한 수익의 보고로 진화하고 있다. 따라서 이 공유지 수익을 각 단위 공동체 성원들에게 1/N의 평등한 기본소득으로 배당할 여건도 갈수록 성숙되고 있다.

공유지의 종류와 확장

공유지는 원리적으로 자연의 선물, 역사적으로 전승된 자산, 공동체 성원들의

---

3. 지구공유권의 원리로 벅Buck의 '인류의 공동유산The Common Heritage of Menkind' 원리는 시사하는 바가 크다. 이에 따르면, 심해 해저광물자원과 같은 지구공유지는 지구인 모두의 재산이므로 그 자원의 채굴로부터 나오는 이익은 채굴에 참여했는지와 무관하게 모든 국가의 국민들에게 나누어져야 한다 (곽노완, 2018, p.169에서 재인용).

협력으로 생산된 자산 등 3가지 부류로 구분된다. 자연의 선물로는 숲, 산, 강, 호수, 바다, 대기, 하늘, 지하자원, 동식물 등이 있고, 조상으로부터 전승된 것으로는 문화재, 도로, 광장, 공원, 저수지, 지식, 상하수도, 대중교통시스템, 법, 제도, 공유기업 등이 있으며, 공동체 성원들의 협력으로 생산된 자산으로는 빅데이터, 새 지식 등이 있다.

공동체 성원 모두가 1/N의 권리를 갖는 이런 유무형의 원리적인 공유지는 법적으로는 공공자산으로 분류되어 있거나 공동소유권이 명확히 확립되지 않은 경우가 대부분이며, 아직 공동체 성원 각자 1/N의 사용권과 수익권을 갖는 공동소유자산으로 정해진 경우는 오히려 적은 편이다. 그러나 민주적 주권의 진화와 더불어 공유지는 법적으로나 실효적으로도 급속히 확장되는 추세에 있다. 예를 들어 서울광장은 오세훈 시장의 시절까지는 허가제로 사용할 수 있었으나, 박원순 시장 취임 이후 신고제로 사용하게 되면서 실효적으로 공유지가 되었다. 물론 법적으로 서울광장은 아직까지 서울시의 공공소유지로 머물러 있다. 그러나 공공자산을 법적으로까지 공동체 성원 모두의 공유지로 전환하는 것은 민주적인 주권의 진화와 더불어 급속히 진행될 것으로 전망된다.

신자유주의와 더불어 한때 생물학자 하딘Hardin의 '공유지의 비극The tragedy of the Commons' 테제로 인해 공유지는 원리적으로 실패할 수밖에 없는 소유형태로 낙인찍는 게 대세였던 시기가 있었다. 이러한 낙인에 대해서는 다양한 비판이 있다. 로즈Rose는 '공유지의 희극The Comedy of the Commons'(1986)이라는 논문을 통해 광장 등의 공유지는 보다 많은 사람들이 이용할수록 높은 가치를 갖는다며 공유지가 희극이 되는 경우도 많다는 점을 입증했다. 또한 노벨경제학상을 받은 오스트롬Ostrom은 공유지가 역사적으로 지속적으로 잘 유지되어 온 사례를 밝혀 공유지의 지속가능성을 입증하였다.

그런데 하비Harvey가 지적한 대로, 공유지의 확장이 경우에 따라 부의 양극화를 초래하기도 한다. 특히 건조환경built environment과 같은 도시 공유지의 확장과 건설은 부동산 가격을 상승시켜 도시공유지의 인클로저(사적인 수탈)를 낳는다는 것이다(하비, 2012). 곽노완은 이처럼 공유지가 확대될수록 부동산 소유자들에게 이익이 독점되는 현상을 '공유지의 역설'이라고 명명하였다(곽노완, 2017, p.206). 그렇다고 해서 이러한 '공유지의 역설'을 이유로 건조환경의 개발과 건설을 제한하는 것은 구더기 무서워 장 못 담그는 격이다. 특히 우리나라처럼 급속한 경제발전과 도시화가 이루어진 나라에서 토건주의에 반대하며 '보존'을 우선하는 전통적 진보의 프레임은 시대착오적이라 할 수 있다. 1인당 GDP 3만 달러 시대의 한국인들에게 40~50년 전 1천 달러 시대의 좁은 골목길 동네에서 살라고 강요하는 것은 심각한 문제를 낳는다. 승용차나 오토바이가 거의 없던 40~50년 전의 골목길은 동네 사람들의 공유지였다. 공원이 거의 없던 시절에 골목길은 동네 사람들의 교류와 소통 공간이었고, 아이들에겐 다방구, 술래잡기, 고무줄놀이, 자 치기 등을 하는 놀이터였다. 그러나 오늘날 우리나라 도시의 골목길은 넘쳐나는 자동차와 오토바이로 교통사고의 위험이 매우 높은 공간으로 전환되었다. 승용차나 오토바이의 소유자들에게는 주차공간이 부족하여 짜증나는 공간이며, 어르신들이나 아이들에겐 피해야 할 위험공간으로 전락한 것이다. 그러나 이런 골목길 동네에 도시재생이라는 이름으로 중앙정부와 지자체가 건별로 수백억 원의 예산을 지출하는 것은 모두의 자산(예산)을 상대적으로 부유한 동네 건물주와 부동산 소유주에게 무상 공여하는 셈으로 불공정하고 부정의한 것이다. 더구나 이 과정에서 정책을 담당하는 각급 정부 관료와 의원 등 특권층의 비리와 부패는 만발할 수밖에 없다. 고급정보에 앞선 그들이 친인척을 동원하여 부동산 투기에 나서기 십상이며, 심지어 자기 가족 소유지를 도시재생지역으로 선정하거나 압력을 행사하기도 한다. 이는 모두의 자산을 가로채서 부동산 소유주와 특권층의 자산을 늘려주는 전형적인 '공유지의 역설'의 사례이다. 공유의 권리가 아니라 공공의 권리가 커지는 전통적인 공공성 프레임은 필연적으로 이런 역설에 빠질 수밖에 없다.

도시화와 '플랫폼 자본주의'[4] 시대에 '공유지의 역설'을 '공유지의 희극'으로 전환시키기 위해서는 공유지에서 생겨나는 이익을 특권층이나 부동산 소유주, 플랫폼기업 등이 독점하는 구조를 재편성하여 공유지 수익의 일정비율을 모든 성원들이 1/N로 공유하도록 할 필요가 있다. 도시 재개발이나 재건축을 통해 막대한 개발이익이 부동산소유주 등 중상층부터 재벌에게 인클로저되는 것을 막고자 정부 주도의 소규모 도시재생이 평등과 진보의 이름으로 실행되고 있으나, 앞에서 보았듯이, 이는 오히려 정부가 모두의 자산을 가로채 임의로 맘에 드는 중상층과 특권층에게 갖다 준다는 점에서 대규모 도시재개발보다 더 부정의한 정책일 수 있다. 오히려 우리나라 실정에 맞지 않는 정책에 부정의하기까지 한 도시재생 우선 정책보다는 도시재개발을 허용하되 막대한 이익 중 상당 비율을 모든 성원 및 도시의 약자들에게 돌아가도록 새로운 정책프레임을 제시하는 것이 필요하다고 할 수 있다.

중국 충칭시의 '지표거래제'는 이처럼 도시개발이익이 널리 공유되는 가능성을 보여준다. 충칭시에서는 농촌지역에 빈집을 허물어서 농지로 전환하면 건축가능한 면적(지표)에 여분이 생기는데, 농촌공동체는 이를 도시지역에 매각할 수 있다. 도시지역의 건축업자는 농촌지역의 지표를 매입하여 더 많은 주택과 건물을 지을 수 있다. 이처럼 지표거래를 통해 도시지역의 개발이익이 농촌지역과 공유되는 시스템이 '지표거래제'이다(추이지위안, 2014, pp.129-142). 그러나 이 개발이익 공유 모델은 특정 부동산의 소유자나 사용권자 집단 사이에서만 제한적으로 적용되는 방식이다. 이 지표거래액을 충칭시 거주자 모두가 기본소득으로 공유한다면, 개발

---

4. 이광석은 '플랫폼 자본주의'를 앞에서는 네트워크 인프라를 통해 둘 이상의 서로 다른 개인을 다면적으로 상호 중개해 이들의 성취욕을 후견하면서, 동시에 뒤에서는 이용자들의 활동과 물질·비물질 자원을 흡수해 데이터 알고리즘 작업을 거쳐 이를 자본가치화하는 신종 '거간꾼' 시장모델로 정의하고 있다(이광석, 2017, p.23). '플랫폼 자본주의'는 회원들이 함께 만드는 공유지의 수익을 가로채는 자본으로 대표되는 시대이기도 하다. 이러한 플랫폼 자본은 소비자를 자발적인 이용자, 적극적인 생산자이기도 한 프로슈머Prosumer로 만들면서 그들이 만드는 빅데이터와 네트워크 효과를 독점한다. 광장과 공원, 기차역은 이미 오래전부터 플랫폼 역할을 했다. 그곳에 인접한 상가의 소유주는 오늘날 인터넷 플랫폼 벡터기업처럼 공유지에서 만들어지는 수익을 가로챘고, 권력층은 그러한 공유지를 자신의 소유지 인근에 새로 건설할 수 있는 특권을 이용해 그 수익을 가로챘다. 이런 점에서 시장을 규제하고 정부의 역할을 확대하는 것은 공유지 인클로저의 특권을 자본가에서 특권층으로 교체하는 데 불과할 뿐이다. 공유共有는 특권층이 가로챘던 공유지의 수익을 되찾아서 공동체 성원들 모두가 평등한 수익을 향유하는 것이라고 할 수 있다. 이처럼 공유는 시장과 정부의 이분법을 넘어서는 새로운 프레임이라 할 수 있다. 그리고 기본소득은 공유의 프레임에서 새로운 민주공동체를 만드는 기획이다.

이익 공유가 보다 일반적인 형태로 확장될 것이다.

공동체와 공유지의 확장

공동체는 공유지를 갖는 성원들로 이루어진 집단이라 할 수 있다. 그런데 대체로 공동체를 마을공동체와 같은 소규모 공동체 또는 자발적인 결사체만으로 축소하여 이해하는 경향이 있다. 그러나 이러한 협소한 공동체 개념은 더 이상 유효하지 않다. 정보통신기술의 발전은 공유지의 종류와 범위를 비약적으로 확장시키고 있으며, 이에 따라 공동체도 다채롭고 더 큰 규모로 진화하고 있다. 경기도와 같은 광역지자체도 이미 광역차원에서 다양한 공유지를 갖는 공동체라고 보아야 한다. 물론 경기도 안에 또는 경기도와 겹쳐서 다양한 공동체들이 있다. 따라서 공유지와 공동체의 종류와 규모가 겹치고 확장되면서 다양한 범위의 기본소득이 있을 수밖에 없다. 예를 들면 전국차원의 기본소득과 지자체 차원의 기본소득이 함께 있을 수 있는 것이며, 지구차원의 기본소득, 기초지자체 차원의 기본소득, 그리고 플랫폼 회원차원의 기본소득도 가능하다. 이렇게 볼 때 호혜성이 공동체의 활성화에 큰 역할을 하는 것은 맞지만, 공동체의 호혜성은 상응하는 대가를 필수적으로 요청하는 수준의 강한 호혜성이 아니라 1:1이 아니더라도 성원들 사이에 직간접적으로 도움을 주고받는 정도의 약한 호혜성이면 충분하다고 볼 수 있다.

오스트롬의 공유지의 지속가능성에 대한 연구는 15,000명 이하의 소규모 공동체의 공유지만을 분석한 것이었다. 이 범위를 넘는 대규모 공동체의 공유지와 공유경제도 지속가능하며, 플랫폼 자본주의와 4차 산업혁명의 진전으로 오히려 시장이나 정부부문보다 더 급속도로 확장되고 있다. 특히 한 공동체에서 공유지의 성공사례는 정보통신의 발달로 다른 공동체로 실시간으로 전이되고 있다. 물론 '티보 가설Tiebout hypothesis'의 함정[5]을 극복하려면, 공유지와 공동체의 범위를 적은 범위보다 가능한 한 큰 규모로 확장할 필요가 있을 것이다.

지자체의 공유지와 기본소득

지자체 기본소득의 정당화

기본소득은 기존의 복지프레임과 달리 시혜가 아니라 정부의 특권층과 시장강자들에게 직간접적으로 빼앗겨 왔던 공유지의 수익을 되찾아 이를 공동체 성원들 간에 평등하게 공유하는 것으로서 권리에 속한다. 이러한 기본소득은 실질적인 기회평등의 기초가 될 수 있다. 공유지 수익이 당장 적다면, 일시적으로 세수로 기본소득의 재원을 충당할 수도 있으나, 그럴 경우라도 점차적으로 공유지 수익을 발굴하거나 창안하고 확대함으로써 세수부분을 대체해 가야 정당성을 유지할 수 있을 것이다. 알래스카 영구배당처럼 공유지 수익은 애초에 사유화되지 않은 형태일 수도 있지만, 정부(의 특권층)나 부동산재벌, 대기업 등에 의해 사유화되어 있기도 하다. 전자의 공유지 수익은 기본소득으로 분배해도 저항이 거의 없을 것이나, 이미 사유화되고 있는 후자의 공유지 수익을 기본소득으로 전환하기 위해서는 공동체 성원들의 합의 수준에 따라 단계적으로 환수 비율을 높여가야 하며 이 과정에서 기득권층의 반발이 있을 것이다. 그럼에도 불구하고 후자의 경우조차 추가적으로 소득세를 인상하는 것에 비해 반발이 크게 약할 수밖에 없다. 왜냐하면 공유지 수익의 부당한 사유화를 모든 공동체 성원의 기본소득으로 전환하는 것에 대해서는 대다수 공동체 성원이 정당하다고 인정할 수밖에 없을 것이며, 또한 기본소득을 통해 이익을 보는 성원들의 비중이 압도적으로 많아서 정치적으로 실현 가능성과 지속 가능성이 크기 때문이다. 이에 비해 A층의 소득을 뺏어서 ~A층의 소득을 높여주는 증세형 기본소득 모델은 정당성의 차원에서도

---

5. 티보는 다극적인 대도시 모델을 제시했는데, 이 대도시의 각 자치구는 지역특성에 맞게 지방세를 부과하고 공공서비스를 제공한다. 이런 상황에서 티보는 주민들이 이사를 통해 자신들이 선호하는 지방세와 공공서비스를 선택한다는 가설을 제시했다. 그러나 하비Harvey가 비판한 대로, 부자들은 원하는 대로 이사를 할 여력이 있지만 가난한 사람은 주거선택권이 제약되어 있다. 결국 티보 가설을 따라 하면 대도시는 공공서비스가 좋은 부자들의 자치구와 공공서비스가 빈약한 가난한 사람들의 자치구로 양극화되는 함정에 빠진다(하비, 2014, p.151).

정치적인 차원에서도 더욱 거센 반발을 초래할 수밖에 없기에 실현된다고 하더라도 지속성이 위태로울 수 있다.

이러한 지자체 단위의 기본소득에서도 공유지 수익 분배형 기본소득 모델은 더 정당성을 갖지만, 특히 우리나라의 지자체에서 증세 모델에 비해 공유지 수익 분배형 기본소득 모델은 실행가능성이 월등히 크다. 왜냐하면 우리나라에서 지방세 증세는 국회나 중앙정부의 결정사항이라 지자체 자력으로 증세가 원천적으로 불가능하기 때문이다. 이에 비해 지자체에서도 공유지와 그 수익을 발굴하거나 창출하는 것은 가능하고, 지자체의 기존 세입 중 공유지 수익을 기본소득으로 전환하는 것도 지자체의 결정사항이다. 우리나라에서 지자체별로 거주자들은 재개발과 건조환경, 건설로 인한 부동산 가치 상승에 대한 공유권, 공유지 임대수익 등 공유지 수익에 대한 공유권, 미세먼지와 같은 공유지 훼손에 대한 수선적 보상의 권리 등을 갖는다고 할 수 있다.

지자체 기본소득과 공유지 수익의 종류

더 구체적으로 지자체 단위의 공유지 수익은 개발이익 환수, 토지세, 취득세, 용적률 상향의 대가로 사적 소유자가 제공하는 공공기여금(예: 서울 강남구 삼성동 GBC 용적률 및 용도 상향에 대한 현대차그룹의 공공기여금 1조 7,400억 원), 재산세의 일정 비율, 지자체 소유지의 임대 및 매각 수익, 도로세, 환경세, 지자체 공기업의 순이익 등을 들 수 있다. 이러한 지자체 공유지 수익은 원리적으로 모든 지자체 구성원들에게 현물과 현금으로 배당되어야 마땅하며, 따라서 지자체 차원의 현금 기본소득과 현물 형태의 보편복지의 재원으로 사용되어야 한다. 지자체의 현금 기본소득은 경기도 청년기본소득처럼 지역화폐로 지급되면, 서울 등 타지역으로 유출되지 않고 지역경제 활성화에도 크게 기여할 수 있다. 그리고 지자체의 현물 보편복지로는 중고생 교복지원, 광장, 공원, 박물관, 대중교통보조금, 무상급식, 와이파이, 맑은 공기 등을 들 수 있을 것이다.

공유지 수익을 통한 기본소득 모델 사례

세계의 60개 국가나 주에서 국부펀드를 갖고 있다(Cummine, 2012, p.33). 또한 플로멘호프트Flomenhoft가 밝힌 대로, 아부다비, 사우디아라비아, 노르웨이, 알버타, 알래스카처럼 석유에 기반 한 국부펀드가 전형적이지만, 이 외에도 구리(칠레), 다이아몬드(보츠와나), 인산염(키리바티) 등에 기반한 국부펀드도 있다. 미국에서 뉴멕시코 주는 무상토지 영구기금(지하자원 및 지상토지), 주외 소비세 영구기금, 담배해결 영구기금Tobacco Settlement Permanent Fund 등 세 가지 국부펀드를 갖고 있다. 그리고 와이오밍 주는 석탄, 석유, 천연가스, 석유셰일, 기타 지하자원으로 구성된 하나의 국부펀드를 갖고 있으며, 텍사스는 석유, 가스, 공공지하자원에 대한 로열티와 지대에 기초한 하나의 국부펀드를 갖고 있다. 그 중에서 거주자에게 국부펀드의 배당금 내지 기본소득을 지급하는 곳은 알래스카뿐이다(Flomenhoft, 2012, p.85).

알래스카를 제외하고는 공유지 수익을 국부펀드로 법제화한 나라들조차 국부펀드 배당이나 기본소득을 지급하지 않는 이유로는, 커민Cummine이 제시한 대로, 기본소득을 소비로 간주하며 소비 대신 투자를 중시하는 반소비적 반론Anticonsumption objection, 주당 수익 감소론Diluted Returns objection, 저축 필요성에 따른 반론Savings objection, 기술적 우려에 따른 반론Technical Concerns objection 등이 있다(Cummine, 2012, pp.35-46).

반소비 경향은 석유 등 자원의존성이 크고 인구가 적어서 경제적 다양성이 제한된 노르웨이, 아제르바이잔, 쿠웨이트, 오만, 아랍에미리트, 카타르 등에서 나타난다(Cummine, 2012, p.35). 이들 국가들은 당장은 부유하지만, 자원의 한정성을 인식하고 그 수익을 보존하고 지속하려는 경향이 강하다. 그러나 이처럼 국부펀드 배당이나 기본소득을 소비로 보는 관점은 착종된 것이라 할 수 있다. 국부펀드 배당 중 일부는 개인들의 투자로 이어질 수도 있고, 국부펀드에 들어가 있는 돈도 일부는 정부에 의해 소비될 수 있다. 차이는 투자와 소비의 선택권을 개인이 갖는가 아니면 정부가 갖는가의 차이뿐이다(Cummine, 2012, p.37).

주당 수익 감소론은 잠재적인 전환증권들이 실제로 주식으로 전환되었을 경우 총이익이 변하지 않는 한 주당 이익이 감소한다는 주장이다. 이는 지극히 당연한 말이다. 마찬가지로 국부가 국민 개개인에게 배당되지 않고 국부펀드 안에 축적되며, 국민을 대표하는 정부가 이 국부펀드의 유일한 주주라면 주(株)당 수익은 클 수밖에 없다는 게 주당 수익 감소론에 따른 반론이다. 그러나 커민의 지적대로, 이러한 비유는 적절하지 않다. 국부펀드 수익의 배당이 새로운 지분을 만들어내지는 않으며, 배당은 매년 순이익에 대한 각 개인들의 지분가치에 비례할 뿐이다. 곧 국부펀드 수익배당이 전환증권처럼 새로운 지분을 만드는 건 아니라는 것이다. 더욱이 위의 반론이 우려하는 바와 달리, 배당방식이 국부펀드의 총자산에 대한 각 개인의 지분을 지급하는 것이 아니다. 알래스카에서처럼 자원 수익의 상당 부분은 재투자를 위해 축적되며, 순이익의 일부만이 각 개인에게 배당되기에 주당 수익 감소론에 따른 반론은 타당하지 않다(Cummine, 2012, p.40).

저축 필요성에 따른 반론은 국부펀드가 개개인이 아니라 집단으로서의 국민 전체를 위한 저축장치라는 것이다. 이는 다수 국부펀드의 창립 문헌에 명시적으로 반영되어 있다. 곧 국민저축으로서 국부펀드의 사용처는 장기적인 공동체 부채에 대처하는 저축으로 한정되어야 한다는 것이다. 예를 들어 오스트레일리아의 '미래 펀드Future Fund'는 2020년 이후 감소될 공무원연금의 재원을 충당하기 위해 설립되었다. 그런데, 커민에 따르면, 실제 국부펀드는 소비될 수도 있고 저축될 수도 있다. 비록 저축목적이 배당 분배를 제약하기는 해도 완전히 가로막지는 않는다. 예를 들면 알래스카 영구기금은 알래스카의 일시적인 자원선물을 영구화하기 위해 만들어졌지만, 설립 이후 펀드 수익의 50.7%를 배당으로 지급하고, 49.3%를 미래 세대를 위해 저축하였는데도 1977년 734,000 달러에서 2010년 370억 달러로 급성장하였다(Cummine, 2012, p.42).[6]

기술적 우려에 따른 반론은 비록 국부펀드가 저축할 수도 있고 소비할 수도 있다는 걸 인정한다. 그러나 유명한 국부펀드 분석가 로자노프Rozanov의 주장대로,

펀드수익을 국민들에게 개별적으로 배당하면, 국부펀드의 저축과 관리를 통한 '반네덜란드병anti Dutch Disease 효과'[7]를 상쇄하게 될 수도 있다는 우려가 이 반론의 핵심이다. 그러나 이는 펀드수익의 국민배당에 대한 전면적인 반대라기보다는 경기순환을 감안하여 배당이 이루어져야 한다는 부분적인 반론이라 할 수 있다.

이처럼 국부펀드 수익의 배당에 대한 반론들은 대체로 알래스카 영구기금의 성공적인 수익배당 모델 앞에 설득력을 잃게 된다. 그런데 국부펀드 수익배당이 알래스카처럼 천연자연이 있어야만 가능한 것도 아니다. 플로멘호프트는 천연자원 외에도 경제적 지대(수익)를 낳는 다양한 공유지 수익이 중앙정부든 아니면 지자체정부든 기존 정부예산이나 대안적인 정부예산에 산입될 수 있음을 제시하고 있다. 이는 공유지 수익을 통한 기본소득을 실현하기 위해 우리나라의 중앙정부와 지자체 예산을 어떻게 재편성해야 하는가에 대해 중요한 시사점을 제공하고 있다. 이하에서 플로멘호프트가 제시한 공유지 수익 산정 및 정부예산 재편성의 사례를 살펴보자.

오스트레일리아 공유지 수익을 통한 기본소득 모델

플로멘호프트Flomenhoft는 표 20-1과 같이 2016년 오스트레일리아 공유지의 지대 수익을 평가하였고, 여기서 기존 세수를 차감하여 기본소득의 재원으로 1인당 12,027 오스트레일리아 달러의 추가적인 공유지 수익이 가능하다고 제시하였다(Flomenhoft, 2016, p.92-93). 여기서 토지세가 5.5~6.5%로 막대하게 계상되어 있으며, 자원세가 계상된 점이 특이하다. 그리고 기업 매출액의 2%를 공유지(증권시장기구 등)의 사용료로 부과하자는 제안이 특징적이다.

---

6. 2019년 9월 현재 알래스카 영구기금의 자산 가치는 원천자산 479억 달러, 수익적립금 162억 달러로 총 641억 달러를 상회한다(https://apfc.org/)(rjatordlfwk: 검색일자 2019.11.1). 2019년 현재 알래스카 주의 인구가 약 71만 명이므로(https://en.wikipedia.org/wiki/Alaska)(검색일자: 2019.11.1), 1인 당 국부펀드 지분은 약 9만 달러에 이른다.
7. 네덜란드병은 자원의 저주라고도 불리는데, 자원 덕택에 경제적으로 급성장한 국가가 환율상승으로 제조업 경쟁력을 잃고 경제적으로 위기에 빠진다는 현상을 가리킨다(Cummine, 2012, p.43).

목록	평가액 (백만달러)	평가액 대비 세율	지대세입 (백만달러)	기존세입 (백만달러)	세입순증가분 (백만달러)
토지	3,684,700	5.5%(비상업지) ~ 6.5%(상업지)	206,011	92,118	113,894
지하자원영업이익	102,263	40%	40,905	1,500	39,405
자원관리시스템	10,560	20%	2,122	133	1,989
공개주식가치증가	1,382,000	2%	27,640	0	27,640
물 사용권	50,000	2.6%	1,300		1,300
수도/전기/항구/ 철도 독점지대	220,000	10%	22,000	3,200	18,800
공항	1,919	40%	765	0	765
택시 면허	25,000	14,402	360	7.4	352.6
어업 면허	2,100	40%	840	13.8	826.2
숲	1,800	2.7%	50	1.3	48.7
도박 면허	18,450	40%	7,380	5,100	2,280
대중교통시설지대			2,400	74	2,326
도메인명의등록	100달러	3백만 도메인	300	0	300
특허권	12,980	0.005%	65	0	65
인공위성궤도권	5,100	10%	510	0	510
인터넷인프라사용	64,500	10%	6,450	0	6,450
은행면허료	43,427	40%	17,371	0	17,371
주차료			250	250	0
양조면허			4,000	4,000	0
차량등록/운전면허			5,294	5,294	0
담배세/주세			12,510	12,510	0
탄소세	54,930		54,930	0	54,930
세외수입	20,323	50%	10,162	10,162	0
총계					289,252
인구(백만)					24.05
1인당 기본소득($)					12,027

표 20-1 오스트레일리아의 경제적 지대 및 기존 세입

자료 : Flomenhoft(2017, pp.96-97). 단, 수치 오류는 수정하였으며, 이해를 위해 복잡한 수치는 단순화하였음.

표 20-1은 인상 후 경제적 지대세입에서 기존 세입을 차감한 세입 순증가분이 1인당 연 12,027달러의 기본소득의 재원이 된다는 점을 보여준다. 여기에서 가장 큰 비중을 이루는 토지가격에 대한 지대율 5.5%(비상업용), 6.5%(상업용)는 1989년부터 2014년까지의 장기 평균 지가상승률 7.72%에 다소 밑도는 수치로 계상된 것이다(Flomenhoft, 2017, p.85). 그리고 지하자원 지대세입은 지하자원 연간 영업

이익에 40%를 곱한 수치이다. 그리고 표 20-1은 기존의 세입규모는 대체로 적절하게 세출을 위한 재원이 된다고 간주하여 수정할 필요가 없다고 가정하고, 기본소득을 위한 세입순증가분을 산출하였다. 이는 공유지 수익으로 간주되는 세입항목의 신설 및 대폭적인 기존 공유지 세입인상을 통합하여 산출된 것이라 할 수 있다. 새로운 공유지 수익을 세입으로 환수하는 항목으로는 증권시장이라는 공유지를 통해 발생한 기업가치증가(지대), 도메인명의 등록료, 특허권, 인공위성 궤도권, 인터넷인프라 사용료, 화폐창출지대 등에 대한 은행면허료, 탄소세 등이 있다.

미국 버몬트 주 공유지 수익에 기초한 기본소득 모델

미국의 버몬트 주는 특히 수익성 있는 지하자원이 빈약한 주라고 할 수 있다. 그럼에도 불구하고 플로멘호프트는 버몬트 주 공유지의 경제적 지대가 다양하게 존재한다고 보고, 이를 수치화하여 제시하고 있다. 그리고 버몬트 주 외에도 모든 주나 나라들이 기본소득을 위해 사용가능한 자연자원이나 사회적 공유지가 있다고 주장한다. 문제는 이런 공유지가 정부에 의해 사적인 기업들에게 제공되고 기업들은 다시금 이러한 공유지를 공공에게 판매하면서 자기네들의 노력으로 부가한 가치만이 아니라 정부에 의해 제공된 자산의 경제적 지대까지 독차지하게 된다는 것이다. 그는 이처럼 기존에 기업이 독차지하는 공유지의 경제적 지대가 잠재적인 기본소득의 재원이라고 주장한다. 특히 지하자원이 적은 버몬트 주에도 공유지의 경제적 지대가 얼마나 많은지를 보여주고자 한다(Flomenhoft, 2012, pp.85-86).

플로멘호프트에 따르면, 버몬트 주의 지하자원은 빈약하지만, 대신 토지가격이 높고 전파와 금융시스템에서 많은 공유지 수익(지대)이 생겨날 수 있다. 버몬트 주처럼 지하자원이 적은 나라들도 각자의 공유지 수익을 발굴하면 나름대로 기본소득의 재원을 확보할 수 있으리라는 게 플로멘호프트의 주장이다. 여기서 특징적인 요소는 높은 토지가격의 공유지적 요소를 강조하고, 금융시스템과 같은 인공적인 공유지를 부각하였다는 점이다(표 20-2 참조).

그는 토지의 가치가 인구 및 지자체의 서비스 등에 의해 사회적으로 창출된 자

자산	지대가치 (백만불)	현행세입 (백만불)	추가세입 (백만불)		설명
공기	27.9	1.96	저	25.9	$3.07/ton CO2
			고	2,724.0	$300/ton CO2
야생생물/수산물	25.1	14.7	저	10.4	새로운 희소성 지대
			고	25.1	세금 + 새로운 수익
숲	30.2	27	저	3.2	10% 고갈 요금
			고	30.2	세금 + 새로운 수익
지하수	107.9	0	저	107.9	생수업체에 대한 로열티
			고	121.4	로열티 + 지하수 요금
지표수	31.2	0	저	31.2	사용료
			고	31.2	사용료
지하자원	9.7	3.7	저	6.0	주외 소비세
			고	16.2	세금 + 새로운 수익
토지가격	1,070.8	741	저	329.8	5% 토지세
			고	2,143.0	10% 토지세
바람	5.4	0.74	저	4.7	누진 이익세
			고	172.5	가산제 누진 이익세
인터넷 및 웹	30.0	0	저	30.0	ISP와 웹 도메인 지대
			고	30.0	지대 평가액
방송대역	375.0	0	저	375.0	사용료
			고	375.00	사용료
금융시스템	269.0	0	저	269.0	0.25% 투기세(Baker 2000)
			고	743.0	2009 Baker study
통화시스템	35.7	0	저	35.7	2004년 대출액의 1%
			고	35.7	2004년 대출액의 1%
총계 (million US $)	2,017.9	789.1	저	1,228.8	
			고	6,447.3	
1인당 배당(US $)			저	1,972	
			고	10,348	
2005년 버몬트 인구		623,050명			

표 20-2 버몬트 주 배당 평가액

자료 : Flomenhoft(2012, p.105).

산이라고 본다. 따라서 토지 지대를 환수하는 것은 정당하며 토지의 사적 소유권을 침해하지 않는다는 견해를 제시한다(Flomenhoft, 2012, p.101).

또한 금융시장과 이를 모니터링하는 감독 기관은 금융거래를 가능케 하는 사회적 자산이라고 본다. 그리고 바네스Barnes에 따라 상장회사 가치의 30%는 금융거래소 덕분이라고 주장한다. 그래서 그는 이러한 가치상승에 대해 공동체 성원들은 지분을 가질 자격이 있다고 본다. 그리고 베이커Baker를 차용하여 모든 금융거래에 대해 0.25%를 과세하여 공동체 성원에게 배당하면, 이러한 지분에 합당한 것으로 간주한다(Flomenhoft, 2012, p.103).

이러한 버몬트 주의 공유자산 수익 및 기본소득 재원의 가능성에 대한 분석은 우리나라처럼 지하자원이 적은 나라에 많은 시사점을 준다. 플로멘호프트처럼 자연 공유지만이 아니라 사회적 공유지의 지대를 발굴하고 환수하면 우리나라도 기본소득의 재원 상당부분을 충당할 수 있을 것이다.

2019년 정부예산에서 기본소득으로 전환 가능한 공유지 세입 규모

우리나라에서 공유지 수익을 발굴하여 공유지 세입을 확대하는 것은 대체로 중앙정부에서만 가능하다. 그마저도 시행령과 조례 수준을 넘어서는 결정은 법 개정이나 제정을 통해야만 가능하기에 국회에서 법제화되어야만 가능하다. 따라서 지자체에서 공유지 세입을 적극적으로 확대하는 것은 중장기 과제라고 할 수 있다. 앞 절에서 검토한 플로멘호프트의 제안은 우리나라에서 기본소득을 위한 공유지 세입을 확대하기 위해 중요한 참고자료가 될 것이다.

그런데 우리나라 각급 정부는 이미 상당 규모의 공유지 세입을 갖고 있으며, 중앙정부의 의지가 있거나 지자체 차원에서 정부와 의회가 합의한다면, 이 공유지 세입을 기본소득이나 현물 보편복지로 단기간에 전환할 수 있다. 그런데도 각급 정부는 이 공유지 세입 중 압도적인 부분을 다른 곳에 사용하거나 심지어 부자들과 특권층 및 기업을 위해 사용하여 왔다. 이는 1차적으로 정부에 의한 공유지 인클로저라고 할 수 있다. 그리고 이 공유지 세입의 예산지출로부터 막대한 특혜를 향유한 부자와 특권층, 기업은 2차로 공유지 인클로저를 행한 것이다.

기존 공유자산 세입을 기본소득으로 전환하는 것은 당해지역 거주자들이 공동

구분	세목	2019년	2020년
총세입(총수입-기금수입)		3,997,691	4,244,731
일반회계 세입(총세입-특별회계세입)		3,317,770	3,565,140
국세	양도소득세[1]	180,227	180,227
	증권거래세	45,339	43,848
	교통 · 에너지 · 환경세	147,766	157,273
	종합부동산세	28,494	33,210
세외수입	재산출자수입	6,973	8,222
	기타이자수입및재산수입	21,134	29,747
	재고자산및유가증권매각대 (기획재정부관할)	278	344
	수입채권발행 (공공자금관리기금예수금)	338,149	602,200
총계		768,360	1,055,071

표 20-3 2019년/2020년 중앙정부 공유자산 세입(일반회계)　　　자료 : 대한민국국회(2018),

주 1) 2019년 예산서와 2020년 예산안에 소득세가 총괄적으로만 제시되고, 양도소득세는 별도로 제시되지 않아서, 양도소득세의 경우 국세청의 2018년 징수액 통계로 갈음하였음. (https://stats.nts.go.kr/national/sub_detail.asp). 이는 실제 2019년/2010년 예산과는 다소 차이가 있음.

체의 공유인으로 진화하는 과정이기도 하다. 이처럼 거주자들이 공유인으로 진화하는 과정은 민주정부에 의해 하향식으로 진행될 수도 있고, 유권자 및 거주자들의 아래로부터의 운동으로 진행될 수도 있다. 여하튼 기존 공유자산 세입을 기본소득과 보편복지로 전환하는 것은 정부 특권층에게 빼앗겼던 공유자산 수익을 다시 공동체 성원 각자의 것으로 되찾는 과정이다. 아래에서는 기본소득의 재원으로 단기적으로 전환가능한 공유자산 세입을 제시해 보고자 한다.

중앙정부의 공유지 세입

정부총수입 중에서 중앙정부가 임의로 사용할 수 없는 75여 조원의 기금수입을 제외한 것이 총세입이다. 이 중에서 사용처가 미리 확정되어있는 특별회계를 제외한 일반회계 세입 중에서 공유자산 수익으로 간주할 수 있는 예산을 정리한 것이 표 20-3의 내용이다.

양도소득세는 소득세의 일부로 크게 부동산 양도소득세와 증권 양도소득세로 구성된다. 2018년도부터 부동산 가격이 크게 상승하여 부동산 양도소득세가 예상보다 많이 걷혔다. 이러한 부동산 양도소득과 증권 양도소득의 상당부분은 자산소유주의 노력보다는 사회간접자본투자 및 거시경제발전에 따른 사회적 수익, 곧 공유자산 수익이라고 볼 수 있고, 여기에 대해 일정한 비율의 조세를 부과한 것이 양도소득세라고 할 수 있다. 따라서 양도소득세는 전액 공유자산 세입으로 간주할 수 있을 것이다.

플로멘호프트의 주장대로, 사회적으로 창출된 금융시스템을 통해 증권 등이 안전하게 거래되면서 증권시장에서 추가적인 이익이 창출된다. 따라서 공동체 성원들은 이 추가적인 이익에 대해 일정한 지분을 갖는 것이 정당하다고 할 수 있다(Flomenhoft, 2012, pp.102-103). 증권거래세는 이러한 추가적인 이익에 대한 지분을 제도화한 것으로 볼 수 있다. 그러므로 전액 공유자산 세입이라 할 수 있다.

온실효과를 낳는 탄소배출에 대한 탄소세 부과는 오래전부터 기본소득의 재원으로 추천되어왔다. 탄소배출이 지구적 차원의 공유지인 대기를 손상시키면서 막대한 부의 외부효과를 낳기 때문이다(Van Parijs & Vanderborght, 2017, p.150). 게다가 자동차는 탄소배출만이 아니라 타이어 마모를 통해 우리나라에서 심각한 미세먼지의 주요 원인 중 하나가 되고 있다. 그러므로 교통·에너지·환경세는 전액 공유자산 훼손에 대한 손실보상으로서 공유자산 수익이라 할 수 있으며, 기본소득+환경오염 방지를 위해 사용되는 것이 타당하다.

그리고 종합부동산세는 부동산 양도소득세와 마찬가지로 공동체의 자본이 투자되는 개발사업 덕분에 지속적으로 특정 지가가 초과 상승하는 데 대한 과세로서 공동체 성원들에게 기본소득으로 공유될 필요가 있다.

또한 원리적인 공유자산의 임대나 매각, 출자를 통한 수익들은 모두 기본소득의 재원으로 전환될 필요가 있다. 또한 후세대의 공유자산을 앞당겨 사용하는 국채는 대체로 지금까지 기업이나 특권층을 위해 정부가 재량권을 갖고 지원하기 위한 용도로 발행되었으나, 이 또한 기본소득 내지 현물 보편복지로 모두에게 배당될 필요가 있다.

　이상의 공유자산 세입을 감안할 때, 2019년 기준 중앙정부예산 중 76조 8천억 원 중에서 기존에 보편복지에 사용되는 예산을 제외하고는 압도적인 부분이 정부에 의해 인클로저되어 왔고, 또 이 중 상당수는 2차로 부자와 특권층, 기업에 의해 인클로저되어 왔다고 할 수 있다. 이러한 공유자산 세입은 향후 기본소득과 현물 보편복지의 재원으로 단계적으로 전환되어야 마땅할 것이다.

경기도의 공유지 세입과 기본소득 추가 재원

　경기도의 2019년 취득세는 총세수 11조 6천억 원의 58% 이상인 6조 7,958억 원에 달한다. 이 취득세는 부동산, 자동차, 어업권, 골프회원권 등의 자산을 취득할 때 부과하는 조세인데, 이 중에서 부동산 취득세가 압도적인 비중을 차지한다. 다른 자산을 취득할 때는 이 취득세가 공유자산 세입이라고 보기 어렵지만, 부동산/어업권 등의 취득 시에는 공유자산 세입으로 볼 수 있다. 어업권은 공유지인 바다의 수산물을 배타적으로 독점할 권한이므로 어업권의 취득세에 대해 바다의 수산물을 양보한 공동체 성원들이 어업 수익에 대해 일정비율의 배당을 요구하는 것은 당연하다. 그리고 부동산 취득의 경우 토지만이 아니라 사회에서 정한 용도/층고/용적률을 함께 취득한다. 그런데 이러한 용도, 층고, 용적률은 원래 공유지 일부분에 대해 공동체에서 배타적 점유권을 허용해 준 것이라고 할 수 있다. 토지의 새로운 취득자는 공유지에 대한 배타적 점유권을 함께 취득하는 것이고, 이 공유지의 배타적 점유권을 토지소유 기간 동안 허용해주는 공동체에게 공유지의 배타적 점유로부터 발생하는 수익의 일정 비율을 취득세의 형태로 환급하는 것이다. 따라서 공동체 성원들은 부동산 취득세에 대해서 원리적인 공유의 권리를 갖는다고 볼 수 있다.

　지방교육세는 공유자산 세입이라고 하기에는 이상할 수 있으나, 위에서 보듯이, 교육비 세출이 모두 보편복지에 해당한다고 보아 이의 재원을 이루는 지방교육세를 공유자산 세입으로 편입한 것이다.

　이외에 공공재산 임대료, 매각수입, 사용료, 투자수익, 이자수입 등은 법적인 공

(단위 : 억원)

구분	세목	금액
총세입		240,197
일반회계세입		210,974
지방세수입	취득세	67,958
	지방교육세	18,999
세외수입	공공재산임대료	92
	사용료	168
	사업수입	13
	환경개선부담금	119
	환경오염물질배출부과금	3
	수질개선부담금	21
	이자수입	115
	공공재산매각수입	239
	기타 임시적 세외수입	304
공유자산 세입 합계		88,031

표 20-4 2019년 경기도 공유자산 일반회계 세입　　　　　자료 : 경기도(2018, pp.39-52) 참조.

공재산이 원리적으로는 공유자산임을 감안할 때 모두 공유자산 세입으로 보는 것이 정당하다(표 20-4 참조).

　이상을 감안할 때 경기도 일반회계 세입 21조 974억 원 중 8조 8,031억 원은 공유자산 세입으로 간주하여 '기본소득+보편복지'를 위한 재원으로 전환하는 것이 합당하다고 할 수 있다. 물론 **표 20-5**에서 보듯이, 경기도의 부분기본소득과 보편복지의 세출예산은 6조 4,106억 원으로 다른 광역지자체의 보편복지 예산에 비해 비중이 크게 높은 편이다.

　그럼에도 불구하고 경기도 공유자산 세입 중 부분기본소득 및 보편복지로 사용되지 않고 다른 용도로 사용되는 2조 3,925억 원은 단계적으로 기본소득 세출로 전환될 필요가 있다. 물론 이를 위해서는 기존의 일반회계 세출 중에서 도시재생이나 산업·기업에 대한 금융지원처럼 부자나 기업과 같은 시장강자가 아니면 특

세출항목	금액
총세출	240,197
일반회계세출	210,974
재난방재 · 민방위 · 소방	13,100
교육(유아초중고, 고등, 평생)	25,068
환경보호	6,911
보건	4,580
대중교통 · 물류	4,465
청년기본소득	1,227
생애최초 청년국민연금 지원	147
보육정책(도)[1]	8,114
아동수당(도)[2]	494
기본소득 및 보편복지 세출 합계	64,106
공유자산 세입 – 기본소득 및 보편복지 세출 (경기기본소득의 추가 재원)	88,031 – 64,106 = 23,925

표 20–5 2019년 경기도 부분기본소득 및 보편복지 일반회계 세출

자료 : 경기도(2018, pp.85–542) 참조.
주1) 보육정책 세출 중 국비지원을 제외한 것임. 앞에 일반회계 공유자산 세입 산정 시에
국비지원을 제외하였기에 세출에서도 국비지원을 빼고 산정하였음.
2) 아동수당 세출 중 국비지원을 제외한 것임.

권층의 이익을 편향적으로 증진시키는 부분부터 기본소득의 재원으로 전환시키는 것이 중요할 것이다. 일단 이러한 전환을 통해서도 지금보다 월등히 많은 기본소득의 재원을 확보할 수 있다.

구체적으로 기존 세출예산에서 우선적으로 삭감 내지 감축하여 기본소득의 재원으로 전환시켜야 할 항목들은 중상층과 상층, 특권층 및 기업(주)을 위한 선별적인 특혜 예산이다. 이러한 예산들은 경기도 거주자 또는 우리나라 거주자 모두의 공유자산 수익 또는 모두로부터 거둬들인 조세를 상층, 특권층, 기업(주)에게 갖다바치는 부정의하고 불공정한 예산이라 할 수 있기 때문이다. 이 중에서도 특히 전면 삭감을 검토해야 할 것으로 보이는 세출예산은 **표 20-6**과 같다.[8]

물론 반드시 역진적인 특혜가 아니더라도 불필요하거나 실효성이 떨어져서 삭

세출항목	금액
산업 · 중소기업	2,432
신도시건설	178
도시재생	287
주한미군 공여구역 주변지역 지원	325
기업중심 신기술개발 및 사업지원	159
외교통상	198
합계	3,579

표 20-6 기존 일반회계 세출 중 기본소득 재원으로 전환이 시급한 항목

감 · 전환이 필요한 세출항목들은 이 외에도 방대하게 존재할 것이다. 위의 항목들은 심각하게 정의와 공정성에 위배되어 우선적으로 삭감 · 전환 검토가 필요해 보이는 것들이다. 우선 표 20-6에서 산업 · 중소기업 지원은 산업금융지원, 무역 및 투자유치, 산업진흥 · 고도화, 산업 · 중소기업일반 등으로 구성된다. 이 중에서 경기지역화폐처럼 영세상인에게 혜택이 돌아가는 금액(지역화폐 카드단말기 지원+지역화폐홍보+지역화폐 발행 및 운영지원 등 82억)을 제외하고는 대부분 상가소유주/중소기업(주) 등 부유층에게 혜택이 주어지는 세출이다. 경제 전체의 활성화를 위해 이러한 지원이 필요할 수도 있으나, 지원금에 대한 대가로 그들이 추가로 얻게 되는 순수익의 일정 비율은 다시 경기도 거주자 모두를 위한 기본소득의 재원으로 환수해야 마땅할 것이다. 그렇지 않고 현행처럼 환수가 동반되지 않는다면, 전면 철회되거나 대폭 감축되어야 정당하다. 그리고 신도시건설, 도시재생, 주한미군 공여구역 주변지역 지원은 필요한 경우 수익자부담의 원칙에 따라 최초분양자 내지 부동산 소유주들이 부담해야 한다. 그러나 현행 방식은 모두의 공동소유인

---

8. 삭감, 감축이 필요한 예산에 대해 보다 세밀한 검토와 협의는 관련 세출담당 부서 등과 더 많은 협의 및 논의 과정이 필요할 것이다. 이 글은 세출 삭감의 개괄적인 방향과 항목을 제시함으로써 이러한 과정의 물꼬를 트는 데 주안점을 두었다.

(단위 : 억원)

경기도 공유자산 세입		기본소득 재원으로 전환 시급한 세출	
항목	금액	항목	금액
이자수입	46	도시재생(이자제외)	732
도시재생(이자제외)	731		
소계	777	소계	732

표 20-7 2019년 특별회계에서 기본소득으로 전환이 시급한 항목

자료 : 경기도(2018, PP.1095–1365) 참조.

예산을 부유층인 부동산 소유주들에게 퍼주는 방식으로 사업이 진행되고 있다. 따라서 이 세출항목은 전면 삭감되어 기본소득의 재원으로 전환되어야 마땅하다. 그리고 기업중심 신기술개발 및 사업지원, 외교통상지원도 부유층인 중소기업(주)의 사업 및 수출을 지원하는 세출항목이므로 이를 통한 추가이익의 일정 비율을 환수하거나 전면 삭감될 필요가 있다.

표 20-6은 경기도 세입/세출 예산 재편성을 위한 출발점일 뿐이다. 이 외에 추가적으로 삭감 · 감축 · 전환이 필요한 항목들에 대한 검토는 예산 재편성을 위해 별도로 구성된 도청 내외 전문가들의 특별위원회를 통해서 할 필요가 있다.

이상은 일반회계에 한정된 분석이었다. 공유자산 세입을 기본소득의 재원으로 전환하기 위한 방안을 특별회계까지 포괄하는 방향으로 확대할 수도 있다(표 20-7 참조). 특별회계는 이미 사용항목이 법적으로 정해진 예산이므로 이 예산을 기본소득의 재원으로 전환하기 위해서는 경기도청만이 아니라 경기도 의회 내지 국회를 통한 조례나 법 개정이 필요하다. 따라서 일반회계에 비해 절차적으로 복잡하여 기본소득의 추가적인 재원으로 전환하는 데에는 좀 더 오랜 시간이 소요될 것이다. 그러나 기본소득의 재원을 충당하기 위해 새로운 증세나 새로운 세입항목을 신설하는 것에 비해서는 실행가능성이 용이한 편이라 할 수 있다.

이상에서 보듯이, 일반회계와 특별회계를 총괄하여 기본소득 재원으로 당장 전환 가능한 세출은 3,579억 원+732억 원=4,311억 원 정도로 보인다. 그런데 경기도는 3차에 걸쳐 2019년도 추가경정예산안을 편성한 바 있다. 3차 추가경정예산

안에 기초해서 위에서 검토한 세입/세출을 재편성하면 **표 20-8**과 같다.

표 20-8을 앞의 표들과 비교했을 때, 일반회계 세입도 늘지만 교육, 대중교통·물류, 보육정책 등 보편복지를 위한 일반회계 세출은 더 증가한다. 곧 일반회계 중 경기기본소득의 재원으로 추가되어야 마땅할 금액은 2조 3,925억 원에서 1조 8,589억 원으로 감소한다. 그런데 일반회계 중에서 중상층과 부유층을 위한 특혜성 세출도 3,579억 원에서 4,350억 원으로 동시에 증가한다. 특히 이 4,350억 원은 시급히 기본소득의 재원으로 전환해야 할 것이다.

그리고 추가경정예산을 통해 특별회계 중에서도 기본소득의 재원이 되어야 마땅한 공유자산 세입이 777억 원에서 860억 원으로 늘어난다. 그리고 중상층과 부유층을 위한 도시재생 세출이 732억 원에서 815억 원으로 늘어난다. 특히 815억 원은 최대한 빠른 시일내에 기본소득의 재원으로 전환할 필요가 있다.

경기도 기본소득의 재원과 공유지 수익의 확장 방향

앞 절에서 살펴 본 공유자산 세입의 기본소득 재원으로의 전환 방안은 공유자산 세입규모의 증대 및 새로운 종류의 공유자산 세입 항목 도입을 포함하지 않은 것이었다.

그런데 단기적으로 우리나라 지자체에 새로운 공유자산 세입 항목이 생겨날 것이다. 재건축초과이익 환수가 그것이다. 2018년부터 재개되는 재건축초과이익환수제는 해당 재건축아파트 단지 입주가 시작되는 2020년부터 지자체에 추가적인 세입을 가져다 줄 것이다. 그리고 그 규모는 경기도에서 재건축이 활발해질 수밖에 없는 향후 20년 동안 비약적으로 증대할 것으로 예상된다. 왜냐하면 경기도의 신도시 노후아파트 비율은, **그림 20-1**에서 보듯이, 급격히 증대하고 있기 때문이다.

최근 집값 폭등의 여파로 재건축초과이익환수금은 기존아파트 1세대 당 수억 원에 달할 수도 있다. 곧 향후 20년 동안 경기도에서만 수십조 원 이상의 재건축

(단위 : 억원)

〈 일반회계 세입 〉			〈 일반회계 기본소득 및 보편복지 세출 〉	
구분	**세입항목**	**금액**	**세출항목**	**금액**
총세입		263,322	총세출	263,322
일반회계 세입		233,076	일반회계 세출	233,076
지방세 수입	취득세	71,213	재난방재 · 민방위 · 소방	11,341
	지방교육세	18,999	교육(유아초중고, 고등, 평생)	27,714
세외 수입	공공자산임대료	92	환경보호	10,469
	사용료	168	보건	4,867
	사업수입	23	대중교통 · 물류	5,203
	환경개선부담금	119	청년기본소득	1,227
	환경오염물질 배출부과금	3	생애최초 청년국민연금 지원	147
	수질개선부담금	21	보육정책(도)	11,168
	이자수입	114	아동수당(도)	571
	공공재산 매각수입	239	기본소득 및 현물보편복지 세출 합계	72,707
	기타 임시적 세외수입	305	공유자산 세입 – 기본소득 및 보편복지 세출 (경기기본소득의 추가 재원)	91,296 – 72,707 = 18,589
공유자산세입 합계		91,296		

〈 일반회계 세출 중 기본소득 재원으로 전환이 시급한 항목 〉

세출항목	금액
산업 · 중소기업	2,963
신도시건설	178
도시재생	297
주한미군공여구역주변지역 지원(토지매입비 제외)	364
기업중심 신기술개발 및 사업지원	341
외교통상	207
합계	4,350

〈 특별회계 세출에서 기본소득으로 전환이 시급한 항목 〉

경기도 공유자산 세입		기본소득 재원으로 전환 시급한 세출	
항목	**금액**	**항목**	**금액**
이자수입	46	도시재생(이자제외)	814
도시재생(이자제외)	815		
소계	860	소계	815

표 20–8 2019년도 3차 추가경정예산안에 기초한 경기기본소득 추가 재원　　　자료 : 경기도(2019) 참조.

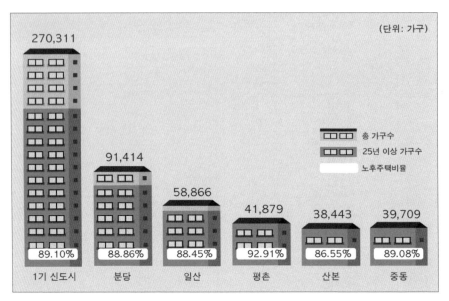

(단위: 가구)

270,311

91,414

58,866

41,879

38,443

39,709

| 총 가구수 |
| 25년 이상 가구수 |
| 노후주택비율 |

| 89.10% | 88.86% | 88.45% | 92.91% | 86.55% | 89.08% |
| 1기 신도시 | 분당 | 일산 | 평촌 | 산본 | 중동 |

그림 20-1 1기 신도시 노후주택비율　　　　　　자료 : 부동산114 REPS (2018.03 기준).

초과이익환수금이 발생할 것으로 보인다. 그리고 이 환수금은 주택도시기금에 귀속되어 최종적으로 광역지자체와 기초지자체에 45%와 55%씩 교부되도록 정해져 있다. 물론 이 환수금은 지자체의 도시ㆍ주거환경정비기금, 재정비촉진특별회계, 국민주택사업특별회계에 교부되어 사용되도록 예정되어 있다. 그러나 국민주택사업특별회계를 제외하고 나머지는 부동산 부자들의 재산가치를 증식시켜주는 '공유지의 역설' 현상을 낳을 세출이라 할 수 있다. 그래서 국민주택사업특별회계를 제외하고 이 새로운 세입을 기본소득의 재원으로 전환할 필요가 있다(곽노완, 2017, p.219).

이외에도 경기도 세출 중 기본소득과 반대로 부자들을 위한 선별복지 역할을 하는 세출이 많이 있을 것이다. 이들부터 우선적으로 기본소득으로 전환할 필요성이 있다.

그리고 경기도 차원에서 실행할 수 있는 정책으로 중장기적으로는 신도시나 구도시 개발 시에 공공용지나 수용토지를 우선 개발하여 그 이익이 기본소득의 재원으로 환수되도록 기준을 정할 필요가 있다. 뿐만 아니라 민간 토지 개발 시에도 용적률 상향 등의 혜택을 주는 경우 추가적인 개발이익의 일정비율을 기본소득의 재원으로 공여받을 필요가 있다. 서울 삼성동의 GBC가 토지용도상향을 대가로 1조 7천억 원 이상을 서울시에 공여하기로 한 것은 좋은 사례라 할 수 있다. 물론 이렇게 환수한 공공기여금 전부를 해당 토지 인근에 대규모로 재투자한다면, 이는 삼성동 인근 부동산 소유자들에게 공공기여금 전액을 무상공여하는 것이기에 공유지의 역설을 낳을 수밖에 없다. 따라서 공공기여금의 일정비율이 기본소득의 재원이 되도록 제도를 정비해야 한다.

4차 산업혁명의 물결을 활용하여 광고수익이나 경제적 가치를 낳을 빅데이터 등 수익성 있는 새로운 인터넷 공유지를 지자체에서 적극 육성하여 이로부터의 공유지 수익을 통해 기본소득의 재원을 확충하는 것도 중요하다.

이처럼 공유지 수익을 양적으로 질적으로 확대하고, 세대를 넘어 지속적인 기본소득을 보장하기 위해서, 경기도민을 주인으로 하는 '경기도공유기금' 내지 '경기도 기본소득기금'을 창설하여 경기도 소유자산을 여기로 집중시키고, 그 순수익의 일정 비율을 경기도민에게 기본소득으로 지급하는 제도를 확립할 필요가 있다. 특히 지자체에서 육성할 새로운 플랫폼이나 공유지 등도 수익성이 있을 경우 민간에 불하하기보다는 이 공유기금이 투자하는 공유기업을 통해 공동체 성원 모두의 사업으로 전환하고, 이 수익을 기본소득으로 배당한다면 경기기본소득의 전망은 더욱 밝을 것이다.

이상에 대한 상세한 분석은 경기기본소득의 발전을 위한 차후의 연구과제로 남긴다.

기본소득 재원 조달의 다양화 방안[1]

유영성

만약 대한민국에 기본소득제를 시행하여 5천만 국민에게 1인당 월 60만 원씩 지급한다면 360조 원이 소요된다. 기본소득은 이와 같이 대규모의 재원을 필요로 하기에 그 실행가능성에 대해 회의적인 문제제기를 하는 사람들이 많은 것이 사실이다. 재원에 대한 기존 논의들은 그동안 대체로 기본소득을 실시하기 위해 새로운 조세를 도입하거나 재정지출을 조정하는 방안들이 주로였다.

먼저 새로운 조세를 도입하는 것은 당해 법안이 국회를 통과하기가 매우 어려운 것이 현실이다. 우리 국회의 법안심사소위는 다수결원칙이 아니라 만장일치로 운영되어 온 관례가 있으며, 하나라도 반대의견이 있으면 통과되기가 어렵다. 다음으로 재정지출의 구조조정과 관련하여서도 총론에서는 다들 동의할 수 있지만, 각

---

1. 이 장의 내용은 대체로 천우정(국회 문광위 전문위원)의 발표자료(경기연구원 워크샵)에 입각하여 기술되었음을 밝힌다.

610 · Part 5 기본소득의 재원

론에 가면 이견들이 많아 실행하기가 어렵다.

전국민적 기본소득의 실시에 따른 막대한 재원의 확보는 조세를 근간으로 할 수밖에 없다. 그러나 당장의 현실의 벽을 넘기 어려운 상태에서 조세체계의 개편만을 주장하고 있을 수는 없다. 새로운 세목을 발굴하는 것도, 기존 조세의 세율 변경, 조세감면, 이전지출 등을 손보는 것 등도 다 중요하다. 그럼에도 불구하고 새로운 재원의 발굴은 기본소득제의 실현가능성을 조금이라도 높이기 위해서 필요하다 할 것이다. 경우에 따라서는 현실적으로 새로운 재원의 발굴이 유력한 대안이 될 수도 있다.

본 연구에서는 기본소득의 재원 문제와 관련하여 새로운 방안들을 모색하여 제안하고자 한다(아래 참조).

1. 국유재산 수익 배당권

   가. 아파트 공공개발과 공유주거

   나. 공유주방

   다. 스마트팜과 태양광발전

   라. 공유재산특례법 신설

   마. 옥외광고 수익 확대

   바. 휴양림 운용 수익 배당권

   사. 물류창고 운용 수익 배당권

2. 공공기관 수익 배당권

3. 공공클라우드 데이터 사용료 수익권

4. CPC 광고수익 배당권

5. 하이퍼튜브 운용 수익 배당권

6. 전기자동차 충전 수입 배당권

7. 전파사용료 수익 배당권

재원 조달의 다각화

국유재산 수익 배당권

먼저 국유재산 수익 배당권을 들 수 있다. 대한민국 헌법은 대한민국의 주인은 대한민국 국민이라고 규정하고 있다. 이에 의하면, 대한민국 정부 소유의 국유재산도 그 주인이 대한민국 국민이다. 이에 따라 대한민국 국민은 국유재산으로부터 생기는 수익에 대해 자신의 몫만큼의 배당을 요구할 권리가 있다. 일반 사기업의 주주가 배당권을 지니듯이, 국민도 국가의 국유재산 수익금에 대한 배당권을 갖는 것이다.

대한민국정부(2019)의 '2018 회계연도 국가결산보고서'에 의하면, 2018년 국유재산은 1,076조 6,000억 원으로 전년대비 8,000억 원이 증가하였다. 그런데 문제는 이 국유재산의 활용으로부터 수익이 거의 발생하지 않는다는 것이다. 국유재산을 활용하여 연간 1%의 수익을 올린다고 할 경우 10조 원 이상의 수익이 발생할 수 있다. 만약 민간의 부동산 자산운용 기법들을 사용한다면 이것보다는 월등히 높은 수익을 낼 것으로 보인다.

박충훈 · 조경훈(2018)에 따르면, 경기도 공유재산의 총 규모는 27조 8천여억 원에 해당하는 것으로 집계됐다. 세부적으로는 토지 3억 9천여만m^2(평가액 7조 9,247억 원), 건물 141만 5천여m^2(846동, 평가액 1조 5천여억 원), 기타 재산(유가증권과 지식재산 등) 18조 3,700여억 원 등이다. 기타 재산은 항공기 3대(평가액 256억 원), 선박 27척(평가액 177억 원), 지식재산권 489건(평가액 5억여 원) 등을 포함한다. 이 가운데 행정 목적에 의해 보유하여 매각 · 대부 · 양여 등이 불가능한 도로, 문화재, 청사 등의 행정재산이 26조 8천여억 원이며, 나머지 용도가 폐지된 행정재산 등이 있다. 일반재산은 토지 2천785필지(평가액 6천740여억 원), 건물 75동(평가액 3천230여억 원) 등이 있다. 이 공유재산의 가치는 공시지가를 기준으로 계산된 것으로, 실제 평가액보다 훨씬 적을 것으로 보인다. 더군다나 도가 이같은 공유재산을 임대해서 얻은 대부료 등의 수익이 2017년 연간 89억 원 정도이다. 그리고 최근 10

년간의 재산을 매각하여 얻은 결과가 87건 347억 원으로 집계됐다. 이 또한 부동산 자산운용 기법들을 사용한다면 이보다 더 높은 수익을 올렸을 것으로 보인다.

더군다나 이러한 국공유 재산을 활용하여 수익을 거둘 수 있는 방안이 있어 보인다. 예를 들어 아파트 공공개발 및 공유주거, 공유주방, 스마트팜과 태양광발전, 공유재산특례제한법 신설, 옥외광고 수익 확대, 휴양림 운용 수익 배당권 등이다.

1. 아파트 공공개발과 공유주거

도심지에 위치한 국공유재산에 아파트를 고층으로 짓고 이를 공공이 소유하여 국민들에게 임대를 하거나 쉐어하우스로 운용하여 수익을 거두고, 이를 국민들에게 배당할 수 있다. 정부는 현재 자산관리공사를 통해 청사와 임대주택을 함께 짓는 사업을 추진 중이다. 이 경우 현행 규모보다 고층으로 건설하여 콤팩트시티를 추진한다면, 여기서 재원 확보가 가능하다. 이는 많은 서민들에게 저렴한 주택을 공급하고, 관광수요를 높이며, 원거리 교통수요를 줄일 수 있는 장점도 지닌다.

정부는 현재 집값 안정을 추구하고 있다. 특정 지역의 집값이 치솟을 때의 문제점은 소수의 투기업자들이 그 이익을 독차지한다는 것이다. 이는 해당 지역의 아파트를 민간 사기업이 건설하여 일반 민간에 분양한 데 따른 것이다. 대신 이를 공공연기금이 개발하고 소유하여, 민간에 분양하는 대신 임대를 할 수 있다.[2] 이렇게 되면, 돈을 벌어도 국민연금 등 공적연기금이 돈을 벌게 된다. 국민연금 등이 돈을 벌면 궁극엔 국민들에게 혜택이 돌아간다. 더 나아가 이렇게 해서 얻은 자금을 일부 기본소득 기금화하여 국민들에게 기본소득으로 배당할 수 있다. 특히 공공부지에 조성되는 공공임대주택은 기본소득 재원으로 좋은 예가 될 수 있다.

---

2. 집값 안정화를 위한 방안으로 국민연금 등 공적 연기금에 의한 강남 공공개발을 제안하는 경우는 최원철(2019)을 참조.

2. 공유주방

소상공인, 자영업자들이 살아남기 어렵다고들 한다. 그 원인이 전반적인 경기 하락에도 있지만, 모바일 시장의 빠른 확산에도 있다. 이에 대한 대안으로 공유주방이 생겨나고 있다. 우리나라 공유주방 사업은 '배달의민족'의 '배민 키친'으로부터 시작되어 확산일로에 있던 중 우버 창업자가 한국에서 공유주방인 클라우드 키친 사업을 한다고 발표하면서부터 대대적으로 알려지게 되었다.

「식품위생법」에 의하면, 1개의 음식업자는 별도의 독립된 주방을 갖추어야만 했다. 그런데 ICT 규제샌드박스 심의위원회(2019.7.11)에서 여러 사업자가 하나의 주방을 함께 사용할 수 있도록 하였다.

공유주방은 이제 배달앱의 활성화로 배달을 통해 주방을 활성화할 수 있고, 낮은 임대료 덕분에 경쟁력이 높아지게 되었다. 공유주방은 소유보다 임대를 하여 식당업을 하므로 사업이 안 되면 손쉽게 퇴출도 가능하며, 새로운 음식업으로 전환하기도 쉽다.

그런 만큼 국공유 재산에 공유주방을 설치·운용한다면, 국가 및 지방자치단체는 운용 수익을 안정적으로 거둘 수 있고, 자영업자들은 위험부담 없이 저렴한 가격에 사업을 시작하고, 매몰비용에 대한 두려움도 없게 된다. 공유주방은 현재 배민 키친, 위쿡, 심플 키친, 클라우드 키친 등의 업체가 운용 중이며, 이를 이용하는 사람들은 보증금 천만 원에 월 사용료 160만 원 정도를 부담하고 있다. 별도의 인테리어비용이나 권리금 등을 들일 필요가 없으며, 4평 규모의 주방에서 손쉽게 사업을 시작할 수 있고, 배달앱을 통해 배달하여 수익을 거둘 수 있다. 궁극적으로는 이 수익을 기본소득의 재원으로 삼을 수 있을 것이다.

3. 스마트팜과 태양광발전

국유지에 스마트팜을 운영하고 그 건물 지붕에 태양광발전 패널을 설치하면, 스마트팜 수입과 발전 수입을 모두 거둘 수 있다. 예를 들어 인천항만공사의 화물차 주차장처럼 넓은 부지를 이런 용도로 활용하는 것이다. 친환경시설인 스마트팜을 설치함으로써 주민들의 민원성 반대를 누그러뜨릴 수 있고, 스마트팜을 주민친화적인 공간으로 활용할 수도 있어 이 사업의 추진은 장애 요소가 적다 할 것이다.

스마트팜으로 키운 친환경농산물은 주 판매시장이 중국이기 때문에 기존 농가에 악영향을 끼치지도 않는다. 이는 농산물 분야에서 대중국 흑자를 기록하고 있듯이, 한중 FTA의 결과가 말해준다.

이렇게 스마트팜과 태양광발전 패널을 국공유지에 설치하고 운영하여 얻은 수익을 기본소득의 재원으로 삼을 수 있을 것이다.

4. 공유재산특례법 신설

경기도와 같은 지자체는 공유재산을 활용하여 수익을 낼 수 있고, 이 수익금을 기본소득의 재원으로 삼을 수 있다.

국유재산의 경우 국유재산에 대한 감면, 무상사용 등을 하려면 「국유재산특례제한법」을 개정해야 해서 남용을 방지하는 컨트롤 장치가 있다. 그러나 공유재산의 경우는 「공유재산특례제한법」이 없다. 그러다 보니 지방자치단체의 공유재산의 감면 또는 무상사용의 경우 국회에서 각 상임위원회들이 지방자치단체를 소관으로 하고 있는 행정안전위원회의 의결 없이 법안을 통과시킬 수가 있다.

지방자치단체 공유재산의 누수를 막을 컨트롤 장치는 국유재산과 달리 입법상으로 아직까지 존재하지 않는다. 그래서 지방자치단체의 의사와 상관없이 지방자치단체의 공유재산의 감면, 무상사용 등이 결정될 수 있다. 공유재산의 가치를 높이려면, 이 부분부터 개선할 필요가 있다. 즉, 공유재산특례법이 제정될 필요가 있다.

더불어민주당 박남춘 의원(전 행정안전위원회/인천남동갑, 현 인천광역시장)이 행정안전부로부터 제출받은 자료(2017.10.)에 따르면, 지자체 소유의 공유재산이 무상으로 사용되는 건수가 한해 평균 4,800여 건이다. 이는 유상으로 환산할 경우 2016년 연간 2,613억 원에 달하는 금액이다.

5. 옥외광고 수익 확대

한강 등 하천과 교량 등에도 광고를 허용하여 광고수익을 올릴 수 있다. 도로변의 옥외 광고도 수익을 올릴 수 있는 좋은 소재이다. 이 수익을 기본소득의 재원으로 삼을 수 있을 것이다.

현재 한강 위에서는 광고가 금지되어 있다. 만일 광고가 허락된다면, 유람선이나 수상 택시사업 등이 서로 경쟁하면서 늘어날 수 있게 되고, 수익성도 좋아질 것이다. 다른 나라의 예로 상해 푸동 앞 황포강의 유람선들의 광고를 들 수 있다. 이들은 심지어 동영상 광고를 하는 광고용 배도 있을 정도이다.

참고로 2017년 전국 256개 광역 · 기초 자치단체 옥외광고 수익은 3조 1,143억 원이었다(한국지방재정공제회 한국옥외광고센터, 2017.12.).

6. 휴양림 운용 수익 배당권

우리나라는 국공유 재산의 대부분이 산림으로 이루어져 있다. 이러한 산림을 이용해 수익을 올릴 수 있는 방안으로 숲 해설프로그램, 숲 치유프로그램, 임도를 활용한 오프로드 전기차 체험 프로그램, 임도 MTV 체험 프로그램, 휴양림 내 유료 음악회, 미대생들을 활용한 초상화 그리기 프로그램, 숲속 작은 카페 운용 등을 생각해 볼 수 있다.

숲 치유프로그램이란 국가자격증인 숲치유 지도사의 가이드에 따라 숲 속에서 다양한 치유 프로그램을 체험하는 것이다. 많은 논문들을 통해 건강증진에 효과가 있는 것으로 나타나고 있다. 모 제약회사에서 하는 프로그램의 경우 한 달 과정에 1인당 500만 원이 드는 프로그램도 있다. 주 52시간 근무제와 워라밸의 활성화 등에 따라 숲을 찾는 사람들은 더 많아질 것이다. 숲 치유프로그램에 적정한 가격을 책정하여 운용한다면, 지속가능한 산업으로 성장할 수 있을 것이며, 그 운용수익을 국민들에게 기본소득으로 배당할 수 있다.

7. 물류창고 운용 수익 배당권

최근 경제 패러다임은 아마존, 쿠팡 등 이커머스가 대세로 자리잡고 있다. 온라인·모바일경제로 바뀌면서 소비자들이 운집한 대도시 주변에 대형 물류창고가 필요하게 되었다. 현재 물류창고의 연수익률은 9%로 나타나고 있다. 국공유재산에 물류창고를 운용하고, 그 수익을 기본소득으로 국민들에게 배당할 수 있다.

공공기관 수익 배당권

공공기관 수익에 대한 배당권에 입각해 기본소득 배당을 할 수가 있다. 그 논리적 근거는 국유재산 수익 배당권에서와 같다. 2019년 2월 기준 공공기관 수는 총 339개로서 이 중 공기업이 36개, 준정부기관이 93개, 기타공공기관이 210개(연구목적 공공기관 65개)이다(국회예산정책처, 2019). 이들의 배당금은 현재 기획재정부가 소관하는 일반회계 세입 가운데 정부출자수입이 된다. 2018년도 정부출자기관 배당수입 수납액은 8,588억 원이었다(대한민국정부, 2019).

공공클라우드 데이터 사용료 수익권

각종 개인정보로부터 생성되는 데이터들을 공공클라우드에 올려놓고, 이를 필요로 하는 기업들에게 적정한 가격을 부과하여 수익을 올린 후 국민들에게 공공클라우드 데이터 사용료 수익을 배당할 수 있다. 대부분의 데이터들이 개인정보로부터 출발하였기 때문에 여기서 발생하는 수익에 대해 그 주인인 국민들은 배당을 요구할 권리를 지닌다.

「이코노미스트The Economist」(2017.5.6.)는 "세계에서 가장 가치 있는 자원은 더 이상 석유가 아니라 데이터"라고 하였다. 데이터에서 엄청난 수익을 창출할 수 있는 세상이다. 일상생활에서 다중의 사람들이 생성하거나 이들로부터 나오는 데이터들이 많이 있다. 이 데이터들을 공공클라우드에 올리고 이를 기업들이 사용료를 내고 이용할 수 있게 한다면, 많은 수익을 거둘 수 있다. 개인정보 보안 문제는 비식별 데이터로 처리하면 해결할 수 있다.

예를 들어 의료정보가 좋은 수익원이다. 병원에서 환자들이 X-ray, MRI, CT 등을 찍으면 이것은 환자들 개인정보에 해당한다. 그러나 이 정보에 대한 소유를 병원이 한다. 수많은 의료정보 빅데이터들이 존재하나, 신약 개발이나 신치료법 발견 등에 활용되지 못하고 있다. 반면, 일본 후생노동성은 오는 2020년 마이넘버 제도(개인정보 고유번호)를 의료분야에 도입하겠다고 했다. 이것이 실현되면 '의료용 신분확인ID'이 가능해지고, 개인의 건강진단 결과나 진료 기록 등을 병원들이 공유할 수 있게 된다.

23andMe의 사례는 이러한 데이터가 엄청난 수익을 올리는 자원임을 잘 보여준다. 23andMe는 데이터를 이용한 개인 유전정보 분석 회사이다. 23andMe는 다국적 제약사인 GalxoSmithKline에게 자사의 유전정보 DB에 대한 독점 접근권을 판매하고, 3억 달러의 투자를 받았다고 한다(최윤섭, 2018).

앞으로 도래할 자율주행차 시대에는 자율주행차가 찍은 주행정보를 개별 자동차회사의 클라우드에 모으는 대신 공공클라우드에 올리고 상업적으로 활용한다면, 많은 수익을 낼 수 있다.

혹자는 공공테이터의 활용을 장려하기 위해 무상으로 제공하여야 한다고 주장한다. 그러나 크게 두 가지 관점에서 반론을 제기하고자 한다. 첫째는 지속가능성의 관점이다. 경제학의 기초 중 하나는 해당 산업이 지속가능하려면 적정한 가격이 책정되어야 한다는 것이다. 공짜를 강요하게 되면, 공급 측에서는 서비스를 계속 제공해야 할 유인과 경제적 기반을 상실하게 되어 사회 전체적으로 서비스가 지속가능하기 어렵게 된다. 데이터산업도 마찬가지다. 데이터산업의 지속가능한 성장을 위해서는 적정한 가격이 책정되어야 한다.

둘째는 민주성의 관점이다. 공공데이터, 특히 개인정보의 주인은 국민들이다. 국가가 이를 사용하기 전에 국민들에게 이를 어떻게 사용하는 것이 좋은지에 대해 그 의사를 물어볼 의무가 있다. 공공데이터를 무상으로 공익사업에 사용을 허용할 것인지, 아니면 적정한 가격을 책정하여 그 수익을 국민들에게 배당할 것인지에 대해 미리 국민들에게 물어보는 것이 민주성에 부합하는 조치라고 할 것이다.

CPC 광고수익 배당권

날씨정보, 민원발급기 등 조회 수가 높은 곳에 CPCClick Per Cost(클릭 당 비용)의 경매 방식으로 광고를 도입한다면, 높은 수익을 거둘 수 있다. 국민들은 조회수에 대한 기여를 했기 때문에 이에 따른 수익이 발생할 경우 그 배당을 요구할 권리가 있다.

구글은 기존 검색엔진이 특정 키워드가 반복되면 관련 순위가 올라가므로 웹 페이지 개발자가 이를 악용하게 되면 키워드와 관련성 없는 스팸페이지가 많이 검색되는 문제가 발생하는 것을 해결하려는 목적으로 구글의 검색엔진을 만들었으나, 여기서 발전하여 검색 결과와 연동되어 나타나는 광고가 일반 웹사이트의 배너 광고보다 마케팅에 보다 효과적일 것이라고 보고 CPC 경매방식 광고를 도입하여 크게 성공하였다(강영길, 2008). 구글의 광고수익은 2017년 944억 달러에 달했다.

국가나 지방자치단체의 경우에도 조회 수가 많은 날씨정보나 민원서류발급기에 CPC 광고를 도입하여 광고수익을 올릴 수 있다. 이 수익금을 기본소득의 재원으로 삼아 배당할 수 있다.

하이퍼튜브 운용 수익 배당권

미래에 하이퍼튜브를 설치하게 되면, 하이퍼튜브 강철관의 겉표면에 태양광발전을 해서 수익을 올릴 수 있고, 기차 안에 LED 패널을 설치해서 광고를 하도록 하여 수익을 올릴 수 있으며, 요금에 의한 운행수익도 거둘 수 있다. 이러한 운용 수익을 국민들 또는 도민들에게 배당할 수 있다.

전기자동차 충전 수입 배당권

가까운 미래에는 내연기관자동차가 아닌 전기자동차가 대세가 될 것이다. 이를 위해서는 전기자동차 충전소가 많이 보급되어야 한다. 한전의 전봇대를 활용하면 매우 저렴한 가격에 전기자동차 충전소를 일시에 보급할 수 있다. 휘발유 급유에 대략 10만 원 정도 든다면, 전기자동차는 완충에 대략 1만 원 정도면 된다. 여기에 약간의 수익을 붙이고 이를 국민들에게 배당할 수 있다.

전파사용료 수익 배당권

전파도 국유재산이며 국민이 그 주인이기 때문에 그 수익을 국민들에게 기본
소득으로 배당할 수 있다. 기존 전파 주파수 경매 수익을 살펴보면 다음과 같다.
2013년 8월 이동통신 90MHz 주파수 경매 낙찰가는 2조 4,238억 원으로 8년간 분
납되었고, 2016년 5월 1.8GHz, 2.1GHz, 2.6GHz 주파수 경매 낙찰가는 2조 1,106
억 원이었으며, 아날로그방송의 디지털방송 전환 이후 공역대가 되었던 700MHz
는 유찰되었다. 2018년 6월 5G 이동통신 주파수 낙찰가는 3조 6,183억 원이었
다. 동 수입들은 정보통신발전기금(55%)과 방송통신발전기금(45%)의 수입이 되
고 있다.

한편 2010년 독일의 경우 우리나라의 절반 정도 규모의 주파수가 약 5조 6,300
억 원에 팔린 적도 있다.

내용 정리

기본소득이라는 주제에는 재원 확보가 가능하냐는 질문이 약방의 감초처럼 뒤
따라온다. 국가나 공공이 수행하는 예산 사업은 기본적으로 세금에 의존할 수밖에
없다. 그런 만큼 새로운 세목이나 기존 세금체계의 변경을 도모하려는 시도나 아
이디어들이 주를 이룬다. 이러한 시도가 먹히면 기본소득 재원 문제는 더할 나위
없이 좋은 해결책을 얻었다 할 것이다. 하지만 현실은 녹록지 않다. 세금을 건드리
는 것이 간단히 해결될 일이 아니기 때문이다. 물론 정치적 과정을 통해 주권자인
국민들이 이를 원한다는 의사를 표시할 경우, 불가능한 것은 아니다. 이러한 여지
를 남겨 둔 채 본 연구는 세금 이외의 다른 재원 조달 방법이 무엇인지 탐색해 보
고, 이를 제시하고자 하였다. 그 이유는 이것들이 기본소득제의 실현가능성을 조
금이라도 높이는 데 기여할지도 모른다는 생각에서였다.

경우에 따라서는 현실적으로 유력한 대안이 될 수도 있는 방안들로 아래의 것들을 대략적으로 제시하였다.

첫째, 국유재산 수익 배당권이다. 이에 따른 하위 사업들로 ①아파트 공공개발과 공유주거, ②공유주방, ③스마트팜과 태양광발전, ④공유재산특례법 신설, ⑤옥외광고 수익 확대, ⑥휴양림 운용 수익 배당권, ⑦물류창고 운용 수익 배당권 등을 제시하였다.

둘째, 공공기관 수익 배당권이다.

셋째, 공공클라우드 데이터 사용료 수익권이다.

넷째, CPC 광고수익 배당권이다.

다섯째, 하이퍼튜브 운용 수익 배당권이다.

여섯째, 전기자동차 충전 수입 배당권이다.

일곱째, 전파사용료 수익 배당권이다.

이들 각각의 방안에 대한 보다 자세한 후속 연구가 필요하다 할 것이다.

22장 기본소득의 미래와 향후 과제

Part 6.

결론 및 향후 과제

22장

기본소득의 미래와 향후 과제

유영성 외

기본소득 연구 결론

본 연구는 크게 기본소득 일반론과 경기도 기본소득론으로 구별하여 기본소득에 대한 연구를 진행하였다. 세부적으로는 5가지 연구영역으로 구성된다. 즉, ① 기본소득의 일반이론과 쟁점, ② 기본소득과 정책, 그리고 실험, ③ 기본소득의 법제화, ④ 경기도 기본소득 정책모형 및 확산, ⑤ 기본소득의 재원이 그것이다. 각 영역별로 여러 개의 원고들이 다양한 세부 주제들을 다루고 있다. 주제 하나 하나에 대한 탐구가 기본소득과 관련해서 일반적인 논의에 해당하든 아니면 경기도에 특화된 논의에 해당하든, 기존 기본소득 논의의 지평에서 한걸음 더 나아가는 것을 지향하고 있다. 더군다나 아직까지 국내외를 막론하고 이러한 영역들에 걸쳐 방대한 연구 저작물이 세상에 나온 사례가 없다. 그런 만큼 이 연구 결과는 국내는 물론이고 전 세계적으로 기본소득에 대해 좀 더 심화된 논의를 궁금해하는 사람들이나 지적 인식의 폭을 넓히고 싶은 사람들이나, 정책을 고민하는데 이를 뒷받침할 논리나 이론, 실증적 근거들을 필요로 하는 사람들에게 희소식일 수 있다.

아무래도 본 연구는 그 꽃을 경기도 기본소득론에서 피워야 하는 만큼 경기도라는 특정 로컬리티 맥락에서 얻어낸 기본소득이 지닌 경제·사회적 특성의 지적 의미들을 본 결론부에서 언급하는 것이 좋을 듯하다.

기본소득의 5대 원칙들을 그대로 준수하기 위해서는 전국민을 대상으로 중앙정부가 주도해야 한다. 행정, 조세, 조직 등 법적·제도적인 모든 측면에서 한계가 분명한 지방자치단체가 기본소득의 모든 원칙들을 지켜내면서 기본소득 정책을 실행하는 것은 현실적인 여건에서 말이 되질 않는다. 이러한 점에서 경기도가 실행하는 기본소득 정책도 한계가 분명하다. 가장 큰 문제는 재정의 한계이다. 경기도는 자치재정권이 없다. 그런 만큼 기본소득 지급을 위한 재원을 조달하는 데 주어진 예산 범위 내로 정책적 운신의 폭이 줄어든다. 이로 인해 모든 도민이 아니라 특정 연령이나 특정 직군의 도민에게만 지급할 수밖에 없게 된다. 사실상 일정 범주로 대상을 축소할 수밖에 없다.

이런 한계에도 불구하고 경기도 기본소득은 국제적으로 '경기도형 기본소득 정책모델'이라고 인정받을 만한 성과를 보이고 있다. 가장 핵심적인 부분은 '지역화폐'와의 결합이다. 경기도형 기본소득 모델은 '지역화폐 연계형 기본소득'이라고 할 수 있다. 지역화폐는 지역 및 사용처의 제한이 있기는 하다. 그렇지만 지역경제 활성화라는 측면에서는 매우 적극적이고 효과적인 정책이다. 또한 금융기법의 고도화로 인해 지류의 한계를 벗어나 카드형, 모바일형 등으로 편리하게 사용할 수 있다.

비록 범주를 설정하지 않을 수는 없었으나, 경기도 청년기본소득은 경기도에 거주하는(3년 이상 거주하거나, 총 거주기간이 10년 이상이라는 단서가 있음) 만 24세 청년 모두에게 무조건적으로 지급되었다. 기본소득의 이상적인 순수 의도와 목적을 실현시키기에는 다소 아쉬움이 있을지라도 경기도가 할 수 있는 범위에서는 최선과 최대치라고 할 수 있다. 현실은 이상에 집착한다고 해서 우리가 원하는 것을 온전히 획득하게 해주지는 않는다. 현실은 역동적으로 박동하는 여러 다양한 관계들의 실체인 만큼 이러한 현실적 유동성들을 감안하여 유연하게 대응하는 '과정'이 필요한 것이다. 기본소득을 현실에서 실체화시키기 위해, 또 기본소득이 목적 그 자체이기보다 우리들이 겪는 현실의 여러 문제들을 효과적으로 해결하기 위한 정책도구라는 관점에서 경기도는 경기도에 맞는 전략적 입장을 취하지 않을 수 없었다. 그것이 바로 이상적 형태인 정형기본소득이 아닌 현실적 형태인 준형기본소득의 구현이다.

그 결과는 사뭇 경이적으로 나타났다. 먼저 지역화폐와 연계한 경기도 청년 기본소득 모델은 전남 해남군을 비롯한 지역의 농민기본소득(혹은 '농민수당') 정책에 반영되었다. 기본소득 혹은 수당은 지역화폐로 지급한다는 것이 불문율처럼 당연시되었다. 다음으로 청년기본소득에 대한 청년들의 만족도가 시작 시점인 1분기에 비해 3분기에서 상승하는 변화를 보였다. 더 나아가 소상공인들에게도 매출이 하락하는 추세 속에 경기도 기본소득의 지역화폐 지급은 아직은 비중이 미미하지만, 가뭄에 한 줄기 단비 같은 역할을 하고 있었다.

연구를 마치는 시점에서 연구자의 문제의식은 여전히 기본소득에 대한 진지하고 체계적인 논의와 연구가 많이 필요하다는 것이다. 기본소득과 관련하여 본 연구는 이제 시작일 따름이고 수많은 시론적 검토에서 더 심화된 연구로 나아가야 한다는 생각이다. 그러기 위해서 필요하다고 보이는, 비록 몇 가지 안 되지만 진지하게 검토해야 할 정책 및 연구 과제를 본 장에서 제시하고자 한다.

향후 정책 및 연구 과제

정책과제

1. 재정자주권 확보

본격적인 지방자치가 시작된 지 24년이 경과하였으나, 한국의 지방자치제는 아직 갈 길이 멀다. 과세자주권을 비롯한 재정자주권을 확보하지 못한 것이 핵심 이유 중 하나이다. 지방자치제가 제대로 자리잡기 위해서는 자치입법권, 자주조직권, 자치행정권뿐만 아니라 "지방자치단체가 재산을 형성하고 유지하며 처분할 수 있는 재정 자주권"을 확보하는 것이 중요하며, 재정자주권의 핵심은 바로 "지방자치단체가 주민에게 지방세를 부과·징수할 수 있는 과세자주권"이라 할 수 있다(성승제, 2013).

경기도의 경우를 살펴보면, 2019년 당초 기준으로 자체수입은 11조 189억 원, 자주재원은 1,476억 원, 자치단체 예산규모는 19조 1,975억 원으로 '전체 세입에서 자치단체가 자율적으로 편성·집행할 수 있는 재원의 비율'을 뜻하는 재정자주도{=[(자체수입+자주재원)÷자치단체 예산규모]×100(%)}는 58.17%에 불과했다(지방재정365, 2019).

물론 전국 단위의 기본소득 실시가 가장 바람직할 수 있지만, 이를 위해서는 상당한 제약조건들이 수반될 수 있으며, 따라서 많은 시간이 소요될 수 있다. 그러므로 성남시 청년배당과 경기도 청년기본소득의 사례에서와 같이, 기본소득 정책에 관심을 가진 특정 지자체에서 기본소득 또는 기본소득과 유사한 정책을 먼저 실시하는 방안을 진지하게 고려해볼 필요가 있다. 이와 관련하여, 이재명 경기지사의 제안과 같이, 경기도에서 먼저 기본소득형 국토보유세를 도입하도록 만드는 것이 중요하다(최모란, 2018).

아래에서 언급한 '경기도 공유부 기본소득기금(가칭)' 조성 및 '경기도 기본자본 풀(가칭)' 조성을 위해서도, 과세자주권을 비롯한 재정자주권 확보 문제는 핵심 관건이 될 것으로 판단된다.

2. '경기도 공유부 기본소득기금(가칭)' 및 '경기도 기본자본 풀'(가칭) 조성

경기도에서 지자체 실정에 맞는 기본소득 지급을 위한 '경기도 공유부 기본소득기금' 마련 방안을 수립할 필요가 있다. '경기도 공유부 기본소득기금'은 다양한 재원 조달 방안을 포괄한다. 그것이 기존 조세체계 변화 방식으로든, 기존 예산의 변경으로든, 새로운 수익사업을 해서든 다양하게 확보한 재원을 경기도만의 공유부 기금으로 만들어 기본소득 지급에 사용하는 것을 의미한다.

소위 '공유부 기본소득기금'에 해당하는 것은 '알래스카 영구기금'이 세상에서 유일한 예로 존재한다. 미국 알래스카 주에서는 해먼드 주지사가 석유자원에서 생긴 부의 200분의 1을 기금으로 만들었고, 이 기금에서 매년 주민들 의결을 거쳐 1,000달러에서 3,000달러의 배당을 하고 있다. 그런데 현실적으로 알래스카 영구기금 같은 기금은 경기도에 적용할 수는 없다. 경기도는 석유자원이 없고, 그 수익을 고정적으로 제공하지 못하기 때문이다. 따라서 이와 다른 형태의 '경기도 공유부 기본소득기금(가칭)'을 고려해 보아야 한다. 이는 경기도 내 공유부에 해당하는 자산들로부터 나오는 각종 이익들의 일부를 환수하여 조성할 수 있다. 예를 들어 경기도가 추진하는 국토보유세를 통해 확보된 재원도 이 기금을 통해 경기도 기본소득으로 지급될 수 있다. 이는 경기도 내 부동산 재개발, 재건축 등의 개발 수익, 도시재생사업 수익, 도 소유 부동산 임대료, 공기업 이윤, 기타 수익을 적립하여 만드는 것에 해당할 수도 있다(강남훈, 2018).[1]

경기도가 기금을 조성하려고 할 경우 「지방기금법」 제3조 및 시행령 제2조에 의거하여 지방자치단체에 재정적 부담이 되는 기금을 설치할 경우 소관 중앙행정기관의 장이 기금 신설의 타당성을 심사하기 위하여 미리 행정안전부 장관과 협의하여야 하고, 행정안전부 장관은 해당 지방자치단체의 의견을 들어 협의하도록 되어 있다(이현우 외, 2016). 또한 이러한 기금은 상위법령의 규정사항을 검토하고, 예산사업과의 차별성 및 다른 기금 또는 특별회계와의 중복 여부 등을 고려하여 조례(안)을 작성해야 한다(이현우 외, 2016). 이는 경기도가 중앙부처와 도의회를 상대로 풀어가야 할 사안이다.

다음으로 '경기도 기본자본풀Basic Equity Pool'(가칭)[2]을 만들면, '경기도 공유부 기본소득기금'(가칭)의 부족한 점을 보완할 수 있다. 경기도 기본자본풀은 경기도

---

1. 강남훈의 경우 '경기영구기금'이란 명칭을 쓰고 있다. 강남훈(2018) 참조. 유사한 실제 사례로 성남시의 경우를 들수 있다. 성남시는 민간업자가 민영개발에 따른 개발허가로 생긴 불로소득 5503억 원(판교 대장 도시개발사업 이익 환수금)을 성남시 공영개발로 결정해 환수했고 이 중 1,822억 원을 성남시민에게 배당하는 일을 구체적으로 검토한 바 있다.
2. 선대인의 경우 이러한 '기본자본' 관련 생각을 국가적 차원에서 개진한다. 그리고 이를 국가공유자본풀로 명칭한다. 경향신문, [경제와 세상] 국민에 '기본자본'도 나눠 주자, 2017.3.15. 참조.

민의 투자형 참여로 이루어진다. 경기도민으로서 이 자본 풀 조성에 참여한 사람들에게 이 자본 풀의 지분을 나눠주고, 그 수익에 따라 배당받도록 하는 것이다. 경기도민들은 기본소득 사업을 실시하기 위해 세금을 낼 의향이 있음을 나타내고 있다. 이에 의하면, 경기도가 직접 세금을 부과할 수는 없겠지만, 경기도가 어떻게 하느냐에 따라 최소한 이타적 도민들의 자발적 기부금 형태의 경기도 기본자본풀 참여를 얻어낼 수 있을 것이다. 이 경기도 기본자본풀로부터 생기는 이익금을 경기도 공유부 기본소득기금(가칭)으로 이전시킬 수 있으면 경기도 공유부 기본소득기금은 힘을 받게 될 것이다.

이 경기도 기본자본풀은 경기도 내 수많은 기업들에 투자하고, 그 지분을 확보하는 데 사용할 수 있다. 예를 들어 이 자본 풀로 경기도가 스타트업 기업 육성 시 지분 참여를 하거나 기존 기업들에 대한 연구·개발 자금 지원 시 일정 지분을 확보할 수 있을 것이다. 그 결과 경기도 기본자본풀이 지분을 가지고 있는 기업이 기술 발전을 이룰 때 그에 따른 혜택을 몇몇 자본가나 사업가만이 아니라 도민 전체가 누릴 수도 있는 것이다. 도민 개개인은 이 지분 보유에 따른 배당금을 매년 이 기금에서 받을 수 있고, 배당금을 재투자해 필요할 경우 자신의 자본(지분)을 더 늘려갈 수도 있다.

이러한 것들은 행정적, 법·제도적 뒷받침이 있어야 가능한 일인 만큼 법의 제·개정을 포함하여 다양한 측면의 면밀한 검토와 그 실행가능성을 타진해 봐야 할 것이다.

3. 다른 지자체로의 확산모델 수립

경기도에서 추진하는 기본소득 정책에 대한 공식 자문기구인 경기도 기본소득 위원회가 2018년 12월 20일에 출범하였다. 또한 2019년 4월 29일 현재 경기도 31개 시·군 중 성남시를 제외한 30개 시·군, 경남 고성군, 충남 부여군, 전북 고창군과 부안군, 울산시 울주군 등 35곳이 참여하고 있는 기본소득지방정부협의회가 추진되기도 하였다.

2019년 4월부터 실시된 경기도 청년기본소득이 청년의 삶과 지역경제에 어떠한 영향을 미칠지가 주목된다. 경기도 청년기본소득의 효과에 관한 종합적 분석, 그리고 분석결과의 전파와 홍보가 매우 중요할 것으로 보인다.

이러한 토대 하에 앞으로 경기도는 기본소득 정신에 입각한 정책을 경기도를 넘어서 다른 지자체로 확산시키는 데, 더 나아가 전국으로 확산시키는 데 기여하도록 하는 모델을 수립하여 전국 지자체를 선도할 필요가 있다.

연구과제 제안

1. 한국 사회 · 경제 당면문제 해결을 위한 기본소득 중심 전략 수립 연구

이 연구는 한국 사회 · 경제가 당면하고 있는 다양한 도전과제를 성공적으로 극복하고 관련된 목표를 달성하기 위한 전략을 기본소득을 중심으로 설계하는 것을 목표로 한다. 다시 말해 4차 산업혁명, 보편적 복지, 지역균형발전, 지속가능한 발전을 연계할 수 있는 기본소득 구상을 설계하는 것을 의미한다.

궁극적으로 이 연구는 인간의 존엄, 인간다운 생활을 실현하기 위한 다양한 물질적, 경제적 조건들 사이의 연관관계를 규명하고, 서로 조화를 이룰 수 있는 총체적 접근방법을 모색하는 것이다.

기본소득의 도입은 기존의 다양한 복지체제는 물론 노동세계의 구조와 접점이 나타나게 된다. 새로운 제도의 도입은 기존 제도를 보완할 수도 있지만, 마찰을 일으킬 수도 있다. 이때 문제해결이 지향해야 하는 대전제는 그것이 재정적으로 지속가능해야 한다는 점, 재정적으로 감당할 수 있어야 한다는 점, 다시 말하자면 재원 조달 가능성에 대한 점검이다. 다음으로 새로운 제도의 도입이 국민 모두의 물질적, 정신적 생활수준을 향상시킬 수 있어야 한다는 점이다.

만인을 위한 기본소득이 도입되면, 국가의 사회경제정책 전반에 영향을 미칠 것이므로 이들 영역과의 관계설정에 대해 새롭게 구상할 필요가 있다.

① 사회보험(연금, 건강, 고용, 산재, 요양) : 기본소득의 도입은 개인의 지불능력을 강화하므로 당초 사회보험이 보장하던 위험을 개인이 스스로 부담할 능력이 생

긴다는 주장이 제기될 수 있다. 이를 둘러싼 논란은 복지국가의 성격을 규정할 수도 있다.

② 최저임금과 임금체계 : 기본소득의 도입이 노동의 가치를 떨어뜨리지 않도록 최저임금제를 보완하여야 한다.

③ 노동생산성 : 기본소득의 도입이 노동의욕, 노동생산성을 떨어뜨릴 것이라는 우려를 불식시킬 수 있어야 한다. 적정 기본소득에 대한 개념 정립이 필요할 것이다.

④ 노동시간(단축)과 '워라밸' : 기본소득의 도입이 필요한 이유로 거론되고 있는 4차 산업혁명에 따른 사회적 총노동시간의 축소를 실업의 증가가 아니라 개인 노동시간의 단축으로 대응할 필요성이 제기되고 있다. 이에 자본측은 노동(시간)의 유연화를 요구하고 있으며, 노동 측은 다시 시간주권을 요구하면서 타협이 이루어지고 있는 양상이다. 노동 개념의 재정립과 함께 '워라밸'의 구성요소에 대한 분석이 필요하다.

⑤ 가치창출 연관의 개조 : 가치창출 시스템에서 노동의 위상을 업그레이드하여 노동과정에서의 '소외'를 극복할 수 있어야 한다.

⑥ 지역화폐 : 기본소득의 일부를 지역화폐로 지급하여 지역경제 활성화, 공동체 문화 복원, 지속가능성의 구현 등의 목표를 실현한다.

⑦ 로봇세와 디지털주권 : 기본소득이 재원확충을 필요로 한다면 당연히 세제 개혁이 필요할 것이며, 특히 4차 산업혁명의 진전에 따라서 경제 전반의 총 노동시간이 감소한다면 세원이 축소될 것이므로 새로운 세원을 발굴할 필요가 있다.

⑧ 산업정책 : '인간 중심적인' 4차 산업혁명이 이루어질 수 있는 산업정책적 원칙을 정립할 필요가 있다. 기술혁신, 조직혁신뿐만 아니라 사회적 혁신social innovations을 달성해야 한다.

2. 한국경제의 자본축적 구조와 사회복지의 관계 고찰

: 기본소득 · 지역화폐를 중심으로

한국사회에서 자본축적 구조와 사회복지는 동전의 양면이다. 특히 한국은 식민 피지배와 한강의 기적을 동시에 겪은 채로 세계경제 10위권의 탈脫 준주변부를 이루어 낸 세계사적으로 매우 특이한 사례로 주목받고 있다. 한국경제의 이러한 극단적인 양태를 설명해주는 한국자본주의의 특성은 무엇일까? 이에 대한 답은 한국자본주의 구조 내부에 잠재하고 있는 요인과 배경들의 파악을 요구한다.

복지는 자본축적 구조, 경제, 사회, 문화, 인권 등의 발전과정과 궤를 같이 한다. 특히 한국경제의 자본축적 구조의 변화에 따라 절대적 빈곤 양상이 변모함으로써 한국의 복지정책은 이에 조응하여 변화해 왔다. 즉, 1단계 : 극단적 빈곤과 구휼, 2 · 3단계 : 절대적 빈곤과 생존 지원, 4단계 : 상대적 빈곤과 생계 지원, 5단계 : 신자유주의(양극화)와 생활 지원, 그리고 6단계 : 선별 지원과 보편복지의 형태로 변화되었다.

이제 6단계에 처한 한국의 복지는 시민권리로서의 참여형 복지이기를 요구한다. 또한 과거의 단선형 정책이 아닌 융 · 복합형 정책효과를 추구한다. 기본소득 및 지역화폐는 이러한 시대적 요구에 부응하는 참여 · 주체 · 능동적 성격을 갖는 융 · 복합형 경제 · 복지정책이라고 할 수 있다.

이러한 문제의식을 반영하여 다음과 같은 내용의 연구를 수행해 볼 만하다. 한국경제의 시기별 축적구조의 특성을 검토하고, 한국의 시기별 사회복지 정책과 성격의 변화를 검토한다. 이를 통해 현재 시점에서 선진국형 저성장 · 장기침체에 처한 한국경제와 사회복지적 과제를 살펴본다. 그런 후 구체적으로는 한국경제가 안고 있는 저성장 · 장기침체, 저출산 · 고령화, 4차 산업혁명 등의 급격한 사회변동 속에서 '경제와 복지의 새로운 대안'으로서의 기본소득 · 지역화폐에 대해서 고찰하도록 한다.

3. '한국형' 유사기본소득 · 기초소득보장 방안의 연구

비록 정형은 아닐지라도 현실에 맞는 형태의 기본소득인 준형기본소득을 중심으로 한 기본소득 연구가 주를 이루어야 하는 당위성에도 불구하고 우리 현실이 기본소득으로 나아가기 위한 징검다리조차 제대로 마련되어 있지 못한 실정을 고려할 필요가 있다.

우리 현실에 맞는 기본소득으로 나아가기 위한 중간과정을 만드는 작업도 소홀히 해서는 안 된다. 아직 기본소득을 이해하고 수용하는 사람들이 국민 대다수가 아니기 때문이다. 현실의 변화 앞에는 수많은 난관이 도사리고 있다. 그런 만큼 경기도 청년기본소득과 같은 준형기본소득의 대대적인 확산에 앞서 그 중간 역할을 할 수도 있는 방안을 마련해 놓을 필요가 있다. 그것이 비록 유사기본소득에 해당할지라도 그렇다. 한국형, 아니 경기도형 기초소득보장 방안이 바로 그것이다.

1995년 도입된 고용보험 제도는 실업의 위험으로부터 국민을 보호하는 고용안전망 역할을 수행하였으나, 저소득 구직자, 취업자 중에서도 음식점업, 도·소매업 등 자영업자(임의가입)와 프리랜서, 플랫폼노동자 등 새로운 형태의 노동자는 고용보험 제도의 사각지대에 방치되고 있다.

이들은 전체 취업자 2,700만 명 중 자영업자(547만 명), 특수형태근로종사자(50.6만 명) 등 약 1,200만 명으로 전체 취업자의 약 45%를 차지한다.

탈산업화와 서비스경제로의 이행에 따라 제조업 노동자의 비중은 줄어들고 상대적으로 서비스업 종사자들은 늘어날 수밖에 없는 상황에서 다양한 유형의 불안정한 비정규직과 노동시장에 진입조차 하지 못한 미취업자들이 증가하고 있다. 전통적인 제조업 중심의 산업체제에 기반하여 사회보험을 중심으로 조직된 고용안정망은 그 유효성의 한계를 드러내고, 사회보험에서 배제된 사람들을 위한 개혁의 필요성이 제기되고 있다.

실업부조는 조세로 재원이 조달되며 자산조사를 통하여 저소득층 실업자에게 지원하는 현금급여이다. 국가에 따라 실업보험 제도와 통합된 경우도 있고, 일반 공공부조와 통합된 경우도 있다. 독일은 고용서비스에 거의 참여하지 않았던 노동능력이 있는 사회부조 수급자들을 과거의 실업부조와 통합하였다. 한국에서도 노동시장에 참여하지 못한 사람들과 참여하더라도 저임금을 받고 있는 노동빈곤층

(영세 자영업자, 저소득층, 청년층 등)을 위하여 기초소득 보장제도를 마련할 필요성이 있다. 특히 거미줄처럼 복잡하게 얽혀 있고 미로처럼 여러 제도로 나누어 운영되는 현행 시스템을 매우 단순하고 통합적인 기초소득GI 방식으로 재조직해야 한다. 노동참여 기본소득은 향후 아동수당, 기초연금과 더불어 온전한 기본소득으로 가는 징검다리가 될 것이다.

4. 소득세와 기본소득을 연결하는 35% UBI-FIT 모형 연구[3]

이는 개인소득세 제도에서 각종 공제제도를 폐지하고, 면세점을 없애며, 개인소득에 대해서 모든 소득(구간)에 35%의 단일세율을 적용하여 재원을 확보하고 이를 모두 기본소득으로 지급하는 방안에 대한 연구이다.

빈곤 및 소득불평등(그리고 자산불평등) 문제가 매우 심각한 실정이다. 기본소득은 현재의 극심한 빈곤 및 소득불평등(그리고 자산불평등) 문제를 완화 내지 해소하기 위한 유력한 정책 중 하나로 주목받고 있다.

기본소득의 재원 마련 방안은 생태세-생태배당 정책, 국토보유세-토지배당 정책, 주식회사(특히나 플랫폼 거대기업)를 대상으로 한 공유지분권 설정, 공동부기금(사회자산기금) 조성을 통한 기본소득 지급, 헬리콥터 머니를 통한 기본소득 지급 등매우 다양하지만, 현재 상황에서 유의미한 액수의 안정적인 기본소득 지급을 위해서는 개인소득세-기본소득 모델이 상당 비중을 담당해야 할 것으로 판단된다.

개인소득세에 대한 각종 공제제도는 역진적인 것으로 평가받고 있으며 높게 설정된 면세점은 평균 실질세율 자체를 줄이고 전체 세입 규모를 작게 하는 요소이다. 개인소득세 내에서도 어떠한 소득이냐에 따라서 부담하는 실질세율이 차이가 나는 것도 문제가 된다. 특히나 자본가나 (슈퍼)경영자의 경우에는, 세제에 따라서 세금을 덜 내는 방식으로 자신의 소득 원천을 변화시킬 여지가 크다는 점도 고려

---

3. 다음의 자료에서 요약 발췌하였음을 밝힌다. 즉 이건민(2019a), "통합소득 백분위자료를 통해 분석한 기본소득의 소득재분배 효과", Alternative Working Paper No. 17. 정치경제연구소 대안. 이건민(2019b), "LAB2050의 국민기본소득제 제안에 대한 비판적 평가", 『월간 시대』 74. pp.40-60.

해볼 필요가 있다.

현재의 소득세 구조가 자본이득이나 배당소득보다 근로소득에 더 많은 세율을 부과하고 있기 때문에 개인소득에 모두 동일한 세율을 부과하는 형태로의 변화를 의미하는 t% UBI-FIT 모델의 적용은 t값이 기본소득 지급과는 별개로 유의미하게 큰 경우 역설적이게도 누진적, 진보적 성격을 가질 수 있다.

UBI-FITUniversal Basic Income-Flat Income Tax 모델은 가장 단순한 형태의 기본 모델로서, 특히나 면세구간이 전혀 없고 모두에게 평등하게 분배하는 형태의 UBI-FIT 모델은 모든 소득(구간)에 대해서 같은 세율로 과세하며 모든 이에게 동일한 액수의 기본소득을 지급한다equal share for all는 점에서, 모두를 동등하게 대우하는 equal treatment for all 체계라 할 수 있다.

게다가 평균소득을 초과하는 사람들에게는 평균소득과의 차액을 t%만큼 줄이는 방향으로 소득을 감소시키는 반면, 평균소득 미만의 사람들에게는 평균소득과의 차액을 t%만큼 줄이는 방향으로 소득을 증가시키는 특수한 형태의 소득불평등 개선 정책이다. 또한 기본소득을 위한 기여액수와 기본소득 지급액수 계산이 매우 간단하므로, 개인 단위가 되었든 가구 단위가 되었든 순수혜액수(또는 순기여액수)를 누구나 쉽게 계산할 수 있다는 추가적인 장점이 있다.

각종 공제제도를 폐지하고, 면세점을 없애며, 개인소득에 대해서 모든 소득(구간)에 35%의 단일세율을 적용할 경우, 평균세율과 한계세율이 일치하게 된다. 그리고 향후 경제상황에 따라서 세율을 인상시킬 여지도 확보하게 된다.

현재의 소득분포 하에서 UBI-FIT 모델만으로는 70% 이상의 순수혜층을 갖기는 어려우므로, 순수혜층의 비율이 70% 또는 80%를 넘도록 하기 위해서는 UBI-FIT 모델을 생태세-생태배당 정책, 토지보유세-토지배당 정책, 공통부기금 조성이나 공유지분권 설정 등을 통한 기본소득 지급 등을 함께 도입하거나 상황에 따라서는 누진소득세-기본소득 모델로 변형하여 설계하는 것을 검토해야 한다.

5. 기본소득의 유동화를 통한 기본지분 구축 연구

소득은 경제생활의 결과로 주어진다. 그런데 기본소득은 경제생활의 결과로 얻게 되는 소득을 보편적으로 소유하게끔 하기에 불합리한 경우가 생길 수 있다. 따라서 소득보다 소득의 근원인 자본을 보편적으로 동일하게 하고 자신이 경제에 기여한 만큼 합리적으로 소유하도록 하는 것이 낫다는 생각이 있다. 기본지분Basic Equity이 자신의 기여와 결과를 내는 것에 따라 합리적으로 결과를 소유하는 것이기 때문에 보편적으로 결과를 똑같이 가지는 것보다 더 근본적으로 경제문제를 해결할 수 있다는 것이다. 이것이 합리적인 면과 지속가능성 면 등에서 기본소득보다 우월할 수도 있다. 결과를 보편적으로 소유하는 것이 아니라 경제구조를 보편적으로 평등하게 소유하고 그 평등하고 합리적인 구조에서 자신의 능력에 따라 차이가 나도록 결과를 가지는 것이 지속가능하며, 개별적으로 도덕적인 해이를 없앨 수 있기 때문이다.

기본지분이라는 기본소득에 대한 경쟁자가 생긴 것이다. 그렇다고 기본소득을 대체한 기본지분 단독으로 우리들이 직면하고 있는 문제를 해결할 수 있을까? 답은 "그렇지 않다"이다. 여기서 이들 간의 비교 및 상호 관계에 대한 연구가 필요하게 된다. 이 둘 간의 결합으로 시너지가 나올 수 있고 보다 효과적으로, 또 효율적으로 우리의 문제를 해결할 수 있다면 보다 진일보한 새로운 정책을 찾는 것이 된다.

기본소득의 약점을 기본지분의 강점이 커버해 주는 이들 간의 연결 모형을 연구해 볼 필요가 있다. 이는 일단 기본소득에 의한 소비의 자본화와 더 나아가 산업의 자본화를 구현하는 틀 속에서 찾아볼 수 있을 것이다. 경제 생태계의 참여자들이 참여하여 소유하는 플랫폼을 도입하여 기본소득을 사용하는 주체인 소비자들이 그들의 소비의 경제적 흐름의 일부를 자본화하는 것이다. 이를 통해 자본화된 소비에 투자를 받고, 투자를 받은 자본을 다시 산업자본에 투자하여 지속가능한 성장과 투자, 그리고 자본투자 회수구조를 구현할 수 있다.

이는 우리가 받는 기본소득이 소비의 자본화와 산업의 자본화 과정을 거치게 하는 것이 가능한지를 검토해 보는 것을 의미한다. 다시 말해 이는 다분히 시장경제 속에서 기본소득이 기본지분으로 변하고 그것이 지속가능한 모델이 될 수 있는지 살펴보는 것에 해당한다. 이것이 성립가능하다면, 굳이 정부 재정 예산에만 전적으로 의존하여야 하고 시장경제 내에서 비효율성의 약점을 안고 가야만 하는 기본소득에게 효율성 제고와 재원 조달의 가능성 확대, 그리고 시장경제의 활성화에 대한 기여라는 새로운 길이 열릴 수 있는 것이다.

여기서 기본지분은 정부가 자본금 명목으로 특정 시기에 큰 목돈으로서 일시금으로 제공하는, 그래서 출발선의 평등을 이루어야 한다는, 피케티 등이 주장하는 기본자본 또는 앳킨슨이 주장하는 자본할당(최소상속)과는 개념이 다르다. 특히 기본지분이 플랫폼으로 작용하는 구조하에서 소비를 위한 소득의 기반 자본이 될 수 있다는 점에서 기존의 기본소득이나 기본자본 개념을 벗어난다.

6. 공유자산 연동형 기본소득의 원칙과 로드맵 구축 연구

기본소득이 공유자산 수익에 대한 1/N의 배당권이라는 것은 국내외 기본소득론자들에게서 폭넓게 수용되고 있다. 이런 공유자산 배당이라는 원칙에 따를 때 기본소득 규모는 정액제나 관료제적인 결정방식이 아니라 공유자산과 그 수익에 일정 비율로 연동하여 매년 변동하는 정률제를 취하는 것이 적절할 수 있다. 기존의 연구들이 정액제 형태에 가까운 기본소득을 제시하는 경우가 많은데, 알래스카 영구기금처럼 공유자산 수익에 연동되는 정률제를 채택하면 공동체 성원들이 주인으로서 공유자산 및 그 수익을 지키고 확장하는 데 공동의 이해를 갖게 되면서 공동체적 책임과 연대가 보다 강화될 수 있다. 그리고 기본소득을 정률제로 시작하면, 처음에 적은 규모로 시작하더라도 중장기적으로 경제성장률 이상으로 빠르게 확대될 것이다. 왜냐하면 공유자산 중 특권층과 부유층에 의해 사유화된 것들이 일단 제도적으로 공유자산으로 전환되어 기본소득의 원천이 되면, 다시 재사유화되는 것은 압도적인 다수 사회성원들의 반대로 쉽지 않을 것이기 때문이다.

이런 역행불가능성으로 인해 공유자산 수익에 연동된 정률제 기본소득은 경제 규모에서 점점 더 큰 비중을 차지하면서 증가할 수밖에 없다. 정부가 소유하고 관할하는 공공자산의 경우 공동체의 각 성원들이 접근하기에는 힘들기에 무관심한 영역이 되어 특권층과 부유층이 가로채기가 용이하다. 그러나 모든 성원을 위한 기본소득 재원인 공유자산과 그 수익에 대해서는 공동체의 모든 성원들이 적극적인 주체로서 감시자가 되기 때문에 특권층과 부유층의 가로채기가 자율적으로 예방된다고 볼 수 있다. 그리하여 공유자산 및 그 수익에 연동된 정률제 기본소득은 정책효과도 더 클 것이다.

이러한 문제의식에 기초하여 ① 기존의 예산을 재편성하여 공유자산 및 그 수익을 확보하고, 더 나아가 ② 토지, 하늘, 공기, 빅데이터 등에서 추가적인 공유자산 수익을 확대하며, ③ 공유기금을 법적으로 확립하여 공유자산 수익 연동형 기본소득을 중장기적으로 GDP의 30%(현재가 기준 연 1,150만 원) 이상으로 확장해 나가기 위한 로드맵을 제시하는 연구를 해 볼 필요가 있다. 공유자산 수익 연동형 기본소득이 가진 역진불가능성과 확장성은 기본소득을 도입하고 확대하는 가장 실효적인 방안을 제시해 줄 것으로 기대된다. 이러한 연구목표에 따라 아래의 내용을 연구해 볼 만하다.

첫째, 선행연구에 대한 비판적 재구성을 한다. 기존 국내외 선행연구는 대체로 정액제 기본소득제도를 제안하고 있다. 그런데 정액제 기본소득은 공유자산 배당권으로서의 기본소득 원칙과는 다소 거리가 있다. 이뿐만 아니라 이처럼 공유자산 연동성이 약하여 정권변화에 따라 역행가능성이 있고, 매년 기본소득의 지급액 결정 시 소모적인 국론분열이 불가피할 것으로 판단된다. 그리고 정률제를 제시한 플로멘호프트의 경우도 현대 도시의 개발이익과 용적률 변화를 통한 공유자산의 인클로저 문제에 대한 인식이 희박하여 막대한 공유세입을 누락시키는 경향이 있다. 특히 도시개발이 많고 불가피한 우리나라의 상황을 고려할 때 이러한 문제는 중대한 불공정성을 야기한다. 이런 약점들을 감안하여 선행연구를 계승하면서도 보다 원리적으로 일관되면서도 실효성이 높은 기본소득의 재원 모델을 비판적으로 재구성할 필요가 있다.

둘째, 전국기본소득의 확장을 위한 로드맵 수립이다. 이는 크게 3가지 방안 연구가 될 것이다. ① 기존 정부예산의 단계별 재편성을 통한 기본소득 재원 확보 방안, ② 공유세입항목의 단계별 추가도입을 통한 기본소득 재원의 확대 방안, ③ 대한민국 공유기금제도의 설립 방안.

셋째, 경기도 기본소득 정책의 확장을 위한 로드맵 수립이다. 이 또한 크게 3가지 방안에 대한 연구가 될 것이다. ① 기존 경기도예산의 단계별 재편성을 통한 기본소득 재원 확보 방안, ② 경기도 공유세입항목의 단계별 추가도입을 통한 기본소득 재원의 확대 방안, ③ 경기도 공유기금제도의 설립 방안.

7. 기본소득과 일자리보장의 비교 연구

1980년대 이후 세계적으로 기술혁신과 신자유주의가 확산되면서 실업의 증가, 노동시장 유연화에 따른 비정규직 등 불안정노동의 증가, 소득불평등 확대 등으로 기존 포드주의 시대의 사회복지체제에 균열이 발생해 왔다. 이러한 시대적 배경 하에 1980년대 중반에 여러 가지 대안 담론들이 등장하는데, 최근까지 꾸준히 발전하면서 특히 최근에 와서 세계적인 주목을 받고 있는 것이 기본소득 이외에 일자리보장job guarantee 담론이다.

일자리보장은 1986년 포스트 케인지안인 민스키H. Minsky에 의해 주창되었는데, 그 요지는 "최종고용자인 정부가 노동능력이 있고 노동의사가 있는 모든 사람에게 최저임금 또는 생활임금 수준의 일자리를 보장해야 한다"는 것이다. 이는 이론적으로 현대화폐이론Modern Monetary Theory에 기반하고 있는데, 이 이론은 발권력을 가진 정부는 재량적인 화폐발행을 통해 불황기 실업자들에게 공공일자리를 제공할 수 있으며, 완전고용 수준까지는 화폐증발로 인한 인플레이션도 발생하지 않기 때문에 일자리보장을 통해 실업과 인플레이션을 동시에 해결할 수 있다고 주장한다.

그동안 기본소득과 일자리보장 담론은 상호 비판과 반비판을 거치면서 발전해

오고 있는데, 특히 최근 미국 대선에서 핵심적 쟁점으로 부각되면서 세계적인 주목을 받고 있다. 즉, 미국 민주당의 유력 대선주자들인 버니 샌더스Bernie Sanders, 엘리자베스 워렌Elizabeth Warren 등이 일자리보장을 지지하는 반면, 돌풍을 일으키고 있는 앤드류 양Andrew Yang은 18세 이상 성인에게 월 1,000달러의 기본소득 지급을 공약하고 있다.

이러한 미국의 상황과 달리 국내에서는 기본소득 담론은 매우 광범하게 확산되고 있는 반면, 일자리보장에 관한 논의는 매우 제한적이다. 그렇지만 국내에서 기본소득 담론이 확산되어 갈수록 그에 대한 반론 내지 대안으로 일자리보장 담론이 확산될 가능성은 매우 크다. 따라서 기본소득을 적극 추진하고 있는 경기도는 지피지기의 관점에서 기본소득에 대해 비판적인 일자리보장 담론을 더욱 면밀하게 검토하여 기본소득의 논지를 더욱 강화할 필요가 있다.

이에 본 연구는 기본소득과 일자리보장의 이론적 · 정책적 타당성을 비교 검토하여 기본소득 담론의 논지를 강화하는 것을 목적으로 삼고, 다음과 같은 내용을 연구할 수 있을 것이다.

첫째, 기본소득과 일자리보장의 이론적 개요와 정책사례 및 사회경제적 효과를 비교 검토한다.

둘째, 두 담론 간에 첨예하게 논쟁이 되는 쟁점들을 검토할 것인데, 그러한 쟁점들로는 비용과 재원확보의 가능성, 경기안정화와 인플레이션 등 거시경제효과, 노동유인의 감소 또는 강제노동 여부, (저)임금효과 등이 있다.

이러한 비교 검토를 통하여 기본소득이 일자리보장보다 우월한 담론임을 밝힐 수 있을 것이다.

8. 기타 실행 과제(이주자 포함 여부, 국민연금과의 관계 등)의 연구

추가로 연구해볼 만한 두 가지 실행과제를 제시한다. 첫째, 이주자의 수혜조건이다. 기본소득의 실행에서 이주자 문제는 뜨거운 감자이다. 누구는 미등록 이주자에게도 기본소득을 지급해야 한다고 주장하고, 누구는 이주자에게는 지급해서는 안 된다고 주장할 것이다. 반드시는 아니지만, 보다 진보적인 기본소득론자일수록 이주자에게 대체로 관대한 편이라 할 수 있다. 그러나 실행가능성을 고려하면, 미등록 이주자에게 기본소득을 지급하는 것은 실행 불가능할 뿐만 아니라 국가별 기본소득의 지속을 불가능하게 만든다. 왜냐하면 이주자가 폭증하여 각자에게 돌아갈 기본소득이 급격히 줄어들 수밖에 없기 때문이다. 그래서 기본소득은 국가별 이익에 보탬이 되면서도 국제적으로도 기본소득의 확산에 도움이 되는 방안으로 정교하게 구성될 필요가 있다. 판 파레이스는 이주자 유입의 폭증을 초래할 기본소득의 부작용을 줄이는 장치로 언어능력을 이주허용의 기준으로 제시하기도 하였다. 이는 유력한 기준의 하나가 될 것으로 보인다. 왜냐하면 기본소득을 실시하는 국가로 이주하고자 하는 사람들이 증가할 것이므로 기본소득을 실행하는 국가의 언어는 국제적으로 배우는 사람들이 크게 늘어 국익에 보탬이 된다. 이를 통해 이주자들에게 지급하는 기본소득 이상의 경제적 이익을 얻을 수도 있고, 이주자에게 기본소득 지급을 반대하는 국내여론을 약화시킬 수 있다. 이렇게 된다면, 다른 나라들도 자국어의 국제화로 이익을 얻고자 경쟁적으로 기본소득을 도입하는 효과가 있을 것이기 때문에 기본소득의 지구적 확산을 촉진하는 계기가 될수도 있을 것이다. 이러한 제안은 특히 조만간 인구가 감소할 우리나라에 적합한방안일 수 있다. 이런 방향에서 기본소득의 실행력을 높이기 위한 이주자 수혜의문제를 더 정교하게 다듬을 필요가 있다.

둘째, 국민연금과 기본소득의 매트릭스이다. 즉, 국민연금 대 기본소득의 비중에 대한 연구이다. 연금에 대해서도 기본소득론자들은 상이한 입장을 보이고 있다. 특히 우리나라 국민연금의 소득대체율이 60%로 낮다는 점을 들어 기본소득과 더불어 연금지급액도 인상해야 한다는 주장이 있는 반면, 다른 한편으로 기본소득을 통해 연금의 일부를 대체하면서 연금의 비중을 낮추어야 한다고 보는 주장도 있다.

그러나 연금가입자가 중간 이상의 소득을 올리는 정규직 중심으로 구성되어 있으므로 국민연금은 A값을 통한 가입자 내부에서의 소득재분배 장치에도 불구하고 중상층 이상에게 혜택을 주는 역복지 측면이 있다. 특히 연기금 고갈 시에 정부

예산을 통해 지급을 보장할 경우 모두의 자산인 정부예산을 중상층에게 몰아주는 역복지의 전형이 될 것이다. 따라서 각자의 국민연금+기본소득 합계액을 증가시키되 기존 국민연금 가입자에게 손해가 나지 않으면서도 국민연금의 상대적 규모를 점진적으로 축소하고, 기본소득의 규모를 절대적·상대적으로 증가시키는 방향으로 국민연금 개혁방안을 마련할 필요가 있다. 특히 기본소득이 실시된다면, 국민연기금의 세대 간 평등문제는 역복지를 낳는 정부예산을 통해서가 아니라 국민연기금 내부에서 해결하는 방향으로 개혁할 필요가 있다. 이 연구과제에서 이러한 방안에 대해 보다 세밀한 국민연금과 기본소득 매트릭스를 제시할 수 있을 것이다.

참고문헌

2장

김교성(2009). 「기본소득 도입을 위한 탐색적 연구」, 『사회복지정책』 제36권 제4호.

김교성·백승호·서정희·이승윤(2017). 「기본소득의 이상적 모형과 이행경로」, 『한국사회복지학』 제69권 제3호.

노대명·여유진·김태환·원일(2009). 「맞춤형 급여체계 도입 이후 기초생활보장제도의 평가와 향후 정책과제」, 『보건복지 이슈 앤 포커스』 제326호.

다니엘 라벤토스(2017). 『기본소득이란 무엇인가』, 이한주·이재명 옮김, 책담.

브루스 애커만·앤 알수톡·필리페 반 빠레이스 외(2010). 『분배의 재구성』, 너른복지연구모임 옮김, 나눔의집.

이명현(2006). 「복지국가 재편을 둘러싼 새로운 대립 축: 워크페어 개혁과 기본소득 구상」, 『사회보장연구』 제22권 제3호.

정원호·이상준·강남훈(2016). 『4차 산업혁명 시대 기본소득이 노동시장에 미치는 효과 연구』, 한국직업능력개발원.

조권중·최상미·장동열(2018). 『기본소득의 쟁점과 제도연구』, 서울연구원.

조혜경(2018). 「사회적경제와 기본소득: 사회정의를 향한 제3의 길」, 2018 경기도 사회적경제 국제컨퍼런스 자료집, 경기연구원.

필리페 판, 파레이스·야니크 판데르보흐트(2017). 『21세기 기본소득』, 홍기빈 옮김, 흐름출판.

최한수(2017). 『각국의 기본소득 실험이 한국에 주는 정책적 시사점』, 한국조세재정연구원.

Ackerman, B. & Alstott, A.(1999). *The Stakeholder Society*, Yale University Press.

Ackerman, B., Alstott, A., Van Parijs, P., & Wright, E., O.(2006). *Redesigning Distribution: Basic Income and Stakeholder Grants as Alternative Cornerstones for a More Egalitarian Capitalism* Vol 5, Verso books.

Friedman, M.(1962). *Capitalism and Freedom*, The University of Chicago Press.

Groot, L.(2004). *Basic Income, Unemployment and Compensatory Justice*, Springer US.

Miller, A.(2019). *Clarification of BIEN's definition of Basic Income* for its website, June 2019.

Parker(ed.)(1991). *Basic Income and the Labour Market*, BIRG Discussion Paper No.1.

Raventós, D.(2007). *Basic Income: The Material Conditions of Freedom*, London: Pluto Press.

Van Parijs, P.(2006). *Basic Income: A Simple and Powerful Idea for the Twenty-first Century*, Wight Erik(ed.), *Redesigning Distribution: Basic Income and Stakeholder Grants as Alternative Cornerstones for a More Egalitarian Capitalism*, New York: Verso.

Young, M. and Mulvale, J. P.(2009). *Possibilities and Prospects: The Debate Over a Guaranteed Income*, Ottawa, Canadian Centre for Policy Alternatives.

http://www.basicincome.org/basic-income

http://www.basicincome.org/basic-income

http://basicincomekorea.org/all-about-bi_definition/

http://basicincomekorea.org/all-about-bi_q-and-a/#toggle-id-1

3장

김건우(2018). 『인공지능에 의한 일자리 위험 진단』, LG경제연구원.

주상영(2018). 「소득불평등 지표 변동 원인에 대한 거시적 분석」, 『월간 노동리뷰』 8월호 통권 제161호, 한국노동
    연구원.
필리페 판, 파레이스·야니크 판데르보흐트(2017). 『21세기 기본소득』, 홍기빈 옮김, 흐름출판.
Dworkin, R.(2000). *Sovereign Virtue: The Theory and Practice of Equality*, Cambridge, Massachusetts:
    Harvard University Press.
Hawksworth, J., Berriman, R. and Cameron, E.(2018). *Will robots really steal our jobs?*,
    PricewaterhouseCoopers LLP.
Paine, T.(1797). *Agrarian Justice*, in: Hillel Steiner and Peter Vallentyne(eds.), *The Origins of Left-*
    Libertarianism, An Anthology of Historical Writings, Basingstoke, Palgrave, 2000.
PwC(2017). *What's the real value of AI for your business and how can you capitalise?*, www.pwc.com/AI
PwC(2018). *Will robots really steal our jobs?*, www.pwc.co.uk/economic
Rawls, J.(1971). *A Theory of Justice*, Cambridge, Massachusetts: Harvard University Press.
https://ifr.org(IFR International Federation of Robotics)

4장

가이 스탠딩(2018). 『기본소득 – 일과 삶의 새로운 패러다임』, 안효상 옮김, 창비
강남훈(2019). 『기본소득의 경제학』, 박종철출판사.
강원돈(2019). 「기본소득 구상의 신학적, 윤리적 변호」, NCCK 신학위원회 기획토론회 『기본소득이 신앙이다』 자료
    집, 2019. 6. 20.
금민. 정치경제연구소 '대안' 제149호 콜로키움, https://alternative.house/colloquium-149/(검색일자: 2019. 9. 8).
김교성 외(2018). 『기본소득이 온다』, 사회평론아카데미.
다니엘 라벤토스(2016). 『기본소득이란 무엇인가』, 이재명·이한주 옮김. 책담.
안효상(2017). 「서양의 기본소득 논의 궤적과 국내 전망」, 『역사비평』 2017년 가을호 통권 제120호.
윤홍식(2017). 「기본소득, 복지국가의 대안이 될 수 있을까? –기초연금, 사회수당, 그리고 기본소득」, 『비판사회정
    책』 제54호.
정원호 외(2016). 「4차 산업혁명 시대 기본소득이 노동시장에 미치는 효과연구」, 한국직업능력개발원.
필리페 판 파레이스(2016). 『모두에게 실질적 자유를–기본소득에 대한 철학적 옹호』, 조현진 옮김, 후마니타스.
Korpi, W. & Palme, J.(1998). *The Paradox of Redistribution and Strategies of Equality; Welfare State*
    Institutions, Inequality, and Poverty in the Western Countries, American Sociological Review Vol.63.

5장

가이 스탠딩(2014). 『프레카리아트: 새로운 위험한 계급』, 김태호 옮김, 박종철출판사.
강남훈(2019a). 「근로소득세 공제 없애고 기본소득을 지급할 때의 재분배 효과: 근로소득 천분위 자료 분석」, 『사회

경제평론』58.

강남훈(2019b). 『기본소득의 경제학』, 박종철출판사.

강남훈(2017). 「한국형 기본소득 모델의 가구별 소득재분배 효과」, 한국사회경제학회 2017년 겨울 학술대회(경제학 공동학술대회) 발표문, 2017. 2. 10.

강상구(2019). 「녹색참여소득 제안」, 강상구의 진보정치 11회, http://www.ohmynews.com/NWS_Web/Issue/series_pg.aspx?srscd=0000011964(검색일자: 2019. 6. 25).

경태영(2019.4.29). 「'기본소득' 지방정부협의회 6월 닻 올린다」, 『경향신문』, http://news.khan.co.kr/kh_news/khan_art_view.html?art_id=201904292207005(검색일자: 2019. 6.25).

관계부처 합동(2018. 7. 18). 『저소득층 일자리·소득지원 대책』, 경제관계장관회의 18-11, https://www.moef.go.kr/com/cmm/fms/FileDown.do?atchFileId=ATCH_000000000008587&fileSn=3(검색일자: 2019. 5. 27).

국세청 국세통계(2019). 「14-1-1 근로·자녀장려금별 신청·지급현황(주소지)」, https://stats.nts.go.kr/national/major_detail.asp?year=2018&catecode=A14001(검색일자: 2019. 5. 27).

권병희(2011). 「영국의 사회보장급여 개편 동향」, 『국제노동브리프』 9(6).

권정임·강남훈(2018). 「공유의 분배정의와 보편복지의 새로운 체제: 마이드너의 임노동자 기금안에 대한 비판과 변형」, 『사회경제평론』 31(3).

금민(2018). 「[오피니언] 데이터 기술 R&D PIE는 '공유지분권에 입각한 사회배당'과 결합되어야 한다」, https://basicincomekorea.org/opinion_20180918-min-geum(검색일자: 2019. 6. 20).

기본소득한국네트워크 웹사이트(2019). 「기본소득한국네트워크 제7차 정기총회 결과」, https://basicincomekorea.org/announcement_7th-bikn-ga-result(검색일자: 2019. 5. 24).

기획재정부(2018). 「근로장려금 개편방안: 혜택은 크게, 대상은 넓게, 지급은 빠르게」, 보도자료 2018. 7. 18, http://www.moef.go.kr/nw/nes/detailNesDtaView.do?menuNo=4010100&searchNttId1=MOSF_000000000018154&searchBbsId1=MOSFBBS_000000000028(검색일자: 2019. 5.27).

김병인(2016). 「기본소득은 사회보장을 위한 최선의 대안인가?: 사회정책의 필요(needs) 개념에 입각한 비판적 검토」, 『사회복지정책』 43(4).

동규(2018.12.20). 「경기도 기본소득위원회 출범…이재명 '사회성 이익 공평 분배해야'」, 『CBS노컷뉴스』, https://www.nocutnews.co.kr/news/5078998(검색일자 2019. 6. 25).

말콤 토리(2018). 「스피넘랜드, 자동화, 기본소득: 하나의 응답」, 이건민 옮김, 『월간 시대』 60, http://left-times.com/wp2/wp-content/uploads/2018/10/60호_이건민.pdf(검색일자: 2019. 5. 24).

박기성·변양규(2017). 「안심소득제의 효과」, 『노동경제논집』 40(3).

보건복지부(2019. 2. 12). 「제2차 사회보장기본계획(2019~2023)」, http://www.mohw.go.kr/react/al/sal0301vw.jsp?PAR_MENU_ID=04&MENU_ID=0403&page=1&CONT_SEQ=347736(검색일자: 2019. 5. 27).

복거일·김우택·이영환·박기성·변양규(2017). 『기본소득 논란의 두 얼굴: 기본소득과 안심소득, 진정한 한국적 분배 복지는 무엇인가』, 한국경제신문.

성승제(2013). 『지방재정불균형 개선을 위한 법제연구: 재정자주권을 중심으로』, 한국지방세연구원.

손영하(2019.3.7). 「이탈리아 포퓰리즘 '오성운동', 기본소득 풀기… 돈잔치 비판도」, 『한국일보』, http://www.

hankookilbo.com/News/Read/201903071593042673(검색일자: 2019. 5. 24).

손진석(2019.3.8). 「빚더미 이탈리아, 500만 명에 9조원 '기본소득'」, 『조선일보』, http://news.chosun.com/site/data/html_dir/2019/03/08/2019030800159.html(검색일자: 2019. 5. 24).

안현효(2018). 「통화정책을 통한 기본소득의 가능성」, 2018년 기본소득 연합학술대회 『기본소득, 한국사회의 미래를 비추다』 발표문, https://basicincomekorea.org/wp-content/uploads/2018/11/세션2_안현효.pdf(검색일자: 2019. 5. 24).

양재진(2018). 「기본소득은 미래 사회보장의 대안인가?」, 『한국사회정책』 25(1).

요스타 에스핑-안데르센, 요스타(2006). 『복지체제의 위기와 대응: 포스트 산업경제의 사회적 토대』, 박시종 옮김, 성균관대학교 출판부.

연합뉴스(2019.3.7). 「빈곤층 구제냐 포퓰리즘이냐…'기본소득' 시동 건 이탈리아」, 『연합뉴스』, https://www.mk.co.kr/news/world/view/2019/03/136584(검색일자: 2019. 5. 24).

이건민(Forthcoming). 「기본소득인가 일자리보장인가」, 『계간 기본소득』 3.

이건민(2019). 「기본소득의 필요성과 정당성」, 『녹색평론』 166.

이건민(2018a). 「기본소득의 소득재분배 효과」, 2018년 기본소득 연합학술대회 『기본소득, 한국사회의 미래를 비추다』 발표문, https://basicincomekorea.org/wp-content/uploads/2018/11/세션4_이건민.pdf(검색일자: 2019. 6. 27).

이건민(2018.9.20). 「대전환의 밑그림 – 녹색전환연구소 5주년 기념 기획연재 ③ 삶 전환의 열쇳말, 기본소득」, 『프레시안』, http://www.pressian.com/news/article/?no=211429(검색일자: 2019. 5. 24).

이건민(2017a). 「기본소득의 소득재분배효과」, 『녹색전환연구소 전환소식』 2017년 5월호, http://igt.or.kr/index.php?mid=column&page=2&document_srl=56704(검색일자: 2019. 5. 24).

이건민(2017b). 「'기본소득의 역설' 대 '불가능성 정리'」, 『녹색전환연구소 전환소식』 2017년 3월호, http://igt.or.kr/index.php?document_srl=56461&mid=column(검색일자: 2019. 5. 24).

이건민(2017c). 「필요의 원리, 응분의 원리, 시민권의 원리, 그리고 청년기본소득」, 제8회 맑스코뮤날레 세션 발표문, 2017. 5. 12, https://basicincomekorea.org/170512_8th-marxcommunnale_g-m-lee(검색일자: 2019. 6. 25).

이현주(2015). 「영국 사회부조의 최근 동향: 유니버설 크레딧의 도입과 그 배경」, 『보건복지포럼』 226.

조권중·최상미·장동열(2017). 『기본소득의 쟁점과 제도연구』, 서울연구원.

조세특례제한법 일부개정법률 제16009호. 2018. 12. 24 공포, 2019. 1. 1 시행, http://www.law.go.kr/LSW/nwRvsLsInfoR.do?lsiSeq=205929(검색일자: 2019. 5. 27).

존 롤즈(2003). 『정의론』, 황경식 옮김, 이학사.

지방재정365(2019). 「재정자주도[당초]–자치단체, http://lofin.mois.go.kr/portal/main.do(검색일자: 2019. 5. 27).

최모란(2018.10.4). 「이재명 경기지사 '국토보유세 도입, 경기도가 먼저 하겠다'」, 『중앙일보』, https://news.joins.com/article/23020348(검색일자: 2019. 5. 27).

최한수(2017). 『각국의 기본소득 실험이 한국에 주는 정책적 시사점』, 한국조세재정연구원, http://repository.kipf.re.kr/handle/201201/5837(검색일자: 2019. 5. 24).

파쿤도 알바레도, 뤼카 샹셀, 토마 피케티, 이매뉴얼 사에즈, 게이브리얼 주크먼(2018). 『세계불평등보고서 2018』, 장경덕 옮김, 글항아리.

Alstott, A.(1999). *Work vs. Freedom: A Liberal Challenge to Employment Subsidies*, The Yale Law Journal 36(2).

Browne, J. and Herwig I.(2017). *Basic Income as a Policy Option: Technical Background Note Illustrating Costs and Distributional Implications for Selected Countries*, OECD.

Calnitsky, D.(2019). *Basic Income and the Pitfalls of Randomization*, Contexts 18(1).

Calnitsky, D.(2016). *More Normal than Welfare: The Mincome Experiment, Stigma, and Community Experience*, Canadian Review of Sociology/Revue canadienne de sociologie 53(1).

Coote, A. and Edanur Y.(2019). *Universal Basic Income: A Union Perspective*. Public Services International, http://www.world-psi.org/sites/default/files/documents/research/en_ubi_full_report_2019.pdf(검색일자: 2019. 5. 27).

Davala, S., Renana J., Mehta S. K. and Standing G.(2015). *Basic Income: A Transformative Policy for India*, Bloomsbury.

Esping-Andersen, G.(1990). *The Three Worlds of Welfare Capitalism*, Polity Press.

Forget, E.(2011). *The Town with No Poverty: The Health Effects of a Canadian Guaranteed Annual Income Field Experiment*, Canadian Public Policy 37(3).

Gelbach, J. and Pritchett L.(2002). *Is More for the Poor Less for the Poor? The Politics of Means-Tested Targeting*, Economic Analysis & Policy 2(1), Article 6.

Gilbert, R., Huws U. and Gunmin Yi(forthcoming). *Ch.5. Employment market effects of Basic Income*, In: Malcolm Torry(ed.), *Palgrave International Handbook of Basic Income*, Palgrave Macmillan.

Groot, L.(2004). *Basic Income, Unemployment and Compensatory Justice*, Kluwer Academic Publishers.

Haarmann, C., Haarmann D., Jauch H., Shindondola-Mote H., Nattrass N., Niekerk I. V. and Samson M.(2009). *Making the Difference! The BIG in Namibia*, Basic Income Grant Pilot Project Assessment Report, Basic Income Grant Coalition, http://www.bignam.org/Publications/BIG_Assessment_report_08b.pdf(검색일자: 2019. 5. 24).

Human Rights Council(2019). *Visit to the United Kingdom of Great Britain and Northern Ireland: Report of the Special Rapporteur on extreme poverty and human rights*, April 2019, https://undocs.org/A/HRC/41/39/Add.1(검색일자: 2019. 6. 24).

Damon, J. and Marinescu, I.(2018). *The Labor market Impacts of Universal and Permanent Cash Transfers: Evidence from the Alaska Permanent Fund*, NBER Working Paper No. 24312. https://www.nber.org/papers/w24312(검색일자: 2019. 5. 24).

Joyce, R.(2018). 「영국의 근로장려세제」, 『국제노동브리프』 16(8).

Maximilian, K.(2018). *Why a Universal Basic Income Is Better Than Subsidies of Low-Wage Work*, Growthpolicy Working Paper.

Maximilian K.(2017). *Who Wins, Who Loses? Tools for Distributional Policy Evaluation*, Working Paper.

Korpi, W. and Palme, J.(1998). *The Paradox of Redistribution and Strategies of Equality: Welfare State*

Institutions, Inequality, and Poverty in the Western Countries, American Sociological Review 63(5).

Stewart, L. and McCann, D.(2019). Citizen's Wealth Funds, a Citizen's Dividend and Basic Income, Renewal: a Journal of Labour Politics 27(1).

Stewart, L., McCann, D. and Schifferes S.(2018). Remodeling Capitalism: How Social Wealth Funds could transform Britain, Friends Provident Foundation.

Stewart, L. and Reed, H.(2018). Basic Income for All: From Desirability to Feasibility, Compass.

Leigh, A.(2010). Who Benefits from the Earned Income Tax Credit? Incidence among Recipients, Coworkers and Firms, The B.E. Journal of Economic Analysis and Policy 10(1), https://papers.ssrn.com/sol3/papers.cfm?abstract_id=1631095(검색일자: 2019. 5. 24).

Martinelli, L.(2017). Assessing the Case for a Universal Basic Income In the UK, IPR Policy Brief, Institute for Policy Research, University of Bath.

Meade, J. E.(1989). Agathotopia: The Economics of Partnership, Aberdeen University Press.

Millar, J. and Fran, B.(2017). Universal Credit: Assumptions, Contradictions and Virtual Reality, Social Policy and Society 16(2).

Miller, A.(2017). A Basic Income Handbook, Luath Press Limited.

Offe, C.(2008). Basic Income and the Labor Contract, Basic Income Studies 3(1).

Pareliussen, J. K., Hyunjeong Hwang and Viitamäki, H.(2018). Basic income or a single tapering rule? Incentives, inclusiveness and affordability compared for the case of Finland, OECD Economics Department Working Papers No. 1464, OECD Publishing.

Pech, W. J.(2010). Behavioral Economics and the Basic Income Guarantee, Basic Income Studies 5(2).

Pitts, F. H., Lombardozzi, L. and Warner, N.(2017). Speenhamland, Automation and the Basic Income: A Warning from History?, Renewal: a Journal of Labour Politics 25(3/4).

Portes, J., Reed, H. and Percy, A.(2017). Social Prosperity for the Future: A Proposal for Universal Basic Services, Institute for Global Prosperity.

Rothstein, J.(2010). Is the EITC as Good as an NIT? Conditional Cash Transfers and Tax Incidence, American Economic Journal: Economic Policy 2(1).

Standing, G.(2019). Basic Income as Common Dividends: Piloting a Transformative Policy, A Report for the Shadow Chancellor of th Exchequer, Progressive Economy Forum.

Standing, G.(2017). Basic Income: And How We Can Make It Happen, Pelican Books.

Standing, G.(2015). Why Basic Income's Emancipatory Value Exceeds Its Monetary Value, Basic Income Studies 10(2).

Torry, M.(2018a). Speenhamland, Automation, and Basic Income: A Response, Renewal: a Journal of Labour Politics 26(1).

Torry, M.(2018b). Some Lessons from the Recent UK Debate about Universal Basic Income, CESifo Forum 19(3).

Torry, M.(2016). The Feasibility of Citizen's Income, Palgrave Macmillan.

Van Parijs, P. and Vanderborght, Y.(2017). *Basic Income: A Radical Proposal for a Free Society and a Sane Economy*, Harvard University Press.

Watson, B., Guettabi, M. and Reimer, M.(2019). *Universal Cash Transfers Reduce Childhood Obesity Rates*, SSRN, March 2019.

Yi, Gunmin(2018). *The Effects of Basic Income on Labour Supply*, 『사회보장연구』 34(1).

6장

강남훈·곽노완·이수봉(2009). 『즉각적이고 무조건적인 기본소득을 위하여』, 민주노총.

곽노완(2014). 「독일 기본소득 운동과 전망」, 강남훈·곽노완 외, 『기본소득 운동의 세계적 현황과 전망』, 박종철출판사.

정원호·이상준·강남훈(2016). 『4차 산업혁명 시대 기본소득이 노동시장에 미치는 효과 연구』, 한국직업능력개발원.

Blaschke, R.(2016). *Rolle der Gewerkschaften in einer Grundeinkommensgesellschaft*.

Blaschke, R.(2017). *Grundeinkommen und Grundsicherungen–Modelle und Ansätze in Deutschland. Eine Auswahl*, https://www.grundeinkommen.de/wp-content/uploads/2017/12/17-10-%C3%9Cbersicht-Modelle.pdf(검색일자: 2019. 8. 24).

Blaschke, R.(2019). *Ronald Blaschke: Die Grundeinkommensidee wirkt in aktuellen politischen Debatte*, https://www.grundeinkommen.de/15/07/2019/ronald-blaschke-die-grundeinkommensidee-wirkt-in-aktuellen-politischen-debatten.html(검색일자: 2019. 8. 31).

Bündnis Grundeinkommen(2019). *Grundeinkommen Hand in Hand mit den Gewerkschaften*.

Gewerschaftsdialog Grundeinkommen(2019). *Das bedingungslose Grundeinkommen–ein Thema für jede Gewerkschaft*.

Hornschu, F.(2018). *Statt das bedingungslose Grundeinkommen den Sozialstaat stärken!*.

Krämer, R.(2018). *Eine illusionäre Forderung und keine soziale Alternative. Gewerkschaftlche Argumente gegen das Grundeinkommen*, Butterwege, C. & Rinke, K.(Hrsg.), *Grundeinkommen kontrovers, Plädoyers für und gegen ein neues Sozialmodell*, Belitz Juventa.

Lajoie, P.(2007). *Gewerkschaften: Bedingungslos gegen ein Grundeinkommen?*, 12–Wochen–Arbeit im Rahmen der Prüfung für Diplom–Sizialwirte an der Universitäten Göttingen.

Masur, O.(2017). *Ein rotes Tuch. Das Bedingungslose Grundeinkommen und die Gewerkschaften*.

Schweizer, M.(2013). *Die Debatte um das Grundeinkommen*, Gegenblende 2013. 5. 3.

Smolenski, T., Mohr, K. & Borthfeld, S.(2018). *Bedingungsloses Grundeinkommen, Gegenmodell zum Sozialstaat 4.0*, Arbeitspapier 4/2018, IG Metall–Vorstand.

Wolf, S.(2015). *Rede von Stephan Wolf, Sprecher der BAG Grundeinkommen DIE LINKE,* auf dem Parteitag der Partei DIE LINKE am 6. Juni 2015 in Bielefeld.

https://www.grundeinkommen.de/(독일기본소득네트워크 홈페이지)

https://www.dgb.de/uber-uns/dgb-heute/mitgliederzahlen/2010(독일노총 홈페이지)

https://dialog-grundeinkommen.jimdo.com/

https://www.spiegel.de/wirtschaft/soziales/gewerkschaften-lehnen-bedingungsloses-
grundeinkommen-ab-a-1205467.html(검색일자: 2019. 8. 26).

https://weact.campact.de/petitions/mitgestalten-statt-verweigern-gewerkschafter-innen-fur-ein-
bedingungsloses-grundeinkommen-bge(검색일자: 2019. 8. 26).

7장

강남훈(2017). 「권리로서의 기본소득: 쟁점과 이해」, 화우공익재단 제3회 공익세미나 『기본소득의 도입가능성 및 한
계』 쟁점토론 자료집.

김교성·백승호·서정희·이승윤(2018). 『기본소득이 온다: 분배에 대한 새로운 상상』, 사회평론.

다니엘 라벤토스(2017). 『기본소득이란 무엇인가』, 이한주·이재명 옮김, 책담.

박제성(2016a). 『새로운 고용관계를 규율하기 위한 노동법의 역할과 원칙: 디지털 노동관계를 중심으로』, 한국노동
연구원.

박찬임(2016). 『플랫폼 노동의 확산과 새로운 사회적 보호의 모색: 한국 산재보험제도를 중심으로』, 한국노동연구원.

브루스 애커만·앤 알수톳·필리페 반 빠레이스 외(2010). 『분배의 재구성』, 너른복지연구모임 옮김, 나눔의집.

서정희(2017). 「기본소득과 사회서비스의 관계설정에 관한 연구: 사회서비스 구축론에 대한 반론을 중심으로」, 『비판
사회정책』 제57호.

서정희·박경하(2016). 「한국의 가짜 자영업 추정을 통해서 본 비정규 근로자 규모의 오류」, 『한국사회정책』 23(3).

서정희·백승호(2014). 「사회보험의 법적 사각지대: 임금근로자 적용제외 규정과 규모의 변화」, 『노동정책연구』
14(3).

서정희·백승호(2017). 「제4차 산업혁명 시대의 사회보장 개혁: 플랫폼 노동에서의 사용종속관계 재구성과 기본소
득」, 『법과사회』 56.

서정희·이지수(2015). 「서비스 부문에서의 불안정 노동의 메커니즘: 업종별 시장 구조와 비정규 고용」, 『사회복지연
구』 46(1).

조돈문 외(2016). 『특수형태근로종사자 고용실태조사 2015』, 국가인권위원회.

황덕순(2016b). 「한국의 플랫폼 노동: 앱음식배달과 대리운전을 중심으로」, 『고용관계 변화와 사회복지 패러다임 연
구』, 한국노동연구원.

Böheim, R. and Müehlberger, U.(2009). *Dependent Self-employment: Workers between Employment and
Self-employment in the UK*, Zeitschrift für ArbeitsmarktForschung 42(2).

Cherry, M.(2016). 「미국 내 플랫폼 경제 관련 소송 분석: 디지털 환경으로의 전환과 규제의 문제」, 『고용관계 변화와
사회복지 패러다임 연구』, 한국노동연구원.

De Stefano, V.(2016). *The rise of the 'just-in-time workforce': on-demand work, crowdwork and labour
protection in the 'gig-economy'*, Conditions of work and employment series No. 71. Geneva: ILO.

Eurofound(2018). *Automation, Digitalisation and Platforms: Implications for Work and Employment*,

Publications Office of the European Union, Luxembourg.

Eurofound(2015). *New forms of employment*, Publications Office of the European Union, Luxembourg.

European Commission(2010). *European Employment Observatory Review: Self-employment in Europe 2010*, European Commission.

International Labour Organization(2003). *The Scope of the Employment Relationship*. International Labour Conference 91st Session Report, International Labour Office: Geneva.

International Labour Organization(2010). *World Social Security Report 2010/11: Providing Coverage in Time of Crisis and Beyond*, ILO Publication.

International Labour Organization(2012a). *From Precarious Work to Decent Work: Outcome Document to the Workers' Symposium on Policies and Regulations to Combat Precarious Employment*, International Labour Office, Bureau for Workers' Activities, Geneva: ILO.

International Labour Organization(2012b). *Decent Work Indicators: Concepts and Definitions*: ILO Manual First version, International Labour Office, Geneva: ILO.

Kalleberg, A. L.(2009). *Precarious Work, Insecure Workers: Employment Relations in Transition*, American Sociological Review Vol. 74.

Muehlberger, U. and Pasqua, S.(2006). *Workers on the Border between Employment and Self-employment*, Working Paper No. 11/2006, ICER(International Contre for Economic Research).

Ratti, L.(2017). *Online Platforms and Crowdwork in Europe: A Two-Step Approach to Expanding Agency Work Provisions*, Comparative Labour Law & Policy Journal 38(2).

Smith, R. and Leberstein, S.(2015). *Rights on Demand: Ensuring Workplace Standards and Worker Security In the On-Demand Economy*, NELP(the National Employment Law Project).

Thörnquist, A.(2015). *False Self-Employment and Other Precarious Forms of Employment in the 'Grey Area' of the Labour Market*, The International Journal of Comparative Labour Law and Industrial Relations 31(4).

Van Parijs, P.(2006). *Basic Income: A Simple and Powerful Idea for the Twenty-first Century*, in Ackerman, B., Alstott, A., and Van Parijs, P.(eds).

Van Parijs, P. and Vanderborght, Y.(2017). *Basic Income: A Radical Proposal for a Free Society and a Sane Economy*, Harvard University Press.

8장

강남훈(2013). 「생태기본소득의 가구별 재분배 효과」, 『사회이론』 제43호.

강남훈(2019). 『기본소득의 경제학』, 박종철출판사.

김윤상 외(2018). 『헨리 조지와 지대개혁』, 경북대학교 출판부.

다니엘 라벤토스(2016). 『기본소득이란 무엇인가』, 이재명·이한주 옮김. 책담.

대런 애쓰모글루·제임스 A. 로빈슨(2012). 『국가는 왜 실패하는가』, 최완규 옮김, 시공사.

마강래(2017). 『지방도시 살생부: 압축도시만이 살길이다』, 개마고원.

박경철(2018). 「농민수당(기본소득)의 필요성과 실행 방안」, 국회 토론회 『농민수당 도입의 필요성과 실행 방안』,
   2018. 5. 4.

세실 라보르드·존 메이너(2009). 『공화주의와 정치이론』, 곽준혁 외 옮김, 까치.

알베르토 알레시나·에드워드 L. 글레이저(2012). 『복지국가의 정치학』, 전용범 옮김, 생각의힘.

이문재(2019). 「기후 위기 대응은 좋은 세상 만드는 것」, 『녹색평론』 2019년 7/8월.

이노우에 도모히로(2016). 『거품경제라도 괜찮아: 헬리콥터 머니와 기본소득』, 송주명 외 옮김, 다돌책방.

정원호·강남훈·이상준(2016). 『4차 산업혁명 시대 기본소득의 노동시장 효과 연구』, 한국직업능력개발원.

필리프 판 파레이스(2016). 『모두에게 실질적 자유를: 기본소득에 대한 철학적 옹호』, 조현진 옮김, 후마니타스.

Acemoglu, D. and Robinson, J. A.(2013). *Why Nations Fail: The Origins of Power, Prosperity and Poverty*,
   Currency.

Alesina, A. and Glaeser, E.(2004). *Fighting Poverty in the US and Europe: A World of Difference*, Oxford
   University Press.

Iversen, T. and Soskice, D.(2006). *Electoral systems and the politics of coalitions: Why some democracies
   redistribute more than others*, American Political Science Review 100 No. 2.

Laborde, C. and Maynor, J. et al.(2008). *Republicanism and Political Theory,* Blackwell.

Raventós, D.(2007). *Basic Income: The Material Conditions of Freedom*, London: Pluto Press.

Simon, H.(2000). *UBI and the Flat Tax*, Phillip van Parijs(eds.), *What's Wrong with a Free Lunch*, Beacon Press.

Van Parijs, Philippe(1995). *Real Freedom for All: What (If Anything) Can Justify Capitalism?*, Oxford.

Yang, Andrew(2018). *The War on Normal People: The Truth About America's Disappearing Jobs and Why
   Universal Basic Income Is Our Future*, Hachette Books.

9장

강혜규(2012). 「사회복지전달체계 개편의 성과와 발전방향」, 『보건복지포럼』 2012(7).

곽노완(2007). 「기본소득과 사회연대소득의 경제철학: 빠레이스, 네그리, 베르너에 대한 비판과 변형」, 『시대와 철학』
   18(2).

김미숙(2006). 「방과후 아동보육서비스 전달체계 효율성 제고에 관한 연구」, 『보건사회연구』 26(2).

김영순(2017). 「기본소득제 부상의 사회경제적 배경과 의미: 하나의 비판적 검토」, 『월간 복지동향』 (221).

김은정(2009). 「사회서비스 이용자 재정지원 방식과 정책적 쟁점」, 『사회과학연구』 25(1).

김은정(2014). 「미국 재가돌봄서비스 정책변화와 한국 정책에의 함의」, 『지방정부연구』 18(3).

김이배(2014). 「공공사회복지전달체계 개편의 특징과 한계」, 『비판사회정책』 42.

남용현(2014). 「장애인 복지정책에서의 이용자 참여 강화」, 『한국콘텐츠학회논문지』 14(11).

닐 길버트·폴 테렐(2007). 『사회복지정책론: 분석 틀과 선택의 차원』, 남찬섭·유태균 옮김, 나눔의집.

다니엘 라벤토스(2017). 『기본소득이란 무엇인가』, 이한주·이재명 옮김, 책담.

반 빠레이스·필리페(2010). 『기본소득: 21세기를 위한 명료하고 강력한 아이디어』

백승호·이승윤(2018). 「기본소득 논쟁 제대로 하기」, 『한국사회정책』 25(3).

브루스 애커만·앤 알수톡·필리페 반 빠레이스 외(2010). 『분배의 재구성』, 너른복지연구모임 옮김, 나눔의집.

서정희(2017). 「기본소득과 사회서비스의 관계설정에 관한 연구: 사회서비스 구축론에 대한 반론을 중심으로」, 『비판사회정책』 (57).

손원익(2013). 『사회서비스 공급모형과 재정효율성』, 한국조세재정연구원.

양재진(2018). 「기본소득은 미래사회보장의 대안인가?」, 『한국사회정책』 25(1).

엄태호 외(2010). 「정책수단의 변화가 행정적 효율성에 미치는 영향분석: 가사간병서비스의 전자바우처 전환을 중심으로」, 『행정논총』 48(2).

원종학 외(2011). 『복지사업 효율성 제고방안(Ⅰ): 자체와 민간비영리기관(NPO)의 효율성을 중심으로』, 한국조세재정연구원.

유재남(2011). 「OECD 15개국 노인 장기요양보호서비스 전달체계의 효율성 평가」, 『노인복지연구』 53.

유종성(2018). 「기본소득의 재정적 실현가능성과 재분배효과에 대한 고찰」, 『한국사회정책』 25(3).

유현종(2013). 「사회복지서비스 전달체계의 비교복지국가론적 분석」, 한국행정학회 학술발표논문집.

이재원(2008). 『사회서비스 전자바우처』, 대영문화사.

이재원 외(2008). 『사회서비스 활성화를 위한 품질 및 성과관리체계 구축 방안』, 보건복지부.

이재원 외(2009). 『수요자 중심의 보육료지원 전달체계 연구』, 보건복지부.

이현주·장지연·전병유(2017). 「현금 기본소득과 현물 공적서비스의 불평등 완화 효과 비교 연구」, 『사회과학연구』 56(1).

정광호(2008). 『제6권 사회서비스 전자바우처 운영과 시장관리』, 보건복지부.

정광호·최슬기·장윤희(2009). 「다문화 가정을 위한 사회서비스 전달과정 분석: 위탁과 바우처 방식의 비교」, 『한국공공관리학보』 23(4).

정광호(2010). 「미국 교육바우처의 효과 분석: 무작위실험 사례를 중심으로」, 『행정논총』 48(2).

정홍원 외(2014). 『복지전달체계 효율성 및 효과성 제고방안: 민간 사회복지시설을 중심으로』, 경제·인문사회연구회 미래사회협동연구총서.

최현묵 외(2015). 「복지서비스 운영주체별 효율성에 관한 연구: 노인돌봄기본서비스를 중심으로」, 『한국지방자치학회보』 27(3).

Allègre, G.(2014). *How can a basic income be defended*, OFCE Briefing paper (7).

Beals, J. R.(1992). *Survey of Education Vouchers and Their Budgetary Impact on California*, Policy Insight 144(Aug), Reason Foundation.

Bruce Ackerman, A. A. & P. Van Parijs(2006). *Redesigning Distribution*, Verso.

De Wispelaere, J. & Stirton, L.(2017). *When basic income meets Professor Pangloss: ignoring public administration and its perils*, The Political Quarterly 88(2).

Farrell, M.J.(1957). *The Measurement of Productive Efficiency*, Journal of Royal Statistical Society 120(3).

Fitzpatrick, T.(1999). *Freedom and security: An introduction to the basic income debate*, Springer.

Gilbert, N. & Terrel, P.(2005). *Dimensions of Social Welfare Policy*, Pearson(6th ed).

Isascs. J. B.(2008). *The Costs of Benefit Delivery in the Food Stamp Program*, United States Department of Agriculture.

MaCurdy, T. & Jones, J.(2008). *Welfare. The Concise Encyclopedia of Economics*, http://www.econlib.org/library/Enc/Welfare.html.

Murray, C.(2016). *In our hands: A Pan to Replace the Wealfare State*, Washington DC: The AEI Press.

Offe, C.(2005). *Wasteful welfare transactions: why basic income security is fundamental*, in G. Standing, (ed.), *Promoting Income Security as a Right: Europe and North America*, London: Anthem.

Quintero, Z.(2014). *An Overview of Universal Basic Income: Discussion on the Benefits of a Single System Welfare Standard*, https://digitalcommons.butler.edu.

Raventös, D.(2007). *Basic Income: The Material Conditions of Freedom*, London: Pluto Press.

Salamon, L. & Elliott, O.(2002). *The tools of government: A guide to the new governance,* New York: Oxford University Press.

Sandfort, J., Selden, S. C., & Sowa, J. E.(2008). *Do government tools influence organizational performance? Examining their implementation in early childhood education*, The American Review of Public Administration 38(4).

Savas, E.(2002). *Competition and choice in New York City social services*, Public Administration Review 62(1).

Standing, G.(1999). *Global labour flexibility: Seeking distributive justice*, Basingstoke: Palgrave.

Standing, G.(2002). *Beyond the New Paternalism: Basic Security as Equality*, Verso.

Straubhaar, T.(2017). *On the Economics of a Universal Basic Income*, Intereconomics 52(2).

Van Parijs, P.(1990). *The Second Marriage of Justice and Efficiency*, Journal of Social Policy 19(1).

Van Parijs, P.(2004). *Basic income: a simple and powerful idea for the twenty-first century*, Politics and Society 32(1).

Wispelaere, Jurgen De & Lindsay Stirton(2011). *The administrative efficiency of basic income*, Policy & Politics 39(1).

http://www.gsef2014.org/

10장

강민수(2019). 「공공조직의 팀제운용에 있어서 논점과 과제」, 『국회토론회』, 민주연구원.

강원도(2015). 「강원형 사회적경제 육성모델 발굴 연구」, 지식공방하우협동조합.

구형수(2019). 「생활SOC 공급의 지역 간 불균형과 정책과제」, 『국토』 2019.3.

김륜희(2017). 「도시재생과 사회적 경제」, LH토지주택연구원.

김보라(2019). 「사회적경제 문재인정부 2년 평가와 과제: 더불어민주당 활동을 중심으로」, 『국회토론회』, 민주연구원.

김신양(2011). 「사회적경제의 이상과 현실」, 충남사회적경제지원센터 자료집.

김영순(2017). 「기본소득제 부상의 사회경제적 배경과 의미: 하나의 비판적 검토」, 참여연대.

김정원(2009). 「사회적 기업과 지역시민사회: 전북지역 사례를 중심으로」, 『시민과 세계』 15.

김재훈(2013). 『시민의 복지국가와 사회적 경제』, 한울.

김혜원(2017). 「한국 사회적기업, 그 10년과 사회 변화, 새로운 발전전략」, 『사회적기업육성법 제정 10주년 기념 정책토론회 자료집』, 한국사회적기업중앙협의회.

김희연·유영성(2014). 『경기도민의 공동체의식 제고방안』, 경기개발연구원.

고동현(2018). 「바르셀로나 시민소득 실험」, 『LAB2050 REPORT』.

노대명(2010). 「제3섹터의 정통성 위기와 사회적경제」, 『보건복지포럼』 162.

노대명(2014). 「사회적경제와 지역재생」, 『보건복지포럼』 263.

배성기(2019). 「사회적 경제조직의 생활 SOC 사업 참여 확대방안」, 『국토』 2019.3.

부산복지개발원(2018). 「새로운 복지패러다임 전망과 기본소득 정책」, 『Issue Report』 제28호.

사회적경제기본법제정시민행동(2018). 『사회적경제기본법이 궁금하다면? : 사회적경제 기본법 10문 10답!』.

새로운사회를여는연구원(2013). 『사회적 경제 생태계 육성 전략 마련을 위한 기초조사: 해외 사례를 중심으로』, 새로운사회를여는연구원.

세종특별자치시(2018). 『세종시 사회적경제 육성사업 5개년 계획 연구』, 지식공방하우협동조합.

안효상(2019). 「기본소득과 사회적경제」, 『월간 시대』 제65호.

엄영숙(2008). 「비정형사업 편익산정 기법 중 CVM 적용을 위한 실행지침」, 『예비타당성조사연구 일반지침』(제5판), 한국개발연구원(KDI) 제출 보고서.

연수연(2018). 『문화예술분야 사회적경제조직의 지속가능성 연구』, 한국문화관광연구원.

윤동욱(2018). 「사회적경제 활성화를 위한 제도적 기반과 정부의 과제」, 『지방행정』 67(774).

윤신정(2008). 『메타분석에 의한 CVM 기법의 타당성 검증』, 전북대학교 석사논문.

이주원(2017). 「도시재생 그리고 사회적경제」, 제2기 해방촌 도시재생대학 자료집.

임상연(2017). 「도시재생형 사회적경제 육성을 통한 일자리 창출 전략」, 『국토』 433.

장원봉(2007). 「사회적 경제(social economy)의 대안적 개념화 : 쟁점과 과제」, 『시민사회와 NGO』 5(2).

정상희(2018). 「사회적경제조직을 통한 생활SOC 투자정책」, 『이슈브리핑』 2018-23호, 민주연구원.

조혜경(2018). 「디지털 자본주의와 무조건적 기본소득」, 『시대』 55호.

조혜경(2018). 「사회적경제와 기본소득: 사회정의를 향한 제3의 길」, 2018 경기도 사회적경제 국제컨퍼런스 자료집, 경기연구원.

주성수(2010). 『사회적 경제 이론, 제도, 정책』, 한양대학교 출판부.

최정은·최영준(2019). 「기초자치단체가 사회적경제 활성화에 미치는 영향에 관한 연구」, 『한국사회복지행정학』 21(1).

최준규(2018). 「사회적경제의 사회적가치 측정」, 『GRI Focus』 2018.9.20.

한국개발연구원(2009). 『예비타당성조사연구 일반지침』(제5판 개정).

한국정보화진흥원(2018). 「지역경제 공유경제로 풀다」, 『HOT Issue Report』 2018-1.

한겨레21(2010). 「못 살겠다 갈아엎자 '사회적경제'로」.

한인정(2018). 『기본소득담론 연구』 가톨릭대학교 대학원 석사학위 논문.

행정안전부(2019). 『행안부, 마을기업으로 마을을 살린다』.

Arrow, K., R. solow, P. R. Portney, E. E. Leamer, R. Radner and H. Schuman(1993). *Natural Resources Damage Assessments under the Oil Pollution Act of 1990*, Report of the NOAA Panel on Contingent Valuation, Federal Register Vol 58. No.10.

Bateman, I. and K. G. Willis(eds.)(1999). *Valuing Environmental Preferences: Theory and Practice of the Contingent Valuation Method in the US, EU, and Developing Countries*, Oxford: Oxford University Press.

Cameron, T. A.(1988). *A New Paradigm for Valuing Non-Market Goods Using Referendum Data: Maximum Likelihood Estimation by Censored Logistic Regression*, Journal of Environmental Economics and Management Vol. 15.

Defourny(2004). *Social enterprise in an enlarged Europe: concept and realities*, EMES 1–21.

Defourny & Pestoff(2008). *Images and concepts of the third sector in Europe*, EMES Working Papers no.08/02. EMES European Research Network.

Freeman III, A. M.(1993). *The Measurement of Environmental and Resource Values: Theory and Methods*, Washington, D.C.: Resource for the Future.

Hanemann, W. M.(1984). *Welfare Evaluations in Contingent Valuation Experiments with Discrete Responses*, American Journal of Agricultural Economics Vol. 66.

Hanemann, W., J. Lommis and B. Kanninen(1991). *Statistical Efficiency of Double-bounded Dichotomous Contingent Valuation*, American Journal of Agricultural Economics Vol. 73.

Hanemann, W. and B. Kanninen(1999). *The Statistical Analysis of Discrete –Response CV Data*, in I. J. Bateman & K. G. Willis(eds.), *Valuing Environmental Preferences: Theory and Practice of the Contingent Valuation Method in the US, EU, and Developing Countries*, Oxford: Oxford University Press.

Hicks, J. R.(1939). *The Foundation of Welfare Economics*, Economic Journal Vol. 49.

Lessig, L.(2010). *Sharing Economics*, Sustainable Economics.

Luce, R. D. and P. Suppes(1965). *Preference, Utility and Subjective Probability*, in R. D. Luce, R. R. Bush and E. Gelanter(eds.), *Handbook of Mathematical Psychology*, New York: John Wiley & Sons, Vol. 3.

Manski, C.(1977). *The Structure of Random Utility Models*, Theory and Decision Vol. 8.

McConnell, K. E.(1990). *Models for Referendum Data: The Structure of Discrete Choice Models for Contingent Valuation*, Journal of Environmental Economics and Management Vol. 18.

McFadden, D.(1974). *Standard Logit Analysis of Qualitative Choice Behaviour*, in P. Zarembka(ed.), *Frontiers in Econometrics*, New York: Academic Press.

Mitchell, R. C. & R. T. Carson(1989). *Using Surveys to Value Public Goods: The Contingent Valuation Method*, Washington D.C.: Resource for the Future.

Schmid-Druner, M.(2016). *The Situation of Workers in the Collaborative Economy*, European Parliament.

Schmidt, F.(2017). *Digital Labour Markets in the Platform Economy, Mapping the Political Challenges of Crowd Work and Gig Work*, Friedrich Ebert Stiftung.

Smith, V. K.(2006). *Fifty Years of Contingent Valuation*, in *Handbook on Contingent Valuation*(eds.) by A. Alberini and J. R. Kahn, Edward Elgar Publishing Co.

경기도 사회적경제 육성 지원에 관한 조례(경기도조례 제5007호)

경기도 공유경제활성화에 관한 조례(경기도조례 제4807호)

http://www.gg-sec.kr/(2018 경기도 사회적경제 국제컨퍼런스)

www.gsef2014.org/(Gsef2014)

https://sehub.net/(서울시 사회적경제지원센터)

www.ssec.or.kr/(성동구 사회적경제지원센터)

http://www.incheonilbo.com(인천일보)

www.socialenterprise.or.kr/(한국사회적기업진흥원)

https://www.ellenmacarthurfoundation.org/(Ellen MacArthur Foundation)

https://blog.naver.com/smartchatbot/221694142098(네이버_사회적경제 관련 용어 알아보기)

11장

강남훈(2018). 「근로소득세 공제 없애고 기본소득을 지급할 때의 재분배 효과―근로소득 천분위 자료 분석」, 『사회경제평론』 통권 제58호.

국회입법조사처(2019). 『지표로 보는 이슈: 신용카드 등 사용금액에 대한 소득공제 현황 및 시사점』.

유승희 의원실(2019). 「각종 공제에 따른 종합소득세 감면 혜택」, 보도자료 2019. 4. 16.

유영성 외(2018). 『경기도 기본소득 구상 및 정책방안』, 경기연구원.

은민수(2019). 「소득주도에서 복지주도로의 전환: 역진적 조세지출 조정으로 혁신적 기초소득 보장」, 『복지동향』 2019년 8월호.

은민수(2017a). 「NIT(Negative Income Tax) 방식의 기본소득보장: 캐나다의 도입방안에 대한 비판적 분석과 한국에 적용가능한 방안 탐구」, 『비판사회정책』 54.

은민수(2017b). 「미국과 캐나다의 기초소득보장 개혁 사례」, 『비교글로벌정치연구』 10(2).

은민수(2015). 「뉴질랜드 정당체계의 변동과 기초연금제도의 변화」, 『한국정치학회보』 49(5).

조권중 외(2017). 『기본소득의 쟁점과 제도연구』, 서울연구원.

참여연대(2019). 「국민취업지원제도 도입 이전에 시급히 해소해야할 문제점과 제도 개선 방향」, 『참여연대 이슈리포트』.

필리페 판, 파레이스·야니크 판데르보흐트(2017). 『21세기 기본소득』, 홍기빈 옮김, 흐름출판.

필리페 판 파레이스(2016). 『모두에게 실질적 자유를―기본소득에 대한 철학적 옹호』, 조현진 옮김, 후마니타스.

Ackerman, B. and Alstott, A.(1999). *The Stakeholder Society*, New Haven: Yale University Press.

Alstott, A.(1995). *The Earned Income Tax Credit and the Limitations of Tax-Based Welfare Reform*, Harvard Law Review 108(3).

Barr, N.(2008). 『복지국가와 경제이론』, 이정우·이동수 옮김, 학지사.

BIEN(2010). *Suplicy-Friedman exchange*, BIEN News Flash no.3, May, https://basicincome.org/bien/pdf/

NewsFlash3.pdf.

Fitzpatrick, T.(2010). *Basic Income, Post-Productivism and Liberalism*, Basic Income Studies 4(2).

Fitzpatrick, T.(1999). *Freedom and Security*, New York: Palgrave Macmillan.

Friedman, M.(2013). *The Case for a Negative Income Tax: A View from the Right*, Widerquist, K., Vanderborght, Y. Noguera, J. A. and Wispelaere, D. Y.(eds.), *Basic Income: An Anthology of Contemporary Research*, Blackwell Publishing.

Grady, P. and Kapsalis, C.(1995). *Income Security Reform and the Concept of a Guarantees Annual Income*, MPRA(Munich Personal RePEc Archive) Paper no.18831, http://mpra.ub.uni-muenchen.de/18831/.

Mulvale, J.(2008). *Basic Income and the Canadian Welfare State: Exploring the Realms of Possibility*, Basic Income Studies 3(1).

Mulvale, J. and Vanderborght, Y(2012). *Canada: A Guaranteed Income Framework to Address Poverty and Inequality?*, Richard K. Caputo(ed.), *Basic Income Guarantee and Politics*, Palgrave Macmillan.

Murray, C.(2008). *Guaranteed Income as a Replacement for the Welfare State*, Basic Income Studies 3(2).

Myles, J. and Pierson, P.(1997). *Friedman's Revenge: The Reform of Liberal Welfare States in Canada and the United States*, Politics & Society 25(4).

Segal, Hugh. *Guaranteed Annual Income: Why Milton Friedman and Bob Stanfield were Right*, Option Politiques.

Van Parijs, P.(2000). *A Basic Income for All*, Boston Review, http://www.geocities.ws/ecco_ulu/documents/vanparijs.pdf.

Van Parijs, P.(2010). *Political Ecology: From Autonomous Sphere to Basic Income*, Basic Income Studies 4(2).

Van Parijs, P.(2004). *Basic Income: A Simple and Powerful Idea for the Twenty-first Century*, Politics & Society 32(1).

Widerquist, K.(2001). *Perspectives on the Guaranteed Income, Part II*, Journal of Economic Issues 35(4).

Widerquist, K.(2005). *A failure to communicate: what (if anything) can we learn from the negative income tax experiments?*, The Journal of Socio-Economics 34.

Widerquist, K., Vanderborght, Y., Noguera, J. A. and Wispelaere D. Y.(2013). *Introduction: The Idea of an Unconditional Income for Everyone*, in *Basic Income: An Anthology of Contemporary Research*, Blackwell Publishing.

12장

강남훈(2014). 「미국의 기본소득보장의 사상과 운동」, 강남훈·곽노완 외, 『기본소득 운동의 세계적 현황과 전망』, 박종철출판사.

강남훈(2019a). 『기본소득의 경제학』, 박종철출판사.

강남훈(2019b). 「핀란드 기본소득 실험은 실패했는가」, 『SIES 이슈와 정책』.

고동현(2018). 「바르셀로나의 시민소득 실험, B-MINCOME」, https://medium.com/lab2050/%EB%B0%94 %EB%A5%B4%EC%85%80%EB%A1%9C%EB%82%98%EC%9D%98-%EC%8B%9C%EB%AF%B C%EC%86%8C%EB%93%9D-%EC%8B%A4%ED%97%98-b-mincome-edb36d013355(검색일자: 2019. 6. 3).

권정임(2014). 「북구 복지체제의 위기와 핀란드의 기본소득운동」, 강남훈·곽노완 외, 『기본소득 운동의 세계적 현황 과 전망』, 박종철출판사.

신재성(2014). 「브라질의 사회정책과 시민기본소득의 전망」, 강남훈·곽노완 외, 『기본소득 운동의 세계적 현황과 전 망』, 박종철출판사.

유영성·김병조(2019). 「해외출장보고서(스페인 바르셀로나)」.

유영성·정원호·이관형(2019). 「최근 기본소득 추이와 경기도의 도전적 시도」, 『이슈&진단』 No. 366, 경기연구원.

유종성(2019.2.25). 「핀란드 기본소득 실험, 웰빙효과, 고용효과 나타났다」, 『프레시안』, http://www.pressian. com/news/article/?no=230160(검색일자: 2019. 5. 30).

정원호·이상준·강남훈(2016). 「4차 산업혁명 시대 기본소득이 노동시장에 미치는 효과 연구」, 한국직업능력개발원.

Kangas, O.(2017). 「핀란드의 기본소득 실험」, 『국제노동브리프』 2017년 10월호, 한국노동연구원.

Basic Income Grant Coalition(2009). *Making the difference! The BIG in Namibia.*

Berman, M. & Reamey, R.(2016). *Permanent Fund Dividends and Poverty in Alaska*, Institute of Social and Economic Research, University of Alaska Anchorage.

Coll, J. M.(2019). *Wise Cities and the Universal Basic Income: intersections between inequallties, the 4th industrial Revolution and the new socioeconomic paradigm. Insichts from Barcelona & beyond*, 제1회 경 기도 기본소득 국제컨퍼런스 발표문, 2019. 4. 29~30.

Feinberg, R. M. & Kuhen, D. P.(2018). *Guaranteed non-labor income and labor supply: the effect of the Alaska Permanent Fund Dividend*, American University Working Paper 2018-01.

Hiilamo, H.(2019). *Disappointing results from the Finnish basic income experiment*, https://www.helsinki. fi/en/news/nordic-welfare-news/heikki-hiilamo-disappointing-results-from-the-finnish-basic- income-experiment(검색일자: 2019. 5. 30).

ipa(2019). *The Effects of a Universal Basic Income in Kenya*, https://www.poverty-action.org/study/ effects-universal-basic-income-kenya(검색일자: 2019. 6. 2).

Jauch, H.(2015). *The Rise and Fall of the Basic Income Grant Campaign: Lessons fron Namibia*, Global Labour Journal 2015, 6(3).

Jones, D. & Marinescu, I(2018). *The Labor Market Impacts of Universal and Permanent Cash Transfers: Evidence from the Alaska Permanent Fund*, NBER Working Paper No. 24312.

Kangas, O.(2016). *From idea to experiment*, Report on universal basic income in Finland, Kela.

Kangas, O., Jauhiainen, S., Simanainen, M. & Ylikännö, M.(eds.)(2019). *The Basic Income Experiment 2017-2018 in Finland*, Preliminary results, Ministry of Social Affairs and Health.

Kela(2019). *Basic income recipients experienced less financial insecurity*, https://www.kela.fi/web/en/

news-archive/-/asset_publisher/IN08GY2nIrZo/content/basic-income-recipients-experienced-less-financial-insecurity(검색일자: 2019. 5. 30).

Kirchner, L. et al.(2019). *Report on the preliminary results of the B-MINCOME project (2017-2018)*, Barcelona City Council.

Lain, B. & Torrens, L(2019). *Combining a Minimum Income with Active Social Policies: Barcelona's B-MINCOME Pilot*, European Green Perspectives on Basic Income, Green European Foundation.

Manning, S.(2019). *Basic Income Project. Y Combinator Research*, 제1회 경기도 기본소득 국제컨퍼런스 발표문, 2019. 4. 29~30.

Martinelli, L.(2019). *Basic Income: World's First National Experiment in Finland Shows Only Modest Benefits*, https://blogs.bath.ac.uk/iprblog/2019/02/21/basic-income-worlds-first-national-experiment-in-finland-shows-only-modest-benefits/(검색일자: 2019. 5. 30).

McFarland, K.(2016). *UGANDA: Two-year basic income pilot set to launch in 2017*, https://basicincome.org/news/2016/11/uganda-two-year-basic-income-pilot-set-to-launch-in-2017/(검색일자: 2019. 6. 2).

Prochizka, T.(2019). *Basic income's experimental wave is over: Time for policies*, https://basicincome.org/news/2019/06/basic-incomes-experimental-wave-is-over-time-for-policies/(검색일자: 2019. 7. 30).

Robins, P. K.(1985). *A Comparison of the Labor Supply Findings From the Four Negative Income Tax Experiments*, The Journal of Human Resources, October 1985.

Santens, S.(2019). *What is There to Learn From Finland's Basic Income Experiment? Did It Succeed or Fail?*, https://medium.com/basic-income/what-is-there-to-learn-from-finlands-basic-income-experiment-did-it-succeed-or-fail-54b8e5051f60(검색일자: 2019. 6. 1).

SEED(2018). *Our Vision for SEED: A Discussion Paper*.

SEWA Bharat(2014). *A Little More, How Much It Is⋯, Piloting Basic Income Transfers in Madhya Pradesh*, India, UNICEF.

Sommeiller, E & Price, M(2018). *The New Gilded Age*, Econimic Policy Institute.

Watson, B., Guettabi, M. & Reimer, M.(2019). *Universal Cash and Crime*, Institute of Social and Economic Research.

Widerquist, K.(2018). *A Critical Analysis of Basic Income Experiments for Researchers, Policymakers, and Citizens*, Bepress.

Wispelaere, J. D., Halmetoja, A. & Pulkka, V.(2018). *The Rise (and Fall) of the Basic Income Experiment in Finland*, CESifo Forum 3/2018, September, Volume 19.

Ylikännö, M. & Kangas, O.(2019). *Finnish basic income experiment reveals problems of conditional benefits*, https://basicincome.org/news/2019/04/finnish-basic-income-experiment-reveals-problems-of-conditional-benefits/(검색일자: 2019. 5. 31).

13장

국회법제실(2008). 『입법이론과 법제실무』, 국회사무처.

김복기(2014). 「사회적 기본권의 법적 성격」, 『사회보장법연구』 제3권 제1호, 서울대 사회보장법연구회.

김태환(2016). 「지방자치단체의 복지재정 집행에 관한 고찰–서울특별시 청년수당 갈등을 중심으로」, 『사회법연구』 제30호, 한국사회법학회.

노호창(2014a). 「기본소득에 관한 개관과 입법 사례의 검토」, 『노동법연구』 제36호, 서울대학교 노동법연구회.

노호창(2017). 「기본소득의 헌법적 근거에 관한 모색적 연구」, 『헌법논총』 제28집, 헌법재판소.

노호창(2011). 「헌법상 근로권의 내용과 성격에 대한 재해석」, 『노동법연구』 제30호, 서울대학교 노동법연구회.

박균성(2016). 『행정법강의』(제13판), 박영사.

이다혜(2019). 「기본소득에 대한 노동법적 고찰」, 『서울대학교법학』 제60권 제1호, 서울대학교법학연구소.

이상협(2017). 「지방자치단체의 기본소득 제도에 관한 연구: 법적 쟁점을 중심으로」, 제18회 지리산 워크샵 자료집, 서울대 사회보장법연구회.

전광석(2016). 『한국사회보장법론』, 집현재.

정종섭(2016). 『헌법학원론』, 박영사.

한수웅(2016). 『헌법학』, 법문사.

Eduardo Matarazzo Suplicy(2019). 「시민기본소득: 한국과 브라질을 위한 좋은 제안」, 『한국사회과학』 제31권, 서울대학교 사회과학연구원.

Spicker, P.(2011). *How Social Security Works*, The Policy Press.

Van Parijs, P. and Vanderborgh, Y.(2017). *Basic Income: A Radical Proposal for a Free Society and a Sane Economy*, Harvard University Press.

Maurer, H.(2009). *Allgemeines Verwaltungsrecht*, 17. Auflage, Verlag C. H. Beck.

http://basicincome.org/basic-income/(기본소득지구네트워크 홈페이지)

http://www.mohw.go.kr/front_new/al/sal0301vv.jsp?PAR_MENU_ID=04&MENU_ID=0403&page=1&CONT_SEQ=333930&SEARCHKEY=TITLE&SEARCHVALUE("보건복지부, 서울시의 청년수당 대법원 제소에 엄정히 대응키로", 보건복지부 보도자료 2016. 8. 19.)

15장

강남훈·곽노완(2009). 『국민 모두에게 기본소득을!』, 민주노총 정책연구원.

강남훈(2010). 「기본소득 도입 모델과 경제적 효과」, 『진보평론』, (45).

강남훈(2014). 「2012년 기준 기본소득 모델들과 조세개혁」, 강남훈·곽노완 외, 『기본소득의 쟁점과 대안사회』, 박종철출판사.

강남훈(2017). 「권리로서의 기본소득: 쟁점과 이해」, 화우공익재단 제3회 공익세미나 『기본소득의 도입가능성 및 한계』 쟁점토론 자료집.

이승윤(2016). 「한국의 불안정노동시장과 사회수당–청년 불안정노동시장과 청년 기본소득 논의를 중심으로」, 『비판과 대안을 위한 사회복지학회 학술대회』 발표논문집.

김교성·이지은(2017). 「기본소득의 '실현가능성'에 대한 탐색」, 『비판사회정책』 제56권.

김교성(2009). 「기본소득 도입을 위한 탐색적 연구」, 『사회복지정책』 제36호 제4호.

김교성·백승호·서정희·이승윤(2017). 「기본소득의 이상적 모형과 이행경로」, 『한국사회복지학』 제69권 제3호.

정원호·이상준·강남훈(2016). 『4차 산업혁명 시대 기본소득이 노동시장에 미치는 효과 연구』, 한국직업능력개발원.

조권중·최상미·장동열(2018). 『기본소득의 쟁점과 제도연구』, 서울연구원.

천우정(2019). 「기본소득의 재원조달 다각화 방안」, 『경기도 기본소득 연구 워크샵-기본소득, 재원조달 가능한가?』 발제자료, 경기연구원 기본소득연구단.

Blaschke, R(2012). *Aktuelle Ansätze und Modelle von Grundsicherungen und Grundeinkommen in Deutschland*, Blaschke, R., Otto, A. & Schepers, N.(Hrsg.). *Grundeinkommen. Von der Idee zu einer europäischen politischen Bewegung*, VSA.

Parker(ed.)(1991). *Basic Income and the Labour Market*, BIRG Discussion Paper No.1.

Young, M and Mulvale, JP(2009). *Possibilities and Prospects: The Debate Over a Guaranteed Income*, Ottawa, Canadian Centre for Policy Alternatives.

16장

엄영숙(2008). 「자연환경자원 방문수요선택에 현시된 여가시간의 가치추정: 카운트자료모형을 적용하여」, 『경제학연구』 56(1).

엄영숙(2011). 「양분선택형 조건부가치측정법 응답자료의 실증적 쟁점분석」, 『자원·환경경제연구』 20(1).

윤신정(2008). 『메타분석에 의한 CVM 기법의 타당성 검증』, 전북대학교 석사학위논문.

최용환·최성환·김종갑·임정관(2016). 「경기도 연합정치의 평가와 과제」, 『정책연구』 2016-20, 경기연구원.

최창렬(2014). 「민주화 이후의 연합정치의 함의」, 『대한정치학회보』 제22집 제3호.

홍종호·엄영숙(2011). 「설문기법을 이용한 공공재의 수요 추정: 주요 쟁점과 환경위성 탑재사업 가치평가에의 응용」, 『한국경제의 분석』 17(1).

Arrow, K., et al.(1993). *Report of the NOAA Panel on Contingent Valuation*, Federal Register 58(10).

Bateman, I. J., et al.(2002). *Economic Valuation with Stated Preference Techniques: A Manual*, Cheltenham: Edward Elgar.

Björnstad, D. J. & Kahn, J.(1996). *The Contingent Valuation of Environmental Resources*, Edward Elgar.

Cameron, T. A.(1988). *A New Paradigm for Valuing Non-market Goods Using Referendum Data: Maximum Likelihood Estimation by Censored Logistic Regression*, Journal of Environmental Economics and Management 15(3).

Diamond, P. A. & Hausman, J. A.(1994). *Contingent Valuation: Is Some Number Better Than No Number?*, Journal of Economic Perspectives 8(4).

Freeman, A. M.(1993). *The Measurement of Environmental and Resource Values*, Resources for the Future,

Washington, DC.

Hanemann, W. M.(1984). *Welfare Evaluations in Contingent Valuation Experiments with Discrete Responses*, American Journal of Agricultural Economics Vol. 66.

Hanemann, M., et al.(1991). *Statistical Efficiency of Double-bounded Dichotomous Choice Contingent Valuation*, American Journal of Agricultural Economics 73(4).

Hanemann, W. M. and B. Kanninen(1999). *The Statistical Analysis of Discrete-Response CV Data*, in I. J. Bateman and K. G. Willis(eds.), *Valuing Environmental Preferences: Theory and Practice of the Contingent Valuation Method in the US, EU, and Developing Countries*, Oxford: Oxford University Press.

Hausman, J. A.(ed.)(1993). *Contingent Valuation: A Critical Assessment*, Emerald Group Publishing Limited.

Hensher, D. A. & Johnson, L. W.(1981). *Behavioral Response and Form of the Representative Component of the Indirect Utility Function in Travel Choice Models*, Regional Science and Urban Economics 11(4).

Hicks, J. R.(1939). *Value and Capital*, Oxford University Press.

Kim(2004). *An Economic Valuation of Environmental Risks from Residential Radon Reduction–A Choice Experiment and Contingent Valuation Study*, Ph.D Thesis, The University of Newcastle upon Tyne.

Manski, C. F.(1977). *The Structure of Random Utility Models*, Theory and Decision 8(3).

McConnell, K. E.(1990). *Models for Referendum Data: the Structure of Discrete Choice Models for Contingent Valuation*, Journal of Environmental Economics and Management 18(1).

McFadden, D.(1974). *Conditional Logit Analysis of Qualitative Choice Behavior*, in P. Zarembka(ed.), *Frontiers in Econometrics*, New York: Academic Press.

Mitchell, R. C. and Carson, R. T.(1989). *Using Surveys to Value Public Goods: the Contingent Valuation Method*, Resources for the Future.

Smith. V. K.(2006). *Fifty Years of Contingent Valuation*, in *Handbook on Contingent Valuation*(eds.) by Alberini and J. R. Kahn, Edward Publishing Co.

Luce, R. D. and Suppes, P.(1965). *Preference, Utility, and Subjective Probability*, in *Handbook of Mathematical Psychology* 3.

17장

가이 스탠딩(2018). 『일과 삶의 새로운 패러다임 기본소득』, 안효상 옮김, 창비.

강남훈(2019a). 『기본소득의 경제학』, 박종철출판사.

강남훈(2019b). 「핀란드 기본소득 실험은 실패했는가」, 『SIES 이슈와 정책』.

강남훈(2016). 「성남시 청년배당 논쟁과 경험」, 『비판과 대안을 위한 사회복지학회 학술대회』 발표논문집.

김교성 외(2018). 『기본소득이 온다』, 사회평론아카데미.

김교성(2009). 「기본소득 도입을 위한 탐색적 연구」, 『사회복지정책』 제36권 제4호.

김교성·백승호·서정희·이승윤(2017). 「기본소득의 이상적 모형과 이행경로」, 『한국사회복지학』 제69권 제3호.

김교성·이지은(2017). 「기본소득의 '실현가능성'에 대한 탐색」, 『비판사회정책』 제56권.

경기도 청년복지정책과(2019). 『2019년도 청년기본소득(청년배당) 운영 지침(안)』.

경기연구원 기본소득연구단(2019). 『경기도 기본소득 추진 사례와 성과』, 국회세미나, 2019. 7. 18.

유영성 외(2019). 『경기도 청년기본소득 만족도 조사 결과보고서(2019년 1분기 및 3분기)』, 경기연구원.

정원호·이상준·강남훈(2016). 『4차 산업혁명 시대 기본소득이 노동시장에 미치는 효과 연구』, 한국직업능력개발원.

필리페 판, 파레이스·야니크 판데르보흐트(2017). 『21세기 기본소득』, 홍기빈 옮김, 흐름출판.

Kangas, O.(2017). 「핀란드의 기본소득 실험」, 『국제노동브리프』 2017년 10월호, 한국노동연구원.

Kela(2019). *Basic income recipients experienced less financial insecurity*, https://www.kela.fi/web/en/news-archive/-/asset_publisher/IN08GY2nIrZo/content/basic-income-recipients-experienced-less-financial-insecurity(검색일자: 2019. 5. 30).

http://basicincomekorea.org/all-about-bi_q-and-a/#toggle-id-1

http://www.basicincome.org/basic-income

http://www.basicincome.org/basic-income

http://basicincomekorea.org/all-about-bi_definition/

https://apply.jobaba.net/bsns/bsnsListView.do

18장

김병조(2018). 「'기본소득(시민배당)-지역화폐 상품권' 활용을 통한 지역경제 활성화 방안에 관한 연구」, 성남시.

김용득 편저(2019). 『장애인복지』, EM실천.

김찬휘(2019a). 「장애인 소득보장의 원칙과 구상, 그리고 장애인이 기본소득 운동에 앞장서야 하는 이유」, 『장애인 자립생활 모델 창출과 소득보장체계 개선』 정책과 대안포럼 정책토론회.

김찬휘(2019b). 「장애인 소득보장체계에 기본소득 적용방안」, 『장애인 자립생활 모델 창출과 소득보장체계 개선』 정책과 대안포럼 정책토론회.

김태훈(2019). 「그냥 조건 없이 매달 70만원을 받는다면?」, 『주간경향』 1094호.

보건복지부·한국보건사회연구원(2018). 『2017 장애인 실태조사』.

석재은(2018). 「기본소득에 관한 다양한 제안의 평가와 과도기적 기본소득의 제안」, 『보건사회 연구』 38(2).

신소영(2017.3.29). 「장애인 빈곤퇴치 위한 취업, 핀란드도 '넘사벽'」, 『함께걸음』.

오건호(2019). 「장애인 소득보장과 기본소득의 결합방식」, 『장애인 자립생활 모델 창출과 소득보장체계 개선』 정책과 대안포럼 정책토론회.

오혜경(2018). 『장애인 복지와 실천의 이해』, 창지사.

유동철(2018). 『인권관점에서 보는 장애인 복지』, 학지사.

이슬기(2018.11.8). 「조건 없는 장애인 기본소득 보장, 찬반 팽팽」, 『에이블 뉴스』.

이용석(2019). 「'장애'라는 빈곤한 삶의 원인과 기본소득」, 『장애인 자립생활 모델창출과 소득보장체계 개선』 정책과 대안포럼 정책토론회.

이태곤(2016.1.6). 「현금 지급 제도 먼 얘기가 아니다」, 『함께걸음』.

이한주·김병조(2017). 『지역경제 활성화를 위한 지역화폐 도입을 위한 연구』, 국회예결산 위원회.

장인호(2017). 「기본소득 제도의 논의배경과 한계에 관한 연구」, 『미국헌법연구』 28(3), 미국헌법학회.

하인리히 겜코프(1989). 『사랑을 위하여』, 한마당.

국가법령정보센터 홈페이지. 「대한민국 헌법」

국가법령정보센터 홈페이지. 「장애인복지법」

국가법령정보센터 홈페이지. 「장애인차별금지 및 권리구제 등에 관한 법률(약칭: 장애인차별금지법)」

Mays, J. M.(2015). https://basicincome.org/news/2015/05/jennifer-m-mays-countering-disablism-an-alternative-universal-income-support-system-based-on-egalitarianism/

Simon, D.(2018). https://www.ubilabsheffield.org/blog/can-basic-income-be-adapted-to-work-for-disabled-people+&cd=1&hl=ko&ct=clnk&gl=kr(검색일자: 2019. 10. 7).

Prochazka, T.(2018). https://basicincome.org/news/2016/04/does-the-basic-income-overlook-disabled-individuals

http://www.mohw.go.kr/react/policy/index.jsp?PAR_MENU_ID=06&MENU_ID=06370303&PAGE=3&topTitle=%EC%9E%A5%EC%95%A0%EC%88%98%EB%8B%B9/%EC%9E%A5%EC%95%A0%EC%95%84%EB%8F%99%EC%88%98%EB%8B%B9))(보건복지부 홈페이지)

https://data.oecd.org/socialexp/public-spending-on-incapacity.htm

https://www.oecd.org/els/emp/transformingdisabilityintoability.htm

19장

강남훈(2019). 『기본소득의 경제학』, 박종철출판사.

국토교통부 금융위원회(2018). 『리츠 공모·상장 활성화 방안』, 2018. 12. 19.

김을식·이지혜(2018). 「사회참여형 기본소득, 참여소득」, 『GRI FOCUS』 vol.2, 2018. 3. 29.

문화체육관광부(2019). 『2018 예술인 실태조사 보고서』.

문화체육관광부(2019). 『2019년 업무계획』.

문화체육관광부·예술경영지원센터(2018). 『2018 미술시장실태조사』.

박조원 외(2013). 『주요 국가 예술인 복지정책 사례조사 연구』, 한국예술인복지재단.

브루스 애커만·앤 알수톡·필리페 반 빠레이스 외(2010). 『분배의 재구성』, 너른복지연구모임 옮김, 나눔의집.

송남은·장웅조(2019). 「지역 전문예술인 활동 강화를 위한 지원 체계의 변화」, 『제1차 2019 GRI 문화예술 정책 포럼』 발표자료, 경기연구원.

유영성 외(2018). 「제대로 된 기본소득, 경기도의 새로운 도전」, 『이슈&진단』, 경기연구원.

천우정(2019). 「기본소득의 재원조달 다각화 방안」, 『경기도 기본소득 연구 워크샵-기본소득, 재원조달 가능한가?』 발제자료, 경기연구원 기본소득연구단.

최원철(2019). 「국유/도유 재산 운용 수익사업화 방안」, 『경기도 기본소득 연구 워크샵-기본소득, 재원조달 가능한

가?」 발제자료, 경기연구원 기본소득연구단.

한국예술인복지재단(2019). 『2018 한국예술인복지재단 연차보고서』.

한국콘텐츠진흥원(2019). 『2018년 결산 및 2019년 전망 보고서』.

허은영 외(2018). 『예술인 직업군 분류체계 구축을 위한 기초조사 연구』, 한국문화관광연구원.

『제2차 유네스코 세계문화예술교육대회』, 유네스코 한국위원회 보도자료 2010. 6. 11, https://unesco.or.kr

『2017년 공연시장 규모 8,132억 원, 전년 대비 8.7% 증가ー 문체부, 2018 공연예술실태조사 결과 발표』, 문화체육관광부 보도자료 2018. 12.12.

『도, 매년 청년예술가 200명 선발. 창작비 최대 300만원 지원』, 경기도 보도자료 2019. 3. 7, 첨부자료 「공정하고 활력이 넘치는 경기예술인 정책 추진」.

Cohen, R.(2019). 『10 Reasons to Support the Arts 2019』, https://www.americansforthearts.org

http://www.provin.gangwon.kr(강원도청 홈페이지)

https://www.gg.go.kr(경기도 홈페이지)

https://www.goseong.go.kr(경남고성군청 홈페이지)

https://www.artscouncil.org.uk(영국예술위원회 홈페이지)

http://www.haenam.go.kr(전남해남군청 홈페이지)

20장

강남훈(2019). 『기본소득의 경제학』, 박종철출판사.

경기도(2018). 『2019년도 일반회계예산 및 기타특별회계예산서』.

경기도(2019). 『2019년도 제3회 추가경정 예산안: 일반회계 및 기타특별회계』.

곽노완(2017). 「토지기본소득의 사회정의론과 재건축초과이익의 공유」, 『인문사회과학연구』 제18권 제3호.

곽노완(2018). 「지구기본소득과 지구공유지의 철학」, 『마르크스주의 연구』 제15권 제3호.

금민(2019). 「플랫폼 자본주의에서 포스트자본주의로? 가속주의와 카테콘에 관한 7개의 잠정 명제」, 『디지털 전환과 포스트자본주의』 발표자료집, 2019. 5. 31.

대한민국국회(2018). 『2019 정부예산』.

서울특별시(2018). 『2019 예산서』.

이광석(2017). 「자본주의 종착역으로서 '플랫폼 자본주의'에 관한 비판적 소묘」, 『문화과학』 2017년 겨울.

추이즈위안(2014). 『프티부르주아 사회주의 선언』, 김진공 옮김, 돌베개.

하비(2014). 『반란의 도시』, 한상연 옮김, 에이도스.

Bollier, D.(2017). *The Growth of the Commons Paradigm*, in Ch. Hess & E. Ostrom(ed.), *Understanding Knowledge as a Commons*, The MIT Press.

Cummine, A.(2012). *Overcoming Dividend Skepticism: Why the World's Sovereign Wealth Funds are Not Paying Dividend*, in K. Widerquist & M. W. Howard(eds.), *Exporting The Alaska Model: Adapting the Permanent Fund Dividend for Refom around the World*, Palgrave Macmillan.

Flomenhoft, G.(2012). *Applying the Alaska model in a Resource-Poor State: The Example of Vermont*, in K. Widerquist & M. W. Howard(eds.), *Exporting The Alaska Model: Adapting the Permanent Fund Dividend for Reform around the World*, Palgrave Macmillan.

Flomenhoft, G.(2017). *Total Economic Rents of Australia as a Source for Basic Income*. in R. Pereira(ed.), *Financing Basic Income*, Palgrave Macmillan.

Van Parijs, P. and Vanderborght, Y.(2017). *Basic Income: A Radical Proposal for a Free Society and a Sane Economy*, Harvard University Press.

21장

강영길(2008). 『구글의 성공사례 요약』.

국회예산정책처(2019). 『대한민국 공공기관』.

대한민국정부(2019). 『2018 회계연도 국가결산보고서』.

대한민국정부(2019). 『2018 회계연도 국가결산보고서』.

박충훈·조경훈(2018). 『경기도 공유재산의 효율적 관리방안』, 경기연구원.

최원철(2019.2.2). 「[최원철 칼럼] 강남 공공개발은 국민연금 참여로 수익을 국민에게 주자!」, 『내외통신뉴스』.

최윤섭(2018). 『23andMe 막대한 데이터의 힘』.

한국지방재정공제회 한국옥외광고센터(2017). 『2017 옥외광고통계』.

The world's most valuable resource, The Economist, 6 May 2017.

22장

강남훈(2018). 『경기기본소득 의의와 기본소득위원회』, 정책세미나 자료, 새로운 경기위원회.

경태영(2019.4.29). 「'기본소득' 지방정부협의회 6월 닻 올린다」, 『경향신문』.

선대인(2017.3.15). 「[경제와 세상] 국민에 '기본자본'도 나눠 주자」, 『경향신문』.

성승제(2013). 『지방재정불균형 개선을 위한 법제연구: 재정자주권을 중심으로』, 한국지방세연구원.

이건민(2019a). 『통합소득 백분위자료를 통해 분석한 기본소득의 소득재분배 효과』, Alternative Working Paper No. 17, 정치경제연구소 '대안'.

이건민(2019b), 「LAB2050의 국민기본소득제 제안에 대한 비판적 평가」, 『월간 시대』 74.

이현우 외(2016). 『경기도 기금 통폐합 정비방안 연구』, 경기연구원.

지방재정365(2019). 「재정자주도[당초]」-자치단체.

최모란(2018.10.4). 「이재명 경기지사 '국토보유세 도입, 경기도가 먼저 하겠다'」, 『중앙일보』.

표 차례

그림 차례

저자 소개

이한주 | 경제학 박사(서울대). 경기연구원 원장으로 재직 중이다. 가천대학교 경영대학원장, 부총장을 역임했으며 새로운경기위원회 공동위원장. 대통령 직속 국정기획자문위원회 경제1분과 위원장을 지냈다. 사회·경제·복지 등의 영역을 아우르는 새로운 정책 어젠다로서 기본소득정책을 국내에 소개·도입했다. 주요 연구로는『기본소득이란 무엇인가』(역서, 2016),『지역경제 활성화를 위한 지역화폐 도입에 관한 연구』(2017) 등이 있다.

유영성 | 환경경제학 박사(영국 뉴캐슬대). 경기연구원 선임연구위원(기본소득연구단장)으로 재직 중이다. 서울대학교 보건환경연구소 특별연구원, 미국 위스콘신대학교 경제학과 방문학자 등으로 활동했다. 주요 연구로는『초연결사회의 도래와 우리의 미래』(2014),『미래사회의 산업과 직업변화』(2015) 등이 있다.

강남훈 | 경제학 박사(서울대). 한신대학교 경제학과 교수로 재직 중이다. 민교협 사무총장, 교수노조 위원장 등을 역임했으며 경기도 기본소득위원회 공동위원장, 기본소득한국네트워크 이사장 등으로 활동하고 있다. 주요 연구로는『기본소득과 정치개혁: 모두를 위한 실질적 민주주의』(2020),『기본소득의 경제학』(2019) 등이 있다.

강현철 | 도시행정학 박사(서울시립대). 경기대학교 건축안전공학과 조교수로 재직하고 있다. 관심분야는 도시재생, 사회적경제, 기본소득, 지역공동체 등이며, 특히 도시재생 영역에서의 공동체 활성화, 인재양성 및 정책 연계 방안에 관심을 가지고 있다. 주요 저서로는『신도시학개론』(2013),『도시미래와 재생』(2017) 등이 있다.

곽노완 | 철학 박사(독일 베를린자유대). 한신대학교 연구교수로 재직하고 있다. 기본소득한국네트워크 이사 겸 학술위원장을 맡고 있다. '21세기 대안 사회'와 '기본소득'에 관심을 두고 연구를 해왔다. 주요 연구로는『기본소득의 쟁점과 대안사회』(공저, 2014),『도시정의론과 공유도시』(2016) 등이 있다.

김병조 | 정치경제학 박사(경상대). 경기연구원 초빙선임연구위원으로 재직하고 있다. 지역화폐·기본소득 및 이주노동자 등에 관심을 갖고 연구를 진행하고 있다. 울산과학대 겸임교수, 인재개발원 자문위원으로 활동 중이다. 주요 연구로는『뉴머니 지역화폐가 온다』(공저, 2020), 「'기본소득-지역화폐 상품권' 활용을 통한 지역경제 활성화 방안 연구」(성남시, 2018) 등이 있다.

김성하 | 미학 박사(프랑스 뻬까디쥘베른대). 경기연구원 연구위원으로 재직하고 있다. 문화이론 및 정책에 관심에 갖고 연구를 진행하고 있다. 서울대 미학과 연수연구원 등을 역임했다. 주요 연구로는 「경기도 문화예술진흥 중단기 종합계획」(2019), 「경기도-코리안 디아스포라 상호문화 발전 계획」(2019), 「경기 문화예술기본계획」(2018) 등이 있다.

노호창 | 법학 박사(서울대). 호서대 법경찰행정학과 교수로 재직 중이다. 법무부 서울지방교정청 행정심판위원회 심판위원, 충남 행정심판위원회 심판위원, 경기지방노동위원회 공익위원 등으로 활동을 하고 있다. 주요 연구로는 「기본소득의 헌법적 근거에 관한 모색적 연구」(헌법논총 제28집, 헌법재판소), 「A Comparative Study on the Protection of Citizens' Right to Health Focus on the Public Health Policy of Korea and the USA」(*Asian Journal of WTO & International Health Law and Policy*, Vol. 14, No. 1) 등이 있다.

마주영 | 경제학 석사(한양대). 경기연구원 연구원으로 재직 중이다. 기본소득연구단에서 일을 하고 있으며 『경기도 청년기본소득 정책효과 분석』(2020) 등의 과제에 참여했다.

서정희 | 사회복지학 박사(서울대). 군산대학교 사회복지학과 교수로 재직 중이다. 영국 리즈대 방문교수를 역임했고 기본소득한국네트워크 이사 겸 운영위원, 한국사회복지학회 이사 등으로 활동하고 있다. 주요 연구로는 『기본소득이 온다: 분배에 대한 새로운 상상』(공저, 2018), 「새로운 분배실험: 전북에서의 기본소득 실험 '셈표 프로젝트' 효과」(2019) 등이 있다.

오재호 | 철학 박사(연세대). 경기연구원 연구위원으로 재직 중이다. 교육 문제와 청년 정책 등에 관심을 두고 연구를 진행하고 있다. 주요 연구로는 『경기도 청년 비전형(非典型) 노동실태와 제도적 보호 방안』(2019), 『경기도 청년 정책 현황과 발전 방향』(2018) 등이 있다.

은민수 | 사회복지학 박사(고려대), 정치학 박사(외대). 현재 고려대학교 공공정책대학 초빙교수로 재직 중이다. 주요 연구로는 「코로나 이후 '실질적 사회부조'의 도입 필요성과 방향」(2020), 「소득주도에서 복지주도로의 전환: 역진적 조세지출 조정으로 혁신적 기초소득보장」 등이 있다.

이건민 | 사회복지학 박사수료(서울대) 정치경제연구소 대안 상임연구원으로 재직 중이다. 기본소득한국네트워크 이사이자 계간 『기본소득』 편집위원이며, 사회정책 팟캐스트 '이럿타'에 출연하고 있다. 주요 연구로는 「Employment Market Effects of Basic Income(Ch.4)」, 「A Variety of Experiments(Ch21)」, In: The Palgrave International Handbook of Basic Income, Palgrave Macmillan, 2019 등이 있다.

이관형 | 철학 박사(미학, 서울대). 경기연구원 초빙연구위원으로 재직 중이다. 한국철학사상연구회, 서울대 인문학연구원 등에서 연구원으로 활동했다. 주요 연구로는 『경기도 청년기본소득 정책효과 분석』(공동, 2020), 『(2019년) DMZ포럼: 한반도 화해를 위한 남북 식민지 역사의 동질성 연구』(공동, 2020) 등이 있다.

이재원 | 행정학 박사(서울대). 부경대 행정학과 교수로 재직 중이다. 대통령 소속 정책기획위원회 위원, 한국사회서비스관리원 원장, 한국사회서비스학회 회장, 경기개발연구원 연구위원 등을 역임했다. 주요 연구로는 『지방재정론』(2019), 『사회서비스 전자바우처』(2008) 등이 있다.

정원호 | 경제학 박사(독일 브레멘대). 경기연구원 초빙선임연구위원으로 재직 중이다. 한국개발연구원(KDI), 한국직업능력개발원(KRIVET)에서 근무했으며 경기도교육연구원장을 역임했다. 주요 연구로는 『이행노동시장 연구』(2011), 『4차 산업혁명 시대 기본소득이 노동시장에 미치는 효과 연구』(2016) 등이 있다.